Wilhelm Geiger

Grundriss der iranischen Philologie

Band I

Wilhelm Geiger

Grundriss der iranischen Philologie
Band I

ISBN/EAN: 9783742870414

Hergestellt in Europa, USA, Kanada, Australien, Japan

Cover: Foto ©Thomas Meinert / pixelio.de

Manufactured and distributed by brebook publishing software
(www.brebook.com)

Wilhelm Geiger

Grundriss der iranischen Philologie

GRUNDRISS

DER

IRANISCHEN PHILOLOGIE.

I. BAND

1. ABTEILUNG.

GRUNDRISS

DER

IRANISCHEN PHILOLOGIE

UNTER MITWIRKUNG VON

CHR. BARTHOLOMAE, C. H. ETHÉ, K. F. GELDNER,
P. HORN, H. HÜBSCHMANN, A. V. W. JACKSON, F. JUSTI, TH. NÖLDEKE,
C. SALEMANN, A. SOCIN, F. H. WEISSBACH UND E. W. WEST

HERAUSGEGEBEN

VON

WILH. GEIGER UND ERNST KUHN.

ERSTER BAND. 1. ABTEILUNG.

VORGESCHICHTE DER IRANISCHEN SPRACHEN.
AWESTASPRACHE UND ALTPERSISCH.
MITTELPERSISCH.

STRASSBURG
VERLAG VON KARL J. TRÜBNER
1895—1901.

VORWORT.

Der ursprüngliche Plan des Grundrisses der iranischen Philologie hat während der Ausführung mancherlei Abänderung erfahren. Vor allem sind die Kapitel Ethnographie von Iran, Münzen und Gemmen, sowie Schriftkunde gänzlich in Wegfall gekommen — ersteres aus sachlichen Gründen, weil es nur wenig mehr geboten hätte, als das was in den Einleitungen zu den sprachgeschichtlichen Abschnitten Nr. V ff. ohnehin gesagt werden musste, letztere in Folge des Rücktrittes der in Aussicht genommenen Bearbeiter, an deren Stelle andere leider nicht zu gewinnen waren. Der Abschnitt über das Ossetische musste wegen Erkrankung des Herrn Professor HÜBSCHMANN einstweilen beiseite gelassen werden; er soll später als Nachtrag zum Grundriss erscheinen. Die anfänglich beabsichtigte Geschichte der iranischen Philologie, welche bis zu einem gewissen Grade bei der Awestalitteratur und den altpersischen Inschriften zu ihrem Rechte gekommen ist, blieb weg, weil unsere Wissenschaft noch zu sehr im Werden ist, als dass für eine wirkliche Geschichte derselben die Zeit schon gekommen wäre. An ihre Stelle wird ein von E. KUHN in Angriff genommener bibliographischer Abriss treten, welcher nach Möglichkeit auch die erwähnten Lücken ausfüllen soll und gleichfalls als Nachtrag veröffentlicht wird. Im übrigen wird der Grundriss mit der im Drucke befindlichen 5. Lieferung von Band II seinen vorläufigen Abschluss erreichen.

Den einzelnen Herren Mitarbeitern war innerhalb ihrer Gebiete aus guten Gründen völlig freie Hand gelassen. Daraus erklärt sich die Verschiedenheit in der Ausführung der einzelnen Abschnitte.

ERLANGEN und MÜNCHEN, Anfang Juni 1901.

Die Herausgeber.

INHALT.

ERSTER ABSCHNITT: SPRACHGESCHICHTE. I.

		Seite
I.	Vorgeschichte der Iranischen Sprachen von CHR. BARTHOLOMAE	1
II.	Awestasprache und Altpersisch von CHR. BARTHOLOMAE	152
III.	Mittelpersisch von C. SALEMANN	249

Das Register zu den beiden Abteilungen des ersten Bandes befindet sich am Schluss der zweiten Abteilung.

ERSTER ABSCHNITT.

SPRACHGESCHICHTE.

I. VORGESCHICHTE DER IRANISCHEN SPRACHEN.

VON

CHR. BARTHOLOMAE.

[Abgeschlossen und eingeliefert am 1. Februar 1894.]

1. Das Iranische bildet zusammen mit dem Indischen den arischen Zweig des indogermanischen Sprachstamms. Die Zusammenfassung der beiden Sprachen zu éinem Zweig ist durch die überaus grosse Anzahl von Übereinstimmungen geboten, welche uns auf allen Gebieten entgegentreten, auf dem Gebiet der Laut- und Flexionslehre ebenso wie auf denen der Wortbildung, der Wortbedeutung, des Wortschatzes und endlich der Syntax. Finden sich doch im Awesta ganze Sätze, welche, der Lautlehre entsprechend ins Altindische übertragen, sich Wort für Wort mit Hilfe der indischen Grammatik und des indischen Wörterbuchs übersetzen lassen[1].

[1] Den Beispielen, die mein Handbuch, V und JACKSON's Grammar, XXXI geben, füge ich noch eins hinzu. In Y. 68, 10 f. steht: *yō vō āpō vaŋuhīš yazāite ahurānīš ahurahe vahištābyō zaoϑrābyō sraēštābyō zaoϑrābyō . . . ahmāi raēšča . . . ahmāi tanvō drvatātəm* (*dasta*). Das wäre lautgenau altindisch: *yō vō āpō vasvīṣ yajātē asurāṇīṣ asurasya vasiṣṭʻābʻyō hōtrābʻyō šrēṣṭʻābʻyō hōtrābʻyō . . . asmāi rayīšca . . . asmāi tanvō dʻruvatātam* (*dattʻa*). Jeder, der Vedisch versteht, kann das ohne weitres übersetzen.

2. Dabei gehen das Indische und Iranische nicht blos in der Erhaltung des alten Sprachguts in Laut, Form u. s. w. zusammen, sondern auch — und das ist bekanntlich das Entscheidende für engere Sprachverwandtschaft — in dessen Umgestaltung.

3. Zwischen der Zeit, da die iranische Sprachgeschichte beginnt, und jener Zeit, da die indogermanische Sprachgemeinschaft sich auflöste, liegt somit eine Periode arischer Sprachentwicklung.

4. So erhebt sich zunächst die Frage: Welche Veränderungen hat das ursprachliche Erbgut in der arischen Periode erfahren? Welches sind die Merkmale der arischen (indoiranischen) Grundsprache? Es liegt nicht in meiner Absicht, an dieser Stelle eine erschöpfende Antwort auf die aufgeworfene Frage zu geben. Unter Berufung auf den unzweifelhaft richtigen

Satz, dass für dialektische Gliederung die Lautverhältnisse das eigentlich Charakteristische bilden (Paul, Prinzipien der Sprachgeschichte[2] 44), beschränke ich mich darauf, die wichtigsten Neuerungen herauszuheben, die sich im Arischen auf lautlichem Gebiet vollzogen haben. [Weitres unten.]

5. Es sind drei Lautveränderungen, durch die sich das Arische von allen übrigen indogermanischen Sprachen scharf absondert und sein charakteristisches Äussere erhält: 1. Die Aufgabe der qualitativen Unterschiede bei den *a*-Vocalen: den griechischen Vocalen ε ο α und η ω ᾱ steht arisches *a* und *ā* gegenüber; 2. die Ersetzung des »Schwā indogermanicum« (*ə*), das sonst als *a* erscheint, durch *i*; 3. die Wandlung der *s*-Laute in *š*-Laute nach den *i*- und *u*-Vocalen, den Liquiden und den Gutturalen. Vgl. unten § 38, 69.

Vgl. Hübschmann, KZ. 24, 403 ff., Armenische Studien 1, 82. Das Armenische teilt diese drei hauptsächlichsten lautlichen Besonderheiten der arischen Sprachen nicht und kann ihnen darum nicht zugerechnet werden; s. Hübschmann, a. O. 80 ff.

6. Dass auch noch nach der Auflösung der arischen Sprachgemeinschaft indisch und iranisch redende Stämme mit einander in Verkehr blieben, ist bei ihrer räumlichen Nachbarschaft als gewiss anzunehmen. Ich finde aber in den uns erhaltenen altiranischen Sprachdenkmälern kein Wort, das mit Sicherheit als Lehnwort aus dem Indischen bezeichnet werden könnte.[1]

[1] Über das Verhältnis des ai. *sthūṇā-* zum jAw. *stūnā-* urteilt richtig J. Schmidt, KZ. 32, 385 f.; s. auch IdgF. 3, 170 f. Vgl. noch § 292 No. 2.

7. Auch für die Aufnahme iranischer Wörter ins Indische der ältern, vedischen Zeit ist mir ein sicheres Beispiel nicht bekannt. Den gegenteiligen Ausführungen Brunnhofer's, der in seiner »Urgeschichte der Arier in Vorder- und Zentralasien« (und sonst) eine ganze Reihe altiranischer Wörter im Veda wiederfindet — und zwar auch Wörter mit verhältnismässig recht junger, nicht etwa uriranischer Lautgestaltung, wie das awestische *aša-* (mit *š* aus urir. *rt*, § 271) und *mošu* (mit *o* aus urir. *a*, § 293), welche in RV. 1, 173, 4: *áṣ́atarā* und 12: *mó ṣū* wieder erkannt werden —, messe ich keinerlei Beweiskraft bei: und befinde mich dabei in Übereinstimmung mit den meisten übrigen Gelehrten[1].

[1] Vgl. z. B. LC. 1891, 532, 876; 1892, 980.

8. Der Einfluss, den nichtarische Sprachen auf die altiranischen Dialekte gewonnen haben, hält sich auch in bescheidenen Grenzen. Von den geringfügigen Anleihen, mit denen die indogermanische Ursprache ihren Wörterschatz bereichert hat, kann ich hier absehen. Die Frage ist: welche Wörter des gemeiniranischen Sprachguts sind für speziell iranische Entlehnungen anzusehen?, wobei natürlich in erster Linie der überlieferte Wörtervorrat des Awestischen und Altpersischen eingehender Untersuchung bedarf. Ich begnüge mich hier, auf SBayrAW. 1884. 2, 361 ff. zu verweisen, wo Geiger die awestischen Wörter zusammengestellt und besprochen hat, die der Entlehnung verdächtigt worden sind.

I. GESCHICHTE DER LAUTE.

Vorbemerkung.

1. Ich scheide die Laute (Sprachelemente) einmal nach ihrer Akustik in Sonorlaute und Geräuschlaute, sodann nach ihrer Function in Sonanten (Selbstlauter, Träger des Silbenaccents) und Consonanten (Mitlauter).

In der indogermanischen Ursprache, deren Laute im Folgenden als gegeben vorausgesetzt werden, fungirten alle *a*-Vocale (§ 69) als Sonanten, alle Geräuschlaute als Consonanten[1], während die Liquidae, Nasale und die *i*- und *u*-Vocale in beiderlei Function gebraucht wurden.

Die Sonorlaute, d. i. die Liquidae, Nasale und Vocale, wurden tönend (stimmhaft) gesprochen; die Geräuschlaute, d. i. die Verschlusslaute (Muten) und Spiranten teils tonlos (stimmlos) teils tönend; tonlos waren von den ersteren die Tenues, von den letzteren *x ϑ s š*; tönend dort die Medien, hier *γ δ z ž* und *j*; vgl. § 1, 26, 36, 37. In der Stellung vor Sonorlauten[2] kamen fast alle indogermanischen Geräuschlaute auch aspirirt vor: *p̒ δ̒ γ̒* u. s. w. — Zu Gruppen verbundene Geräuschlaute waren nur entweder sämtlich tönend oder sämtlich tonlos; massgebend für die eine oder die andere Aussprache war dabei im allgemeinen der letzte Laut der Gruppe[3].

Zur Vermeidung von Missverständnissen sei noch bemerkt, dass ich, wo von Gutturalen, Labialen u. s. w. die Rede ist, dabei nur die Geräuschlaute der gutturalen u. s. w. Klasse im Auge habe, nicht etwa auch die zugehörigen Nasale; so z. B. § 28, 1 b.

Dass ich mich im Obigen an SIEVERS angeschlossen habe — vgl. auch PAUL's Grundriss 1, 266 f. —, glaube ich nicht besonders rechtfertigen zu müssen.

[1] Vielleicht mit Ausnahme des *z*, s. THURNEYSEN, KZ. 30, 351 ff. Fürs Arische kann *z̥* (sonantisches *z*) jedenfalls ausser Betracht bleiben; vgl. IdgF. 3, 21 No. — [2] S. § 52, 1 a. — [3] S. aber § 52, 1 b.

2. Die Aufgabe, deren Lösung demnächst versucht werden soll, ist: Welche Veränderungen haben die indogermanischen Laute vom Ausgang der ursprachlichen Periode an bis zum Ausgang der uriranischen Periode erfahren? Oder aber, was wesentlich das Gleiche besagt: Wie verhält sich der Lautbestand, welcher auf Grund des Vergleichs der iranischen Einzelsprachen der uriranischen Sprache zugewiesen werden muss, zum Lautbestand der ebenfalls erschlossenen indogermanischen Ursprache?

3. Es ist ja freilich nicht immer gar leicht, die Entscheidung darüber zu treffen, was uriranisch sei und was später. Im allgemeinen habe ich diejenigen Veränderungen für uriranische genommen, welche sich *übereinstimmend* im Awestischen *und* im Altpersischen, oder aber welche sich *übereinstimmend* im Awestischen *und* in jüngeren Dialekten, insbesondere im Neupersischen — das jedenfalls nicht auf das Awestische zurückgeht — nachweisen lassen. Dass ich in Einzelheiten die Grenzlinie verfehlt haben kann, läugne ich natürlich nicht.

Litteratur: HÜBSCHMANN, KZ. 24, 338 ff.; BARTHOLOMAE, Handbuch der altiranischen Dialekte (Leipzig 1883), 13 ff.; JACKSON, An Awesta Grammar, in Comparison with Sanskrit (Stuttgart 1892), 4 ff. (wozu BTHL., ZDMG. 48, 142 f.); BRUGMANN, Grundriss der vergleichenden Grammatik (Strassburg 1886 ff.) 1, 52 ff. — Auf diese Werke werde ich im Folgenden nur noch in besonderen Fällen verweisen.

EINTEILUNG.

I A. DIE GERÄUSCHLAUTE.

I Aa. Die Verschlusslaute.

§ 1. Übersicht. — § 2. Die arischen (und indischen) Wandlungen der idg. Verschlusslaute. — § 3. Die iranischen Wandlungen der idg. Verschlusslaute. — § 4—21. Belege für die ir. Vertretung der arischen Verschlusslaute. — § 22. Zum Wechsel von *k* mit *č* u. s. w. — § 23. Zum Wechsel von Tenuis mit Media, Tenuis aspirata mit Media aspirata. — § 24. Voriranische Reduction von Verschlusslauten. — § 25. Voriranischer Ausfall von Verschlusslauten.

I Ab. Die Spiranten.

I Ab 1. Die gutturalen Spiranten. — Anhang *j*.

§ 26. Übersicht. — § 27. Die arischen (und indischen) Wandlungen der idg. Gutturalspiranten. — § 28. Die iranischen Wandlungen der ar. *ś*- und *x*-Laute. — § 29—33. Belege für die ir. Vertretung der ar. *ś*-Laute. — § 34—35. Belege für die ir. Vertretung der ar. *x*-Laute. — § 36. Anhang: Idg. *j*.

I Ab 2. Die Zischlaute.

§ 37. Übersicht. — § 38. Die arischen (und indischen) Wandlungen der idg. Zischlaute. — § 39. Die iranischen Wandlungen der ar. *ϑ*-, *s*- und *š*-Laute. — § 40—41. Belege für die ir. Vertretung von ar. *ϑ δ*. — § 42—44. Belege für die ir. Vertretung von ar. *s z z'*. — § 45—48. Belege für die ir. Vertretung von ar. *š š' ž ž'*. — § 49. Wechsel zwischen *s—š—h* und *z—ž*. — § 50. Voriranische Assimilation benachbarter Zischlaute.

§ 51. Voriranischer Ausfall von Spiranten.

Anhang zu I A (a, b). 1. Zu den aspirirten Geräuschlauten. § 52. Ursprachlicher Wandel der Aspiraten. — § 53. Die Nachwirkungen des zweiten Aspiratengesetzes (*b̄ + t = bd'*) im Iranischen. — 2. Zum Wechsel der *k*- und *x*-Laute. § 54. Die Erscheinung und deren Ursachen. — § 55. Iranische Beispiele.

I B. Die Sonorlaute.

I Ba. Die Liquidae.

§ 56. Übersicht. Die idg. Liquidae im Arischen (und Indischen). — — § 57. Die ar. Liquidae im Iranischen. — § 58—60. Belege für die ir. Vertretung der ar. Liquidae.

I Bb. Die Nasale.

§ 61. Übersicht. Die idg. Nasale im Arischen (und Indischen). — § 62. Die ar. Nasale im Iranischen. — § 63—67. Belege für die ir. Vertretung der ar. Nasale. — § 68. Zum Wechsel der Nasale.

I Bc. Die Vocale.

§ 69. Übersicht. Die idg. Vocale im Arischen. — § 70. Die ar. Vocale im (Indischen und) Iranischen. — § 71—79. Belege für die ir. Vertretung der ar. Vocale.

§ 80—81. Voriranischer Ausfall von Liquiden, Nasalen, *i*- und *u*-Vocalen. § 80. Ursprachlicher Ausfall. — § 81. Arischer Ausfall von *i̯ u̯*.

I C. Satzphonetik (Sandhi).

§ 82. Allgemeines.

I Ca. Ursprachliche Satzphonetik und deren Nachwirkungen im Iranischen. § 83. Der Anlaut. — § 84. Der Auslaut.

I Cb. Arische Satzphonetik und deren Nachwirkungen im Iranischen. § 85. Der Auslaut.

I Cc. Uriranische Satzphonetik.

§ 86—90. Der Anlaut. § 86. Die urir. Anl.-Gruppe *š* + Cons. — § 87. Die urir. Anl.-Gruppen *hr*- und *hm*-. — § 88. Die urir. Anl.-Gruppe *du̯*-. — § 89. Die urir. Anl.-Gruppe *hu̯*-. — § 90. Die urir. Anl.-Gruppen *si̯*- und *ši̯*-.

§ 91—94. Der Auslaut. § 91. Übersicht. — § 92. Die Sonanten und Diphthonge. — § 93. Die einfachen Consonanten. — § 94. Consonantengruppen.

I D. Der Ablaut.

§ 95. Übersicht. — § 96—99. Die arischen Vocalreihen im Iranischen.

Anhang. 1. § 100a. Vrddhi und Verwandtes im Iranischen. — 2. § 100b. »Syllabische Dissimilation«.

Übersicht zu I.

I A. DIE GERÄUSCHLAUTE.

Über besondere Gestaltungen der ursprachlichen Geräuschlaute im An- und Auslaut s. I C, § 82 ff.

I Aa. DIE VERSCHLUSSLAUTE.

§ 1. *Übersicht.*

1. Die indogermanische Ursprache besass zur Zeit ihrer Auflösung vier Reihen von Verschlusslauten: eine labiale, eine dentale, eine gutturale und eine palatale. Jede dieser Reihen umfasste vier Laute: Tenuis, Media, Tenuis aspirata und Media aspirata. Die Laute der Palatalreihe, denen der gutturalen etymologisch gleichwertig, waren aus den letzteren im Verlauf der ursprachlichen Periode hervorgegangen, wenn *i ī e ē* oder *i̯* folgte. Die idg. Verschlusslaute sind also:

	tonlos		tönend	
	Tenues	Ten. asp.	Mediae	Med. asp.
labiale:	*p*	*pʻ*	*b*	*bʻ*
dentale:	*t*	*tʻ*	*d*	*dʻ*
gutturale:	*k*	*kʻ*	*g*	*gʻ*
palatale:	*k̂*	*k̂ʻ*	*ĝ*	*ĝʻ*

2. Die Differenzirung der urindogermanischen *k*-Laute je nach ihrer Stellung findet sich im Arischen, Armenischen, Griechischen, Albanesischen und Baltoslavischen, also überall mit Ausnahme der westlichen Gebiete. Ich nehme mit J. Schmidt und andern an, dass sie bereits vor dem Ausgang der Urperiode vorhanden war; s. KZ. 25, 135, 179.

Meine *k*- und *k̂*-Reihe entsprechen also, zusammengenommen, Brugmann's *q*-Reihe. Es sei dazu auf die Ausführungen Bechtel's, Hauptprobleme 357 ff. verwiesen, wo auch die weitre Litteratur zur *k* — *k̂*-Frage verzeichnet wird.

3. Die Zerlegung der *ur*indogermanischen *k*-(*q*-)Reihe in drei Reihen, wie sie jüngst von Bezzenberger und Osthoff gefordert, von Bechtel, a. O. 338 ff., Fick, Wörterbuch[4] 1, XXXVII f., G. Meyer, SWienAW. 125. 11, 2 ff., Bugge, KZ. 32, 60, Per Persson, BB. 19, 276 und andern gutgeheissen wurde, halte ich für unbewiesen und verfehlt; s. IdgF. 2, 264 ff. und unten § 54 f.

4. Zu Brugmann's *k̂*-Reihe s. unten § 26 ff.

§ 2. *Die arischen (und indischen) Wandlungen der idg. Verschlusslaute.*

a. In der arischen Grundsprache haben sich die indogermanischen Verschlusslaute im allgemeinen nicht verändert. S. aber § 24 f.

b. Im Indischen*) sind die labialen und gutturalen Verschlusslaute der arischen Grundsprache erhalten geblieben;

die palatalen erscheinen als Affricaten: *č* (= *tš*) *ǰ* (= *dž*) *čʻ* und *h*, letzteres für **ǰʻ* (*džʻ*)[1];

die dentalen bleiben, ausser nach (arischen) *š*-Lauten[2], wo sie cerebral wurden: *ṭ ḍ* u. s. w.;

die Aspiraten verlieren die Aspiration, wenn die folgende Silbe mit einer Aspirata beginnt[3].

[1] Ai. *ǰ čʻ* und *h* sind etymologisch doppelwertig; s. § 27 c (und auch § 51, 2). — [2] S. § 27 b 3; 38 a. — [3] S. dazu Bthl., ZDMG. 48, 513 zu ai. *kumbʻás*.

*) Ich bemerke hier ein für alle Mal, dass meine Angaben über die Gestaltung der arischen Laute im *Indischen* nur der Orientirung dienen sollen und auf Vollständigkeit keinen Anspruch erheben.

§ 3. *Die iranischen Wandlungen der arischen Verschlusslaute.*

In der iranischen Grundsprache erfuhren die arischen Verschlusslaute folgende allgemeine Veränderungen:

1. Die Tenues aspiratae gingen in tonlose Spiranten: *f ϑ x ś* (s. 5) über, ausser nach Zischlauten[1] und, wenn antesonantisch, nach Nasalen, wo sie die Aspiration einbüssten: *p t k č* (s. 5)[2].

2. Die Mediae aspiratae verloren allgemein die Aspiration: *b d g ǰ* (s. 5)[2].

3. Die Mediae bleiben unverändert, ausser vor (arischen) Zischlauten, wo sich die tönende Spirans dafür einfindet: *w z* (statt δ für ar. *d*, s. unter 4) γ. — Ar. *bžn* wird *fšn* (§ 62, 2).

Ar. *ǵ* vor Zischlaut ist nach § 1, 1 ausgeschlossen.

4. Die Tenues werden vor Sonanten und allgemein hinter Zischlauten gewahrt, sonst gehen sie in tonlose Spiranten über: *f ϑ x ś* (s. 5); für ar. *tḱ* erscheint *sč* (statt *ϑč*)[3], für ar. *ts* erscheint *ss* (statt *ϑs*; s. unter 3; vgl. § 94, 1).

5. An Stelle der arischen palatalen Verschlusslaute treten die Affricaten *č ǰ* — d. i. *tš dž* — auf, wo sich in den übrigen Reihen Muten finden[4], *ś* dagegen da, wo sonst die tonlose Spirans (*f ϑ x*) erscheint)[5].

[1] Die Verbindung eines *s*- oder *š*-Lauts mit einer andern Spirans ist weder urnoch altiranisch; s. ZDMG. 48, 145 No., BB. 10, 290 No., § 271 No. 3. — [2] Zu 1 und 2 vgl. noch § 28 und 39. Das Uriranische hat keine Aspiraten mehr, wo solche dialektisch vorkommen, haben sie sich neuerdings entwickelt; so z. B. im Nordbaluči. — [3] Vgl. hierzu Bthl., IdgF. 1, 486 ff. Das Indische hat *čč*. — [4] In der Ersetzung der idg. *k*-Laute durch Affricaten treffen somit die beiden arischen Dialekte zusammen. Denn dass die indischen *č ǰ* schon in vedischer Zeit so ausgesprochen wurden, wie heutzutage, halte ich für sicher; s. Bthl., Studien 1, 49 f. Aber die Affricirung ist in beiden Dialekten selbständig erfolgt; vgl. das Slavische, Lateinische u. s. w. S. § 38 No. 1. — [5] Vgl. dazu das jungawestische und das westafγanische *ž* für urir. *ǰ* (unten § 271, 276; Geiger, ABayrAW. 20. 1, 203) und das nordbalučische *š*, das sich für urir. *č* in gleicher Stellung einfindet wie *f, ϑ x* für urir. *p t k*; s. Geiger, SBayrAW. 1889. 1, 83. — Der vor *ǵ* für ar. *ḱ* eingetretene *š*-Laut war im Uriranischen von dem gewöhnlichen, für ar. *š* u. s. w. stehenden (dentalen) *š*-Laut geschieden, wie § 86, 90 zeigen; daher schreibe ich ihn *ś* (palataler *š*-Laut). S. noch § 267, 278.

§ 4—21. *Belege für die ir. Vertretung der arischen Verschlusslaute.**)

I. *Die arischen Tenues.*

§ 4. Ar. (1) *p* = ir. *p*: jAw. *pita*,*) ap. *pitā*,*) np. *pidar* »Vater«: ai. *pitā́*, lat. *pater*; — jAw. *upa^iri*, ap. *upariy* »über«: ai. *upári*, gr. ὑπέρ; — jAw. *kəhrpəm*, »den Leib«: ai. *kr̥pā́*, lat. *corpus*; — jAw. *spaš* »Späher«: ai. *spáṭ*; —

*) Die awestischen und altpersischen Wörter habe ich durchaus in überlieferten, nicht in selbstgemachten Casus- und Personalformen angeführt. Nur § 174 ff. habe ich öfters »Stämme« construirt.

Die Neuausgabe des Awesta ist bis zum 7. Heft einschliesslich benutzt; wo ich ihr nicht folge, ist das jedesmal besonders angezeigt, bei geringfügigeren Abweichungen durch ein vorgesetztes †; vgl. aber IdgF. 1, Anz. 101 f. Ausser den von Westergaard publicirten awestischen Texten habe ich noch verwertet: das »*Aogəmadaēča*« in Geiger's, das »*Nirangistān*« und die »Fragments Tahmuras« in Darmesteter's, das »*Farhang i oim*« in Haug's Ausgabe.

Für die altpersischen Keilinschriften habe ich Rawlinson und Spiegel benutzt. Die Neuausgabe von Weissbach und Bang entbehrt noch des Commentars, der die Rechtfertigung für die abweichenden Lesungen bringen muss; vgl. Nöldeke, LC. 1894, 150 ff.

Die epenthetischen und anaptyktischen Vocale der Awestawörter habe ich der Übersichtlichkeit halber durch überhängende Lettern als Laute gekennzeichnet, die für die Etymologie belanglos sind; s. unten § 300 f.

Wegen der überhängenden Buchstaben in altpersischen Wörtern s. § 270 c, 1.

= ir. *f:* jAw. *frā* »vor«, ap. *framānā*, np. *farmān* »Befehl«: ai. *prá*, gr. *πρό*; — jAw. *drafšō*, np. *dirafš* »Fahne«: ai. *drapsás*; — np. *haft*, oss. *aft* »sieben«: ai. *saptá*, lat. *septem*[1]; — jAw. *āfəntc* »sie erreichen«, aus ar. **āpṷantai*[2].

[1] Wegen jAw. *hapta* s. § 278 f. — [2] S. § 70, 76, 140.

§ 5. Ar. (2) *t* = ir. *t:* jAw. *tūm*[1], ap. *tuvam*, np. *tū* »du«: ai. *tvám*[2], lat. *tū*; — jAw. *māta*, ap. °*mātā* »Mutter«: ai. *mātā́*, lat. *māter*; — jAw. *uštrō*, np. *uštur* »Kamel«: ai. *úṣṭras*; — jAw. *antarᵉ*, ap. *aⁿtar* »zwischen«: ai. *antár*, lat. *inter*; —

= ir. *ϑ:* jAw. *ϑwąm*, ap. *ϑuvām*[3] »dich«: ai. *tvā́m*; — jAw. *ϑriš* »dreimal«: ai. *tríṣ*, gr. *τρίς*; — jAw. *mərᵉϑyuš* »Tod«: ai. *mṛtyúṣ*; — jAw. *mąϑrō* »Spruch«: ai. *mántras*;[4] —

= ir. *s:* jAw. *usča* »hinauf«: ai. *uččā́*, aus ar. **utkā́*; — ap. *aniyaščiy* »auch anderes«, aus urir. °*asčit* (§ 278): ai. *anyáččid*; — jAw. *masyō*, kurd. *māsī* »Fisch«, aus urir. **mass*°[5]: ai. *mátsyas*; — gAw. *dasvā* »gib«: ai. *datsvá*[5]; — oss. *väss*, bal. *gvask* »Kalb«: ai. *vatsás*[5].

[1] Gesprochen *tuvəm*, § 268, 22. — [2] Gesprochen *tuvám*. — [3] Graphischer Ausdruck für *ϑvām*, § 270. — [4] Wegen ap. *baxtriš* s. § 281. — [5] Die mittel- und neuiranischen Wörter für »Fisch« haben durchweg langes *ā* gegenüber dem jAw. *a*: np. *māhī* u. s. w.; s. Horn, Grundriss 216 f. Ich schliesse daraus — und aus dem oss. *väss*: ai. *vatsás* —, dass jAw. *masyō* in Wirklichkeit **massyō* gesprochen wurde; vgl. § 268, 58. Aus urir. **mas-s*° wurde späterhin durch Verschiebung der Silbengrenze **mā-s*°: kurd. *māsī*, np. *māhī*; vgl. dazu Sievers, Phonetik[4] § 519, 650. Das gleiche Verhältnis besteht zwischen np. *ni-kūh-īdan* »schmähen« und ai. *kuts-áyati*. Horn's Etymologie von np. *gōsālah* (S. 210) ist falsch; das wäre air. **gausardaka-* »Rinderjährling« (§ 57 No. 2); die ebd. erwähnten Wörter kaf. *vatsala* und PDš. *botsóri* sind nicht iranischen Ursprungs. — S. noch § 15.

§ 6. Ar. (3) *k* = ir. *k:* jAw. *kat*, ap. *kaš[čiy*, np. *kih* »was?«: ai. *kád*, lat. *quod*; — jAw. *vəhrkō* »Wolf«, bal. *gvark*: ai. *vṛ́kas*, lit. *vilkas*; — jAw. *aδkəm* »Mantel«: ai. *átkam*; —

= ir. *x:* jAw. *xrūrəm* »blutig«: ai. *kravíṣ*, lit. *kraũjas*; — jAw. *xšapa* »Nacht«, ap. *xšapa*°, oss. *āxsāw*: ai. *kṣapáδiṣ*; — jAw. *baxšaⁱti* »er schenkt«, np. *baxšīdan*, bal. *bakšag*, *baškay* »schenken«, gAw. *baxštā* »er nahm Teil«: ai. *δákṣati*, *áδakta*[1]; — jAw. *yuxta*° »geschirrt«: ai. *yuktás*, lat. *junctus*; — jAw. *čaxrəm* »Rad«, np. *čarx*, oss. *calx*: ai. *čakrám*, gr. *κύκλος*. — Vgl. § 7, 22 und wegen ir. *xš* § 28, 34.

[1] Vgl. Bthl., IdgF. 3, 1; unten § 136, 156.

§ 7. Ar. (4) *k̑* = ir. *č:* jAw. °*čit*, ap. °*čiy*, np. *čih* »was?«: ai. °*čid*, lat. *quid*; — jAw. °*ča*, ap. °*čā* »und«: ai. °*ča*, lat. °*que*; — jAw. *panča* »fünf«: ai. *páñča*, lat. *quinque*; —

= ir. *š:* jAw. *šyaoϑnəm* »Thun und Treiben«, ap. *ašiyavam*[1] »ich marschirte«, np. *šudan* »gehen«, bal. *šuta* »gegangen«, afγ. *švąl* »gehen«[2]: ai. *čyāutnám*, *áčyavat*; — gAw. *vašyetē* »es wird verkündet«: ai. *učyátē*; — jAw. *tąšyå* »der stärkere«, aus ar. **taṅk̑i̯ās*[3], neben *tančištō* »der stärkste«. — Vgl. § 6, 22.

[1] Für *ašyavam*; s. § 270. — [2] S. § 90. Zu kurd. *čūn*, oss. *čaun* ebd. — [3] § 67.

§ 8. *Wechsel zwischen Tenuis und Spirans aus ar. Tenuis.*
Vgl. § 13.

Die arischen Tenues haben nach § 4—7 lautgesetzlich bald als Tenues bald als tonlose Spiranten zu erscheinen. Bei diesem Sachverhalt konnten Verschleppungen des einen wie des andern Lauts an die unrichtige Stelle nicht wohl ausbleiben. Der Anfang dazu reicht unzweifelhaft in die uriranische Periode hinauf. — Vgl. dazu Hübschmann, ZDMG. 38, 426; 44, 555 f.; Bthl., BB. 9, 130, 133; 15, 9; AF. 1, 79 f.; 2, 133; IdgF. 2, 266 f.

Beispiele für Spirans statt Tenuis: jAw. *xšafa* »Nacht« neben *xšapa:* ai. *kṣapā́;* s. jAw. *xšafnō*, *°fne* u. s. w.; — gAw. *ząϑā* »Erzeuger«: ai. *janitā́;* s. ai. *janitrā́*, *°trē* u. s. w.; — ap. *gāϑum* »den Ort, Thron«, np. *gāh* (*h* aus urir. ϑ) neben jAw. *gātuš:* ai. *gātúṣ;* s. jAw. *xraϑwō* Gen. Sg.: *xratuš* Nom. Sg.; — jAw. *apaši* »die rückwärts gewendete«: ai. *ápāčī;* s. ai. *ápāčyās*, *°čyāi* u. s. w.; — für Tenuis statt Spirans: jAw. *ātrəm* »das Feuer« neben *āϑrō;* s. *ātarš*, *ātərᵉbyō* u. s. w.; — jAw. *vār]əntyå* neben *pat]ąᶦϑyå:* ai. *bắv]antyās;* s. jAw. *bar]əntīm* u. s. w.; — jAw. *zaᶦričyå* »der goldäugigen« neben *ayašyå* »der bösäugigen« (§ 178 a β); s. ai. *śvitīčī;* — jAw. *hikvåŋhəm* »den trockenen«; s. *hikūš*. — Weiteres an den angeführten Stellen.

II. *Die arischen Tenues aspiratae.*

§ 9. Ar. (5) *p̔* = ir. *f:* jAw. *fåɪəkavō* »die Berge«, aus ar. **pārəkau̯as;* — oss. *fink* »Schaum«: ai. *p̔ḗnas;* — jAw. *safåŋhō* »die Hufe«, oss. *säf:* ai. *śap̔ás;* — jAw. *kaofō*, ap. *kaufaʰ*, Phlv. *kōf* »Berg«, aus ar. **kaup̔as;* —

= ir. *p:* jAw. *fraspara͡t* »er schnellte vor«, np. *sipardan* »treten«: ai. *sp̔urátí*[1].

[1] Ein Beispiel für *mp* aus ar. *mp̔* ist mir nicht bekannt.

§ 10. Ar. (6) *t̔*[1] = ir. ϑ: jAw. *ϑanjayeᶦnti* »sie ziehen«, *ϑanvarᵉ* »Bogen«: aus ar. **t̔aɪəǵaianti*, **t̔aɪəgu̯ar*[2]; — jAw. *yaϑa*, ap. *yaϑā* »wie«: ai. *yát̔ā;* — jAw. *paϑa* »auf dem Weg«, ap. *paϑim* »den Weg«: ai. *pat̔ā́;* — jAw. *uxδəm* aus urir. **uxϑam* = ai. *ukt̔ám*[3]; —

= ir. *t:* jAw. *°stānəm*, ap. *stānam*, np. *°stān* »Ort«: ai. *st̔ā́nam;* — jAw. *sraēštəm* »den schönsten«: ai. *śrḗṣt̔am;* — jAw. *pantå*, PDš. *punt* »Weg«[4]: ai. *pánt̔ās*.

[1] Zahlreiche Beispiele bei Zubatý, KZ. 31, 1 ff. — [2] Einzige Wortsippe mit anl. *t̔;* vgl. § 275. — [3] S. § 278, 280. — [4] KZ. 28, 209.

§ 11. Ar. (7) *k̔* = ir. *x:* jAw. *xå*, np. *xānī* »Quelle«: ai. *k̔ắm;* — jAw. *xumbō*, np. *xumb* »Topf«: ai. *kumb̔ás*, aus ar. **k̔umb̔as*[1]; — np. *nāxun*, oss. *nix* »Nagel«: ai. *nak̔ám*, gr. ὄνυχα; — jAw. *haxa*, ap. *haxā°* »Freund«: ai. *sák̔ā;* — afγ. *max* »Gesicht«: ai. *muk̔ám;* —

= ir. *k:* jAw. *skārayat°* »ins Wanken bringend«: ai. *sk̔álati*[2]; — jAw. *hankanayən* »sie sollen eingraben«: ai. *k̔ánati*. — Vgl. § 12, 22.

[1] E. Kuhn, KZ. 25, 327; oben § 2 b Abs. 4. — [2] BB. 10, 290 No.

§ 12. Ar. (8) *k̔̍* = ir. *š:* jAw. *šanəm* (etwa) »Grabscheit«[1], aus ar. **k̔̍anam*, neben ai. *k̔anítram* »Schaufel«; — jAw. *haši°* »Freund«, *hašē*[2] »dem Freund«, aus ar. **sak̔̍i°*, **sak̔̍i̯ai*, neben jAw. *haxa:* ai. *sák̔ā;* — np. *rēš* »Bart« neben oss. *rēxē;* —

= ir. *č:* jAw. *sčandayeᶦti* »er zerspaltet«, aus ar. **sk̔̍andai̯ati*, neben ai. *sk̔adatē*[3], jAw. *skəndō* »Spaltung«, np. *šikastan* »zerbrechen«.[4] — Vgl. § 11, 22. — Weitres bei Bthl., Studien 2, 54 f.

[1] ZPGl.; einziges Beispiel für anlautendes *š* aus *k̔̍;* nicht völlig sicher; s. noch § 198 No. 1. — [2] *š* für *šy;* s. § 90, 2 a. — [3] Im DhP., »*vidārē*«. — [4] *nč* aus ar. *nk̔̍* fehlt.

§ 13. *Wechsel zwischen Tenuis und Spirans aus ar. Tenuis aspirata.* Vgl. § 8.

Für die arischen Tenues aspiratae sind nach § 9, 12 meist Spiranten, aber auch Tenues eingetreten. In einigen Fällen ist das lautgesetzliche Verhältnis durch Ausgleich auch hier gestört. Der Vorgang kann uriranisch sein. Vgl. Bthl., KZ. 27, 367 f.; BB. 15, 10. Anders, aber nach meiner Ansicht unrichtig, urteilen von Fierlinger, KZ. 27, 334 f.; Geiger, SBayrAW. 1889. 1, 77.

Beispiele für Tenuis statt Spirans: jAw. *avakanōiš* »du mögest graben«, ap. *akāniy* »es ward gegraben«, np. *kandan* »graben«, neben np. *xandak* »Graben«, jAw. *xå*, np. *xānī* »Quelle«: ai. *k̔ánati* »gräbt«; s. jAw. *hankanayən* »sie sollen eingraben«, jAw. *iškatəm* »Schlucht«[1]; — jAw. *čāⁱti* »im Brunnen«, np. *čāh* »Brunnen«, neben jAw. *xå* u. s. w., s. eben; — np. *pūk* »Blasen«: gr. φῦσα, arm. *puk*[2]; —

Ich nehme an, dass die Tenuis in diesen Fällen in der Composition entstanden und von da aus übertragen worden ist; doch s. auch § 82 ff.

für Spirans statt Tenuis: jAw. *ząϑəm* »Geburt«, aus ar. **zantam*; s. jAw. *nijaϑəm* »Tötung«: ai. *hátas*; Ausgleich des Suffixanlauts, s. § 203.

[1] Bthl., Studien 2, 56. — [2] Horn, Grundriss 75.

III. *Die arischen Mediae.*

S. noch § 273 ff.

§ 14. Ar. (9) *b* = ir. *b*: jAw. *bā* »fürwahr«: ai. *bát*; — bal. *bīǰ* »Same«[1]: ai. *bī́jam*; —

= ir. *w*: gAw. *diwžaⁱdyāi* »zu betrügen«: ai. *dípsati*; beide aus ar. **dibžʿaº*[2]: ai. *dábat*; —

= ir. *f*: gAw. *dafšnyā* »die betrogenen«, aus ar. **dabžʿnº*[2], neben gAw. *diwžaⁱdyāi*. Einziges Beispiel.

[1] Bal. *b* ist ar. *b* oder *bʿ*, hier natürlich *b*. — [2] S. § 52 f.

§ 15. Ar. (10) *d* = ir. *d*: jAw. *darᵊγō* »lang«, *drāǰō* »Länge«, ap. *dargam*, oss. *darγ*, np. *dirāz* »lang«: ai. *dīrgás*, *drāgimā́*, gr. δολιχός; — gAw. *vaēdā* »er weiss«: ai. *véda*, gr. Ϝοῖδε; — gAw. *zərᵊdā* »mit dem Herzen«, oss. *zārdā*: ai. *hr̥dā́*, lat. *cordis*; —

= ir. *z*: PDm. *ēzma*, np. *hēzum*, jAw. *aēsmō* (mit *sm* für *zm*[1]) »Brennholz«, aus ar. **aidžmas*, urir. **aizžmº*[2]: ai. *idʿmás*.

[1] S. § 278, 284. — [2] S. § 5 Abs. 3, § 53 I, § 197 und IdgF. 4, 123 f.

§ 16. Ar. (11) *g* = ir. *g*: jAw. *gāuš*, ap. *gauº*, np. *gāv* »Rind«: ai. *gáuš*, ksl. *govędo*; — gAw. *gᵊnā* »Frau«: ai. *gnā́*, got. *qinō*; — gAw. *ugrəṇg* »die starken«: ai. *ugrā́n*; —

= ir. *γ*: gAw. *aoγžā* »du sagtest«, aus ar. **augžʿa*[1]. — Vgl. § 17, 22.

[1] S. § 53 I.

§ 17. Ar. (12) *ǵ* = ir. *ǰ*: jAw. *ǰvaⁱti*[1] »er lebt«, ap. *ǰīvāhy*: ai. *jī́vati*, got. *qius*; — gAw. *aoǰaŋhā* »mit Macht«: ai. *ójasā*; neben gAw. *aogō*. — Vgl. § 16, 22.

[1] Missschreibung für **ǰīvº*; s. § 268, 17.

IV. *Die arischen Mediae aspiratae.*

S. noch § 273 ff.

§ 18. Ar. (13) *bʿ* = ir. *b*: ar. *baraⁱti*, ap. *baraⁿtiy*, np. *burdan* »tragen«: ai. *bʿárati*, got. *bairan*; — jAw. *brāta*, ap. *brātā*, np. *birādar* »Bruder«: ai. *bʿrā́tā*, got. *brōþar*; — gAw. *nabå* »Luftraum«: ai. *nábʿas*, gr. νέφος.

§ 19. Ar. (14) *dʿ* = ir. *d*: jAw. *daršiš* »stark«, ap. *daršam*: ai. *dʿr̥ṣṭás*, gr. θάρσος; — jAw. *drvatātəm* »Heiltum«, ap. *duruvā*, np. *durust*: ai. *dʿruvás*; — gAw. *varᵊdaⁱtī* »er lässt wachsen«: ai. *várdʿati*.

§ 20. Ar. (15) *gʿ* = ir. *g*: jAw. *garᵊmō*, ap. *garmaº*, np. *garm* »warm«: ai. *gʿarmás*, lat. *formus*; — gAw. *darᵊgəm* »lang«: ai. *dīrgʿám*, ksl. *dlŭgŭ*. — Vgl. § 21, 22.

§ 21. Ar. (16) *ǵʿ* = ir. *ǰ*: jAw. *ǰaⁱnti* »er tötet«, ap. *ǰaniyāʰ* »er möchte töten«, bal. *ǰanag* »schlagen«: ai. *hánti*, gr. θείνω; — gAw. *arᵊǰaṯ* »ist wert«: ai. *árhati*, lit. *algà*; — gAw. *adruǰyantō* »des Nichtlügners«: ai. *drúhyati*, nhd. *trug*; neben ap. *draugaʰ*. — Vgl. § 20, 22.

§ 22. *Zum Wechsel von k mit č u. s. w.*

S. § 6 f., 11 f., 16 f., 20 f. — Die arischen *k*-Laute und deren einzelsprachliche Vertreter sollten lautgesetzlich nur vor *ĭ ị* und vor *ă*, wenn aus idg. *ǩ*, auftreten; in allen andern Stellungen hätten statt dessen die *k*-Laute und deren Fortsetzer zu erscheinen. Schon sehr frühzeitig jedoch trübt sich das Verhältnis durch Lautausgleich — meist zu Gunsten der *č*-Laute —, und man begreift, dass sich dieser Vorgang jeder Zeit wiederholen konnte. Im Indischen sind die Vertreter der arischen *č*-Laute auch in die Stellung vor *n*, *m* und *r* eingerückt[1], dagegen finden sie sich im Iranischen ausschliesslich vor Vocalen. Verschleppung des *k*-Lauts ist im Iranischen selten.

Beispiele für den *č*- statt *k*-Laut: jAw. *čū* »wie?«, neben *kū*: ai. *kū́*; s. *čiš* »wer?«; — jAw. *asčūm* »Wade«: arm. *oskr* »Bein«[2]; — gAw. *hača^{i}ntē* »sie gehen zusammen«: gr. *ἕπονται*; s. jAw. *hača^{i}te*: gr. *ἕπεται*; — jAw. *jasa^{i}ti* »er kommt«: ai. *gáčʰati*, gr. *βάσκω*; s. gAw. *jantū* »er komme«, aus idg. **ǵentu*: ai. *gantu*; —

für den *k*- statt *č*-Laut: jAw. *čikiϑwå* »wissend«: ai. *čikitvā́n*, neben jAw. *čičiϑušīm*[3]; — gAw. *āskə^{i}tīm* (d. i. *āskitīm*[4]) »Genossenschaft«, neben *hača^{i}ntē*; — gAw. *kahyā* »wessen?«: ai. *kásya*, neben gAw. *čahyā*: gr. *τέο*; — np. *kardan* »machen«, neben ap. *čartanaiy*[5].

[1] Begünstigt durch den Zusammenfall des idg. *ǵ* und *γ*, *ǵʰ* und *γ'* in *j*, bzw. *h*; s. unten § 27 c. So: ai. *yāčñyás*, *mumučmáhē*, *mumučrē*. S. dazu J. Schmidt, KZ. 25, 70 ff. — [2] Bthl., Studien 2, 5 f., Kretschmer, KZ. 31, 322. — [3] ϑ nach § 8. — [4] S. § 268, 9; Bthl., AF. 3, 32; Jackson, Grammar 10, 220. — [5] Aus idg. **ǩert°*: vgl. Brate, BB. 13, 46; falsch Fr. Müller, WZKM. 4, 310; s. IdgF. 4, 128, unten § 122.

§ 23. *Zum Wechsel von Tenuis mit Media, Tenuis aspirata mit Media aspirata.*

In der Ursprache wurde jeder tonlose Geräuschlaut tönend, wenn er vor einem tönenden Geräuschlaut zu stehen kam, und umgekehrt; s. S. 3 oben; doch beachte § 52, 1 b. Vgl. ferner § 84, 1.

Die neuentstandenen Tenues und Mediae wurden nun bereits in der Ursprache, insbesondere im Wurzelauslaut, auch in andre Stellungen verschleppt, und in der Folge übertrug sich der Wechsel zwischen Tenuis und Media auf dem Weg der Proportionsbildung auch auf die entsprechenden Aspiraten; man berücksichtige dazu, dass alle Aspiraten, wenn sie vor Geräuschlaute zu stehen kamen, sowie im Auslaut ihre Aspiration einbüssten (§ 52, 1; 84, 1). Es ist nicht mehr überall sicher zu entscheiden, ob der tonlose oder der tönende Verschlusslaut der ursprüngliche ist. Die geschilderten Neuerungen konnten sich in den Einzelsprachen mut. mut. aufs Neue vollziehen[1].

[1] von Bradke's Erklärung dieses Wechsels, ZDMG. 40, 683 kann ich mir nicht aneignen. — Das Nebeneinander von *k* und *g* u. s. w. als »Wurzeldeterminativa« hat den Wechsel unterstützt; vgl. Per Persson, Wurzelerweiterung 21 ff., 42 f., 55 ff.

Beispiele a. für den Wechsel von Tenuis und Media: jAw. *yaoxma^{i}de* »wir schirren an«: gAw. *yaojantē*, ai. *yugám* »Joch«; s. jAw. *yuxta°* »angeschirrt«: ai. *yuktás*; — jAw. *hiγnvi* »die trockene« (*γ* aus urir. *g*[1]): *hikūš*, lat. *siccus*; —

b. für den Wechsel von Tenuis asp. und Media asp.: jAw. *nāfō* »Ursprung«, np. *nāf* »Nabel«: ai. *nā́bʰiṣ* »Nabel, Ursprung«[2]; — jAw. *jafra* »tief«: *ja^{i}wi°* (*w* aus urir. *b*[1]), ai. *gabʰīrás*[3]; — jAw. *zafar°* »Rachen«: ai. *jámbʰas*; — jAw. *^{u}ruϑəm* »Wachstum«: *raoδahe* (*δ* aus urir. *d*[1]), ai. *rṓdʰati*; — gAw. *ər^{ə}ϑwəng* »die rechten, gerechten«: *ar^{ə}drō*, *rādaŋhā*, ai. *rā́dʰas*; — jAw. *daxməm* »Leichenbestattungsort«, ursp. Verbrennungsstätte[4]: *daža^{i}ti* »verbrennt« (*ž* aus urir. *j*[1]), ai. *dáhati*, *nidāǵʰás*, np. *dāγ* »Brandmal«. S. noch § 274 Note 2. — — Auffällig ist PDw. *furz* »Birke«[5] = afγ. *barj*[6] neben oss. *bärz*, ai. *bʰūrjas*, nhd. *birke*.

[1] S. unten § 271. — [2] Hübschmann, ZDMG. 44, 557. — [3] BB. 15, 10; Caland, KZ. 31, 327. — [4] Geiger, Ostir. Kultur 268; Ed. Meyer, Gesch. d. Altertums 1,

525. — 5 TOMASCHEK, SWienAW. 96, 742, 792. — 6 Afγ. *b-* aus urir. *f-*; s. GEIGER, KZ. 33, 255; ABayrAW. 20. 1, 195, 214.

§ 24. *Voriranische Reduction von Verschlusslauten.*

Ein zwischen Nasal und Geräuschlaut, sowie ein zwischen Nasalen stehender Verschlusslaut erfuhr bereits im Arischen irgend eine Minderung, wohl der Intensität. Im Iranischen machen diese reducirten Laute den Übergang in die Spirans nicht mit, sondern fallen, ebenso wie im Indischen, aus, und zwar sehr frühzeitig.[1]

1 Vgl. BTHL., KZ. 29, 500 ff., 518; Studien 1, 79; 2, 94 ff.; IdgF. 1, 489. — Dazu noch BRUGMANN, Grundriss 2, 491 No

Beispiele für die Labialklasse: jAw. *kamnəm* »wenig«, ap. *kamnaibiš*, np. *kam*: jAw. *kambištəm* »wenigst«;[1] —

für die Dentalklasse: jAw. *t̰bišyanbyō* »den Feinden«: *t̰bišyantąm* »der Feinde«; — jAw. *frākərᵊnaot̰*[2] »er schuf: *frākərᵊntat̰*; aus ar. **kr̥nᵗnaut*[3]; — jAw. *bune*[2] »auf dem Grund«, np., oss. *bun*: ai. *budʰnás* und Pa. *bundʰō*: PDw. *wūndr*, lat. *fundus*; aus ar. **δunᵈʰnai*;[4] —

für die Gutturalklasse: jAw. *paṇtaŋhum* »das Fünftel«[5]: ai. *paṅtíṣ*, neben jAw. *panča* »fünf«; — jAw. *parąš* »weggewendet«[6]: ai. *párāṅ*; aus ar. **parāṅᵏš*, neben ai. *párāñčam*.

Zur Chronologie des Ausfalls s. auch noch unten § 62, 1; 94, 1.

Die Abweichungen: jAw. *jąfnavō* »Thäler«, *ąxnā* »Zügel«, *ϑraf'dʰō* »satt« u. a. erklären sich durch Lautausgleich oder Neubildung; s. BTHL., KZ. 29, 502 f., Studien 2, 101 ff.

1 S. aber jAw. *gərᵊwnāiti* »er ergreift«: ai. *gr̥bʰṇā́ti*. — 2 *n* für *nn*; s. § 268, 58. — 3 S. § 133. — 4 Vgl. dagegen *paϑni* »Herrin«: ai. *pátnī*. — 5 Y. 19, 7; in den Handschriften auch *pangtᵒ* geschrieben, mit *ng* statt *ŋ* wie oft; s. unten § 268, 47. Entsprechend gAw. *mərᵊngəidyāi*, *mərᵊngᵊduyē* statt ᵒ*ŋd*ᵒ. — 6 Vgl. § 67.

§ 25. *Voriranischer Ausfall von Verschlusslauten.*

Bei stärkerer Consonantenhäufung wurde die Gruppe schon frühzeitig, vielleicht schon in der Ursprache, durch Unterdrückung eines der Consonanten erleichtert. Für den Schwund von Verschlusslauten dienen aus dem (Alt-) Iranischen als Beispiele:

1. gAw. *nafšu-čā* »bei den Enkeln«, aus ar. **napsu*, uridg. **neptsu*; s. jAw. *naptō* »die Enkel«; Ausfall von *t*;[1] —

2. jAw. *ərᵊdvafšnyå* »der hochbrüstigen«, aus ar. **ᵒpsnᵒ*, uridg. **ᵒpstnᵒ*; s. jAw. *fštāna* »Brüste«; Ausfall von *t*;[2] —

3. jAw. *raϑaē]štārəm* »den Krieger«: ai. *savya]ṣṭʰā́ram*, aus uridg. **ᵒsttᵒ* für ᵒ*st* + *t*ᵒ; Ausfall von *t*;[3] —

4. gAw. *astīm* »den Anhänger« (der Heilslehre), aus uridg. **ᵒsktim*; s. gAw. *āskəᵗtīm*; Ausfall von *k*;[4] —

5. gAw. *asnāt̰* »von nahe«, aus ar. ᵒ*zn*ᵒ, uridg. **ᵒzdn*ᵒ; s. jAw. *nazdyō* »näher«, ai. *ásannas* »nahe«; Ausfall von *d*.[5]

Vgl. noch § 96, 1: bal. *ništa* und jAw. *vīštāspō*.

1 OSTHOFF, Zur Gesch. des Perf. 600. — 2 Unrichtig FR. MÜLLER, WZKM. 6, 182 f. S. noch § 83, 3. — 3 MAHLOW, KZ. 25, 29; unten § 38 f., 98. — 4 S. noch § 96, 2; 189. — 5 BTHL., IdgF. 5.

I Ab. DIE SPIRANTEN.

Ich teile die Spiranten der indogermanischen Ursprache in *x*-Laute (gutturale Spiranten) — dazu stelle ich anhangsweise *j* (palatale Spirans) — und in Zischlaute. Sie müssen gesondert behandelt werden.

I Ab 1. Die gutturalen Spiranten. — Anhang: *j*.

§ 26. *Übersicht.*

Die indogermanische Ursprache besass zur Zeit ihrer Auflösung vier gutturale Spiranten, welche ich im Anschluss an die sonst im »Grundriss« befolgte Umschreibungsweise mit *x x'*[1] *γ γ'* bezeichne: tonlos, tonlos aspirirt, tönend, tönend aspirirt. — Über *j* s. § 36.

Meine ursprachliche *x*-Reihe entspricht der k_1-Reihe HÜBSCHMANN'S (KZ. 23, 21), der *k̂*-Reihe BRUGMANN'S (im Grundriss) und der *ç*-Reihe FICK'S (im Wörterbuch, 4. Aufl.). Statt gutturaler oder palataler Verschlusslaute oder aber palataler *ś*-Laute, an die nach FICK zu denken wäre (a. O. 1, XX), setze ich gutturale Spiranten (*ach*-Laute) an, im Anschluss an J. SCHMIDT, KZ. 25, 134 f., Urheimat der Indogermanen 47. S. ferner BEZZENBERGER, BB. 16, 235 No.; BTHL., Studien 2, 19; BECHTEL, Hauptprobleme, 370 f.

[1] Gegen den Ansatz eines *x'* wendet sich J. SCHMIDT, DL. 1892, 1556 (und brieflich); ein von *x* verschiedenes *x'* sei nur zu Gehör zu bringen, wenn man *x* und ' (*h*) auf zwei verschiedene Silben verteilt, also nicht z. B. im (absoluten) Anlaut. Ich halte das mit SIEVERS (brieflich) nicht für zutreffend.

§ 27. *Die arischen (und indischen) Wandlungen der idg. Gutturalspiranten.*

a. Nach der Gestaltung der idg. *x*-Laute scheiden sich die indogermanischen Einzelsprachen bekanntlich in zwei Gruppen: die erste setzt *x* u. s. w. in gutturale Verschlusslaute um: *k* u. s. w., die zweite in Zischlaute. Nach der Form des Zahlworts für »hundert« hat man sie die *centum*- und die *satəm*-Gruppe benannt[1], wobei das Lateinische und das Awestische als Gruppenvertreter fungiren. Die zweite Gruppe umfasst das Armenische, Albanesische, Slavisch-Baltische und das Arische.

[1] VON BRADKE, Methode und Ergebnisse 63.

b. Die arische Vertretung der ursprachlichen *x*-Laute ist folgende:

1. Im Allgemeinen erscheinen dafür (palatale) *ś*-Laute: *ś ś' ź ź'*.
2. Vor Zischlauten bleiben *x* und *γ*[1] erhalten[2].
3. Vor Verschlusslauten wurden *x* und *γ*[1] zu (dentalen) *š*-Lauten: *š ž*[3].

[1] Das Vorkommen der Aspiraten vor Geräuschlauten ist nach § 52 ausgeschlossen. — [2] Zu der Annahme, dass dem idg. *xs* ar. *xš* entspreche vgl. BTHL., KZ. 29, 156, Studien 1, 56. Die von J. SCHMIDT aufgestellte, von BRUGMANN (im Grundriss) und andern angenommene Hypothese, idg. *xs* (*xš*) sei durch ar. *šš* zu ai. *kṣ*, ir. *š* geworden, lehne ich aus mehrfachen Gründen ab; s. jetzt JOHANSSON, IdgF. 2, 18 f. und die dort aufgeführte Litteratur. — [3] S. dazu § 38 a. Ar. *š* und *ž* können danach in der Stellung vor Verschlusslauten zweifachen etymologischen Wert haben, = idg. *x* und *s*, bzw. *γ* und *z*. — S. noch § 38 a No. 3 und § 49.

c. Das Indische hat: ar. *ś* nicht verändert, für *ź'* dagegen *h*[1], für *ś'* und *ź* die Affricaten *č' ǰ*[1] eintreten lassen[2];

alle aus gutturaler Spirans und Zischlaut bestehenden Gruppen durch *kṣ*[3] ersetzt.

Zur Vertretung von ar. *š ž* s. unten § 38.

[1] S. dazu oben § 2 b. Ai. *č' ǰ* und *h* (für *ǰ'*) haben doppelten etymologischen Wert. Vgl. im Übrigen KZ. 27, 366 f. FR. MÜLLER's Einwendungen (WZKM. 7, 375) erledigen sich durch den Hinweis auf *viṭ* zu *viśam*, *viprúṭ* zu *viprúṣam* und auf KZ. 29, 578, BB. 15, 199 f. — [2] S. aber noch § 38 b No. 1. — [3] Spuren abweichender Vertretung bespricht WACKERNAGEL, KL. 3, 54*. Ar. *kš* und *xš*, die im Iranischen als *xš* und *š* auseinandergehalten werden (§ 28, No. 3), sind im Indischen in *kš* zusammengefallen, ausser in der Stellung vor *t*-Lauten, wo sie als *k* (für *kš*) und *ṣ* erscheinen (IdgF. 3, 1 f.; unten § 51, 3 a). PISCHEL's gegenteilige Ansicht, GGA. 1881, 1322 gilt mir für durchaus unbewiesen; s. IdgF. 3, 182. Der etymologische Wert des ai. *kṣ* ist sehr mannigfaltig. S. § 38 b.

§ 28. *Die iranischen Wandlungen der arischen ś- und x-Laute.*

Im Iranischen traten folgende Veränderungen ein:

1. Die *ś*-Laute erscheinen — unter Aufgabe der Aspiration (§ 3) —
   a. vor *n* sämmtlich als *š*[1],
   b. hinter Labialen als *š ž*[2],
   c. sonst als *s z*.
2. Die *x*-Laute (*x γ*) fallen aus[3].

[1] Der Wandel von ar. *śn źn* u. s. w. zu *šn* muss sich direkt vollzogen haben, nicht etwa durch die Mittelstufe *sn* hindurch, denn arisches *sn* bleibt unverändert; s. § 39, 3 a. Wegen *š* für *ž* s. § 62, 3. Vor *n* werden alle Zischlaute tonlos; s. § 39, 3 a, b. — [2] Zwischen ar. *pś* und ir. *fš* (§ 3, 4) liegt älteres *fs*, worin ar. *pś* und *ps* zusammenfielen; s. § 39, 3 b und zur Chronologie des Übergangs § 30; 40 No. 2. Für andere Gruppen als *pś* habe ich keinen Beleg. jAw. *xawzō* »Topf« V. 8, 31 ist Missschreibung statt *xaozō*, s. np. *kūzah;* das jAw. *x* stammt vom synonymen *xumbō*, § 11. — [3] Im Iranischen sind also z. B. ar. *kš* und *xš* geschieden, im Gegensatz zum Indischen, s. § 27 c No. 3. Vgl. Hübschmann, ZDMG. 38, 428 ff., Oss. Sprache 101; weitre Litteratur ist KZ. 31, 429 verzeichnet.

Zu ar. *š ž* aus idg. *x γ* s. unten § 39, 45, 47, 49.

§ 29—33. *I. Belege für die ir. Vertretung der arischen ś-Laute.*

§ 29. Ar. (17) *ś* = ir. *s:* jAw. *satəm*, np. *sad*, oss. *sädä*, afγ. *sal* »hundert«: ai. *śatám*, lat. *centum;* — jAw. *sravō* »Lehre«: ai. *śrávas*, gr. κλέος; — jAw. *varᵊsō*, np. *gurs* »Haar«: ksl. *vlasŭ*[1]; — jAw. *asma*, ap. *asmānam*, np. *āsmān* »Himmel«: ai. *áśmā*, gr. ἄκμων; — jAw. *čaxse* »hat gelehrt«: ai. *kśā-*[2]; —

[1] Falsch KZ. 32, 386; s. IdgF. 3, 178. — [2] Vgl. von Schroeder, MS. 1, XI; Geldner, BB. 14, 8 f.

= ir. *š:* jAw. *frašnō* »Frage«: ai. *praśnás*, lat. *precor;* — ap. *vašnā* »nach dem Willen«: ai. *váśmi* »ich will«, gr. ἑκών; — jAw. *fšumå* »Heerdenbesitzer«, np. *šubān* »Hirt« (*š* aus *fš*): ai. *paśumán*, lat. *pecus;* — jAw. *fšəbīš* »mit Fesseln«: ai. *pāśas*, lat. *pācem*.

§ 30. Ar. (18) *ś* = ir. *s*[1]: jAw. *saδayeiti* »scheint«: ai. *čadáyati;* — np. *sāyah*, bal. *sāig* »Schatten«: ai. *čāyā;* — jAw. *kasviš* »Hautausschlag«: ai. *kačúš*.[2]

Auf uriranischer Neubildung, vollzogen nach Abschluss des Wandels von *fs* zu *fš*, beruht das *fs* der Inchoativa jAw. *xᵛafsa* »schlaf«, nbal. *vafsay*, np. *xuspīdan;* vgl. BB. 13, 74 f. und unten § 135 No. 2.

[1] Vgl. Bthl., Studien 2, 52 ff. und unten § 51, 2. — [2] Für ar. *śn* habe ich keinen Beleg.

§ 31. Ar. (19) *ź* = ir. *z:* jAw. *zayata* »er wurde geboren«, np. *zādan*, afγ. *zōvąl* »nasci«: ai. *jāyate*, lat. *genuī;* — jAw. *zrayō* »See«, bal. *zirā:* ai. *jráyas;* — jAw. *azaiti* »er treibt«: ai. *ájati*, lat. *agō;* —

= ir. *š:* ap. *ašnaiy* »zu marschiren«[1]: jAw. *azaiti*, ai. *ájati;* — jAw. *uxδašna* »die Sprüche kennend«, ap. *xšnāsātiy*[2] »er kenne«, np. *šināxtan* »erkennen«, *āšnā* »bekannt«: bal. *zānag* »wissen«, ai. *darmajñas*, lat. *gnōscō*.

[1] § 260, 2 d. — [2] Zum anlautenden *x* s. § 86.

§ 32. Ar. (20) *źʰ* = ir. *z:* jAw. *zyå*, oss. *zįmäg*, np. *zamistān* »Winter«, PDw. *zam* »Schnee«: ai. *himā*, lat. *hiems;* — jAw. *vazaiti* »er fährt«, afγ. *vuzī* »fliegt«, np. *vazīdan* »wehen«: ai. *váhati*, lat. *vehō;* — jAw. *azəm*, oss. *äz* afγ. *za* »ich«: ai. *ahám;* —

= ir. *š:* jAw. *barᵊšnavō* »die Berge«: *barᵊzō* »Berg« ai. *bṛhát* »hoch«, got. *bairgahei*.

§ 33. *Ausnahmen zu* § 28, 1, a *und* b.

1. Wo im Iranischen *sn* an Stelle eines ar. *śn* u. s. w. erscheint, haben wir es mit Übertragung des *s*-Lauts zu thun, der, nach Abschluss des Über-

gangs von ar. *š* zu *s* u. s. w. nach § 28, 1 c, jederzeit vollzogen werden konnte. Dagegen beruhen die Wörter mit *žn* auf einem lautlichen Compromiss zwischen dem gesetzlichen *šn* und dem *z* der etymologisch verwandten Wörter, der zeitlich ebenfalls nicht zu fixieren ist.

Beispiele für *sn* statt *šn:* jAw. *vasna* »nach dem Willen«: ap. *vašnā;* vgl. jAw. *vasō* »Wille«; — jAw. *yasnō* »Verehrung«: np. *jašn* »Fest«, ai. *yajñás;* vgl. jAw. *yazaite* »er ehrt«; — jAw. *aznąm* »der Tage«: ai. *áhnām,* vgl. urir. **azar:* ai. *áhar* »der Tag«;[1] —

[1] Auffällig ist jAw. *snaϑō* »Schlag«, *snaiϑiš*, Phlv. *snahiš* »Schlagwaffe« gegenüber ai. *śnáthitā* u. s. w.; die Unregelmässigkeit liegt wohl auf indischer Seite, s. Bloomfield, JAOS. 13, CXVII ff.; anders Bthl., Handbuch 261.

für *žn* statt *šn:* jAw. *āžnubyasčit̰* »bis zu den Knien«: ai. *abhijñú,* vgl. jAw. *frašnaoš, āxšnūš* (§ 86), *zānu°:* ai. *jā́nu;* — jAw. *upadaržnvanti* »sie vermögen«[1]: *dərəzayaδwəm,* ai. *dṛ̥hati.*

[1] Bthl., Studien 1, 54; 2, 104.

2. In entsprechender Weise hat man ir. *fs* statt *fš* für ar. *pš* zu erklären: jAw. *afsmanəm* neben gAw. *afšmānī* zu ai. *páśas;* das Simplex wäre **pasman°*[1]. — Vgl. ferner § 30.

[1] Vgl. Geldner, BB. 14, 27; Ved. Studien 1, 287 und lat. *versus pangere.*

§ 34—35. *II. Belege für die ir. Vertretung der arischen x-Laute.*

§ 34. Ar. (21) *χ* = ir. o: jAw. *šuδəm* »den Hunger«, oss. *sįd,* bal. *šudig:* ai. *kṣúdham;* — jAw. *mošu* »bald«: ai. *makṣú,* lat. *mox*[1]; — jAw. *pašāt̰* »er soll fesseln« (§ 156): gr. *ἔπηξα;* — jAw. *taša* »Bildner«: ai. *tákṣā,* gr. *τέκτων.* Vgl. dazu § 6.

[1] Falsch Fick, Wörterbuch 1[4] 519.

§ 35. Ar. (22) *γ* = ir. o: jAw. *uzvažat̰* »er entführte«: ai. *avākṣīt,* lat. *vēxit;* aus ar. **u̯aγžat;* neben jAw. *vazaiti* (§ 32); — gAw. *dīdərežō* »du willst festsetzen«, aus ar. **didr̥γžas;* neben jAw. *dərəzayaδwəm* (§ 33)[1]. — Vgl. dazu § 16.

[1] S. § 156, 137; ferner unten § 53 I.

I Ab 1. Anhang. Idg. *j.*

§ 36. *Die indogermanische tönende palatale Spirans j* ist bisher nur im Wortanlaut vor Vocalen nachgewiesen, und auch hier ist *j* nur im Griechischen (ζ) von *i̯* (ʽ) geschieden. Das Iranische wie das Indische haben für beide den gleichen Laut. Ich nehme an, dass sie bereits im Arischen in *i̯* zusammengefallen waren; s. § 69 ff. Beispiele sind unten in § 73 gegeben.

Litteratur: G. Meyer, Griech. Grammatik[2] 216 f.; Brugmann, Grundriss 1, 453 f.

I Ab 2. Die Zischlaute.

§ 37. *Übersicht.*

Über die Zahl und die Arten der indogermanischen Zischlaute ist eine Einigung bisher noch nicht erzielt. Jedenfalls kommt man mit *s* (tonlos) und *z* (tönend), oder gar mit blossem *s* nicht aus.

a. Ich füge zunächst ϑ und δ (tonlose und tönende interdentale Spirans) hinzu, welche, wie ich annehme, bereits in ursprachlicher Zeit für *t* und *d* in der Stellung vor dentalen Verschluss(- + Sonor)lauten eingetreten waren[1].

Litteratur: Brugmann, MU. 3, 131 ff.; Osthoff, Zur Gesch. d. Perfekts 560 ff.; Bthl., Handbuch 45; AF. 2, 79; KZ. 29, 577. Ebenda weitre Litteraturangaben.

[1] Johansson, IdgF. 2, 33 f. schiesst ebenso über das Ziel hinaus, wie ich es, Philol. Rundschau 1, 519 gethan habe. Idg. *ϑt* und *st* u. s. w. sind im Iranischen

streng geschieden; s. § 40 f. und 45, 47. — de Saussure's Annahme, vor *t* + Consonant sei ein Dental bereits in der Ursprache geschwunden (MSL. 6, 246 ff.; vgl. IdgF. 1, 512), halte ich für unerwiesen; s. unten § 40 die beiden letzten Beispiele.

b. Die Thatsache ferner, dass dem arischen *xš* = ai. *kš*, air. *š* (§ 34) im Griechichen bald ξ, bald κτ gegenübersteht — ai. *kšitiš* »Wohnsitz«: gr. κτίσις, aber ai. *dákšiṇas* »rechts«: gr. δεξιός —, weist mit Bestimmtheit darauf hin, dass im arischen *xš* zwei verschiedene ursprachliche Consonantenverbindungen zusammengefallen sind: die Verschiedenheit muss aber im zweiten Laut gelegen haben. Ich will für solche Fälle, wie ai. *ṛ́kšas* »Bär«: gr. ἄρκτος u. s. w., darin ein arischer *š*-Laut einem griechischen dentalen Verschlusslaut entspricht, mit Collitz ursprachliche *š*-Laute ansetzen. So kommen weiter hinzu *š ž*[1].

Litteratur: Brugmann, Grundriss 1, 409 f.; Bthl., Studien 2, 21 ff., 205; Kretschmer, KZ. 31, 433 ff.; Collitz, BB. 18, 220. — Ebenda Weitres.

[1] Z. B. in gr. γδοῦπος (?).

c. Endlich hat man noch das Verhältnis von ai. *kšā́s* »Erde« zu gr. χθών, von ai. *ákšitas* »unvergänglich« zu gr. ἄφθιτος u. dgl. m. zu erwägen. Das Griechische thut dar, dass dabei eine Aspirata im Spiel ist. Da ich nun annehme, dass die Ursprache Aspiraten nur in der Stellung vor Sonoren hatte, und dass beim Zusammentreffen einer Aspirata mit einem Geräuschlaut die Aspiration auf den letztern überging (s. § 52), so postulire ich für die eben besprochenen wie für ähnliche Fälle aspirirte Zischlaute: *s' z' š' ž'*[1].

Litteratur: Bthl., AF. 1, 3 ff.; 2, 54 ff.; Studien 2, 21 ff.; J. Schmidt, Pluralbildungen 416 ff.; Kretschmar, KZ. 31, 433 ff.; Collitz, BB. 18, 210 f. — Daselbst ist weitre Litteratur verzeichnet.

[1] Der Annahme aspirirter Zischlaute steht nichts im Weg. Die Laute kommen thatsächlich vor; vgl. Sievers, Phonetik[4] § 405; Geiger, SBayrAW. 1889. 1, 75 (wo die Aspirirung des anlautendem *tš* (*č*) im Nordbaluči besprochen wird). S. ferner § 2 b, 27 c.

d. Ich weise also der indogermanischen Ursprache folgende Zischlaute zu:

	tonlos			tönend		
ϑ-Laute:	ϑ	aspirirt	—	δ	aspirirt	—
s-Laute:	*s*		*s'*	*z*		*z'*
š-Laute:	*š*		*š'*	*ž*		*ž'*

Dazu bemerke ich im Voraus, dass bisher ein sicherer Beweis für die Aspiraten: nur hinter Geräuschlauten; für die *š*-Laute: nur hinter *k*- und *x*-Lauten; für ϑ δ: nur vor *t*-Lauten erbracht ist. Antesonores *z* war selten; s. § 47.

§ 38. *Die arischen (und indischen) Wandlungen der idg. Zischlaute.*

a. In der arischen Grundsprache wurden die idg. *s*-Laute hinter (arischen) *i*-[1] und *u*-Vocalen, Liquiden und Gutturalen in jeder Stellung[2] in die entsprechenden (dentalen) *š*-Laute umgesetzt. Weitre Veränderungen traten nicht ein[3]. Doch s. noch § 51.

[1] Vgl. dazu § 69, 2; 70, 1. — [2] Also auch im Auslaut; vgl. ZDMG. 48, 146. Die Studien 1, 38 von J. Schmidt erwartete Rechtfertigung für den Ansatz eines ar. *-is*, *-us* ist noch nicht erfolgt; vgl. Studien 2, 8. Auf Buck's Mitteilungen, AJPh. 11, 291 gebe ich nicht ein, da ich nicht annehmen kann, dass er zu ihrer Veröffentlichung ermächtigt war. — [3] S. dazu § 27 b 3. Ein arisches *š* kann sonach drei idg. Lauten entsprechen: *s* (§ 38 a), *š* (§ 37 b ff.), *x* (§ 27 b 3).

b. Im Indischen wird die Aspiration der arischen *s*- und *š*-Laute aufgegeben[1];

die *š*-Laute werden »cerebral«: *ṣ ẓ*; *šr* wird *sr*;

die tönenden, aus Geräuschlaut und Zischlaut bestehenden Verbindungen werden tonlos[2];

für ar. ϑ tritt *t* ein; δ wird *d* oder es fällt aus[3].

Durch Assimilation wird urind. *ṣ́* zu *ṣ́*; *s* zu *ś* und *ṣ́*[4].

Urind. *z* und *ẓ* fallen vor dentalen, bzw. cerebralen Verschlusslauten aus, vor den übrigen werden sie in *d*, bzw. *ḍ* verwandelt, für *dǰ* erscheint *ǰǰ*; sonst wird *ẓ* zu *r*, während *z* verloren geht[5].

[1] Vgl. dazu § 27 c Abs. 1. Ar. *ś ź* u. s. w. kamen nach § 37 d nur hinter Geräuschlauten vor. In dieser Stellung ging auch die Aspiration der ar. *ś*-Laute unter: ai. *rapśatē* »er schwillt«, aus ar. **rapśatai*; s. Studien 2, 47 und unten § 51, 2. J. SCHMIDT's Einwand, DL. 1892, 1556 kann ich nicht für stichhaltig erachten. Der Übergang der arischen *k̂ś* und *ś* in ai. *c̣* (d. i. *tś*) ist jünger als obiges Gesetz. — [2] S. dazu oben § 27 c No. 3. — [3] Wohl nachdem es zunächst zu *z* geworden war; vgl. KZ. 29, 577. In ai. *dadd'i* neben *dēhi* (§ 41) sehe ich jetzt eine Dialektform, die lautgesetzliche Form eines Gebiets, auf dem alle interdentalen Spiranten zu dentalen Verschlusslauten wurden. Dafür spricht insbesondere das isolirte *add'ā* = ap. *azdā* u. s. w., § 41. — [4] Vgl. BTHL., KZ. 29, 576 f.; Studien 1, 49. — [5] Vgl. HÜBSCHMANN, KZ. 24, 404 ff.; BTHL., KZ. 27, 351 ff., 29, 516 ff., 573 ff.; Studien 1, 1 ff.; ZDMG. 46, 305 f.; BRUGMANN, Grundriss 1, 448 f.

§ 39. *Die iranischen Wandlungen der arischen ϑ-, s- und ś-Laute.*

Man beachte § 38 a No. 1.

Im Iranischen haben wir folgende Vertretung:

1. ϑ δ sind zu *s z* geworden.
2. Die *ś*-Laute blieben — nach Aufgabe der Aspiration (§ 3) — durchweg gewahrt: *ś ž*, ausser
   in der Stellung zwischen Gutturalis und *r*, wo der *s*-Laut dafür eintrat (vgl. 3 b und § 48);
3. Die *s*-Laute[1] werden — nach Aufgabe der Aspiration (§ 3) —
   a. vor Tenuis und vor *n*, sowie hinter (arischen) *t d* erhalten: *s z*, nur dass *z* vor *n* zu *s* wird[2];
   b. hinter (arischen) *p b* zu *ś ž* verwandelt[3]; arisch *bźn* wird *fśn*[4]; zwischen *f* und *r* wird *ś* später wieder zu *s* (vgl. 2);
   c. in allen andern Stellungen erscheint *s* als *h*[4].

[1] Ar. *ś* ist nicht, *z* und *ź* nur vor oder hinter Medien nachweisbar; JOHANSSON's Deutung des jAw. *hizva* »Zunge«: ai. *jihvā́* aus ar. **zižyā*, IdgF. 2, 1 ff. hat für mich nichts überzeugendes; zu der dort verzeichneten Litteratur füge man noch hinzu KZ. 29, 576 f.; MERINGER, SWienAW. 125. 2, 38 f. — [2] S. § 28, 1 a mit No. 1. — [3] S. § 28 No. 2. — [4] Vgl. dazu G. MEYER, SWienAW. 125. 11, 56.

§ 40—41. *Belege für die ir. Vertretung von arisch ϑ δ.*

§ 40. Ar. (23) ϑ = ir. *s*: gAw. *vōistā* »du weisst«: ai. *vḗttha*, gr. οἶσϑα; — jAw. *čistiš* »Einsicht«: ai. *cíttiṣ*; — gAw. *avapastōiš* »des Herabfallens«, Phlv. *ōpastišn* »Herabfallen«: jAw. *pata'ti*, ai. *pátati* »er fällt«; — jAw. *fraxšaostrəm* »das Dahinströmen«[1]: ai. *kṣṓdas* »Strom«; — jAw. *xrafstra* »schädliche Tiere« (eig. »Fleischesser«)[2]: ai. *attrás*.

[1] HÜBSCHMANN, ZDMG. 38, 431 f. — [2] Vgl. HAUG, AKM. 1. 3, 3 und sonst. *s* zeigt, dass noch ϑ*t* gesprochen wurde als der Übergang des urir. *fs* in *fš* bereits abgeschlossen war; vgl. § 28, 1 b; 39, 3 b. S. auch § 94, 1.

§ 41. Ar. (24) δ = ir. *z*: ap., gAw. *azdā* »kund«, Phlv. *azd, azdīn*, afγ. *zdą*: ai. *addhā́*[1]; — jAw. *mazdā̊*, ap. °*mazdāh* EN.: ai. *mēdhā́s* »weise«; aus ar. **maδdhā́s*[2]; gr. μαϑεῖν; — jAw. *mązdrō* »verständig«: ai. *mēdhirás*; aus ar. **manδdhras*; gr. μενϑήρη[3]; — jAw. *dazdi* »gib«: ai. *daddhi, dēhí*; aus ar. **daδdhi*: ai. *dádāti*; — jAw. *vər'zdā̊* »die starken«: ai. *vṛddhā́s*; aus ar. **u̯ṛδdhās*: ai. *várdhati* »wächst«. — S. noch § 52 f.

[1] § 253, 3; BTHL., KZ. 28, 15 ff.; IdgF. 5, Anz.; GEIGER, ABayrAW. 20. 1, 194. — [2] § 174 b. Litteratur bei JOHANSSON, IdgF. 2, 30. — [3] BTHL., BB. 15, 10; unten § 198.

Nach *ă* fallen — inlautende!, s. § 94, 1 — idg. ϑ*t* und *st*, δ*d* und *zd* (samt den Aspiraten dazu) im Iranischen in *st, zd* zusammen; nicht aber nach *i u r*, wo ir. *st* und *št*, bzw. *zd* und *žd* entsprechen; s. § 37 a No. 1.

§ 42—44. II. *Belege für die Vertretung von arisch s z ź.*
Ar. ś kann ich nicht nachweisen.

§ 42. Ar. (25) **s** = ir. *h*: jAw. *hadiš*, ap. *hadiš* »Sitz«: ai. *sádas*, lat. *sēdēs*; — jAw. *ahmi* »ich bin«, ap. *ahatiy* »er wird sein«: ai. *ásmi*, *ásati*, lat. *erit*; — jAw. *dąhištəm* »den klügsten«: ai. *dą́siṣṭam*; — jAw. *hazaŋrəm*, np. *hazār* »tausend«, aus urir. **hazahram* (§ 286 b): ai. *sahásram*;[1] —

[1] Brugmann's Herleitung von jAw. *tąϑra-* »dunkel« aus ar. **tansra-*, Grundriss 2, 171 halte ich nicht für richtig; daraus wäre **taŋra-* geworden (§ 278) — = np. *tār*, vgl. jAw. *hazaŋrəm* = np. *hazār*; s. auch bal. *gvār* § 185, kaš. *vōr* § 184 —; jAw. *tąϑra-* ist ar. **tantra-*, vgl. dazu ai. *tamrá-* und *usrá-* »Stier«: *úṣ̥tra-*.

= ir. *s*: jAw. *stārō* »Sterne«, np. *sitārah*: ai. *stṛ̊bhiṣ*, lat. *stella*; — jAw. *asti*, ap. *astiy*, np. *hast* »ist«: ai. *ásti*, gr. ἐστί; — jAw. *paskāṯ*, *pasča* »nachher«: ai. *paščā́d*, lat. *postcā*; — jAw. *masyō* »Fisch«: ai. *mátsyas*[1]; — — jAw. *snaēžāṯ* »es soll schneien«: got. *snaiws*; — jAw. *pasne* »hinter«: lat. *pōne* (aus **posne*), *post*; — — gAw. *fsəratuš* »Vollstreckung« aus ar. **psratus*[2]; —

[1] S. oben § 5. — [2] Vgl. § 83, 3.

= ir. *š*: jAw. *fšarəmāṯ* »aus Scham«, np. *šarm* (*š* aus *fš*), aus ar. **psarma-*; — jAw. *drafšō*, np. *dirafš* »Fahne«: ai. *drapsás*.

§ 43. Ar. (26) **z** = ir. *z*: gAw. *zdī* »sei«: ai. *ēdhí* (aus **azdhi*), gr. ἴσϑι; aus ar. **zdhi*; — jAw. *fra-zgaδaite* »geht hervor«, afγ. *zγalī* »bewegt sich«; aus ar. **zg°* oder **zgh°*; — jAw. *mazgəm* »Mark«, np. *mayz*: ai. *majjá*, ksl. *mozgŭ*; — gAw. *ϑrāzdūm* »schützet«: ai. *trádhvam*; aus ar. **trāzdhuam* (§ 156); —

= ir. *s*: gAw. *asnāṯ* »von nahe«; aus ar. **azn°*: jAw. *nazdyō* »näher«[1];

= ir. *ž*: jAw. *awždātəm* »ins Wasser gelegt«; aus ar. **abzdh°*: ai. *ámbhas*[2].

[1] S. § 25, 5. — [2] Vgl. Geldner, KZ. 28, 187 und § 3, 3; 174 a; 264.

§ 44. Ar. (27) **ź** = ir. *z*: np. *hēzum* »Brennholz«; aus ar. **aidźmas*[1]; —

= ir. *ž*: gAw. *diwžaidyāi* »zu betrügen«: ai. *dípsati*; aus ar. **dibźa°*[2]; —

= ir. *š*: gAw. *dafšnyā* »die betrogenen«, aus ar. **dabźni°*; neben gAw. *diwžaidyāi*[2].

[1] S. oben § 15. — [2] S. oben § 14, unten § 53 I, 8.

§ 45—48. III. *Belege für die Vertretung von arisch š š́ ž ž́.*

§ 45. Ar. (28) **š** = ir. *š*: jAw. *vīšavantəm* »den giftigen«: ai. *viṣávantam*, lat. *vīrus*; — gAw. *asištā* »in dem Wunsch«: ai. *āšiṣam* »den Wunsch«; aus idg. **xəs°* (§ 69, 2; 98,3); — jAw. *zaošō* »Belieben«, *°zuštō* »beliebt«, ap. *dauštā* »Freund«: ai. *jóṣas*, *juṣṭás*, lat. *gūstus*; — jAw. *taršnō*, np. *tišnah* »Durst«: ai. *tṛ́ṣṇā*, got. *þaursjan*; — jAw. *tišrō* »drei«: ai. *tisrás*[1]; — jAw. *uxšyēiti* »wächst«: ai. *ukṣitás*, gr. αὐξάνω; — — jAw. *šōiϑrəm* »Land«: ai. *kṣētram*, gr. κτίσις[2]; — — jAw. *ašta*, np. *hašt* »acht«: ai. *aṣṭā́*, ὀκτώ; — jAw. *saškuštema* »der am besten gelernt hat« neben *daēnō.sāča*; aus ar. **šaškuš°*, red. Perf.[3].

[1] S. § 38 b Abs. 2. Jackson's (iran.) »law of sound-change, *š* into *s* before *r*, the same as in sanskrit« (s. übrigens AF. 1, 85) halte ich nicht für richtig; s. IdgF. 1, 490 ff. Im Iranischen beschränkt sich der Übergang eines *š-* in den *s*-Laut auf die seltenen in § 39, 2 und 3 b aufgeführten Fälle. — [2] S. § 34. — [3] AF. 2, 51 ff.; § 171.

§ 46. Ar. (29) **š́** = ir. *š*: gAw. *xšyō* »des Elends«: ai. *kṣiṇā́ti* »vernichtet«, gr. φϑίνω; aus idg. **kš́i-*; — gAw. *rašō* »Qual«: ai. *rákṣas*, gr. ἐρέχϑειν; aus idg. **rexš́-*[1].

[1] Kretschmer's Einwand gegen diese Zusammenstellung, KZ. 31, 432 f. halte ich nicht für durchschlagend.

§ 47. Ar. (30) **ž** = ir. *ž*: jAw. *miždəm*, np. *mužd* »Lohn«: ai. *mīḍhám*, got. *mizdō*; — jAw. *duždā* »übelgesinnt«, Phlv. *dužd* »Dieb«: ai. *dū́ḍhīṣ*[1]; —

jAw. *vaγžibyō* »den Worten«; aus ar. **u̯agžbi̯as*: ai. *vāčas*[2]; — jAw. *yūžəm* »ihr«; aus ar. **i̯ūžam*: got. *jus*; — jAw. *dužaŋha* »mit der Hölle«; aus ar. **dužasā*[3]; — — jAw. *mərᵊždikəm* »Gnade«: ai. *mr̥dīkám*, neben np. *āmurzīdan* »verzeihen«[4]; — gAw. *vīžibyō* »den Häusern«: ai. *viḍbhyás*, neben jAw. *vīsō* »die Häuser«: ai. *víšas*.

J. Schmidt's Annahme, dass ar. *ž* im Altiranischen vor *r* geschwunden sei (Pluralbildungen 80), lehne ich ab.

[1] ZDMG. 43, 665. — [2] S. unten § 96, 3; 174. — [3] BB. 15, 209 f. Hier und im vorherigen Beispiel antesonantisches *ž*. S. zu jAw. *yūžəm* § 249. — [4] § 139.

§ 48. Ar. (31) *ž'* = ir. *ž*: gAw. *aoγžā* »du sagtest«, aus ar. **augž'a*[1]; — jAw. *uzvažat* »er entführte«, aus ar. **u̯aγž'at*[1].

= ir. *z*: jAw. *āγzrāδayeᵉti* »er lässt herfliessen« neben *āγžārayeᵉti*; s. gr. φθείρω[2].

[1] S. § 16, 35, 53, wo weitres. — [2] Vgl. Kretschmer, KZ. 31, 431 ff. Einziges Beispiel für den Ausnahmefall zu § 39, 2.

§ 49. *Wechsel zwischen s—š—h und z—ž.*

1. Das indogermanische *s* wird nach § 38 f. lautgesetzlich je nach seiner Stellung durch ir. *s*, *š* und *h* vertreten. Lautausgleich, der bis in die arische Zeit zurückgehen kann, bewirkt das Erscheinen von *š* an Stelle des gesetzlichen *s* oder *h* und umgekehrt. S. dazu Whitney, Grammar[2] § 185 f.

Beispiele für *š* statt *h*: ap. *niyašādayam* »ich setzte ein«: ai. *nyàṣīdat*; s. jAw. *nišādayat*; — jAw. *frašaēkəm* . . *frašinčanti* »sie vergiessen stromweis«, neben jAw. *frahixtəm* »gegossen«[1], ai. *prásiñčanti*; s. das folg.; —

für *h* statt *š*: jAw. *paᶦti.hinčaᶦti* »begiesst«; s. eben; — *paᶦriəharštanąm* »der geweihten«: ai. *párisr̥ṣṭam*; s. *avaəhərᵊzāmi* (§ 286); — jAw. *nixᵛabdayeᶦti* »schläfert ein«, aus urir. **nihu̯a°*, **nixᵛa°* (§ 89), neben ai. *niṣvāpayā*; —

für *s* statt *š*: jAw. *hispō.səmna* »spähend«[2]; s. *spasyeᵉti*; — jAw. *paᶦtistayata* »hielt an«, neben ai. *pratiṣṭhāya*; —

für *š* statt *s*: np. *šikastan* »zerbrechen« neben jAw. *skəndəm* »Bruch«, *sčandayeᵉti* »er zerbricht«[3]; — jAw. *fraxštāᶦte* »er wird hervortreten« neben ai. *prásthāt* (§ 86).

Die Unregelmässigkeit lässt sich in all diesen Fällen aus einer Vermischung einfacher und componirter oder reduplicirter Formen erklären, doch spielt auch die Satzphonetik dabei mit; eine sichere Scheidung ist da nicht möglich (s. auch § 13); vgl. § 82, 2, wo sich weitere Litteraturangaben finden.

[1] S. noch unten § 130 No. — [2] So ist Yt. 10, 45 gegen die Neuausgabe zu schreiben; s. Yt. 8, 36; IdgF. 1, Anz. 101; unten § 268, 57. — [3] Studien 2, 42; Horn, Grundriss 175.

2. Ebenfalls auf einem Lautausgleich beruht das Auftreten von *s z* aus idg. *x γ* vor Verschlusslauten, wo vielmehr nach § 27 b, 3 *š ž* zu erwarten wären. Auch in diesem Fall kann die Neuerung aus arischer Zeit stammen.

Beispiele für *s* statt *š*: jAw. *vīspaᶦtiš* »Hausherr«: ai. *višpátiš*; vielleicht aus ar. **u̯išpatiš* statt **u̯išp°*[1]; — gAw. *asčīt* »auch ich«: ksl. *azŭ* »ich«[2]; —

für *z* statt *ž*: gAw. *mazᶦbīš* »magnopere«, neben *mazōi* »dem grossen«: ai. *mahé*[3].

[1] BB. 13, 54; IdgF. 3, 106 No. — [2] BB. 13, 54 und unten § 246. — [3] Bthl., Handbuch 73 und unten § 52, 1 a.

§ 50. *Voriranische Assimilation benachbarter Zischlaute.*

Die Erscheinung, dass ein silbenanlautendes *s* sich vor einem *š*-Laut, der die selbe Silbe schliesst oder die nächstfolgende beginnt, in einen *š*-Laut verwandelt, ist vom Indischen her bekannt; vgl. ai. *šuṣkás* »trocken«: jAw. *huškō*; aus ar. **suškas*; — ai. *švášuras* »Schwiegervater«: jAw. *xᵛasurō*

(x^{v} aus urir. *hv*, § 89); aus ar. **suašuras;* — ai. *jihvā* »Zunge«: jAw. *hizva;* aus ar. **siž́uā* (KZ. 27, 207 ff.; oben § 39 No. 1); — ai. *śaśás* »Hase«: afγ. *sōe,* PDw. *sūi;* aus ar. **śāsas.* Die Anfänge reichen in die arische Zeit zurück. Vgl. dazu Philol. Wochenschrift 1884, 1325 No.

Iranische Beispiele sind:

jAw. *suši* »die Lungen«, Phlv. *suš,* aus ar. **śušī:* ai. *āśuṣāṇás* »pfeifend«; geg. idg. **sūs°*, nhd. *sausen*[1]; — jAw. *xšvaš,* afγ. *špaž,* np. *šaš* »sechs«, aus ar. **šuaš, *šaš:* ai. *ṣaṣ-;* geg. idg. **sueхs, *sexs*[2].

S. noch § 102 I, 2 No. und § 33, 1 No.

[1] So Osthoff, Zur Gesch. d. Perf. 494 ff.; Bloomfield, JAOS. 13, CXVIII; anders Per Persson, Wurzelerweiterung 200 f. S. auch bal. *sāh* »Atem« = ai. *śvāsás,* beide mit dem *š* von *šuš-*. Man beachte np. *šuš* »Lunge«; der Vorgang hat sich wiederholt; s. Hübschmann, KZ. 24, 395. — [2] KZ. 29, 576 f. und unten § 86; Litteratur § 210. Doch s. auch Kretschmer, KZ. 31, 419, der semitischen Einfluss annehmen möchte.

§ 51. *Voriranischer Ausfall von Spiranten.*

1. Zusammenstossende Zischlaute wurden bereits in indogermanischer Zeit vereinfacht, vor und nach Consonanten allgemein, aber ebenso auch zwischen Vocalen; vgl. IdgF. 3, 52; § 5 No. 5; 278 I, 6. Im Iranischen ist uridg. *ss* (*šš*) in jeder Stellung ebenso wie einfaches *s* (*š*) vertreten[1]. Vgl. auch unten § 84, 2.

Iranische Beispiele sind: jAw. *ahi* »du bist«: ai. *ási,* gr. *εἶ,* aus idg. **esi;* gegenüber gr. *ἐσσί,* arm. *es,* aus idg. **essi*[2]; — jAw. *ązahu* »in den Engen«: ai. *áṁhasu,* aus idg. **aŋγ'esu* für **°es-su;* gegenüber ai. *jánassu:* gr. *γένεσσι*[2]; — jAw. *zazušu* »bei den siegreichen«[3]; — jAw. *usaⁱtīm* »die aufleuchtende«: ai. *uċ́ántīm,* aus idg. **usx'°* für **us-sx'°;* lit. *aũszo* »illuxit«[4]; — gAw. *fᵉrašvā* »frage«, aus idg. **prexsuo* für **prexs-suo*[5]; s. lat. *precor.*

[1] Die bei Brugmann, Grundriss 2, 1191, wiederholte Erklärung von jAw. *asaṣaṯ* aus idg. **ez̑ns-s-e-t* ist unrichtig; s. Bthl., AF. 2, 96; Geldner, BB. 14, 28. — [2] Vgl. dazu Brugmann, a. O. 2, 701, wo sich weitre Litteratur verzeichnet findet; ferner IdgF. 3, 52 und unten § 83, 2; 84, 2. — [3] Loc. Pl. Part. Perf. Act.; § 232. — [4] S. dazu unten § 51, 2; 135. — [5] Sigmatischer Aorist; vgl. ai. *yakṣva.* S. IdgF. 2, 276 und unten § 156.

2. Idg. *s z* gingen vor *x*-Lauten im Arischen unter; der Vorgang wird sich in der Reihenfolge idg. *sx: sś: śś:* ar. *ś* (vgl. § 51, 1) vollzogen haben. Idg. *sx sx'* u. s. w. erscheinen in allen *satəm*-Sprachen (§ 27 a) in der nämlichen Form wie *x x'* u. s. w.

Iranische Beispiele sind:

für idg. *sx:* jAw. *suptīm* »die Schulter«, np. *suft:* ai. *śúptiṣ,* nnd. *schuft;* aus idg. **sxuptis;* —

für idg. *sx':* jAw. *hisiδyāṯ* »er würde spalten«, bal. *sindag* »spalten«: ai. *ċinádmi,* gr. *σχίζω,* lat. *scindō;* aus idg. **sisx'idịēt*[1]; — jAw. *jasaⁱti* »er kommt«: ai. *gáċ́ati;* aus idg. **°sx'eti*[2]; —

für idg. *zγ':* jAw. *zazuštəmō* »der siegreichste«, gAw. *zazəntī* »sie halten fest«: ai. *sāhván,* gr. *σχήσω;* aus idg. **°zγ'ust°*[1].

Vgl. Bthl., Studien 2, 3 ff., 41 f., 52 ff., wo weitre Litteratur zur Sache verzeichnet ist.

Ob im Wortanlaut ein ar. *ś* (u. s. w.) idg. *x* oder *sx* (u. s. w.) vertritt, ist wegen § 83, 2 nicht zu entscheiden.

[1] Red. Perf.; s. 102 I, 2. — [2] Inchoativ; s. § 135.

3. Mehrfach sind Spiranten im Arischen verloren gegangen bei stärkerer Consonantenhäufung.

a. Für urar. *xš* und *γž* (§ 37 f.) tritt vor *t*-Lauten *š ž* ein; cf. IdgF. 3, 1 f. So: gAw. *fraštā* »er befragte«: ai. *apraṣṭa,* aus ar. **prašta* für idg. **prexsto,* sigm. Aorist; s. lat. *precor;* — jAw. *taštəm* »gezimmert«: ai. *taṣṭám,* aus ar. **taštam* für idg. **texstom*, lat. *textum;* s. gr. τέκτ-ων; — gAw. *ϑwarǝšdūm* »ihr bestimmtet«, aus ar. **tu̯aržd́u̯am* für idg. *°γzd°, sigm. Aorist; s. jAw. *ϑwǝrǝsaiti*[1].

[1] S. § 23 und unten § 156.

b. Die uridg. Gruppe *xsx'* erscheint im Arischen in der nämlichen Form wie *sx'* und *x'* (oben 2). Das erste *x* ist schon sehr früh ausgefallen: jAw. *pǝrǝsaiti* »er fragt«, ap. *aparsam*, np. *pursīdan:* ai. *pr̥ččáti*, ahd. *forscōn*, aus uridg. **pr̥xsx'eti*[1]; s. lat. *precor.*

[1] Inchoativ; s. § 135. Vgl. dazu BTHL., Studien 2, 8.

ANHANG zu I A (a, b).

1. Zu den aspirirten Geräuschlauten.

§ 52. *Ursprachlicher Wandel der Aspiraten.*

1. Es gilt mir für sicher, dass in der Ursprache ein aspirirter Geräuschlaut nur vor einem Sonorlaut[1] möglich war.

a. Kam er vor einem Geräuschlaut (oder auch vor Geräuschlauten) zu stehen, so ging die Aspiration auf den letzten der Gruppe über. Aus *p̄* + *t* (oder *t̄*) wurde *pt̄;* aus *p̄* + *s* wurde *ps̄* u. s. w.

b. Beim Zusammenstoss einer tönenden Aspirata mit einem tonlosen Geräuschlaut (oder auch mit tonlosen Geräuschlauten) entstand gegen die allgemeine Regel, wonach der letzte Geräuschlaut die Aussprache der vorhergehenden bestimmt (§ 23), eine tönende Gruppe. Aus *b̄* + *t* (oder *t̄*) wurde *bd̄*, aus *b̄* + *s* wurde *bz̄*.

Vgl. BTHL., AF. 1, 3 ff., 176; 3, 22; KZ. 27, 206; Studien 2, 48 f.; IdgF. 4, 123 f.; BRUGMANN, Grundriss 1, 404 ff., wo weitre Litteraturangaben; dazu noch WACKERNAGEL, KZ. 33, 32 f.

[1] Und zwar ebensowohl vor consonantischem wie vor sonantischem. VON FIERLINGER's Theorie in KZ. 27, 334 f. halte ich nicht für richtig; vgl. § 13, 80, 211.

2. Die beiden Gesetze hatten éinmal den Wechsel zwischen Aspirata und Nichtaspirata zur Folge (*b̄* mit *b*, *t* mit *t̄* u. s. w.), sodann aber den Wechsel zwischen tonlosem und tönend-aspirirtem Geräuschlaut (*t* mit *d̄* u. s. w.). Der erstere stellte sich vorwiegend im Stammauslaut (*b̄* wird *b*), sowie im Suffixanlaut (*t* wird *t̄*) ein; der letztere vorwiegend im Suffixanlaut (*t* wird *d̄*). Die weitre Folge aber war die, dass diejenigen Wurzel*aus*laute (*b p* u. s. w.) und Suffix*an*laute (*t̄ d̄* u. s. w.), welche unter der Wirkung jener Gesetze neu entstanden waren, auf analogischem Weg auch in Stellungen überführt wurden, wo gesetzlich der Mutterlaut (*b̄ p̄* u. s. w.) erscheinen sollte.

So erkläre ich mir z. B. das Nebeneinander von: idg. **stemb̄-* und *stemb-* »stampfen«: gr. ἀστεμφής, ai. *stabhnáti* und gr. στέμβω, ahd. *stampfōn*[1]; — *nep-* und *nep̄* in jAw. *napå* »Nachkomme« und *nāfō* »Nachkommenschaft«[2]; — jAw. *haxti* »Schenkel« neben ai. *sakt̄ī* u. a.; — ferner das Auftreten von *t̄o-* als Suffix des Part. Perf. Pass. neben *to-:* jAw. *friϑō* »geliebt« (§ 10; = np. *farī*, § 268, 1[3]) gegen ai. *prītás;* — sowie das von *d̄ro-*, *d̄lo-* als »Suffix des Werkzeugs und des Ortes der Handlung« neben *tro-*, *tlo-* (s. dazu BRUGMANN, Grundriss 2, 112 ff., 200 ff.).

[1] So BRUGMANN, Grundriss 1, 348. Anders, aber nicht überzeugend FICK, Wörterbuch[4] 1, 569. — [2] E. LEUMANN's Etymologie von **nepōt-* (Festgruss an O. v. Böhtlingk 77) halte ich nicht für richtig; s. § 185 γ. — [3] Unrichtig HORN, Grundriss 184.

3. In diesen Fällen war die Analogie die Triebfeder, jene Wurzel- und Suffixgestalt, welche von den unter 1. verzeichneten Gesetzen hervorgerufen wurde, zu befestigen und zu verallgemeinern. Anderseits aber stellte sie sich

der Wirkung jener Gesetze auch frühzeitig schon hemmend in den Weg. Die bedeutungsgleichen Suffixe werden auch lautlich mit einander ausgeglichen. Das geschieht insbesondre beim Verbum und jenen Nominalbildungen, die sich enger ans Verbum anschliessen: Infinitiv, Part. Perf. Pass., Nom. act., Nom. ag. Es siegt dann die Form, welche bei der Mehrzahl der gleichartigen Fälle die gesetzliche Berechtigung hat. So z. B. ai. *dʰattḗ* »er setzt« gegenüber jAw. *dazdē*, aus idg. *dʰedʰ- + -tai* (§ 37 a; 40; 52, 1 b); — gr. πύστις »Kunde« geg. ai. *buddʰiṣ*, aus idg. *bʰudʰ- + -ti-s* (ebd.; § 41, 53 II zu 7). Weiteres § 53 II.

Der Vorgang beginnt in der Ursprache und setzt sich in den Einzelsprachen fort. Unterstützung fand er an dem in § 23 und § 52, 2 besprochenen Wechsel der Media Aspirata mit der Tenuis Aspirata und mit der Media, an der Aufgabe der Stimmhaftigkeit und der Aspiration im Satzauslaut (§ 84, 1), insbesondere aber an dem in mehreren Einzelsprachen lautgesetzlichen Zusammenfall der Media Aspirata mit der Media; s. § 53.

In den nichtarischen Sprachen wurden auf solche Weise die Wirkungen des zweiten Aspiratengesetzes fast gänzlich verwischt. Nur in frühzeitig isolirten Wörtern treten sie noch zu Tage.

Vgl. BTHL., AF. 1, 11 ff., 16 ff., 176 f., wo FR. MÜLLER'S neuerliche Einwendungen gegen den »junggrammatischen Kanon« (WZKM. 7, 375) bereits erledigt sind.

§ 53. *Die Nachwirkungen des zweiten Aspiratengesetzes* (*bʰ + t = bdʰ*) *im Iranischen.*

Im Uriranischen fielen nach § 3, 2, 3 die Mediae aspiratae mit den Medien zusammen. Dadurch war die Reaction gegen die Folgen des zweiten Aspiratengesetzes ausserordentlich begünstigt (§ 52, 3). Gleichwohl findet sich in den ältesten Teilen des Awesta, den Gatha's, kein einziger Ausnahmefall; denn in *dafšnyā* »die betrogenen« neben *diwžaⁱdyāi* »zu betrügen« ist die tonlose Gruppe *fš* durch *n* veranlasst; s. § 14, 44. Im jüngern Awesta dagegen und im Altpersischen sind Neuerungen nicht selten.

I. Beispiele für den regelmässigen Wandel.

1. Idg. *bdʰ* aus *bʰ + t* [*tʰ*]: jAw. *dərᵉwδa*[1] »Flechsen«: ai. *sándr̥bdʰas* »zusammengebüschelt«; s. ai. *sandarbʰas*; — jAw. *ubdaēnəm* »gewebt«; s. ai. *ūrṇavā́bʰiṣ* »Spinne«, ahd. *weban* (s. 2).

2. Idg. *bzʰ* aus *bʰ + s*: gAw. *diwžaⁱdyāi* »zu betrügen«: ai. *dípsati*[2]; s. ai. *dabʰnóti*; — jAw. *vawžakāiš* »mit Spinnen«, bal. *gvabz* »Biene, Wespe, Horniss«[3]; s. ai. *ūrṇavā́bʰiṣ* (s. 1).

3. Idg. *gdʰ* aus *ǵʰ + t* [*tʰ*]: gAw. *aogᵊdā* »er sagte«; s. gr. εὔχομαι (s. 4); — gAw. *dugᵊdā*, jAw. *duγδa* »Tochter«; s. ai. *duhitā́*[4].

4. Idg. *gzʰ* aus *ǵʰ + s*: gAw. *aoγžā* »du sagtest«; s. gr. εὔχομαι (s. 3); — gAw. †*dīdraγžō.duyē* »ihr wollt festhalten«; s. ai. *dr̥̥hati*, jAw. *dražaⁱte*.

5. Idg. *γdʰ* aus *γ̑ʰ + t* [*tʰ*]: gAw. *gərᵊždā* »er klagte«; s. ai. *garhatē*, jAw. *gərᵊzaⁱte*; — jAw. *ašta.kaoždąm* »die achtfältige«; s. ai. *viṣūkuham*.

6. Idg. *γzʰ* aus *ǵʰ + s*: jAw. *uzvažat̰* »er entführte«: ai. *ávākṣīt*[5]; s. ai. *váhati*, jAw. *vazaⁱti*; — gAw. *īžā* »Eifer«; s. ai. *ī́hatē*, jAw. *izyeⁱti*[6].

7. Idg. *δdʰ* aus *dʰ + t* [*tʰ*]: jAw. *mazdå*, ap. °*mazdā* EN.: ai. *mēdʰā́s*; s. gr. μαθεῖν; — jAw. *vərᵊzdå* »die starken«: ai. *vr̥ddʰás*; s. ai. *várdʰati*.

8. Idg. *dzʰ* aus *dʰ + s*: np. *hēzum* »Brennholz«, jAw. *aēsmō* (mit *sm* für *zm*, § 284), aus urir. **aizzm*°; s. ai. *ḗdʰas*[7]; — jAw. *aēzaxas*[*ča* EN. eines Berges, vielleicht aus ar. **aidzʰa-ka-* »Feuerquell, -loch«; s. ai. *ḗdʰas*[7].

[1] So zu lesen; s. F 1, Pt 1, E 1 zu Yt. 13, 22. — [2] Vgl. § 38 b; 137. — [3] GEIGER'S Zusammenstellung (ABayrAW. 19. 1, 125) vermag das *bz* nicht zu erklären. — [4] J. SCHMIDT, Festgruss an R. v. Roth setzt ai. *duhitā́* und gAw. *dugᵊdā* einander

gleich mit der Annahme: »ein nicht indogermanisches *i* des Sanskrit« (d. i. idg. *ə*, § 69) »sei in zweiter Silbe drei- und mehrsilbiger Wörter im Awestischen verloren gegangen«. Dann aber wäre sicher **duxtā* entstanden, vgl. np. *duxtar*, das nachträglich unter dem Einfluss der übrigen Verwandtschaftswörter auf *tar-* für urir. **dugdaram* eingetreten ist; s. II und § 185. *gd* aus *gd'* zeigt, dass schon zu der Zeit, da das Aspiratengesetz wirkte — also doch mindestens in arischer Zeit — zwischen den beiden Medien ein Sonant nicht gestanden haben kann; vgl. § 185 No. und auch § 71 Anm. — [5] § 35, 38 b. — [6] IdgF. 5. — [7] IdgF. 4, 123 f.

II. Beispiele für die analogische Umgestaltung.

Zu 1: jAw. *dapta*[1] »die betrogene«: ai. *dabdʰás;* s. *dabʰnóti;* — jAw. *gərᵊptō*[1] »ergriffen«, np. *giriftan* »ergreifen«; s. ai. *gr̥bʰītás* (s. zu 2).

Zu 2: jAw. *hangərᵊfšāne* »ich will ergreifen«[2]; s. ai. *gr̥bʰṇā́ti* (s. zu 1).

Zu 3: ap. *duruxtam* »erlogen«, jAw. *anādruxtō, aiwidraoxδō* (*xδ* = ar. *kt*[3]): ai. *drugdʰás;* s. ai. *drṓgas;* — jAw. *aoxte* »er sagt«, *aoxta* »er sagte«: gAw. *aogᵊdā* (s. 3); — np. *duxtar* »Tochter«: gAw. *dugᵊdā* (s. I, 3 mit No. 4).

Zu 4: jAw. *daxša* »mit Brand«; s. ai. *dáhati;* — np. *dōšīdan*, bal. *dōšay* »melken« (*š* aus ir. *xš*); s. ai. *dṓhmi, dōgdʰi.*

Zu 5: jAw. *uzdišta* »hat aufgeschichtet«; s. *uzdaēzəm*, ai. *dēhī́*, gr. τεῖχος, osk. *feihúss;* — jAw. *mīšti* »durch Harnen«: ai. *mīḍʰás;* s. ai. *mḗhati*, jAw. *maēzaiti*, gr. ὀμείχειν; — np. *lištan* »lecken«: ai. *rḗḍʰi;* s. jAw. †*raēzaite*, ai. *riháṇti*, gr. λείχω.

Zu 6: jAw. *vašata* »er führte«; s. *vazaiti*, ai. *váhati*, gr. ὄχος.

Zu 7: jAw. *bastō*, ap. *bastaʰ* »gebunden«, np. *bastan* »binden«: ai. *baddʰás;* s. *badʰnā́mi;* — jAw. *apaitibusti* »unvermerkt«: ai. *buddʰás;* s. *bṓdʰati*[4].

Zu 8: jAw. *raose* »wachsen«; s. ai. *rṓdʰati*[4]; — jAw. *dasva* »setze«: ai. *dʰatsvá;* s. *dádʰāmi.*

[1] § 278 ff. — [2] § 136. — [3] Vgl. gr. πύστις; § 52, 3. — [4] § 258; vgl. aber § 23 b.

2. Zum Wechsel der *k*- und *x*-Laute.

§ 54. *Die Erscheinung und deren Ursachen.*

Es ist eine unleugbare Thatsache, dass bereits zu Ausgang der indogermanischen Periode in vielen Wortsippen am gleichen Ort sowohl *k g* u. s. w. als *x γ* u. s. w. gesprochen worden sind. Vgl. Brugmann, Grundriss 1, 344 f.; Bechtel, Hauptprobleme, 377 ff, wo weitre Litteraturangaben. Als hauptsächlichste Ursache der Erscheinung gilt mir ursprachliche Dialektmischung, vgl. Studien 2, 19; IdgF. 2, 264 ff. Sie erklärt alle Einzelfälle und macht zugleich die Dreiteilung der ursprachlichen Gutturallaute, die ich ohnehin für undurchführbar halte, überflüssig (s. oben § 1, 3).

Alle altiranischen Beispiele jenes Wechsels stammen entweder aus der Ursprache oder sie sind ursprachlichen Mustern nachgebildet (d. h. alter Wechsel z. B. von *kt* mit *xt* in einigen Wörtern konnte sich auch auf solche übertragen, wo in alter Zeit nur *kt* oder nur *xt* gesprochen wurde). Denn in der arischen wie in der iranischen Grundsprache waren idg. *x* und *k*, *γ* und *g* u. s. w. in jeder Stellung von einander geschieden, in Folge dessen Proportionsbildungen, wie sie z. B. im Indischen durch den Zusammenfall von idg. *γ* und *ǵ*, von *γ'* und *ǵ'*, von *xs* und *ks* u. s. w. in *j, h, kṣ* (u. s. w.) vielfach hervorgerufen wurden — Beispiele bei Brugmann, a. O. —, unmöglich waren.

§ 55. *Iranische Beispiele.*

1. *k—x:* jAw. *karᵊna* »die beiden Ohren«, np. *karr* »taub«: ai. *kárṇas* »Ohr«, lit. *klausýti* »hören«, *neklausa* »Ungehorsam« gegenüber gAw. *sraotū* »er höre«, *sraošō* »Gehorsam«, np. *surūd* »Lied«: ai. *śr̥ṇóti* »er hört«, ksl. *oslucha* »Ungehorsam«[1]; — jAw. *arᵊšō* »Bär«: gr. ἄρκτος gegenüber jAw. *ərᵊxšō* (als EN.): arm. *arǰ*[2]; — jAw. *aiwišitəe* »zu bewohnen«: gr. κτίζω gegen-

über jAw. *daiwixšōi3ne* »zu bewohnen« (§ 258); vgl. auch ap. *Δαιξις* (§ 219, 265); —

2. *g—γ*: gAw. *agušta* »unangenehm«, bal. *zar-jōš* »geldliebend« gegenüber gAw. *daēvō.*]*zušta* »genehm«: got. *kiusa*[3]; — jAw. *bunjaⁱnti* »sie nützen«, *bujasravaŋhō* EN. (»des Ruhm geniessenden«): ai. *bōgas* »Genuss, Nutzen« gegenüber gAw. *būštīš* »Genüsse«, *bəzvaⁱtē* »dem gedeihlichen«: arm. *bucanel* »ernähren«[4]; —

3. *ǵ—γ*: jAw. *darᵊzayeⁱti* »er fesselt«, *upadaržnvaⁱnti*, gAw. *dīdarᵊžō* (mit *ž* aus *γz*, § 53) »du wolltest festsetzen«: ai. *dr̥ḍhám* »fest« gegenüber jAw. *ādrənjayōiš* »du mögest befestigen«, *dražaⁱte* »er hält fest«, gAw. *†dīdraγ-žō.duyē* (mit *γž* aus *gz*, § 53) »ihr wollt festhalten«: ksl. *drŭzati* »halten«[5]; — jAw. *azgatō* »unbesiegt«, aus idg. **n̥-zg°* gegenüber jAw. *hazō* »Gewalt«, *zazuštəmō* »der siegreichste«, aus idg. **°zγ́ust°*: ai. *áṣāḍas* »unbesieglich«[6].

[1] Vgl. dazu IdgF. 3, 181. — [2] Vgl. Bthl., Studien 2, 21 f. — [3] AF. 3, 13; IdgF. 1, Anz. 103; Geiger, ABayrAW. 19. 1, 130. — [4] Geldner, 3 Yasht 136, KZ. 30, 326; Th. Baunack, Studien 1, 391; Osthoff, MU. 4, 184, 405; unten § 268, 10. — [5] Bthl., Studien 2, 104 und oben § 33. — [6] BB. 10, 272 f.; § 208, 8; 51, 2.

I B. DIE SONORLAUTE.

Zu den besonderen Gestaltungen der ursprachlichen Sonorlaute im An- und Auslaut vgl. unten II C, § 82 ff.

I Ba. DIE LIQUIDAE.

§ 56. *Übersicht. — Die idg. Liquidae im Arischen (und Indischen).*

1. Die indogermanische Ursprache besass zwei Liquiden: *r* und *l*. Die Annahme des *l* neben *r* wird von den nichtarischen Dialekten gefordert, welche in der Verteilung der beiden Liquiden zusammenstimmen.

Vgl. im Allgemeinen Bechtel, Hauptprobleme 380 ff. [Eine abweichende Ansicht stellt neuerdings Neisser auf, BB. 19, 145.]

2. In der arischen Grundsprache sind *r* und *l* lautgesetzlich in *r* zusammengefallen. In Folge von Entlehnungen aus nichtarischen idg. Dialekten hat sich aber *l* bereits im Arischen neuerdings festgesetzt. Arisches *r* entspricht somit idg. *r* und *l*, arisches *l* idg. *l*.

Das Indische hat *r* und *l*. Das arische *r* ist dialektisch zu *l* geworden. Indisches *l* steht also ar. *r* und ar. *l* gegenüber.

Vgl. dazu Bthl., IdgF. 3, 157 ff. (wo weitre Litteratur verzeichnet wird); Geiger, ABayrAW. 20. 1, 211 und das Folgende.

3. Die mittel- und neuiranischen Sprachen haben *r* und *l*, die beiden altiranischen Dialekte dagegen kennen nur *r*. Wo ein mir. oder neuir. *l* einem idg. *r* oder *l* entspricht — es hat auch noch andere Lautwerte —, da ist es sicher in den meisten Fällen aus uriranischem *r* hervorgegangen, das auch vielfach daneben vorkommt; z. B. oss. *sald* »Kälte« — np., bal. *sard* »kalt«: lit. *száltas*; ai. *śiśiras* »Kälte«. Da es aber auch einige Wörter giebt, deren *l* allen oder der Mehrzahl der neuiranischen Dialekte mit dem Indischen und mit den nichtarischen Verwandten gemeinsam ist, so möchte ich die Möglichkeit nicht in Abrede stellen, dass sich dialektisch das arische *l* im Iranischen als *l* gehalten hat. Es wären dann jene Wörter, für welche die angegebenen Bedingungen zutreffen, mit Sicherheit als urarische Lehnwörter zu bezeichnen. Am ersten gilt das für: Phlv., np. *lištan*, kurd. *listin* »lecken«, PDw. *lixam* »ich lecke«: ai. *lihánti* (neben echt arisch-ind. *rihánti*) »sie lecken«: arm. *lizem*, lat. *lingō*, nhd. *lecken*; aber im Awesta findet sich *†raēzaⁱte* »sie lecken«, s. IdgF. 5.

Ich werde im Folgenden auf das arische *l* keine Rücksicht nehmen.

4. Die ursprachlichen Liquidae kamen in beiderlei Function vor, in consonantischer und sonantischer (S. 3 oben und unten § 95, 4) und zwar traten sie als Sonanten sowohl kurz als lang auf[1].

Das Arische hat nach dieser Hinsicht eine Veränderung nicht vorgenommen. Es besass also *r* (Consonant) und *r̥*, *r̥̄* (Sonanten).

[1] Die verwickelte Frage, ob der Ursprache *r̥* oder etwa *ₑr* (J. Schmidt, Kretschmer), ob ihr *r̥̄* oder etwa *ər̄* (Bechtel) zuzuweisen sei, habe ich hier nicht zu erörtern; s. noch unten § 61, 2; 95, 5. Zuletzt haben darüber gehandelt: Kretschmer, KZ. 31, 390 ff.; Bechtel, Hauptprobleme 144 ff., 216 ff.; Möller, ZDPh. 25, 370 ff.; J. Schmidt, KZ. 32, 377 ff.; Wilmanns, Deutsche Grammatik 1, 150 f. — Die arischen Erscheinungen verstehe ich jedenfalls unter der Voraussetzung eines *r̥ r̥r* (vor Vocalen, einschliesslich *i̯*, *u̯*; s. § 69 ff.; 83, 4; 95, 4) und *r̥̄* am besten. Ohne die Annahme eines ar. *r̥* bleibt z. B. der ar. Ausgang des Acc. Plur. der *r*-Stämme unverständlich; s. § 228. — Vgl. noch IdgF. 3, 172 No.

5. Im Indischen ist das arische *r* durch *r* und *l*, das arische *r̥* durch *r̥* und *l̥* vertreten. — Ar. *r̥r* ist zu *ir*, *il* und *ur*, *ul* geworden; ar. *r̥̄* zu *īr* und *ūr*. Die Vocalfärbung richtet sich nach den umgebenden Consonanten[1].

[1] Im Mittelindischen erscheint gewöhnlich für das altind. *r̥* entsprechend *ri* und *ru*, bzw., nach Assimilation des *r*, *i* und *u*; s. IdgF. 3, 159.

§ 57. *Die arischen Liquidae im Iranischen.*

1. Ar. *r*, Consonant, bleibt unverändert.

2. Ar. *r̥*, Sonant, hat sich bis zum Ausgang der uriranischen Periode unverändert erhalten; vgl. noch § 67 mit No. 4. In den Einzelsprachen[1] finden wir an dessen Statt entweder die Gruppe: kurzer Vocal + *r* (*l*) oder umgekehrt, auch, mit (nachträglichem) Verlust des *r*, blos einen kurzen Vocal. Die Färbung des aus dem *r̥* entwickelten Vocals ist keine einheitliche. In der Awestasprache stellt er sich als *ə* dar (§ 288 f.); im Ossetischen als *a* (oder *ä*); im Neupersischen dagegen, und ebenso im Kurdischen und im Balučī treffen wir *i* und *u*, im Afγanischen *a*, *i* und *u*; die Färbung des Vocals wurde wie im Indischen (s. § 56, 5) durch die umgebenden Laute bestimmt. Genaueres in der Sprachgeschichte der einzelnen Dialekte. — S. einstweilen Hübschmann, KZ. 27, 108 ff.; J. Darmesteter, Études 1, 101 ff; Bthl., AF. 2, 68; Horn, KZ. 32, 572 ff.; Grundriss 155, 239; Geiger, KZ. 33, 253; ABayrAW. 20. 1, 205.

[1] Vielleicht mit Ausnahme des Altpersischen, das das *r̥* noch besessen haben könnte; s. unten § 290 und Nöldeke, LC. 1894, 151. — [2] Doch will ich darauf hinweisen, dass zu der Zeit, da urir. *rd* und *rz* in *l* übergingen, der aus dem *r̥* entwickelte Vocal den alten kurzen Vocalen an Quantität (Dauer) noch nicht gleichgestanden haben kann; vgl. Phlv. (np.) *sāl* »Jahr«, *bālist* »der höchste«, *bālišn* »Kissen«: jAw. *sarᵊδa*, *barᵊzište*, *barᵊziš*, aber Phlv. (np.) *dil* »Herz«, *buland* »hoch«, np. *gilah* »Klage«, *hilad* »entlässt«, *mul* »Wein«: jAw. *zərᵊdā*, *bərᵊzantəm*, *gərᵊząm*, *hərᵊzaⁱti*, ai. *mr̥dvīkā*. Der alte kurze Vocal wird also verlängert, der neuentwickelte aber nicht, was eben die Verschiedenheit der Silbendauer vor dem Eintreten des *l* beweist. Np. *gul* »Rose« geht auf **u̯r̥d* + x.

3. Ar. *r̥r* wird *ar*; s. KZ. 27, 204 f.

4. Ar. *r̥̄* wird *ar*.

§ 58—60. *Belege für die ir. Vertretung der arischen Liquidae.*

§ 58. Ar. (32) ***r*** = ir. *r*: jAw. *razištō* »der geradeste, richtigste«: ai. *rā́jiṣṭas*, lat. *regere*, nhd. *richten*; — jAw. *raočā* »Licht«, ap. *raučaʰ*, np. *rōz*, bal. *rōč*, afγ. *rvaj* »Tag«: lat. *lūx*, nhd. *licht*; — gAw. *marᵊtaēšū* »bei den Menschen«, ap. *martiyaʰ*, np., bal. *mard* »Mensch«: ai. *mártas*, *mártyas*, gr. *μόρτος*; — jAw. *puϑrō*, np. *pūr*, oss. *furtᵉ* »Sohn«: ai. *putrás*, osk. *puklum*.

§ 59. Ar. (33) *ṛ* = ir. *ṛ*[1]: jAw. *pərᵊsaⁱti* »er fragt«: np. *pursīdan*, kurd. *pirsīn*, oss. *färsin* »fragen«: ai. *pṛčáti*, ahd. *forscōn*; — jAw. *vəhrkō* (*hr* für älteres *r*[2]), np. *gurg* »Wolf«: ai. *vṛ́kas*, lit. *vìlkas*; — np. *tišnah* »Durst«, bal. *tunnag* (*nn* für älteres *šn*) »durstig«: ai. *tṛ́ṣṇā*, got. *þaurstei*; — np. *kirm*, kurd. *kurum* »Wurm«, oss. *kalm* »Schlange«: ai. *kṛ́miš*, lit. *kirmis*; —

1 S. noch § 67 mit No. 4. — 2 S. unten § 288 f.

= ir. *a* (vor *rj*)[1]: jAw. *para* »vor«, *paračit* »früher«, np. *paran* »gestern«: ai. *purá* »vor«, *purāčid* »von je her«, *purāṇás* »vormalig«; — jAw. *tarō*, *tarasča* »durch, hindurch«, np. *tar*[2]: ai. *tirás*, *tiraščá*; — jAw. *paravō* »viele«: ai. *purávas*; got. *filu*.

1 Ich gehe für die folgenden Beispiele von der Annahme aus, dass die awestischen und altindischen Wörter einander genau entsprechen. Streng beweisbar ist das freilich nicht; s. KZ. 27, 205. — 2 Horn, Grundriss 85.

§ 60. Ar. (34) *ṝ* = ir. *ar*[1]: jAw. *arᵊmō*, np. *arm* »Arm«: ai. *īrmás*; — gAw. *darᵊgəm* »lange«, oss. *darγ*, kurd. *derg*: ai. *dīrgás*; — jAw. *paᵘrvō* »der frühere«: ai. *pū́rvas*; — jAw. *varᵊmiš* »Wellen«: ai. *ūrmiš*[2].

1 Ich gehe von der nämlichen Annahme aus, wie in § 59 Abs. 2. — 2 Aus urind. **u̯ūrmiš*; s. Osthoff, MU. 4, X; KZ. 29, 577 f. Anders J. Schmidt, KZ. 32, 383 f.; vgl. aber noch IdgF. 3, 187; unten § 295 No. 2.

I Bb. Die Nasale.

§ 61. *Übersicht. — Die idg. Nasale im Arischen (und Indischen).*

1. Zu Ausgang der indogermanischen Periode gab es — entsprechend den vier Arten von Verschlusslauten (§ 1) — vier der Articulationsstelle nach verschiedene Nasale: *m* (labial), *n* (dental), *ŋ* (guttural), *ŋ́* (palatal). Vor Verschlusslauten und vor den gutturalen Spiranten stand überall der homorgane Nasal[1]. *ŋ* und *ŋ́*, letzteres mit *ŋ* etymologisch gleichwertig (§ 1, 1), waren überhaupt auf die Stellung vor *k*- und *x*-Lauten, bzw. auf die vor *k*-Lauten beschränkt.

Sämtliche Nasale wurden als Consonanten und als Sonanten (§ 95, 4) gebraucht, und zwar in letzterer Eigenschaft sowohl kurz als lang. Es gab also z. B. *n* (Consonant) und *n̥ n̥̄* (Sonanten)[2].

1 Anders Brugmann, Grundriss 1, 165 ff., der *mt* und *nt* für die Ursprache zulässt, mit Rücksicht auf das Germanische (S. 182, 204) und Baltische (186, 206); s. auch Johansson, GGA. 1890, 776. Ich nehme an, dass die Fälle mit *mt* (statt *nt*) auf einzelsprachlicher Neuerung beruhen; so z. B. lit. *szìmtas* »hundert« nach *dė́szimt* »zehn, zehner«, während dies selber wieder sein *m* von einem dem lat. *decem* oder *decimus* entsprechenden Wort bezogen haben wird. — 2 Die Frage des idg. *n*, *n̥n* (vor Vocalen; s. oben § 56, 4) und *n̥̄* steht in engstem Zusammenhang mit der des idg. *r* u. s. w., s. § 56 No. Vgl. noch Streitberg, IdgF. 1, 82 ff.; Möller, ZDPh. 25, 372 No.; J. Schmidt, Festgruss an R. von Roth 181; Bremer, Deutsche Phonetik 132 ff.

2. Im Arischen sind die consonantischen Nasale unverändert geblieben, ausser vor Zischlauten, wo *n* eintrat (*ns* für *ms*, *ńš* für *nx* u. s. w.), die sonantischen dagegen, wenn kurz, zu *a*[1], wenn lang, zu *ā*[2] geworden.

1 Vgl. Streitberg, IdgF. 1, 87. — Fick, BB. 15, 291 widerspricht sich. — Horn's Annahme, in einigen Fällen sei idg. *n̥ m̥* durch *u* vertreten, halte ich für unbegründet; IdgF. 1, 492; vgl. die Litteratur bei Horn, Grundriss 52, wozu noch Jackson, JAOS. 15, CLXXX; 16, XXXIX f.; IdgF. 3, Anz. 110. — 2 Die von Kretschmer, KZ. 31, 409 und anderen vertretene Theorie, der zufolge idg. *n̥̄* und *m̥̄* im Arischen in verschiedener Gestalt zu erscheinen hätten (s. auch Bechtel, Hauptprobleme 220 ff.), überzeugt mich nicht. Jedenfalls hat sie am Iranischen keinen Rückhalt; s. BB. 10. 278 ff.; IdgF. 1, 308; unten § 149; 209, 7).

3. Im Indischen ist aus der Gruppe Sonant (*a i u ṛ* u. s. w.) und Nasal vor allen (indischen) Spiranten der entsprechende Nasalsonant (*ą į ų ṛ̨* u. s. w.) hervorgegangen; im Übrigen sind:

m und *n* geblieben,
ń zu *ñ* geworden,
n teils geblieben, teils[1] zu *n*, selten[2] zu *ñ* geworden.

[1] Hinter *r* und *š*-Lauten. — [2] Unmittelbar nach *j č*.

§ 62. *Die arischen Nasale im Iranischen.*

1. Aus der Gruppe Sonant (*a i u r̥* u. s. w.) + Nasal hat sich vor allen (iranischen) Spiranten der entsprechende nasalirte Sonant (*ą į ų r̨̥* u. s. w.) entwickelt[1].

[1] Im Indischen hat das selbe stattgefunden. Aber der Vorgang spielt sich zu verschiedenen Zeiten ab, nicht etwa im Arischen. Im Indischen beginnt er erst (z. B.) nach dem Abschluss gewisser Auslautsveränderungen (KZ. 29, 516) und nach dem Übergang von ar. *ǵ* zu *h* (§ 2 b); s. Brugmann, Grundriss 1, 168 f.; im Iranischen nach dem Wandel der Tenues in Spiranten (nach § 3, 4) und nach dem Ausfall der reducirten Verschlusslaute (§ 24). Vielleicht ist der Vorgang nicht einmal gemeiniranisch; vgl. oss. *finssun* »schreiben«: ai. *piśáti;* — oss. *insäi* »zwanzig«: ai. *viśatiš* (bei Hübschmann, Oss. Sprache 41, 67, 104, 111; unten § 130, 210); doch besteht auch die Möglichkeit rückläufiger Entwickelung. Phlv. *mānsr* geg. jAw. *mąϑrō* (§ 67) ist gelehrtes Wort und beweist darum nichts. — Brugmann's Annahme, dass die Nasale nach langem Sonanten vor Spirans schon im Arischen reducirt gesprochen worden seien (Grundriss 2, 677 f.), halte ich für verfehlt; s. § 228.

2. *m, n*[1] und *n* sind im Übrigen geblieben, während
3. *ń* zu *n* geworden ist.

Zu ar. *a ā* aus *n̥* u. s. w. und *ñ* u. s. w. s. § 70, 77 f.

[1] Auffallend ist der Wandel tönender Zischlaute in tonlose, wenn ein Nasal folgt; s. § 3, 3; 28, 1 a; 39, 3 a, b; 278 I, 4. Wurden die Nasale tonlos gesprochen?

§ 63—67. *Belege für die ir. Vertretung der arischen Nasale.*

§ 63. Ar. (35) ***m*** = ir. *m:* jAw. *māta*, ap. °*mātā*, np. *madar*, bal. *māt*, oss. *madä*, afɣ. *mōr* »Mutter«: ai. *mātā́*, lat. *māter;* — jAw. *nąma*, ap. *nāmā*, bal., np. *nām*, afɣ. *nūm* »Name«: ai. *nā́ma*, lat. *nōmen;* — jAw. *zəmbayaδwəm* »zermalmt«: ai. *jambáyati*, gr. *γαμφηλαί;* — jAw. *mrātəm* »das gegerbte«: ai. *mlātám*[1].

[1] Ai. *brávāṇi* »ich will sprechen«: jAw. *mravāni* zeigt die indische Satzanlautsform für ar. *mr-;* s. § 82 ff.

§ 64. Ar. (36) ***n*** = ir. *n:* jAw. *narō* »Männer«, bal., np. *nar* »Mann«: ai. *náras* »Männer«, gr. *ἀνήρ;* — jAw. *manō* »Sinn«, ap. °*maniš*, np. °*man:* ai. *mánas*, gr. *μένος;* — jAw. *dantānō* »Zähne«, bal. *dantān*, oss. *dändag*, np. *dandān:* ai. *dántas*, lat. *dentēs;* — jAw. *taršnō*, np. *tišnah* »Durst«: ai. *tŕ̥ṣṇā;* — jAw. *ṯbišyanbyō* »den hassenden«; aus ar. °*ian^d^bʰyas*[1]; — jAw. *yasnō* »Verehrung« np. *jašn:* ai. *yajñás*[2].

[1] S. oben § 24. Daher gegen § 61, 1 die nichthomorgane Verbindung *nb;* s. noch § 65. — [2] S. dazu § 33.

§ 65. Ar. (37) ***n*** = ir. *n*[1]: jAw. *zangəm* »Knöchel«, oss. *zängä* »Knie«: ai. *jáṅghā* »der untere Teil des Beines«, got. *gaggan* »gehen«; — jAw. *pantaŋhum* »das Fünftel«: ai. *pantíš;* aus ar. *pan^k^t^o^*: lit. *peñktas.*

[1] In der Schrift wird *n* von *n* meist nicht geschieden; vgl. auch § 268, 53. — [2] S. oben § 24 und § 64 No. 1.

§ 66. Ar. (38) ***ń*** = ir. *n:* jAw. *panča*, np., kurd. *panj* »fünf«: ai. *páñča*, gr. *πέντε;* — jAw. *rənjyō* »hurtig«: ai. *rą́hyas;* aus ar. **rańǵ'i̯as*[1].

[1] S. § 61, 3; 62, 1 No.; KZ. 28, 4.

§ 67. Ar. ***n*** u. s. w. = ir. ̨ (Nasalirung des Sonanten): jAw. *dąhištəm*, »den klügsten«: ai. *dą́siṣṭam*, gr. *δήνεα* »Ratschläge«; aus idg. **dans°*[1]; — gAw. *nąsaṯ* »er soll erlangen«: ai. *nąśi*, lat. *nanciscor;* — jAw. *ązō* »Enge«: ai. *ą́has*, lat. *angustus;* — jAw. *fraš*[2] »vorwärts gewendet«: ai. *prān;* aus ar. **prān^k^š*[2]; — jAw. *pąsnum*[2] »Staub«: ai. *pą̄súš;* — jAw. *mąϑrō* »Spruch«: ai. *mántras*, gr. *μέντωρ*[3]; — gAw. *mər^ə^šyāṯ* »er möge gefährden«; aus ar. **mr̥ńḱiāt* urir. *$m̥r̥nši̯āt$, später *$m̥r̥ši̯āt$; s. gAw. *mərᵊnčaⁱtē* »sie gefährden«[4]; — jAw. *ϑrisˇ* »drei«, AP.: gr. τρῖνς, got. *þrins;* aus ar. *$trins$, urir. *$ϑri̯s$[5].

¹ Solmsen, KZ. 29, 64 f. — ² Urir. *a̧* und *ā̧* fallen in der Awestaschrift zusammen; § 268, 54. Zu *frąš* s. § 24. — ³ Zu Phlv. *mānsr* s. § 62, 1 No. — ⁴ In gAw. *mərąš*° bezeichnet *a̧* die nasalirte Aussprache des vorhergehenden (consonantischen) *r*; *ər* aber ist der reguläre Vertreter des uriranischen (sonantischen) *r̥*, vgl. § 289; s. noch § 228. — ⁵ Für nasalirtes *i* und *u* fehlt es an eigenen Zeichen; im Awesta behalf man sich mit *ĭ ŭ*; s. § 228; 268, 54.

§ 68. *Zum Wechsel der Nasale.*

Das ursprachliche Gesetz, dem gemäss vor den Verschluss- und *x*-Lauten stets der homorgane Nasal gesprochen wurde, hatte mehrfach frühzeitige Verschleppungen zur Folge. Insbesondere wurden die vor *t*-Lauten stehenden Wurzelformen mit *n* — aus älterem *m* — verallgemeinert.

Iranische Beispiele dafür sind: jAw. *čakana* »er hat Gefallen gefunden«, ap. *aspačanāʰ* EN. (eig. »Rosse liebend«), jAw. *nāⁱričinaŋhō*[1] »Frauen begehrend«: ai. *čakana*; *čánas* gegenüber jAw. *kāmō*, ap. *kāmaʰ* »Gefallen«: ai. *kā́mas*; — gAw. *xšąnmənē*[2] »sich zu gedulden«: ai. *kšā́matē*.

¹ Für urir. *čan*°; § 298, 4. — ² Bthl., AF. 3, 57. Ein Dissimilationsprozess, wie ich ihn dort angenommen, liegt nicht vor; ai. *aganma* hat das *n* von *gántōš* u. s. w.; aber das *n* erhielt vor *m* der Deutlichkeit wegen den Vorzug. Das *n* von lat. *vēnit* kann aus der Urzeit stammen. Zum *a̧* in gAw. *xšąnm*° s. § 296, 1.

I Bc. DIE VOCALE.

§ 69. *Übersicht. — Die idg. Vocale im Arischen.*

1. Ich scheide die ursprachlichen Vocale in 1. *i*- und *u*-Vocale, 2. *a*-Vocale. Zu den letztern stelle ich auch das ihnen etymologisch verwandte *ə*, »Schwā indogermanicum«, d. i. ein kurzer Vocal von nicht bestimmt ausgesprochener Färbung; s. Sievers, Phonetik⁴ 103 f.

a. Die *i*- und *u*-Vocale fungirten in der Ursprache als Sonanten und als Consonanten (§ 95, 4), und zwar im erstern Fall eben sowohl kurz als lang. Es gab also idg. *i u ī ū*: Sonanten, *i̯ u̯*: Consonanten. Consonanten sind die *i*- und *u*-Vocale in der Stellung vor Sonanten, sowie auch als die zweiten Componenten der »echten Diphthonge«: *ai au āi āu* u. s. w.[1]

¹ Brugmann schreibt darum auch im Grundriss *ai̯ au̯* u. s. w.; ich habe es beim Hergebrachten bewenden lassen. Doch beachte § 81.

b. Die *a*-Vocale, sowie *ə* fungirten ausnahmslos als Sonanten. Die erstern unterschieden sich in doppelter Hinsicht von einander, durch Tonfarbe (*a e* u. s. w.) und durch Tondauer (*a ā* u. s. w.).

2. In der arischen Grundsprache sind die ursprachlichen *i*- und *u*-Vocale im Allgemeinen unverändert erhalten geblieben; doch vgl. unten § 81: Ausfall.

Bei den *a*-Vocalen wurde im Arischen nur der quantitative Unterschied gewahrt, der qualitative ging verloren. Die verschieden gefärbten kurzen *a*-Vocale fielen sämmtlich in *a*[1], die langen in *ā* zusammen[2]. Das gilt auch für die »Diphthonge«; daher ar. *ai* aus idg. *ei oi* u. s. w.

Das ursprachliche *ə* wurde im Arischen zu *i*, während es die übrigen Sprachen durch *a* wiedergeben. Es ist dieses *i* aus *ə* älter als *š* aus *s* (§ 38 a, 45)[3].

¹ Die Annahme, das idg. *o* sei im Arischen, wenn in offener Silbe stehend, zu *ā* geworden, halte ich für unrichtig. Ihr Urheber, Brugmann, der sie zuletzt Grundriss 2, 1205 f. vertreten hat, vergleicht daselbst ai. *jajā́na* und gr. γέγονε. Ich verweise dem gegenüber auf ai. *jagā́ra* und arm. *ekul* »er hat verschlungen«, dessen *u* sicher auf einen idg. Langvocal geht; s. auch Strachan, BB. 18, 276. Vgl. noch unten § 151, 154, 159, 164. — ² Für unrichtig gilt mir die Aufstellung, dass idg. *ē* sich im Aind. — also doch auch im Arischen! — irgendwo als *ē* erhalten habe; s. dazu IdgF. 3, 9 f., unten § 159. — ³ Die verbreitete Annahme, dass idg. *ə* im

Arischen auch als *ī* erscheinen könne, ist irrig; s. BTHL., BB. 17, 130, Studien 2, 75 ff.; J. SCHMIDT, Festgruss an R. von Roth 179. — Was den Übergang des urindogermanischen *ə* in *a* vor *i̯* in offener Silbe angeht, so sehe ich ihn für vorarisch, also ursprachlich an; s. dazu BECHTEL, Hauptprobleme 249 ff., unten § 79, 1 No. 3. Das zu Ausgang der ursprachlichen Periode gesprochene *a* hatte also einen doppelten etymologischen Wert, *a* und *ə*.

§ 70. *Die arischen Vocale im (Indischen und) Iranischen.*

1. Das Arische hatte folgende Vocale:

a ā i ī u ū (Sonanten);

i̯ u̯ (Consonanten);

ai au āi āu (Diphthonge).

Arisch *a* und *ā* vertreten ausser den idg. *a*- und *ā*-Vocalen verschiedener Färbung auch noch *n̥*, bzw. *n̥̄* u. s. w.; s. § 61, 2. Idg. *a* ist selbst doppelwertig; s. § 69 No. 3. Arisch *i* entspricht idg. *i* und *ə*.

Im arischen *i̯* ist ausser dem idg. *i̯* auch noch die idg. palatale Spirans *j* enthalten; s. § 36.

2. Das Indische bietet für ar. *ai au: ē ō*[1]. Die übrigen Vocale bleiben unverändert, abgesehen von der nach § 61, 3 eintretenden Nasalirung[2].

[1] Beide mehrwertig; s. BRUGMANN, Grundriss 1, 301, 449. — [2] Die andern Abweichungen — *y v* für *i̯ u̯* — sind nur graphischer Art.

3. Das Iranische hat die arischen Vocale als Sonanten — wieder abgesehen von ihrer Nasalirung nach § 62, 1; 67 — unverändert gelassen. Ebenso die arischen Diphthonge sowie *i̯*[1].

Im Allgemeinen bleibt auch *u̯* erhalten; aber

hinter (iran.) *s z* — aus ar. *ś ś' ź ź'*, § 29 ff., 51 — wurde ar. *u̯* zu *p* (*sp*), bzw. *b* (*zb*);

hinter *f b* — aus ar. *p p̄ b b̄*, oben § 3 — fällt es weg (BTHL., Handbuch § 89; JACKSON, AJPh. 10, 86, Grammar § 95, 825 — die Beispiele z. T. unrichtig —; OSTHOFF, Zur Gesch. d. Perfects 426; HORN, Grundriss 53). S. im Übrigen § 76.

[1] Die Abweichungen *i̯* — *y*, *u̯* — *v* sind lediglich graphischer Natur.

§ 71—79. *Belege für die ir. Vertretung der arischen Vocale.*

S. auch § 67: Nasalirung.

§ 71 Ar. (39) *i*[1] = ir. *i*: gAw. *idī* »geh«: ai. *ihí*, gr. ἴϑι; — jAw. *iməm*, ap. *imam* »diesen«: ai. *imám*, gr. ἵν, lat. *im*; — jAw. *bityō* »der zweite«, ap. *duvitīyam*, jAw. *biš* »zweimal«; ai. *dvitī́yas*, *dvíṣ*, gr. δίς, lat. *bis*; — — jAw. *pita*, ap. *pitā*, np. *pidar*, bal. *pit*, oss. *fidä* »Vater«: ai. *pitā́*, gr. πατήρ, lat. *pater*; — gAw. *yezivī* »die jüngste«: ai. *pr̥t*[a]*]ivī*, gr. *ταν]αός*[2]; — jAw. *vaozirəm* »sie zogen«: ai. *ajagm]iran*[3].

J. SCHMIDT's Satz, dass »das Altbaktrische« — richtiger wäre: das Iranische — »ein nicht indogermanisches *i* des Sanskrit« — also idg. *ə* — »in zweiter Silbe drei- und mehrsilbiger Worte völlig verloren habe«, scheitert an den beiden letzten und nicht wenigen andern Beispielen; vgl. § 157, 175, 182, 185 No. 1, 188, 189 No. 2; s. auch § 53 No. 4. Übrigens verlangte doch jene Aufstellung die Annahme, dass idg. *ə* und *i* noch im Awestischen (bzw. Iranischen) lautlich geschieden gewesen seien; dafür wüsste ich aber keinen Anhalt. Vgl. ferner IdgF. 5.

[1] Beachte § 70, 1 Abs. 2. — [2] BB. 15, 9; 17, 340; ZDMG 48, 144; JOHANSSON, De derivatis verbis 107. — [3] KZ. 29, 273 ff., unten § 121 g.

§ 72. Ar. (40) *ī* = ir. *ī*: jAw. *vīrəm* »den Mann«, Phlv. *vīr*: ai. *vīrás*, lit. *výras*; — jAw. *ǰīvyąm* »die lebendige«, ap. *ǰīvāhy* »du sollst leben«, Phlv. *zīvastan* »leben«: ai. *ǰīvás*, lat. *vīvere*; — jAw. *srīrō* »schön«: ai. *aśrīrás*; — gAw. *īratū* »er komme«: ai. *īratē*[1].

[1] S. § 102 I, 1 c.

§ 73. Ar. (41) *i̯*[1] = ir. *i̯* (*y*): jAw. *yākarə* »Leber«, np. *ǰigar*[2]: ai. *yákr̥t*, lat. *jecur*, gr. ἧπαρ; — jAw. *yasnō* »Verehrung«, np. *ǰašn*[2]: ai. *yajñás*, gr. ἅγιος; — jAw. *ma*[i]*δyō* »der mittlere«: ai. *mádhyas*, got. *midjis*; — jAw.

saδayeⁱti »scheint«, ap. *ϑadayaʰ* »es scheine«: ai. *čadáyati;* — — jAw. *yuxta°* »angeschirrt«, np. *juγ*[2] »Joch«: ai. *yuktás, yugám,* lat. *jugum,* gr. *ζυγόν;* — jAw. *yavō*, np. *jav*[2] »Gerste«: ai. *yávas,* lit. *javaĩ*, gr. *ζειαί.*

[1] Beachte § 70, 1 Abs. 3. — [2] *j* ist der reguläre neupersische Vertreter des anlautenden air. *i̯*; s. Horn, Grundriss 92 ff. und unten.

§ 74. Ar. (42) *u* = ir. *u:* jAw. *upaⁱri*, ap. *upariy* »über«: gr. *ὑπείρ,* got. *ufar;* — jAw. *puϑrō*, ap. *puϑʳaʰ*, np. *pus*, oss. *furt*, bal. *pusaγ* »Sohn«: ai. *putrás*, sab. *puclois;* — jAw. *vaŋhuš* »gut«, ap. *dārayaʰvaʰuš* EN.: ai. *vásuṣ*, gr. *ἐΰς.*

§ 75. Ar. (43) *ū* = ir. *ū:* jAw. *ūnəm* »leer«: ai. *ūnám;* — jAw. *dūⁱre*, ap. *dūraiy* »in der Ferne«, np., bal. *dūr* »fern«: ai. *dūré;* — jAw. *sūrō* »gewaltig«: ai. *śū́ras*, gr. *κῦρος.*

§ 76. Ar. (44) *u̯* = ir. *u̯ (v):* jAw. *vazaⁱti* »er fährt«, np. *vazīdan* »wehen«, afγ. *vuzī* »er fliegt«: ai. *váhati*, lat. *vehō;* — jAw. *yvānəm*[1] »den Jüngling«, np. *juvān:* ai. *yúvā*, lat. *juvenis;* — jAw. *paᵘrvō* »der frühere«, ap. *paruvam:* ai. *pū́rvas*, ksl. *prŭvŭ;* —

= ir. *p:* jAw. *spaētəm* »weiss«, np. *sipēd*, afγ. *spīn:* ai. *śvētás*, got. *hveits*, ksl. *svĕtŭ;* — jAw. *spā* Hund, »medisch« *σπάκα*, afγ. *spai:* ai. *śvā́;* — jAw. *spəntō* »heilig«, np. *aspand* »Raute«[2]: lit. *szveñtas*, ksl. *svętŭ;* — jAw. *aspō* »Pferd«, ap. *aspa°*, np. *asp*, bal. *aps*, oss. *yāfs:* ai. *áśvas*, lit. *asszvà;* — jAw. *vīspō* »jeder«, ap. *vispa°*, Phlv. *harvisp:* ai. *víśvas;* —

= ir. *b:* jAw. *vīzbāriš* »Verkrümmung«, oss. *äwzär* »schlecht«: ai. *hvá́ras* »Ränke«[3]; — jAw. *zbayeⁱti* »er ruft an«, Phlv. *āzbāyišn* »Anrufung«: ai. *hváyati;* — oss. *äwzag* »Zunge«, np. *zabān:* ai. *jihvā́*[4]; —

= ir. *o:* jAw. *āfəntō* »die wasserreichen«, aus ar. **āpu̯antas* (§ 3, 4; 4)[5]; — ap. *bīyāʰ* »er möge sein«, Phlv. *bīt* »geworden«, np. *bīd* »seid«, *bād* »er soll sein«, aus ar. **bu̯°*[6]: lat. *fiet*, *fitum*, *fite;* ksl. *bą.*

[1] D. i. *yuvānəm;* s. § 268, 12. — [2] Horn, Grundriss 19. — [3] ZDMG. 46, 296, 329. — [4] Vgl. das folgende und § 50. — [5] S. die Litteraturangaben in § 70. Das *f* in *āfəntō* macht es in hohem Grade wahrscheinlich, dass das *u̯* im Arischen noch vorhanden war; s. noch jAw. *āfənte* »sie erreichen« (§ 140); doch vgl. freilich § 8. — [6] S. § 142.

Wo *su̯* oder *zu̯* erscheint, ist *u̯* unter dem Einfluss verwandter Wörter mit *sū*, *zū* oder *suu̯*, *zuu̯* erhalten oder auch wieder eingeführt worden. So in jAw. *kasvīš* »Hautausschlag«, vgl. ai. *kačūṣ* (§ 30); — jAw. *hizva* »Zunge«: ai. *jihvā́*, vgl. gAw. *hizubiš*, *hizvā* (IS., d. i. **hizuvā*, § 268, 12). — jAw. *dasva* »gieb« steht für urir. **dassva;* s. oben § 5.

An uriranischen Ausfall des *u̯* in gleicher Stellung, den Darmesteter, Études 1, 109 f.; 2, 134 und danach Geldner, KZ. 28, 264 angenommen haben — s. auch Horn, WZKM. 4, 187; Grundriss 19, 36, 165, wo vielmehr Assimilation von ar. *śu̯* zu *ss* vermutet wird —, glaube ich nicht. Np. *sag* »Hund«, kurd. *seh* gegenüber »medisch« *σπάκα* (s. oben) hat das anlautende *s* anstatt *sp* von jenen Formen her bezogen, wo *u* folgte; vgl. jAw. *spānō* »die Hunde« und *sunīš* »die Hündinnen«: ai. *śvā́nas* und *śunī́ṣ;* s. dazu Studien 2, 22 No. — Zu ap. *visam* »alles« ist ksl. *vĭsĭ* und lit. *vìsas* zu vergleichen; ar. **u̯iśu̯a-* neben **u̯iśa-* wird sein *u̯* von dem bedeutungsverwandten **saru̯a-* bezogen haben. — Das ap. *asᵃbᵃarᵃibᵃisᵐ* ist *asbāraibiš* zu lesen, welches durch dissimilatorischen Silbenverlust (§ 100 b) aus **aspabār°* hervorgegangen ist, s. Hübschmann, ZDMG. 36, 133; vgl. auch das pers.-arm. *aspet* »cavaliere« neben *aspastan*, *aspadēz* u. a. m; auf **asbāra* führen auch Phlv. *asbār*, np. *aswār*, *suwār*, bal. *sawār;* das afγ. *ās* »Pferd« neben *āspa* »Stute« hat sein *p* erst verloren, nachdem es in den Auslaut gerückt war.

Auf die Gleichung ai. *aśvatarás:* np. *astar* »Maulesel« ist kein Beweis zu gründen; das erstere macht den Eindruck eines volksetymologisch umgeformten Lehnworts.

§ 77. Ar. (45) **a**[1] = ir. *a*: jAw. *aspō*, ap. *aspa*°, np. *asp* »Pferd«: ai. *áśvas*, lat. *equos;* — jAw. *azaⁱti* »er treibt«: ai. *ájati*, gr. *ἄγω;* — jAw. *baraⁱti* »er trägt«, ap. *abaram*, np. *baram:* ai. *bárati*, gr. *ἔφερον;* — jAw. *stayata*[2] »er stellte sich«: ksl. *stoją* »ich stehe«; — jAw. °*maⁱtiš*[3] »Denken«: ai. *matíṣ*, lat. *mentem*, got. *gamunds;* — jAw. *awrəm*, np. *awr*[3] »Wolke«: ai. *abrám*, lat. *imber;* — jAw. *satəm*, np. *sad*[3] »hundert«: ai. *śatám*, lat. *centum*, got. *hund;* — jAw. *tanava*[3] »ich will strecken«, np. *tanuk*[3] »dünn«: ai. *tanávāni*, *tanúṣ*, gr. *τάνυται*, *τανυ*°, lat. *tenuis*, ahd. *dunni;* — jAw. *maδəmō* (= urir. **madamō*) »der mittelste«: got. *midumai*[4].

[1] Beachte § 70, 1 Abs. 2. — [2] Ar. *a* aus idg. *ə;* s. noch unten § 98, 1, 2. — [3] Ar. *a* aus idg. *n̥* oder *m̥*. — [4] jAw. *əm* (§ 298, 1) und got. *um* aus idg. *m̥m;* s. ZDMG. 46, 305.

§ 78. Ar. (46) **ā**[1] = ir. *ā:* jAw. *āsuš* »schnell«, *āsyā* »schneller«: ai. *āśúṣ*, gr. *ὠκύς*, lat. *ōcior;* — jAw. *māta*, ap. °*mātā*, np. *mādar* »Mutter«: ai. *mātā́*, lat. *māter;* — jAw. *må̄ŋhəm*[2] »den Mond«, ap. *māhyā* »im Monat«, np. *māh* »Mond, Monat«: ai. *mā́s*, gr. *μής*, lat. *mēnsis;* — jAw. *zātō*, np. *zādah* »geboren«: ai. *jātás*[3]; neben *jánas:* gr. *γένος;* — jAw. *ustānazastō* »mit ausgestreckten Händen«: ai. *uttānáhastas*[3]; neben *tántuṣ;* — jAw. *å̄ŋha*[2] »er ist gewesen«: ai. *ā́sa*, gr. *ἦε*[4].

[1] Beachte § 70, 1 Abs. 2. — [2] Ar. *å̄* für *ā*, § 299, 7. — [3] Ar. *ā* aus *n̥̄;* ai. *tānás:* *tatás* = *dīrṇás:* gr. *δρατός*. — [4] S. § 102 I, 1 c.

§ 79. *Die arischen Diphthonge im Iranischen.*

1. Ar. **ai** = ir. *ai*[1]: jAw. *aēⁱti*, ap. *aitiy* »er geht«: ai. *éti*, gr. *εἶσι;* — gAw. *vaēdā*, *vōistā* »ich weiss, du weisst«: ai. *véda*, *véttʰa*, gr. *οἶδα*, *οἶσθα;* — jAw. *yaēδma*, gAw. *yōiδⁱmā* »wir haben uns bemüht«: ai. *yetimá*[2]; — jAw. °*daēnu* »Kuh«: ai. *dʰenúṣ*, arm. *dail*, ksl. *doilica*[3].

[1] Im Awesta *aē*, *ōi;* cf. § 297. — [2] S. unten § 159 f. — [3] S. dazu § 95, 5 und BB. 17, 131. Das ursprachliche *ai* obiger Wörter stammt vom Praesens **dʰai̯eti* aus älterem **dʰəi̯eti;* s. Hübschmann, Vokalsystem 79 und oben § 69, 2.

2. Ar. **āi** = ir. *āi:* jAw. *satāiš* »mit hundert«: ai. *śatā́iṣ;* — gAw. *dāiš* »du sahst«[1]; — jAw. *nāist* »er schmähte«[1].

[1] S. unten § 156.

3. Ar. **au** = ir. *au*[1]: jAw. *aojō* »Macht«: ai. *ójas*, lat. *augustus;* — jAw. *raočayeⁱti* »er erleuchtet«, ap. *raučaʰ* »Tag«: ai. *rōčáyati*, gr. *λευκός;* — jAw. *vaŋhāuš* »des guten«, ap. *dārayaʰvahauš* EN.: ai. *vásōṣ;* — jAw. *vaočaṯ* »er sprach«: ai. *ávōčat*[2].

[1] Im Awesta *ao* und *əu;* s. § 297; 303. — [2] S. unten § 163.

4. Ar. **āu** = ir. *āu:* jAw. *gāuš* »Rind«: ai. *gā́uṣ;* — gAw. *vāurayā* »ich will überzeugen«[1].

[1] Vgl. unten § 128.

ZU I Ba, b, c. VORIRANISCHER AUSFALL VON LIQUIDEN, NASALEN, *i*- UND *u*-VOCALEN.

§ 80. *Ursprachlicher Ausfall.*

In der Ursprache fielen alle consonantischen Sonorlaute nach langen Vocalen in geschlossener Silbe unter gewissen noch nicht völlig ergründeten Umständen aus.[1]

[1] Aller Wahrscheinlichkeit nur dann, wenn der lange Sonant davor gestossenen Ton (´) hatte, der vielleicht gleichzeitig mit dem Ausfall in den schleifenden (˜) umgesetzt wurde; vgl. Michels, IdgF. 1, 22 und bei Streitberg, Sprachgesch. 43.

Litteratur: J. Schmidt, KZ. 26, 337 ff.; 27, 281 ff., 287 ff., 369 ff.; zuvor schon Ludwig, Rigveda 4, 370; weiteres bei Bthl., ZDMG. 43, 665; Studien 2, 75, 116; IdgF. 1, 305; 3, 5; Bechtel, Hauptprobleme 273 ff.; Hirt, IdgF. 1, 220 ff.; 2, 338 ff.; Meringer, SWienAW. 125. 2, 4 ff.; Streitberg, IdgF. 1, 270 ff.; 3, 150; Sprachgeschichte 7 ff., 29 ff., 38 f.; Johansson, IdgF. 3, 232; s. ferner unten § 84, 4.

Iranische Beispiele für den ursprachlichen Ausfall sind:

1. Liquida: jAw. *pāšnaēbya* »mit beiden Fersen«[1]; gegenüber ai. *pā́rṣṇiṣ*, got. *fairzna*; —

[1] Zweifelhaft; aber *ršn* bleibt sonst im Altiranischen unverändert: jAw. *varšnōiš* »des Männchens«, gAw. *dužvarᵊšnaŋhō* »Übelthäter«. Das *š* in *pāšn*° (statt *s*, § 39, 3 a) müsste von einem daneben üblichen Wort mit erhaltenem *r* bezogen sein.

2. Nasalis: jAw. *māzdrājahīm* »Monatsdauer«, *mā̊ŋhəm*[1] »den Mond«: ai. *mā́sam*, ksl. *mě̆sęcĭ*; gegenüber lat. *mēnsem*, gr. *μηνός*[2]; — jAw. *zyā̊* »Winter«, aus ar. **žʰi̯ās*, NS.; gegenüber lat. *hiemem*[3].

[1] D. i. urir. **māham*, § 298, 7. — [2] Vgl. Solmsen, KZ. 29, 61 f. — [3] Vgl. § 211.

3. *i̯*, *u̯*: jAw. *ātarᵊ*, np. *āδar* »Feuer«; gegenüber ai. *ā́y-úṣ* »beweglich«[1]; — jAw. *pāta* »Hüter«: ai. *pātā́*; gegenüber jAw. *pāy-uš*: ai. *pāy-úṣ* »Hirt«, gr. *πῶυ*; — — jAw. *gąm* »Rind«, AS.: ai. *gā́m*; gegenüber jAw. *gāuš*: ai. *gā́uṣ*, NS.[2] — Vgl. noch § 99, 2; 142; 156, 11 u. ö.

[1] S. IdgF. 5. — [2] Vgl. unten § 212.

Der unter gewissen Bedingungen erfolgte Zusammenfall von *āˣ* mit ursprünglichem *āˣ* + Liqu., Nas., *i̯*, *u̯* hat von indogermanischer Zeit an mancherlei Neubildungen nach sich gezogen. Insbesondere hat der Schwund von *i̯*, ohne Zweifel der häufigste, zur Schöpfung zahlreicher neuer Wörter und Wortformen Anlass gegeben; s. Studien 2, 76; unten § 167, 1.

§ 81. *Arischer Ausfall von i̯ und u̯.*

In der arischen Grundsprache fällt *i̯* vor *ĭ* und *u̯* vor *ŭ* aus. Ein auf diese Weise neuentstandener Hiat (§ 83, 5) zwischen *ā̆* und *ĭ*, bzw. *ŭ* blieb im Uriranischen, ebenso wie im Urindischen unverändert bestehen.

Litteratur: Osthoff, MU. 4, X ff.; Bthl., KZ. 29, 577 f.; IdgF. 1, 490; Studien 1, 111 f.; s. noch § 208 No. 3. — Vgl. auch Froehde, BB. 14, 80 ff.

Iranische Beispiele für den arischen Ausfall von *i̯* sind: jAw. *sraēštəm* »den schönsten«: ai. *śrḗṣṭham*; aus ar. **śra(i̯)išṭam*[1]; — jAw. *viδōišta* »o entscheidendster«; aus ar. **u̯iča(i̯)išṭa* (§ 258, 52); — jAw. *raēm*, *raēš* »Reichtum«; aus ar. **ra(i̯)im* AS., **ra(i̯)inš* AP. (§ 228): ai. *rayím*[2]. S. noch § 265, 6.

Die jAw.-Schreibung mit *aē* beweist keineswegs die monophthongische Aussprache; vgl. ZPGl. 4, 10 f., wo *jaē* als Variante von *jahī* verzeichnet wird; s. auch Yt. 13, 142. Dazu kommt, dass ar. *ai* in geschlossener Silbe meist, im Auslaut sogar regelmässig als *ōi* erscheint; s. unten § 297, 3.

[1] Vgl. dazu Oldenberg, Rigveda 1, 183 und unten § 208 No. 3. — [2] Wo das *y* nach Analogie wieder hergestellt ist. Vgl. auch ai. *rayivát*° neben *rēvát*°, letzteres zu jAw. *raēvat*° aus ar. **ra(i̯)i̯at*°.

Für den Ausfall von *u̯* im Wortinnern habe ich kein sicheres Beispiel; s. aber unten § 84, 4; 85, 3.

Anderweiten Ausfall von Liquidae, Nasalen oder *i*- und *u*-Vocalen, sei es in ursprachlicher, sei es in arischer Zeit, läugne ich, im Gegensatz zu Collitz, BB. 18, 231 f., der *m* vor *n*, Brugmann, Grundriss 2, 802, der *u̯* nach anlautendem *s*, Darmesteter und Geldner, die *u̯* nach *x* (*š*) ausfallen lassen — s. § 76; 247, 5; Studien 2, 22, 105 —, und Pedersen, der BB. 19, 297 f. wieder einmal **snusā* »Schwiegertochter« aus **sunusā* ableitet.

Vgl. noch § 300: Anaptyxe, 301: Epenthese.

I C. SATZPHONETIK (SANDHI).

§ 82. *Allgemeines.*

1. Die Wörter innerhalb zwei auf einander folgender Satzpausen — oder, was das Gleiche ist, vom Satzanfang bis zur ersten Satzpause, von der letzten Satzpause bis zum Satzende — werden mit einander zusammenhängend gesprochen, so dass sie eine »geschlossene phonetische Einheit« bilden. Innerhalb dieser Einheit, dem »Satz« im engern Sinn, also im Satz*in*laut, wird ein zu Anfang oder zu Ende eines Wortes stehender Laut grundsätzlich ebenso behandelt, wie der gleiche Laut bei gleicher Nachbarschaft und sonst gleichen Bedingungen (s. § 83, 5) im Wortinnern, worüber die vorhergehenden Paragraphen Auskunft geben. Für den Satz*in*laut gelten also principiell die nämlichen Gesetze wie für den Wortinlaut. Eine ursprachliche 3. Sing. Praet. Act. z. B., wie **ƀeret* »er trug«, die wir aus etymologischen Gründen — vgl. **ƀereti* »er trägt«, **ƀeretu* »er trage«: ai. *ƀárati, ƀáratu* — mit dem Auslaut *t* ansetzen, musste im »Satzinnern« ausser in dieser Gestalt lautgesetzlich noch in drei weiteren erscheinen, als **ƀered* vor tönenden Geräuschlauten (nach § 23) und als **ƀereϑ*, bzw. **ƀereδ* vor dentalen Verschlusslauten (nach § 37). In besonderer Lage dagegen befindet sich ein Laut im »Satz*an*laut«, d. i. unmittelbar nach, sowie im »Satz*aus*laut«, d. i. unmittelbar vor Satzpause. Die besondere Stellung kann selbstverständlicher Weise auch besondere Änderung im Gefolge haben.

2. Nun ist es ja bekannt, dass die Wirkung der Lautgesetze im Innern der Wörter vielfach durch die ausgleichende Macht der Analogie wieder aufgehoben oder auch direkt verhindert wird. So treffen wir z. B. jAw. *ātrəm* »das Feuer«, AS., neben *ātarš*, NS., anstatt des gesetzlichen *āϑrəm* u. s. w.; s. § 8, ferner § 13, 22 f., 33 u. s. w. In gleicher Weise beeinträchtigt die Analogie auch die Regelmässigkeit des Lautwandels im Wortan- und -auslaut. Die nur unter bestimmten Bedingungen berechtigte Form eines Wortes wird auch unter abweichenden Bedingungen oder selbst allgemein gebraucht. So konnte schon zu Zeiten der Ursprache jene Form der 3. Sg. Praet. Act., welche nur vor tönenden Geräuschlauten gesetzlich eintrat, **ƀered*, z. B. in **ƀeredƀāγʿeu* »er trug im Arm«, auch vor andere Laute — sofern sie sich nur überhaupt damit vertrug —, z. B. vor Vocale überführt werden: **ƀeredandʿos* »er trug das Kraut« — vgl. das ai. *ƀáradándʿas;* ferner osk. *deded*, alat. *feced* —; ebenso das nur vor *t*-Lauten berechtigte **ƀereϑ* — vgl. dazu G. Curtius' Erklärung des gr. οὕτως bei Bthl., Studien 1, 17 —; — bereits in der Ursprache konnte es ferner geschehen, dass das im Satzinnern hinter auslautendem *s* gesetzlich seines anlautenden *s* verlustig gegangene Wort **tegos* »Dach« (s. § 51, 1; 83, 2) auch z. B. hinter Vocalen oder im Satzanlaut gebraucht wurde — vgl. gr. τέγος neben στέγος: »Satzdoubletten« —; — im Arischen wieder, und zwar ebensowohl in den Dialekten wie im Urarischen, war die Möglichkeit gegeben, dass der Wortanlaut *š*, der nur hinter bestimmtem Wortschluss: *i, u* u. s. w. (§ 38 a) gesetzlich war, auch hinter *a*-Vocale oder in den Satzanlaut gerückt wurde — vgl. ai. *ṣṭ́ivati* »er spuckt« u. s. w.; s. Hübschmann, KZ. 27, 106; Bthl., Studien 2, 42 f.; Whitney, Grammar[2] § 185; oben § 49, 1, unten § 86 — u. dgl. m.; s. noch § 13; 87 No. 2.

Man begreift, dass auf solche Weise im Satzinnern Lautverbindungen entstehen können, welche im Wortinnern nicht vorkommen; z. B. idg. **ƀereδƀāγʿeu* oder **ƀereϑandʿos*. Natürlich besteht für diese neuen Lautverbindungen auch wieder die Möglichkeit besonderer Wandlung; vgl. § 85, 2b.

3. Bei dem Kampf der verschiedenen durch die Satzphonetik bedingten Formen ein und des selben Wortes um die Alleingiltigkeit siegt in der Mehr-

zahl der Fälle die Pausaform, und zwar desshalb, weil die Pausastellung für die Mehrzahl der Wörter die häufigste ist. Im Ganzen und Grossen wird also für den *An*laut eines Wortes die Gestalt massgebend sein, die es *nach* Pausa, für den *Aus*laut die, welche es *vor* Pausa erhalten hat.

4. Der Wechsel zwischen zwei — allenfalls auch mehreren — verschiedenen Anlautsformen beim selben Wort, wie er durch die Satzphonetik ins Leben gerufen wurde, war der Anstoss zu mehrfachen analogischen Neuerungen: a. er übertrug sich auf den Anlaut andrer Wörter, welchen er nach deren etymologischer Herkunft nicht zukam; b. er übertrug sich auf den Wortinlaut; c. und endlich beeinflusste er auch den Wortauslaut.

Als Beispiel für die unter a. verzeichnete Neuerung mag ai. *askr̥ta* dienen und die weitern bei Whitney, Wurzeln 21 f. angeführten Wörter mit *sk-*. Das zu Grunde liegende indogermanische Verbum hatte kein *s* (entgegen Fick, Wörterbuch[4] 1, 24; s. auch Brate, BB. 13, 44 ff.). Aber der bei Wörtern mit ursprünglichem *sk*-Anlaut berechtigte Wechsel von *k* mit *sk* (§ 83, 2) hat ai. *askr̥ta* u. s. w. nach »falscher Analogie« ins Leben gerufen[1]. Ähnliche Erscheinungen im Neuiranischen habe ich Studien 2, 42 f. besprochen.

[1] S. übrigens auch Studien 1, 75 f.

b. Für die Überführung des Anlautswechsels in den Wortinlaut sind iranische Beispiele unter § 86; 89; 90, 2 gegeben.

c. Zum dritten Punkt sei auf meine Bemerkungen zu ap. *patiš* neben jAw. *paiti* u. s. w. hingewiesen, KZ. 27, 368; Studien 1, 75 f.; IdgF. 2, 267.

Vgl. im Allgemeinen Brugmann, Grundriss 1, 491 ff. und die dort angeführte Litteratur.

I Ca. URSPRACHLICHE SATZPHONETIK UND DEREN NACHWIRKUNGEN IM IRANISCHEN.

§ 83. *Der Anlaut.*

1. Ein Verschlusslaut ging vor Verschluss- und *x*-Laut im Satzanlaut — und wohl auch im Satzinlaut nach Geräuschlauten (s. § 25, 4) — verloren. Vgl. jAw. *tūiryō* »der vierte«: ai. *turī́yas*, gr. τράπεζα neben jAw. *āxtūirīm* »viermalig«, *čaϑwārō* »vier«[1]; — gAw. *tā* »der Vater«, bal. *trī* »Vatersschwester«, afγ. *trą* »Oheim«: lit. *tė́vas*, *tė́tis* »Vater« neben gAw. *pətā*, jAw. *pita*, ap. *pitā*: ai. *pitā́*, gr. πατήρ[2]; — jAw. *satəm*, np. *sad* »hundert«: ai. *śatám*, lat. *centum* neben ai. *daśatíṣ*, gr. δεκάς[3]. — S. dazu J. Schmidt, KZ. 25, 34, 47; Bthl., KZ. 29, 578; BB. 17, 120 f.; Kretschmer, KZ. 31, 423 f.

[1] BB. 17, 120 f. — [2] BB. 10, 271; 13, 54 f.; KZ. 29, 578; IdgF. 2, 263; Geiger, ABayrAW. 20. 1, 189. Pedersen, IdgF. 2, 287 hat die iranischen Wörter gänzlich unberücksichtigt gelassen. — [3] Brugmann, Grundriss 2, 464, 501; Bthl., Studien 1, 46, wo die weiteren Nachweise.

2. Ein wortanlautendes anteconsonantisches *s* geht unter im Satzinlaut nach *s*, und zwar auf dem Wege, dass es zur vorhergehenden Silbe gezogen wurde; **u̯l̥kos* + **spekietí* wird im Satz **u̯l̥koss pe°* abgeteilt; § 51, 1; 84, 2. Der Vorgang kann sich in den Einzelsprachen wiederholen. — Vgl. jAw. *°xaoδå*, ap. *°xaudā*, np. *xōi*, oss. *xūd*, PDs. *xauδ* »Hut, Helm (aus Leder)«: lat. *cūdō* neben PDw. *skīδ* »hohe Mütze aus Schaffell«: got. *skauda°*[1]; — jAw. *pašnəm* »Augenlid«: ai. *páśyati* »er sieht« neben jAw. *spasyeiti* »er sieht«: ai. *spáśas* »die Späher«, lat. *haruspicēs*[2]; — np. *parand* »Vogel« neben ahd. *sparo* »Sperling«; vielleicht zu ai. *sphuráti* »er zappelt«, s. No. 4; — np. *sipār* »Pflug« neben ai. *phā́las* »Pflugschar«; — jAw. *taērəm* »Bergspitze« neben *staēra* »Bergspitzen«[3]; — jAw. *stārō* »Sterne«, np. *sitārah*: ai. *str̥bhiṣ*, lat. *stella* neben ai. *tā́ras*; — np., PDw. *tuf*, kurd. *tef*, oss. *tu*, afγ. *tū* »Speichel«: arm. *tʻuk* neben ai. *ṣṭhī́vati* »er spuckt«[4]; — bal. *gvahār* »Schwester« neben jAw. *xᵛaŋha*, np.

x^{v}āhar: ai. *svásā*[5]; — jAw. *naēzəm* »Fett« neben ai. *snēham*[6]. — S. dazu Brugmann, I-MH. 2[2], 80; Johansson, PBrB. 14, 291; oben § 51, 1; ferner Bthl., Studien 2, 255 b. Zu Schrijnen's Praefixtheorie s. IdgF. 1, Anz. 109 f.

[1] S. Bthl., Studien 2, 57. Der Verlust des *s* ist jedenfalls älter als der iranische Wandel der Tenues aspiratae in Spiranten (§ 3, 1); vgl. No. 4. — [2] Brugmann, Grundriss 1, 447. — [3] KZ. 29, 487. — [4] Die iranischen Wörter scheinen das *s* erst nach Abschluss des Gesetzes § 3, 1 verloren zu haben, es sei denn, dass urir. **ϑu°* (aus ar. **t'u°*) unter dem Einfluss eines daneben üblichen **stu°* nachträglich *t* für *ϑ* erhalten hat. S. übrigens Horn, Grundriss 87. — [5] ZDMG. 44, 552. Die Abstossung des *s* ist älter als der iranische Wandel von *s* in *h* (§ 39, 3 c). — [6] Geldner, KZ. 25, 411; Bthl., Studien 2, 43.

3. Bei stärkerer Consonantenhäufung im Wortanlaut hat auch sonst Erleichterung der Consonantengruppe durch Abstossung stattgefunden, zunächst wahrscheinlich im Satzinlaut nach Consonanten. Vgl. ai. *stánāu* »Brüste«, arm. *stin*, gr. στῆϑος neben jAw. *fštāna*, np. *pistān*, jAw. *ər^{ə}dvafšnyå*; aus idg. **(p)st(ĕ)no-*[1]; — gAw. *ratūš* »Vollstrecker«[2] (*r-* aus ar. *sr-*[3]) neben *fš^{ə}ratuš* »Vollstreckung«; aus idg. **(p)sra^{x}tus*[4]. — Vgl. noch Kretschmer, KZ. 31, 412 ff.

[1] J. Darmesteter, Études Ir. 1, 87; Th. Baunack, Studien 1, 373; oben § 25, 2. — [2] So z. B. Y. 33, 1 und öfter. — [3] S. § 88. — [4] Vgl. einstweilen Geldner, BB. 15, 259 f.; wegen des *s* cf. § 39, 3 b.

4. Diejenigen Sonoren, welche nach S. 2 unten; § 56, 4; 61, 1; 69, 1 sowohl sonantisch als consonantisch gebraucht werden konnten (*i u r l n m*), wurden in der Stellung nach consonantischem Wortanlaut vor Sonanten — unter sonst gleichen Bedingungen — nach sonantischem Wortauslaut als Consonanten verwendet (*i̯ r n* u. s. w.), nach consonantischem dagegen, vielleicht auch im Satzanlaut, in doppelter Eigenschaft, als Sonanten und Consonanten (*ii̯ r̥r n̥n* u. s. w.; vgl. § 95, 4). So erklären sich z. B. ksl. *dŭva* und *dva* »zwei«, lat. *duellum* und *bellum* als »Satzdoubletten«. Entsprechendes ist auch im Iranischen nachzuweisen. Vgl. jAw. *dva* (d. i. **duva*[1]) »zwei«, np. *duāzdah* »zwölf«: gr. δύω, δυώδεκα, lat. *duō*, *duŏdecim*, *duis* neben jAw. *baē* »zwei«, *bityō* »der zweite«, *biš* »zweimal«: gr. δίς, δώδεκα, lat. *bis*, got. *twai*[2]; — np. *buvād* »er soll sein«: ai. *buvāni* neben np. *bād* »er soll sein«: ksl. *bą*[3]; — jAw. *parō.yå* »vorangehend«: ai. *purás* neben gAw. *frō.gå* dass. — Vgl. dazu Brugmann, Grundriss 1, 113, 140, 196, 231, 492; Bthl., Studien 2, 109; unten § 95, 4.

[1] § 268, 8. — [2] § 88. — [3] *b* in np. *bād* und ksl. *bą* aus *b^{u}g^u*; s. § 70, 76, 122, 142. — [4] Vgl. dazu § 57, 3; 59; Hübschmann, SBayrAW. 1872, 669; Bthl., BB. 13, 74; KZ. 29, 561.

5. In welchen Fällen sonst ein anlautender Sonant mit dem Auslautssonanten des vorhergehenden Wortes zu einer Silbe vereinigt wurde, entzieht sich sicherer Kenntnis. Im Wortinlaut freilich war jeder bei der Wortbildung entstandene Hiat beseitigt worden; vgl. § 95, 3, 5. Aber die Verhältnisse für den Satzinlaut liegen doch insofern anders, als im Satz zusammenstossende Sonanten verschiedenen Wortaccenten unterstellt sind. Die Frage ist fürs Iranische von geringer Bedeutung; s. § 304.

§ 84. *Der Auslaut.*

1. Im Satzauslaut werden alle Geräuschlaute oder Geräuschlautsgruppen ton- und aspirationslos gesprochen. Vgl. jAw. *druxš* »Dämon der Lüge«: ai. *°dhrúk*; aus idg. **dhruks*, NS.; neben jAw. *drujō*: ai. *druhás*, aus idg. **dhrug'es*, GS.; normale Nominativform im Satzinlaut z. B. vor Vocalen wäre idg. **dhrugz'*; s. oben § 52, 1 b; — gAw. *^{u}rūraost* »er verhinderte«, neben jAw. *^{u}rūraoδa*, *frā.^{u}ruzda°*: ai. *rurōdha*, *ruddhás*.

2. Wo theoretisch *-ss* und *-šs* zu erwarten wäre, wurde zu Ausgang der ursprachlichen Periode durchweg blosses *-s* und *-š* gesprochen. Vgl. gAw.

čōiš »du versprachst«, aus idg. **keis* für **kcis + s;* neben *čōišəm*, 1. Sg.; — jAw. *vīspa.taš* »der Allschöpfer«, aus idg. **°taxš* für **texš + s*[1]*;* neben gr. *τέκτων*. — Vgl. dazu oben § 51, 1; 83, 2. Weiteres bei BTHL., Studien 1, 21 f.[2]

[1] S. unten § 175. — [2] BRUGMANN's Fassung von gAw. *są*, Grundriss 2, 1341 ist falsch. Vgl. GELDNER, BB. 14, 28, unten § 94 und oben § 51, 1 No. 1.

3. Jene Sonoren, welche sowohl sonantische als consonantische Function übernehmen konnten (§ 83, 4; 95, 4), wurden wortauslautend vor Sonanten im allgemeinen consonantisch gesprochen, aber nach Doppelconsonanz in die Gruppe Sonant + Consonant (*ii̯ r̥r ṇn* u. s. w.) gespalten. Sonach lassen sich jAw. *barəntəm*: ai. *bárantam* »den tragenden« und gr. *φέροντα* als »Satzdoubletten« fassen; aus idg. **°ntm̥m* und **°ntm̥*. S. dazu BRUGMANN, Grundriss 1, 492; 2, 546, 1336 f.; ferner unten § 106, 213.

4. Im übrigen unterliegt der Wortauslaut im Satzinnern einfach den Bestimmungen von II A, B.

Als besonders bemerkenswert hebe ich den Abfall eines wortschliessenden consonantischen Sonorlauts nach langem Vocal hervor; s. § 80. Vgl. jAw. *pita* »Vater«: ai. *pitā́* neben gr. *πατήρ;* — jAw. *asma* »Stein«: ai. *áśmā* neben gr. *ἄκμων;* — jAw. *dva* »zwei«: ai. *dvā́*, gr. *δύω* neben ai. *dvā́u*. — Weiteres unten § 108, 3; 212, 218, 219, 221, 229.

I Cb. ARISCHE SATZPHONETIK UND DEREN NACHWIRKUNGEN IM IRANISCHEN.

Im Anlaut der Wörter hat das Arische, soweit ich sehe, weitergehende Veränderungen, als sie im § 83 bezeichnet sind, nicht vorgenommen. S. im übrigen § 49, 1.

§ 85. *Der Auslaut.*

1. Im Satzauslaut schwand *t* nach *n*. Vgl. jAw. *barən* »sie trugen«: ai. *bʼaran;* aus idg. **bʼeront*, s. ai. *bʼaranti* »sie tragen«. Vgl. KZ. 29, 540.[1]

[1] BRUGMANN, Grundriss 1, 496, 498 lässt das *t* zu verschiedenen Zeiten abfallen. Ich sehe nicht ein, warum. Im Satzinnern ist nach § 24 vielfach reducirtes *t* hinter *n* enstanden.

2. Die indogermanischen *s*-Laute am Wortende.

a. Nach Consonanten (einschliesslich *ăi, ău*) sowie nach *ĭ ŭ r̥* haben sie keine besonderen Änderungen erfahren. Vgl. z. B. jAw. *°xšnus* »zufrieden stellend« (NS.; KZ. 30, 520): ai. *°sút*, aus ar. **°uts;* § 3, 4; 5; 94, 3. — jAw. *vāxš* »das Wort«: ai. *vā́k*, lat. *vōx;* aus ar. **u̯ākš;* § 38 a; — jAw. *druxš* »Dämon der Lüge«: ai. *°drúk*, aus ar. **drukš;* § 84, 1; — jAw. *fraš* »vorwärts gewendet«: ai. *prā́ṅ;* aus ar. **prāṅkš* (§ 24, 67); — jAw. *āfš* »Wasser«; aus ar. **āps;* § 39, 3 b; — jAw. *spaš* »der Späher«: lat. *°spex;* aus ar. **spaxš;* § 38 a; 28, 2; — jAw. *jamyārᵊš* »sie möchten kommen«; aus ar. **°i̯ārš;* § 38a; — gAw. *tə̄ng* »diese« (AP.): gr. *τόνς;* aus ar. **tans;* § 94, 2; 228; — Aw. *ažōiš* »des Drachen«: ai. *áhēṣ;* aus ar. *ag'aiš*[1]*;* § 38 a; — jAw. *gāuš* »das Rind«: ai. *gā́uṣ;* aus ar. **gāuš*[1]*;* § 38 a; — gAw. *nərᵊš* »des Mannes«; aus ar. **nr̥š*[1]*;* § 38 a.

[1] Vgl. dazu noch BTHL., ZDMG. 40, 706 f.; 48, 146; Studien 2, 8; weitere Litteratur ist dort verzeichnet.

b. Nach *a*-Vocalen hat sich idg. *s*, bzw. *z* im Satzinlaut zunächst erhalten, während *s* im Satzauslaut zu einem dem indischen Visarga (*ḥ*) ähnlichen Laut umgesetzt wurde, den ich mit *ς* (47) bezeichnen will. Späterhin rückte das so entstandene *-ăς* auch in den Satzinlaut; vgl. § 82, 1, 2. Im Inlaut nun wurde *ς* vor tonlosen Lauten bewahrt, dagegen vor tönenden allgemein ausgestossen. Dabei blieb der vorhergehende *ā*-Vocal ohne Veränderung, während für *a* sich *ō* (48) einstellte, und wahrscheinlich auch unter gewissen noch unermittelten Bedingungen *ē* (49)[1]. Das Iranische bewahrt *-ō* aus urar. *-as* und *-ā* aus urar. *-ās*. Letzteres wesentlich seltener. Vgl. jAw. *yō vā*, gAw. *yə̄*[1] *vā* »oder welcher«, jAw. *yō mąm* »welcher mich«, *yō janaṯ* »welcher erschlug«, *yō nō daδa* »welcher uns erschuf«: ai. *yó vā, yó mā́m, yó hánat, yó nō dadā́u*, woneben jAw. *yasə.tē* »welcher dir«, gAw. *yastə̄m* »welcher den«, *yasčā* »und welcher«: ai. *yás tē, yás tám, yáš ča*[2]; ferner gAw. *daēvā vīspåŋhō* »alle Daiva's«, jAw. *daēva anusō* »die Daiva's unfreiwillig«: ai. *dēvā́ víśvē, dēvā́ a°*[3]. — Vgl. KZ. 29, 571 ff., wo weiteres.

[1] Vgl. mind. *tulamayē nāma* »Tulamajus nomine«; KZ. 29, 573. Wegen des daselbst mit *ē* umschriebenen awestischen *ə̄* s. § 267; 268, 4. — [2] § 38 b. — [3] S. IdgF. 1, 309 No. und unten § 212, 227, 229.

3. Im übrigen gelten die Gesetze des Inlauts. Zu § 84, 4 sei bemerkt, dass der Verlust eines ausl. *i u* hinter langem Vocal nach § 81 auch innerhalb des Arischen erfolgen konnte; vgl. § 217 zu 22.

I Cc. URIRANISCHE SATZPHONETIK.

§ 86—90. *Der Anlaut.*

S. auch § 13 und 49, 1.

§ 86. *Die uriranische Anlautsgruppe š + Consonant* (§ 27 f. 38 f.) erhält im Satzanlaut den Vorschlag eines *x*. Vgl. ap. *xšnāsātiy*[1] »er wird kennen«, jAw. *zixšnåŋhəmnā*[1] »kennen lernen wollend« (§ 137), gAw. *frāxšnənəm*[1] »Unterweisung«: jAw. *uxδašna* »die Sprüche kennend« (*žnāta* »Kenner«, § 33, 1), lat. *gnōscō*, ai. *jíjñāsamānas;* — jAw. *xšvaš* »sechs«: kymr. *chwech*, lat. *sex;* aus idg. **su̯exs*, ar. **šu̯axš* (§ 50); — jAw. *xštāṯ*[2] »er stand, trat«, jAw. *fraxštāite*[2] »er soll hervortreten«: ai. *sthā́t, páriṣṭhāt;* — jAw. *ašavaxšnuš*[2] »den Frommen zufrieden stellend«, *xšnūtō*[2] »zufrieden gestellt«: *snuš* »befriedigend«. — Vgl. Bthl., AF. 3, 20; IdgF. 1, 185; 2, 260, wo weitere Litteratur verzeichnet ist.

[1] Im altpers. Wort ist *x* berechtigt, die jAw. Wörter dagegen haben es vom Simplex her bezogen. Das *š* in np. *šināxtan* »erkennen« kann auf *xš*, aber auch auf *š* zurückgehen; gegenüber IdgF. 1, 187 vgl. Horn, Grundriss 113. S. noch § 260, 1. — [2] Zunächst wurde *št*, *šn* aus der Stellung nach *i, u* u. s. w. in den Anlaut verschleppt (s. § 49, 1 und 82, 2 zu ai. *ṣṭhīvati*), worauf wieder das dort, im Anlaut erzeugte *xšt, xšn* in den Inlaut drang.

Der auf diese Weise im Wortanlaut entstandene Wechsel zwischen *š* und *xš* hat sich in einigen Fällen auf den Wortinlaut — abgesehen von reduplicirten und componirten Wörtern, s. oben — übertragen (§ 82, 4); vgl. auch § 89. Besonders wenn *t* folgt. So erkläre ich das *x* in jAw. *frapixštəm* »geschmückt« gegenüber ap. *nipištam* »geschrieben«, ai. *piṣṭás*, lat. *pictus;* — gAw. *ənāxštā* »er erlangte« gegenüber ai. *anaṣṭám*, jAw. *nāšima*.

§ 87. *Die uriranischen Anlautsgruppen hr- und hm-* (aus ar. *sr-, sm-*) büssen das *h* ein im Satzanlaut und nach Consonanten. jAw. *mahi* »wir sind«: ai. *smási*, lat. *sumus;* — gAw. *marəntō* »gedenkend«, jAw. *amarō*[1] »nicht gedenkend«, gAw. *humərətōiš*[1] »guten Andenkens«: jAw. *paitišmarənti*, ai. *smáranti;* — — jAw. *ᵘrūiδi* »im Fluss«, ap. *rautaʰ*, np. *rōd* »Fluss«: ai. *srōtas*, nhd. *strōm*[2]; — jAw. *raŋhå* »hinfällige, fallsüchtige«: ai. *srąsatē* »er fällt hin«. — S. noch unten § 278, II 7; 285. — Vgl. Bthl., AF. 2, 179; BB. 15, 244; Studien 2, 101; Geldner, KZ. 30, 515.

[1] Mit *m* für *hm*, bzw. *šm* vom Satzanlaut u. s. w. her; s. noch jAw. *mimarō*, § 102 I, 2. — [2] jAw. *ϑraotō°* (*ϑ* für *s*, § 282) ist die nach *t* berechtigte Satzinlautsform (z. B. ar. **tat srautas*); § 82, 2. So auch *sraxtim*, *ϑraxtim* »Ecke«: ai. *sraktiš*.

§ 88. *Die uriranische Anlautsgruppe du̯-* (aus ar. *du̯-, du̯-*) wird im Satzanlaut, vielleicht auch — als Silbenanlaut — nach gewissen Consonanten zu *b-;* vgl. dazu ZDMG. 48, 145. jAw. *baē* »zwei«, *biš* »zweimal«, *bifrəm* »Gleichnis« (eig. Doppeltheit), gAw. *abifrā* »unvergleichliche«[1], PDw. *būi* (s. unten) »zwei«: ai. *dvé, dvíṣ*, lat. *bis* neben jAw. *dvaēča* »und zwei«, *dvadasa* »zwölf«, afγ. *dva* »zwei«; — gab. *bar*, PDw. *bār*, afγ. *var*[2] »Thüre«, kurd. *bar* »foris«: ai. *dvā́rā* neben jAw. *dvarəm*, ap. *duvarayā*, np. *dar* (s. unten); — jAw. *paᶦti.bišiš* »gegen Anfeindung sich richtend«, Phlv. *bēš* »Leid«: ai. *dvéṣas* neben jAw. *didvaēša*, gAw. *dvaēšaŋhā*, jAw. *paᶦti.dvaēšayanta*[*ča*.

jAw. *dv*, ap. *duv* sind graphischer Ausdruck sowohl für *du̯* als für *duu̯*; vgl. § 268, 12; 270 c, 2. *b*- neben *du̯*- beruht auf iranischem, *duu̯*- neben *b*-, *du̯*- auf ursprachlichem Sandhi; s. § 83, 4.

Das uriranische Nebeneinander von *du̯-, duu̯-, dū-* und von *b*- im selben Wort oder in der selben Wortgruppe hat eine Reihe von Mischbildungen erzeugt. PDw. *būi* »zwei« neben sg. *du*, š. *δō* hat sein *b* von **ba*- (jAw. *baē*) bezogen; — das *d* von np. *dar* »Thüre« neben gab. *bar* stammt von **dur*-, s. ai. *dúras*[3]; — in gAw. *dᵃⁱbitīm* »den zweiten«, jAw. *ᵭbitīm* »zweimal« (*ᵭb* aus urir. *db*[4]) ist der Anlaut von jAw. *bityō* »der zweite« und ap. *duvitīyam* vereinigt; — gleiches gilt für gAw. *dᵃⁱbišəntī* »sie hassen«, jAw. *ᵭbištō, upa.ᵭbištō* »beleidigt«. — Vgl. noch § 302, 4.

[1] Nach dem Simplex. — [2] Afγ. *v* = urir. *b*; s. Geiger, ABayrAW. 20. 1, 213; falsch 209. — [3] Oder auch von *du̯ar*-, s. jAw. *dvarəm* (§ 175). Vgl. Justi, ZDMG. 35, 354. J. Darmesteter's Erklärung von np. *dar*, Études 1, 109 halte ich für falsch; s. oben § 76. — [4] S. unten § 302. Auf ir. *db*- geht auch *b* in afγ. *bal* »alius«; vgl. Geiger, ABayrAW. 20. 1, 173.

§ 89. *Die uriranische Anlautsgruppe hu̯*- (aus ar. *su̯*-) wurde im Satzanlaut zu einem einfachen Laut umgestaltet, und zwar zu einer labialisirten tonlosen gutturalen Spirans: *xᵛ*-, während *hu̯*- sonst erhalten blieb.[1]

[1] *xᵛ*- hat sich später dialektisch in *f*- umgesetzt, und es erscheint so bereits im Altpersischen neben *ʰuv*- (§ 270); vgl. ap. *viⁿdaʰfarnā* EN.: jAw. *vindixᵛarᵊnə* EN., *xᵛarᵊnō* »Majestät«: ai. *svàrṇaram*; s. auch Phlv. *farnbag*, np. *farr* u. s. w.; vgl. IdgF. 1, 187, wo noch hinzuzufügen: A. Stein, Academy 1885, 349; Horn, Grundriss 180; Darmesteter, Le Zend-Avesta 2, 589; anders jetzt, aber ohne ausreichende Begründung, Fr. Müller, WZKM. 7, 377. Eben dieses *f* wegen setze ich ein uriranisches *xᵛ*- neben *hu̯*- an und verweise hiefür auf das lat. *f*- in *formus*: ai. *gʰarmás*, das durch *xᵛ*-, *kᵛ*- aus *gʰ*- entstanden ist; s. Brugmann, Grundriss 1, 325; vgl. auch 331 zum got. *f* und Bthl., Studien 2, 14 f.

Vgl.: jAw. *xᵛafnō* »Schlaf«, *axᵛafnō*[1] »schlaflos«, np. *xᵛāb*: ai. *svápnas*, an. *swefn*; — jAw. *xᵛaŋha* »Schwester«, np. *xᵛāhar*: ai. *svásā*, got. *swistar*; — jAw. *xᵛaēpaⁱϑe* »die eigene«, *xᵛahmi* »in suo«, np. *xᵛēš* »ipse«: ai. *svás, svápatiṣ* neben jAw. *hvō* »suus«, *hvąm* »suam«; — jAw. *xᵛaēdəm* »Schweiss«, np. *xᵛai*: ai. *svédas*, nhd. *schweiss*.

Der im Anlaut normale Wechsel zwischen *hu̯* und *xᵛ* ist auf dem Weg der Nachbildung auch in den Inlaut — nichtcomponirter Wörter, s. No. 1 — gelangt; vgl. § 82, 4. So z. B. in gAw. *nəmaxᵛaⁱtīš* »die ehrfurchtsvollen«: ai. *námasvān*; — jAw. *haraxᵛaⁱtīm* EN. »Arachosien«: ai. *sárasvatī*, ap. *haraʰuvatiš*[2]; — gAw. *sāxᵛənī* »Reden«, np. *suxun* aus ar. **śā́su̯an*°[3].

[1] Mit dem Anlaut des Simplex; s. § 86 No. 1. — [2] § 270 c, 5. — [3] § 188.

§ 90. *Die uriranischen Anlautsgruppen si̯*- (aus ar. *śi̯*-, *śʰi̯*-) *und ši̯*- (aus ar. *ki̯*-, *kʰi̯*-; s. § 3, No. 5) verlieren ihr *i̯* im Satzanlaut. Die Mittelstufe bildet ein mouillirter Zischlaut. — Beispiele für:

1. *s*- aus *si̯*-: jAw. *saēnō*, Phlv. *sēn*[*murv* »Adler«: ai. *śyenás*, gr. ἰκτῖνος, arm. *cin*[1]; — jAw. *sāmahe* »des schwarzen« neben *syāmakas*[*ča* EN. eines Gebirges (»Montenegro«): ai. *śyāmás*; — oss. *sau* »schwarz« neben jAw. *syāva*°, np. *siyāh*: ai. *śyāvás*[2]; —

[1] Horn, Grundriss 169; Bthl., Studien 2, 11; 46. — [2] Hübschmann, Osset. Sprache 112, lässt das *i̯* innerhalb des Ossetischen ausfallen. Allein die übrigen dafür beigebrachten Beispiele sind doch wesentlich anders gelagert.

2. *š*- aus *šį*-: gAw. *šavaitē*[1] »sie verfahren gegen —«, jAw. *vīča šāvayōiṯ*[2] »man soll zerstreuen«, *vātō.šūtəm*[2] »windgetrieben«, np. *šudan*, afγ. *švąl* »gehen«, bal. *šuta* »gegangen« neben jAw. *šyaoϑnəm* »Verfahren«, ap. *ašiyavam*[3] »ich marschirte«: ai. *čyávati;* — jAw. *šā* »froh«, *šātōiš* »der Freude«, np. *šād* »froh« neben gAw. *šyeitibyō* »den frohen«, ap. *šiyātiš*[3] »Heimat«, np. *āšyānah* »Nest«: lat. *quiēs*, ksl. *pokojī*, *počiti*[4].

[1] S. unten § 119, 1; 167, 2. — [2] *š* vom Simplex her. — [3] *šiy* für *šy;* vgl. § 270 c, 5. — [4] Hübschmann, ZDMG. 38, 430 f.; Horn, Grundriss 9, 169.

2 a. Das im Anlaut mit *šį*- wechselnde *š*- hat sich späterhin auch im Inlaut für ar. *ki̯* eingestellt (s. § 82, 4); doch vgl. auch § 8 und IdgF. 2, 266 ff. Vgl. jAw. *ašō* »schlimmeres« neben gAw. *ašyō* aus ar. **aki̯as*, vgl. gAw. *akəm* »böses«, *ačištəm* »das böseste«. S. noch ZDMG. 43, 669 f.

Im Uriranischen waren in der nämlichen Wortsippe *š*-, *šį*-, *čį*- und *čī*- neben einander möglich; vgl. noch § 83, 4. Durch Ausgleich der Anlautsformen erklärt sich das Auftreten von kurd. *čūn* »gehen«, oss. *ċaun* (*ċ* für urir. *č*, s. unten) neben np. *šudan;* — von oss. *ančad* »Ruhe« neben np. *šād*, vgl. lat. *quiētus*. Oss. °*ċad* verhält sich zu *šād* wie np. *dar* »Thüre« zu *bar;* vgl. § 89.

3. Ist entsprechend den Veränderungen unter 1 und 2 auch urir. *zį*- zu *z*- geworden? Vgl. np. *zamistān* »Winter« neben jAw. *zyå:* lat. *hiems* (§ 187) gegenüber np. *ziyān* »Schaden«: jAw. *zyānāi*. S. auch jAw. *mazaṇhəm* »den grössern« neben *mazyō* »grösseres«; 2 a.

§ 91—94. *Der Auslaut.*

§ 91. *Übersicht.*

1. In der arischen Grundsprache kamen vor Satzpause folgende Laute vor (vgl. § 85):

1) alle Sonanten und Diphthonge;

2) *r m n; t š ç* (§ 85, 2 b);

3) Gruppen aus zwei oder drei Consonanten bestehend, jeweils mit *s*, bzw. *š* oder mit *t* als letztem Laut.

2. Das Iranische hat die arischen Auslaute um vieles besser erhalten als das Indische; vgl. § 85, 2. Die starken Auslautsverstümmelungen, welche die modernen Dialekte aufweisen, sind verhältnismässig jungen Alters.

Für uriranisch sehe ich folgende Änderungen an:

§ 92. *Die Sonanten und Diphthonge.*

1. Die langen arischen Sonanten[1] wurden als Auslaut mehrsilbiger Wörter gekürzt. Ich nehme an, dass die Kürzung bei tieftonigen Silben im Satzauslaut begonnen hat, aber bereits zu Ausgang der uriranischen Periode im Wesentlichen durchgeführt war. Die Auslautsgesetze des Afγanischen bedürfen noch eingehenderer Untersuchungen als bei Geiger, ABayrAW. 20. 1, 219 f. Die Langschreibung der auslautenden Vocale in den altiranischen Denkmälern, insbesondere in den Gatha's des Awesta, beruht auf orthographischen Regeln, die für die Aussprache nicht beweisend sind. Vor Encliticis, wo man die alte Länge doch gewiss in erster Linie erwarten dürfte, wird mehrfach die Kürze geschrieben; z. B. gAw. *savačā* neben *savā*, aus ar. **śau̯ā*, APn. (§ 229, 1); *vohučā* neben *vohū*, aus ar. **u̯asū*, IS. (§ 218). Vgl. ZDMG. 48, 143. — Genaueres s. unten § 268, 7, 8; 270 b, 3; 303 f.

[1] *r̄* kam im Auslaut kaum vor; es wäre *ar* geworden.

2. Die Diphthonge blieben im Uriranischen ohne Veränderung bestehen.

§ 93. *Die einfachen Consonanten.*

Von den aus dem Arischen übernommenen einfachen Consonanten im absoluten Auslaut haben nachweislich Veränderungen erlitten: *t* und *ç*.

1. *-t* scheint sich im Uriranischen in eine dem ϑ nahestehende, aber doch von ihm geschiedene Spirans verwandelt zu haben. Das selbe geschah auch, wenn dem *t* ein consonantisches *i, u* oder *r* voranging. Im Awesta treffen wir zur Darstellung jener Spirans ein besonderes Zeichen *ṯ*, zu dessen Lautwert man § 267, 303 f. vergleiche. So jAw. *baraṯ* »er trug«, *staoṯ* »er pries«, gAw. *čōrᵊṯ* »er machte«: ai. *bárat, stáut, ákar* (für **akart*) u. s. w. — Im Altpersischen war ar. *-at* noch von *-a* geschieden, wie die Schreibung lehrt; s. § 270 b, 3; c, 1. Ich nehme an, dass auf persischem Gebiet die aus dem arischen Pausa-*t* hervorgegangene Spirans sich in *h* umgesetzt hat, ebenso wie dies späterhin mit dem für arisches *tᶦ* eingetretenen urir. ϑ geschah; vgl. np. *pahan* »weit«: jAw. *paϑana;* s. auch Spiegel, Vgl. Gramm. 33 f. [Das gr. Ζωροάστρης gibt also wirklich gesprochenes **zarahuštra°* wieder; vgl. dazu Hübschmann, KZ. 26, 604.] — Ich bezeichne den uriranischen Laut, entsprechend der awestischen Bezeichnung, mit *ṯ*.

2. *-ṣ* ist im Uriranischen abgefallen, und zwar mit gleichzeitiger Verdunklung des vorhergehenden *a*-Vocals. Aus *-aṣ* wird *-å*, aus *-āṣ* wird *-å̄*. Letzteres erscheint im Awesta als *-å̄*, im Altpersischen als *-ā*: jAw. *haēnayå̄*, ap. *hainâyā* »des Heeres«: ai. *sénāyās.* Dagegen ist *-å* in beiden Dialekten von der Inlautsform verdrängt worden. S. unten § 303, 305.

§ 94. *Die Consonantengruppen.*

Wegen *-t* nach consonantischem *i u r* s. § 93, 1.

1. *-t* fällt hinter Sonant + *s* und hinter *nᶦs*[1]. Vgl. jAw. *ās* »er war«, aus ar. **āst:* ai. *ás*, gr. ἦς; — gAw. *činas* »er versprach«, aus ar. **kinast*, neben *činahmī* »ich verspreche« (§ 39, 3 a, c); — gAw. *vąs* »übertraf«, aus ar. **u̯ānst*[2]; — gAw. *sąs* »er bereitete«, aus ar. **°ānᶦst*[1 2]. S. noch § 214, 2.

[1] S. oben § 24. — [2] Sigm. Aorist; s. unten § 156.

Der Abfall des auslautenden *t* hat stattgefunden, nachdem das reducirte *ᶦ* (§ 24) geschwunden war; er ist aber uriranisch, weil er erfolgt sein muss, bevor ar. *ϑt* und *tst* mit ar. *st* (in *st*) zusammengefallen waren (§ 40 f.); denn für ar. *-ϑt* und *-tst* erscheint *-st:* gAw. *ᵘrūraost* »er verhinderte«, aus ar. **°rauϑt* (§ 84, 1); — jAw. *nāist* »er verwünschte«, aus ar. **nāitst* (§ 156). Vgl. dazu Bthl., Studien 1, 56 f. gegenüber Geldner, BB. 14, 6.

2. *-s* fällt in der Stellung hinter Vocal + *n*. Vgl. gAw. *dәṇg* »des Hauses«: ai. *dán;* aus ar. **dans*[1]; — jAw. *yą*, gAw. *yәṇg* »welche« (APm.), neben jAw. *yąsča* »und welche«: ai. *yā́n, yā́ṃ̆ (yā́ṃ̆́ča)*, gr. ὅνς, οὕς[2].

Der Abfall geschah nach dem Abschluss des Nasalirungsgesetzes (§ 62, 67).

[1] IdgF. 3, 100 ff.; unten § 216; 268, 54. — [2] § 228.

3. Die übrigen auslautenden Consonantengruppen der arischen Grundsprache sind nicht anders behandelt worden, als wären sie inlautend. Vgl. z. B. gAw. *čōišt* »er versprach«; aus ar. **kaišt;* — gAw. *vaxšt* »liess wachsen«, aus ar. **u̯akšt;* — gAw. *dārᵊšt* »er hielt«, aus ar. **dāršt*, sigm. Aor.; — jAw. *barš* »Höhe«, aus ar. **barxš:* ai. *bṛhát* (§ 28, 2; 84, 1); s. got. *baurgs* »Burg«; — gAw. *sąs* »bereitetest«, aus ar. **°ānᶦs* (s. 1) u. s. w. Vgl. noch § 85, 2; 94, 1; 303; 305. — Im Indischen ist bekanntlich von ursprünglich auslautenden Consonantengruppen mit wenig Ausnahmen nur der vorderste Consonant erhalten geblieben; Whitney, Grammar[2] 51 f.

I D. DER ABLAUT (VOCALREIHEN).

§ 95. *Übersicht.*

1. Die auf ursprünglichem Wechsel der Betonung beruhenden Erscheinungen, welche man unter dem Namen Ablaut oder Abstufung zusammen-

fasst, haben sich im Arischen ganz wesentlich vereinfacht, und zwar dadurch, dass alle Unterschiede in der Tonfärbung der ursprachlichen *a*-Vocale aufgegeben worden sind; s. § 69.

2. Die Zahl der Reihen ist dadurch auf zwei reducirt worden: eine leichte mit *a* (= idg. *e a å*) und eine schwere mit *ā* (= idg. *ē ā å̄*) als »Normal«-vocal. Ebenso hat sich die Zahl der Differenzen innerhalb jeder einzelnen Reihe vermindert. Den griechischen *a*-Vocalen in *πατ-ε-ρα*, *εὐπατ-ο-ρος* und in *πατ-η-ρ*, *εὐπατ-ω-ρ* hat das Arische eben nur *a*, bzw. *ā* gegenüberzustellen. S. übrigens § 69, 2 No. 1.

3. In jeder der indogermanischen Reihen scheide ich drei Abteilungen mit je zwei Unterabteilungen. In der *e*-Reihe, der häufigst vorkommenden, z. B. die Hochstufe mit *e* und *o*, die Dehnstufe mit *ē* und *ō*, die Tiefstufe mit *ə* (»Schwastufe« mit Reduction) und o (»Nullstufe« mit völligem Verlust des Vocals). Die beiden Vocale der Hochstufen und ebenso der Dehnstufen aller Reihen sind im Arischen zusammengefallen. Bei den schweren Reihen sind aber auch Hoch- und Dehnstufe selber nicht mehr auseinanderzuhalten, da für die einfach langen *ā*-Vokale der erstern und für die überlangen der letztern in der Überlieferung gleichmässig *ā* erscheint.[1]

[1] Man beachte übrigens, dass lange (und überlange) *a*-Vocale — und ebenso die Diphthonge $a^x i$, $a^x u$ u. s. w. — auch vielfach in der Wortbildung durch Contraction entstanden sind; s. noch unter 5. Die Ursprache duldete keinen Hiat. Bei der Vereinigung zusammenstossender Vocale entstand im Indogermanischen schleifender Ton (Circumflex) an Stelle des gestossenen (Acut), ebenso wie im Griechischen, *ὀυσμενέα: °νῆ*, *°μενέι: °νεῖ*; vgl. IdgF. 3, 14 f. Für die Flexionslehre ist diese Betonungsdifferenz von Wichtigkeit; s. unten.

4. In die Nullstufe gerückt ging eine Silbe als solche verloren, wenn sie ausser dem *a*-Vocal keinen weitern Sonorlaut enthielt. Andernfalls konnte die Silbe erhalten bleiben, indem dieser Sonorlaut, bzw. bei zweien der letzte, als Sonant — allenfalls auch als Sonant und Consonant — gebraucht wurde. Es geschah dies a. notwendig, wenn er inlautend zwischen, auslautend nach, b. in den meisten Fällen, wenn er anlautend vor[1] Consonanten zu stehen kam. Die Spaltung des Sonoren in einen Sonanten und Consonanten findet sich vor allen Vocalen (einschliesslich *i̯*, *u̯*); vgl. auch § 83, 4. So z. B. bei Homer: *γί-γν-εται*, *πί-πτ-ει* neben *γέν-ος*, *πότ-μος*, aber *ἴ-μεν*, *πε-πύθ-οιτο*, *ἐκγε-γά-την*, *ἔ-δρακ-ον* (mit *α* aus *n̥*, *ρα* aus *r̥*) neben *εἶ-μι*, *πεύθ-ομαι*, *γέν-ος*, *δέρκ-ομαι* u. s. w. Die Differenz ist keine grundsätzliche, beruht nicht auf verschiedener Behandlung der betroffenen Silben, sondern lediglich auf deren verschiedenem Bau. Aus praktischen Gründen werde ich im Folgenden die beiden Silbengattungen auseinanderhalten.

[1] Es bleiben im Fall b) consonantisch *u̯*, *n*, *m* vor *i*, *r*, *l*.

5. Noch nicht völlig aufgeklärt ist die Thatsache, dass in der Tiefstufe der Silben zweiter Gattung der Sonant sowohl kurz als lang erscheint. Vgl. z. B. ai. *śrudhí* »höre«: gr. *κλῦθι* (§ 97, 3); jAw. *pərᵉnəm* »das volle«, got. *fulls*: ai. *pūrṇás* (§ 56 f., 59 f.) u. s. w. Für sich allein ist keiner der mir bekannten Erklärungsversuche ausreichend; vgl. dazu Bechtel, Hauptprobleme 146 ff., 216 ff., aber auch IdgF. 3, 6. Für gesichert sehe ich die Annahme an, dass *ī*, *ū* in zahlreichen Fällen durch Contraction aus *ə* + *i*, *u* oder *i*, *u* + *ə* hervorgegangen sind, in den Ablautsreihen also die erste Tiefstufe repräsentiren; vgl. BB. 17, 130 f. (oben § 79, 1), Studien 2, 76, 163, 171; IdgF. 3, 15, unten § 102 I, 1 c; 179, 2; Johansson, KZ. 30, 402; GGA. 1890, 747; Brugmann, Grundriss 2, 854; Kretschmer, KZ. 31, 380 ff.; Streitberg, IdgF. 1, 269; J. Schmidt, KZ. 32, 378 f. An anderen Stellen beruht der Wechsel zwischen *i* und *ī*, *u* und *ū* auf Nachbildung des Wechsels von kurzem und langem *a*-Vocal; s. IdgF. 1, 183 f. Der Wechsel von *i* mit *ī*, *u* mit *ū* kann wiederum weiters

den von $\underset{\circ}{r}$ mit $\underset{\circ}{\bar{r}}$ u. s. f. ins Leben gerufen haben[1]. Einige Einzelheiten werden in der Flexionslehre zur Sprache kommen müssen.

[1] Ich habe in der folgenden Beispielsammlung *i* und *ī* u. s. w. absichtlich nicht auseinander gehalten, sondern unter Tiefstufe 1 nur solche Wörter eingestellt, welche deutlich den Vertreter eines idg. *ə* zeigen.

6. Die Ablautserscheinungen können in jeder Silbe eines Worts begegnen. Doch ist der Fall, dass sich bei dem selben Wortstamm die Wirkungen des Betonungswechsels in mehreren Silben verraten — »mehrsilbiger Ablaut« —, in Folge frühzeitig beginnenden stofflichen Ausgleichs der verschiedenen Formen nicht besonders häufig. S. unten § 173, 5.

7. Litteratur: Brugmann, Grundriss 1, 246 ff.; Bthl., BB. 17, 91 ff.; Bechtel, Hauptprobleme 10 ff.; Kretschmer, KZ. 31, 325 ff.; Wilmanns, Deutsche Grammatik 1, 146 ff. Weitere Angaben ebd.; vgl. ferner IdgF. 3, 15, 63; Meillet, MSL. 8, 153 ff.

8. Für die arische Grundsprache lassen sich folgende Reihen ansetzen:

Hochstufe	Dehnstufe	Tiefstufe	
I. Leichte Reihe (*a*-Reihe).			
a	*ā*	*i*[1]	—
ai, *i̯a*	*āi*, *i̯ā*	*i*, *ī*,	*i̯*, *ii̯*
au, *u̯a*	*āu*, *u̯ā*	*u*, *ū*,	*u̯*, *uu̯*
ar, *ra*	*ār*, *rā*	*r̥*, *r̥̄*,	*r*, *r̥r*
an[2], *na*	*ān*, *nā*	*a*[3], *ā*[4],	*n*, *n̥n*
II. Schwere Reihe (*ā*-Reihe).			
ā		*i*[1]	—
āi, *i̯ā*		*i*, *ī*,	*i̯*, *ii̯*
u. s. w. (wie oben).			

[1] Aus idg. *ə*. Anstatt dessen *a* vor *i̯*; s. § 69, 2. — [2] Oder *m* oder sonst ein Nasal. — [3] Aus *n̥* u. s. w. — [4] Aus *n̥̄* u. s. w.

§ 96—99. *Die arischen Vocalreihen im Iranischen.*

I. Leichte Reihe.

§ 96. *Silben ohne Sonorlaut ausser a.*

1. Hochstufe: jAw. *hadiš*, ap. *hadiš* »Sitz«, np. *nišastan* »sitzen«: ai. *sádas*, gr. ἕδος; — Dehnstufe: jAw. *nišāδayaṯ* »er setzte«, ap. *niyašādayam* »ich setzte«, ai. *sādáyati*; — Tiefstufe 1: jAw. *nišhiδaⁱti* »er sitzt«[1]; 2: jAw. *nī hazdyāṯ* »würde sich setzen«: ai. *nī ṣēdur*, gr. ἕζεαι[2]; bal. *ništa* »sitzend« (aus uridg. **ni-st-to*° für **ni+zd+to-*, § 25)[3], jAw. *vīštāspō*, ap. *vištāspaʰ* EN., eig. »verzagte, scheuende Pferde habend« (aus uridg. **u̯i-st-to* für **u̯i-zd-to-*, § 25)[4]; —

2. Hst.: jAw. *hačaⁱti*, *hišhaxti* »folgt«, gAw. *haxmaⁱnē* »zum Bunde«: ai. *sáčatē*, *síṣakti*, gr. ἕπεται; ai. *sákman* »im Bunde«; — Dst.: jAw. *gaⁱrišāčō* »von den Bergen kommend«, NP.: ai. *rātiṣā́čas*; — Tst.: gAw. *hiščamaⁱdē* »wir sind zusammen mit ...«: ai. *sáščati*; gAw. *sčantū* »sie sollen nachgehen«: gr. μετασπών; gAw. *āskəⁱtīm*[5] »Beistand«; *astīm* (aus uridg. *°*sk-tim*; § 25) »Anhänger«; jAw. *drujaskanąm* »diabolo addictorum«; —

3. Hst.: jAw. *manas|ča* NS.; *vačaŋhō* GS.: *mánas*, *váčasas*, gr. μένος, ἔπεος; — Dst.: *naⁱre.manå* »der mannherzige« (aus ar. *°*manās*; § 93, 2): ai. *sumánās*, gr. εὐμένης; — Tst. 1: ap. *haxāmaniš* EN. (eig. »freundgesinnt«): gr. οὖδας (neben οὔδεος); 2: jAw. *vaγžⁱbyō* »den Worten«, DP.; *vaxšəm* »das Wort«, AS.[6]

[1] BB. 17, 117; unten § 124. — [2] KZ. 27, 359 f.; IdgF. 3, 10. — [3] ZDMG. 44, 553. — [4] Zur Bedeutung vgl. das ai. *viṣaṇyas.* — [5] Für **āskit°*, vgl. unten § 268, 9. — [6] Vgl. zu Nu. 3 GELDNER, KZ. 28, 287; BTHL., Studien 1, 79; ZDMG 46, 295; BB. 17, 115; J. SCHMIDT, Pluralbildungen 378 ff.; unten § 174.

§ 97. *Silben mit i̯ u̯ r oder Nasal ausser a.*

Vgl. dazu § 56 ff.

1. Hst.: gAw. *naēnaēstārō* »die Nichtverwünscher«[1]: ai. *ánēdyas* »untadelig«, gr. ὄνειδος; — Dst.: jAw. *nāist* »er verwünschte«, sigm. Aor. (§ 94, 1); — Tst.: jAw. *nista* »verwünschet«: ai. *nidas* »die Schmäher«; —

2. Hst.: jAw. *aēⁱti,* ap. *aitiy* »er geht«: ai. *ēti,* gr. εἶσι; jAw. *ayeni* »ich will gehen«: ai. *áyāni,* lat. *eō;* — Tst.: jAw. *iδi,* ap. *idiy* »geh«: ai. *ihí,* gr. ἴϑι; jAw. *yantu* »sie sollen gehen«: ai. *yántu;* —

3. Hst.: jAw. *sraotu* »er höre«: ai. *śrōtu;* jAw. *sraoma* »Gehör«: got. *hliuma;* jAw. *sravō* »Lehre«: ai. *śrávas,* gr. κλέϝος, ksl. *slovo;* jAw. *sraošō* »Gehorsam«, np. *sarōš:* ksl. *sluchŭ;* — Dst.: jAw. *srāvayōiš* »du sollst hören lassen«, np. *sarāyīdan* »singen«: ai. *śrāváyati;* gAw. *srāvī* »ward gehört«: ai. *áśrāvi;* — Tst.: jAw. *susruma* »wir haben gehört«: ai. *śuśrumá;* jAw. *srutgaošō* »hörende Ohren habend«: ai. *śrútkarṇas;* jAw. *vīsruyata* »es wurde gehört«: ai. *áśrūyata;* jAw. *srūtō* »bekannt«: ahd. *hlūt,* ai. *śrutás,* lat. *inclutus;* —

4. Hst.: jAw. *vačō* »das Wort«: ai. *vāčas,* gr. ϝέπος; gAw. *vaxšyā* »ich werde sagen«: ai. *vakṣyā́mi;* jAw. *vačō* »die Worte«, AP.: gr. ὄπας; — Dst.: gAw. *avāčī* »es ward gesagt«: ai. *ávāči;* jAw. *vāxš* NS., *vāčim* AS. »Wort«, np. *āvāz* »Stimme«: ai. *vā́k, vā́čam,* lat. *vōx, vōcem;* — Tst.: jAw. *uxδəm* »der Spruch«: ai. *uktám;* jAw. *dužūxtəm* »üble Rede«: ai. *duruktám;* jAw. *vaočat̰* »er sagte«: ai. *ávōčat;* —

5. Hst.: jAw. *zbarəmnəm* (§ 76) »den verschlagenen«: ai. *hvā́ras* »Ränke«; — Dst.: jAw. *vīzbāriš* »Verkrümmung«; — Tst.: jAw. *zurō.jatahe* »des durch Verrat getöteten«, ap. *zuraʰ* »Verrat, Arglist«: ai. *huraščitam* »den auf Ränke sinnenden«[2]; —

6. Hst.: jAw. *baraⁱti* »er trägt«, ap. *baraᵘtiy,* np. *barad:* ai. *bhárati,* gr. φέρω; — Dst.: jAw. *hąm.bārayən* »sie sollen zusammenbringen«: ai. *bhāráyati;* — Tst.: jAw. *nižbərᵉtō* »weggebracht«, *hubərᵊⁱtīm* »gute Pflege«; np. *burdan* »tragen«: ai. *bhr̥tás, bhr̥tíš,* got. *gabaurþs;* jAw. *bawrarᵊ* »sie haben getragen«: ai. *babhrḗ;* —

7. Hst.: jAw. *razištō* »der geradeste, richtigste«: ai. *rájiṣṭhas;* gAw. *rašnā* »nach der Satzung«: gr. ὀρέγω, lat. *regō;* — Dst.: gAw. *rāšnąm* »der Satzungen«, gAw. *rāzarᵊ* »die Satzung«: lat. *rēgula;* — Tst.: jAw. *ərᵊzuš* »gerade«: ai. *r̥júṣ;* —

8. Hst.: jAw. *manō* »Sinn«, ap. *haxāmaniš* EN., eig. »freundgesinnt«: ai. *mánas,* gr. μένος; gAw. *mantūm* »den Berater, Walter«: ai. *mántuṣ;* jAw. *mąϑrō* »Spruch«: ai. *mántras;* — Dst.: np. °*mān* »Sinn, Gemüt«; jAw. *mąsta* »er dachte«: ai. *mąsta* (oder *amąsta,* § 67; dann Hst.); — Tst.: jAw. °*maⁱtiš* »Denken«: ai. *matíṣ,* got. *gamunds;* jAw. *mąnayən* »sie möchten meinen«, mit *ą* aus urir. *ā* (§ 296, 3) für idg. *n̥̄*[3]; jAw. *mamnūš* »meinend«: ai. *mamnā́tē;* —

9. Hst.: gAw. *jamaⁱti* »er soll kommen«, Conj.: ai. *gámat,* got. *qima;* gAw. *jantū* »er komme«: ai. *gántu;* — Dst.: jAw. *jāmayeⁱti* »er macht gehen«: ai. *gāmáyati;* — Tst.: jAw. *jasaⁱti* »er kommt«: ai. *gáččhati,* gr. βάσκω; jAw. *jamyāt̰* »er möge kommen«: ai. *gamyā́t,* mit *am* aus idg. *m̥m,* § 95, 4; jAw. *jaγmat̰* »er kam«, np. *āmadan* »kommen« (aus **āgmat°*), gAw. *gᵊmən* »sie kamen«: ai. *ájagmiran, ágman;* —

10. Hst.: jAw. *haxayō* »die Freunde«, *garayō* »die Berge«, NP.: ai. *giráyas,* gr. τρέες; jAw. *garōiš* »des Bergs«: ai. *girḗṣ;* — Dst.: gAw. *hušhaxāim*

(d. i. °*āyəm;* § 268, 21) »den guten Freund«: ai. *suṣakāyam;* jAw. *ϑrāyō* »drei«: gr. *πόληες*[4]; — Tst.: jAw. *haši.ţbiše* »dem der den Freund hasst«: ai. *sakitvám;* jAw. *gaⁱribyō* »den Bergen«: ai. *giríbyas,* gr. *πόλις;* vgl. unten § 189; —

11. Hst: jAw. *daiŋhave* »dem Gau«, *daiŋhəuš* »des Gaus«: ai. *dásyavē, dásyōṣ;* jAw. *paravō* »viele«: ai. *purávas,* gr. *πολέες;* — Dst: jAw. *daiŋhāvō* »die Gaue«[5], ap. *dahyāuš* »der Gau«: ai. *dyāuṣ;* — Tst. 1: gAw. *yezivī* »die jüngste« gegenüber jAw. *yazuš,* ai. *yahúṣ,* vgl. ai. *pṛtivī* gegenüber *pṛtúṣ* und gr. *τανaός* gegenüber *τανυ°* (§ 71); 2: jAw. *daiŋhubyō* »den Gauen«: ai. *dásyubyas;* jAw. *poᵘru* »vieles«: ai. *purú,* gr. *πολύ;* jAw. *paᵒⁱrīš* (aus urir. **parụīš,* § 268, 44) »die vielen«, APf.: ai. *pūrvīṣ;* vgl. unten § 190; —

12. Hst.: jAw. *zaotarᵊ* »o Zautar (Priester)«: ai. *hōtar;* jAw. *pitarəm* »den Vater«, np. *pidar:* ai. *pitáram,* gr. *πατέρα;* — Dst: jAw. *zaotārəm* »den Zautar«: ai. *hōtāram,* gr. *δοτῆρα,* lat. *datōrem;* — Tst.: jAw. *ātərᵊbyō* »den Feuern«: ai. *pitṛ́byas,* gr. *πατράσι;* jAw. *piϑre* »dem Vater«, gAw. *fᵊδrōi* (aus ar. **ptrai,* § 278, 280), bal. *pis* (mit *s* aus idg. *tr*): ai. *pitrē,* gr. *πατρί;* vgl. unten § 185; —

13. Hst.: jAw. *aⁱryamanəm* »den Aryaman«: ai. *aryamáṇam,* gr. *ποιμένα;* jAw. *asmanəm* »den Himmel«: gr. *ἄκμονα;* — Dst.: gAw. *tašānəm* »den Bildner«: ai. *tákṣāṇam;* ap. *asmānam* »den Himmel«, np. *āsmān:* lat. *sermōnem;* — Tst.: jAw. *tašnō* »des Bildners«: ai. *tákṣṇas,* lat. *carnis;* gAw. *haxmaⁱnē* »zur Genossenschaft«: ai. *sákmanē,* mit *an* aus idg. *n̥n;* vgl. unten § 188; —

14. Hst: jAw. *amavantəm* »den starken«: ai. *ámavantam;* — Dst: gAw. *mīždavąn* »die mit Lohn versehenen«, APn., mit *-ąn* aus urar. *-ānt* (§ 85, 229, 303); — Tst: jAw. *amavaṯ* »das starke«: ai. *ámavat;* gAw. *drᵊgvāⁱtē* »dem Ketzer«, mit *a* aus idg. *n̥*[6]; vgl. unten § 181.

[1] Th. Baunack, Studien 1, 343 f. — [2] ZDMG. 46, 296. — [3] Gegenüber got. *munan;* vgl. § 132. — [4] Anders freilich Caland, KZ. 32, 594; s. aber § 208 No., 210, 227. — [5] § 227. — [6] Vgl. Bthl., BB. 16, 278; BB. 17, 341 f. Caland's Erklärungsversuch (KZ. 32, 594; unten § 294 No.) hat für mich wenig überzeugendes.

II. Schwere Reihe.

§ 98. *Silben ohne Sonorlaut ausser ā.*

1. Hst: jAw. *daδāⁱti* »er setzt«, gAw. *dāṯ,* ap. *adāʰ* »er schuf«: ai. *dádāti, ádāt, τίϑησι;* — Tst. 1: gAw. *dīšā* »du sollst setzen« (§ 122, 9; *ī* für *i,* § 268, 1): ai. *diṣvá;* jAw. *niδayaṯ* »er legte nieder«; 2: jAw. *daⁱδyąm* »ich würde schaffen«, *nī dasva* (§ 5) »leg nieder«: ai. *dadyā́m, datsvá;* —

2. Hst: jAw. °*stānəm,* ap. *stānam,* np. °*stān* »Ort«: ai. *stánam,* lat. *stāre;* — Tst. 1: jAw. *stayata* »er stellte sich«: ksl. *stoją;* 2: jAw. *vīšastarᵊ* »sie erstrecken sich«: ai. *vítastʰur,* 3 Pl. Perf.; jAw. *raϑaē*]*štārəm* »den Krieger«: ai. *savya*]*ṣṭʰáram;* aus idg. **stʰ* + *tʰ*, § 25; —

3. Hst: gAw. *sāhīṯ* »er lehrte«, *sāstū* »er lehre«: ai. *śā́sti;* — Tst. 1: gAw. *sīšā* »lehre«, *asīštīš* »die Hoffnungen« (*ī* für *i,* § 268, 1), *asištā* »in der Erwartung«: ai. *áśiṣat* »er lehrte«, *āśíṣam* »den Wunsch«;[1] —

4. Hst: jAw. *āziš* »Gier«, np. *āz* »Begierde«; — Tst 1: jAw. *izyeⁱti* »er verlangt«; gAw. *īžā* »Eifer«, aus idg. **īγžā* für **i-əγ-sā*[2]: ai. *īhatē* »er strebt nach«.

[1] Geldner, BB. 12, 99. — [2] Vgl. Bthl., IdgF. 3, 15; 5; unten § 102 I, 1 b.

§ 99. *Silben mit i̯ [u r oder Nasal] ausser ā.*

Vgl. dazu oben § 80 f.

1. Hst: jAw. *frāyō* »gern«, *frāyehīš* »die lieberen«, APf.: gr. *πρᾱΰς,* ai. *prā́yaścittiṣ* »Sühne« (eig. Versöhnungsabsicht, s. got. *gafriþōns*); — Tst. 1: gAw. *fraēštåŋhō* »die liebsten«: ai. *prēṣṭʰas; aē, ē* aus ar. *a(i̯)i* für uridg. *əi̯i,*

§ 81; 297, 3); 2. gAw. *frīnāi* »ich will verehren«: ai. *prīṇītē;* jAw. *fryō* (d. i. **friyō,* § 268, 11) »geliebt«: ai. *priyás*, got. *frijōnds* »Freund«; *ratufritīm* »die Verehrung der Ratu«: got. *gafriþōns* »Versöhnung«, ai. *prītiṣ́* »Befriedigung«, ahd. *frītan* »lieben«; —

2. Hst.: gAw. *hudānuš* »einsichtig«, jAw. *diδāⁱti* »er sieht« (*ā* aus *āi*, § 80); — Tst. 1: gAw. *daēnā* »Erkenntnis, Seele« (*aē* aus uridg. *əi̯i,* § 81; doch s. auch § 79, 1 No. 3); 2: jAw. *paⁱti.dīti* »durch das Ansehen«, np. *dīdan* »sehen«: ai. *dītiṣ́* »Wahrnehmung«; jAw. *daⁱδyantō* »die sehenden«, np. *ǰān* (*ǰ* aus *di̯*) »Seele«: ai. *dī́dyat, dʰyānam;* s. noch § 126.

Anhang 1. § 100a. »*Vrddhi*« *und Verwandtes im Iranischen.*

In welcher Weise die Erscheinungen der sogenannten »Vrddhi« — im engern und eigentlichen Sinn —, d. h. das Auftreten langer *a*-Vocale in der ersten Silbe von abgeleiteten Nominalbildungen wie Patronymica, Abstracta u. dgl., mit dem in § 95 ff. behandelten ursprachlichen »Ablaut« der *a*-Vocale zusammenhängen, ist noch nicht ermittelt. Vgl. VON BRADKE, ZDMG. 40, 361 ff., wo weitere Litteratur angeführt wird; dazu noch KZ. 29, 540 und JACKSON, Grammar 228, 230. In den nichtarischen Sprachen scheint Entsprechendes nicht vorzukommen. Die Zahl der iranischen Wörter mit »Vrddhi« ist nicht erheblich, aber hinreichend zu zeigen, dass die in der arischen Ursprache neuaufgekommene Bildungsweise auch im Altiranischen noch lebendig war, wenn sie schon nicht in der Häufigkeit zur Verwendung gelangte wie im Altindischen.

Einige secundäre Ableitungen zeigen *ai au* (oder deren Vertreter) gegenüber den Vocalen *i u* des Primitivs, also den »Guna«vocal anstatt des nach der indischen Grammatik zu erwartenden »Vrddhi«vocals. Vgl. VON BRADKE, ebd. 362; JACKSON, a. O. 20; unten 2.

Iranische Beispiele sind:

1. jAw. *āhūⁱriš* »von Ahura herrührend, göttlich«, *āhūⁱryanąm* »der von Ahura stammenden«: ai. *ā́suriṣ́, āsurī́yas;* zu jAw. *ahurō:* ai. *ásuras;* —

gAw. *kāvayasčā* »die Anhänger der Kavi«, NP.; zu *kavā:* ai. *kaviṣ́;* —

jAw. *xštāvayō* »die Anhänger der Xštavi«, NP.; *xštāvaēnyehe* »des Xštaviabkömmlings«; zu *xštəviwyō* (*ə* für urir. *a*, § 298, 1) »den Xštavi's«; —

jAw. *māzdayasniš* »den Mazdayasnern zugehörig«; zu *mazdayasnō* »der Mazdayasner«; —

ap. *mārgavaʰ* »Margianer, Einwohner von Margiane«; zu *marguš* »Margiane«;

jAw. *vārəϑraγniš* »siegreich«: ai. *vārtraghnás* »auf den Vrtratöter bezüglich«; zu jAw. *vərəϑraǰa* »siegreich«, eig. »Vrtratöter«: ai. *vr̥trahā́;* —

ap. *ʰuvāipašiyam* »Eigentum« (für **hvāip°*, § 270); zu jAw. *xᵛaēpaⁱϑīm* »das eigene«; vgl. ai. *svápatiṣ́* »der eigene Herr«; —

gAw. *ārəzvā* »die Gutthaten«: ai. *ārǰanám;* zu gAw. *ərəzuš* »gerade, richtig«: ai. *r̥ǰúṣ́;* —

jAw. *pāⁱtivāke* »in der Gegenrede«; zu *paⁱti.vačištəm* »den bestantwortenden«.

Auffallend ist jAw. *upāⁱri.saēna* EN. eines Bergzugs, eig. »auf das über die (Flughöhe der) Adler hinausgehende bezüglich«. Liegt »Vrddhi« in zweiter Silbe vor?

2. jAw. *ϑraētaonō* EN.: ai. *trāitanás;* zu *ϑritō* EN.: ai. *tritás;* —

gAw. *haoząϑwāt̰* »aus Freundschaft«; zu *huzəntuš* (*ə* aus *a;* § 298, 1) »Freund«; —

jAw. *haomanaŋhəm* »die Gutgesinntheit«: ai. *sāumanasám;* zu jAw. *humanaŋhō* »die gutgesinnten«: ai. *sumánās;* —

jAw. *dəuš.manahyāi* »dem Zustand des übelgesinnten«; zu jAw. *dušmanaŋhō* »des übelgesinnten«: gr. δυσμενής.

Anhang 2. § 100b. *»Syllabische Dissimilation«.*

Vgl. BRUGMANN, Grundriss 1, 483 ff. Von zwei auf einanderfolgenden gleichen oder wenigstens sehr ähnlichen Silben geht häufig die eine verloren. Der Vorgang kann sich jederzeit wiederholen. Alt, wahrscheinlich ursprachlich, ist er z. B. im Loc. Sing. der ī-Stämme: ap. *harahuvatiyā* »in Arachosien«: lit. *žēmė* »auf der Erde« neben *žēmėje* (*ė* beide Male für *jė*), s. § 219. In den meisten Fällen gehört er den Einzelsprachen an; vgl. § 306.

ÜBERSICHT ZU I.

Das gesetzliche Verhältnis der uriranischen Laute zu den arischen und indogermanischen[1].

[1] Abgesehen von den satzphonetischen Änderungen des Auslauts; vgl. insbesondre § 85, 2 b und 93.

	Urir.	aus ar.	aus idg.	Vgl. §		Beispiele:
1.	*p*	*p*	*p*	4	jAw.	*pita* »Vater«;
		pʰ	*pʰ*	9		*sparat̰* »schnellte«;
		u̯	*u̯*	75		*aspō* »Pferd«;
2.	*t*	*t*	*t*	5		*māta* »Mutter;
		tʰ	*tʰ*	10		*pantå* »Weg;
3.	*k*	*k*	*k*	6		*vəhrkō* »Wolf«;
		kʰ	*kʰ*	11		*skārayat̰* »ins Wanken bringend«;
4.	*b*	*b*	*b*	14	bal.	*bīǰ* »Same;
		bʰ	*bʰ*	18	jAw.	*baraiti* »trägt«;
		u̯	*u̯*	78		*zbayeiti* »ruft«;
		bʰu̯	*bʰu̯*	76	ap.	*bīyāh* »er möge sein«;
		du̯	*du̯*	88	jAw.	*biš* »zweimal«;
		dʰu̯	*dʰu̯*	88	np.	*bar* »Thüre«;
5.	*d*	*d*	*d*	15	jAw.	*darᵊγō* »lang«;
		dʰ	*dʰ*	19		*daršiš* »stark«;
6.	*g*	*g*	*g*	16		*gāuš* »Rind«;
		gʰ	*gʰ*	20		*garᵊmō* »warm«;
7.	*č*	*k̑*	*k̑*	7		*panča* »fünf«;
		k̑ʰ	*k̑ʰ*	12		*sčandayeiti* »zerbricht«;
8.	*ǰ*	*ǵ*	*ǵ*	17	ap.	*ǰīvāhy* »du sollst leben«;
		ǵʰ	*ǵʰ*	21	jAw.	*ǰainti* »tötet«;
9.	*f*	*pʰ*	*pʰ*	9		*safåŋhō* »die Hufe«;
		p	*p*	4		*frā* »vor«;
		b	*b*	14	gAw.	*dafšnyā* »die betrogenen«;
		pu̯	*pu̯*	76	jAw.	*āfəntō* »die wasserreichen«;
10.	*ϑ*	*tʰ*	*tʰ*	10	jAw.	*paϑa* »auf dem Weg«;
		t	*t*	5		*ϑriš* »dreimal«;
11.	*x*	*kʰ*	*kʰ*	11		*haxa* »Freund«;
		k	*k*	6		*čaxrəm* »Rad«;
		prosthetisch		86	ap.	*xšnāsātiy* »gnoscat«;
12.	*xᵛ*	*su̯-*	*su̯-*	89	jAw.	*xᵛafnō* »Schlaf«;
13.	*w*	*b*	*b*	14	gAw.	*diwžaidyāi* »zu betrügen«;
14.	*γ*	*g*	*g*	16		*aoγžā* »du sagtest«;
15.	*s*	*ś*	*x*	29	jAw.	*satəm* »hundert«;
		ś	*sx*	51, 2		*suptīm* »die Schulter«;
		śʰ	*xʰ*	30		*saδayeiti* »scheint«;

	Urir.	aus ar.	aus idg.	Vgl. §		Beispiele:
	s	*ś*	*sxʹ*	51, 2	jAw.	*jasaiti* »kommt«;
		śi̯	*xi̯*	90		*saēnō* »Adler«;
		ϑ̂	*ϑ̂*	40		*čistiš* »Einsicht«;
		t	*t*	5	oss.	*vāss* »Kalb«;
		s	*s*	42	jAw.	*stārō* »Sterne«;
		z	*z*	43	gAw.	*asnāṯ* »von nahe«;
16.	*z*	*ź*	*γ*	31	jAw.	*zayata* »wurde geboren«;
		źʹ	*γʹ*	32		*vazaiti* »führt«;
		źʹ	*zγʹ*	51, 2		*zazuštəmō* »der siegreichste«;
		δ̂	*δ̂*	41		*dazdi* »gib«;
		d	*d*	15	np.	*hēzum* »Brennholz«;
		z	*z*	43	jAw.	*mazgəm* »Mark«;
		zʹ	*zʹ*	44	np.	*hēzum* »Brennholz«;
		žʹ	*žʹ*	48	jAw.	*āγzrāδayeiti* »er lässt herfliessen«;
		źʹi̯	*γʹi̯*	90	np.	*zamistān* »Winter«;
17.	*š*	*k̑ʹ*	*k̑ʹ*	12	jAw.	*haši°* »Freund«;
		k̑	*k̑*	7	gAw.	*vašyetē* »wird gesagt«;
		k̑i̯	*k̑i̯*	90	jAw.	*šātōiš* »der Freude«;
18.	*š*[1]	*š*	*s*	45		*zaošō* »Belieben«;
		šʹ	*šʹ*	46	gAw.	*xšyō* »des Elends«;
		xš	*xs*	34, 45	jAw.	*dašinō* »rechts«;
		xš	*xš*	34, 45		*taša* »Bildner«;
		xšʹ	*xšʹ*	34, 46	gAw.	*rašō* »Qual«;
		š	*x*	45	jAw.	*ašta* »acht«;
		š	*xs, xš*	51, 3		*taštəm* »gezimmert«;
		ś̌	*x*	29		*frašnō* »Frage«;
		ź̌	*γ*	31		*°šna* »kennend«;
		ź̌ʹ	*γʹ*	32		*barəšnavō* »die Berge«;
		s	*s*	42		*drafšō* »Fahne«;
		zʹ	*zʹ*	44	gAw.	*dafšnyā* »die betrogenen«;
19.	*ž*	*ž*	*z*	47	jAw.	*miždəm* »Lohn«;
		žʹ	*zʹ*	48	gAw.	*aoγžā* »du sagtest«;
		γžʹ	*γzʹ*	35, 48	jAw.	*uzvažaṯ* »er entführte«;
		ž	*γ*	47		*mərəždikəm* »Gnade«;
		ž	*γz*	51, 3	gAw.	*ϑwarəždūm* »ihr bestimmtet«;
		z	*z*	43	jAw.	*awždātəm* »ins Wasser gelegt«;
		zʹ	*zʹ*	44	gAw.	*diwžaidyāi* »zu betrügen«;
20.	*h*	*s*	*s*	42	jAw.	*hadiš* »Sitz«;
21.	*r*[2]	*r*	*r*	58		*razištō* »der geradeste«;
		r	*l*	58		*raočå* »Licht«;
		sr	*sr*	87	ap.	*rautaʰ* »Fluss«;
22.	*r̥*	*r̥*	*r̥*	59	jAw.	*pərəsaiti* »fragt«;
		r̥	*l̥*	59		*vəhrkō* »Wolf«;
23.	*m*	*m*	*m*	63		*nāməni* »Namen«;
		sm	*sm*	87		*mahi* »wir sind«;
24.	*n*	*n*	*n*	64		*manō* »Sinn«;
		ń	*ń*	66		*panča* »fünf«;
25.	*ṅ*	*ṅ*	*ṅ*	65		*zangəm* »Knöchel«;
26.	*i*	*i*	*i*	71	gAw.	*idī* »geh«;
		i	*ə*	71	jAw.	*pita* »Vater«;
		i	*ăi*	81		*raēm* »den Reichtum«;

	Urir.	aus ar.	aus idg.	Vgl. §		Beispiele:
27.	*ī*	*ī*	*ī*	72	jAw.	*vīrəm* »den Mann«;
28.	*u*	*u*	*u*	74		*puϑrō* »Sohn«;
29.	*ū*	*ū*	*ū*	75		*sūrō* »gewaltig«;
30.	*i̯*	*i̯*	*i̯*	73		*yākarᵊ* »Leber«;
		i̯	*j*	73		*yuxta°* »angeschirrt«;
31.	*u̯*	*u̯*	*u̯*	76		*vazaⁱti* »fährt«;
32.	*a*	*a*	*a*[1]	77	ap.	*abaram* »ich trug«;
		a	*n̥* u.s.w.[3]	77	jAw.	*satəm* »hundert«;
		r̥	*r̥*	59		*tarō* »hindurch«;
		r̥	*l̥*	59		*paravō* »viele«;
	ar	*r̥̄*	*r̥̄*	60		*arᵊmō* »Arm«;
		r̥̄	*l̥̄*	60		*darᵊγō* »lang«;
33.	*ā*	*ā*	*ā*[2]	78		*māta* »Mutter«;
		ā	*n̥̄* u.s.w.[3]	78		*zātō* »geboren«;
34.	*ą*	*an*	*a*[2]*n*	67		*ązō* »Enge«.
	u.s.w.[4]	u.s.w.[5]	u.s.w.			

[1] S. noch § 50. — [2] S. noch unter 32. — [3] Beliebiger sonantischer Nasal. — [4] Nasalirter Sonant (*ą̥ į̥ ų̥ ę̥*). — [5] Aus Sonant + Nasal. S. aber § 62 No.

Ausgefallen sind von arischen Lauten:

1. Die reducirten Verschlusslaute: jAw. *paṇtanhum* »Fünftel«, *ṱbišyanbyō* »den Feinden«; § 24, 64, 65;
2. *x γ*: jAw. *mošu* »bald«, *uzvažaṱ* »entführte«; § 34, 35;
3. *s*: ap. *rautaʰ* »Fluss«, jAw. *mahi* »wir sind«; § 87;
4. *i̯*: jAw. *saēnō* »Adler«, np. *šudan* »gehen«; § 90;
5. *u̯*: jAw. *āfəntō* »die wasserreichen«, ap. *bīyāʰ* »er möge sein; § 76.

Neuentwickelt hat sich dem Arischen gegenüber *x*: ap. *xšnāsātiy* »er kenne«; § 86. — S. auch noch § 300 f.: Anaptyxe und Epenthese.

Aus arischer Doppelconsonanz hervorgegangen sind:
1. *b*: jAw. *biš* »zweimal«, np. *bar* »Thüre«; § 88;
2. *xᵛ*: jAw. *xᵛafnō* »Schlaf«; § 89.

Der Lautbestand der uriranischen Grundsprache zu Ausgang der uriranischen Periode war nach der oben gegebenen Darstellung der folgende:

A. Geräuschlaute:

A a. Verschlusslaute:
Tenues: *p t k*;
Mediae: *b d g*.

A b. Spiranten:
labiale: *f w*;
gutturale: *x γ, xᵛ, h*;
Zischlaute: *ϑ ṱ*[1];
s z;
š ž;
š́.

A c. Affricaten:
Tenuis: *č*.
Media: *ǰ*.

[Davon tonlos: *p t k*; *f x xᵛ h ϑ ṱ s š š́*; *č*].

B. Sonorlaute:
- B a. Liquidae: *r r̥.*
- B b. Nasale: *m n ŋ.*
- B c. Vocale: *i ī i̯, u ū u̯; a ā; å*[1] *ā̊*[1]*; ə*[1]*;* } *ai au āi āu;*
  ḁ̆ ĭ̥ ŭ̥ r̥̥.

[1] Nur im Auslaut; s. § 85, 2b; 93, 1, 2.

II. GESCHICHTE DER WÖRTER.

Vorbemerkung.

1. Die indogermanischen Wörter zerfallen — abgesehen von den Interjectionen — in Verba und Nomina. Deren Bildung beruht auf gleichem Princip, Verbindung der Wortstämme mit den Flexionssuffixen: auf der einen Seite der Verbalstämme mit den Personalsuffixen, auf der andern Seite der Nominalstämme mit den Casussuffixen. Doch gibt es auch Wörter ohne nachweisbares Flexionssuffix.

Die Wortstämme sind entweder mit der »Wurzel« — sei's der einfachen oder der reduplicirten — identisch: »Wurzelstämme«, oder sie sind mittels der Stammbildungssuffixe daraus abgeleitet: »abgeleitete Stämme«. Jene Suffixe zerfallen in 1. Nominal-, 2. a) Tempus, b) Modussuffixe. Eine sichere Scheidung der beiden Stammesklassen ist nicht immer möglich, weil der Begriff »Wurzel« nicht streng definirt werden kann. Beim Nomen sind die abgeleiteten Stämme überwiegend mehrsilbig, die Wurzelstämme mit wenigen Ausnahmen einsilbig.

Die schwierige Frage, wie die indogermanischen »Wurzeln« gebaut, und, was damit zusammenhängt, ob sie ein- oder zweisilbig waren, habe ich hier nicht zu erörtern. Ich bemerke nur, dass ich aus praktischen Gründen — von wenigen besondern Fällen abgesehen — die Wurzeln einsilbig nehme; ich zerlege also gr. φέρ-ετε, ai. *vám-iti, tár-iṣ̌as* u. s. w., und nicht φέρε-τε u. s. w. S. übrigens unten, vor § 122.

Die Verbindung der indogermanischen Wortstämme und Flexionssuffixe, die beide als ursprünglich selbständige Wörter zu denken sind, zu flectirten Wörtern hatte sich längst vor Auflösung der indogermanischen Sprachgemeinschaft vollzogen. Und ebenso waren zuvor all die Wandlungen des beiderseitigen Lautstoffs zum Abschluss gekommen, welche durch die ursprachlichen Laut- und Accent(Ablauts)gesetze bedingt waren.

2. Die Aufgabe des vorliegenden Abschnitts bildet die Untersuchung: In welcher Weise haben sich die indogermanischen Wörter vom Ausgang der indogermanischen Periode an bis zum Ausgang der uriranischen Periode verändert? Und: Wie verhält sich die uriranische Art der Wortbildung zur indogermanischen?

3. Die Hülfsmittel, die zur Lösung dieser Aufgabe zur Verfügung stehen, sind leider um vieles unsicherer als jene, mit deren Hilfe die Lösung der oben S. 3 unter 2 verzeichneten Aufgabe in Angriff genommen werden konnte. Denn für den Entscheid der Frage, welche Veränderungen auf dem Gebiet der Wortbildung uriranisch seien, sind wir wesentlich auf das Awestische angewiesen. Das altpersische Inschriftenmaterial trägt bei seinem geringen Umfang und der Einseitigkeit seines Inhalts nur wenig dazu bei. Ins Mittel- und Neuiranische aber haben sich von der alten Conjugation nur Bruchstücke gerettet, während die alte Declination so gut wie völlig untergegangen ist. Begreiflicher Weise musste bei solcher Sachlage meine Darstellung der

Wortgeschichte um vieles subjektiver ausfallen als die der Lautgeschichte. Ich bitte das im Auge zu behalten.

Litteratur: Spiegel, Vergleichende Grammatik der altéränischen Sprachen (Leipzig 1882), 101 ff.; Bthl., Handbuch 67 ff.; Jackson, Grammar 62 ff.; Brugmann, Grundriss 2, 1 ff.; J. Darmesteter, Études Iraniennes 1, 117 ff.

Ich bemerke, dass ich unten die »Wurzeln«, Stämme und Suffixe im Allgemeinen in arischer Lautgestalt aufgeführt habe. Sofern ihre Umsetzung ins (indische oder) iranische Gewand Schwierigkeit bereitet, ist auf die einschlägigen Paragraphen der Lautlehre verwiesen. Wo nach § 1, 1 und 22 idg.-ar. *k* und *k̑*, *g* und *g̑* u. s. w. mit einander im Wechsel standen, habe ich durchweg den Guttarallaut angesetzt, z. B. *sak-*, *sišak-*, *saka-*, also abweichend von der indischen Praxis. Wo die Schreibung Zweifel lässt — über Quantität u. s. w. (§ 268, 270) —, musste ich eben nach meinem Ermessen entscheiden.

EINTEILUNG.

II A. Das Verbum.

§ 101. Übersicht. — § 102. Reduplication. — § 103. Augment. — § 104. Die Bildung der Modusstämme; der »Imperativ«.

II Aa. Die Personalsuffixe.

§ 105. Übersicht. — § 106—113. Die Activsuffixe. — § 114—120. Die Medialsuffixe. — § 121. Die *r*-Suffixe der 3. Plur.

II Ab. Die Bildung der Tempusstämme.

II Ab 1. Praesensgruppe.

II Ab 1 α. Suffixlose Praesentien. § 122. 1. Kl.: ai. *ásti; ádīt.* — § 123. 2. Kl.: ai. *bávati.* — § 124. 3. Kl.: ai. *tudáti; ávidat.* — § 125. 4. Kl.: ai. *rā́jati; rā́ṣṭi.* — § 126. 5. Kl.: ai. *juhṓti.* — § 127. 6. Kl.: ai. *tíṣṭati; áǰīǰanat.* — § 128. 7. Kl.: ai. *čárkarti.*

II Ab 1 β. Nasalpraesentien. § 129. 8. Kl.: ai. *yunákti.* — § 130. 9. Kl.: ai. *vindáti.* — § 131. 10. Kl.: ai. *sunṓti.* — § 132. 11. Kl.: ai. *punā́ti.* — § 133. 12. Kl.: gr. πυνθάνομαι. — § 134. 13. Kl.: ai. *iṣaṇyáti.*

II Ab 1 γ. Praesentien mit Geräuschlautssuffixen. § 135. 14. Kl.: ai. *ṛčāti;* gr. ἀρέσκω. — § 136—138. *s*-Praesentien. 15. Kl.: ai. *rā́sate;* 16. Kl.: ai. *číkīrṣati; dípsati;* 17. Kl.: ai. *yōkṣyáti.* — § 139. 18. Kl.: *mṛḍáti.* — § 140. 19. Kl.: gr. τύπτω.

II Ab 1 δ. Praesentien mit vocalischen Suffixen. § 141. 20. Kl.: ai. *túrvati.* — § 142. 21. Kl.: gr. ἔπτη. — § 143. 22. Kl.: ai. *ásīt.* — § 144. 23. Kl.: ai. *gṛbāyáti.* — § 145. 24. Kl.: ai. *iṣayati.* — § 146. 25. Kl.: ai. *bujēma.* — § 147—150. *i̯a*-Praesentien. 26. Kl.: ai. *nā́śyati;* 27. Kl.: ai. *yuǰyátē;* 28. Kl.: ai. *śrā́myati;* 29. Kl.: gr. τιταίνω; ai. *dēdiśyátē.* — § 151. 30. Kl.: ai. *pātáyati, vardáyati.*

II Ab 1 ε. Denominative Praesentien. § 152. 31. Kl.: Denominativa mit *i̯*: ai. *biṣaǰyáti.* — § 153. 32. Kl.: Denominativa ohne *i̯*: ai. *biṣákti.*

Anhang zu II A b 1. § 154. 3. Sing. (Aor.) Pass. auf *-i.*

II Ab 2. *s*-Aoristgruppe.

§ 155. Allgemeines. — § 156. 1. Kl.: ai. *áǰāiṣam.* — § 157. 2. Kl.: ai. *áyāviṣam.* — § 158. 3. Kl.: ai. *áyāsiṣam.*

II Ab 3. Perfectgruppe.

§ 159. Allgemeines. — § 160. 1. Kl.: ai. *ǰaǰā́na.* — § 161. 2. Kl.: ai. *dādā́ra.* — § 162. 3. Kl.: ai. *vḗda.* — § 163. Das thematische Perfectpraeteritum: ai. *ávōčat.*

II Ac. Zur Flexion des Verbums.

II Ac 1. Zur thematischen Conjugation.

§ 164. Der thematische Vocal. — § 165. Zu den thematischen Tempora und Modi.

II Ac 2. Zur unthematischen Conjugation.

§ 166. Die 2. Plur. Praet. Act. — § 167. Zur 1. Praesensklasse. — § 168. Zur 5. Praesensklasse. — § 169. Zur 11. Praesensklasse. — § 170. Zum *s*-Aorist. — § 171. Zum Perfect. — § 172. Zur Flexion des Optativs.

II B. Das Nomen.

§ 173. Übersicht.

II B 1. **Die Nomina** (κατ. ἐξ.).

II B 1 a. Stammbildung.

Klasse *A:* Stämme auf Geräuschlaute.

Abteilung I: Stämme auf Spiranten. § 174. 1. Auf *s*-. — § 175. 2. Auf *š*-. — § 176. 3. Auf *š́*-, *ž́*-, *ž́h*-.

Abteilung II: Stämme auf Verschlusslaute. § 177. 1. Auf Labiale. — § 178. 2. Auf Gutturale. — § 179—182. 3. Auf Dentale.

Klasse *B:* Stämme auf Liquidae, Nasale, *i*- und *u*-Vocale.

Abteilung I: Stämme auf Liquidae (ar. *r*-). § 183. 1. Wurzelstämme auf *r*-. — § 184. 2. Abgeleitete Neutralstämme auf *r*-. — § 185. 3. Abgeleitete masc. und fem. Stämme auf *ar*-, *tar*-. — § 186. 4. Zahlwörter.

Abteilung II: Stämme auf Nasale. § 187. 1. Auf *m*-. — § 188. 2. Auf *n*-.

Abteilung III: Stämme auf i- und u-Vocale. § 189—190. 1. Abgeleitete Stämme auf *i̯*-, *u̯*-. — § 191—192. 2. Abgeleitete Stämme auf *i*-, *u*-. — § 193—194. 3. Wurzelstämme.

Klasse *C:* Stämme auf *a*-Vocale.

Abteilung I: Abgeleitete Masc. und Neutr. § 195—204. Beispiele.
Abteilung II: Abgeleitete Feminina. § 205. Beispiele.
Abteilung III: Wurzelstämme. § 206. Beispiele.

Anhang zu II B 1 a. § 207. Femininalbildung. — § 208. Comparation. — § 209. Participialbildung. — § 210—211. Zahlwörter.

II B 1 b. Casusbildung.

1. Die Singularcasus.

§ 212. Sing. Nom. masc. und fem. — § 213. Sing. Acc. masc. und fem. — § 214. Sing. Acc. neutr. — § 215. Sing. Abl. — § 216. Sing. Gen. — § 217. Sing. Dat. — § 218. Sing. Instr. — § 219. Sing. Loc. — § 220. Sing. Voc. masc. und fem.

2. Die Dualcasus.

§ 221. Du. Nom. masc. (und fem.). — § 222. Du. Nom. (Acc.) neutr. und fem. — § 223. Anhang: Der ND. als Quelle von Neubildungen. — § 224. Du. Dat.-Instr.-Abl. — § 225. Du. Loc. — § 226. Du. Gen.-Abl.

3. Die Pluralcasus.

§ 227. Plur. Nom. masc. und fem. — § 228. Plur. Acc. masc. und fem. — § 229. Plur. Acc. neutr. — § 230. Plur. Dat. und Instr. 1. — § 231. Plur. Instr. 2. — § 232. Plur. Loc. — § 233. Plur. Gen.

II B II. Die Pronomina.

II B II A. Die geschlechtigen Pronomina.

II B II A 1. Pronominale Casusbildung. § 234. Sing. Nom. masc. und fem. — § 235. Sing. Acc. neutr. — § 236. Sing. Nom. und Acc. mit $a^x m$. — § 237. Sing. Instr. — § 238. Sing. Gen. — § 239. Sing. Dat., Abl., Loc. — § 240. Plur. Nom. masc. — § 241. Plur. Gen.

II B II A 2. Die einzelnen Pronominalstämme. § 242. a. Pron. interrog. — § 243. b. Pron. relat. — § 244. c. Pron. demonstr.

Anhang: § 245. Übertragung der pronominalen Flexion auf die Nomina.

II B II B. Die ungeschlechtigen Pronomina.

§ 246. Pron. 1. Pers. Sing. — § 247. Pron. 2. Pers. Sing. — § 248. Pron. 1. Pers. Plur. — § 249. Pron. 2. Pers. Plur. — § 250. Pron. 1., 2. Pers. Du. — § 251. Pron. 3. Pers. (Refl.).

Anhang zu II.

I. Adverbialbildung. § 252. 1. Adverbialsuffixe mit anl. *t*-Laut. — § 253. 2. Adverbial gebrauchte Casusformen. — § 254. 3. Andere Adverbien.

II. Infinitivbildung. § 255. 1. Accusative. — § 256. 2. Ablative. — § 257. 3. Genetive. — § 258. 4. Dative. — § 259. 5. Instrumentale. — § 260. 6. Locative. — § 261. Die mittel- und neuiranischen Infinitive. — § 262. Übersicht zu § 255 ff.

III. Das Nomen als vorderes Compositionsglied. § 263. 1. Composition mit Verben. — § 264—266. 2. Composition mit Nomina.

II A. DAS VERBUM.

§ 101. *Übersicht.*

1. In der indogermanischen Ursprache bestand jede (finite) Verbalform grundsätzlich (!; S. 48, 1) aus zwei Teilen: dem Verbalstamm und dem Personalsuffix. Die Verbalstämme wieder zerfallen in Tempusstämme und Modusstämme. Die letztern: Conjunctiv und Optativ wurden mittelst der Modalsuffixe aus den Tempusstämmen geschaffen. Die Bildung der übrigen Formen vollzieht sich direkt aus dem Tempusstamm; sie werden sonach nur durch verschiedene Personalsuffixe auseinandergehalten.

2. Die Einteilung des verbalen Stoffs hat nach Tempusstämmen zu erfolgen. Da es mir im folgenden lediglich auf die Bildung der Verbalformen ankommt, nicht auf deren Bedeutung, so unterscheide ich im Anschluss an Brugmann's Grundriss drei, dem Umfang nach allerdings sehr ungleiche Gruppen:

1. Praesensgruppe;
2. *s*-Aoristgruppe;
3. Perfectgruppe.

Die erste Gruppe umfasst auch die nichtsigmatischen Bildungen mit Aoristbedeutung; ebenso selbstverständlich das Futur, das Desiderativ, das Intensiv, das Causativ und die Denominativa, welche zumeist alle, nach der Schablone der indischen Grammatiker, gesondert behandelt werden.

Aus jedem Tempusstamm konnten Praesens-, Praeterital- (Injunctiv-), Imperativ-, Conjunctiv- und Optativformen gebildet werden. Als weitere Unterscheidungen kommen hinzu: zwei Genera, Activum (Transitivum) und Medium (Reflexivum), drei Numeri, Singular, Dual und Plural, und innerhalb jedes Numerus drei Personen. All diese Bildungen haben sich ins Arische hinein erhalten. In engstem Zusammenhang mit den Tempusstämmen steht eine Reihe nominaler Bildungen, insbesondere die Participien.

3. Die Formen aller drei Tempussysteme scheiden sich in zwei Klassen: thematische und nichtthematische. Bei der thematischen Klasse stand in der Ursprache vor den Flexionsendungen der Indicativformen ein kurzer *a*-Vocal, *e* oder *o* — im Arischen *a*[1] —: der »thematische Vocal«, welcher der zweiten Klasse fehlt; s. noch S. 67 vor § 122. Die thematischen Tempusstämme haben festen Wortaccent, sie weisen darum nur qualitative Veränderungen auf, z. B. idg. **bére-te, *béro-mes:* gr. φέρετε, φέρομες[2]. Bei der unthematischen Conjugation dagegen war er beweglich, es erscheint daher überall auch quantitativer Stammwechsel, z. B. idg. **éi-mi, *i-més:* ai. *émi, imás;* — idg. **ki-néu-mi, *ki-nu-més:* ai. *činómi, činumás*. Man hat bei der unthematischen Conjugation meist zwei Stammformen zu unterscheiden: die starke und die schwache, in einzelnen Fällen kommt noch eine dritte hinzu: die Dehnform[3]. Der Vocalwechsel in den drei Stammformen entspricht dem der drei Ablautsstufen (§ 95 ff.), und zwar in der Reihenfolge: Hochstufe, Tiefstufe, Dehnstufe. Der starke Tempusstamm — in einzelnen Fällen dessen Dehnform — ist im allgemeinen im Conjunctiv und in den activen Singularformen des Praesens und Praeteritums heimisch[4]; die übrigen finiten Formen hatten in der gesammten abgestuften Conjugation den schwachen Tempusstamm als normale Grundlage. Einzelne alte Ausnahmen — z. B. in der 2. Plur. — werden unten besonders hervorgehoben werden (§ 166). Übrigens wurde das ursprüngliche, auf dem Wechsel der Betonung beruhende gegenseitige Verhältnis der verschiedenstufigen Formen schon seit ursprachlicher Zeit durch Übertragung (Ausgleichung) und Neubildung vielfach gestört. Den Mangel an quantitativer Abstufung ausserhalb der thematischen Conjugation halte ich überall für etwas Unursprüngliches; s. § 142.

Eine häufige und weit verbreitete Erscheinung ist die, dass an Stelle älterer unthematisch gebildeter Formen späterhin solche nach der thematischen Conjugationsweise treten.. Die Ursachen zu dieser Neuerung, deren Anfänge man getrost in die Zeiten der Ursprache versetzen darf, die sich aber oft genug in verschiedenen Sprachen und zu verschiedenen Zeiten wiederholt hat — im Iranischen ist sie sehr gewöhnlich —, sind mehrfacher Art. Speciell fürs Arische ist der Umstand von Bedeutung, dass die Ausgänge einiger Formen in beiden Conjugationsklassen zusammentrafen: so die 1. Sing. Praes. Med., die 1. Sing. Praet. Med. und einige 3. Plur., ferner verschiedene Casus des *ͅnt*-Particips. S. noch KZ. 29, 277 f. und unten § 104, 1 No. 3. Auch syntaktische Momente spielen dabei eine Rolle. Ich erwähne besonders die Bedeutungsgleichheit der Conjunctiv- und der Injunctivformen (§ 103). So hatte z. B. ai. *hán* (aus urar. **ǵ'ant*) als Injunctiv die nämliche Bedeutung wie der Conjunctiv *hánat:* »er soll schlagen«. Ausserdem aber eignete ihm auch die Bedeutung des Praeteritums: »er schlug«. So konnte es leicht geschehen, dass auch die alte Conjunctivform in dieser letztern Bedeutung gebraucht wurde. In der That ist jAw. *janaṯ* beides, Conjunctiv: »er soll schlagen« (V. 13, 3) und Praeteritum: »er schlug« (Y. 9, 8); vgl. auch ai. *ahanat* in den Brahmana's. War aber erst *janaṯ* zum Praeteritum »er schlug« geworden, so ergab sich als weitere Folge, dass der alte Conjunctiv *janaͥti* »er soll schlagen«: ai. *hánati* (neben *jaͥnti* »er schlägt«: ai. *hánti*) Praesensbedeutung »er schlägt« bekam (np. *zanad*), weil sich eben *janaͥti* zu *janaṯ* lautlich ebenso stellte wie *baraͥti* zu *baraṯ*.[5] Die Folge wird weitere Beispiele der Art bringen; s. § 122 ff., 136. Neuformationen im entgegengesetzten Sinn finden sich bei weitem seltener; vgl. BRUGMANN, Grundriss 2, 891 f. Die thematische Flexion ist von Anfang an die häufigere, sie ist bequemer, da sie jede Consonantenhäufung vermeidet, und sie lässt die Bedeutung der Form überall klar erkennen, was bei der unthematischen infolge der Wirkungen der Auslautsgesetze keineswegs der Fall ist.

[1] Wegen des in der ersten 1. Du. und Plur. auftretenden arischen *ā*, darin BRUGMANN und andre den regelrechten Fortsetzer des ursprachlichen *o* erblicken, z. B. ai. *bhárāmas:* gr. *φέρομες* (vgl. § 69, 2 No. 1) verweise ich auf § 164. — [2] Die entgegengesetzte, von FICK und anderen vertretene Annahme, ist mindestens unbeweislich; vgl. BB. 16, 273 f.; BRUGMANN, Grundriss 2, 914. — [3] Bezeichnender wären die Ausdrücke: Vollstamm, Schwachstamm, Dehnstamm. Doch will ich hier die übliche Terminologie nicht ändern. — [4] Die 3. Sing. Act. des »Imperativs«: ai. *ástu*, welche ebenfalls die starke Gestalt des Stamms aufweist, ist eine Weiterbildung der 3. Sing. Praet.; s. § 104, 3; 108, 4. — [5] S. noch § 104 No. 2.

§ 102. *Reduplication.*

Über die verschiedenen Arten der Reduplication in der ursprachlichen Wortbildung handelt BRUGMANN, Grundriss 2, 845 ff. Reduplicirte Tempusstämme finden wir in der Praesens- und in der Perfectgruppe; s. § 126, 127, 128, 137, 150, 160, 161, 163. Sie haben auch als Grundlage für eine erhebliche Anzahl von Nominalbildungen gedient, die im Folgenden mit herangezogen werden mussten. — Ich scheide zwischen einfacher und verstärkter (Intensiv-) Reduplication.

I. Tempusbildung mit einfacher Reduplication.

1. Was den Reduplicationsvocal angeht, so nehme ich an, dass er ursprünglich im Praesens durchweg *i*, im Perfect durchweg *e* war; vgl. dazu ausser der bei BRUGMANN, a. O. verzeichneten Litteratur noch J. SCHMIDT, KZ. 25, 14 f.; ferner KZ. 29, 535, 551; 31, 591. Auf die Dauer konnte sich aber das alte Verhältnis nicht rein erhalten; und in den arischen Dialekten hat die Verwirrung weitere grosse Fortschritte gemacht, so dass es bei vielen Formen nicht zu entscheiden ist, ob sie dem Praesens oder dem Perfect zuzurechnen sind.

a. Das arische Praesens zeigt noch überwiegend *i*. Beispiele, in denen das Iranische mit dem Indischen in dieser Hinsicht zusammentrifft, sind: jAw. *hištənti* »sie stehen«, ap. *a^hištatā* (§ 270 c, 6) »er stand«: ai. *tíṣṭhati*, gr. *ἵστημι;* — jAw. *hišhaxti* (wegen *šh* s. § 287) »er folgt«, gAw. *hiščamaⁱdē* »wir folgen«: ai. *síṣakti*, woneben auch *saśčasi;* — jAw. *uzyarāt̰* (d. i. **uziyar°*, § 268, 11) »er wird aufgehen«: ai. *íyarti*. Vgl. noch jAw. *zīzanənti* »sie gebären«[1]: gr. *γίγνομαι*, lat. *gignō*.

Das Perfect bekundet seinen Einfluss besonders bei den Praesensstämmen auf *ā;* vgl. jAw. *daδāⁱti* »er setzt«, ap. *adadā^h* »er setzte«: ai. *dádhāti*, aber gr. *τίϑησι;* — jAw. *daδāⁱti* »er gibt«: ai. *dádāti*, aber gr. *δίδωσι;* — jAw. *zazāhi* »du bringst weg«: ai. *jáhāti;* — ferner bei andern Stämmen jAw. *yaēšyantīm* »siedend«, *yaēšənta:* ai. *yḗṣati* (§ 150); — jAw. *nijaγnənte* »sie werden niedergemacht«, aber gr. *jíghnantē* mit *i;* vgl. gr. *ἔπεφνον*. Sogar bei *i*-Wurzeln kommt *a* vor: neben jAw. *diδyāt̰* »er soll sehen« findet sich *daⁱδya* »sieh«, *daⁱδyantō* »die sehenden«.

Auf arischer Neuerung beruht meines Erachtens das Auftreten von *u* als Reduplicationsvocal in dem Fall, dass die Wurzelsilbe einen in- oder auslautenden *u*-Vocal enthält. Ich nehme an, dass sie im Praesens ihren Anfang genommen hat, wo sie auf dem einfachen Weg der Proportionsbildung erfolgen konnte. Das Verhältnis etwa von ar. **dištas*, **dišatai* (ai. *diṣṭás*, *diśátē*) zu **didištana* (ai. *didiṣṭana*) rief neben **žuštas*, **žušatai* (ai. *juṣṭás*, *juṣátē*) die Neubildung **žužuštana* (ai. *jujuṣṭana*) hervor. Vgl. jAw. *susrušəmnō* »lauschend«:

ai. *šúśrūṣati*. Den alten *i*-Vocal aber zeigen noch jAw. *sīzušte* »er geniesst, nimmt entgegen« geg. ai. *jújōṣatē* und gAw. *čixšnušō* »es recht machen wollend« (Desiderativ, § 137). Nachdem sich *u* im Praesens festgesetzt hatte, drang es auch an die Stelle von *a* ins Perfect jener *u*-Wurzeln ein, und gleichzeitig damit fand im Perfect der entsprechend gebauten *i*-Wurzeln die Ersetzung des reduplicirenden *a* durch *i* statt. Auch dieser Vorgang ist im Wesentlichen noch innerhalb der arischen Periode zum Abschluss gelangt.

[1] Auf die Quantität des Reduplicationsvocals darin ist trotz ai. *dījanat* und der bei Delbrück, Altind. Verbum 110 f. und Wackernagel, Das Dehnungsgesetz 18 f. entwickelten rhythmischen Regel nichts zu geben; vgl. b No. 1 und § 268, 1.

b. Das arische Perfect reduplicirte ausser mit *a* nach dem eben Bemerkten auch mit *i* und *u*. Das Iranische stimmt in den meisten Fällen mit dem Indischen zusammen. So z. B.: jAw. *tataša*: ai. *tatákṣa*; — jAw. *daδāra*: ai. *dadā́ra*; — jAw. *vavača*: ai. *vavā́ča*; — *vi-šastar°*: ai. *vi-tastur*; — ap. *čaxriyā^h*: ai. *čakriyā́s*; — — jAw. *didvaēša*, *didvīšma*: ai. *didvḗṣa*; — gAw. *āhišāyā*; ai. *ā́siṣāya*; — — jAw. *^ururaoδa*[1]: ai. *rurṓdha*; — jAw. *tūtava*[1]: ai. *tūtā́va*; — jAw. *hušx^vafa* (für uriran. **hušva°*, § 287): ai. *suṣvā́pa*. Bemerkenswert ist die Differenz zwischen jAw. *bvāva*[2] (d. i. **buv°* für urir. **bub°*, § 268, 12) und ai. *babhū́va*; vgl. dazu ai. *suṣuvḗ* und *sasū́va*; daneben treffen wir das Intensivperfect jAw. *bābvar°* (§ 161).

Unter dem fortdauernden Einfluss der Praesensformen dringt der Reduplicationsvocal *i* auch ins Perfect von Wurzeln ohne *i*[3]. Ein beiden Dialekten gemeinsames Beispiel dafür ist das als Eigenname gebrauchte Particip jAw. *vīvaŋhušō*[1]: ai. *vivásvān*. Ferner: jAw. *diδāra* neben *daδāra*: ai. *dadā́ra*; — jAw. *hišta*, neben *višastar°* (s. oben); — jAw. *jiyā^urum* (Particip: »wach«) neben *jayā^urum*; — jAw. *^irīraδar°*[12]; u. a. m. Vgl. dazu KZ. 29, 575 f; IdgF. 3, 34.[3]

Fremd ist dem Iranischen die Reduplication mit blossem *i* und *u* bei wurzelanlautendem *i̯a*- und *u̯a*-; sie hat als speciell indische Neuerung zu gelten. Daher z. B. jAw. *vavača*, *vavaxδa*: ai. *uvā́ča* — daneben *vavā́ča* —, *uvákt*ha; jAw. *vaoče*, gAw. *vaox^əmā*: ai. *ūčḗ*, *ūčimá*; jAw. *vaoze*: ai. *ūhḗ*; vgl. Bthl, IdgF. 3, 38.

[1] Auf die Länge des *i*, *u* in der Reduplicationssilbe dieser und andrer awestischer Formen lege ich kein Gewicht, obwohl sie auch mehrfach in den entsprechenden indischen Perfecten bezeugt ist; vgl. oben a, No. 1. — [2] So die Neuausgabe. — [3] Caland's Widerspruch (GGA. 1893, 402 f.) gründet sich auf unvollständiges Material.

c. Eine besondere Betrachtung verlangen die reduplicirten Verbalformen aus Wurzeln mit anlautendem *a*-Vocal. Vgl. IdgF. 3, 15 f.

Im Praesens steht neben jAw. *uzyarāṯ*, d. i. *uz-iyar°* (oben a) gAw. *īratū*; entsprechend bietet das Indische *íyarti* und *ī́rtē*. Wir haben darin unzweifelhaft die genauen Fortsetzer ursprachlicher Formen zu erkennen. Das arische **ii̯arti* führt auf idg. **ii̯a^ər-ti*, mit »Spaltung« des reduplicirenden *i*; im idg. **īrtai* dagegen ist der Reduplicationsvocal *i* mit dem Wurzelanlaut *ə* zu *ī* verschmolzen; vgl. oben § 83, 5; 95, 5. Analoge iranische Bildungen sind noch: jAw. *yeyenti* »sie gehen« (d. i. *iyey°*; § 268, 11)[1], *yeyą* (d. i. *iyey°*, ebd.) aus ar. **ii̯-ai̯-°*, vgl. ai. *áiyēṣ*[2]; und anderseits gAw. *īžā* »Streben«, ein Nom. act. aus dem Desiderativ (§ 136), s. oben § 53 I, 6; 98, 4.

In den Perfectformen jAw. *åŋha* (d. i. urir. **āha*, § 297, 7): ai. *ā́sa* und gAw. *ārōi*, jAw. *ārəē-ča*[3]: ai. **ārḗ* steckt idg. *ē* oder *ō*, eine Vereinigung des reduplicirenden *e* mit dem wurzelanlautenden *e* oder *ə*, bzw. *o*, *ō*. Nach Art der Praesentien ist jAw. *yaēša* (d. i. *iy-aēša*; § 268, 11) reduplicirt[4], in Übereinstimmung mit dem ai. *iyḗṣa*.

In einigen wenigen Fällen endlich stossen wir auf die sogenannte »attische«

Reduplication; vgl. ai. *ānąśa, inakṣati*[5]. Eine derartig reduplicirte Bildung scheint jAw. *išānhačta* zu sein, d. i. ar. **iš-ās-ai-ta*[6].

[1] So oder *yeyanti* ist Y. 57, 14 gegen die Neuausgabe mit den besten Handschriften zu lesen; IdgF. 3, 36 No. — [2] AF. 2, 72 f. — [3] GELDNER, BB. 15, 258. — [4] Wenn GELDNER's Fassung, KZ. 25, 550, 3 Yasht 56 zutrifft; vgl. aber IdgF. 3, 37. Wahrscheinlich ist mit K 14 und Wstg. *yaēše* zu lesen. — [5] So BRUGMANN, Grundriss 2, 1028 nach AF. 2, 91 f.; s. auch Studien 1, 122. KIRSTE, MSL. 8, 92 überzeugt mich nicht. — [6] AF. 2, 92 f. Bedeutung und Etymologie des Worts harren noch der Aufklärung; s. ebd. 158; JACKSON, Reader 59.

2. Der anlautende Consonant der Reduplicationssilbe entsprach von Alters her dem anlautenden Consonanten der Wurzel und zwar in ihrer Hochstufengestalt; dieser Consonant erscheint auch da, wo die Wurzel, in die Tiefstufe gerückt, ihren Anlaut veränderte[1]. Das Iranische hat im Allgemeinen die ursprachlichen Formen ohne andere als die durch die Lautgesetze gebotenen Änderungen bewahrt. Vgl. jAw. *tataša:* ai. *tatákṣa;* — jAw. *didvaēša:* ai. *didvēṣa;* — jAw. *susruma:* ai. *śuśrāva*, gr. κέκλυϑι; — jAw. *zazāhi:* ai. *jáhāsi* aus ar. **ž'až'āsi* (§ 26); — jAw. *hišhaxti* (§ 287): ai. *siṣakti;* — jAw. *daδąmi* (§ 296, 3), *dazdi* (§ 41), np. *diham:* ai. *dádāmi;* — jAw. *yaētatarᵊ:* ai. *yĕtátur* aus **i̯e-it°;* — jAw. *tuϑruyē* aus ar. **tutr°;* u. s. w.; s. unten. Vor wurzelhafter Gutturalis stand nach § 1, 1 meist die Palatalis; das Iranische hat, wie das Indische, *č* und *ǰ;* s. ap. *čaxriyāʰ:* ai. *čakriyā́s* aus idg. **kekr°;* — jAw. *ǰaγmaṯ* (§ 163): ai. *ǰagmúr* u. s. w. Zu dem wegen seines reduplicirenden *k* auffälligen jAw. *kuxšnvąnō* s. unten.

Die Reduplication der Anlautsgruppe *s* + Tenuis durch *s* hat sich im Iranischen erhalten, während im Indischen statt *s* die Tenuis auftritt. So: jAw. *hištaiti:* gr. ἵστησι gegen ai. *tíṣṭati;* — jAw. *vi-šastarᵊ* gegen ai. *tastúr;* — jAw. †*hispō.səmna* (§ 268, 57) gegen ai. *paspaśē;* — jAw. *hisiδyāṯ:* lat. *scindō*, gr. σχίζω aus idg. **sisx'id°* (§ 51, 2).

Auf analogischer Neuerung beruht der reduplicirende Consonant in jAw. *šušuyąm* gegenüber ai. *čučyuvē* an Stelle von **čušyu°* (§ 7; 90, 2); — in jAw. *zazuštəmō*, gAw. *zazəntī* gegenüber gr. ἴσχω (aus **hισχω*) an Stelle von **haz°* aus idg. **sez̑'°* (§ 51, 2)[2]; — in jAw. *mimarō* neben *hišmarəntō* (§ 87; s. lat. *memor);* — in jAw. *čixšnušō, kuxšnvąnō*, wofür **hišn°*, **hušn°* zu erwarten wäre; vgl. § 86 und ZDMG. 46, 293; s. noch II 4. Vgl. hierüber ZDMG. 46, 292 f. und BRUGMANN, Grundriss 2, 857 f.

[1] Die Reduplication ist eben älter als die Vocalabstufung. — [2] Dem jAw. *z-z* in *zazuštəmō* »der siegreichste« entspricht vielleicht auch der Entstehung nach genau ai. *ǰ-h* in *ǰāhuṣā́m* gegenüber *sāhvā́n;* vgl. § 50 und Studien 2, 40.

II. Tempusbildung mit verstärkter Reduplication.

Vgl. auch BURCHARDI, Die Intensiva des Sanskrit und Awesta I. Diss. Halle 1892; II. BB. 19, 169 ff. (wozu IdgF. 4, Anz. 11 ff.). — Was uns im Iranischen von — verbalen und nominalen — Intensivformen aus dem Praesens- und Perfectsystem (§ 128, 150, 161) überliefert ist, lässt sechs verschiedene Typen der Reduplication erkennen:

1. Die ganze Wurzel ist in Hochstufenform wiederholt; die Wurzel schliesst auf éinen Consonanten: jAw. *čarᵊkərᵊmahī:* ai. *čarkṛdi;* dazu auch das Nomen gAw. *čarᵊkərᵊϑrā;* — jAw. *darᵊdaiṙyāṯ:* ai. *dardirat;* — gAw. *zaozaomī:* ai. *ǰōhavīmi;* — jAw. *γžarᵊγžarəntīš;* — gAw. *ąsašutā*[1].

2. Die Wurzel ist in Hochstufenform wiederholt mit Ausschluss des zweiten der schliessenden Consonanten: jAw. *naēnižaiti:* ai. *nēniktē;* — gAw. *daēdōišt:* ai. *dēdiṣṭē;* — jAw. *saosučyō:* ai. *śōśučānas;* — jAw. *sąsaŋhąm*, zu lat. *cēnseō*.

3. Die Reduplication setzt sich aus dem ersten der beiden anlautenden

Consonanten, dem *a*-Vocal und dem ersten der beiden schliessenden Consonanten der Wurzel zusammen: jAw. *dąδrąxti* (Glosse zu V. 4, 10; statt **dandr°*, § 296, 2; s. übrigens § 24)[2] zu *drəñjayōiš;* vgl. ai. *kanikranti* zu *krándati*.

4. Die Reduplication besteht aus dem Anlautsconsonanten der Wurzel mit *ā* (idg. *ē*). Nur Bildungen dieser Klasse sind mit Sicherheit im Perfect nachweisbar. Vgl. gAw. *dādrē:* ai. *dādāra;* — gAw. *čāxnarᵉ:* ai. *čākandi;* — jAw. *pāfrāiti:* ai. *pāpr-*[3]; — jAw. *jāgərᵊbuštarō:* ai. *jāgrh-*[3]; — jAw. *pāpayamnō* »sich schützend«: ai. *pāpā-*[3]; — gAw. *vāurōimaidī* »wir möchten überzeugen«, aus **uā + ur°* (§ 268, 18); — gAw. *rārəšyeintī* »sie fallen ab« (§ 268, 9). Dazu die Nomina ap. *dādaršiš* EN.: ai. *dādṛṣiṣ;* — jAw. *sāsəvištō* »hülfreichst«; — *pāⁱpiϑwa* »Nahrung«; — *vāvō* »wehend«; — *dādrum* (d. i. *°druvəm*, § 268, 12) »Holz«; — †*čāxšnaoš* EN. (vermutlich zu *čixšnušō*, S. 55).

5. Die Reduplication enthält zwei Wurzelconsonanten mit *ā* (idg. *ē*) dahinter: jAw. *fra-γrāγrāyeⁱti* (wofür wohl *γrāγray°* zu lesen, s. § 151): gr. ἐγρήγορϑε. Daneben findet sich *frāγrārayeⁱti*, das sich dazu etwa verhalten wird, wie lat. *scicidit* zu got. *skaiskaiþ*. Analog erklärt sich jAw. *ni-srārayā̊* und ap. *niy-a-ϑᵃārayam*, die zu jAw. *nisrinaoⁱti* gehören. Vgl. dazu Osthoff, PBrB. 8, 561 f.

6. Die Reduplication zeigt den ersten Wurzelconsonanten mit *ai*; vgl. gr. παιπάλλω, ποιφύσσω bei Brugmann, a. O. 2, 84 f. Nur im jAw. Nomen *čaēčastəm*[4] EN. eines Sees, eig. »weissschimmernd«, vgl. ai. *čaniščadat*. Allenfalls noch in ap. Σεισάμης (Σησάμης) EN[5]., das zu jAw. *pamnanuhantəm* »den heilsamen« zu stellen sein wird.

Zu dem scheinbar triplicirten jAw. *saosīzuyc* (Brunnhofer, KZ. 30, 512; Burchardi, BB. 19, 182) s. IdgF. 4, Anz. 12.

[1] Studien 2, 35. — [2] Geldner, Studien 1, 97. — [3] Bei Grammatikern.
[4] S. 1, 9; 2, 9. *čaēčista°* ist falsche Lesung. — [5] Bei Aeschylos; vgl. dazu Krüger, Die Perser des Aeschylos (Diss. Erlangen 1877) 102.

§ 103. *Augment.*

Die mit den Praeteritalendungen gebildeten Verbalformen, z. B. idg. **bheret* hatten von ursprachlicher Zeit her ausser der praeteritalen Bedeutung auch eine modale (»Injunctiv«)[1]. Zur Hervorhebung der ersteren diente nun das vorgesetzte Augment: idg. **ebheret*, wie anderseits z. B. ein nachgestelltes *u* die Bestimmung hatte, die modale Bedeutung in den Vordergrund zu rücken: idg. **bheretu* »er soll tragen« (»Imperativ«, § 104). Der uriranische Gebrauch des Augments — *a* — stimmte zum vedischen und homerischen. Er war fakultativ. *ā* aus idg. *ē* ist als Augment nicht nachweisbar. Im Übrigen s. § 308.

[1] Ich bemerke, dass ich die awestischen Formen dieser Art im folgenden der Deutlichkeit halber mit dem Praeteritum wiedergebe.

§ 104. *Die Bildung der Modusstämme; der »Imperativ«.*

1. Der Conjunctiv; vgl. Brugmann, Grundriss 2, 1279 ff. Bei consonantisch ausgehenden Tempusstämmen erscheinen im Conjunctiv vor den Personalsuffixen die nämlichen Vocale wie in den Indicativen der thematischen Conjugation; vgl. ap. *ahatiy*, gAw. *aŋhaⁱtī* »er soll sein«: ai. *ásati*, lat *erit;* s. gr. τείσετε, τείσομεν. Andernfalls zeigen die arischen Conjunctive vor den Personalsuffixen ein (langes) *ā* auf, dessen ursprachliche Quelle nicht sicher zu ermitteln ist; vgl. zur thematischen Conjugation: ap. *bavātiy* »er soll sein«, *vaināhy* »du sollst sehen«, jAw. *bavāma* »wir wollen sein«, *yazāⁱte* »er soll verehren«: lat *agās, agēs*, gr. ἄγωμεν, ἄγητε; in der unthematischen sind dann der starke Tempus- und der Conjunctivstamm nicht auseinander zu halten; vgl. ap. *adāʰ* »er setzte« — gAw. *dāhī* »du sollst setzen«: ai. *ádāt, dāti*[1].

Sehr häufig und frühzeitig beginnend ist die Ersetzung des conjunctivischen *a* consonantischer Tempusstämme durch das deutlichere *ā* (der thematischen Conjugation); vgl. jAw. *aŋhāiti* »er soll sein« neben *aŋhaiti*; s. ai. *ásāta* »ihr sollt sein« neben *ásata*; vgl. Brugmann, a. O. 2, 1287 f. und Whitney, Grammar[2] § 615, 650, 687, 701, 815[2].

In den ai. Conjunctiven *dádāsē, dádātē, dádātas* und *dádē* erkenne ich nicht mit Brugmann, a. O. 2, 1296 altertümliche, sondern vielmehr junge Bildungen; vgl. *ásāma: ásatas = dádāma: dádatas*. Aus dem Iranischen kenne ich dafür kein ganz sicheres Beispiel; s. gAw. *daiṇtī, daduyē*, jAw. *dadaite* (Yt. 19, 11); § 122, 126. Die Formen mit Praeteritalendungen lassen sich als thematisch flectirte Injunctive fassen.

[1] Ob nicht doch, gegen Brugmann's Annahme, das *ā* solcher Formen als Contractionsproduct aus dem Stammauslaut und dem Conjunctivvocal *e-o* anzusehen ist? Eine Reihe gleichartiger Erscheinungen der vedischen und awestischen Metrik unterstützen die Annahme, dass das conjunctivische *ā* solcher Stämme den schleifenden, das indicativische den gestossenen Ton hatte; vgl. Bthl., Die Gāϑā's 7 f. Oldenberg, Rigveda 1, 188 f.; Pischel, Ved. Studien 1, 185, 192; Hirt, Idg.F. 1, 5 ff.; Contractionsvocale aber wurden ursprünglich alle zweifellos schleifend betont; s. § 95, 3. — [2] Die alte Bedeutungsverschiedenheit zwischen ar. **bʰárati* »er trägt« und **bʰárāti* »er soll tragen« konnte den ursprünglichen Conjunctiven mit *a* aus consonantischen Tempusstämmen leicht die Bedeutung des Indicativs zuführen, im Gegensatz zu den neuaufgenommenen Formen mit *ā*. Vgl. j.Aw. *ǰanaiti*, up. *ǰanaḍ* »er schlägt«, jAw. *ǰanaṭ* »er schlug« gegenüber jAw. *ǰanāiti, ǰanāṭ* »er soll schl.«; s. aber ved. *jánati* »er soll schlagen«, *jánas* »du sollst schl.«; vgl. übrigens oben § 101, 3. Auf der andern Seite fungiren im jüngern Awesta Formen mit *ā* auch als Indicative, z. B. †*parāŋhāṭ* V. 9, 11 (Pt 4) »er warf um«, *avōirisyāṭ* Yt. 5, 62 »er kam herab«; ferner *paitijasāṭ* V. 2, 21 (an 2. Stelle), *avazāite* Y. 57, 31, *barāiti* Yt. 10, 37, *vazānti* Yt. 10, 125 u. a. m. Den Anlass zu diesem Gebrauch bildete jedenfalls die Bedeutungsgleichheit von *ǰanaiti, ǰanaṭ* mit *ǰanāiti, ǰanāṭ* zusammen mit der Doppelbedeutung von *ǰanaiti, ǰanaṭ*.

2. Das indogermanische Optativsuffix bewegte sich in dem Ablaut *i̯ē* (*ii̯ē*; vgl. § 83, 4; 95, 4) — *ī*. Die Optativstämme der thematischen Conjugation enden im Arischen auf *ai-*, gegenüber griechischem *οι-*; s. jAw. *barōiš, baraēta*: ai. *bárēš, bárēta*: gr. φέροις, φέροιτο. In der unthematischen schliessen sie auf *i̯á-* (*ii̯á-*) und *ī-*; davor steht die schwache Form des Tempusstammes; s. jAw. *daiϑyāṭ, daiϑīta*: ai. *dadyā́t, dadītá*; ap. *čaxriyāh*: ai. *čakriyā́s*. Die erstere Suffixgestalt (*i̯á, ii̯á*) kam ursprünglich nur den Singularformen des Activs zu, hat aber schon im Arischen ihr Gebiet erheblich erweitert; s. § 172.

3. Unter dem Titel »Imperativ« ist man gewohnt, eine Reihe von Formen vereinigt zu sehen, die ihrer Herkunft nach sehr verschiedenartig sind; s. Brugmann, Grundriss 2, 1315. Ich stelle unter Imperativ im Folgenden nur die eigentlichen Imperativformen ein, sowie diejenigen Formen des Injunctivs (§ 103), welche sich äusserlich — durch eine festgewachsene Partikel — von den augmentlosen Praeteritalformen abheben.

II Aa. DIE PERSONALSUFFIXE.

Vgl. im Allgemeinen: Brugmann, Grundriss 2, 1330 ff., 1316 ff.; fürs Iranische Bthl., Handbuch 113 ff., Jackson, Grammar 129 ff.

§ 105. *Übersicht.*

Die Personalsuffixe sind verschieden: 1. für die drei Personen in den drei Numeri, 2. für die beiden Genera, 3. für Praesenspraesens (»Ind. Praes.«), Praeteritum und Imperativ; teilweise: 4. für Perfectpraesens (»Ind. Perf.«), Conjunctiv und Optativ, 5. für die thematische und nichtthematische Conjugation.

Das Perfectpraesens hat, wo es nicht besondre Endungen verwendet, entweder die Endungen des Praesenspraesens oder die des Praeteritums. Im Conjunctiv erscheinen im gleichen Fall beide Endungen neben einander, doch überwiegen die erstern; vgl. KZ. 29, 275 ff. Der Optativ hat nur die letztern. Wegen des Imperativs s. § 108, 3.

Eine besondere Klasse von Personalsuffixen bilden die mit *r-* für die 3. Plur. beider Genera, welche ich besonders behandeln werde, s. § 121. Sie begegnen uns fast in sämmtlichen Tempora und Modi.

Zu 1. sei bemerkt, dass iranische Dualformen des Verbums nur im Awesta sicher nachzuweisen sind; s. § 110, 2 No.

§ 106. 1 *Sing. Act.*

1. Praesenspraesens.

Den unthematischen Praesentien eignet von Alters her *-mi.* Vgl. jAw. *ahmi,* ap. *amiy* (§ 285), np. *am* »ich bin«: ai. *ásmi,* gr. *εἰμί;* — jAw. *daδąmi,* np. *diham* »ich gebe«: ai. *dádāmi,* gr. *δίδωμι.*

Im Gegensatz dazu endeten die thematischen Formen in der Ursprache auf *-ō*[1], also arisch auf *-ā.* Dem entspricht iran. *-a* (§ 92): gAw. *spasyā* »ich betrachte«: lat. *speciō;* — gAw. *fravaxšyā* »ich werde verkündigen«: lit *suk]siù.* Bereits im Arischen dürfte, unter dem Einfluss der nichtthematischen Conjugation, die Ersetzung durch *-āmi* begonnen haben, welche im Iranischen überall, ausser im Hymnendialekt des Awesta, zur Regel geworden ist, ebenso wie im Indischen; vgl. ap. *dārayāmiy* »ich besitze«, jAw. *barāmi,* np. *baram* »ich trage«: ai. *bárāmi* gegenüber gr. *φέρω.* Vgl. KZ. 29, 271 ff.; Brugmann, a. O. 2, 1336.

[1] Ich sehe darin, trotz der gestossenen Betonung des lit. *sukù* »ich drehe mich« ein Contractionsproduct aus dem thematischen Vocal *o* und einem Personalsuffix a^x, entgegen Hirt, IdgF. 1, 4 ff., 222 f. und anderen. Der gestossene Ton kann doch gar wohl an die Stelle des schleifenden, wie er dem Contractionsvocal principiell zukommt, nach Analogie der übrigen Personen getreten sein. Derartige Ausgleichungen der Accentqualitäten kommen auch sonst vor und sind nicht anders zu beurteilen als Lautausgleichungen; vgl. § 222, 240.

2. Praeteritum.

Idg. *-m,* nach Consonanten *-m̥* mit der Satzdoublette *-m̥m* (§ 84, 3). Im Arischen *-m,* bzw. *-am,* das *-a* aus *-m̥* mit Unterstützung seitens der thematischen Conjugation ganz verdrängt hat; s. § 213. Vgl. jAw. *abarəm,* ap. *abaram* »ich trug«: ai. *ábaram,* gr. *ἔφερον;* — — ap. *āham* »ich war«: ai. *ásam* gegenüber gr. *ἦα.*

Optativ: jAw. *daiδyąm* »ich schüfe«: ai. *dadyā́m.*

3. Perfectpraesens.

Idg. *-a:* jAw. *dādarᵊsa* »ich habe gesehen«: ai. *dadárśa,* gr. *δέδορκα.* S. noch § 108, 3.

4. Conjunctiv.

Im Arischen erscheinen zwei Ausgänge: *-ā* und *-āni.* Vgl. jAw. *barāni* »ich will tragen«, bal. *barān* (oder Medium, § 114, 4): ai. *bárāṇi;* — — jAw. *mrava, mravāni* »ich will verkünden«: ai. *brávā, brávāṇi* (§ 63); — gAw. *aŋhā* »ich will sein«: gr. *ἔω.* Vgl. jetzt Per Persson, IdgF. 2, 255 ff.[1]

[1] Der Conjunctivausgang ar. *-āni* (für **-āna* aus idg. *-ō + ne* nach der 2., 3. Sing.) verhält sich zu got. *-au* in *bairau* (aus idg. *-ō + u;* vgl. Osthoff, MU. 4, 256 f.; Bthl., AF. 2, 64; doch s. Bojunga, IdgF. 2, 186 f.) und zu gr. *-ω* (aus idg. *-ō*) meines Erachtens nicht anders als in der 2. Plur. Act. des Injunctiv-Imperativs ai. *-tana* in *aviṣṭána, ētana* (aus idg. *-te + ne*) zu ai. *-tō* in *áviṣṭō, ḗtō* (aus idg. *-te + u*) und zu ai. *-ta* in *aviṣṭá, ḗta* (aus idg. *-te*); s. noch § 106, 4 und 109, 3. Das idg. *-ō* stellt die Vereinigung des Conjunctivstammauslauts mit dem Personalsuffix ($\cdot a^x$; s. 1 No.) dar.

§ 107. 2. *Sing. Act.*

1. Praesenspraesens.

Idg. *-si;* vgl. § 37 ff. jAw. *pərᵊsahi,* np. *pursī,* bal. *purs'ē* »du fragst«: ai. *pṛččási;* — — jAw. *ahi,* ap. *ahy* (§ 270), np. *ī* »du bist«: ai. *ási,* gr. εἶ (§ 51, 1); — jAw. *vaši* »du willst«: ai. *vákši* (§ 34).

Conjunctiv: jAw. *ǰvāhi,* ap. *ǰīvāhy* »du sollst leben«: ai. *ǰívāsi;* — — gAw. *dāhī* »du sollst geben«.

2. Praeteritum.

Idg. *-s;* vgl. § 85, 2; 93, 2. jAw. *vaočō* »du sagtest«, gAw. *vaočas-čā:* ai. *ávōčas,* gr. ἔειπες; — ap. *gaudayaʰ* »du verbargst«; — — gAw. *dadå* »du setztest«: ai. *ádadās,* gr. ἐτίθης; — gAw. *čōiš* »du versprachst« (§ 84, 2); — gAw. *minaš* »du vereinigtest« (aus ar. *°ančš;* § 34; 129); — gAw. *są̊s* »du bereitetest« (§ 94, 2).

Conjunctiv: jAw. *aŋhō* »du sollst sein«: ai. *ásas,* lat. *eris;* — — jAw. *payå* »du sollst schützen«; s. ai. *ǰáyās.*

Optativ: jAw. *ǰamyå* »du mögest kommen«: ai. *gamyás;* — — jAw. *barōiš* »du mögest tragen«: ai. *bárēš,* gr. φέροις.

3. Perfectpraesens.

Idg. *-ta;* vgl. § 3, 1. gAw. *dadāθā* »du hast gegeben«: ai. *dadáta;* — gAw. *vōistā* »du weisst«: ai. *vétta,* gr. οἶσθα; — jAw. *vavaxδa* »du hast gesagt« (§ 280): ai. *uváktha.*

4. Imperativ.

Die thematischen Stämme gingen auf *-e* = ar. *-a* aus. jAw. *bara* »trage«, np. *bar:* ai. *bára,* gr. φέρε[1]; — ap. *parsā* »strafe«: ai. *pṛččá.* — In der unthematischen Conjugation ist das Suffix *-dī* heimisch: gAw. *idī,* ap. *idiy* »geh«: ai. *ihi,* gr. ἴθι; — jAw. *kərᵊnūiδi* »mach«: ai. *kṛṇuhi*[2].

Bemerkenswert ist gAw. *baranā* »trage« neben *bara;* vgl. ai. *kártana* »machet« neben *kárta;* Bthl., Studien 2, 123 ff.; Per Persson, IdgF. 2, 255 ff. und § 106, 4 No.

Imperativformen auf *-tōd* = ar. *-tād* (ai. *vittād, rákšatād* u. s. w.) sind im Iranischen nicht nachweisbar, auch nicht für die 3. Sing.

[1] Ist idg. **bʰere* suffixlos oder in *bʰer-* (Aoriststamm) + *e* zu teilen? Und was ist in letzterm Fall das angetretene *e*? — [2] Brugmann, a. O. 2, 1316, 1321 nimmt die ai. Formen wie *kṛṇú* für älter denn die wie *kṛṇuhí.* Dem steht aber das verhältnismässig seltene Auftreten der *nu*-Imperative im RV. (Whitney, Grammar² § 704) und ihr gänzliches Fehlen im Awesta entgegen. Ich sehe vielmehr in *kṛṇú* (AV.) eine Neubildung; *váhata: váha* = *kṛṇutá: kṛṇú.* gAw. *pərᵊnā* »fülle« (§ 169) ist thematisch gebildet und kann nicht etwa mit gr. κρῆμνη verglichen werden.

§ 108. 3. *Sing. Act.*

1. Praesenspraesens.

Idg. *-ti:* jAw. *baraⁱti* »er trägt«, *tərᵊsaⁱti,* ap. *tarsatiy,* np. *tarsad*[1] »er fürchtet«: ai. *bárati,* got. *bairiþ;* — — jAw. *asti* »er ist«, ap. *astiy,* np. *ast:* ai. *ásti,* gr. ἐστί.

Conjunctiv: jAw. *ǰasāⁱti* »er soll kommen«, ap. *bavātiy,* np. *buvād*[1] »er soll sein«: ai. *bárāti;* — — gAw. *aŋhaⁱtī,* ap. *ahatiy* »er soll sein«: ai. *ásati,* lat. *erit.*

[1] Das np. *-d* vertritt ausser dem ar. *-ti* auch *-tu* (§ 108, 4), *-tai* (§ 116, 1), *-ta* (§ 116, 2) und *-tām* (§ 116, 4). Entsprechendes gilt von den meisten übrigen neuiranischen Dialekten. S. auch § 111, 1 No. 2.

2. Praeteritum.

Idg. *-t;* vgl. § 85, 93, 94. Vgl. jAw. *barat̰,* ap. *abaraʰ* »er brachte«: ai. *ábarat;* — — jAw. *kərᵊnaot̰* »er machte«: ai. *ákṛṇōt;* — ap. *aǰaⁿ* »er tötete«:

ai. *áhan;* — jAw. *ās* »er war«: ai. *ás;* — gAw. *čōrᵊt̰, mōist, čōišt, dārᵊšt, vaxšt* u. s. w.

Conjunctiv: gAw. *aŋhat̰* er soll sein: ai. *ásat;* — — jAw. *barāt̰* »er soll tragen«: ai. *bʰárāt.*

Optativ: jAw. *jamyāt̰*, ap. *jamiyāʰ* »er möge kommen«: ai. *gamyát;* — — jAw. *barōit̰* »er möge tragen«: ai. *bʰárēt.*

3. Perfectpraesens.

Idg. *-e:* gAw. *vaēdā*, jAw. *vaēδa* »er weiss«: ai. *véda*, gr. οἶδε; — jAw. *daδa* »er hat gesetzt« gegenüber ai. *dadʰáu;* vgl. aber *paprā.* Der Ausgang *-āu* ist im Iranischen weder für die 3. noch für die 1. Sg. nachzuweisen[1]; vgl. dazu oben § 84, 4.

[1] jAw. *daδō* ist Part. Praes.; vgl. ZDMG. 48, 153.

4. Imperativ.

Ar. *-tu*, d. i. *-t + u.* Vgl. jAw. *baratu*, ap. *baratuv* »er soll bringen«: ai. *bʰáratu;* — — jAw. *jantu* »er soll töten«: ai. *hántu;* — jAw. *astu* »er soll sein«: ai. *ástu.*

Bildungen, die dem gr. ἔστω entsprächen, fehlen; s. § 107, 4.

§ 109. 1. *Plur. Act.*

1. Praesenspraesens.

Sicher nachweislich ist nur ar. *-masi* = ir. *-mahi;* s. jAw. *barāmahi* »wir tragen«: ai. *bʰárāmasi;* — ap. *ϑahyāmahy* »wir heissen«; — — jAw. *mahi*, ap. *amahy* »wir sind« (§ 87, 285): ai. *smási.* Dass das np. *-m* in *barīm* »wir tragen« auf ar. *-mas* = ai. *-mas* zurückgeht, ist an sich möglich, aber nicht eben wahrscheinlich; s. 2. Wenn das ap. *vⁱiyᵃtᵃrᵃyᵃmᵃ* Bh. 1, 88 richtig überliefert ist, so hat man *viyatarayāmaʰ* zu lesen; es wäre dann episch ind. *apašyāmas* zu vergleichen (s. Holtzmann, Grammatisches 19), Praeteritum mit dem Praesensausgang.

2. Praeteritum.

Ar. *-ma:* gAw. *avaočāmā* »wir nannten«: ai. *ávōčāma;* — — ap. *akumā* (*u* aus ar. *ṛ*, § 290) »wir machten«: ai. *ákarma.*

Perfectpraesens: jAw. *susruma* »wir haben gehört«: ai. *šušrumá.*

Conjunctiv: jAw. *janāma* »wir wollen töten«: ai. *hánāma.*

Optativ: gAw. *jamyāmā* »wir möchten kommen«: ai. *gamyáma;* — — jAw. *jasaēma* dss.: ai. *gáčēma*[1].

Neben *-ma* wird auch *-ama* (mit *am* aus idg. *m̥m;* § 83, 4; 95, 4 und 117, 1) existirt haben; = got. *-um.* Aber die KZ. 29, 273 f. gegebenen awestischen Beispiele für ar. *-ama* lassen auch eine andere Erklärung zu. Vgl. unten § 172.

[1] Np. *barīm* »wir tragen« gibt ir. **baraima:* ai. *bʰárēma*, Optativ, wieder; s. Haug, Essay on Pahlavi 110; KL. 1, 28 und die 2. Plur. Act.; vgl. aber noch § 132.

§ 110. 2. *Plur. Act.*

1. Praesenspraesens.

Ar. *-tʰa;* vgl. § 3, 1: gAw. *xšayaϑā* »ihr herrscht«: ai. *kšáyatʰa;* — oss. *farsiatʰ* »ihr fragt«[1]: ai. *pṛčʰátʰa;* — — gAw. *stā* »ihr seid«: ai. *stʰá.*

Conjunctiv: gAw. *azāϑā* »ihr sollt treiben«: ai. *ájātʰa.*

[1] S. Hübschmann, Oss. Sprache 96. Das np. *d* in *pursīd* geht auf ir. *-ta;* s. Praeteritum. Das bal. *t* oder *ϑ* der 2. Plur. kann ir. *-ϑa* und *-ta* vertreten.

2. Praeteritum.

Idg. *-te* = ar. *-ta:* jAw. *jasata* »ihr kamt«: ai. *gáčata;* — — gAw. *sraotā* »ihr hörtet«: ai. *šrōta;* — ap. *jatā* »tötet«: ai. *hatá.*

Optativ: gAw. *hyātā* »ihr möget sein«: ai. *syáta*[1].

[1] Hierher np. *pursīd* »ihr fragt«, »fragt«, aus ir. **pr̥saita:* ai. *pr̥ččhēta*, Optativ; vgl. die 1. Pl. Act.; s. aber auch § 132 und 145. Das Suffix der 2. Du. *-tam* (§ 113, 2) konnte ebenfalls nur *-d* ergeben.

3. Imperativ.

Neben *-ta* (Injunktiv, 2) hat das Indische *-tana* und *-tō;* vgl. § 106, 4. Das arische *-tana* fehlt im Iranischen, dagegen ist ar. *-tau* einmal vertreten, in gAw. *čagᵊdō* »gewähret«, d. i. ar. **čagdau,* mit *gd* aus *ǵ* + *t;* vgl. § 52 f. und BB. 13, 82 f.; IdgF. 5, 218.

4. Perfectpraesens.

Ar. *-a*, vgl. ai. *čakrá*. Einmal bezeugt durch jAw. *haŋhāna* »ihr habt verdient«.

§ 111. 3. *Plur. Act.*

S. noch § 121.

Die hier und in § 119 zur Sprache kommenden Suffixe der 3. Plur. bewegen sich sämtlich in dem Ablaut *ent°: nt°*, bzw. *n̥t°;* vgl. Streitberg, IdgF. 1, 82 ff., 88 ff. (s. auch § 228). Dabei ist zu beachten, dass in ursprachlicher Zeit *nt°* (mit consonantischem *n*) auf die Stellung nach *a*-Vocal beschränkt ist. 3. Plur. mit *int°*, *unt°* sind nicht indogermanisch. Gr. ἔφυν, lat. *sint* sind einzelsprachliche Neubildungen, während jAw. *in, un* in der 3. Plur. als graphische Vertreter für *i̯an, u̯an* stehen, z. B. *ᶦriϑinti, fyaŋhuntaē*[*ča* (s. § 268, 21 f.), sofern nicht *in* nach § 298, 4 für ar. *an* steht.

1. Praesenspraesens; s. § 119, 1.

Ar. *-ánti* (aus idg. *-énti*), *-ati* (aus idg. *-n̥ti*) und *-nti* (nur nach *ă*).

a. Ar. *-ánti:* jAw. *hənti*, ap. *haⁿtiy*, np. *and*, bal. *ant* »sie sind«: ai. *sánti*, gr. ἐντί, got. *sind;* — jAw. *vərᵊnvaᶦnti* »sie beschützen«: ai. *vr̥ṇvánti*.

b. Ar. *-ati:* gAw. *dadaᶦtī*[1] »sie setzen«: ai. *dádʰati;* — jAw. *šyeᶦti* (d. i. ar. **xši̯ati*, § 167, 2)[1] »sie wohnen«.

c. Ar. *-nti:* jAw. *baxšənti* »sie schenken«, ap. *baraⁿtiy*, np. *barand*[2] »sie tragen«: ai. *bʰáranti*, gr. φέροντι; — jAw. *vānti* »sie wehen«: ai. *vánti*.

Conjunctiv: gAw. *varᵊšəntī* »sie sollen thun« (*s*-Aorist, § 156); s. ai. *gámanti*[3]; — — jAw. *jasānti* »sie sollen kommen«: gr. φέρωντι; gegenüber ai. *gáččʰān*, mit dem Praeteritalsuffix, s. 2.

[1] Vgl. ZDMG. 38, 117; 46, 300 f.; ferner § 119, 2 No. — [2] Im np. *-and* ist ar. *-anti*, *-antu* (§ 111, 3), *-antai* (§ 119, 1), *-anta* (§ 119, 2) und *-antām* (§ 119, 3) zusammengefallen. So auch in den meisten andern modernen Dialekten. S. noch § 108, 1 No. — [3] ZDMG. 46, 291.

2. Praeteritum; s. § 119, 2.

Ar. *-an* (aus idg. *-ént*, bzw. *-ènt*, mit Nebenton), *-at* (aus idg. *-n̥t*) und *-n* (aus idg. *-nt*). Vgl. dazu § 85, 1.

a. Ar. *-an:* jAw. *hən* »sie waren«: ai. *sán;* — gAw. *gᵊmən* »sie kamen«: ai. *gmán*.

Optativ: jAw. *barayən* »sie möchten tragen«; aus idg. **bʰéroi̯ent:* gr. φέροιεν, gegenüber ai. *bʰáréyur*, mit *r*-Suffix (§ 121).

b. Ar. *-at:* gAw. *dadaṯ* »sie setzten«: as. *dedun* »sie thaten«; — gAw. *zazaṯ*, *daᶦdyaṯ*, *jīgərᵊzaṯ*, *ᵘrvāxšaṯ*[1]. Im Indischen ist *-at* aufgegeben und durch *-ur* (§ 121) ersetzt: *dadʰúr, jahúr, dīdʰyúr*[1].

[1] Vgl. Bthl., KZ. 29, 280 ff., 291, unten § 170 und Brugmann, Grundriss 2, 1360 ff.

c. Ar. *-n:* jAw. *barən*, ap. *abaraⁿ* »sie trugen«: ai. *ábʰaran*, gr. ἔφερον.

Conjunctiv: jAw. *barąn* »sie sollen tragen«: ai. *bʰárān*.

Optativ: jAw. *hyąn* »sie möchten sein« gegenüber ai. *syúr*, s. a.

3. Imperativ; s. § 119, 3.

Ar. *-antu, -atu* und *-ntu;* vgl. § 108, 4; 111, 2.

a. Ar. *-antu:* gAw. *həntū* »sie sollen sein«: ai. *sántu;* — jAw. *āfrīnantu* »sie sollen segnen«: ai. *prīṇántu*.

b. Ar. *-atu* (vgl. ai. *dádātu* »sie sollen setzen«) kann ich im Iranischen nicht nachweisen. S. aber gAw. *dadātū* Y. 53, 8, das 3. Plur. »sie sollen machen« zu sein scheint; vgl. KZ. 29, 282 und unten § 119, 2 No.

c. Ar. *-ntu:* jAw. *barəntu* »sie sollen tragen«: ai. *bárantu.*

§ 112. 1. *Du. Act.*

1. Praesenspraesens.

Uriranisches Suffix ist *-u̯ahi* aus ar. *-u̯asi*, belegt durch gAw. *usvahī* »wir beide wünschen«. Das Indische hat nur *-vas: uśvás;* s. aber 1. Plur., § 108, 1.

2. Praeteritum.

Ar. *-u̯a;* im Iranischen belegt durch *ǰvāva* (für **ǰīv°*, § 268, 17) »wir beide lebten«: ai. *jīvāva.* Wahrscheinlich entspricht auch afγ. *vuzū* »wir fliegen« einem urir. **u̯azāu̯a* = ai. *váhāva;* für **u̯azāma* (Geiger, ABayrAW. 20. 1, 119) erwartete ich **vuzūm*, cf. *nūm* = ai. *nā́ma.*

§ 113. 2. *und* 3. *Du. Act.*

1. Praesenspraesens.

Die arischen (und indischen) Suffixe sind *-tas* für die 2., *-tas* für die 3. Person. Bei unthematischen Stämmen fielen die 2. und 3. Du. nach § 3, 1 und 4 öfters zusammen; so ist insbesondere ir. **stō* (= jAw. *stō*) lautgesetzlich gleich ai. *sṭás* und *stás*, 2. und 3. Du. zu *ásmi.* Das mag schon im Uriranischen der Anlass gewesen sein, die Formen überall promiscue zu gebrauchen. Und vom Praes. Act. aus hat sich diese Vermengung der Formen auf alle übrigen 2. und 3. Du. übertragen[1]; s. das Folgende und § 120. Die nachweisbaren Formen — im Awesta, s. § 105 — sind sämmtlich 3. Pers. Vgl. jAw. *stō* »beide sind«: ai. *stás;* — — jAw. *baratō . . . yūiδyaϑō* (Yt. 8, 22) »beide tragen . . . kämpfen«: ai. *bháratas, yúdhyatas.*

Conjunctiv: jAw. *ǰasātō* »sie sollen kommen«: ai. *váhātas.*

[1] Über einen ähnlich gelagerten Fall im Altindischen s. J. Schmidt, KZ. 25, 118 f.; Bthl., KZ. 29, 575.

2. Praeteritum.

Ar. *-tam* für 2., *-tām* für 3. Person. Belegt ist nur das erstere Suffix: jAw. *ǰasatəm* »die beiden kamen«: ai. *gácchatam* (2. Du.); — — jAw. *āitəm* (in *avāitəm*) »die beiden gingen«: ai. *áitam* (2. Du.).

Optativ: jAw. *å̄ŋhāt̰.təm* (statt *å̄ŋhātəm;* § 268, 49) »die beiden möchten sein«; s. ai. *syā́tam* (2. Du.); s. IdgF. 3, 19.

3. Perfectpraesens.

Aw. *-atar* und, nach dem Medium (§ 120; KZ. 29, 288) *-ātar* gegenüber *-atur* im Indischen; wegen des Ausgangs s. § 121 No. Vgl. jAw. *yaētatar³* »die beiden haben sich bemüht«: ai. *yētátur;* — jAw. *vaočātar³*, *vāvərᵊzātar³* »die beiden haben gesagt, gethan«

§ 114. 1. *Sing. Med.*

1. Praesenspraesens.

Sie endeten im Arischen sämmtlich auf *-ai*, während für die Conjunctive *-āi* galt[1]. Auch für die thematischen Indicative wäre *-āi* zu erwarten, d. i. idg. *-ōi* aus *-o* + *-ai*. Aber hier wurde *-āi* schon im Arischen durch *-ai*, den Ausgang der consonantischen Stämme verdrängt; s. Bthl., KZ. 27, 211; Brugmann, a. O. 2, 1875. Vgl. gAw. *mruyē* (d. i. **mruvē*, ar. **mruvai*, § 268, 19) »ich spreche«: ai. *bruvḗ;* — — jAw. *baⁱre* »ich bringe«: ai. *bháre.*

Conjunctiv: jAw. *yazāi* »ich will verehren«: ai. *yájāi;* — — gAw. *mə̄nghāi* »ich will denken« (*s*-Aorist, § 156): ai. *má̜sāi.*

Perfect: jAw. *susruye* (d. i. *°uve*, § 268, 19) »ich habe gehört«: ai *śuśruvḗ;* lat. *dedī.*

[1] Solche auf *-ai* gibt es nicht; s. Bthl., IdgF. 2, 280. gAw. *pånhē* Y. 28, 11 ist wie 49, 10 2. Sing.

2. Praeteritum.

Arisches Suffix ist *-i*, der Ausgang der thematischen Stämme also *-ai*. Vgl. gAw. *mə̄nghī* »ich dachte« (*s*-Aorist, § 156): ai. *mąsi;* — — jAw. *apər'se* »ich unterredete mich«: ai. *ápr̥cʻē.*

3. Optativ.

Arisch *-a*[1]: gAw. *vāurayā* »ich möchte überzeugen« (§ 128): ai. *sáčēya;* — — gAw. *ā dyā* »ich möchte bekommen«: ai. *á dīya;* — jAw. *tanuya* »ich möchte strecken« (§ 268, 13): ai. *tanvīyá.* S. im Übrigen § 165 No.

[1] Vgl. Bthl., AF. 2, 65 f.; Geldner, KZ. 28, 206 f.

4. Conjunctiv.

Den unter 1 behandelten arischen Formen auf *-āi* stellte das Iranische solche auf *-ānai* zur Seite, die sich denen auf *-āni* im Activ beigesellten; *-āti: -ātai* (3. Sg.) = *-āni: -ānai.* Vgl. jAw. *yazāne* »ich will verehren«, Phlv. *yazānē* (?) neben jAw. *yazāi.* S. auch § 106, 4 zu bal. *barān.*

§ 115. 2. *Sing. Med.*

1. Praesenspraesens.

Idg. *-sai.* Im Iranischen bei nichtthematischen Stämmen unerweislich[1]. Vgl. jAw. *raoδahe*[2] »du wächst«: ai. *rṓhasē,* gr. φέρεαι; — jAw. *vašanəhe*[2] »du sagst«.

Conjunctiv: jAw. *pər'sānəhe* »du sollst verabreden«; s. ai. *várdhāsē.*

[1] Wegen jAw. *raose* s. § 258, 1. — [2] Zu *h-nh* s. § 286 No.

2. Praeteritum.

Zwei ursprachliche Suffixe, die sich ursprünglich auf die beiden Conjugationsklassen verteilt haben mögen: *-so* und *-tʻēs.* Das Indische hat nur *-tʻās,* im Iranischen ist nur *-sa* sicher belegbar. Vgl. § 37 ff. jAw. *zayanəha* »du wurdest geboren«: gr. ἐφέρσο gegenüber ai. *ájāyatʻās;* — — gAw. *aoγžā* »du sagtest«, aus ar. **augža* (§ 53 I, 4). Das arische *-tʻās* ist uns vielleicht in ap. *dauštā* Bh. 4, 69 erhalten[1].

Conjunctiv: gAw. *dånhā* »du sollst geben«.

Optativ: jAw. *yazaēša* »du möchtest verehren«: gr. φέροιο gegenüber ai. *yáǰētʻās.*

[1] S. Bthl., AF. 2, 221. Aber die Lesung ist nicht sicher.

3. Imperativ.

Arisches Suffix ist *-sųa;* vgl. § 37 ff. Vgl. jAw. *baranuha* »bringe« (§ 268, 27): ai. *bʻárasva;* — gAw. *gūšahvā* »höre«; — ap. *payaʰuvā* »hüte dich«; — — gAw. *dasvā* »gib«: ai. *datsvá;* — gAw. *kər'švā* »mache«: ai. *kr̥ṣvá.*

§ 116. 3. *Sing. Med.*

1. Praesenspraesens; s. auch 3.

Idg. Suffix ist *-tai:* jAw. *saēte* »er liegt«, PDw. *ni*]*sīt*[1]*:* ai. *śḗtē,* gr. κεῖται; — gAw. *dazdē* »er nimmt sich vor«, d. i. ar. **dadʻai* mit *δd* aus *dʻ + t* (vgl. § 52 f.): ai. *dattʻē;* — — jAw. *yazaⁱte* »er ehrt«: ai. *yáǰatē,* gr. φέρεται; — ap. *vainataiy,* jAw. *vaēnaⁱte* »er scheint«.

Conjunctiv: jAw. *yazāⁱte* »er soll ehren«: ai. *yáǰātē*[2].

[1] S. oben § 108, 1 No. — [2] Daneben ai. *yáǰātāi.* Die aind. Conjunctivendungen mit *-āi* gegenüber den indicativischen mit *-ē* (*-ai*) beruhen auf speciell indischer Übertragung aus der 1. Sing. (*yáǰāi*). S. Bthl., KZ. 27, 210 ff.

2. Praeteritum.

Idg. Suffix ist *-to:* jAw. *yazata* »er verehrte«, ap. *apatatā* »er fiel«: ai. *áyaǰata,* gr. ἐπέτετο; — ap. *agmatā* »er kam«, np. *āmad* (s. § 122)[1]; — — ap. *akutā* »er machte sich« (§ 290): ai. *ákr̥ta;* — gAw. *aogʻdā* »er sagte«, d. i. ar. **augʻda* (§ 53 I, 3).

Optativ: jAw. *baraēta* »er möchte tragen«: ai. *bárēta*, gr. φέροιτο; — — gAw. *daidītā* »er möge setzen«: ai. *dadhītá*.

Conjunctiv: gAw. *mainyātā* »er soll meinen«. Einziges Beispiel.

Eine zweite nur im Arischen vorkömmliche Suffixform ist *-i*; vgl. die 1. Sing. (§ 114, 2) und Brugmann, Grundriss 2, 1273, 1380. Vgl. gAw. *avāčī* »er wurde genannt«: ai. *ávāči*; — ap. *adāriy* »er wurde gehalten«: ai. *ádāri*; — jAw. *ərənāvi* »es wurde verdient«. S. unten § 154.

[1] S. § 111, 1 No. Vgl. im übrigen zu der hier angeschnittenen Frage nach den Quellen des neupersischen Praeteritums IF. 4, 125 ff.

3. Perfectpraesens.

Ar. Suffix *-ai*[1]; die 1. und 3. Person fallen durchweg zusammen: jAw. *daiδe* »er hat gesetzt«: ai. *dadhḗ*; — jAw. *vaoče* »er ist genannt«: ai. *ūčḗ*.

[1] Gegenüber griech. -ται, das nach gewöhnlicher Annahme aus dem Praesens eingedrungen sein soll; doch s. Bthl., Studien 2, 193 f., IdgF. 3, 30 f.

Der Zusammenfall der 1. und 3. Sing. Med. im Perfect und die Gleichheit der Ausgänge für die 1. Sing. Med. im Praesens und Perfect hat schon im Arischen zur Folge gehabt, dass auch im Praesens[1] *ai*-Formen in 3. Sing. an Stelle der *tai*-Formen gebraucht wurden. Vgl. 4. So: jAw. *mruye* (d. i. **mruve*, § 268, 19) »es wird gesprochen«: ai. *bruvḗ*; — jAw. *niγne* »er schlägt nieder« gegenüber ai. *nihatē*.

[1] Und zwar mit wenigen unsicheren Ausnahmen (Delbrück, Verbum 70; Whitney, Grammar[2] § 737; Ludwig, Rigveda 6, 210) im unthematischen, weil hier die 1. Sing. Med. auch in der Betonung zur entsprechenden Perfectform stimmte.

4. Imperativ.

Ar. Suffix *-tām*. Vgl. jAw. †*vərəzyatąm* »es soll gewirkt werden«[1]; — ap. *varnavatām* »er soll überzeugen«[2]; — — gAw. *dyātąm* »er soll gebunden werden« (§ 142). S. ai. *yajatām*.

Daneben schon im Arischen *-ām*, hervorgerufen durch das Nebeneinander von *-tai* und *-ai* im Praesens, s. 3[3]. gAw. *ūčąm* »es soll gesagt werden«; — gAw. *vī]dąm* »es soll vollstreckt werden«; s. ai. *duhā́m*.

[1] Vp. 15, 1; vgl. Jackson, Grammar 144; Geldner, KZ. 31, 531 (geg. Neuausg.). — [2] S. unten § 131; KZ. 29, 563. — [3] S. Bthl., KZ. 28, 31; Geldner, KZ. 30, 533, BB. 15, 261.

§ 117. 1. *Plur. Med.*

1. Praesenspraesens.

Ar. Suffix *-madhai*: jAw. *yazāmaide* »wir verehren«: ai. *yájāmahē*; — jAw. *mainyāmaide* »wir denken«: ai. *mányāmahē*; — — jAw. *mrūmaide* »wir sprechen«: ai. *brūmáhē*.

Daneben *-amadai* aus idg. *-m̥m°* in gAw. *hisčamaidē* »wir thun uns zusammen mit —« (§ 126); s. oben § 109, 2.

Conjunctiv: jAw. *činaϑāmaide* »wir wollen lehren« (§ 129), s. ai. *yāčiṣāmahē*. Wegen ai. *yajāmahāi* s. § 116, 1 No.

2. Praeteritum.

Ar. Suffix *-madhi*, welches, wenn gleich gr. -μεϑα, auf idg. *-medhə* beruht. Vgl. gAw. *amə̄hmaidī* (d. i. **amasm°*, *s*-Aorist) »wir erkannten«: ai. *ágasmahi*; § 156.

Optativ: *vāurōimaidī* »wir möchten überzeugen« (§ 128); s. ai. *sáčēmahi*.

§ 118. 2. *Plur. Med.*

1. Praesenspraesens.

Ar. Suffix *-dhuai*. Vgl. gAw. †*dīdrayžō.duyē* »ihr wollt euch sichern« (§ 136); — *daduyē* »ihr erwerbt euch« (§ 122); — — *mərəngəduyē* »ihr zerstört« (§ 129). Zur Schreibung *duyē* statt *dvē* s. § 268, 19. — Wegen des jAw. *čaraϑwe* »ihr geht« gegenüber ai. *cáradʰvē* vgl. § 268, 38; 274 No. 2.

2. Praeteritum.

Arisches Suffix ist *-dʰu̯am;* jAw. *-ϑwəm,* gAw. *-dūm* (§ 268, 22, 38). jAw. *dārayaδwəm* »ihr hieltet«: ai. *dʰāráyadʰvam;* — — gAw. *ϑrāzdūm* »ihr schütztet«: ai. *trā́dʰvam.*

Conjunctiv: gAw. †*mazdāŋhō.dūm* »ihr sollt bedenken« (*s*-Aorist); einzige Form.

§ 119. 3. *Plur. Med.*

S. noch § 121.

1. Praesenspraesens; s. § 111, 1.

Arisch: *-atai* (aus idg. *-n̥tái* und *-n̥tai*)[1]; *-ntai,* nach *ă.*

a. *-atai:* gAw. *mərᵊnčaitē* »sie zerstören« (§ 129); s. ai. *bʰuñjatē;* — gAw. *savaitē* »sie schreiten gegen« (§ 90, 2; 167, 2).

b. *-ntai:* jAw. *yazənte* »sie verehren«: ai. *yájantē;* s. gr. φέρονται.

Conjunctiv: gAw. *yaojantē* »sie sollen sich verbinden«; s. ai. *mą́santē*[2]; — — jAw. *yazånte* »sie sollen verehren«; s. gr. φέρωνται; gegenüber ai. *yájāntāi;* § 116, 1 No.

[1] Die aind. Betonung auf dem *a* — *bʰuñjátē, brʰuvátē* — schreibe ich dem Einfluss der Activformen zu. In alter Weise betonen ai. *ā́satē* und *bʰuñjatē*. An ein idg. Suffix *-éntai* (s. § 111, 2; 119, 2) möchte ich trotz ai. *rantē* nicht glauben; gAw. *frārəntē* ist gegen BB. 13, 47 in *fra* + *arᵉ*, Conjunctiv, zu zerlegen. — [2] S. KZ. 29, 275 ff.

2. Praeteritum; s. § 111, 2.

Arisch: *-anta* (aus idg. *-énto,* bzw. *-ènto,* mit Nebenton); *-ata* (aus idg. *n̥to*); *-nta* (aus idg. *-nto*).

a. *-anta:* gAw. *xšə̄ntā* »sie herrschten« (unthematischer Aorist, § 122; *ə* aus ir. *a,* § 298, 1); vgl. ai. *kránta* »sie machten«.

Optativ: jAw. *yazayanta* »sie möchten verehren«, aus idg. **i̯áγoi̯ènto,* gegenüber ai. *yájēran, yájērata* mit *r*-Suffix (§ 121, 165).

b. *-ata:* gAw. *varatā* »sie wählten«[1]; s. ai. *ájanata;* § 167, 2.

Neben *-at°* hat das Awesta auch *-āt°:* gAw. *vərᵊnātā* »sie wählten«[2]: ai. *vr̥ṇata;* — gAw. *vīšyātā* »sie entschieden sich« (§ 122)[2]; — gAw. *dātā* »sie gaben« (§ 112)[2]. Ich weiss für das lange *ā* darin keine rechte Erklärung zu geben; J. Schmidt, Festgruss an R. Roth 183 befriedigt auch nicht[2].

[1] S. Bthl., KZ. 29, 285. — [2] Vgl. Bthl., AF. 2, 61 f.; Geldner, KZ. 28, 200; oben § 112, 3 b. Die an der ersten Stelle vorgeschlagene Zurückführung des *ā* auf idg. *ə̄* ist doch nur ein Nothbehelf; vgl. Caland, Museum 1, No. 1. Wegen jAw. *daδāiti* Yt. 10, 3 s. GGA. 1893, 402.

c. *-nta:* jAw. *yazənta* »sie verehrten«, ap. *abaraⁿtā* »sie trugen«: ai. *ábʰaranta,* gr. ἐφέροντο.

3. Imperativ; s. § 111, 3.

Arisch: *-antām, -atām* und *-ntām,* in der dem Praeteritalsuffix entsprechenden Verteilung (s. 2). Ar. *-atām* (ai. *dadʰatām*) kann ich aus dem Iranischen nicht nachweisen.

a. *-antām:* gAw. *xšə̄ntąm* »sie sollen herrschen«, vgl. 2 a.

b. *-ntām:* gAw. *xraosəntąm* »sie sollen aufschreien«: *krṓśantām.*

§ 120. *Du. Med.*

Die Erklärung von gAw. *dvaidī* (d. i. **duvaidī*) als 1. Du. mit dem Suffix ar. *-u̯adʰi* = ai. *-vahi* ist nicht ganz sicher; s. AF. 3, 39. Sonst sind nur 3. Du. bezeugt; s. dazu § 113 und KZ. 29, 283 f., Jackson, JAOS. 14, CLXV. Für die 3. Du. sind im Iranischen folgende Suffixformen belegbar:

1. Praesenspraesens[1].

a. iran. *-ātai;* Perfect: gAw. *mamanāitē* »sie haben gedacht«: ai. *mamnátē.*[2]

b. iran. *-atai;* Praesens: gAw. *vərənvaitē* »sie wählen«.

c. iran. *-tai;* Praesens: gAw. *myāsaitē* »sie mischen sich« (them., § 123 oder 125); — Perfect: gAw. *dazdē* »sie haben geschaffen«, d. i. ar. †*dađđai,* mit *đđ* aus *đ* + *t* (§ 53 I).

d. iran. *-ītai;* Praesens: jAw. †*vīsaēte* »die beiden kommen«; — Conjunctiv: gAw. *jamaētē* »sie sollen kommen«; gegenüber ai. *bravāitē*[3].

e. iran. *-īϑai;* Praesens: jAw. *čarōiϑe* »sie gehen«: ai. *cárethe* (2. Du.).

2. Praeteritum[1].

f. iran. *-ātam*[4]*:* gAw. *asrvātəm* »sie wurden gehört«: ai. *áśruvātām.*

g. iran. *-ītam*[4]*:* jAw. *apərəsaētəm* »sie beredeten sich«: ai. *ápṛcchētām;* — — jAw. *daiδītəm* »sie schufen«[5], gegenüber ai. *ádadātām.*

[1] Zu den einzelnen Formen s. KZ. 29, 283 ff. — [2] jAw. *parəxvāiϑe* Yt. 19, 46 scheint verderbt, s. ebd. 287. — [3] Indische Neubildung, s. KZ. 27, 214. — [4] *-am* gegenüber ai. *-ām* wohl nach den Activformen; s. übrigens auch KZ. 29, 288. — [5] Vgl. dazu aber auch Bthl., Studien 2, 169.

§ 121. *Die r-Suffixe der 3. Plur.*

Nur im Awesta bezeugt. Hier finden sie sich im Activum und Medium; im Praesenspraesens, Praeteritum, Perfectpraesens und Optativ. Vgl. im Allgemeinen Brugmann, Grundriss 2, 1388 ff.; fürs Arische Bthl., KZ. 29, 585 f.; Wilhelm, Transact. 9th Or. Congr. 1, 537 f. Belegt sind:

1. fürs Activum:

a. iran. *-r;* Optativ: jAw. *hyārə* »sie möchten sein«: ai. *syúr* (s. b); einzige Form; s. § 172.

b. iran. *-ar,* worin idg. *-ḗr* (§ 111) und *-r̥r* (satzphonetisch für *r;* § 84, 3; 56 f.; = ai. *-ur*) zusammengefallen sind. Perfect: jAw. *åŋharə* »sie sind gewesen«: ai. *āsúr;*[1] — Praeteritum: gAw. *ādarə* »sie machten«: ai. *ádur.*

c. iran. *-rš*[2]*;* Optativ: jAw. *jamyārəš* »sie möchten kommen«: ai. *gamyúr* (s. b); § 172.

d. iran. *-r̥š* (= ai. *-ur*)*;* Perfect: gAw. *čikōitərəš* »sie sind bedacht«: ai. *čikitúr;* einzige Form.

2. fürs Medium:

e. iran. *-rai;* Praesens: jAw. *sōire* »sie liegen«: ai. *śérē;* — jAw. *åŋhāire* »sie sitzen«; *mravāire, niγrāire;* s. Bthl., Studien 2, 122 ff. und unten § 142.

f. iran. *-arai* aus idg. *-r̥rai* (nach Doppelconsonanz; § 56 f.; 84, 3); Perfect: jAw. *čāxrare* »sie haben gemacht« (V. 4, 46; NA.): ai. *čakrirḗ;* einzige Form.

g. iran. *-ram;* Praeteritum: jAw. *vaozirəm* »sie zogen«; s. ai. *ásasr̥gram.* Vgl. jAw. *vaoze* 3SM.; Bthl., AF. 1, 135; Geldner, 3 Yasht 48; unten § 159, 2. Einzige Form.

[1] Von der 3. Plur. des Perfects ist der Ausgang *-ar,* bzw. *-r̥r* schon im Arischen auf die 3. Du. übergegangen: jAw. *yaētatarə, vaočātarə:* ai. *ūčátur;* s. oben § 113, 3. — [2] Nach Danielsson-Johansson (BB. 18, 49) liesse sich die Gleichung ansetzen: *-r: -rš* (idg. *-rs*) = *-nt: -nts* (= ital. *-ns*). Welchen Formen aber kam ursprünglich *-r,* welchen *-rs* zu? Im aind. *-ur* sind ar. *-r̥r* und *-r̥š* zusammengefallen.

II Ab. DIE BILDUNG DER TEMPUSSTÄMME.

Vgl. dazu oben § 101 und § 95 ff.

Fast bei allen unthematischen Tempusstämmen finden wir auch Formen, welche der thematischen Conjugationsklasse nachgebildet sind. Es war unbedingt geboten, sie gleich hier mit zu erwähnen, da öfters eine der verschiedenen Tempusstammformen überhaupt nur durch eine thematische Bildung belegbar ist; vgl. übrigens auch unter II Ac 2.

Vgl. zur Bildung der Tempusstämme im Allgemeinen Brugmann, Grundriss 2, 868 ff.; — fürs Iranische: Bthl., Handbuch 117 ff.; Jackson, Grammar 140 ff.; J. Darmesteter, Études Ir. 1, 184 ff. Ebenda die weitere Litteratur.

II Ab 1. Praesensgruppe.

Sie umfasst die Praesens- und die nichtsigmatischen Aoristbildungen.

II Ab 1 α. Suffixlose Praesentien.

Die einfache oder reduplicirte Wurzel ohne besondere Erweiterung[1] dient als Praesensstamm, der teils thematisch teils unthematisch flectirt wird.

[1] Den »thematischen Vocal« (§ 101, 3) rechne ich nicht als solche, d. h. nicht als besondere Erweiterung. Ob in gr. φέρετε die erweiterte oder in φέρτε die verkürzte Wurzel vorliegt, ist bekanntlich streitig; s. oben S. 48. Von solchen Bildungen aus aber kann der Vocal leicht überallhin verschleppt worden sein. Denkbar wäre übrigens sogar auch das, dass das *e*, *o* ursprünglich Bestandteil des Personalsuffixes war; vgl. oben die Personalsuffixe für die 3. Plur. und für 2., 3. Du. im Medium (§ 111, 119, 120).

§ 122. *1. Klasse;* ai. *ásti, ádāt.*

1. St. St. = h √; Schw. St. = t √. Unthematisch. Der starke Stamm besteht aus der hochstufigen und hochbetonten, der schwache aus der tiefstufigen und tieftonigen Wurzel. — Die 1. Klasse ist aufs engste mit der 2. und 3. verwandt, welche die hoch-, bzw. tiefstufige Wurzel in thematischer Flexion zeigen. Im Indischen entspricht das Praesens 2. und der Aorist (nach Whitney's Zählung) 1. Klasse. Beispiele:

1) *ái̯-: i̯-* »gehen«: ap. *aitiy*, jAw. *aēⁱti* »er geht«: ai. *éti*, gr. εἶσι; — gAw. *ayenī* »ich will g.«: ai. *áyāni;* — — jAw. *yeⁱnti* »sie gehen«: ai. *yánti;* — gAw. *idī*, ap. *idiy* »geh«: ai. *ihí*, gr. ἴϑι.

2) *stáu̯-: stu̯-* »preisen«: jAw. *staomi* »ich preise«, *staot̰* »er pries«; — *stavāne* »ich will pr.«, *stavanō* »gepriesen«: ai. *stávāni, stávanas;* — — jAw. *stūᵊδi* »preise«, PDw. *stot* »er preist«: ai. *stuhí, stuté;* — jAw. *stuyē* (d. i. *stuve*, § 268, 19) »ich preise«: ai. *stuvé.*

3) *kár-: kr-* »machen, thun«: gAw. *čōrᵊt̰* »er machte« (= ir. **čart̰*, § 298, 3): ai. *ákar* (aus °*rt*); — gAw. *čaraⁱtī* »er soll m.«: ai. *kárati;* — — gAw. *kərᵊšvā* »mache«, ap. *akutā* »er machte sich« (für ir. **akr̥ta*, § 290, No. 2): ai. *kr̥ṣvá, ákr̥ta.*

4) *g̑ʹán-: g̑n-* »schlagen, töten«: jAw. *jaⁱnti*, bal. *jant* »er schlägt«, jAw. *jantu* »er soll schl.«, ap. *ajaⁿ* »er schlug«: ai. *hánti, hántu, áhan;* — jAw. *janat̰* »er soll schl.«, *janāni* »ich will schl.: ai. *hánat, hánāni;* — — jAw. *niγne* »er schlägt nieder« (§ 116, 3), *paⁱti.γnīta* »er möge sich wehren«: ai. *ghnīta;* — jAw. *jaⁱδi* »schlage«, ap. *patiyajatā* »er schlug«: ai. *jahí, áhata;* — jAw. *janyāt̰*, ap. *janiyāʰ* »er möge schl.«: *hanyā́t* (mit *an* aus idg. *n̥n;* s. § 95, 4).

5) *g̑ám-: gm-* »kommen«: gAw. *jantū* »er soll k.«, *jən* »du kamst« (= ar. **gans;* § 94, 2): ai. *gántu, ágan;* — gAw. *jamaⁱtī, jimat̰* (*i* aus *a*, § 298, 4) »er soll k.«: ai. *gámat;* — — gAw. *gᵊmən* »sie kamen«: ai. *gmán;* — gAw. *gaⁱdī* »komm«: ai. *gahí;* — jAw. *jamyāt̰*, ap. *jamiyāʰ* »er möge k.«: ai. *gamyā́t* (mit *am* aus *m̥m*, § 95, 4).

6) *u̯áś-: uś-* »wollen«: gAw. *vasᵊmī* »ich will«, *vašī, vaštī* »du w., er w.«: ai. *váśmi, vákṣi, váṣṭi;* — — gAw. *usᵊmahī* »wir wollen«: ai. *uśmási.*

7) *ás-: s-* »sein«: jAw. *asti*, ap. *astiy*, np. *ast* »er ist«: ai. *ásti*, got. *ist;* — gAw. *aŋhaⁱtī*, ap. *ahatiy* »er soll s.«: ai. *ásati*, lat. *erit;* — — jAw. *hənti*, ap. *haⁿtiy*, np. *and* »sie sind«: ai. *sánti*, got. *sind;* — jAw. *stō* »beide sind«: ai. *stás;* — jAw. *mahi* »wir sind« (§ 87): ai. *smási*.

8) *ś́ās-: ś́iš-* (*i* aus *ə;* § 98, 3) »lehren«: gAw. *sāstī* »er lehrt«, *sāstū* »er soll l.«: ai. *ś́ásti;* — vgl. gAw. *sīšā* »lehre« (unten Anh.).

9) *dʰā-: dʰi-, dʰə-* (wegen *i, a* s. § 69 f.; 98, 1): *dʰ-* »setzen«: gAw. *dāt*, ap. *adāᵗ* »er setzte«: ai. *ádʰāt;* — — jAw. *dayå* »du mögest s.«; — gAw. *ādarᵉ* »sie setzten«: ai. *ádʰur;* — gAw. *dyāt* »er möge s.«. — *dʰi-* ist im Iranischen nicht sicher nachweisbar; gAw. *dīšā* kann Injunctiv sein (mit *ī* für *i*, vgl. 8), s. ai. *ádʰitʰās*, aber auch Optativ; s. § 104.

10) *pā̆i-* (*pā-;* § 80, 3): *pai-* (*a* aus uridg. *ə*) »schützen«: jAw. *pāⁱti* »er schützt«: ai. *pāti;* — ap. *pādiy* »schütze«: ai. *pāhí;* — — jAw. *payå* »du mögest schützen«.

Bei einzelnen Praesentien der 1. Klasse ist der eine der beiden Stämme schon in indogermanischer Zeit aufgegeben worden.

11) *ś́ā̆i-* »liegen« (Brugmann, Grundriss 2, 891): jAw. *saēte* »er liegt«, PDw. *nisīt* »er legt sich nieder«, jAw. *sōire* »sie liegen« (§ 121, 2), *sayanəm* »liegend«: ai. *ś́ḗtē, ś́ḗrē*, gr. κεῖται, 'Ωκεανός (KZ. 27, 477). Vgl. aber J. Schmidt, KZ. 32, 379.

12) *bʰu̯-* »werden«: jAw. *bun* (d. i. **bʰūvən*, § 268, 22; zu gr. ἔφυν s. § 111) »sie wurden«: ai. *ábʰūvan;* — gAw. *bvaⁿtī[čā* (d. i. *buv°*) »sie sollen w.«: ai. *bʰuvāni;* — jAw. *buyāt* »er möge sein«: ai. *bʰūyā́t*.

13) *u̯ás-* »sich kleiden« (Brugmann, a. O. 2, 892): jAw. *vaste* »er kleidet sich«, *vaŋhānəm* »amictum«: ai. *vástē*, gr. ἐπίεσται.

14) *ā́s-* »sitzen«: jAw. *āste* »er sitzt«, *āhišā* »du mögest s.«: ai. *ā́stē*, gr. ἧσται.

Zu den Praesensformen mit Dehnstufe der Wurzel: jAw. *āiti* »er geht«, *tāšti* »er zimmert«; s. § 125, 136.

Anhang: Übertritt in die thematische Flexionsweise findet sich allenthalben. Als Beispiele mögen dienen: zu 2) jAw. *stavanuha* »preise«, *stvōiš* »du mögest pr.«; vgl. ai. *stávatē, stuvatē* »er preist«; — — 4) jAw. *janaⁱti*, np. *zanad* »er schlägt«; jAw. *janat* »er schlug«: ai. *áhanat;* jAw. *janaēta* »er möge schl.«; — — zu 5) jAw. *frāγmat* »er kam«; ap. *agmatā*, np. *āmad* (§ 116, 2) »er kam«; vgl. ai. *gamēyam;* — — zu 7) jAw. *aŋhat*, ap. *āhaⁿ* »er war«; — — zu 8) gAw. *sīšā* »lehre«, *sīšōit* »er möge lehren«; vgl. ai. *śiśāmahē*[1]; — — zu 9) gAw. *daduyē* (§ 118, 1) »ihr erwerbt euch«, np. *nihad* »er legt nieder«; vgl. ai. *ádʰat*[2]; — — zu 10) jAw. *pāyōiš* »du mögest schützen«, np. *pāyad* »er schützt«, jAw. *payemi* »ich schütze«, ap. *payaⁿuvā* »schütze«; — — zu 13) jAw. *vaŋhata* »er kleidete sich«; — — ferner zu 3) PDw. *cart, caran* »er macht, sie machen«, ersteres lautlich dem gAw. Conjunctiv *čaraⁱti* gleich (s. § 101, 3)[3]; — zu 12) np. *buvad* »er ist«. — — Dazu zahlreiche Conjunctive mit *ā* (§ 104, 1): jAw. *ayāt, stavāt, janāt, aŋhāⁱti, pāyāt* u. s. w., np. *bād* (aus **bʰu̯āti*, § 76) u. a. m.

[1] Die thematischen Praeteritalformen dazu haben im Indischen Aoristbedeutung. — [2] S. Brugmann, a. O. 2, 889, aber auch oben § 104, 1. — [3] Ap. *parikarāhy* »du sollst bewahren« u. s. w. gehört mit bal. *čarag* »beobachten« zu ai. *čárati;* s. ZDMG. 48, 512.

§ 123. **2.** *Klasse;* ai. *bʰávati*.

2. St. = h$\acute{\sqrt{}}$ + *a*. Als Praesensstamm erscheint die hochstufige und hochtonige Wurzelform mit dem thematischen Vocal: die häufigste aller Praesensbildungen; im Indischen 1. Klasse. S. übrigens § 122. — Beispiele:

1) *nái̯a-* »führen«: jAw. *nayeⁱti* »er führt«, ap. *anayatā* »er wurde geführt«, Phlv. *nayand* »sie führen«: ai. *náyati*.

2) *báu̯a-* »werden«: jAw. *bavaⁱti* »er wird«, ap. *bavātiy* »er soll w.«: ai. *bávati.*

3) *bára-* »tragen«: jAw. *baraⁱti,* np. *barad* »er trägt«, ap. *baratuv* »er soll tragen«: ai. *bárati,* gr. φέρω.

4) *máiža-* »harnen«: jAw. *maēzaⁱti,* np. *mēzad* »er harnt«: ai. *méhati.*

5) *ráuda-* »wachsen«: jAw. *raoδahe* »du wächst«, np. *rōyad* »er wächst«: ai. *rṓdati,* got. *liuda.*

6) *bánda-* »binden«: jAw. *bandāmi* »ich binde«, np. *bandad* »er bindet«: Pa. *bandati,* got. *binda.*

7) *páka-* »kochen«: jAw. *pačata* »er kochte«, np. *pazad* »er kocht«: ai. *páčati,* ksl. *pečetŭ.*

8) *áža-* »treiben«: jAw. *azaⁱti* »er treibt«: ai. *ájati,* gr. ἄγω.

9) *i̯áža-* »verehren«: jAw. *yazaⁱte* »er verehrt«, ap. *yadātaiy* »er soll v.«: ai. *yájati.*

10) *i̯áka-, i̯áša-* »wünschen«: gAw. *yečā* (§ 298, 5), *yāsā* »ich wünsche«, jAw. *yāsāmahi* »wir wünschen«: ai. *yáčati* »er wünscht«; vgl. gr. ζητέω. S. § 54 f. und AF. 2, 118.

Zu den Formen mit dehnstufiger Wurzel wie jAw. *tāpaⁱti* u. s. w. s. § 125.

§ 124. **3.** *Klasse;* ai. *tudáti, ávidat.*

3. St. = t √ + *á*. Als Praesensstamm fungirt die tiefstufige und tieftonige Wurzel mit dem thematischen Vocal. S. übrigens § 122. Im Indischen Praesens 6., Aorist 2. Klasse. — Beispiele:

1) *u̯išá-* »hinzutreten; werden«: jAw. *vīsata* »er wurde«, *vīsaŋha* »werde«: ai. *višáti* »er tritt hinzu».

2) *drugá-* »lügen, betrügen«: jAw. *drujaⁱti, družaⁱti* »er betrügt«, Phlv. *drujand* »sie belügen«: ai. *druhan* »sie betrogen«.

3) *sr̥žá-* »entlassen«: jAw. *hərᵉzāmi* »ich lasse«, *hərᵉzayən* »sie möchten lassen«, np. *hilad* »er entlässt« (aus ir. **hr̥z*°, § 57 No.): ai. *sr̥játi* »er entlässt«.

4) *br̥rá-* »(sich) rasch bewegen«: jAw. *barata* »er ritt«, *barənti* »bei dem wehenden«: ai. *burántu* »sie sollen sich r. bew.«, *burámāṇas* »zappelnd«. S. § 56 ff., IdgF. 1, 178.

5) *sidá-* »sich setzen« (aus idg. **sədé-;* § 97, 1): jAw. *nišhiδōit* (für **ni-šīδ*°, § 287) »er möge sich setzen«[1].

[1] Zum ai. *sī́dati* s. BB. 17, 117.

6) *ská-* »nachgehen«: gAw. *sčantū* »sie sollen nachg.«: gr. ἐπέσπον, ἐπέσποι. Vgl. ZDMG. 38, 120 f.; KZ. 30, 534.

7) *ptá-* »fallen«: Phlv. *ōftad,* np. *uftad* »er fällt« (d. i. ir. **au̯a-pta-ti*): gr. ἐπτόμην. S. HORN, Grundriss 22.

§ 125. **4.** *Klasse;* ai. *rā́ṣṭi; rā́jati.*

4. a. St. = d √́   Der Praesensstamm enthält die Dehnform der
b. St. = d √́ + *a*.   Wurzel mit, selten ohne thematischen Vocal.
Der Dehnvocal stammt aus dem Perfect oder aus dem *s*-Aorist; s. IdgF. 3, 1 ff., 32 ff., 50 ff., 53; 4, 130. Gewisse Nominalbildungen sowie das »Iterativum« (§ 151) haben seine Herübernahme ins Praesens unterstützt.

a. 1) *ā́i̯-* »gehen«: jAw. *āiti* »er geht«: apr. *ēit* (?); np. *āyand* »sie gehen«; thematisch: *āyad* »er geht«. Vgl. § 160, 12. Daneben jAw. *aēⁱti:* ai. *éti,* § 122.

b. 2) *brā́ža-* »strahlen«: jAw. *brāzaⁱti* »er strahlt«, np. *barāzad:* ai. *brā́jatē.* S. dagegen gr. φλέγω.

3) *rā́ža-* »gebieten«: jAw. *rāzaⁱti* »er gebietet«: ai. *rā́jati;* vgl. auch np. *afrāzad* bei HORN, Grundriss 22. S. dagegen lat. *regō.*

4) *k̂āda-* »zerquetschen, kauen«: np. *xāyad* »er kaut«: ai. *k̂ādati.* S. dagegen jAw. *vīxaδaṯ* »er quetschte auseinander«.

5) *tāpa-* »wärmen«: jAw. *tāpa^i^te* »er wärmt, bescheint«, np. *tābad.* S. dagegen ai. *tápati,* PDs. *ϑavam* »ich wärme«.

6) *ĝāsa-* »essen«: jAw. *ĝārəhənti* »essend« (fem.). S. dagegen jAw. *gaŋhənti* »sie verzehren«, ai. *aĝasat.*

7) *rāma-* »ruhen, stehen bleiben«: jAw. *rāmōiδwəm* »ihr möget st. bl.«, np. *ārāmad* »er ruht«. S. dagegen ai. *rámatē* »er ruht«.

8) *krāma-* »schreiten«: np. *xirāmad* »er schreitet«: ai. *krāmati,* woneben *krámati.*

Späterhin wird der Typus b häufiger; vgl. noch: np. *dārad*[1] »er hält« zu ai. *d̂ariṣyáti,* daneben afγ. *larī;* — np. *kārad*[1] »er sät« zu ai. *kiráti,* daneben afγ. *karī;* — np. *tāzad* »er läuft« zu jAw. *tača^i^ti* u. s. w. — Vgl. übrigens auch Darmesteter, Études 1, 100.

[1] Vgl. die Praeterita *dāšt, kāšt,* d. i. ar. **°ār̥šta,* 3. Sg. Med. des *s*-Aorists; § 156, 4; zum letztern s. ai. *kāriṣat.*

§ 126. **5.** *Klasse;* ai. *ǰuhṓti* [, *aǰīgar*].

5. St. St. = red. h √; Schw. St. = red. t √. Unthematisch. Im Übrigen wie Klasse 1, aber mit Reduplication; vgl. dazu § 102. Im Indischen Praesens 3. [und Aorist 3.] Klasse; wegen der Betonung im Indischen s. KZ. 29, 552 ff., J. Schmidt, KZ. 32, 379. — Beispiele:

1) *siš̆ák-: sišk-* »zusammengehen mit —, folgen«: jAw. *hišhaxti* (für **hiša°,* § 287) »er geht nach«: ai. *siṣakti;* — — gAw. *hiščama^i^dē* (§ 117, 1) »wir gehen zus. m.«.

2) *i̯i̯ár-, īr-* (§ 102 I, 1 c) »sich erheben«; in thematischer Flexion: jAw. *uzyarāṯ* (d. i. **uziy°;* § 268, 11) er soll aufgehen«; s. ai. *íyarti, iyárṣi;* — — gAw. *īratū* »er soll sich erheben«; s. ai. *ĭrtē.*

3) *dad́ā-: dad-* »setzen«, *dadā́-: dad-* »geben«. Die Formen der beiden Wurzeln sind im Iranischen mit wenig Ausnahmen (§ 52 f.) lautgesetzlich zusammengefallen: jAw. *daδā^i^ti* »er gibt, setzt«: ai. *dádāti,* gr. *τίϑησι;* — ap. *dadātuv* »er soll g.«: ai. *dádātu;* — — jAw. *†daδ^ə^mahi* »wir geben«: ai. *dadmási;* — jAw. *dazdi* »gib«: ai. *d̂ehí* (§ 41); — gAw. *dazdē* »er setzt für sich«: ai. *d̂atté* (§ 52, 3); — gAw. *da^i^dīta,* jAw. *da^i^ϑīta*[1] »er möge setzen«: ai. *dad̂ītá.* — S. noch gAw. *da^i^dīṯ* »er setzte«, § 143.

4) *d̂id̂āi̯-* (*d̂id̂ā-;* § 100, 2): *d̂id̂i̯-, d̂ad̂i̯-* »sehen«: jAw. *diδā^i^ti* »er sieht«, *diδāṯ* »er sah«; — — jAw. *da^i^δyantō* »die sehenden«; s. ai. *dı́d̂yānas.* S. dazu ZDMG. 43, 665.

Von thematisch flectirten Formen seien ausser den zu 2) erwähnten noch angeführt: zu 3) jAw. *daϑa^i^ti*[1] »er giebt, setzt«, np. *dihad;* gAw. *dadaṯ* »er setzte«, *dadən* »sie setzten«, *dadəntē* »sie werden gesetzt«; vgl. ai. *dadatām, dad̂atē* 3SM. u. s. w.; — zu 4) jAw. *da^i^δya* »sieh«, *diδyāt* »er soll sehen«.

[1] Das ϑ ist auffällig; doch s. § 274 No. Vgl. oss. *dädt'un, dät't'in* »geben« bei Hübschmann, Oss. Sprache 96. Zu Fick's Erklärung, Wörterbuch 1[4] 237, 245 s. IdgF. 3, 30. Das *h* in np. *dihad* »er gibt« kann ebensowohl auf ir. ϑ als auf *d* zurückgehen.

§ 127. **6.** *Klasse;* ai. *tíṣṭ̂ati; áǰīǰanat.*

6. St. = red. t √ + *á.* Sie steht im engsten Zusammenhang mit der vorhergehenden Klasse, zu der sie sich verhält wie Klasse 3 zu 1. Beispiele:

1) *ži̯žaná-* »zeugen, gebären«: jAw. *zīzanənti* »sie gebären«; *zīzanāṯ* »sie soll gebären«: ai. *áǰīǰanat,* gr. *γίγνομαι,* lat. *gignō.* Ar. *-an-* aus *-n̥n-.* Wegen des jAw. *ī* der Reduplicationssilbe s. oben S. 54 No.

2) *sišt́á-* »stehen«: jAw. *hišta^i^ti* »er steht«, ap. *a^h^ištatā* (§ 270 c, 6) »er stand«: ai. *tíṣṭ̂ati;* aber gr. *ἵστησι.*

Die meisten Formen unsres Typus beruhen auf einzelsprachlicher Überführung der Praesensstämme 5. Klasse zur thematischen Conjugation; s. § 126. Zu jAw. *vaočaṯ* »er sagte«: ai. *ávōčat* vgl. unten § 163.

§ 128. **7.** *Klasse;* ai. *čárkarti.*

7. St. St. = verst.-red. h√; Schw. St. = verst.-red. t√. Unthematisch. Wie Klasse 5, aber mit verstärkter Reduplication; Intensiva; s. noch § 150. Zur ursprünglichen Betonung s. KZ. 29, 533 und Burchardi, Intensiva 7 ff.; zur Reduplication § 102 II. Die Klasse hat im Iranischen nur wenige Repräsentanten; s. übrigens auch § 161. — Vgl.:

1) *karkar-: karkr-* »rühmen, gedenken«: jAw. *čarᵊkərᵊmahī* »wir rühmen«: ai. *čarkṛ́ṣi;* ai. *čarkarmi.*

2) *daidaiš-: daidiš-* »zeigen«: gAw. *daēdōišt* »er zeigte«; s. ai. *dḗdišat.*

3) *u̯aiu̯aid-: u̯aiu̯id-* »finden, bewirken«: gAw. *vōivīdaⁱtī* »er soll herstellen« (Y. 30, 8; so Pt 4, J 2): ai. *vḗvidat.*

4) *pāpar-: pāpr-* »füllen«: thematisch: jAw. *pāfrāⁱti* »er soll füllen«.

5) *u̯āu̯ar-: u̯āu̯r-* »überzeugen«: thematisch: gAw. *vāurayā, vāurōimaⁱdī* (§ 268, 18) »ich, wir möchten überzeugen«.

6) *pāpāi̯-: pāpai̯-* (*a* aus uridg. *ə*) »schützen«: jAw. *pāpayamnō* »sich schützend«.

7) *srārai̯-* [: *srāri̯-*] »verleihen«: ap. *niyaϑᵊrārayam* »ich gab zurück«; — thematisch: jAw. *nisrārayå* »du sollst zurückg.« Vgl. jAw. *nisⁱrinaoⁱti,* Kl. 10.

II Ab 1 β. Nasalpraesentien.

Die Praesensstammbildung vollzieht sich in der Weise, dass ein Nasal entweder allein oder in Verbindung mit Vocalen an die Wurzel angeschoben oder in sie aufgenommen wird[1]. — Litteratur verzeichnet Pedersen, IdgF. 2, 285; dazu noch Brugmann, Grundriss 2, 957 ff.; Bthl., Studien 2, 75 ff.

[1] Auf die »Infix«frage hier einzugehen besteht keine Veranlassung. Zuletzt haben — in entgegengesetztem Sinn — Brugmann, Grundriss 2, 970 ff. und Pedersen, IdgF. 2, 285 ff. darüber gehandelt; s. auch J. Schmidt, KZ. 32, 377 ff.

§ 129. **8.** *Klasse;* ai. *yunákti.*

8. St. St. = t$\overset{n\acute{a}}{\sqrt{}}$; Schw. St. = t$\overset{n}{\sqrt{}}$. Unthematisch. Vor dem Auslaut der tiefstufigen Wurzelform erscheint eingeschobenes *na* im starken, *n* — bzw. *m* u. s. w.; § 61, 1 — im schwachen Stamm. 7. indische Praesensklasse. — Beispiele bietet nur das Awesta; vgl.:

1) *rinák-: rink-* »lassen«: jAw. *ⁱrinaxti* »er lässt«: ai. *riṇákti;* s. *rińčánti.* Ohne Nasal: gr. λείπω.

2) *kinás-: kins-* »versprechen«: gAw. *činahmī* »ich verspreche«; — gAw. *činas* »er versprach« (§ 94, 1); — — gAw. *čistā* dss., 3SM. (*i* für *i̯*; § 299, 1). — Ohne Nasal: gAw. *čōišəm* »ich versprach«.

3) [*mṛnák-:*] *mṛnk-* »zerstören, gefährden«: gAw. *mərᵊnčaⁱtē* »sie zerstören« (§ 119, 1); — gAw. *mərᵊšyāṯ* »er möge gefährden« (§ 67). — Ohne Nasal: jAw. *mahrkō,* ai. *márkas* »Tod«. — — Thematisch: jAw. *mərᵊnčaⁱte* »er gefährdet«; *mərᵊnčante* »sie gefährden«.

4) *minás-*[: *mins-*] »vermischen, vereinigen«: gAw. *minaš* »du vereinigtest« (§ 34). — Ohne Nasal: gAw. *myāsaⁱtē* »die beiden vermischen sich« (§ 120)[1]; ai. *miśrás* »gemischt«.

5) *u̯inád-: u̯ind-* »finden«: gAw. *vīnastī* »er findet« (§ 40); — — jAw. *vindita* »er möge erlangen« (*i* für *ī*, § 268, 1). — S. dazu § 130, 1.

[1] Die AF. 3, 61 gegebene Erklärung des *ā* ist unrichtig.

§ 130. *9. Klasse;* ai. *vindáti.*

9. St. = t $\overset{n}{\sqrt{}}$ + *á*. Die tiefstufige Wurzelform mit eingefügtem Nasal und thematischem Vocal bildet den Praesensstamm. Zwischen der 9. und 8. Klasse walten die nämlichen Beziehungen wie zwischen der 3. und 1. — Vgl.:

1) *u̯indá-* »finden; sehen«: jAw. *vindat̰* »er fand«, *vindāma* »wir wollen f.«, ap. *viⁿdaʰfarnā* Ἰνταφέρνης (eig. »Ruhm erlangend«; § 89), bal. *gindant* »sie sehen«: ai. *vindáti* »er findet«. — Ohne Nasal: gr. ἰδεῖν. — S. dazu § 129, 5.

2) *sinəká-* »ausgiessen«: jAw. *hinčaⁱti* »er giesst aus«, Phlv. *āšinčad* (oder *āhinčad*)[1]: ai. *siñčáti.* — Ohne Nasal: jAw. *frašaēkəm* »Ausguss«.

[1] Die Schriftzeichen gestatten beide Lesungen; s. dazu oben § 49, 1.

3) *kr̥ntá-* »schneiden«: jAw. *kərᵊntaⁱti* »er schneidet«: ai. *kr̥ntáti.* — Ohne Nasal: jAw. *karᵊtō* »Messer«.

4) *šumpá-* »durchbohren«: np. *sumbad* »er durchbohrt«. — Ohne Nasal: np. *suftan* »durchbohren«, ai. *kū́pas* »Höhle«; vgl. dazu § 54 f., 140.

5) *pinšá-* »bemalen«: oss. *finssun* »ich schreibe«: ai. *pišáti;* s. § 62. — Ohne Nasal: np. *nuvēsad* »er schreibt«.

§ 131. *10. Klasse;* ai. *sunóti.*

10. St. St. = t $\sqrt{}$ + *náu̯* (*anáu̯*); Schw. St. = t $\sqrt{}$ + *nu̯* (*anu̯*). Unthematisch. *nau̯* und *nu̯* an die tiefstufige Wurzelform gerückt bilden den starken und schwachen Praesensstamm. 5. indische Praesensklasse. In einigen Formen (s. b) erscheint *an°* statt *n°*, das wahrscheinlich auf idg. *n̥n* beruht; vgl. OSTHOFF, Zur Gesch. d. Perf. 404 ff.; BRUGMANN, IdgF. 1, 172 ff.; PEDERSEN, IdgF. 2, 297 und BTHL., Studien 2, 78 ff., wo weitere Angaben; s. auch § 132. — Vgl.:

a. 1) *kr̥náu̯-: kr̥nu̯-* »machen«: jAw. *kərᵊnaoⁱti* »er macht«: ai. *kr̥ṇóti;* — ap. *akunavam* (*u* aus *r̥*, § 290) »ich machte«: ai. *ákr̥ṇavam;* — — jAw. *kərᵊnuyāt̰* »er möge m.«: ai. *kr̥ṇuyā́t;* — jAw. *kərᵊnūidi* »mache«: ai. *kr̥ṇuhí;* — np. *kunand* »sie machen«: ai. *kr̥ṇvánti.*

2) *šr̥náu̯-: šr̥nu̯-* »hören«[1]: jAw. *sᵘrunaoⁱti* »er hört«: ai. *šr̥ṇóti;* — — jAw. *sᵘrunuyā̊* »du mögest h.«: ai. *šr̥ṇuyā́s;* — jAw. *srunvaⁱnti,* bal. *sunant* »sie hören«: ai. *šr̥ṇvánti.*

[1] So sind die arischen Stammformen anzusetzen; vgl. AF. 2, 67; 3, 37 und, wegen der Einreihung in diese Klasse, IdgF. 3, 181 und BRUGMANN, Grundriss 2, 968. Ar. *šr̥n° ist in bal. *sunant* enthalten, das dem ai. *šr̥ṇvánti* genau entspricht, sowie in np. *šunavad*, *šinavad* »er hört«, die auf ein thematisches ir. **sr̥nau̯ati* zurückweisen, endlich in den Infinitiven np. *šunūdan*, Phlv. *āšanūtan*, bal. *sunay* »hören«; wegen des *š* s. Studien 2, 43. Das awestische *sᵘrunaoⁱti* ist an *srūtō:* ai. *šrutás* u. s. w. angeglichen.

3) *sunáu̯-: sunu̯-* »keltern«: jAw. *hunūta* »er kelterte«: ai. *ásunuta.*

4) *kináu̯-: kinu̯-* »auslesen«: gAw. *vīčinaot̰* »er unterschied«: ai. *áčinōt;* — — jAw. *činvatō* »des richtenden«: ai. *činvatás;* — np. *guzīnand* »sie wählten aus«: ai. *činvánti.*

5) *ašnáu̯-: ašnu̯-* »erreichen« (mit *a* aus *n̥*): jAw. *ašnaoⁱti* »er erreicht«: ai. *ašnóti;* — — jAw. *ašnuyāt̰* »er möge erreichen«: ai. *ašnuyā́t.*

6) *tanáu̯-: tanu̯-* »dehnen« (mit *a* aus *n̥*)[1]: jAw. *tanava* »ich will d.«: ai. *tanávāni;* — — jAw. *tanuya* »ich möchte d.« (268, 13): ai. *tanvīyá.*

[1] Gegen die Einstellung dieser und ähnlicher Stämme in die 8. ind. Klasse (§ 140) spricht ai. *vánanvatī* (s. Studien 2, 88) neben *vanóti*, *vanutē*, die zu einander doch wohl im nämlichen Verhältnis stehen werden wie gAw. *dᵊbənaotā* zu ai. *dabʰnóti;* s. das folgende.

b. 7) *dbanáu̯-: dbanu̯-* »betrügen«: gAw. *dᵊbənaotā* »ihr betrogt«. Vgl. ai. *dabnóti* »er betrügt«.

8) *s̯uanáu̯-: s̯uanu̯-* »antreiben«; jAw. *apa.xᵛanvaⁱnti* »sie treiben weg« (§ 89). Vgl. ai. *suváti* »er treibt an«.

Thematische Flexion weisen unter andern auf: zu 1) jAw. *kərᵊnava* »mache«; *kərᵊnvō* »du machtest« (so! Y. 9, 15; J 2, Pt 4); — zu 3) jAw. *hunvanuha* »keltere«; — zu 8) gAw. *xᵛə̄nvaṯ* »er trieb an«; — ferner: ap. *varnavatām* »er soll überzeugen«, np. *giravad* (aus **u̯rnau̯°*) »er glaubt«; — endlich Conjunctive: jAw. *kərᵊnavāhi*, ap. *kunavāhy* »du sollst machen« u. s. w.

[1] BRUGMANN, Grundriss 2, 1014 ff. stellt dafür eine besondere Klasse auf.

§ 132. *11. Klasse;* ai. *punā́ti.*

11. St. St. = t $\sqrt{}$ + *ná* (*aná*); Schw. St. = t $\sqrt{}$ + *n* (*an*).

Unthematisch. Der starke Praesensstamm fügt *nā*, der schwache *n*[1] an die tiefstufige Wurzelform. Einige Male erscheint *an°* statt *n°*, wie in § 131. 9. indische Klasse. — Zum Ablaut, der zwischen den beiden Suffixformen besteht, s. oben § 98. Die zweite Gestalt des schwachen Stammes idg. t $\sqrt{}$ + *nə* ist im Arischen nicht nachzuweisen, s. aber gr. *μάρναται*[2]. Die Stammform t $\sqrt{}$ + *n* ist vor Consonanten nur im Awesta sicher bezeugt; doch vgl. MOULTON, AJPh. 10, 283, der sie in ai. *sunmás* u. s. w. erkennen will; vgl. aber AF. 2, 88 f. — Wegen des ai. *nī-* s. unten.

[1] Vgl. AF. 2, 89 f., Studien 2, 77. Unrichtig ist J. SCHMIDT's Annahme (Festgruss an R. von Roth 183), dass gAw. *vərᵊntē* »er wählt« innerhalb des Awestischen (oder auch Iranischen) aus ar. **u̯r̥nitai* = idg. **u̯l̥nətai* entstanden sei, so dass also gAw. *verᵊntē* seiner Bildung nach dem gr. *μάρναται* entspräche; s. § 71. Über die Bedingungen für den ursprachlichen Wechsel von *nə* mit *n* s. IdgF. 6. — [2] J. SCHMIDT läugnet ebd. das Vorkommen von *an°* neben *n°*. Aber *anau°* neben *nau°* (§ 131) ist doch nicht in Abrede zu stellen. Und wie häufig wechseln *nau-* und *nā-*! Vgl. die Beispiele unter b, auch in § 133. Dass gAw. **fryąnmahī* graphischer Vertreter für **frīnmahī* (bzw. **frīn̥mahi*) sei, wie J. SCHMIDT will, halte ich für möglich, aber keineswegs für sicher. In gAw. *dvąnmaⁱbyascā* soll entsprechend *vąn* für *u̯n* stehen (vgl. jAw. *dunman*), aber in gAw. *xrūnᵊrąm* ist es doch anders ausgedrückt, vgl. auch anderseits jAw. *aⁱpi.dvanᵃrayā;* IdgF. 1, 493 f.; unten § 268, 54; 296.

a. 1) *žiná-: žin-* wegnehmen«: jAw. *zināṯ*, ap. *adināʰ* »er nahm weg«: ai. *jināti.*

2) *prīná-: prīn-* »lieben« (u. s. w.): jAw. *frīnāṯ* »er liebte«: ai. *áprīṇāt;* — jAw. *frīnənti* »sie lieben«, np. *āfrīnand:* ai. *prīṇánti.*

3) *suná-: sun-* »schaffen« (u. s. w.): jAw. *hunāmi* »ich gebäre«, gAw. *hunāⁱtī* »er verschafft«.

4) *u̯r̥ná-: u̯r̥n-* »wählen«: jAw. *vərᵊne* »ich wähle«: ai. *vr̥ṇé;* — gAw. *vərᵊntē* »er wählt«.

5) *ž̌āná-: ž̌ān-* »kennen, wissen« (*ā* aus *n̥*, § 61): ap. *adānāʰ* »er wusste«: ai. *ájānāt;* — jAw. *zānənti*, bal. *zānant*, np. *dānand* »sie kennen«: ai. *jānánti.* Wegen jAw. *zanāṯ* »er kannte« s. § 142.

b. 6) *priu̯aná-, priu̯an-* »lieben« (u. s. w.): gAw. *fryąnmahī* »wir lieben«, d. i. ar. **°anm°;* § 296.[1] S. 2).

7) *s̯uaná-, s̯uan-* »schaffen« (u. s. w.): gAw. *hvąnmahi[čā* »wir schaffen« (vgl. 6);[1] — jAw. *xᵛanaṯ.čaxrąm* »das Rad in Bewegung setzend«[2]. S. 3).

Thematische Flexion zeigen: zu a: 1) ap. *adinam* »ich nahm weg«; — 2) jAw. *frīnaⁱti* »er liebt«, *frīnāmahi* »wir l.«; — 3) jAw. *hunahi* »du gebierst«; — 4) jAw. *vərᵊnata* »er wählte«; — 5) gAw. *zānatā* »ihr kanntet«, np. *dānad* »er weiss«; — ferner zu b: gAw. *zᵃranaēmā* »wir möchten erzürnen«; — jAw. *pəšanaⁱti* »er kämpft« (d. i. urir. **pr̥tanati*, § 272). S. § 169. Vgl. dazu ai. *mr̥ṇā́ti, iṣaṇanta* u. s. w., gr. δάκνω, arm. *lkanem*[3]. — Ausschliesslich thematisch scheint bereits im Arischen das auch seiner Bildung wegen bemerkenswerte Praesens (ar.) **u̯ainati* »er verfolgt mit den Augen« (»er sieht, ersehnt, beneidet«[4]) flectirt worden zu sein; vgl. ap. *avainaʰ* »er sah«, jAw. *vaēnaⁱti*, np. *bīnad* »er sieht«: ai. *vénati* »er ersehnt«.

1 Die Neuausgabe hat fälschlich '*ąm°*'; s. BB. 13, 64; IdgF. 1, Anz. 101. Vgl. übrigens oben No. 2. Die Metrik beweist, wie ich noch zu *fry°* bemerken will, für Y. 35 gar nichts; s. Geldner, Ved. St. 1, 287 f. — 2 S. § 264 A, 28 und zur Bedeutung ai. *čakravartī*. — 3 Brugmann, Grundriss 2, 979 ff. hat für die thematischen Formen zu a und b je eine besondre Klasse eingestellt. — 4 Unwahrscheinlich Johansson, KZ. 32, 508.

Den awestischen Formen mit *n* vor Consonanten: gAw. *vər'nte* »er wählt«, jAw. *fraor'nta* »er wählte« (für *fravər'nta*, § 268, 41) stellt das Altindische solche mit *nī* gegenüber: *vṛṇīté*, *ávṛṇīta*. Auch ausserhalb des Indischen ist *nī* bezeugt, vgl. Bthl., IdgF. 3, 6 No. und jetzt auch J. Schmidt, a. O. 184. Die verschiedenen Ansichten über die Herkunft des *ī* darin verzeichnet Brugmann, Grundriss 2, 973, wozu jetzt noch J. Schmidt, a. O. 179 ff., der sich mir anschliesst, Studien 2, 65 ff. Im Altiranischen ist jenes *nī* nicht nachzuweisen. Es steckt aber wahrscheinlich in neupersischen Infinitiven wie *burrīdan* »schneiden«, *darrīdan* »zerreissen«, wo *rr* aus urir. *rn* hervorgegangen ist, vgl. ai. *dṛṇáti;* Bthl., Studien 2, 107, 176 und unten § 142. Bezüglich der Überführung des *nī* in den Infinitiv lässt sich np. *šunūdan* »hören« vergleichen, das zur 10. Klasse gehört; s. § 131 a No. 1, ferner § 142. Ich meine aber, dass auch np. *dānīm*, *dānīd* »wir wissen, ihr w.« das selbe *nī* enthalten, also ai. *jānīmá*, *jānītá* direkt entsprechen. Das np. *ī* der 1., 2. Plur. kann gar wohl auf verschiedene Quellen zurückgehen; vgl. oben § 109 f., wo *barīm*, *barīd* aus dem Optativ, urir. **baraima*, **baraita* hergeleitet wurden, sowie unten § 142 zu np. *bīd* »seid«. Wenn das Np. für die 2. Plur. nicht nur *-ēd* (mit *ē* aus *ai*), sondern auch *-īd* geerbt hat, so begreift man die frühzeitige Verdrängung des *ē* durch *ī* leichter als bei der herkömmlichen Annahme (J. Darmsteter, Études Ir. 1, 107, wozu übrigens Geiger, ABayrAW. 19. 1, 411 zu berücksichtigen ist). Die 3. Sg. auf *-ī* des Afγanischen will Geiger ebd. 20. 1, 220 aus *-ati* herleiten; vgl. aber die ebd. unter 6 a gegebenen Beispiele, die für *-ati* ein *-al* oder *-a* erwarten liessen; dagegen steht der Zurückführung von *-ī* z. B. in *pē-žanī* »er erkennt« auf *°-ī-t°* von Seiten der Lautlehre nichts im Weg.

§ 133. *12. Klasse;* gr. πυνθάνομαι.

12. St. = t$\sqrt{}$+*n°*. Unthematisch. Der Praesensstamm zeigt das Suffix der 10. oder 11. Klasse, aber der Wurzelsilbe ist ein Nasal eingefügt. Die Praesentien dieser Klasse sind aus einer Vermischung von solchen der 8. (9.) Klasse mit solchen der 10. oder 11. hervorgegangen. Vgl. fürs Arische Bthl., Studien 2, 94 f.; ferner Brugmann, Grundriss 2, 999, 1004.

a. zur 10. Kl. 1) *kṛn'náu-: kṛn'nu-* »schneiden« (vgl. § 24): jAw. *frākər'naot̰* »er brachte hervor«; — — jAw. *kər'nuyāt̰* »er möge schn.«. Vgl. ai. *kṛntáti* »er schneidet«, s. § 130.

b. zur 11. Kl. 2) *kṛn'nā-: kṛn'n-* »schneiden« (s. 1); in thematischer Flexion: jAw. *ākər'nəm* »ich brachte hervor«. Dazu afγ. *skanī* aus ar. **skṛn'n°* »er schneidet«; wegen des anl. *s* s. § 82, 4; im Übrigen Geiger, ABayrAW. 20. 1, 199.

Weiteres Studien 2, 94 ff., IdgF. 1, 489. Vgl. insbesondre noch jAw. *mər'nčā'nīš* »du gefährdetest« (§ 143) mit *an* wie in § 131, 132 b; s. dazu gr. πυνθάν-ομαι.

§ 134. *13. Klasse;* ai. *iṣaṇyáti*.

13. St. = t$\sqrt{}$ + *anį* + *á*. Die Tiefstufenform der Wurzel wird zum Zweck der Praesensbildung mit *anį* und dem thematischen Vocal vermehrt. Das *a* darin ist das selbe wie bei Klasse 10 b und 11 b. Vgl. im Übrigen Studien 2, 84 ff. — Aus dem Iranischen kenne ich nur:

1) *pṛšaniá-* »fragen«: jAw. *pərᵊsanyeᵢti*[1] »er fragt«.

2) *žṛraniá-* »zürnen«: jAw. *zaranimnəm* »den zürnenden«, d. i. ir. **zaraniamnam*, § 268, 21.

[1] So besser als *parəs°*, wie die NA. hat; s. die Varianten zu Yt. 8, 15.

II Ab 1 γ. PRAESENTIEN MIT GERÄUSCHLAUTSSUFFIXEN.

§ 135. ***14.** Klasse;* ai. *ṛčáti;* gr. ἀρέσκω.

14. St. = $\sqrt{}$ + *š'* + *a*. Inchoativa. Das Zeichen des Inchoativs ist idg. *sx'* (= ai. *č*) oder auch *sx;* s. Studien 2, 48 f.; BRUGMANN, Grundriss 2, 1029 ff. Im Iranischen fielen beide in *s* zusammen; s. § 51. Der Wortaccent stand teils auf dem Wurzelsonanten, teils — und meist — auf dem thematischen *a*. Entsprechend erscheint die Wurzel teils in Hochstufen-, teils — und meist — in Tiefstufenform. In einigen Fällen tritt zwischen der Wurzel und dem Suffix ein *a* auf; s. b. — Vgl.:

a. 1) *pṛš'á-* »fragen« (*š'* aus uridg. *ssx';* s. § 51, 3 b): jAw. *pərᵊsaṯ* »er fragte«, ap. *parsātiy* »er soll fr.«, np. *pursad* »er fragt«: ai. *pṛčáti* »er fragt«, ahd. *forscu*. — S. ai. *praśnás* »Frage«: jAw. *frašnō*.

2) *tṛš'á-* »(sich) fürchten« (*š'* aus uridg. *ssx';* § 51, 1, 2): jAw. *tərᵊsaᵢti* ap. *tarsatiy* »er fürchtet sich«, oss. *tirsun* »ich f. m.«: lit. *triszù*[1]. — S. ai. *trásāmi* »ich fürchte mich«, gr. τρέω.

3) *iaš'á-* »halten« (*a* aus *m̥*): jAw. *ayasaēša* »du möchtest an dich nehmen«, ap. *ayasatā* »er zog an sich«[2]: ai. *yáčati* »er hält«. — S. ai. *yámatē* »er soll halten«: gAw. *yamaᵢtē*.

4) *uš'á-* »aufleuchten« (*š'* aus uridg. *ssx';* s. § 51, 1, 2): jAw. *usaᵢtīm* »die aufleuchtende«: ai. *učatīm*, lit. *aũszo* »illuxit«. — S. ai. *uvása* »ist aufgeleuchtet«.

5) *žnáš'a-* »erkennen«: ap. *xšnāsātiy* »er soll erkennen« (§ 86), np. *šināsad* »er erkennt«: lat. *gnōscō*. — S. übrigens § 142.

b. 6) *ráš'a-* »sich aufmachen, kommen«: ap. *rasātiy* »er soll k.«, *arasam* »ich kam«, np. *rasad* »er kommt«[3]. — Daneben ai. *ṛčáti* »er macht sich auf«, zu a.

7) *išáš'a-* »wünschen«: gAw. *išasā* »ich wünsche«. — Daneben jAw. *isaᵢti* »er wünscht«: ai. *ičáti* (mit uridg. *ssx'*, § 51, 2) zu a.

Im Arischen wenig häufig wird die Inchoativbildung im Iranischen sehr beliebt; vgl. BB. 13, 74 f. Uriranische Neubildungen mit dem inchoativen *s* sind z. B. jAw. *xᵛafsa* »schlaf ein«, bal. *vapsag*, *vafsaγ*, PDw. *xōfsan*, np. *xuspīdan* »einschlafen«; vgl. dazu oben § 30; — jAw. *tafsaṯ* »er wurde heiss«, np. *tafsīdan*, bal. *tafsaγ* »heiss werden«; s. ebd.; vgl. lat. *tepescō*. Am reichsten entfaltet hat sich die Inchoativbildung in den Pamirdialekten; s. TOMASCHEK, SWienAW. 96, 842.

[1] Anders BRUGMANN, Grundriss 2, 1029, 1031. Ich sehe aber die oben gegebene Erklärung auch jetzt noch (s. Handbuch § 278, IdgF. 2, 263 f. — wozu man FR. MÜLLER, WZKM. 6, 186 vergleiche —) für die wahrscheinlichere an. Man halte dazu die Beispiele Nu. 4 und 7. — [2] Vgl. BB. 14, 246 f. — [3] Vgl. IdgF. 2, 264; unrichtig WZKM. 6, 187.

§ 136—138. *s-Praesentien.*

Sie hängen aufs engste mit den sigmatischen Aoristen zusammen. Vgl. § 155 ff.

§ 136. ***15.** Klasse;* ai. *tā́ṣṭi; rā́satē.*

15. **a.** St. = $\sqrt{}$ + *s*.
b. St. = $\sqrt{}$ + *s* + *a*.
Der Praesensstamm besteht aus der Wurzel mit *s* (*š*). Die Wurzel zeigt, ganz wie im sigmatischen Aorist, alle drei Abstufungsformen, am häufigsten

die der Hochstufe, welche dem Conjunctiv des *s*-Aorists zukam (s. § 101, 3). Die Flexion ist überwiegend thematisch; doch s. 1, 2, 3.

I. Die Wurzel erscheint in der Dehnstufenform:

1) *táxš-* (aus idg. **tēxš + s*, § 51) »zimmern«: jAw. *tāšti* »er zimmert«: ai. *tāṣṭi*. Daneben ai. *tákṣati*, § 123. Vgl. § 156, 8.

2) *nāits-* »schmähen«: jAw. *nāismī* »ich schmähe«; s. gr. ὄνειδος. Vgl. § 156, 2.

II. Die Wurzel hat die Form der Hochstufe.

3) *káxš-* »sehen; mitteilen«: jAw. *čašte* »er teilt mit«: ai. *čáṣṭē*. Daneben jAw. *kasat̰* »er sah«, ai. *kāšatē* (zu § 125 b). Vgl. IdgF. 3, 1, 51; etwas anders Wiedemann, KZ. 33, 162.

4) *bákša-* »schenken«: jAw. *baxšaⁱti*, np. *baxšad* »er schenkt«: ai. *bá-kṣati;* vgl. § 6. Daneben ai. *bájati*, jAw. *bažat̰* (§ 276), zu § 123.

5) *sákša-* »nachgehen, hinter her sein«: jAw. *haxšōit̰* »er möge nachg.«, *haxšaya* »ich möchte h. h. s.«: ai. *sákṣantas* (Geldner, Studien, 1, 7). Daneben ai. *sáčatē*, jAw. *hačaⁱti*, § 123.

6) *u̯áxša-* »sprechen«: jAw. *vašanhe* »du sagst«, bal. *gvašant* »sie spr.«; zu ai. *uváča* »er hat gespr.«. S. dazu § 54 f.; Studien 2, 22; ZDMG. 48, 147 No.

7) *rása-* »gewähren, gönnen«: gAw. *rånhē* »ich gönne«, *rånhanhōi* »du gönnst«: ai. *rásatē* »er giebt«. S. dazu ai. *rātíṣ* »Gabe«, np. *rād* »freigebig«.

III. Die Wurzel ist tiefstufig.

8) *g̑r̥bz̑á-* »ergreifen, nehmen« (*bz̑* aus *b + s*, § 53 I): jAw. *gərᵊfšāne* »ich will ergr.«, *grᵊfšəmnō* »ergreifend« (*fš* nach § 53 II; *rᵊ* für *ərᵊ*, § 268, 39): Pa. *gēppati*, pr. *gēppai* »er nimmt«. S. dazu ai. *gr̥bṇáti*, § 132.

Aus den neueren Dialekten erwähne ich noch: np. *dōšad* »er melkt«, bal. *dōšant* »sie m.« gegenüber ai. *dógdhi* nach § 122; s. dazu § 53 II; — bal. *mušant* »sie reiben« gegenüber jAw. *marᵊzaⁱti* nach § 123; *uš* aus ar. *r̥xš* (§ 57); u. a. m.

§ 137. *16. Klasse;* ai. *čikīrṣati; dípsati.*

16. St. = red. $\sqrt{}$ + *s* + *a*. Desiderativ. Die reduplicirte Wurzel — und zwar meist in der Tiefstufenform (vgl. dazu AF. 2, 90 f.); doch s. b — wird mit *s* (*š*) und dem thematischen *a* vermehrt. Zur Reduplication s. § 102; als ihr Vocal begegnet *i* und *u*, nie *a*. Der Hauptton dürfte ursprünglich auf dem Themavocal gestanden haben, ist aber im Indischen auf die Reduplicationssilbe gerückt; vgl. § 126. — Beispiele dieser Bildungsweise bietet nur das Awesta.

a. 1) *g̑ig̑išá-* »antreiben wollen«: jAw. *jijišanuha* »suche anzutreiben«: ai. *jigīṣati* (bei Gramm.).

2) Aw. (!) *čixšnuša-* »befriedigen wollen« (vgl. S. 54 oben): gAw. *či-xšnušō* »befr. wollend«.

3) *šušrūšá-* »hören wollen«: jAw. *susrušəmnō* »lauschend«: ai. *šú-śrūṣatē*.

4) *didr̥γžá-* »festsetzen wollen« (*γž* aus *g̑ + s*, § 53 I): gAw. *dīdərᵊžō* »du wolltest fests.«.

5) *mimaγžá-* »feiern wollen« (*a* aus *n̥*, *γž* aus *g̑ + s*, § 53 I): gAw. *mimaγžō* »feiern wollend« (Part.); zu ai. *mahiṣṭhas*.

6) *didr̥šá-* »unternehmen wollen«: gAw. *dīdarᵊšatā* »er nahm sich vor«[1]: ai. *didhīrṣā*.

7) *īγžá-* »sich beeifern« (§ 53 I, 6; 98, 4; 102 I, 1 c): gAw. *īžā* »Eifer« (Nom. act.); zu ai. *īhatē;* vgl. § 205.

Eine besondere Stellung nehmen ein:

8) *dibžá-* »betrügen« (*bž* aus *b* + *s*, § 53 I): gAw. *diwžaidyāi* »zu betrügen« (Inf.): ai. *dípsati* »er betrügt«; zu ai. *dabnóti.*

9) *šikšá-* »lernen«: jAw. *asixšō* »nicht lernend« (Part.): ai. *šíkšati* »er lernt«; zu ai. *šaknóti.*

Zur Entstehung dieser Stammkategorie s. Studien 2, 161 ff. und BRUGMANN, Grundriss 2, 1028.

10) *u̯iu̯ānsá-* »übertreffen wollen«: gAw. *vīvǝnghatū* »er soll zu übertreffen suchen«; zu jAw. *vanaiti* »er übertrifft«. Vgl. hierzu ai. *jígāṣati* zu *hánti* »er tötet« und AF. 2, 90 f.; unten § 299, 3.

b. 11) *didrayžá-* »festsetzen wollen« (s. 4 und § 55): gAw. †*dīdrayžō.duyē* »ihr wollt (für euch) festzetzen«.

12) *žižnāsá-* »kennen lernen wollen«: Aw. *zixšnāǝhǝmnā* »kennen lernen wollend« (Part.): ai. *jíjñāsatē;* vgl. § 86.

1 Diese schon im Air. Verbum 129 (s. AF. 2, 90) gegebene Fassung ziehe ich auch jetzt noch der von GELDNER, BB. 14, 14 vorgeschlagenen vor.

§ 138. *17. Klasse;* ai. *yōkšyáti.*

17. St. = $\sqrt{}$ + *si̯* + *a*. Futurum, dessen Bildung durch Vermehrung der Wurzel mit *si̯* (*ši̯*) und dem thematischen Vocal erfolgt. Die normale Form der Wurzel ist die der Hochstufe; doch s. b. Nur im Awesta zu belegen. Formen gleich ai. *bavišyáti* oder gr. τενέω — mit idg. *ǝsi̯-*, bzw. *esi̯-;* s. BB. 17, 109 ff.; BRUGMANN, Grundriss 2, 1094 — fehlen.[1]

1 Ist die altindische Betonung auf dem thematischen Vocal altererbt, so möchte ich daraus schliessen, dass die Ausbildung dieser Tempusform erst nach Abschluss der Ablautsperiode erfolgt ist.

a. 1) *u̯akšyá-* »sagen«: gAw. *vaxšyā* »ich werde s.«; jAw. *vaxšyeite* »es wird gesagt w.«: ai. *vakšyáti.*

2) *žansyá-* »erzeugen«: jAw. *zą̄hyamnanąm* »der künftig erzeugt werdenden«; gegenüber ai. *jani̯šyáti.*

3) *u̯arxšyá-* »wirken«: jAw. *varǝšyamna* »die künftig gethan werdenden«; zu jAw. *vǝrǝzyeiti* »er wirkt« (§ 34).

4) *šaušiá-* »helfen«: jAw. *saošyąs* »Heiland« (»der helfen wird«).

5) *dāsiá-* »setzen«: jAw. *dāhyamnanąm* »der künftig gesetzt werdenden«: ai. *dāsyáti.*

b. 6) *būšiá-* »werden«: jAw. *būšyantąm* »der künftigen«: lit. *búsiu* »ich werde sein«, gegenüber ai. *bavišyáti*[1].

1 Zu np. *bāšad* »er wird sein« das von VULLERS, Inst. ling. Pers.2 113 und J. DARMESTETER, Ét. Ir. 1, 219 dem ai. *bavišyáti* gleichgestellt wird, s. unten § 157.

§ 139. *18. Klasse;* ai. *mrdáti.*

18. St. = $\sqrt{}$ + *d*, *dʰ* + x. Vgl. BRUGMANN, Grundriss 2, 1045 ff. *d* und *dʰ* sind im Iranischen zusammengefallen. Im Übrigen ist die Bildung der einschlägigen Formen keine einheitliche. Vgl.:

a. St. = h$\sqrt{}$ + *d* (*dʰ*) + *a;* s. § 123:

1) *u̯áižda-* »hochheben«[1]: gAw. *vōiždaṯ* »er erhob«. Vgl. 6.

2) *si̯ázda-* »zurücktreten vor-, aufgeben«[2]: gAw. *syazdaṯ* »er wich zurück«. Vgl. 5. Daneben ai. *šinasti* (§ 129).

3) *su̯ábda-* »schlafen«: jAw. *avaǝhabdaēta* »er möge schlafen«[3]. Daneben jAw. *xᵛafsa* (§ 135), ai. *svápitu* (§ 122).

4) *snáda-* »waschen«: jAw. *snāδayǝn* »sie möchten waschen«. Daneben jAw. *snayaēta* (§ 147), ai. *snāti* (§ 122).

b. St. = t$\sqrt{}$ + *d* (*dʰ*) + *i̯* + *á;* s. § 147 f.:

5) *šiždi̯á-* »zurücktreten vor-, aufgeben«[2]: gAw. *sīždyamnā* »zurückweichend, jAw. *siždyō* »aufgebend«. Vgl. 2.

c. St. = h √ + *d* (*dᵛ*) + *ai̯* + *a*; s. § 145:

6) *u̯aiždai̯a-* »hochheben«: jAw. *vōiždayantahe* »des hochhebenden«. Vgl. 1.

d. St. = t √ + *d* (*dᵛ*) + *á*; s. § 142:

7) *mr̥ždā́-* »verzeihen«[4]: gAw. *mərᵊždātā* »verzeihet«. Daneben np. *āmurzad* »er verzeiht« (§ 124). S. ai. *mr̥ḍáti*, *mr̥ḍáyati*[4].

[1] So Jackson, AJPhil. 12, 67 f. — [2] Vgl. BB. 13, 87 f. — [3] S. noch die Causativbildung jAw. *xᵛabdayeⁱti*, § 151. — [4] Studien 2, 173 ff. Wie np. *āmurzīdan* zeigt, geht jAw. *žd*, ai. *ḍ* auf idg. *γd*, nicht auf *zd*, wie ich gegenüber Brugmann, IdgF. 1, 171 bemerken will.

§ 140. 19. *Klasse;* gr. τύπτω.

19. St. = t √ + *t* + *á*. An die Tiefstufenform der Wurzel wird *t* mit dem thematischen Vocal gefügt. Aus den altiranischen Dialekten kenne ich keinen sichern Beleg, es sei denn, dass jAw. *jīštayamnō* »verachtend« (vgl. Geldner, 3 Yasht 128 und ai. *mr̥ḍáyati* neben *mr̥ḍáti*, § 139 d) hierher anstatt zu § 152 zu stellen ist. Aber auch die neueren bieten, so viel ich sehe, nur ganz wenige Beispiele. Vgl.:

1) *šuptá-* »durchbohren«: np. *suftad* »er durchbohrt«; daneben *sumbad;* vgl. § 130, 4 und unten 3[1].

2) *suptá-* »schlafen«: np. *xuftad* »er schläft«; daneben *xuspad*, § 135.

3) *guptá-* »verbergen«: np. *nihuftad* »er verbirgt«; daneben *nihumbad;* s. 1[1].

Man beachte dazu, dass auch im Griechischen dem praesentischen τ fast stets π vorausgeht; vgl. G. Meyer, Gramm.[2] § 501. Dieses Zusammenstimmen verbürgt gegen Geiger, IdgF. 3, 117 das Alter der iranischen Formen. S. im übrigen Vullers, Institutiones[2] 151 f.; J. Darmesteter, Études 1, 200 f. — Vgl. § 151 a. E.

[1] Vgl. dazu gr. τύπτω und τύμπ-ανον; ferner zu np. *nihuftad* Horn, Grundriss 236 f. und jAw. *gufrəm*.

II. Ab 1 ō. Praesentien mit vocalischen Suffixen*).

§ 141. **20.** *Klasse;* ai. *tárvati*.

20. St. = √ + *u̯* + *a*. *u̯* und der thematische Vocal bilden den Praesensstamm. Die Wurzel erscheint in der Gestalt der Hoch- oder Tiefstufe. Die letztere Form (a) ist vermutlich die ursprüngliche. Vgl. im übrigen Per Persson, Wurzelerweiterung 122 ff., 132 f. und die 8. indische Praesensklasse: *karṓti, kurvánti*. Unthematisch flectirte Bildungen wie diese sind im Iranischen nicht sicher nachzuweisen; vielleicht in jAw. *aⁱpi.γžaᵘrvatąm* »der überfliessenden« (GP.) neben *γžarᵊ.γžarəntīš* (§ 128); s. § 181 d.

a. 1) *gīu̯a-* »leben«: ap. *jīvāhy*, jAw. *jvāhi* (d. i. *jīv°*, § 268, 17) »du sollst leben«, Phlv. *zīvand* »sie leben«: ai. *jīvati*, lat. *vīvō*. Daneben jAw. *jiyaēša* »du lebtest«, § 126.

2) *sr̥u̯a-*[1] »erhalten, schützen«: jAw. *nišhaᵘrvaⁱti* (*šh* für *š*, § 287) »er erhält«. S. dazu jAw. *harᵊta* »der Erhalter«.

b. 3) *kasu̯a-* »singen, klirren«: jAw. *kahvąn* »sie sollen kl.«; s. dazu Bezzenberger, BB. 16, 246.[2]

4) *patu̯a-* »fliegen«: jAw. *para.paϑwatō* »des heranfliegenden« (§ 268, 38). Daneben jAw. *pataⁱti* »er fliegt«, § 123.

5) *āpu̯a-* »erreichen«: jAw. *āfənte* (*f* aus *pu̯*, § 70, 76) »sie werden erreicht«. Daneben ai. *āpnṓti*, § 131.

*) Abgesehen vom thematischen Vocal; s. S. 67 No.

[1] So setze ich den Stamm an nach ai. *tūrvati* »er überwindet«, vgl. jAw. *taurvayeiti* (§ 145). Das *e* in lat. *servāre* beweist so wenig wie das von *sternere*; s. Studien 2, 80 No. Vgl. übrigens jetzt Pedersen, BB. 19, 298 ff.; könnte aber lat. *Sergius* nicht auf **se-ẓγ-ịos* (zu gr. ἔχω) gehen? — [2] Zu Justi's jAw. *kastra-* »Glocke«, das zu vergleichen ja am nächsten läge — auch bei Horn, Grundriss 283 —, s. Geldner, KZ. 28, 406 f. und unten § 198.

Brugmann hat für unsere Praesentien keine besondere Klasse aufgestellt; vgl. Grundriss 2, 882 f.; s. auch Caland, GGA. 1893, 402. Für mich waren insbesondere die Beispiele 2, 4 und 5 bestimmend, die Brugmann vermutlich nicht gekannt hat. Dagegen bin ich ihm darin gefolgt, dass ich Praesentien wie ai. *drávati* »er läuft« neben *drā́ti* nicht besonders, sondern zu § 123 gerechnet habe. Formen wie ap. *stravaʰ* »du sündigtest«, np. *diravad* »er erntet« ziehe ich sonach trotz jAw. *starəm* »Sünde«, *ā-stāraiti*, *āstryeiti* »er befleckt, steckt an« und *yavanąm dərᵊtanąm* »des geernteten Getreides« zu einer »Wurzel« **strau̯-*, bzw. **drau̯-*. Doch bestreite ich nicht, dass das *u̯* dieser »Wurzeln« und das der Praesensformen wie jAw. *kahvąn* u. s. w. schliesslich das nämliche Bildungselement sind; zwischen den Wurzeldeterminativen und den Tempussuffixen besteht nur ein zeitlicher Unterschied.

§ 142. *21. Klasse;* gr. ἔπτη.

21. St. = t $\sqrt{}$ + *ā́*. Unthematisch. Die Tiefstufe der Wurzel wird mit betontem *ā* vermehrt. Gelegentlich kommt auch die Hochstufe vor; s. b. — Ich nehme an, dass *ā* in der Stellung vor Consonanten aus *āi* hervorgegangen ist (s. § 80, 3), und dass die 21. Klasse mit den beiden folgenden in engem Zusammenhang steht, insofern als *ī* bei 22 die Tiefstufe zu unserm *ā* (*āi*) bildet, während *āi̯a* einfach das Plus des Themavocals aufweist. Formen mit bewahrtem *āi* sind Studien 2, 63 verzeichnet; das Iranische bietet kein ganz sichres Beispiel. — Schon sehr frühzeitig wurde das *ā* (*āi*) in Formen verschleppt, denen eigentlich *ī* zukam. Für unrichtig aber halte ich Brugmann's Annahme, es seien die *ā*-Praesentien überhaupt von Anfang an abstufungslos flectirt worden; Grundriss 2, 951; s. auch Per Persson, Wurzelerweiterung 93. Vgl. ferner § 143 über das Verhältnis von np. *pursīd-an* zu g. *parsād-mūn* »fragen«. — S. im übrigen Studien 2, 61 ff., 114 ff. — Vgl.:

a. 1) *ptā-* »fallen«: np. *uftād* »er fiel«, aus ir. **au̯aptāta* (§ 116, 2; Horn, Grundriss 22): gr. ἔπτη[1]; s. dazu jAw. *pataiti*: ai. *pátati* (§ 123); np. *uftad* »er fällt«: gr. ἐπτόμην (§ 124).

2) *grā-* »werfen«: jAw. *ni-γrāire* »sie werden geworfen« (§ 121, 2): gr. ἔβλητο; s. dazu gr. βέλος.

b. 3) *mrau̯ā-* »sagen«: jAw. *mravāire* »sie sagen« (§ 121, 2)[2].

4) *āsā-* »sitzen«: jAw. *åŋhāire* »sie sitzen« (§ 121, 2)[3].

jAw. *zanāt̰* »er kannte«, wozu auch afγ. *pē.žanam* »ich erkenne«, setzen meines Erachtens ein ar. **žanā-* voraus, mit *a* aus *n̥*, das ebensowohl hierher als zu § 132 gestellt werden kann[4], während np. *dānam* u. s. w., mit *ā* aus *n̥̄*, nur zu § 132 gezogen werden können; man vergleiche zum Quantitätswechsel des vor dem Praesenssuffix *n°* auftretenden Sonanten J. Schmidt, KZ. 26, 382 f. und ai. *vr̥ṇṓti* — *ūrṇṓti* (aus **vūr̥n°*; Osthoff, MU. 4 X). Derselbe Wechsel noch bei jAw. *mąnayən* »sie möchten meinen« (*ą* aus urir. *ā*, § 296, 3): afγ. *manam* »ich meine«, vgl. got. *munan*; s. ai. *manutē* (§ 131); — jAw. *vānāni* »ich will gewinnen«: *vanāni*; vgl. ai. *vanā́ti* (Conj.); s. ai. *vanutē* (§ 131).

[1] Der *ī*-Stamm in *petītus*; s. Studien 2, 183. — [2] S. dazu § 143, 1. — [3] Vgl. ai. *ā́sīnas* »sitzend«, Studien 2, 128. — [4] S. ebd. 120 f. Anders freilich über jAw. *zanāt̰* (und lit. *žino*) J. Schmidt, Festgruss 181. Man beachte aber, dass für urir. *°ān°* afγ. *°ūn°* zu erwarten wäre; s. Geiger, ABayrAW. 20. 1, 204.

Die Stämme der *ā*-Klasse wurden schon sehr frühzeitig mit andern Praesenssuffixen erweitert. So weisen z. B. ap. *xšnāsātiy* »er soll erkennen« und lat. *gnōscō* (§ 135) auf eine ursprachliche Inchoativbildung **γnō-sx'e-ti* hin; *γnō-* aber ist Praesensstamm einer Wurzel *γen-;* vgl. oben No. 4 und Studien 2, 108, 120. Entsprechend hat auch die *ī*-Form des Stamms als Unterlage zur Inchoativbildung gedient: jAw. *fraγrisəmnō* (*i* statt *ī*, § 268, 1) »erwachend« gehört zu ai. *jāgarti*, gr. *ἐγείρω;* vgl. dazu jAw. *fraγrārayeⁱti, fraγrāγrāyeⁱti* »er erweckt« (§ 151) und *fraγrātō* »beim Erwachen« (BB. 9, 311), die ein *ā*-Praesens zur Voraussetzung haben. — — Auf der andern Seite stellt sich das *ā* der 21. Klasse auch hinter andern Praesenssuffixen ein; vgl. gAw. *mərᵊždātā* »verzeihet« (§ 139 c), woneben sich im Indischen *mṛḍīkás* »gnädig« (BB. 15, 241), *mṛḍīkám* »Gnade« mit dem Ablaut *ī* findet; vgl. Studien 2, 174 f. und lat. *amāte — amīcus*.

§ 143. **22.** *Klasse;* ai. *ásīt*.

22. St. = $\sqrt{}$ + *ī*. Unthematisch. An die Wurzel tritt *ī*. Die Gestaltung der Wurzel ist dabei keine einheitliche; vgl. Studien 2, 202 f. — Die 22. Klasse gehört mit der vorhergehenden zusammen; beide bilden ursprünglich éin System; vgl. § 142. Das Hauptgebiet für die *ī*-Formen im Verbum finitum war im Arischen unstreitig die 2., 3. Sing. Praet. Act.; ihre Ausgänge: *-īš, -īt* haben sich schon frühzeitig auf Tempusstämme beliebig andrer Bildung übertragen. — Ich verzeichne aus dem Iranischen folgende Einzelformen:

a. 1) jAw. *vyā-mrvītā* »er sagte sich los«: ai. *ábravīt*[1].

2) np. *būd* »seid«: lat. *fīte;* ap. *būyāʰ* »er möge sein«: lat. *fīet* aus idg. **bʰu̯-ī-te, *bʰu̯ī-i̯ē-t;* s. § 76.[2]

b. 3) jAw. *vaⁱnīṯ* »er besiegte«; neben *vanaⁱti* »er besiegt« (s. § 142).

4) gAw. *sāhīṯ* »er lehrte«; neben *sāstī* »er lehrt« (§ 122).

In diesen Fällen fügt sich *ī* an die Tief- oder Hochstufenform der Wurzel. Dagegen erscheint es hinter ausgesprochenen Tempusstämmen in:

c. 5) gAw. *daⁱdīṯ* »er setzte«; zu § 126.

6) jAw. *mərᵊnčaⁱnīš* »du gefährdetest«; zu § 133.

Weiteres s. meine Studien 2, 157 ff.

[1] Caland, KZ. 32, 302. Der *ā*-Stamm ist in jAw. *mravāⁱre* erhalten, § 142, 3. — [2] S. Studien 2, 187 ff. Der *ā*-Stamm steckt in lat. *sedē-bās*, air. *bā* u. s. w. (ebd. 188). Zu np. *bād* »er sei« s. § 122. Die Lesung *bēd* neben *būd* (Salemann-Shukovski, Gramm. 66) stösst meine Erklärung keineswegs um; s. oben § 132 zu np. *dānīd* »ihr wisst« und das mit *būd* gleichbedeutende *buvīd*, das auf ar. **bʰu̯ai̯ta* zurückgehen wird, den Optativ zu ai. *bʰúvat*.

Vom Verbum finitum aus ist *ī* vielfach in die Nominalbildung eingedrungen; Studien 2, 170 ff. Schon aus indogermanischer Zeit stammt Phlv. *būṯ* »geworden«: lat. *fītum* aus **bʰu̯ītom*, zu 2. Insbesondere steckt unser *ī* in den zahlreichen Infinitiven des Neupersischen auf *-īdan* wie *baxšīdan* »schenken« u. s. w.; s. übrigens auch § 132 zu *darrīdan*. Sehr bemerkenswert ist es nun, dass im Gabri diesem np. *-īd-an* durchweg *-ād-mūn* oder *-ād-vān* (§ 261) gegenüber steht: np. *pursīdan* »fragen« — g. *parsādmūn*, vgl. *dāštan* »halten« — *dāštmūn;* s. § 142.

Formen mit *i* vor dem Personalsuffix wie ai. *śvásiṣi, vámiti*, die gewöhnlich — freilich zu Unrecht; s. IdgF. 3, 6 f. — denen wie *brávīmi* gleichgestellt werden, sind mir im Iranischen nicht bekannt; wegen jAw. *vindita* s. § 129; ferner § 147 zu ai. *svápimi*.

§ 144. **23.** *Klasse;* ai. *gṛbʰāyáti*.

23. St. = t $\sqrt{}$ + *āi̯* + *á*. *āi̯* mit dem thematischen Vocal tritt an die Wurzel, und zwar normal an deren Tiefstufenform; doch s. b. Die 23. Klasse unterscheidet sich von der 21. principiell blos durch die thematische Flexionsart; vgl. Nu. 2 und Studien 2, 90 ff. Das Iranische bietet ganz wenige Beispiele. Doch s. § 145 f. — Vgl.:

a. 1) *gṛbāi̯á-* »ergreifen«: ap. *agarbāya^h* »er ergriff«, jAw. *gə^urvāin* (d. i. **gərwāyən*, § 268, 2, 21, 37, 56; 301, 1) »sie ergriffen«: ai. *gṛbāyáti* »er ergreift«. S. dazu § 145.

2) *rupāi̯á-* »rauben«: np. *rubāyad* »er raubt«. Vgl. got. *biraubōþ* »er beraubt«[1], mit unthematischer Flexion (Klasse 21) und hochstufiger Wurzelform.

3) *a-pukšāi̯á-* »ehrend, gnädig behandeln«: np. *baxšāyad* »ist gnädig«. Vgl. ai. *pūjayati* und HORN, Grundriss 45 f.

b. 4) *u̯ādāi̯á-* »zurückstossen«: gAw. *vādāyōiṯ* »er möge zurückstossen«[1]. Vgl. gr. ὠθέω und Studien 2, 144.

[1] Got. *biraubōþ* wird sein *au* statt *u* dem Einfluss von Nominalbildungen gleicher Wurzel zu verdanken haben. In gleicher Weise mag idg. **u̯ōdʼēi̯éti* (Nu. 4) zu seinem Langvocal gekommen sein. Vgl. Studien 2, 183 f.; anders BRUGMANN, Grundriss 2, 1106 ff.

§ 145. ***24.** Klasse;* ai. *iṣayati.*

24. St. = t $\sqrt{}$ + *ai̯* + *a*. Die 24. Klasse ist aus der 23. hervorgegangen, indem das suffixale *ā* im Anschluss an die Formen der 30. und 31. Klasse durch *a* ersetzt wurde; s. Studien 2, 93 f. Die Tiefstufe der Wurzel ist normal; es kommt aber wie in der Mutterklasse auch die Hochstufe vor. Der Accent lag zunächst auf dem schliessenden *a*. — Vgl.:

a. 1) *gṛbaia-* (neben *gṛbāi̯á-*) »ergreifen«: jAw. *gə^urvaya* (§ 268, 56) »ergreife«: ai. *gṛbáyantas* »die ergreifenden«.

2) *išai̯a-* »anregen«: gAw. *išayą̄s* »anregend«: ai. *iṣáyati* »er regt an«, *iṣayatē* »dem anregenden«.

3) *s̑ʼadai̯a-* »scheinen« (*a* aus idg. *u̯*): jAw. *saδaye^iti* »er scheint«, ap. *θadaya^h* »er scheine«: ai. *čadáyati* »er scheint«. Vgl. ai. *čantsat* »er scheine«.

4) *žʼu̯ai̯a-* »rufen«: jAw. *zbaye^iti* (§ 76) »er ruft«: ai. *hváyati*. Vgl. ai. *hávatē* »er ruft«.

5) *tṛrai̯a-* »hinübergehen«: ap. *viyatarayāma^h* »wir setzten über ...« (§ 109, 1): ai. *turáyati.*

b. 6) *patai̯a-* »fallen, stürzen«: jAw. *apatayən* »sie stürzten«: ai. *patáyanti* »sie fliegen«. S. Studien 2, 182, unten § 151.

Mehrmals begegnet das *ai̯-a* unsrer Klasse in Verbindung mit Praesensstämmen andrer Bildung. So:

kṛntai̯a- »schneiden«, § 130: jAw. *kərʼntaye^iti* »er zerschneidet«: ai. *kṛntáyati*. S. Studien 2, 104 f.; WHITNEY, Grammar² § 1042 h.

tṛu̯ai̯a- »überwinden«, § 141: jAw. *ta^urvaye^iti* »er überwindet«.

kṛnau̯ai̯a- »machen«, § 131: ap. *akunavaya^ntā* »sie machten«; s. BB. 13, 68, unten § 290, 4.

Vgl. noch jAw. *zayayāmi* »ich führe weg«, § 148 (11); *vōižda-yantahe*, § 139, 6 (vgl. ai. *mṛḍáyati*); *dādarayō*, § 128. Es steht frei, dieser Gruppe auch jAw. *apatayən* u. ähnl. (§ 123, 151) zuzuzählen.

§ 146. ***25.** Klasse;* ai. *bujēma.*

25. St. = t $\sqrt{}$ + *ai̯*. Unthematisch. Aus der vorigen Klasse durch Überführung in die unthematische Conjugation erwachsen; s. Studien 2, 127. Ein weitres indisches Beispiel dafür möchte ich in *iṣēma* RV. 8. 44, 27 erkennen; s. § 145, 2. Wie in Klasse 23 und 24 erscheint auch hier einige Male die Hochstufenform der Wurzel. — Vgl.:

a. 1) *gṛžʼai̯-* »klagen«: jAw. *gərʼzaēta* »sie klagte«.

2) *ni-šīdai̯-* (*i* aus idg. *ə*) »sich setzen«: jAw. *nišhiδōiš* »du setztest dich«; vgl. § 124, 5.

b. 3) *i̯azai̯-* »verehren«: jAw. *yazaēta* »er verehrte«; vgl. § 123.

Wie *ī* der 22. Klasse, so wurde auch *ai* zum öftern über sein ursprüngliches Gebiet hinausgetragen; so z. B. jAw. *fraorᵊnaēta* »er wählte« (§ 131; 268, 41); *nišādayōiš* »du liessest sich setzen« (§ 151); *xšayōit̰* »er herrschte« (§ 148) u. a. m.

§ 147—150. *i̯a-Praesentien.*

Vgl. auch § 134, 138, 139 b.

§ 147. **26.** *Klasse;* ai. *nášyati.*

26. St. = h $\acute{\sqrt{}}$ + *i̯* + *a*. Die Hochstufenform der Wurzel wird um *i̯* und den thematischen Vocal vermehrt. Der 26. Klasse schliesst sich eng die 27. an, bei der an die Tiefstufenform der Wurzel *i̯* mit betontem Themavocal angefügt wird. Ihr gegenseitiges Verhältnis entspricht dem, welches zwischen der 2. (ai. *bávati*) und 3. Klasse (ai. *tudáti*) besteht. Wie nun aber neben diesen beiden Klassen eine nahverwandte unthematische steht, nämlich die erste: ai. *ēmi* — *imás* (§ 122), ebenso treffen wir auch neben den *i̯°/e*-Formen der 26. und 27. Klasse unthematische mit dem Stammausgang *i;* vgl. ai. *páśyata* »seht«: lat. *specite;* — got. *hafjam* »wir heben«: lat. *capimus;* — ksl. *sŭplją* »ich schlafe«: ai. *svápimi.* Solche Formen wie ai. *svápimi* weiss ich aus dem Iranischen nicht zu belegen; s. noch § 143. — Vgl.:

1) *śráiši̯a-* »sich anhängen«: jAw. *sraēšyeⁱti* »er hängt sich an«; dagegen ai. *ślíšyati* nach § 148.

2) *kráuši̯a-* »anschreien«: jAw. *xraosyōit̰* »er möge anschreien«.

3) *g̑ʹádʰi̯a-* »bitten«: jAw. *jaⁱδyat̰* »er bat«, ap. *jadiyāmiy* (d. i. *jady°*, § 270 c) »ich bitte«: gr. θέσσεσθαι.

4) *nášya-* »zu Grunde gehen«: jAw. *nasyeⁱti* »er geht z. Gr.«: ai. *nášyati.*

5) *u̯áki̯a-* »sagen«: gAw. *vašyetē* »es wird gesagt«. Aber ai. *ucyátē*, nach § 148.

6) *stā̆i̯a-* »stellen«: jAw. *stāyamaⁱde* »wir stellen«, ap. *astāyam* »ich stellte«: lit. *stójůs* »ich stelle mich«. Daneben jAw. *stayata* »er stellte, er stellte sich«: ksl. *stoją* »ich stehe«, nach § 148.

§ 148. **27.** *Klasse;* ai. *yujyátē.*

27. St. = t $\sqrt{}$ + *i̯* + *á*. — oder auch *ii̯;* vgl. § 83, 4; 95, 4 — mit betontem Themavocal schliesst sich an die Tiefstufenform der Wurzel. Im Indischen haben von diesen Praesensbildungen die alte Betonung auf dem Themavocal fast nur jene bewahrt, welche als Passiva gebraucht wurden, während sonst der Accent auf die Wurzelsilbe zurückgezogen wurde. Dass diese Neuerung schon im Arischen begonnen habe, dafür bietet das Iranische keinerlei Anhalt[1]. Es finden sich auch »Passiva«, die ihrer Bildung nach zur 26. Klasse gehören; s. z. B. § 147, 5 und WHITNEY, Grammar[2] § 768 ff.

1) *riši̯á-* »beschädigen; Schaden nehmen«[2]: jAw. *ⁱrišyeⁱti* »er beschädigt«; »er nimmt Schaden«: ai. *ríšyati* dss.

2) *drug̑ʹi̯á-* »lügen«: gAw. *adrujyantō* »des nichtlügenden«, ap. *adurujiyaʰ* (d. i. *°jy°*; § 270 c) »er log«: ai. *drúhyati* »schädigt«.

3) *śrūi̯á-* »hören«: jAw. *sruyata* »er wurde gehört«: ai. *áśrūyata.*

4) *ukši̯á-* »wachsen«: jAw. *uxšyeⁱti* »er wächst«. Dagegen got. *wahsja* »ich wachse«, nach § 147.

5) *u̯ṛži̯á-* »wirken«: jAw. *vərᵊzyeⁱti* »er wirkt«: got. *waurkja* »ich wirke«.

6) *kṛi̯á-* »machen«: *kiryeti* »er wird gem.«[3], *kiryeⁱnte* »sie werden gem.« (mit *iry* für *əʳry*, § 268, 40). Aber abweichend ai. *kriyátē*, Pass.; s. dazu 7.

7) *stṛi̯á-* »breiten«: jAw. *avāstryata* »er wurde hingestreckt«, *ustryamnō* »ausgestreckt« (für *us-striy°*, § 268, 11, 58): ai. *striyátē*, Pass.

8) *śasi̯á-* (mit *a* aus *n̥*) »nennen«: ap. *ϑahyāmahy* »wir werden genannt«[3]: ai. *śasyátē,* Pass.

9) *ǯāi̯a-* (mit *ā* aus *n̥̄*) »gignere, nasci«: np. *zāyad* »nascitur«, bal. *zāyant* »gignunt«: ai. *jā́yatē*. — jAw. *zayeⁱti* »nascitur«[3], *zayeⁱnte* »nascuntur« u. s. w. verdanken ihr *a* dem Wechsel von *ā-i̯a-* und *a-i̯a-* bei *ā-* und von *āi̯-a* und *ai̯-a* bei *āi*-Wurzeln; z. B. *stāya-* — *staya-*, § 147, 6; *pāya-* — *paya-*, § 122, 10.

10) *iž'i̯a-* (mit *i* aus *ə*) »verlangen«: jAw. *izyeⁱti* »er verlangt«. Vgl. dazu jAw. *āziš* »Gier« und IdgF. 5, 215 f.

11) *d'ai̯á-* (mit *a* aus uridg. *ə*, § 69) »setzen«: jAw. *niδayeⁱnte* »sie werden niedergelegt«, *niδayat̰* »wurde niedergelegt«[1]. Aber ai. *dīyátē,* Pass.[4].

12) *s'i̯á* »schneiden«: jAw. *syāt̰* »er soll schn.«: ai. *čyáti* »er schneidet«. Zu gAw. *sāzdūm* (§ 156) »ihr schnittet«.

13) *sni̯i̯á-* »waschen«: jAw. *snyåṇte* (mit *y* für *iy*, § 268, 11)[4] »sie sollen w.«. Daneben *snayaēta* »er möge w.«, s. Nu. 11. Zu ai. *snātás* »gebadet«.

[1] Für gAw. **pəšyeⁱntī* Y. 44, 20, das Brugmann dafür geltend macht, Grundriss 2, 1069 f. — s. übrigens AF. 2, 49 f. — hat die Neuausgabe *pišy°*, wozu Geldner, BB. 12, 98. — [2] Mit activer und passiver (reflexiver) Bedeutung; s. auch § 147, 6. — [3] Passiv mit Activendung; die Zahl solcher Formen ist gering. — [4] Zur Herkunft des *ī* in diesen und ähnlichen aind. Passivformen s. Studien 2, 76. Im Iranischen sind sie nicht nachweisbar; doch muss eingeräumt werden, dass jAw. *snyåṇte* (13) auch für *snīy°* stehen kann; s. § 268, 11.

Bei den Formen aus *an-* und *ar*-Wurzeln ist es nicht immer möglich zu entscheiden, ob sie hierher oder zu § 147 gehören, da einerseits idg. *n̥n* und *aˣn* in *an*, anderseits *r̥r*, *r̥̄* und *aˣr* in *ar* zusammengefallen sind; s. § 56 ff., 61 ff. Das gilt z. B. von:

a) jAw. *manyete* »er meint«, ap. *maniyāhy* »du sollst meinen«: ai. *mányatē;* vgl. ksl. *mĭnją* »ich meine«; — jAw. *janyåṇte* »sie sollen getroffen werden«: ai. *hanyátē*, Pass.; —

b) jAw. *baⁱryeⁿnte* »sie werden getragen« gegenüber ai. *briyátē;* — ap. *amariyatā* »er starb«, np. *mīrad* (aus ir. **mari̯atai;* § 301, 2 No. 2) »er stirbt« gegenüber jAw. *miryeⁱte* (für *məʳry°*, s. 6) und ai. *mriyátē*.

§ 149. **28.** *Klasse;* ai. *śrā́myati.*

28. St. = d$\surd$ + *i̯* + *a*. *i̯* mit dem Themavocal tritt an die Dehnform der Wurzel[1]. Ich kenne im Iranischen nur:

rāmi̯a- »ruhen«: jAw. *rāmyāt̰* »er soll ruhen«.

[1] Vgl. dazu Whitney, Grammar[2] § 763 f. Brugmann, Grundriss 2, 1069 lässt ai. *dā́myati* »er bändigt« aus idg. **dm̥̄i̯eti* hervorgehen. Ich verweise aber zu jAw. *rāmyāt̰* wegen des *ā* auf jAw. *rāmōiϑwəm* und np. *ārāmad* (§ 125). Die von Kretschmer, KZ. 31, 409 für ai. *dā́myati* u. s. w. vorgeschlagene Erklärung passt für jAw. *rāmyāt̰* nicht, wie die Wörtersammlung bei Whitney, Wurzeln 137 lehrt. Und ai. *mā́dyati?* Vgl. § 61, 2 No. 2.

§ 150. **29.** *Klasse;* gr. *τιταίνω;* ai. *dēdišyátē.*

29. St. = red. t$\surd$ + *i̯* + *á*. Der Praesensstamm besteht aus der reduplicirten tiefstufigen Wurzel mit *i̯* und dem Themavocal. Die Reduplication ist einfach (a) oder verstärkt, Intensiva (b); zu den letztern s. § 128. Die Zahl der Beispiele ist gering. — Vgl.:

a. 1) *i̯aiši̯a-* »sieden«: jAw. *yaēšyantīm* »die siedende«. S. jAw. *yaēšənta,* ai. *yḗšati* 6. Kl., ai. *yayastu* 5. Kl., ai. *yásyati* 26. Kl.

2) *i̯aiži̯a-* »verehren«: jAw. *frā-yaēzyantąm* (Vp. 14, 1) »die zu verehrende«; § 209, 14. S. *yazaⁱte* 2. Kl.

b. 3) *śaušuki̯á-* »brennen«: jAw. *saosučyō*[1] »brennend« (*č* statt *š*, § 8). S. ai. *śṓśučānás,* 7. Kl.

4) *rāriši̯a-* (*i* aus *ə*) »abfallen«: gAw. *rārəšyeⁱntī* »sie fallen ab« (*ə* für *i*, § 268, 9)[2].

[1] V. 8, 74 Glosse. Nicht ganz sicher. — [2] Vgl. gAw. *rå̊nhayǝn* »sie brachten zum Abfall«; s. GELDNER, KZ. 30, 515. Gegenüber BURCHARDI, BB. 19, 182, s. IdgF. 4, Anz. 12.

§ 151. *30. Klasse;* ai. *pātáyati, vardáyati.*

30. a. St. = d √ + *áį* + *a*. An die Wurzel tritt betontes *a* mit *į*
b. St. = h √ + *áį* + *a*. und dem thematischen Vocal. In offener Wurzelsilbe erscheint *ā*, in geschlossener *a*[1]. Causativum und Iterativum[2]; vgl. BRUGMANN, Grundriss 2, 1147 ff.

a. 1) *trāsáįa-* »erzittern lassen«: jAw. *ϑrå̊hayete* »er erschreckt«: ai. *trāsáyati.*

2) *ni-šādáįa-* »sich setzen lassen«: ap. *niyašādayam* »ich setzte«, jAw. *nišåδayaṯ* »er setzte«: ai. *nišādáyati.*

3) *šrāųáįa-* »hören lassen«: jAw. *srāvayaṯ* »er sagte her«, np. *sarāyad* »er singt« (aus ir. **srāųaįat°*; J. DARMESTETER, Études 1, 109): ai. *šrāváyati.*

4) *tāpáįa-* »erhitzen«: jAw. *tāpaye[i]ti* »lässt warm werden«: ai. *tāpáyati.*

5) *ųāráįa-* »bedecken«: jAw. *vāraye[i]ti* »er bedeckt«: ai. *vāráyati.*

b. 6) *ųaidáįa-* »wissen lassen«: jAw. *vaēδayaṯ* »er liess w.«: ai. *vēdáyati.*

7) *raukáįa-* »leuchten lassen«: jAw. *raočaye[i]ti* »er lässt leuchten«: ai. *rōčáyati.*

8) *ųakšáįa-* »wachsen lassen«: jAw. *vaxšayatō* »die beiden lassen wachsen«: ai. *vakšayam* »ich liess w.«.

9) *žambáįa-* »zermalmen«: jAw. *zǝmbayaδwǝm* »ihr zermalmtet«: ai. *jambáyati.*

Causativformen gleich den altindischen wie *sṭāpáyati* »er veranlasst zu stehen« lassen sich im Iranischen nicht nachweisen; jAw. *frašāupaye[i]ti* (Yt. 8, 33), s. v. a. ai. *pračyāváyati,* halte ich für verderbt; s. Yt. 8, 9.

[1] Ein Versuch diese Verschiedenheit in der Gestalt der Wurzelsilbe zu erklären, findet sich IdgF. 3, 4 f. — [2] Dieser Term. techn. nach der slavischen Grammatik. Im Arischen lässt sich nur die Intensivbedeutung nachweisen.

Causativa mit unregelmässiger Wurzelform sind wie im Indischen selten. Ein beiden Dialekten gemeinsames Beispiel ist:

patáįa- »fallen machen, stürzen m.«: jAw. *patayeni* »ich will st. m.«: ai. *patáyanta,* woneben *pātáyati.*

Andre Formen mit *aįa-* von abweichender Bildung, welche nicht deutlich causative Bedeutung haben, werden unsrer Klasse zu Unrecht zugezählt; s. Studien 2, 105, 182 f.; jAw. *hāčayene* Yt. 5, 18 »ich will veranlassen zu folgen« gehört hierher, aber *hačayeni* Yt. 5, 8 »ich will folgen« stelle ich zu § 145.

Ein Causale aus einem *d*-Praesens ist jAw. *x[v]abdaye[i]ti* »er schläfert ein«, s. § 139. Analog entstammt ai. *gātáyati* dem *t*-Praesens zu *gan-* (*hánti*), § 140. Und in gleicher Weise sind die aind. Causativa auf *-páyati* zu deuten.

Der Intensivstamm steckt in den Causativen jAw. *frāyrāyraye[i]ti* (Hdss. °*yrāy*°) und *frayrāraye[i]ti* »er erweckt«; s. § 102 II, 5 und ai. *jāgaráyati* bei WHITNEY, Grammar[2] § 1025. S. ferner jAw. *titāraye[i]ti* zu § 126; IdgF. 1, 490.

II Ab 1 ε. DENOMINATIVE PRAESENTIEN.

§ 152. *31. Klasse; Denominativa mit į;* ai. *bišajyáti.*

31. St. = Nom. St. + *į* + *a*. An den Nominalstamm tritt *į* mit dem thematischen Vocal.

a. *a*-Stämme.

α. *a* bleibt; ai. *artáyatē.*

1) Ar. (ai.) *dʰāra-* »Besitz« u. s. w.: jAw. *dārayeⁱnti* »sie haben in Bes.«, ap. *dārayāmiy* »ich habe in Bes.«: ai. *dʰāráyati*[1].

2) jAw. *arᵊza-* »Kampf«: *arᵊzayeⁱntīš* »die kämpfenden«[2].

3) jAw. **fšaona-* »Mast«: *fšaonayehi* »du brauchst zur Mast«.

β. *a* fällt; ai. *viturydti.*

4) jAw. *vāstra-* »Futter«: *vāstryaēta* »er möge nähren«.

5) jAw. *baēšaza-* »Arznei«: *baēšazyati*[*ča* »er heilt«. S. 8.

b. *u*-Stämme; ai. *gātuyáti.*

6) jAw. *aŋhu-* »Herr«: *aŋhuyᾱti* »er soll sich zu eigen machen«.

c. *n*-Stämme; ai. *brahmaṇyáti.*

7) jAw. *vyāxman-* »Beratung«: *vyāxmanyata* »er überlegte«.

d. Stämme auf Geräuschlaute.

8) jAw. *bišazyāt̰* »er soll heilen«: ai. *bišajyáti;* s. ai. *bišájas* »die Ärzte«. Vgl. 5; § 153, 1; 176 b α.

9) gAw. *nəmaŋhyāmahī* »wir verehren«: ai. *namasyáti;* s. jAw. *nəmō:* ai. *námas* »Verehrung«.

Hierher stelle ich auch die wenigen Verba auf *arja-;* s. BRUGMANN, Grundriss 2, 1116, WHITNEY, Grammar[2] § 1062 a. Die beiden einzigen iranischen Formen sind: ap. *āpariyāyaⁿ* für **ahap°* »sie bezeugten Ehrfurcht«: ai. *saparyáti*[3]; — jAw. *vaδaⁱryavō* »die brünstigen«, vgl. ai. *vadʰryúš;* s. Studien 2, 82; unten § 190, 2.

[1] In der ind. Grammatik wird *dʰāráyati* als Causale geführt. Dagegen aber spricht die Bedeutung. — [2] S. aber Studien 2, 179. — [3] Studien 2, 67 ff.

§ 153. *32. Klasse; Denominativa ohne Suffix; ai. bišákti.*

32. St. = Nom. St. Der Nominalstamm wird ohne besondere Erweiterung thematisch oder unthematisch flectirt. Vgl.:

1) jAw. *bišazāni* »ich will heilen«: ai. *bišákti.* S. § 152, 5 und 8.

2) jAw. *vārəntaē*[*ča* »sie regnen«, np. *bārad* »es regnet«. S. ai. *vár* »Wasser«, jAw. *vārəm* »Regen«.

3) jAw. *fyaŋhuntaē*[*ča* (d. i. **fyaŋhvant°*, § 268, 22) »sie hageln«. S. jAw. *fyaŋhum*[*ča* »den Hagel«.

Anhang zu II Ab 1.

§ 154. 3. *Sing.* (*Aor.*) *Pass. auf -i.*

Vgl. oben § 116, 2. Die Norm ist: offene Wurzelsilbe hat *ā*, geschlossene *a;* s. 151 mit No. — Vgl.:

1) gAw. *avāčī* »er wurde genannt«: ai. *ávāči.*

2) gAw. *srāvī* »er wurde gehört«: ai. *śrāvi.*

3) ap. *adāriy* »er wurde festgehalten«: ai. *ádʰāri.*

4) ap. *aθahy* »es wurde gesagt«: ai. *śąsi;* beide aus ar. **śansi;* s. § 61 f., 270 c, 8.

Kurzen Vocal zeigt gegen die Norm:

5) jAw. *jaⁱni* »er wurde getötet«.

In einzelnen Fällen kommt *i* auch hinterm Praesensstamm vor: jAw. *ərᵊnāvi* »es wurde verdient«; § 131. Vgl. gAw. *sraot̰: srāvi* = jAw. *ərᵊnaot̰: ərᵊnāvi.*

II Ab 2. *s*-Aoristgruppe.

Vgl. dazu die *s*-Praesentien, § 136—138. — Die Zahl der nachweislichen *s*-Aoristformen des Iranischen ist geringfügig, lässt aber die ursprachlichen Abstufungsverhältnisse noch mit hinreichender Deutlichkeit erkennen.

§ 155. *Allgemeines.*

Die Flexion der *s*-Aoriste war, wie ich annehme, in ältester Zeit durchweg unthematisch, ihre Stammform also quantitativ wechselnd (§ 101, 3). Und zwar begegnen wir hier einer dreifachen Abstufung: der 1. 2. 3. Sing. Praet. Act. liegt eine besondre Stammform zu Grunde, der Dehnstamm, während sich die Bildung der übrigen Personen aus dem starken und schwachen Stamm principiell in gleicher Weise vollzieht wie beim Praesens.

Litteratur bei Brugmann, Grundriss 2, 1169 f. und Johansson, KZ. 32, 508. S. noch § 170.

Vor dem Zeichen des *s*-Aorists treffen wir öfter noch einen Vocal an, im Griechischen *ε*: ᾔδεα, im Altindischen *i*: *áyāviṣam*, welch letzteres, da zweifellos mit gr. *ε* = idg. *e* im Ablaut stehend, auf idg. *ə*, zurückführt; vgl. BB. 17, 109 ff. Ein Paar Beispiele des *əs*-Aorists liefert auch das Iranische. Sehr unsicher dagegen ist, was man aus dem Awesta den aind. *siṣ*-Aoristen zur Seite gestellt hat. — Der Hauptfundort für sigmatische Aoristbildungen sind die Gathas, vgl. KZ. 29, 288 ff., 318 ff.

§ 156. *1. Klasse;* ai. *áǰāiṣam.*

1. Dst. = d$\sqrt{}$ + *s*; St. St. = h$\sqrt{}$ + *s*; Schw. St. = t$\sqrt{}$ + *s*. *s* (bzw. *š*) tritt direkt an die Dehnstufen-, Hochstufen- und Tiefstufengestalt der (einsilbigen) Wurzel an. Vgl.:

1) *nāits-*: *naits-*: *nits-* »schmähen«: jAw. *nāist* »er schmähte«; — — jAw. *nista* »schmähet« (?). Vgl. § 136, 2; 170.

2) *śrāuš-*: *śrauš-*: *śruš-* »hören«: gAw. *sᵊraošānē* »ich will h.«: ai. *śrōṣan* »sie sollen h.«; — — gAw. *asrūždūm* »ihr wurdet gehört«.

3) *ďārš-*: *ďarš-*: *ďr̥š-* »halten«: gAw. *dārᵊšt* »er hielt«: ai. *adārṣ̌īt* (Gramm.); — np. *dāšt* »er hielt, wurde geh.« (aus ir. **dāršta*; § 116, 2); — — ap. *adaršiy* (oder °*šaiy*, them.) »ich erhielt«, mit *ar* aus ir. *ar* oder *r̥*.

4) *mārkš-*: *markš-*: *mr̥kš-* »gefährden«: gAw. *marᵊxšaⁱtē* »er soll gef.«; — — jAw. *mərᵊxšānō* »gefährdend«.

5) *māns-*: *mans-*: *mas-* »denken«: gAw. *mąstā* »er dachte« (mit *ą* aus ar. *an* oder *ān*): ai. *mąsta*, *mą́sta*; — gAw. *mə̄nghāi* »ich will d.« (aus ar. **mans*° oder **māns*°): ai. *mą́sāi*; — — gAw. *mə̄hmaⁱdī* »wir dachten« (aus ar. **masm*°): ai. *masīyá*.

6) *u̯āns-*: *u̯ans-*: *u̯as-* »besiegen, übertreffen«: gAw. *vąs* »er übertraf« (aus ar. **u̯ānst* oder **u̯anst*; § 94, 1); — gAw. *və̄nghaⁱtī*, *və̄nghat̰* »er soll bes.« (aus ar. **u̯ans*° oder **u̯āns*°): ai. *vą́sat*.

7) *ďāiš-*: *ďīš-* »sehen«: gAw. *dāiš* »du sahst«; — — gAw. †*dīšəmnāi* »dem sehenden«: ai. *ďīṣamāṇa-*. Vgl. BB. 13, 72; KZ. 30, 328.

Aus vereinzelt stehenden Stammformen des *s*-Aorists seien hier noch angeführt:

8) gAw. *varᵊšaⁱtī* »er soll wirken«, *varᵊšvā* »wirke« (mit *š* aus ar. *xš*) neben jAw. *vərᵊzyeⁱti* »er wirkt«.

9) gAw. *tāšt* »er zimmerte« (mit *š* aus idg. *xš* + *s*; § 51, 1, 3) neben ai. *tákṣati* »er zimmert«. Vgl. § 136, 1.

10) gAw. *baxštā* »er nahm Teil«: ai. *ábakta* neben ai. *bájati* »er nimmt Teil«.

11) gAw. *stånhat̰*, jAw. *stånhaⁱti* »er soll stehen«: gr. ἔστησα.

12) gAw. *ϑrāzdūm* »ihr schütztet«: ai. *trádvam* (§ 43) neben ai. *tráyasē*, jAw. *ϑrāyente*.

Weiteres § 170.

Thematische Formen sind nicht häufig. Vgl.: jAw. *tāšat̰* »er zimmerte« neben gAw. *tāšt*, 9; — jAw. *asąsat̰* »er vollzog« neben gAw. *sąs*, 3. Sg.

und *sąstā* 2. Pl.; s. gAw. *sǝndā* »vollziehe«; Geldner, BB. 14, 18 und § 94, 1; — jAw. *jaǝhǝntu* »sie sollen kommen« (§ 199, 2); — jAw. *uzvažaṯ* »er entführte (§ 35); — sodann in den Conjunctiven: jAw. *nāšā̊ite* »er soll verschwinden« neben *nasyeⁱti* »er verschwindet«; — jAw. *pašāṯ* »er soll fesseln« zu gr. πήγνυμι u. a.

§ 157. **2.** *Klasse;* ai. *dyāvišam.*

Grundsätzlich ist alles wie bei der 1. Klasse, nur dass für *s* (*š*) *iš* (aus idg. *ǝs*) auftritt. Das Iranische bietet nur ganz wenige und vereinzelt stehende Formen. Alle gehören sie Wurzeln auf *au-* an. Vgl.:

1) np. *bāšad* »er wird sein«, aus ir. **bāuišati*, Conj.[1]; neben jAw. *bavaⁱti* »er ist«. Dehnstufe.

2) jAw. *zāviši* »ich ward gerufen«, neben ai. *hávatē*. Vgl. Jackson, Avesta Reader 1, 104[2]. Dehnstufe.

3) gAw. *xšnǝvīšā* »ich will befriedigen«, aus ir. **xšnauiša* (wegen des *ī* § 268, 1); neben *xšnuyå* »sei zufrieden«. Vgl. AF. 2, 137. Hochstufe.

4) gAw. †*čǝvīšī* »ich erhoffte«, †*čevištā* »es ward erhofft« (so Pt 4, K 5); aus urir. **čauiš°*; neben ai. *kuvatē* »er beabsichtigt«. Vgl. BB. 13, 66 f.; KZ. 32, 508; Caland, KZ. 30, 542; Jackson, Grammar 185. Hochstufe.

[1] Vgl. IdgF. 4, 131. Eine falsche Erklärung wurde § 138 erwähnt. — [2] Anders, aber kaum richtig, Geldner, BB. 14, 22.

§ 158. **3.** *Klasse;* ai. *dyāsišam.*

Jackson, Grammar 185 verzeichnet als einzigen iran. Vertreter jAw. *dāhīš* »du setztest«. Vgl. noch jAw. *frazahīṯ*, nach Caland, KZ. 31, 262 zu ai. *hāsišam* »ich verliess«. Ich halte diese Fassung der Formen nicht für richtig. S. Studien 2, 157, 166, 169.

II Ab 3. Perfectgruppe.

§ 159. *Allgemeines.*

1. Wie die Flexion des *s*-Aorists, so war auch die des Perfects in ältester Zeit ausschliesslich unthematisch. Und wie dort erscheinen auch hier drei verschiedene Stammformen. Aber die Dehnform ist zunächst auf éine Person beschränkt: die 3. Sing. Act. des Praesens, und auch hier findet sich der Dehnvocal nur in dem Fall, dass die Silbe offen ist; das Perfect geht in dieser Hinsicht mit dem Causativum und dem Passivaorist auf *-i* zusammen (§ 151, 154). S. noch § 171.

2. Der im indischen Perfect so überaus häufige sogenannte »Bindevocal« *i*, über dessen Herkunft und etymologischen Wert ich auf KZ. 29, 274 f. verweise, ist im Iranischen nur in éiner finiten Form sicher zu belegen, in jAw. *vaozirǝm* »sie zogen«; s. § 121 und AF. 2, 97. Vielleicht enthalten ihn auch die Participien jAw. *jaɣnvå* (beachte die Variante *jaiɣ°*, § 301) »getötet habend«: ai. *jaǵnivā́n* und *jaxšvå* — Bedeutung unbekannt; ob zu ai. *jakṣivā́nṯ* —, in denen *v* für *iv* geschrieben sein kann; s. ebd. und § 268, 17.

3. Die Perfectstämme zeigen mit wenigen Ausnahmen Reduplication, sowohl einfache als verstärkte. Vgl. hierüber § 102, wo auch die Abweichungen vom Indischen aufgeführt sind. Das reduplicationslose Perfect ist aller Wahrscheinlichkeit nach nicht ursprünglich, aber sicher bereits ursprachlich. Die Ursache des Verlusts ist noch nicht ermittelt; auf lautlichem Weg ist er schwerlich erfolgt, vgl. IdgF. 3, 37; eine andre Vermutung bei Brugmann, Grundriss 2, 410, 1215. Wegen der anscheinend reduplicationslosen altindischen Perfectstämme mit innerm *ē*: *pēčē*, *pētátur* u. s. w. s. KZ. 27, 337 ff. und neuerdings IdgF. 3, 9 ff. Dem ai. *yēt-ē* »er ist bestrebt« entspricht jAw.

yaēt-atar² (§ 160, 6); ai. *ē* = jAw. *aē* gehen hier auf ar. *ai;* — dem ai. *sēd-úr* »sie haben gesessen« steht jAw. *hazdyāt̰* gegenüber; ai. *ēd* vertritt hier ar. *azd.* Im Übrigen beruhen jene *ē*-Stämme auf speciell indischer Nachbildung, daher z. B. ai. *nēś-ur* »sie sind verloren gegangen«, aber gAw. *nąs-vå* (§ 160, 8; 163, 2). JOHANSSON, IdgF. 3, 249 f. verstehe ich nicht.

Litteratur bei BRUGMANN, a. O. 2, 1203 f., wozu noch KZ. 29, 275.

4. Auf dem iranischen Gebiet sind uns Perfectformen nur in den beiden alten Dialekten bezeugt und zwar bietet das Altpersische nur eine einzige Form (§ 160, 2).

Ich scheide: 1. Perfecta mit einfacher, 2. mit verstärkter Reduplication, 3. reduplicationslose. Die Formen der beiden ersten Klassen gehen öfters durcheinander. Diejenigen awestischen Perfecta, welche *ī* oder *ū* in der Reduplicationssilbe zeigen, rechne ich zur 1. Klasse; s. oben § 102 I, 1 b No.

§ 160. *1. Klasse*; ai. *jajána*.

1. Dst. = red. d $\acute{\sqrt{}}$;	Perfect mit einfacher Reduplication.
St. St. = red. h $\acute{\sqrt{}}$;	Die 3. Sing. Praes. Act. hat Dehnung,
Schw. St. = red. t $\sqrt{}$;	aber nur vor einfacher Consonanz.

Im Übrigen verteilen sich die Stämme auf die finiten Formen grundsätzlich ebenso wie im Praesens; s. § 101, 3. Vgl.:

1) *dadā̆r-*, *didā̆r-: dadr-* »halten«: jAw. *dadāra*, *didāra* »er hält fest«: ai. *dadā́ra;* — — jAw. *dadrānō* »festhaltend«: ai. *dadrāṇás.* S. § 161, 1.

2) *kakā̆r-: kakr-* »machen«: Ap. *čaxriyāʰ* »er möge machen«: ai. *čakriyās.* S. § 161, 2.

3) *sasā̆n-: sasn-*, *sasan-* (mit *an* aus *n̥n*) »verdienen«: jAw. *hanhāna* »ihr habt verdient«: ai. *sasāna* »er hat v.«; — — jAw. *hanhanušē* »dem der verdient hat«: ai. *sasanúṣī.*

4) *mamā̆n-: mamn-*, *maman-* (*an* aus *n̥n*) »denken«: jAw. *mamanāⁱtē* »die beiden haben gedacht«: ai. *mamnā́tē;* — jAw. *mamnē* »er hat ged.«

5) *ǵagā̆m-: ǵagm-*, *ǵagam-* (mit *am* aus *m̥m*) »kommen«: jAw. *jaγmyąm* »ich möchte k.« geg. ai. *jagamyām;* — jAw. *jaγmūšīm* »die gekommen ist«: ai. *jagmúṣī.* — S. noch § 163, 3.

6) *i̯ai̯ā̆t-: i̯ait-* »sich bestreben«: jAw. *yayata* »er ist bestrebt«; — — jAw. *yaētatar²* »die beiden sind bestr.«: ai. *yētḗ* »er ist bestr.«.

7) *u̯au̯ā̆k-: u̯auk-* »sagen«: jAw. *vavača* »er hat ges.«: ai. *vavā́ča;* — jAw. *vavaxδa* »du hast ges.: ai. *uvákťa;* — jAw. *vavačata* »es soll ges. werden«; — — gAw. *vaoxᵊmā* »wir haben ges., jAw. *vaočē* »es ist ges. w.«: ai. *ūčimá*, *ūčḗ.* — S. noch § 163, 1.

8) *nanā̆ś-: nanś-* »zu Grunde gehen«: gAw. *nənāsā* (*ə* aus *a*, § 298, 1) »er ist zu Gr. geg.«: ai. *nanā́śa;* — — gAw. *nąsvå* »abgegangen von«. — S. noch § 163, 2.

9) *didu̯aiš-: didu̯iš-* »beleidigen«: jAw. *didvaēša* »ich habe bel.«: ai. *didvḗṣa;* — — jAw. *didvīšma* »wir haben bel.« (§ 268, 1).

10) *tūtā̆u̯-: tūtu-* »vermögen«: jAw. *tūtava* »er vermag«: ai. *tūtā́va;* — — jAw. *tūtuyå* »du mögest im Stand sein«.

11) *ā̆s-* »sein«[1]: jAw. *åŋha* »er ist gewesen«, *åŋhar²* »sie sind gew.«: ai. *ā́sa*, *āsúr.*

12) *ā̆i̯-* »gehen«[2]: gAw. *āyat̰* »er soll gehen«, gAw. *āyōi* »ich gehe«; — jAw. *āiδi* »geh«. — S. § 125, 1.

13) *dadā̆-: dad-* »setzen«: gAw. *dadāϑā* »du hast ges.«: ai. *dadā́ťa;* — jAw. *daδa* »er hat geschaffen«: ai. *dadā́u;* — — jAw. *daᵊδe* »er hat gesch.«: ai. *dadḗ.* S. § 161, 3.

14) *sištā-: sast-* »stehen«: jAw. *hišta* »ich habe gest.«; s. ai. *tastháu;* — — jAw. *višastar*[1] »sie stehen auseinander«: ai. *tasthúr.*

Beachte noch von allein stehenden Formen jAw. *bvāva* »er ist« (d. i. ar. **bubāva*) gegenüber ai. *babhūva.* S. § 161, 4; 268, 12, 37 und IdgF. 3, 35.

[1] S. dazu § 102 I, 1 c. — [2] Vgl. IdgF. 3, 33.

§ 161. **2.** *Klasse;* ai. *dādhāra.*

Alles wie bei der ersten Klasse, aber mit verstärkter Reduplication; s. § 102 II, 4. Es finden sich nur wenige vereinzelte Formen. Ich verzeichne hier:

1) gAw. *dādrē* »er hält fest«; s. ai. *dādhāra.* S. § 160, 1.

2) jAw. *čāxrare* »sie haben gemacht«. S. § 160, 2.

3) jAw. *dāδar*[ə] »sie haben gesetzt«. S. § 160, 13.

4) jAw. *bābvar*[ə] »sie sind gewesen«. S. § 160 a. E.

5) gAw. *čāxnar*[ə] »sie haben Gefallen gefunden« neben jAw. *čakana,* 3S.: ai. *čākana.*

6) jAw. *dādarᵊsa* »ich habe gesehen« gegenüber ai. *dadárša,* gr. δέδορκα.

7) gAw. *vāvərᵊzātar*[ə] »die beiden haben gethan«; *vāvərᵊzōi* »es ist gethan w.« Daneben *vavarᵊza* »er hat gethan«.

§ 162. **3.** *Klasse;* ai. *vḗda.*

Wie bei der ersten Klasse, aber ohne Reduplication. Wenige Formen. Vgl.:

1) *u̯aid-: u̯id-* »wissen«: gAw. *vaēdā* »ich, er weiss«: ai. *vḗda,* gr. ϝοῖδα; — — gAw. *vīdyāṯ* »er möge wissen«: ai. *vidyā́t;* — gAw. *vīdušē* »dem wissenden«: ai. *vidúṣē.*

2) [*aiš-:*] *iš-* »ich habe in der Macht«: gAw. *isē* »er hat in d. M.«; — jAw. *isānəm* »verfügend über«. Vgl. ai. *īšē, īšānás* und got. *aih* »ich habe«; IdgF. 3, 37 f.

§ 163. *Das thematische Perfectpraeteritum;* ai. *ávōčat.*

Aus dem Perfect hat sich frühzeitig ein besonderes Praeteritum — mit aoristischer Bedeutung — abgelöst, dessen Grundlage der schwache Perfectstamm mit dem thematischen Vocal bildete. Vgl.:

1) *u̯auka-* »sagen«: jAw. *vaočaṯ* »er sagte«: ai. *ávōčat,* gr. ἔειπε; — jAw. *vaočāṯ, vaočōiṯ* »er soll, möge sagen«: ai. *vōčā́t, vōčḗt.* S. § 160, 7.

2) *nanša-* »zu Grunde gehen«: gAw. *nąsaṯ* »er ging z. Gr.«: ai. *ánēšat* (§ 159, 3). S. § 160, 8.

3) *ǵagma-* »kommen«: jAw. *jaγmaṯ* »er kam«. S. § 160, 5.

II Ac. ZUR FLEXION DES VERBUMS.

Ich beabsichtige hier lediglich eine Reihe von ergänzenden Einzelbemerkungen zu geben, welche die uriranische Verbalflexion beleuchten sollen, insbesondre natürlich in ihren Beziehungen zu der indischen. Doch bemerke ich, dass ich auf lautliche Abweichungen der Personalsuffixe nicht weiter eingehe, indem ich dieserhalb auf § 105 ff. verweise. Eine vergleichende Zusammenstellung des im Aw. und Ap. vorhandenen verbalen Stoffs wird unten gegeben werden.

II Ac 1. Zur thematischen Conjugation.

§ 164. *Der thematische Vocal.*

Der thematische Vocal, idg. *e—o,* erscheint im Arischen im Allgemeinen als *a,* das ich für den regelrechten Vertreter beider Vocale in allen Stellungen ansehe; s. § 69. Bekanntlich aber steht dem europäischen *o* der 1. Du. und Plur. im Altindischen durchweg, im Altiranischen überwiegend *ā* gegenüber: jAw. *barāmahi:* ai. *bárāmasi*, *bárāmas*, aber gr. φέρομες. Ich führe das awestische *a* in jAw. *yazamaide*, *taurvayama* u. ähnl. (gegenüber ai. *yájāmahē*) auf einzelsprachliche Übertragung zurück (Gāϑā's 114 No.)[1] — die metrischen Gatha's und das Altpersische haben nur *ā*, [auf welches auch das *ū* in afγ. *vṛū* »wir tragen« zurückgeht, s. § 112] — und nehme mit J. Schmidt, KZ. 25, 7 und Anderen an, dass das arische *ā* der 1. Du. und Plur. dem Einfluss der 1. Sing. Praes. Act. zu danken ist, welche im Arischen auf *-ā* (= gr. -ω), aber auch schon auf *-āmi* ausging (§ 106).

[1] In den neueren Dialekten erscheint das kurze *a* auch in der 1. Sing., z. B. np. *baram* »ich trage« gegenüber jAw. *barāmi*.

§ 165. *Zu den thematischen Tempora und Modi.*

Die iranische Grundsprache hat hier, so viel sich erkennen lässt, die Geleise der arischen Grundsprache an keiner Stelle verlassen[1].

Bemerkenswert ist die Suffixdifferenz in der 3. Plur. des Optativs: jAw. *barayən* gegenüber ai. *bárēyur* (§ 111), jAw. *yazayanta* gegenüber ai. *yájēran*, *yájērata* (§ 119). jAw. *barayən* deckt sich genau mit gr. φέροιεν (statt *φέροεν nach φέροις u. s. w.). Vielleicht sind die *r*-Suffixe im Arischen nur beim unthematischen Optativ (§ 172) üblich gewesen.

[1] Wenn ich Geldner's Bemerkung KZ. 30, 326: »gd. *isōyā*, 1. Opt. med. nach der them. Conj., der Ausgang entspricht skr. *-ēya*« recht verstehe, so ist damit gemeint, dass *-ōyā* und *-ēya* sich lautlich decken. Dann würde die in ai. *bárēyam*, *bárēya* u. s. w. vorliegende Neubildung — Herübernahme des *ai* (*ē*) von *bárēṣ̌* u. s. w. her — für arisch anzusehen sein; gd. *isōyā* wäre auf ar. **Ꮣaiį̯a* zurückzuführen. Das ist weder beweisbar noch irgend wahrscheinlich. Aw. *-ōy-* findet sich auch sonst, wo man *-y-* oder *-īy-* erwartete, s. § 268, 11; und in den übrigen sicher thematischen Optativformen steht vor vocalisch anlautendem Suffix durchweg *-ay-*: jAw. *haxšaya*, gAw. *vāurayā* u. s. w.; AF. 2, 65 f.

II Ac 2. Zur unthematischen Conjugation.

§ 166. *Die 2. Plur. Praet. Act.*

Die 2. Plur. (und Du.) Praet. Act. wurden mindestens schon in arischer Zeit, insbesondere dann, wenn sie in nichtpraeteritaler Bedeutung, als »Injunctive« gebraucht wurden, etwa ebenso häufig aus dem starken als aus dem schwachen Stamm gebildet, welch letzterer der allgemeinen Regel (§ 101, 3) entspricht. Die vedischen Beispiele hat Bloomfield, AJPh. 5, 16 ff. zusammengestellt. — Vgl.: zur 1. Kl.: jAw. *staota* »preiset«: ai. *stótā*[1]; — gAw. *sraotā* »höret«: ai. *śrṓta*[1]; — gAw. *mraotā* »ihr sagtet« geg. ai. *brūta*; — jAw. *upa-šaēta* »wohnet«; zu *šaēti*: ai. *kṣ̌ēti*; — [2]gAw. *dātā* »setzet«: ai. *dắta*[1]; — jAw. *pāta* »schützet«: ai. *pāta*; — — zur 10. Kl.: jAw. *nisrinaota* »ihr verleiht«, gAw. *dəbənaotā* »ihr betrügt«; s. ai. *sunṓta*[1]. — Die normalen Stammformen zeigen im Altiranischen nur: ap. *itā* »geht«: ai. *itá* (neben *étō*[1]; § 105, 4); gAw. *uštā*, zu *vasᵊmī*: ai. *vášmi* — zur 1. Kl. —; jAw. *dasta* »gebet«: ai. *dattá* (neben *dádāta*), zur 5. Kl. und *nista* (s. § 170). Das ap. *jᵃtᵃa* »schlaget« kann *jatā*, aber auch *jaⁿtā* gelesen werden, s. ai. *hatá* und *hánta*[*na*[1]; s. § 270 c, 1.

[1] Man beachte die Betonung auf der Stammsilbe. — [2] Zu den beiden nächsten Beispielen s. auch § 167, 1.

§ 167. *Zur 1. Praesensklasse* (§ 122).

1. Verallgemeinerung des auslautenden Wurzel-*ā*.

Bei den Praesentien 1. Klasse aus Wurzeln auf *-ā* — und *-āį̯*, § 80, 3 — besteht schon im Arischen die Neigung, das *ā* des starken Stamms durch alle Formen durchzuführen. Wahrscheinlich ist die Verschleppung dem Vorbild der 21. Klasse (ἔπτη) zu danken, deren *ā* sicher schon in ursprachlicher Zeit die alten Grenzen überschritten hatte; s. § 142. Im activen Praesens und Praeteritum war die schwache Stammform bereits im Arischen auf die 3. Plur. beschränkt; s. auch § 172. Vgl.: gAw. *dāmā* »wir setzten«, *dātā* »ihr setztet«: ai. *dáma, dáta* gegenüber gr. ἔθεμεν; — gAw. *dāidī* »gieb«; — jAw. *vānti* »sie wehen«: ai. *vānti;* — jAw. *pāⁱte* »er sieht sich vor«, ap. *pādiy* »schütze«: ai. *pāhi* (zu *pāi-;* § 122, 10). S. dagegen: gAw. *ādarᵊ* »sie setzten«: ai. *ádur;* gAw. *daⁱntī* »sie setzen«. gAw. *dąn* »sie sollen setzen« ist wie *dántē* Conjunctiv.

2. Zur Bildung der 3. Plur.

a. Vor den *nt*-Suffixen begegnet im Altindischen einige Male, der allgemeinen Regel zuwider, der starke — hochbetonte — Praesensstamm: *śásati, tákṣati, óhatē, janata* u. a. Die gleiche Abweichung zeigen auch die Part. Praes. Act. und Med.; s. KZ. 29, 551 f., BB. 16, 268 No.; unten § 181 d, 212. Das Awesta bietet folgende Analogien: gAw. *šavaⁱtē* »sie gehen, verfahren gegen« (§ 90, 2); vgl. ai. *čyávānas*, Part.; — gAw. *varatā* »sie wählten« gegenüber ai. *vṛta* »er w.«; — jAw. †*raēzaⁱte* »sie lecken« gegenüber ai. *rihatē;* — jAw. *aojaⁱte* »sie nennen«: ai. *óhatē* »sie beachten« (?). — Das jAw. *šyeⁱti* »sie wohnen«, d. i. **šiyeⁱti,* sehe ich für eine Mischbildung aus ar. **xšái̯ati* und **xšii̯ánti* (: ai. *kṣiyánti*, jAw. *šyeⁱnti*) an; s. ZDMG. 46, 300 f.

b. Arische Bildungen mit *r*-Suffix: jAw. *sōire* »sie liegen«: ai. *śérē;* — gAw. *ādarᵊ* »sie setzten«: ai. *ádur.* Vgl. Delbrück, Ai. Verbum § 92, 118, 119, 124. Das Awesta fügt noch *aškarᵊ* »sie vergingen« hinzu; AF. 2, 51 f. Das neben *ādarᵊ* vorkommende *dąn* ist besser als Conjunctiv zu nehmen, s. oben 1; vgl. aber auch jAw. *hyąn* »sie möchten sein« geg. ai. *syúr* (§ 172, 2).

3. Zum Übertritt in die thematische Flexion s. oben § 122 Anhang.

§ 168. *Zur 5. Praesensklasse* (§ 126).

Bemerkenswert ist die Bildung der 3. Plur. Praes. und Praet. Der Accent dieser Formen wurde offenbar schon frühzeitig auf die Reduplicationssilbe zurückgezogen, daher die Suffixe mit *n̥t°* = ar. *at°* erscheinen[1]. Vgl. gAw. *dadaⁱtī* »sie setzen«: ai. *dádati;* — gAw. *dadat̰* »sie setzten«: as. *dedun* gegenüber ai. *ádadur* mit *r*-Suffix; s. § 111, 2. Die awestischen Formen mit *n* müssen jenen gegenüber für Neubildungen angesehen werden: gAw. *dadən* »sie setzten«, *dadəntē* »sie werden gesetzt«, *sazəntī* »sie halten fest« (S. 55). Der Veda hat entsprechend éinmal *ábibhran.*

[1] Ebenso im *nt*-Particip, vgl. ai. *dádat* »der setzende«; s. KZ. 29, 551 f. und § 170, 2.

§ 169. *Zur 11. Praesensklasse* (§ 132).

Unterstützt durch die 1. Sg. Praes. Act. und Med. und durch den gesammten Conjunctiv scheint die thematische Flexionsweise bei der *nā*-Klasse schon im Uriranischen in ausgedehntem Masse üblich gewesen zu sein. Das *n* des schwachen Stamms findet sich vor consonantisch anlautendem Suffix nur noch in: gAw. *fryąnmahī, hvąnmahī*, jAw. *dąnmahi* (»wir geben«) 1. Plur.; gAw. *vərᵊntē, fraorᵊnta* (für **fravərᵊnta*, § 268, 41) 3. Sg.; dazu jAw. *vərᵊndyāi*, Infinitiv. Vgl. AF. 2, 89 f.; BB. 13, 64; Studien 2, 77. Die übrigen Formen sind thematisch: jAw *frīnāmahi, fraorᵊnata* u. s. w.; ferner sämmtliche Optative: jAw. *stərᵊnaēta, stərᵊnayen* gegenüber ai. *stṛṇītá, stṛṇīyúr* u. s. w. Vgl. noch gAw. *pərᵊnā* »fülle«, 2. Sg. Imp.

§ 170. *Zum s-Aorist* (§ 155 ff.).

1. Die ursprüngliche Verteilung der Formen auf die verschiedenen Stämme hat durch Ausgleich schon frühzeitig mancherlei Verschiebungen erfahren. Und zwar sind es in beiden arischen Dialekten fast ausnahmslos die

volleren Stammformen, welche ausserhalb ihres alten Bereichs angetroffen werden. Im Ind. Act. war die schwache Stammform entschieden schon im Arischen stark eingeschränkt worden. Das Iranische bietet keinen sicheren Beleg dafür; denn jAw. *nista* »schmähet« (§ 156, 2) kann auch ar. **niϑ-ta* (zu § 122; vgl. ai. *nidānás*) oder allenfalls **ninϑ-ta* (zu § 126; s. KZ. 29, 485) vertreten, während ap. *n^aiy^ap^aiš^am^a* »ich schrieb« (*š* aus *xš*; J. Schmidt, KZ. 25, 120) ebensowohl *niyapaišam* als *°piš°* gelesen werden kann. Eine 3. Plur. Act. mit Dehnform ist gAw. *^urvāxšaṯ* »sie wandelten« (s. 2). Im Medium laufen alle drei Stammgestalten neben einander her: gAw. *asrūždūm* »ihr wurdet gehört«, *ϑraoštā* »er wurde erhalten« u. s. w.; ich verweise hierbei nochmals auf np. *dāšt*, *kāšt*, *guδāšt* u. s. w., die aus iran. **°āršta* hervorgegangen sind; s. oben § 116, 125.

Der Conjunctiv hat beinahe durchweg die starke Stammform. Ausnahmen sind: jAw. *fraδ^vrišaiti* »er soll sich wenden« (d. i. *fra-^urviš°*, § 268, 44; mit *š* aus *xš*, s. *^urvisyeiti* zu § 148) und *našāite* »er soll verschwinden« (§ 156 a. E.); vgl. dazu ai. *dṛkṣasē*, *sákṣatē*. S. noch § 156, 5 f.

Optativformen sind: jAw. *nāšīma* »wir möchten erlangen« (zu ai. *náśati*), Dehnstamm; jAw. *raēxšīša* »du möchtest lassen« (zu *^irinaxti*), starker Stamm.

2. Beachtung verdient die 3. Plur. *^urvāxšaṯ* »sie wandelten«, zu ai. *vrájati* (§ 302, 1); im Aind. entspräche **a-vrākṣur*; vgl. gAw. *dadaṯ* »sie setzten« gegenüber ai. *ádadur* (§ 168) und den Nom. Sing. masc. des *nt*-Participes ai. *dákṣat* »brennend«; s. dazu § 167 f. und KZ. 29, 551 f. jAw. *ǰaŋhəntu* ist eine Neubildung nach thematischer Art; ap. *aiš^a* kann als 3. Plur. ebensowohl ar. **āišat* als **āišan* entsprechen; vgl. § 270 c, 1; gAw. *xšnaošən* und *vəŋghən* müssen gegen KZ. 29, 318 f. für Conjunctive genommen werden; s. ai. *śrōṣan* u. s. w.

§ 171. *Zum Perfect* (§ 159 ff.).

1. Das Auftreten von *a* und *ā* in der Wurzelsilbe der 3. Sing. Praes. Act. erfolgt in alter Zeit streng nach der arischen Regel; vgl. gAw. *nənāsā*, *hišāyā*, aber *tatašā*: ai. *nanáśa*, *siṣā́ya*, *tatákṣa* (§ 34); s. KZ. 29, 275 und Whitney, Grammar² § 793 c, d. Das ai. *babū́va* »er ist geworden« wird durch jAw. *bvāva* (= ar. **bubāva*) als junge Form erwiesen. Auf altiranischer Seite kommen Abweichungen erst im jüngeren Awesta vor, z. B. *vavača* gegenüber ai. *vavā́ča*. Auch die sonstigen, wenig zahlreichen Stammformausgleichungen, z. B. gAw. *čikōitər^əš* neben ai. *čikitúr* sehe ich für einzeldialektisch an.

2. Die indicativischen 3. Plur. hatten im Arischen in beiden Genera *r*-Suffix; vgl. gAw. *åŋhar^ə*, *čikōitər^əš*, jAw. *čaxrare*, *vaozirəm*, wozu man ai. *āsúr*, *čikitúr*, *čakrirē*, *áčakriran* halte. Aber neben ai. *ámamadur*, 3. Plur. Praet. Act., steht gAw. *saškən* (s. *saškuštəma*, § 45), eine thematische Bildung — sonst wäre nach § 168 **saškaṯ* zu erwarten —, welche mit ai. *ádadṛhanta* zusammenzustellen ist; s. Whitney, Grammar² § 820.

§ 172. *Zur Flexion des i̯ā-Optativs.*

1. Das ursprünglich nur den Singularformen des Activs zukommende Optativsuffix *i̯ā-* (*i̯ē-*) — bzw. *ii̯ā-* (*ii̯ē-*) — dringt bereits im Arischen in den Dual und Plural dieses Genus. Vgl. gAw. *hyāmā*, *hyātā*: ai. *syā́ma*, *syā́ta* gegenüber lat. *sīmus*, *sītis*. Die 3. Plur. jAw. *ǰamyąn*, *ǰamyār^əš* »sie möchten kommen«, *hyār^ə* »sie möchten sein« (mit ar. *i̯ā*) halte ich für älter als die entsprechenden aind. Formen *gamyur*, *syúr*[1], welche meines Erachtens dem Muster der 1. Praesensklasse aus Wurzeln auf *ā* gefolgt sind: ai. *dā́ma*, *dā́ta*: *dúr* (gAw. *å-dar^ə*) = *syāma*, *syāta*: *syur*. jAw. *nāšīma* »wir möchten erlangen« (§ 170, 1) und gAw. *vər^əzimā*[*čā* »wir möchten wirken« (*i* nach § 294) sehe

ich für junge Bildungen nach dem Medium an, wenn schon sie sich im alten Geleise bewegen. — Die 1. Plur. jAw. *ǰamyama*, *buyama* sind kaum, wie KZ. 29, 273 vorgeschlagen wurde, *-y-ama* zu teilen, mit *-ama* = idg. *-m̥me*; s. auch BRUGMANN, Grundriss 2, 1305. Ich möchte jetzt lieber annehmen, dass °*am*° statt °*ām*° sich nach dem Vorbild der thematischen Conjugation (§ 164) eingestellt hat.

[1] Anders BRUGMANN, Grundriss 2, 1302; doch scheint mir hier der Unterschied in dem Verhältnis von ai. *syur* zu jAw. *hyārᵊ* und von ai. *a-dᵘur* zu gAw. *ā-darᵊ* nicht beachtet oder nicht hinreichend gewürdigt worden zu sein.

2. Die 3. Plur. zeigen im Indischen in beiden Genera nur *r*-Suffixe. Im Iranischen ist die 3. Plur. Med. nicht zu belegen, in der 3. Plur. Act. bietet das Awesta neben *hyārᵊ*, *ǰamyārᵊš*, *buyārᵊš* u. s. w. auch *hyąn*, *ǰamyąn*, *buyąn*, welch letztere sich näher zu den europäischen Formen stellen. Beachtung verdient, dass das Suffix *rš* bei 6maligem Vorkommen sich 5 Mal im Optativ findet, während anderseits *hyārᵊ* die einzige Optativform mit blossem *r* ist; s. § 121.

II B. DAS NOMEN.

§ 173. *Übersicht.*

1. In der indogermanischen Ursprache setzte sich jede Nominalform grundsätzlich (!, s. S. 48, 1) aus zwei Bestandteilen zusammen: dem Nominalstamm und dem Casussuffix.

2. Man unterscheidet beim Nomen drei Genera (Masc., Neutr., Fem.) und drei Zahlen (Sing., Du., Plur.). Ferner rechnet man, im Anschluss an die indischen Grammatiker, sieben, mit dem Vocativ acht Casus: Nom., Acc., Abl., Gen., Dat., Instr., Loc.; Voc. Die Verschiedenheit der Bedeutung wird teils durch verschiedene Stammbildung, teils durch Verschiedenheit der Casussuffixe erreicht.

3. Die Nominalstämme zerfallen in zwei Gruppen: Nominalstämme κατ' ἐξ., d. i. die Stämme der Substantiva, Adjectiva und Numeralia und Pronominalstämme.

Die Unterabteilungen innerhalb der ersten Gruppe werden durch die Stammauslaute bestimmt. Von der Function des stammschliessenden Lautes vor den Casussuffixen (oder auch am Wortende) ausgehend (s. S. 2 unten) stelle ich drei Klassen auf: in der ersten fungirt er ausschliesslich consonantisch, in der dritten ausschliesslich sonantisch, während er in der zweiten zwischen beiden Functionen wechselt. Ich scheide also:

1. Stämme auf Geräuschlaute;
2. Stämme auf a. Liquidae, b. Nasale, c. *i*- und *u*-Vocale;
3. Stämme auf *a*-Vocale.

Die weitere Zerlegung ergiebt sich aus der oben unter I A und B durchgeführten Teilung. Ferner sind jeweilig abgeleitete und Wurzelstämme zu unterscheiden; die ersteren teilt man wieder in primär abgeleitete, bei denen das Stammbildungssuffix an die Wurzel oder den Verbalstamm angefügt ist, und in secundär abgeleitete, bei denen es an einen Nominalstamm oder auch an eine Casusform oder ein Adverb antritt; eine ganz sichere Grenze ist nicht zu ziehen.

Die zweite Gruppe zerfällt in zwei Abteilungen; die geschlechtigen Pronomina und die ungeschlechtigen (Pron. pers.). Bei den erstern könnte man wieder nach dem Stammauslaut scheiden; doch kommen von den obigen Klassen nur 2 c und 3 in Betracht.

4. Es ist in alter Zeit nicht häufig, dass ein Nominalstamm durch alle Casus hindurch unverändert bleibt. In der letzten Silbe, der sog. Stamm-

silbe(, an welche die Casussuffixe angefügt werden,) können sämmtliche Ablautserscheinungen zu Tage treten. Je nachdem sich die Stammsilbe in quantitativ unveränderter oder in quantitativ verschiedener Gestalt zeigt, sprechen wir von ein- oder mehrförmiger Flexion; und zwar scheiden wir zwischen starker, schwacher und Dehnform des Stamms, je nachdem die Stammsilbe darin die Hoch-, Tief- und Dehnstufenerscheinungen der Ablautsreihen aufweist (§ 95 ff.; 101, 3)[1].

In der Schwachform treffen wir bei einzelnen Stammklassen die beiden Tiefstufenerscheinungen ə und o (Schwastufe und Nullstufe) neben einander an; vgl. § 96, 3. Stofflicher Ausgleich der verschiedenen Casusformen hat den alten Wechsel frühzeitig und vielfach verwischt; eine Flexion, die ursprünglich dreiförmig war, ist dadurch zu einer zwei- oder einförmigen geworden.

[1] Vgl. zu meiner Terminologie Collitz, BB. 10, 3; Bthl., BB. 17, 345.

5. Bei einigen mehrsilbigen Stämmen findet sich der Declinationsablaut ausser in der Stammsilbe auch noch in der dieser vorangehenden, der vorletzten Silbe; s. § 95, 6. Lebendig dürfte der mehrsilbige Ablaut schon zu Ausgang der indogermanischen Zeit bei keiner Declinationsklasse mehr gewesen sein. Auf einzelne Beispiele ist unten hingewiesen; vgl. z. B. § 185 No. 1.

6. In den neuern iranischen Dialekten ist die alte Nominalflexion untergegangen. Aber die alte Stammabstufung lässt sich noch vielfach erkennen. Zwei Casus sind es hauptsächlich, die sich erhalten und die übrigen verdrängt haben, der Nom. und — noch häufiger — der Acc. Sing. Weiteres unten.

Vgl. im Allgemeinen: Brugmann, Grundriss 2, 96 ff., 448 ff.; — fürs Iranische Bthl., AF. 1, 25 ff.; Handbuch 69 ff.; Jackson, Grammar 212 ff.; Spiegel, Vgl. Grammatik 162 ff.; Horn, Nominalflexion im Awesta I (Halle, Diss. 1885); Lichterbeck, KZ. 33, 175; Th. Baunack, Studien 1, 455 ff.; J. Darmesteter, Études Ir. 1, 134 ff., 256 ff.; Hübschmann, ZDMG. 41, 319 ff.

II B 1. DIE NOMINA (κατ' ἐξ.).

II B 1 a. Stammbildung.

Klasse A: Stämme auf Geräuschlaute.

Abteilung I: Auf Spiranten.

§ 174. 1. *Auf s-* [*1.*].

a. Abgeleitete Stämme. Sie zerfallen in 3 Gruppen: α) Comparative auf *i̯es-*, β) Part. Perf. Act. auf *u̯as-*, γ) die übrigen Stämme auf *as-* (*as-*, *tas-*, *nas-*). Ursprünglich dreiförmig flectirt: st. St. *as-*, Dst. *ās-*, schw. St. *s-*, bzw. *iš-*, *uš-;* im schw. St. neben *s-* auch *iš-* (= idg. *əs-*, gr. *ας-*; § 96, 3), das zu einem neuen Paradigma ausgestaltet wurde; s. § 175, 188 a, β. Die im Indischen in den Casus mit Dehnstufe auftretende Nasalirung, die ich noch immer für jung halte, ist im Iranischen nicht nachweisbar (AF. 2, 105); s. jAw. *vīδvå* NS., *vīδvåŋhō* NP. aus ar. *°u̯ās, *°u̯āsas, aber ai. *vidvā́n*, *vidvā̃sas* (s. β); vgl. Hirt, IdgF. 1, 22 zu gr. *εἰδώς*. Der Dehnstamm war im Arischen normal im NS. und APn.; ND., NP. und ASm. hatten bei β Dst, bei γ st St., während α geschwankt zu haben scheint. Die Casusbildung aus dem schw. St. war nur bei β noch lebendig, bei α fehlt sie ganz, γ hat wenige Reste.

α. Comparativ: st. St. *i̯as-*. Dst. ist im Iranischen ausser im NSm. und APn. nur éinmal bezeugt, in gAw. *nāidyåŋhəm* ASm.; s. dagegen jAw. *vaŋhaŋhəm*, *spąnyaŋhəm* ASm., *āsyaŋha* ND., *kasyaŋhō*, *frāyaŋhō*, *masyaŋhō*

NP., wozu gr. *βελτίω, βελτίους* aus idg. **°osm̥, *°oses* stimmen. — Beispiele § 208, 1.

β. Part. Perf. Act.: st. St. *u̯as-*, Dst. *u̯ās-*, schw. St. *uš-*. *u̯as-* ist im Iranischen nicht nachweislich; vgl. aber jAw. *drvō*, § 220; *u̯ās-* ist bezeugt im NS., ASm., NP.; alle andern belegbaren Casus haben *uš-*; beachte jAw. *dadūžbīš, zazušu* geg. ai. *°vádbiṣ, °vátsu;* wegen der Beziehungen der *u̯as-* zu den *u̯ant*-Stämmen s. § 212. — Beispiele § 209, 6.

γ. Die übrigen *as*-Stämme: st. St. *as-*, Dst. *ās-*, schw. St. *s-*. Das Gebiet des Dehnstamms ist NS. und APn.; eine Ausnahme bildet der feminine AS. jAw. *ušåŋhəm:* ai. *uṣ́ā́sam* (neben *uṣ́ásam*). Ganz selten, und nur im Iranischen, finden sich Casus aus dem schw. St.: jAw. *vaγžibyō* DP. neben *vačəbīš* IP.: ai. *vácobyas, vácobiṣ* zu jAw. *vačahi* LS., *hvačå* NS.: ai. *vácasi*, gr. *εὐεπής*. S. übrigens § 96, 3. — Beispiele für Suffix *as-*: *aušas-*[1], *ušas-* f. »Morgenröte«; jAw. *daožah-, dužah-* n. »Hölle« (§ 47); *du̯aišas-* »hassend«, n. »Hass« (§ 88); *manas-* n. »Sinn«; *namas-* n. »Verbeugung«; *u̯akas-* n. »Wort«; *raukas-* n. »Licht«; *žraias-* n. »Wasserfläche«; *šaras-* oder *šr̥ras-* »Kopf« (§ 56 f.) — für Suffix *tas-*: *srautas-* n. »Fluss« (§ 87); jAw. *vazdah-* n. »Stärke« (§ 53 I); — Suffix *nas-*: *raiknas-* n. »Erbe«; ir. *xᵛarnah-* n. »Majestät« (§ 89); *u̯aržnas-* n. »Werk« (§ 31).

Die Wörter der modernen Dialekte entsprechen allermeist dem alten ASn.; vgl. np. *rōz*, bal. *rōč*, afγ. *rvaj* »Licht, Tag«; np. *rōd*, bal. *rōt* »Fluss«; np. *farr* »Majestät« = jAw. *raočō*, ap. *rautaʰ*, jAw. *xᵛarᵊnō;* afγ., bal., np. *sar*, oss. *sār* »Kopf« = ir. **sarah*.

[1] In Phlv. *hōš*, wenn richtig gelesen; s. gr. *αὔως*.

b. Wurzelstämme. Abstufung vermag ich im Iranischen nur noch bei einem einzigen Stamm nachzuweisen: jAw. *hvāva-yaŋhəm* ASm. neben *ava-yąm* ASf. (§ 213)[1]; alle andern zeigen durchweg den langen *a*-Vocal. — Beispiele: *ās-* n. »Mund«; *nās-* m. (?) »Nase« (s. dazu ai. *nasóṣ*)[2]; *mās-* m. »Mond«[3]; *dās-* »gebend«[4]; *dās-* »setzend«[4], n. »Setzung« (auch in *mazdās-* »weise«, EN.); *i̯ās-* n. »Gürtel, Abschluss«; *pra]šās-* f. »Hoffnung« (s. dazu ai. *praśíṣam*); jAw. *ava]yah-, °yāh-* »abbittend«, f. »Abbitte«[1].

[1] Als schwacher Stamm mag *iš-* dazu gehören; s. § 175 b; vgl. im übrigen KZ. 28, 407; JAOS. 13, CCXII; IdgF. 3, 37. — [2] Phlv. *nāi*, § 223. — [3] Np. *māh* = ir. *māh* + x, wahrscheinlich = **māham* AS. (§ 173, 6). Ar. **mās°* hat wahrscheinlich nach § 80, 2 einen Nasal verloren; s. jAw. *māŋhəm:* lat. *mēnsem*. — [4] Vielleicht aus idg. *dō-, dʰē-* + *aᵡs-* hervorgegangen; dann wären die beiden Stämme streng genommen zu a zu stellen; s. Brugmann a. O. 2, 398. Vgl. übrigens § 126, 3.

§ 175. 2. *Auf š-* [2.].

a. Abgeleitete Stämme. 2 Gruppen: auf *iš-* und auf *uš-*. *iš-* ist sicher vielfach nichts andres als die Schwaform zu *as-* in § 174 a γ, steht also für idg. *əs-* (§ 93, 3); *uš-* ist einige Male Nullform zu *u̯-as-* (Brugmann, Grundriss 2, 399). Einförmige Flexion.

α. *iš*-Stämme: *tau̯iš-* »Gewalt«; *barziš-* »Decke«; *maniš-* »Sinn« (neben *manas-*); *sadiš-* »Sitz« (neben *sadas-*); *snaϑiš-* »Schlagwaffe«; *kariš-* »Lauf«; jAw. *vīzbāriš-* »Verkrümmung« (neben ai. *hvāras-;* ZDMG. 46, 296); alle Neutra.

Phlv. *snahiš* »Schlagwaffe« und np. *bāliš* »Kissen« (*āl* aus *arz*) weisen auf ir. *°iš* + x, obl. Casus; dagegen oss. *baz* »Kissen« (wenn aus **balz;* Hübschmann, Oss. Sprache 26) auf ir. *°iš*, AS.

β. *uš*-Stämme: *āi̯uš-* »Zeit, Alter« (s. dazu gr. *αἰϝές*)[1]; *garbuš-* »Tierjunges«[1]; Aw. *haŋhuš-* »Besitz« (Studien 1, 72); diese Neutra. Dazu *manuš-* m., EN. (? KZ. 29, 531, 535 f., 537 f.).

[1] S. dazu J. Schmidt, Pluralbildungen 142, 150. Ist in gr. *βρέφος* φ = idg. *bʰu̯*?

b. Wurzelstämme. Ablaut ist im Iranischen nachweislich bei: *du̯aiš-*, *du̯iš-* »befeindend« (§ 88); *auš-*, *uš-* n. »Ohr, Verstand«[1]; *śauš-*, *śuš-* f. »Lunge«[2]; *u̯akš-*, *u̯ākš-* »mehrend, wachsend«; — ohne Ablaut: *iš-* »fordernd«, f. »Verlangen«[3]; *δiš-* »heilend«; 1 *u̯iš-* n. »Gift«; 2 *u̯iš-* m. »Kleid«[4]; *ĝuš-* »hörend«; *žuš-* »gefallend«; *dr̥š-* f. »Gewaltthat«; *axš-* n. »Auge«[5]; *taxš-* »zimmernd«; *i̯auš-* n. »Heil«.

1 Np. *hōš* = ir. **auš* + x, vermutlich aus dem AD.; s. übrigens BB. 18, 25 f.; IdgF. 5, Anz. — 2 Np. *šuš* wohl = jAw. *suši*, ND.; dagegen kurd. *šōš* aus ir. **sauš* + x; cf. No. 1. Vgl. übrigens § 50. — 3 Vgl. § 174 b No. 1. — 4 Hier geht *i* auf idg. *ə*; vgl. lat. *vestis*, gr. ἐσθής und § 212, 1 a; ZDMG. 48, 148. — 5 S. dazu Collitz, BB. 18, 220 ff.

§ 176. 3. *Auf ś-, ž-, ž'-.* [3.].

a. *Auf ś-.*

Nur Wurzelstämme. Ablaut bei *u̯aś-*, *uś-* »wollend, dem Willen entsprechend«[1]. Ohne Ablaut: *piś-* f. »Schmuck«; *u̯iś-* f. »Haus« (s. dazu gr. οἶκα-δε)[2]; *darś-* »sehend« (s. dazu ai. *īdŕ̥śē*); *spaś-* m. »Späher«; *maś-* »gross«[3]; *nāś-* f. »Verderben« (s. dazu ai. *jīvanáṭ*).

1 Np. *bas*, bal. *gvas* »genügend« aus ir. **u̯as* + x, wohl = ap. *vasiy*, ASn., § 214, 4; vgl. Hübschmann, ZDMG. 44, 561; Bthl., IdgF. 1, 302. — 2 Bal. *gis* = ir. **u̯is* + x. — 3 Phlv., gab. *mas* = ir. **mas* + x.

b. *Auf ž-, ž'-.*

α. Abgeleitete Stämme. Ich kenne deren nur zwei, die in den jAw. Formen *karšnazō* NP. und *zərᵋδazō* (Yt. 19, 1) GS. enthalten sind: s. ai. *tr̥ṣṇáǰam* u. s. w., Brugmann, Grundriss 2, 385. S. noch § 152, 8; 153, 1.

β. Wurzelstämme. Ablaut zeigen: *δarž'-*, *δr̥ž'-* »hoch«, f. »Höhe«[1]; *manž'-*, *maž'-* »gross« (ai. nur *máh-*); Ablaut ist nicht nachweisbar bei: *rāž-* »gebietend«; *i̯āž-* »verehrend« (s. dazu ai. *diviyáǰas*); *u̯arž-* »wirkend«, f. »Werk«[2]; *u̯r̥ž-* f. »Siedelung«[3]; *dr̥ž'-* f. »Fessel«; *gūž'-* »sich verbergend«.

1 Np. *burz* = ir. **br̥z* + x. — 2 Np. *barz* = ir. **u̯arz* + x. — 3 S. aber das arm. Lehnwort *berd* »Burg«, das auf ir. **u̯arz°* schliessen lässt.

Abteilung II: Auf Verschlusslaute.

§ 177. 1. *Auf Labiale.* [4.].

Nur Wurzelstämme.

a. Auf *p-*. Ablaut zeigt: *ap-*, *āp-* f. »Wasser«[1]. Ohne Ablaut flectiren: *kšap-* f. »Nacht«[2]; *kr̥p-* f. »Leib, Fleisch«[3].

b. Auf *δ-*. Mit Ablaut *ĝaδ-*, *ĝāδ-* m. »Hand«[4].

1 Np. *āb*, bal. *āp* = ir. **āp* + x. — 2 Np. *šab*, bal. *šap* = ir. **xšap* + x. — 3 S. aber jAw. *xrafstra-* aus **krap* + *ϑtra-* (§ 40). — 4 Wenn zu ai. *gábʰastī*. Anders Fick, BB. 6, 237; Wörterbuch 1[4] 407.

§ 178. 2. *Auf Gutturale.* [5.].

a. Auf *k-*. Nur Wurzelstämme.

α. Ablautend flectiren: *u̯ak-*, *u̯āk-* m., f. »Stimme, Wort«[1]; *sak-*, *sāk-* »vereint mit«.

Ablaut fehlt bei: *śāk-* »verstehend«; *rik-* »verlassend«; *druk-* n. »Holzwaffe«; *tūtuk-* f. »Fell« (s. dazu ai. *tvačás*); *mr̥k-* »gefährdend«[2].

1 Np. *āvāz* »Stimme« = ir. **āu̯āč* + x. — 2 Der GS. jAw. *ahūm.mərᵋnčō* hat seinen Nasal vom zugehörigen Praesens (§ 129, 3); s. Bthl., KZ. 29, 506; J. Schmidt, Pluralbildungen 393 f.

β. Eine besondere Klasse bilden die zahlreichen mit idg. **ə̊k-* »sehend« und **ənk-* »sich wendend« zusammengesetzten Stämme, die sich einander schon frühzeitig beeinflusst haben; s. J. Schmidt, Pluralbildungen 388 ff. Das Iranische zeigt die Stammausgänge *āək-*, *āk-* *aək-*, und *k-*; vgl. jAw. *ny*]*ånčō* NP. geg. ai. *nyàñčas*; — Phlv. *paty*]*āk* (= ir. **patii̯āk* + x): gr. πρόσωπον; —

jAw. *vīžv]anča* NP.: ai. *samy]áñčā;* — jAw. *taras]ča* IS.: ai. *tiraš]čā;* jAw. *frača.* Wo ein Contractions-*ā* vorliegt, ist der Stammausgang nicht sicher zu bestimmen; so in jAw. *haϑrānčō:* ai. *satrā́ñčas;* ferner in np. *farāz* (= ir. **frāč* + x): ai. *prā́čā,* wo der zweite in *ā* aufgegangene Vocal idg. *a*ˣ, *ā*ˣ oder *ə* sein kann (§ 95, 5; IdgF. 3, 15); das Verhältnis von jAw. *paⁱti-ša*[1] zu ai. *pratī́čā,* wo *ī* sicher = *i* + *ə*, lässt schliessen, dass auch der *ā*-Vocal von np. *farāz,* ai. *prā́čā* neben jAw. *fraša*[1], *frača* ein *ə* enthält.

[1] Zur Herkunft des *š* darin s. IdgF. 2, 266 f. und oben § 8.

b. Auf *g-*, *ǵ-*.

α. Abgeleitete Stämme. Ich kenne nur *ušig-* m. Name einer Priesterklasse, gAw. *usixš* NS.; s. ai. *uśíjas.*

β. Wurzelstämme. Ohne Ablaut: *stig-* f. »Kampf«; *bug-* »lösend«, f. »Lösung«; °*zg-* »sich heftend an«[1]; — *aug-* »sprechend«; *drug-* »betrügend«, f. »Trug«.

[1] In jAw. *vohuna-zg-* »sich an die Blutfährte heftend«, m. »Bluthund«; zu ai. *sájati.*

§ 179—182. 3. *Auf Dentale.*

§ 179. Auf *t-*, *d-*, *d-*. [6.]

Nur Wurzelstämme; doch s. b No. 3. Überwiegend ablautslose Flexion.

a. Auf *t-*. Ohne Ablaut: *ast-* n. »Knochen«; *sakt-* n. »Schenkel«; *pat-* m. »Weg«.

b. Auf *d-*, *d-*. Mit Ablaut: *pad-*, *pād-*, *bd-* m. »Fuss«[1]; *sad-*, *sād-* »sitzend«; *zārd-*, *zᵊrd-* n. »Herz«[2]; — ohne Ablaut: *bid-* »spaltend«; *sard-* m. »Jahr« (vgl. dazu ai. *śarádam*)[3]; *rād-* f. »Weg«[4]; — 1 *yid-* »verehrend«; 2 *yid-* »treffend«[5]; *xšud-* f. »Hunger«[6]; *srud-* f. »Fluss« (§ 87); *išud-* f. »Schuld«[7]; *yrd-* f. »Stärke«; *sard-* f. »Art, Weise«; *prād-* »fördernd«.

[1] *bd-* in Compositen; s. § 219, 2. — Np. *pāi*, bal. *pād* aus ir. **pād* + x. — [2] PDs. *zārd* = ir. **zārd* + x, vielleicht = ai. *hā́rdi* AS., s. BB. 17, 119; np. *dil* = ir. **zᵊrd* + x. — [3] Anders BRUGMANN, Grundriss 2, 382. — Np. *sāl* = ir. **sard* + x; oben § 57, 2 No. — [4] Np. *rāi* »wegen« = ap. *avahya]rādiy* »des]wegen«, LS.; afγ. *lār* »Weg« (statt **rāl*, GEIGER, ABayrAW. 20. 1, 218) = ir. **rād* + x. — [5] IdgF. 1, 487 No. — [6] Bal. *šud* = ir. **šud* + x. — [7] Vgl. Studien 1, 123.

§ 180—182. *Auf t-*.

Nur abgeleitete Stämme (doch s. IdgF. 4, 127 No.). 3 Gruppen: a. auf *tāt-*, *tūt-*; b. auf *nt-*, c. auf *at-* (*āt-*, *t-*).

§ 180. *a. Auf tāt- und tūt-*. [7.]

Feminine Abstracta secundärer Bildung mit ablautsloser Flexion; vgl. BRUGMANN, Grundriss 2, 292 ff. Awestische Beispiele: *amərᵊtatāt-* »Unsterblichkeit«; *haᵘrvatāt-* »Vollkommenheit«; *drvatāt-* »Gesundheit«; *poᵘrutāt-* »Vielheit«; *uxšyąstāt-* »Wachstum«[1]; *yavaētāt-* »Dauer«[2]; *tūt-* findet sich nur in jAw. †*gadō.tūs* NS. »Räubertum«[3]. Zu den vergleichbaren np. Wörtern s. FR. MÜLLER, WZKM. 5, 352 f. und unten § 212, 217. — Das Awestische bildet zu °*tāt-* alle Casus, das Indische nur drei: IS., DS. und LS.

[1] Aus dem Part. Praes. Act. gebildet. — [2] Aus dem Dat. Sing. (§ 217) formirt; s. np. *jāvēd* (ebd.). Beachte jAw. *yavaēča tāⁱte;* mit Abtrennung des Suffixes, neben gAw. *yavaētāⁱtē*, DS. — [3] Yt. 11, 6. Wegen des *ō* s. § 264 D. Die NA. liest fälschlich gegen die besten Hdss. °*tuš.*

§ 181. *b. Auf nt-*. [8.]

Hier wieder 4 Untergruppen, und zwar:

a. Adjectiva secundärer Bildung auf *ant-*, *vant-*, *mant-*[1], die Besitz oder Ähnlichkeit ausdrücken, mit dem Ablaut *ant-*, *ānt-*, *at-* (*āt-*, s. § 97 No. 6). Die Dehnform eignete dem NS. und APn., die starke dem ND., NP., LS. und ASm. — Beispiele: ap. *čiyant-* »qualis, quantus«: ai. *kiyant-* (§ 22)[2]; jAw. *čvant-* dass. (d. i. *čuv*° oder *čīv*°, § 268, 17): ai. *kīvant-* (§ 22)[2]; *amavant-*

»kräftig«; *tamasu̯ant-* »finster«; *tu̯āu̯ant-* »dir ähnlich«; *maδumant-* »honigreich«; *gaumant-* »milchreich«. Vgl. Suffix *tau̯ant-*, § 209, 10.

[1] Die Suffixe *u̯ant-* und *mant-* sind noch heute in lebendigem Gebrauch, s. J. Darmesteter, Études Ir. 1, 284 ff. — [2] Np. *čand* »wie viel?« aus ir. **čiu̯ant* + x; bal. *čunt*, PDsar. *cund* aus ir. **čuu̯ant* + x.

b. *maź'ant-* »gross«, mit dem Ablaut wie a, doch so, dass auch ND., NP. und ASm. Dehnform haben; s. jAw. *mazåntəm* AS. = ai. *mahántam*.

c. Die übrigen (primären) Adjective auf *ant-*; Dehnform ist nicht nachweislich; die unter a angeführten Casus haben, so weit belegt, starke Form, die übrigen schwache. — Beispiele: *bṛź'ant-* »hoch«[1]; *źarant-* »alt«[2]; *ṛgant-* »finster«.

[1] Np. *buland*, oss. *barzond* = ir. **bṛzant* + x. — [2] Oss. *zarond* = ir. **zarant* + x.

d. Die Part. Praes. Act. mit *nt-*, die ihrer Abstufung nach in vier Unterabteilungen zerfallen:

α. solche mit durchgehendem *-ant-*, d. s. die Participien der thematischen Tempusstämme: *bárant-* »tragend«; *drugánt-* »betrügend«;[1] —

[1] Np. *parand* »Vogel« aus ir. **parant* + x; s. § 83, 2 und ai. *sphuráti*, § 124. — *-ant-* aus idg. *-o-nt-* oder *-e-nt-*; der Accent ist fest; das Femininum hat *-ant-ī-*. Vgl. die 3. Plur. ai. *bháranti, tudánti*.

β. solche mit durchgehendem *-at-*, d. s. diejenigen Participien unthematischer Stämme, welche die der Stammsilbe vorausgehende Silbe betonen: *stáu̯at-* »preisend«; *u̯áśat-* »wollend«;[2] —

[2] *-at-* aus idg. *-n̥t-*; der Accent ist fest; das Feminin hat *-at-ī-*. Vgl. die 3. Plur. ai. *tákṣati; śāsati*; § 167, 2 a, KZ. 29, 551 f.

γ. solche mit *-ant-* in NS., ND., NP., LS., ASm., APn. und *-at-* (*-át-*, s. § 97 No. 6) in den andern Casus, d. s. die Participien der übrigen unthematischen Stämme (ausser denen unter δ): *sánt-*, *sat-* »seiend«; *činu̯ánt-*, *činu̯at-* »scheidend««;[3]

[3] Np. *tund* »stark, heftig« aus ir. **tuu̯ant* + x; s. jAw. *tuyå* »du mögest im Stand sein«, zu § 122. — *-at-* aus idg. *-n̥t-*, *-ant-* aus idg. *-ent-*; s. dazu IdgF. 1, 93 f. Der Accent ist beweglich: *-ánt-* : *-at-'*. Das Feminin hat *-at-ī-*. Vgl. die 3. Plur. ai. *sánti, činvánti, činvatē*.

δ. solche mit *-ānt-* und *-āt-* in der Verteilung wie bei γ, d. s. die Participien aus *ā*-Stämmen (mit »starrem« *ā*; § 167, 1): *bānt-*, *bāt-* »scheinend«.[4]

[4] *-ānt-* aus idg. *-āx-nt-*. *-āt-'* beruht auf arischer Neuerung; vgl. ai. *yántam: yātás* = *yántam: yātás*; s. IdgF. 1, 308. Das Feminin hat *-āt-ī-*. — Vgl. die 3. Plur. ai. *bhānti*.

Schon frühzeitig beginnt die Participialklasse α (*bárant-*) ihre Flexion nach der von γ (*činu̯ánt-*) umzugestalten, welch letztere durch die der Adjectiva unterstützt war. Der Ausgleich nahm bei den Stämmen wie *drugánt-*, mit Betonung wie bei γ, seinen Anfang und ging in der Folge auf jene wie *bárant-* über. Der ASn. **báran*: gr. φέρον (§ 85) und LP. **bárantsu*: gr. φέρουσι scheinen schon im Arischen von den neuaufgenommenen Formen **bárat*, **báratsu* verdrängt worden zu sein. Im Indischen wurde der Ausgleich in der Flexion völlig durchgeführt, aber die Femininbildung blieb verschieden. Beachte auch die Superlative ai. *sáh-ant-tamas*: jAw. *taᵘrvay-ąs-təməm* gegenüber ai. *s-át-tamas*: jAw. *h-as-təmą*. Das Altiranische verharrt im wesentlichen auf dem arischen Standpunkt; vgl. jAw. *hatō* GS., APm. geg. *həntō* NP.: ai. *satás, sántas*, aber jAw. *saošyantō* (§ 138, 4) GS., APm., NP.; s. auch jAw. *haδbīš*: ai. *sádbhiš*, aber jAw. *ṯbišyanbyō* (§ 148; 24): ai. *°yadbhyas*. S. noch unten.

Weitre Beispiele zu § 209, 1; s. dazu J. Darmesteter, Études 1, 265. — Die reiche Litteratur verzeichnet Streitberg, IdgF. 1, 92. Dazu kommt noch V. Henry, RCr. 1887, 100; Brugmann, Grundriss 2, 317; J. Schmidt, KZ. 32, 329 ff.; Bthl., Studien 2, 105; IdgF. 1, 300 f., 308; 3, 163 f.; Streitberg, IdgF. 1, 290 f.; Wackernagel, KZ. 33, 16 f.

§ 182. *c. Auf at-, āt-, t- (it-)* [9.].

Die zweite Form des tiefstufigen Suffixes, *it-* aus idg. *ət-* steckt vielleicht in jAw. *masit°* »gross«. — Die Flexion ist meist einförmig und zwar mit durchgehendem *-t-*.

Zu Brugmann, Grundriss 2, 365 ff. vgl. noch KZ. 29, 584 ff.; BB. 9, 310; 16, 275 ff.; 17, 114 f.; IdgF. 1, 194. — Beispiele sind: jAw. *frasp-āt-* m. »Polster«[1]; *kar-at-* f. »Kälte«[2]; *bru̯-at-* f. »Augenbraue«[3]; *maš-it-* »gross«; *dā-t-* »gesetzt«; *stā-t* »stehend«; *ar-t-* »sich bewegend«; *stu-t* »preisend«, f. »Preis«; jAw. *snu-t, xšnu-t-* (§ 86) »befriedigend«, f. »Befriedigung«; *br̥-t-* »bringend«; *u̯r̥-t-* »wählend«; *kā-t-* f. »Brunnen«[4]; jAw. *jā-t-* »sich bewegend«[5]; *zāmi-t-* »gebärend«[3]; — mit Wurzelablaut: *mar-t-*[6], *mr̥-t-* »sterblich«, f. »Tod«; *šan-t-, ša-t-* f. »Dekade«[7]. — Suffixablaut ist nur nachweislich bei *napāt-, napt-* m. »Nachkomme, Enkel«[8] und bei *karāt-, kart-* f. »Bewegung«[9].

[1] *sp* aus ar. *šu̯*, § 76; s. das »schwellende« Kissen; gr. κῦμα. — [2] IdgF. 1, 191. — [3] Hier secundär; vgl. ai. *bhrū-ṣ*; jAw. *huzāmī-m*. — [4] *ā* aus *n̥*; zum Anlaut s. § 13. Oss. *čad* »See« aus ir. **čāt* + x. Dagegen setzt np. *čāh* »Brunnen« ir. **čāϑ* + x voraus, s. § 8. Hübschmann, ZDMG. 44, 555; Geiger, ABayrAW. 19. 1, 427. — [5] *ā* aus *n̥*; s. dagegen ai. *ádhvagat-*, mit *a* aus *n̥*; BB. 16, 275 f. — [6] Im gAw. *maš*; vgl. BB. 13, 88 und unten § 272. — [7] § 210. — [8] S. dazu § 25, 1. Vgl. np. *navādah* bei Darmesteter, Études 1, 263. — [9] BB. 16, 275 f. und unten.

Klasse B: Stämme auf Liquidae, Nasale, *i-* und *u-*Vocale.

Abteilung I: Auf Liquidae (ar. *r*).

Ich scheide vier Gruppen: 1. Wurzelstämme, 2. abgeleitete Neutralstämme, 3. abgeleitete masc. und fem. Stämme auf *ar-* und *tar-*, 4. Zahlwörter.

§ 183. 1. *Wurzelstämme auf r-*. [10.]

Die Ablautsverhältnisse sind im Iranischen vielfach dadurch undeutlich geworden, dass ar. *r̥r* (= ai. *ir, ur*) mit *ar* in ir. *ar* zusammengefallen ist; § 59 f.; IdgF. 1, 183 ff. — Beispiele: *dh(u)u̯ar-, dh(u)u̯ār-, dhur-* m. »Thor«[1] (§ 88); *s(u)u̯ar-, sūr-* n. »Sonne«[2] (§ 89); *su̯ar-, sur-* »verzehrend« (§ 89); — ohne, bzw. ohne nachweisbaren Ablaut: *i̯ār-* n. »Jahr«; *šur-* f. »Morgen« (wie *sur-* zu beurteilen); *kar-* »machend«; 1 *gar-* »verschlingend«; 2 *gar-* f. »Loblied« (zu ai. *gír-*); 1 *šar-* f. »Bund« (zu ai. *āśír-* »Verbindung«); 2 *šar-* n. (im Du.) »Leib«[3].

[1] PDw. *būr* = ir. **būr* (§ 88) + x; gab., kurd. *bar* = ir. **bar* (§ 88) + x; np. *dar* (mit *a* statt *u* nach *bar*) = ir. **dur* + x. — [2] Np. *xᵛar* = ir. **xᵛar* (§ 89) + x; oss. *xūr* (mit dem *x* des starken Stamms) = ir. **hūr* + x. — [3] D. i. »die beiden festen Bestandteile des Körpers«, Haut (mit Fleisch) und Knochen; vgl. ai. *śárīrā*.

§ 184. 2. *Abgeleitete Neutralstämme auf ar-*. [11.]

Eine andere Ausgangsform als *ar-* (*u̯ar-, tu̯ar-*) erscheint selten; und zwar 1) *ār* in gAw. *ayārᵊ* AP. neben jAw. *ayarᵊ* AS.; gAw. *saxᵛārᵊ* AP.; np. *bahār* »Frühling« (= ir. **u̯ahār* + x) neben jAw. *vaŋri* LS. und kaš. *vōr* (aus **vār* = ir. **u̯ahr* + x; § 42 No.); s. noch ai. *vasar-hā́*, BB. 15, 15 f.; — 2) *r* in gAw. *aodərᵊš* neben ai. *ū́dhar*[1]; jAw. *vaŋri*, kaš. *vōr* (s. 1). — Beispiele: für Suffix *ar-*: *ai̯ar-* »Tag«; *audhar-* (*ūdhar-*) »Kälte«[1]; *išar-* »Schuss«; *takar-* »Lauf«; *i̯akar-, i̯ākar-* »Leber«[2]; *u̯adhar* »Wurfwaffe«; *rāzar-* »Richtung«; *zafar-* »Rachen« (§ 23); — Suffix *u̯ar-*: *karšu̯ar-* »Erdteil«[3]; *tanəgu̯ar-* »Bogen« (§ 275); *rufu̯ar-* »Bauch«; *šasu̯ar-* »Verkündigung« (§ 89); — Suffix *tu̯ar-*: *u̯azdhu̯ar-* »Stärke« (§ 53 I).

Die neutralen *ar*-Stämme stehen seit alter Zeit in engen Beziehungen zu neutralen *an*-Stämmen (s. die Aufzählung unter § 188 a α), so zwar dass die Casus z. T. aus dem *r-*, z. T. aus dem *n*-Stamm gebildet werden. Auch mit den *as*-Stämmen finden Berührungen statt. Litteratur hierüber verzeichnen Brugmann, Grundriss 2, 559 und Streitberg, Zur germ. Sprachgesch. 45 f.; dazu noch Bloomfield, JAPh. 12, 1 ff. mit Meringer, IdgF. 2, Anz. 13 ff.; Johansson, GGA. 1890, 766 ff.; IdgF. 2, 268 ff.

1 Geldner, KZ. 30, 524; J. Darmesteter, Traduction 3, 89, 194 mit IdgF. 5, Anz. — 2 Np. *jigar* = ir. **zakar* + x. — 3 Np. *kišvar;* s. eben. *i* aus ir. *r̥*.

§ 185. 3. *Abgeleitete masc. und fem. Stämme auf ar-, tar-.* [12.]

1. Sie waren ursprünglich jedenfalls sämmtlich dreifach abgestuft: *-ar-*, *-ār-*, *-r-*, bzw. *-r̥-*. Nach der Verteilung der beiden vollern Stammformen zerfallen sie in zwei Abteilungen: die eine hat den Dehnstamm nur im NS., die andere ausserdem in ND., NP. und ASm., zu deren Bildung die erste den starken Stamm verwendet. Zur ersten Abteilung gehört die Mehrzahl der Verwandtschaftsnamen, zur zweiten alle Nom. ag. Der starke Stamm findet sich sonst noch im LS., VS. und in gewissen GS.

2. Beispiele für Abt. a.: *pitar-, ptar-*[1], *tar-* (§ 83, 1) m. »Vater«; *mātar-* f. »Mutter«; *brātar-* m. »Bruder«; *dugdar*[1] (s. dazu ai. *duhitár-*, § 53 I No. 4 und KZ. 27, 206 f.) f. »Tochter«; *žāmātar-* m. »Schwiegersohn«; ferner *nar-*[1] m. »Mann« (s. dazu gr. *ἀνέρ-α*); *ātar-* m. »Feuer« (§ 80, 3); — für Abt. b.: *star-*[1] m. »Stern« (s. dazu gr. *ἀστέρα*); *su̯asar-* f. »Schwester«; *naptar-* m. »Enkel« (s. dazu KZ. 29, 526); ferner *dātar-* m. »Geber«; *pātar-* m. »Schützer«; *g̑antar-* m. »Schläger«; *žauštar-* m. »Freund«; *rat̄aištar-* m. Krieger« (§ 25, 3) und die übrigen Nom. ag. Bei *nar-* m. »Mann« ist an Stelle von *nr-* (mit conson. *r*) schon im Arischen überall *nar-* eingetreten.

3. Die Flexionsverschiedenheit ist auch im Neuiranischen noch deutlich zu erkennen, wo von den alten Casusformen insbesondere der NS. und AS. erhalten geblieben sind[2]. Vgl. zu Abt. a.: [bal. *māt*, np. *mād* = ir. **māta* NS.; bal. *mās*, kurd. *mār*, afγ. *mōr* = ir. **māϑr* + x, obl. Casus, etwa GS.;] np. *mādar* = ir. **mātaram* AS.; zu Abt. b.: [np. *pād, dōst* = ir. **pāta*, **zaušta* NS.;] np. *dōstār, dādār* = ir. **zauštāram*, **dātāram* AS.; bal. *gvahār* = ir. **u̯ahāram* (§ 83, 2) stellt sich zu ai. *svásāram*, lat. *sorōrem*, während jAw. *x̌ᵛaŋharəm* und np. *x̌ᵛāhar* den Einfluss der übrigen Vewandtschaftswörter verraten; bal. *gvār*, afγ. *xōr* gehen auf ir. **°ahr* + x (§ 42); s. noch PDw. *stār* = ir. **stāram*.

1 *ptar-: πατερ-* = *d̄ugd̄ar-: ϑυγατερ-* = *nar-: ἀνερ-* = *star-: ἀστερ-*; s. § 173, 5; § 53 I No.; AF. 1, 41. — 2 Vgl. Hübschmann, ZDMG. 38, 426; Bthl., BB. 9, 133; Geiger, SBayrAW. 1889. 1, 82; ABayrAW. 20. 1, 415, 430; KZ. 33, 257.

§ 186. 4. *Zahlwörter.* [13.]

Ablaut fehlt den femininen Zahlwörtern für »drei«: *tišr-* und »vier«: *katasr-* (§ 210). Das masc.-neutr. Zahlwort für »vier« bildet NP. und APn. aus *katu̯ār-*, die andern Casus aus *katur-;* in Composita erscheint auch *katu̯ar-;* s. übrigens § 210.

Abteilung II: Stämme auf Nasale.

Bezüglich der Abstufung sei vorausgeschickt, dass idg. *aˣn* und *n̥n*, *aˣm* und *m̥m* schon im Arischen nach § 61, 2 zusammengefallen sind; s. Abt. I.

§ 187. 1. *Auf m-.* [14.]

Nur Wurzelstämme. Beispiele mit drei nachweislichen Ablautsformen: *dam-, dām-, dm-* m. »Haus«[1]; *žam-, žām-, žm-* f. »Erde«[2]; mit zwei: *žiu̯ām-, žim-* m. »Winter«[3] (im Aind. nur *him-*); *sam-, sm-* m. »Sommer« (§ 87)[4]. Nur in der Dehnform belegbar sind: *kām-* f. »Verlangen, Forderung«[5] (s. dazu ai. *kā́m*); *gām-* »gehend«[6].

1 Vgl. AF. 2, 169 f.; IdgF. 1, 310 f.; 3, 100 ff. — 2 Vgl. dazu § 216, 3 a No. — Ich nehme mit Fick, Wörterbuch 1⁴ 33 an, dass jAw. *zəm°: gr. χαμαί*, lat. *humī* und ai. *kšam°: gr. χϑών* zwei ursprachliche Reimworte wiedergeben (vgl. AfDA. 18,184 f.;

IdgF. 3, 188); das eine war vielleicht ursprünglich *m*-, das andere *i̯*-Stamm; s. dazu J. Schmidt, Pluralbildungen 417 f.; wegen ai. *Jmás* s. BB. 17, 344. — 3 BB. 15, 36 f.; 17, 343. Vgl. übrigens np. *zam* und § 90, 3. — 4 IdgF. 1, 179; Geiger, ABayrAW. 20. 1, 219. — 5 KZ. 29, 497; 30, 533. — 6 IdgF. 1, 312.

§ 188. *Auf n*-. [15.]

a. Abgeleitete Stämme. Sie zerfallen in zwei Gruppen: α. auf *an*-, β. auf *in*-. Ihr gegenseitiges Verhältnis entspricht dem der *as*- und *iš*-Stämme (§ 174); *in*- ist die durchgeführte Schwaform zu *an*-, entspricht also idg. *ən*-, s. BB. 17, 113 f. An sich könnte *in*-, natürlich auch die Nullstufe von *i̯an*- repräsentiren; aber das arische Material scheint mir der Brugmann'schen Darstellung, Grundriss 2, 335 ff., die *in*- überall auf idg. *in*- zurückführt, nicht günstig zu sein; vgl. auch das Nebeneinander von *van*- und *vin*- im Indischen (Whitney, Grammar[2] § 1232, 1234); s. ferner IdgF. 1, 188 ff.

α. Auf *an*-. 1. Drei Stammformen: *an*-, *ān*- und *n*-, bzw. *a* (aus *n̥*); über eine vierte *in*- s. oben. Ich nehme an, dass im Arischen zwei Klassen bestanden, die *a* und *ā* ebenso verteilten, wie die in § 185. Die Scheidung ist aber hier viel unsicherer; ein sicheres Beispiel der 1. Klasse (mit *a* in NP., ND., ASm.) ist *ari̯aman*-, s. jAw. *aⁱryamanəm*: ai. *aryamáṇam* (vgl. aber unten 3); die Klasse war jedenfalls nicht umfangreich. Die gewöhnliche Verteilung ist: *ān* haben NS., ND., NP., ASm., APn.; der VS. hat *an*; im LS. steht *an* und *ān*; den übrigen Casus kam *a*, bzw. *n* zu; wo vor Sonanten *an* neben oder statt *n* erscheint, liegt idg. *aˣn* oder *n̥n* zu Grunde, z. B. in gAw. *haxmaⁱnē* DS.: ai. *sákmanē*; vgl. dazu einerseits gr. ἴδμεναι, anderseits arm. *serman*; Brugmann, Grundriss 2, 344; Bthl., BB. 17, 42; ferner § 85, 4; 213.

2. Beispiele 1) für *an*-, primär: *aršan*- m. »mas«; *ašan*- m. »Stein, Himmel«[1]; *taxšan*- m. »Zimmerer«; *sraṷan*- m. »Fluss« (§ 88; schw. St. vor Cons. *sraun*-); *šṷan*- m. »Hund«[2] (§ 76; schw. St. vor Cons. *šun*-)[2]; *i̯uṷan*- m. »Jüngling« (*i̯ūn*-); *ruṷan*- m. »Seele« (*rūn*-); — *xšapan*- f. »Nacht«; — *ai̯an*- n. »Tag«; *až'an*- n. »Tag«; *rāzan*- n. »Richtung«; *žafan*- n. »Rachen«; — secundär: Aw. *puϑran*-, *maϑran*-, *hazanhan*- (*hazasn*-, § 39, 3 a, c) *nəmanhan*- in der Bedeutung von ai. *putrín*-, *mantrín*-, *sahasín*-, *namasvín*-; — — 2) für *man*-, primär: *ašman*- m. »Stein, Himmel«[1]; *rašman*- m., n. »Heerhaufe«; — *čaxšman*- n. »Auge«; *karman*- n. »Fell«; *taukman*-, *tukman*- n. »Same«; *daiman*- n. »Gesicht«; *dāman*- n. »Geschöpf«; *dṷanman*-, *dunman*- n. »Wolke« (§ 296, 1); *nāman*- n. »Name«; *rāman*- n. »Ruhe, Freude«; *stauman*- n. »Lob«; *sakman*- n. »Genossenschaft«; — secundär: *ari̯aman*- m. »Freund«; — — 3) für *ṷan*- primär: *adṷan*- m. »Weg«; *žarṷan*-, *žruṷan*- m. »Zeit« (*žrūn*-); — *karšṷan*- n. »Erdteil«; *fanguan*- n. »Bogen« (§ 275); *rutṷan*- n. »Bauch«; *šāsṷan*- n. »Verkündigung« (§ 89); — secundär: *artāṷan*- »gerecht« (*artāun*-; § 272; ai. *r̥tā́van*-); *magāṷan*- »erhaben« (*magāun*-; ai. *maghón*-); *atarṷan*- m. »Priester« (*atarun*-)[3]; wohl auch *pāṷan*- »schützend«; *kr̥tṷan*- »bewirkend«; — — 4) für *tan*-, primär: *martan*- m. »Mensch«; sodann in der Infinitivbildung: ap. *čartanaiy*, np. *kardan* »zu thun« u. s. w. (§ 258, 2).

Wegen der Beziehungen der neutralen *an*-Stämme zu denen auf *ar*- s. § 184; man vergleiche die gegebenen Beispiele.

[1] *ašan*-: *ašman*-; vgl. noch Aw. *srayan*-: ai. *śrēmán*-; Aw. *mazan*-: ai. *mahmán*- (, *mahimán*-); man berücksichtige besonders das erste Beispiel zu Collitz, BB. 18, 231 f. — [2] Mit der Satzform **šṷan*- (κύων) nach § 83, 4. — [3] Statt **aϑaᵘrvan*- hat das Awesta **āϑravan*-; ob in Anlehnung an *āϑrō* »des Feuers« u. s. w.?

3. In den neuern Dialekten wurde zumeist die Form des AS. festgehalten, vgl. Fr. Müller, WZKM. 5, 256 f. Die masculinen Stämme enden daher auf *-ān* = ir. **-ānam*, während der Neutralausgang ir. *-a* fiel; vgl. np. *juvān* »Jüngling« = ai. *yúvānam*; ferner np. *ravān* »Seele«; np. *āsmān*, bal.

āsmān »Himmel«; np. *zarvān* »Zeit« u. s. w.; auch np. *ērmān* »Gast« geg. jAw. *aˡryamanəm* (s. oben); anderseits: np. *čašm*, bal. *čam* »Auge«; np. *tuxm*, bal. *tōm*, PDw. *tajm* »Same«; np., bal. *nām*, oss. *nom*, afγ. *nūm* »Name« = ai. *nāma*. Doch finden sich mancherlei Abweichungen; so bei Neutren: np. *dahān* »Mund« = ir. **zafān* + x neben bal. *dap*; np. *suxun* »Wort« = ir. **saxᵛan* + x; afγ. *čarman* »Fell« = ir. **čarman* + x neben np. *čarm*, oss. *čarm*. Im masculinen afγ. *mēlma* »Gast« neben np. *mīhmān* könnte der NS., ir. **maiϑma* stecken. Der alte NPm. ist sicher in np. *dandān*, bal. *dantān* »Zähne« erhalten, die jAw. *dantānō* entsprechen, während np. *dand*, PDw. *land*, oss. *dändag* einen AS. **dant-am* voraussetzen (vgl. Hübschmann, ZDMG. 41, 331); ein alter NPm. ist auch kurd. *sān* »Hunde«: jAw. *spānō*, ai. *śvānas* (wegen *s* statt *sp* s. § 76). Es ist nicht so unwahrscheinlich, dass Geiger, KZ. 33, 251 f. Recht hat, wenn er den Pluralausgang np. *-ān*, afγ. *-āna* überall auf ar. **-ānas*, NP. der *an*-Stämme zurückführt; vgl. § 233. — Der Dehnstamm liegt auch im Infinitivsuffix *mān*, *vān* des Gabri vor, s. § 261, 2.

β. Auf *in-*. Zunächst stand *in-* jedenfalls nur in obliquen Casus mit sonantisch anlautendem Suffix. Im Iranischen sind in der That nur solche *in*-Casus sicher nachweisbar; gegenüber Caland, GGA. 1893, 404 s. unten § 263; wegen jAw. *kaˡni*, *kaˡnibyō* (*kaˡnīnəm*, °*nīnō*) s. IdgF. 1, 188 f. Zur indischen Flexion s. Bthl., Handbuch § 211. — Beispiele: *parnin-* »mit einer Feder versehen«; *mi̯azdin* »mit Opferspeise vers.«.

b. Wurzelstämme.

Dreifachen Ablaut zeigt *ǵʹan-*, *ǵʹān-*, *ǵn-* »tötend«. Nur in éiner Stammform erscheinen: *su̯an-* n. »Sonne« (§ 89; s. dazu got. *sun-na*)[1]; *kān-* f. »Grube, Quelle«[2]; *sān-* »verdienend« (s. dazu ai. *gōšaṇas*).

[1] Vgl. Feist, Grundriss 98. — [2] Phlv. *xān* = ir. **xān* + x.

Abteilung III: Stämme auf *i-* und *u*-Vocale.

Ich scheide 3 Gruppen: 1. abgeleitete Stämme auf *i̯-* und *u̯-*, 2. abgeleitete auf *ī-* und *ū-*, 3. Wurzelstämme.

§ 189—190. 1. *Abgeleitete Stämme auf i̯-, u̯-.* Masc., fem. und neutr. [*16, 17*].

Drei Stammformen: *ai̯-*, *au̯-*; *āi̯-*, *āu̯-*; *i̯-*, *u̯-*[1]. Ihre Verteilung weicht bei den allermeisten Stämmen von der sonstigen ab, insofern hier der Dehnstamm für gewöhnlich nur im LS. gefunden wird. Im DS., GS., VS. und NP. ist der starke Stamm normal, im LS. kommt er neben dem Dst. vor; die übrigen Casus, auch, mit wenigen Ausnahmen, der NS. und ASm. (§ 212 f.) haben in der Regel den schwachen Stamm. Die modernen Wörter beruhen der Mehrzahl nach auf dem AS. auf *-im*, *-um*, bzw. im Neutrum auf *-i*, *-u* (§ 213 f.): np. *bōi* (*i* aus ir. *d*), oss. *bud*, bal. *bōδ* »Geruch, Weihrauch« u. s. w. = jAw. *baoˡδīm*; np. *bāž* »Tribut« = ap. *bājim*; np. *farzand* »Nachkomme« = jAw. *frazaˡntīm*; — np. *xirad* »Verstand« = jAw. *xratūm*; np. *gāh* »Thron« = ap. *gāϑum*, jAw. *gātūm* (§ 8); oss. *bon* »Tag« = ai. *bānúm*; np., bal. *dār* »Holz« = jAw. *dāᵘru*; bal., PDw. *zān* »Knie« = ai. *jā́nu*. Der NP. der *i̯*-Klasse ist im Zahlwort »drei« erhalten (§ 210); ferner in afγ. Pluralformen wie *jine* »puellae« = ai. *jánayas* neben *jin* »puella« = ai. *jánim* (s. Geiger, ABayrAW. 20. 1, 219). Weitres unten.

[1] In einigen wenigen Ableitungen findet sich neben der Null- auch die Schwastufe dieses Suffixes, ar. *iy-*; s. § 97, 11.

§ 189. 1 a. *Abgeleitete Stämme auf i̯-.* [*16.*]

1. Eine besondre Stellung hinsichtlich der Flexion nimmt in arischer Zeit *sakai̯-* m. »Freund« ein, insofern es den NS., ND., NP., AS. aus dem

Dehnstamm, den DS., GS. aus dem schwachen formirt; gAw. *hušhaxāim* (d. i. °*āyəm*): ai. *suṣakā́yam*, jAw. *haše* (§ 90, 2): ai. *sákhyē*. Im NP. ist der Dehnstamm auch sonst bezeugt, vgl. gr. πόληες und § 227. Es muss aber auch solche *i̯*-Stämme gegeben haben, welche nur den NS. aus der Dehnform bildeten, die übrigen bezeichneten Casus aber, einschliesslich des AS., aus der starken Form; vgl. die Flexionsdifferenz zwischen *pitar-* und *pātar-* (§ 185), *ari̯aman-* und *taxšan-* (§ 188). In dieser Weise flectirt im Awesta *kau̯ai̯-* m. »Fürst«, das im Indischen dem gewöhnlichen Paradigma folgt: jAw. *kava* NS., *kavaēm* AS. (d. i. °*ayəm*) geg. ai. *kaviṣ*, *kavím*. Vgl. J. Schmidt, KZ. 27, 369 ff.; Bthl., AF. 1, 27 ff., IdgF. 1, 188 ff., unten § 190. — Bemerkenswert ist die verschiedene Bildung einiger Casus beim Stamm *patai̯-* m., je nach seiner Bedeutung; s. Whitney, Grammar[2] § 343 d; vgl. gAw. *paiϑyaē[čā*: ai. *pátyē* »dem Gatten« gegenüber jAw. *vīspatōe* (§ 268, 26): ai. *viś-pátayē* »dem Hausherrn«, wodurch sich das Alter der Differenz erweist.

2. Beispiele: Suffix *ai̯-*: *aǵ'ai̯-* m. »Drache«; *kau̯ai̯-* m. »Fürst«, dazu *kāu̯ai̯-* »Fürstenanhänger«[1]; *gr̥rai̯-* m. »Berg«; *patai̯-* m. »Herr, Gatte«; *sakai̯-* m. »Freund«; — *ǵānai̯-* f. »Weib«; *bāǵai̯-* f. »Tribut«; *baudai̯-* f. »Wohlgeruch«; — *z̆ārai̯-* »golden«; *daršai̯-* »kühn«; *dādr̥šai̯-* dass. (als EN.); — secundär: *vārtraǵnai̯-* »siegreich«[1]; jAw. *māzdayasnay-* »mazdayasnisch«[1]; — — Suffix *tai̯-*[2]: *itai̯-* f. »Gehen«; *uktai̯-* f. »Sprechen«; *gr̥zdai̯-* f. Streben« (§ 53 I); *xšitai̯-* f. »Wohnen«; *matai̯-* f. »Denken«; *u̯arštai̯-* f. »Handeln«; — *atai̯-*[2]: *apatai̯-* f. »Erreichen«; — *itai̯-*[2]: *anitai̯-* f. »Leben«; — — Suffix *tai̯-*[3]: *kitai̯-* f. »Busse«; — — Suffix *nai̯-*: *u̯aršnai̯-* m. »Widder«; *śraunai̯-* m., f. »Hüfte«; — — Suffix *mai̯-*: *dūmai̯-* m., f. »Schöpfer, Schöpfung«; *u̯r̥mai̯-* m. »Welle« (§ 60); — *staumai̯-* f. »Preis«; — — Suffix *rai̯-*: *tigrai̯-* m. »Pfeil«; — *būrai̯-* »viel«; — — Suffix *sai̯-*: *dāsai̯-* f. »Schöpfung«.

[1] Mit »Vr̥ddhi«; § 100 a. — [2] Die Suffixe *tai̯-*, *atai̯-* und *itai̯-* (mit *i* aus *ə*) stehen mit einander im Ablautsverhältnis; vgl. Bthl., BB. 17, 348, wozu noch BB. 14, 243; Caland, KZ. 31, 269 und oben § 25, 4. — [3] S. oben § 52, 2; vgl. auch § 258 d.

§ 190. 1 b. *Abgeleitete Stämme auf u̯-*. [*17.*]

1. Es scheint mir sicher, dass auch hier in arischer Zeit Flexionsdifferenzen, wie bei den *i̯*-Stämmen in § 189, vorhanden waren. Aber im Indischen ist so gut wie alles ausgeglichen, so dass es nicht festgestellt werden kann, bei welchen Stämmen die Abweichungen von der Norm, die das Iranische aufweist, altererbt sind. Für Formen wie ap. *dahyāuš* NS., *dahyāva[h]* NP., gAw. *hiϑāuš* NS., jAw. *daiŋhāvō* NP., jAw. *nasāum* (d. i. °*āvəm*, § 268, 22) AS. — alle aus dem Dehnstamm — bietet das Indische keine Analogien; vgl. aber gr. ἱερεύς, ἱερῆα u. s. w.; s. Bthl., AF. 1, 39, 46 f., 49; Kretschmer, KZ. 31, 330 f., 466.

2. Beispiele: Suffix *au̯-*: *asau̯-* m. »Leben«; *išau̯-* m. »Pfeil«; *paśau̯-*, *pśau̯-* m. »Rind« (§ 29); *pāi̯au̯-* m. »Schützer«; *bāž'au̯-* m. »Arm«; — *dārau̯-*, *drau̯-* n. »Holz«[1]; *madau̯-* n. »Rauschtrank«; *ǵānau̯-*, *ǵnau̯-* m. »Knie« (§ 33)[1]; — *āśau̯-* »rasch«; *pr̥rau̯-* »viel« (§ 59); *pr̥tau̯-* »breit«; *u̯asau̯-* »gut«; *u̯r̥rau̯-* »weit«[2]; *dadanśau̯-* »bissig«; s. noch Part. Praes. Act., § 209, 4; — — Suffix *tau̯-*[3]: *gātau̯-* m. »Ort, Thron« (§ 8); *ǵi̯ātau̯-* m. »Leben«[4]; *pr̥tau̯-* m. »Brücke« (§ 272); *i̯ātau̯-* m. »Zauberer« (*ā* = uridg. *m̥*); *saitau̯-* m. »Brücke«; — *atau̯-*[3]: *kratau̯-* m. »Verstand«; *ratau̯-* m. »Zeit«; — — Suffix *tau̯-*: *sitau̯-* »verbündet«[5]; — — Suffix *nau̯-*[6]: *tapnau̯-* m. »Fieber«; *bānau̯-* m. »Licht«; — *dainau̯-* f. »Kuh«[7]; — *dānau̯-* »einsichtig«[8]; — *anau̯-*[6]: *pānśanau̯-* m. »Staub«; — — Suffix *snau̯-*: *raukšnau̯-* m. »Licht«[9]; — — Suffix *i̯au̯-*: *mani̯au̯-* m. »Geist«[10]; *u̯ai̯au̯-* m. »Wind« (*a* aus uridg. *ə*; s. ai. *vāyúṣ*); — *dasi̯au̯-* f. »Gegend«; — — Suffix *ti̯au̯-*: *mr̥ti̯au̯-* m. »Tod« (§ 280); — — Suffix *rau̯-*: *aśrau̯-* n. »Thräne«; *u̯andrau̯-* n. »Lob«.

[1] Vgl. dazu noch gr. δόρυ, γόνυ. — [2] Zum Verhältnis von jAw. *vo^uru^* (= ar. **uγru^*), ai. *urúš*: gr. εὐρύς; s. PER PERSSON, Wurzelerweiterung 230. — [3] *tau-* und *atau-* lauten mit einander ab; vgl. ai. *r̥túš* »Zeit«: jAw. *ratūm*. — [4] Zum ai. *jīvā́tuš* s. J. SCHMIDT, KZ. 32, 378. — [5] Vgl. *saitau-* »Brücke« und § 52, 2; doch s. auch jAw. *gātūm*: ap. *gāϑūm* und § 8. — [6] Wegen *nau-*: *anau* s. No. 3; vgl. jAw. *pasnūm* neben *pasanuš*; s. Studien 2, 35. — [7] Wegen des *ai* s. § 79, 1 No. 3; ar. **dʰainuš*: **dʰaiati* (ksl. *doja*, got. *daddja*) = **manuš*: **manatai*. — [8] *ā* aus *āxi*; s. § 99, 2. — [9] Vgl. ai. *rōčišnúš* »leuchtend«: Suffixablaut; man halte dazu die sigmatischen Aoriste *arukta* und *arōčišta*. — [10] Vgl. No. 7.

§ 191—192. 2. *Abgeleitete Stämme auf ī- und ū-.* [18, 19.]

§ 191. 2 a. *Abgeleitete Stämme auf ī-.* [18.]

Vgl. LANMAN, JAOS. 10, 365 ff.; WHITNEY, Grammar[2] § 355 ff.; JOHANSSON, KZ. 30, 398 ff.; GGA. 1890, 741 ff.; BRUGMANN, Grundriss 2, 313 ff., 526, woselbst weitre Litteraturangaben; ferner J. SCHMIDT, KZ. 27, 374 ff; BTHL., IdgF. 1, 188 ff.

1. Die Stämme, die man nach dem Herkommen in éiner *ī*-Klasse zusammenfasst, zeigen im Veda eine ausgeprägt verschiedene Flexion, die sich in Resten auch im Iranischen noch nachweisen lässt; so findet sich im Awesta beim GS. *-yō (iyō)* neben *-yå* = ai. *-yàs, -yā́s*; beim NP. *-yō (-iyō)* neben *-īš* = ai. *-yàs, -īš*; s. unten. *ī* bildet die anteconsonantische Tiefstufe (Schwastufe; § 95, 5) sowohl zu *ăxi* als zu *iăx*. In der That scheinen Stämme mit beiderlei Ausgängen in unserer Klasse vereinigt zu sein, und wahrscheinlich hängt die verschiedene Flexion mit dieser verschiedenen Herkunft des *ī* zusammen. Jedenfalls steht die *ī*-Klasse nicht nur mit der Klasse 16, sondern auch mit der Klasse 23 in manchfacher Beziehung. — Die arischen Stämme zerfallen nach der Flexion in zwei Unterabteilungen:

a. solche mit durchgehendem *ī*, bzw. *ii*; ai. *nadī́-*;

b. solche, deren Casusbildung einen Wechsel von *ī* mit *iă (iiă)* voraussetzt; ai. *dēvī́-*. Vgl. dazu WHITNEY, Grammar[2] § 1210 c.

S. zu a ai. *nadī́š* NS., *nadyàs* (d. i. **nadiyas*) GS.: gr. πόλῑς, πόλιος; zu b ai. *dēvī́* NS., *dēvyā́s* GS.: got. *frijōndi, frijōndjōs*. Abteilung a stellt die Beziehung zu § 189, Abteilung b zu § 205 her. Die Verwirrung beider beginnt schon frühzeitig.

2. Soviel ich sehe, sind andre als feminine *ī*-Stämme im Iranischen nicht nachweislich; unrichtig KZ. 28, 34 f. *ī-* dient zur Femininalbildung bei nahezu sämmtlichen Stammklassen; Beispiele sind § 207, 2 gegeben. *ī*-Stämme ohne entsprechende Masculina sind selten: *būmī-* »Erde« (BB. 15, 228); *tauišī-* »Stärke«; jAw. *hā̆rišī-* »Mutter«; jAw. *x^varəntī-* »Speise« (IdgF. 1, 300). Das np. *būm* »Erde« geht auf den alten NS. oder AS.; s. § 192.

§ 192. 2 b. *Abgeleitete Stämme auf ū-.* [19.]

1. Eine wenig zahlreiche Femininalklasse, deren Flexion zumeist jener entspricht, die die Abteilung a in § 191 zeigt; die Casus haben *ū-*, bzw. *uu-*. Doch finden sich auch solche, die b auf einen *uăx*-Stamm hinweisen: jAw. *hizvå* GS. neben *hizvō*, vgl. *hizva* NS.: ai. *jihvā́*[1]; vgl. BRUGMANN, Grundriss 2, 314; BTHL., BB. 13, 89; JOHANSSON, GGA, 1890, 752; IdgF. 2, 2.

2. Beispiele: *tanū-* »Leib«; *sizū-* »Zunge«; *šansū-* »Wort«. S. noch § 207, 3.

Np. *tan* »Leib« weist auf den alten AS.; vgl. § 191.

[1] Zum Verhältnis des ir. *hiz°* zum ai. *jih°* s. die § 39 No. 1 angeführte Litteratur.

§ 193—194. 3. *Wurzelstämme.*

Zufällig sind bei keinem Stamm innerhalb des Iranischen selbst mehr als zwei Stammformen nachzuweisen. Einige Stämme scheinen schon früh zu einförmiger Flexionsweise übergegangen zu sein.

§ 193. 3 a. *Wurzelstämme auf i̯-.* [20.]
Ablaut bei: *rāi̯-, rai̯-* (*a* aus uridg. *ə*) m. »Besitz«; *d̄āi̯-, d̄ī-, d̄ii̯-* f. »Einsicht«[1]; *u̯ai̯-, u̯i-* m. »Vogel«[2]. — Ablaut ist nicht nachweisbar bei: *kšii̯-* f. »Elend« (§ 46)[3]; *prī-, prii̯-* f. Fürbitte«; *śrii̯-* f. »Schönheit[3]; *u̯ī-* f. »Freude«[3]; — *ǰī-, ǰii̯-* »lebend«.

[1] Vgl. ZDMG. 43, 665. Im Ai. fehlt *d̄āi̯-*. — [2] Ein ursprünglich zweisilbiger Wurzelstamm, vgl. lat. *avis;* s. PER PERSSON, Wurzelerweiterung 233; J. SCHMIDT, KZ. 32, 330. — [3] In jAw. *xšayas-ča* Y. 71, 17; *sraya* Y. 17, 11; 22, 9 und in gAw. *vayōi* Y. 53, 7 (GELDNER, KZ. 28, 201) steht *ay* nach § 268, 11 für *iy;* s. auch CALAND, GGA. 1893, 398.

§ 194. 3 b. *Wurzelstämme auf u̯-.* [21.]
Ablaut bei: *gau̯-, gāu̯-* m., f. »Rind« (in Compp. auch *gu-*)[1]; *di̯au̯-, diu̯-* m. »Himmel, Tag« (im Ai. auch *di̯āu̯-*); *i̯au̯-, i̯āu̯-* »haltend zu«; m. »Aufenthalt, Dauer« (in ai. Compp. auch *i̯u-*); *śau̯-, śuu̯-, śū-* »nützend«, f. »Nutzen«; jAw. *xšnāu̯-, xšnuu̯-* »befriedigend«, f. »Befriedigung« (§ 86); — Ablaut fehlt bei: *gau̯-* »rufend«; *a-sū-, °suu̯-* m. »Anordner«; *pra-mrū-* »sprechend«; *stuu̯-* »preisend«.
Das Np. hat *gāv* »Rind« = ir. **gāu̯* + x und *ǰāvēd* »ewig« = ir. **i̯āu̯ai-tās* (§ 180, 212, 217).

[1] In gAw. *hvō.gvō*, jAw. *hvōvō* (NS. nach der *a*-Declination), s. v. a. ai. *sugú̄ḥ;* vgl. ZUBATÝ, KZ. 31, 53 f.

Klasse C: Stämme auf *a*-Vocale.

Ich scheide drei Abteilungen: I. Abgeleitete Masc. und Neutr.; II. abgeleitete Fem.; III. Wurzelstämme.

ABTEILUNG I: ABGELEITETE MASC. UND NEUTR. [22.]

Der Stammauslaut ist idg. *e-* und *o-*, ar. *a-*. Quantitativer Ablaut ist nur in wenigen Casusformen nachweislich; vgl. BRUGMANN, Grundriss 2, 102, 532 und unten § 229, 2 b. Den bei BRUGMANN erwähnten NS. auf *-is* aus *i̯e-, i̯o-*Stämmen ist aus dem Iranischen vielleicht *āhūⁱriš* »göttlich« und *aδaviš* »untrüglich« neben *āhūⁱryehe* GS., *āhūⁱryanąm* GP. und *aδaoyō* (§ 268, 37) NS. zur Seite zu stellen. Der NS. auf *-is* leitete zur *i̯*-Declination (Kl. 16) hinüber, vgl. jAw. *āhurōiš* GS.
Die *a*-Klasse ist weitaus die zahlreichste von allen, durch primäre und secundäre Bildungen vertreten.
In den neueren Dialekten hat sich insbesondre der AS. oder NSm. erhalten, deren Ausgang ar. *-am*, bzw. *-as* gefallen ist: np. *mard* »Mensch« = ai. *mártam* und *mártas* u. s. w. Wegen der np., bal. Pluralendung *-ān:* np. *mardān* »die Menschen«, worin man den ar. GP., ai. *mártānām* zu sehen pflegt, s. § 188, 233. Vgl. noch GEIGER, SBayrAW. 20. 1, 219 und unten.

§ 195—204. *Beispiele.*

§ 195. 1. *Suffix a-.*
gai̯a- m. »Leben«; *z̆au̯a-* m. »Ruf«; *daiž̆a-* m. »Damm«; *žauša-* m. »Gefallen«; *kāma-* m. »Wunsch«; — *prii̯a-* »lieb«; *ama-* »stark«; — secundär: jAw. *təmaŋha-* »finster« (s. dag. ai. *tāmasá-*); jAw. *maⁱnyava-* »geistig« (s. dag. ai. *mānyava-*). — *a-* bildet auch Part. Praes. Act. und Ordinalia; s. § 209, 5; 211.

§ 196. 2. *Suffixe na-, ăna-, ina-, una-, aina-, tna-, sna-, tu̯ana-.*
i̯ažna- m. »Opfer«; *δunᵈna-* m. »Boden« (§ 24); *sťāna-* n. »Stätte«; — *raukana-* n. »Licht«; *śansana-* n. »Verkündigung«; *prāna-* n. »Fülle«; *dmāna-*

n. »Haus« (IdgF. 1, 307); — *daxšina-* »dexter«; — *aruna-* »wild«; *taruna-* »zart«; — *ḱi̯autna-* n. »Handlung« (s. dag. ai. *čyāutná-*); — *raukšna-* »Licht«; — *stautu̯ana-* n. »Lob«; — — secundär: *ari̯ana-* »arisch«; — jAw. *pouru-δāxštayana-*, Patron. zu °*δaxštay-*; — jAw. *āϑwyāna-*, Patron. zu *āϑwya-*; — *u̯akasina-* »wörtlich«; *sāmina-* »winterlich«; *ušasina-* »morgendlich«; — jAw. *ayanhaēna-* »eisern«; ap. *aϑaⁿgaina-*, np. *sangīn* »steinern« (IdgF. 2, 268 ff.).

Die Suffixe *na-*, *ăna-* dienen ausserdem zur Participialbildung; § 209, 3, 9. Ebenfalls Participien bildet *mana-*, *mna-*; s. ebd. 2. Zu *aina-* s. Brugmann, Grundriss 2, 150; Hübschmann, ZDMG. 41, 324.

§ 197. 3. *Suffixe ma-*, *ima-*, *sma-*.

aišma- m. »Wut«; *psarma-* m. »Scham« (§ 42); — *ǵarma-* »heiss«; *takma-* »stark«; — *arima-* »ruhig«; — *aidźma-* (§ 15) m. »Brennholz«; — — secundär: jAw. *dāhyuma-* »auf den Gau bezüglich« (§ 100 a).

Zum Superlativsuffix *ma-* und zum Superlativsuffix *tama-* s. § 208, 211.

§ 198. 4. *Suffixe ra-*, *ura-*, *tra-*, *stra-*, *pra-*.

u̯až́ra- m. »Keule«; — *abra-* n. »Wolke«; — *ću̯kra-* »rot«; *dasra-* »findig«; *manδdra-* »verständig« (s. dag. ai. *mēdhira-*, BB. 15, 10); — — *asura-* m. »Herr, Gott«; — — *mantra-* m. »Gedicht«; — *u̯aktra-* n. »Wort« (§ 278); *u̯astra-* n. »Gewand«; — — jAw. *ką̇stra-* n. »Schaufel«[1]; — — Aw. *bifra-* n. »Gleichnis« (§ 88; Studien 2, 16).

Wegen des Comparativsuffixes *ra-*, *tara-* s. § 208.

[1] Zu *ḱan-*, vgl. ai. *ḱanitra-*. S. § 13 und 141 No. 2.

§ 199. 5. *Suffixe i̯a- und ĭi̯a-*, *ti̯a- und tĭi̯a-*, *u̯i̯a-*, *si̯a-*.

madʰi̯a- »medius«; — secundär: *āu̯iši̯a-* »offenkundig« (s. dag. ai. *āvíṣṭya-*); *sati̯a-* »wahr« (§ 280); *saini̯a-* »zum (Feindes)heer gehörig«; *āsuri̯a-* »göttlich«; *kšatrii̯a-* »königlich«; *i̯až́nii̯a-* »verehrungswürdig«; *su̯asau̯i̯a-* n. »gutes Leben«; — — *martii̯a-* m. »Mensch« (§ 272); — secundär: jAw. *pasčąϑya-* »rückwärts gelegen«[1]; — — secundär: jAw. *brātūirya-* m. »Brudersohn«[2]; — — *matsi̯a-* m. »Fisch« (§ 5; 278 I, 6).

[1] Studien 2, 50. — [2] Ai. *bʰrātr̥vyas*; § 268, 42; BB. 10, 271.

i̯a-, *ii̯a-* bilden auch Part. Fut. Pass., s. § 209, 11; *ĭi̯a-*, *tĭi̯a-* Ordinalia, § 211. — Über *išṭii̯a-* als Superlativsuffix s. § 208.

§ 200. 6. *Suffixe u̯a-*, *tu̯a-*, *su̯a-*.

aru̯a- »hurtig«; *ǵīu̯a-* »lebendig«; *paku̯a-* »gekocht, reif«[1]; — secundär: *agrau̯a-* »zur Spitze gehörig«; *parnau̯a-* »gefiedert«; — — *mantu̯a-* n. »Gedanke«; *stautu̯a-* n. »Preis«; — secundär: jAw. *fratəmaϑwa-* n. »Primat«; — — *trišu̯a-* n. »Drittel«; *saptasu̯a-* n. »Siebentel«[2].

Das Suffix *tu̯a-* bildet auch Gerundiva; s. § 209, 12.

[1] Geiger, ABayrAW. 20. 1, 185; afγ. *pōx*: ai. *pakvá-*. — [2] Vgl. dazu Brugmann, Grundriss 2, 493.

§ 201. 7. *Suffixe ka-*, *āka-*, *ika-*.

marka- m. »Tod« (oder zu § 195); *atka-* m. »Mantel«; — *suška-* »trocken« (§ 50); — — secundär: *pašuka-* m. »Kleinvieh«; *bandaka-* m. »Vasall«; *drapsaka-* m. »Fähnchen«; — *apakraušaka-* »fortschreiend«; *niu̯aštaka-* »gekrümmt« (IdgF. 2, 264); — — secundär; *martii̯āka-* m. »Menschlein« (§ 272); — *asmāka-* »unsrig«; — — *pakika-* »kochend«; — secundär: *kašu̯ika-* »geringfügig«.

Die modernen Sprachen weisen auf eine ausgedehnte Verwendung der *k*-Suffixe hin; s. Hübschmann, ZDMG. 41, 327 ff., wo weitre Litteratur.

§ 202. 8. *Suffix ta-, ita-, ata-.*

dūta- m. »Bote«; *u̯āta-* m. »Wind«; jAw. *čaēčasta-* EN. (§ 102 II); *stauta-* n. »Preis«; — *z̆ᵃarta-* »gelbgrün«[1]; — secundär: *patarta-* »fliegend«[2]; — jAw. *ašavasta-* n. »Gerechtigkeit«[3]; — — *z̆ᵃarita-* »gelbgrün«[1]; *daršita-* »kühn«; — secundär: *šu̯aitita-* »weiss« (§ 76); — — *i̯azata-* m. »Gottheit«.

ta- bildet ausserdem Part. Perf. Pass. und Ordinalia; *ata-* Gerundiva, ebenso *anta-*; vgl. § 209, 7, 11, 13; 211.

[1] Vgl. jAw. *zaⁱrītəm:* np. *zard,* wozu Nöldeke, SWAW. 106, 422. — [2] Vgl. dazu Bthl., BB. 15, 19. — [3] Wie von einem *u̯ant*-Thema geformt.

§ 203. 9. *Suffixe ta-, ata-.*

u̯ikita- n. »Entscheidung«; jAw. *nii̯aϑa-* n. »Tötung«; — *dāta-* »einsichtig« (ZDMG. 43, 665); — — *markata-* n. »Tod«; *u̯ardata-* n. »Förderung«.

Das Suffix *ta-* wird auch zur Bildung von Part. Perf. Pass. (s. § 52, 2 und 209, 8) und von Ordinalien verwendet (s. § 211). Zum Superlativsuffix *išta-* s. § 208.

§ 204. 10. *Suffix sa-, uša-.*

drapsa- m. »Fahne«; *u̯atsa-* m. »Kalb«; — *paruša-* »grau«; *su̯aruša-* »esslustig« (AF. 3, 53).

Abteilung II: Abgeleitete Feminina. [23.]

1. Der Stammauslaut erscheint in der Ursprache als *a* und *ā*, ebenso im Arischen. Die herkömmliche Erklärung geht von *ā* aus und sieht in *a* dessen Kürzung; s. Brugmann, Grundriss 2, 103. Danach setze auch ich die Stämme mit *ā* an. Man beachte aber, dass *ā*, in die Tiefstufe gerückt, zu *ə* ward, das freilich schon im Indogermanischen, aber nur falls *i̯* folgte, durch *a* ersetzt wurde (§ 69). S. im Übrigen J. Schmidt, KZ. 27, 374 ff.; Verf., BB. 17, 128, 349, IdgF. 1, 188 ff.; Brugmann, Grundriss 2, 570.

2. Das Suffix *ā* dient vorzugsweise dem Zweck, Feminina zu masc.-neutr. Stämmen auf *a-* zu bilden, vgl. § 209. Sonstige *ā*-Stämme sind verhältnismässig selten.

3. Die modernen Wörter scheinen auch hier auf den NS. oder AS. zu gehen, deren Ausgänge abgefallen sind: np. *dīn* »Glaube« = jAw. *daēna* oder *daēnąm;* np. *sutūn,* afγ. *stan* »Säule« = ai. *sthūṇā-m;* np. *farmān* »Befehl« = ap. *framānā;* Phlv. *hēn* »Heer« = ap. *hainā* u. s. w. Geiger's Annahme, die afγ. *vana* »Baum« (np. *bun,* oss. °*bun*) gleich jAw. *vana* NS. setzt, ABayrAW. 20. 1, 219, erscheint mir sehr unsicher; s. § 92, 1 und vgl. afγ. *stan* (oben).

§ 205. *Beispiele für (selbständige) ā-Stämme.*

Suffix *ā-*: *prašā-* »Frage«; *gnā-* »Frau«; *grz̆ā-* »Klage«; *diz̆ā-* »Festung«; — — Suffix *nā-*: *sainā-* »(Feindes)heer«; *stūnā-* »Säule« (IdgF. 3, 170 f.); *pramānā-* »Befehl«; — — Suffix *trā-*: *z̆ᵃautrā-* »Weihwasser«; *aštrā-* »Stachel«; — — Suffix *i̯ā-, ti̯ā-*: *šraušii̯ā-* »Busse«; — *anti̯ā-* »Pfosten«[1]; — — Suffix *u̯ā-, tu̯ā-*: *asu̯ā-* »Seele«; *sizu̯ā-* »Zunge« (§ 192); — *u̯antu̯ā-* »Heerde«; — — Suffix *tā-*: *gātā-* »Lied«; *kitā-* »Busse«; — — Suffix *sā-*: *īγz̆ā-* »Eifer« (§ 53 I)[2]; *gigišā-* »Erquickung«[2]; — — Suffix *tā-*: *kiϑtā-* »Gedanke«; jAw. *čarᵊtā-* »Rennbahn«; — sekundär: *i̯azni̯atā-* »Verehrungswürdigkeit«; jAw. *būšyąstā-* EN. (KZ. 29, 547)[3].

[1] Zimmer, Aind. Leben 154. — [2] Vom Desiderativ; s. § 137 und IdgF. 5, 216; Th. Baunack, Studien 1, 355. — [3] Beachtenswert jAw. *frafšu frāvīra tāča* statt **frafšuta frāvīratača;* vgl. BB. 15, 193 zu RV. 8, 35, 13.

Abteilung III: Wurzelstämme [24.]

Vor betontem Casussuffix ging ursprünglich der Stammauslaut *ā* verloren, wenn es vocalisch anlautete; wenn consonantisch, wurde er zu *i*, aus idg. *ə*; so z. B. ai. *ni-dʰibiṣ* statt **nidʰibiṣ* zu *ni-dʰā-* (vgl. ai. *śraddʰivá-* zu *śraddʰā-*) u. a. m. Diese letzteren Casus wurden schon frühzeitig durch solche nach der *i̯*-Declination (16) ergänzt; z. B. ai. *nidʰiṣ, nidʰim, nidʰáyas*. So erklärt sich das Nebeneinander von jAw. *°upastōe* DS. und *upastąm*, von ai. *pratiṣṭʰiṣ* und jAw. *paⁱtištąm*[1]. S. noch § 212, 2 zu 18 ai. *púrandʰiṣ*, jAw. *pārəndi* (IdgF. 1, 184 f.). Die so ausgeschiedenen Casus wurden in der Folge durch solche mit *ā* ersetzt: ai. *ratnadʰā́biṣ*.

Als Substantive sind die Wurzelstämme mit erhaltenem *ā* durchweg feminin geworden, im Anschluss an Klasse 23, die auch auf die Casusbildung starken Einfluss hatte; s. eben und unten.

[1] Freilich besteht auch die Möglichkeit, ar. *°*stʰiš* gegenüber **stʰitiš* in Übereinstimmung mit J. Schmidt, KZ. 25, 56 zu erklären; s. Hübschmann, Vocalsystem 20 und auch AF. 2, 102.

§ 206. *Beispiele.*

upa-stā- f. »Stand, Beistand«; *raϑai-štā-* (»auf dem Wagen stehend) m. »Krieger«; — jAw. *ă-dā-* f. »Rückgabe, Vergeltung« (BB. 15, 258 f.); jAw. *ravaz-dā-* »Befreiung schaffend«; — jAw. *parō.yā-* »vorangehend« (KZ. 29, 561); — *ki̯ā-* »sich behagend, froh« (§ 90).

Anhang zu II B 1 a. Femininalbildung; Comparation; Participialbildung; Zahlwörter.

§ 207. Femininalbildung.

1. Den masculinen Stämmen auf *a-* gehen in den meisten Fällen — doch s. 2 — feminine auf *ā-* zur Seite; so fast ausnahmslos bei den *a*-Stämmen in § 208, 209.

2. *ī-* bildet Feminina zu allen Stämmen ausser zu solchen auf *i̯-* (s. unten). Ist der Masculinstamm mehrförmig, so treffen wir vor dem *ī-* meist die Schwachform; vgl. zu § 174: jAw. *staoyehī-*: ai. *stʰávīyasī-*; jAw. *yaētušī-*: ai. *yētúṣī-*; — § 176: jAw. *masī-* »gross«; — zu § 177: jAw. (*vāstryā-*)*varᵊzī-* »wirkend«; — § 179: jAw. *zaⁱričī-* »goldäugig« (EN.); jAw. *apačī-* »rückwärts gewendet« (IdgF. 2, 266); — § 182: jAw. *amavaⁱtī-*: ai. *ámavatī-*; jAw. *bərᵊzaⁱtī-*: ai. *br̥hatī́-*; jAw. *barəntī-*: ai. *bʰárantī-*; jAw. *haⁱtī-, hā̊ⁱtī-* (BB. 16, 277; 17, 341): ai. *satī́-*; — § 184: jAw. *haptō.karšvaⁱrī-* »mit sieben Erdteilen«; — § 185: jAw. *dāϑrī-*: ai. *dátrī-*; jAw. *strī-*: ai. *strī́-* (J. Schmidt, KZ. 25, 29, 36; ganz anders Johansson, IdgF. 3, 226); jAw. *hufᵊϑrī-* (§ 279 f.): gr. εὔπατρις; jAw. *nāⁱrī-*: ai. *nárī-* (Leumann, KZ. 32, 295); — § 188: jAw. *sunī-*: ai. *śunī́-*; jAw. *ašaonī-* (§ 188) »gerecht«; — § 190: jAw. *pərᵊϑwī-*: ai. *pr̥tʰvī́-*; jAw. *yəzivī-* »jung« (BB. 15, 9; § 97, 11); — § 195—204: jAw. *daēvī-*: ai. *dēvī́-*; jAw. *ahurānī-* »Tochter des Ahura«, vgl. ai. *indrāṇī́-* (KZ. 32, 294 f.); jAw. *zaranaēnī-* »golden«; jAw. *hupuϑrī-* geg. ai. *suputrā́-* (aber jAw. *apuϑrā-* = ai. *apútrā-*).

In einigen Fällen erscheint vor dem femininen *ī-* eine vom Masculinstamm abweichende Form; so jAw. *spaētinī-* zu *spaētita-*, vgl. ai. *rṓhiṇī-* zu *rṓhita-*; — jAw. *xšōiϑnī-* (oss. *äxsīn* »Herrin«?) zu *xšaēta-*, vgl. ai. *paruṣṇī́-* zu *páruṣa-*; — jAw. *ašāvaⁱrī-* (neben *ašaonī-*), *taᵘrvaⁱrī-* zu *°van-*; — jAw. *paϑnī-* zu *patai̯-*, = ai. *pátnī-*. Vgl. Brugmann, Grundriss 2, 315; Whitney, Grammar[2] § 1171 b, 1176 d; ferner KZ. 24, 131; 29, 561.

3. Neben masculinen *u̯*-Stämmen treffen wir in einigen Fällen feminine auf *ū-*; so jAw. *ayrū-* »unverheiratet«: ai. *agrū́-* zu ai. *agráv-*.

4. Die arischen Femininalstämme zu den Zahlwörtern *trai̯-* und *katu̯ar-* lauten *tišr-, katasr-*; s. § 186, 4.

Bei einzelnen Stämmen ist eiue besondre Form fürs Feminin nicht vorhanden, z. B. bei den Stämmen auf *as-* (§ 174 γ), auf *i̯-* (§ 189) u. a.

§ 208. Comparation.

Zur Comparation dienen die Suffixe 1. für den Comparativ: *i̯as-*, *ĭi̯as-*[1], fem. *°asī-* (§ 174) uud *(a)ra-*, *tara-* (mit *tāra-*[2], *tra-* ablautend), fem. *°ā-*; 2. für den Superlativ: *išṭa-*, *išṭii̯a-* und *(a)ma-*, *tama-* (mit *tāma-*[2] ablautend), fem. *°ā-*. Die Stämme mit *tara-*, *tama-* und die mit *ra-*, *ma-* sind secundäre Bildungen aus Nomina, Pronomina und Indeclinabilia. Vgl. BRUGMANN, Grundriss 2, 420 ff. — Beispiele:

1. Comparative: *āši̯as-* »rascher«; *u̯asi̯as-* »besser«; *maži̯as-* »grösser«; *nazdi̯as-* »näher«; *sṭau̯i̯as-* »dicker«; ferner jAw. *tąšyah-* »stärker« (§ 7); jAw. *srayah-* »schöner« geg. ai. *śrḗyas-*[3]; jAw. *frāyah-* »lieber« geg. ai. *prḗyas-*[3]; — — *apara-* »posterior«; *upara-* »superior«; *adhara-* »inferior«; — *aug̑as-tara-* »stärker«; *amau̯aδ-tara-* »kräftiger«; jAw. *dužgaⁱnti-tara-* »übelriechender«; jAw. *katāra-*, Phlv. *katār* »welcher von zweien« geg. ai. *katará-*; jAw. *fratara-* »prior«; jAw. *apāxtara-*, *apāxδra-* »abgewendeter, nördlich«[4]; wegen des *ō* in jAw. †*baēšazyō.tara-* »heilsamer« u. s. w. s. § 264 D.

2. Superlative: *āšišṭa-* »raschest«; *u̯asišṭa-* »best«; *mažišṭa-* »grösst«; *nazdišṭa-* »nächst«; *śra(i̯)išṭa-* »schönst« (§ 81); *pra(i̯)išṭa-* »liebst« (§ 81); — *āšišṭii̯a-* »raschest«; — *apama-* »postremus«; *upama-* »supremus«; jAw. *vīspəma-* »jeder« (ZDMG. 46, 303); — *aug̑as-tama-* »stärkst«; *amavaδ-tama-* »kräftigst«; *uδ-tama-* »extremus«; *ni-tama-* »infimus«; Phlv. *katām*, np. *kudām* »welcher von mehreren« geg. ai. *katamá-*; wegen des *ō* in jAw. †*baēšazyō.təma-* »heilsamst« u. s. w. s. § 264 D. — Beachte jAw. †*vahištō.təməm* »den allerbesten« mit zweifachem Superlativsuffix wie in ai. *śrḗṣṭhatama-*; WHITNEY, Grammar[2] § 473 d.

[1] Im Iranischen nicht nachweisbar. Unklar ist mir die Stammbildung bei den jAw. als NSf. gebrauchten Comparativformen *āsyayå* »schneller«, *tąšyayå* »stärker« (Vp. 7, 3; so zu lesen), *masyayå* »grösser« (V. 5, 24). — [2] Anders freilich CALAND, KZ. 32, 594 und J. SCHMIDT, Pluralbildungen 171; man beachte aber die modernen Belege; s. ZDMG. 48, 143. — [3] jAw. *srayah-* geht auf ar. **śrai̯as-*, das ich für eine Neubildung zum Superlativ **śraišt'a-* (für **śrai̯išt'a-*, § 81) ansehe, vollzogen nach Mustern wie **u̯as-išt'a-*: **u̯as-i̯as*; zu ai. *śrḗyas-* verhält es sich wie ai. *vásyas-*: *vásīyas-*. jAw. *frāyah-* aus ar. **prāi̯as-* setzt entsprechend einen Superlativ **prāišt'a-* voraus, dessen ältere Grundlage **prāi̯išt'a-* sich zu **prāi̯u-š* (= gr. πρᾱΰς) verhält wie **āšišt'a-* zu **āšu-š*. — [4] S. HÜBSCHMANN, ZDMG. 38, 428; BTHL., ebd. 42, 154. Falsch neuerdings BANG, BB. 15, 317.

§ 209. Participialbildung.

Vgl. fürs Indische WHITNEY, Grammar[2] § 952 ff., 1172 ff.

1. Suffix *ant-*, *at-*, *nt-*; fem. *ntī-*, *atī-* — über die Abstufungsverhältnisse s. § 182 d — bildet Part. Praes. Act. aus Praesensstämmen; a. aus thematischen: Kl. 2: *bhái̯a-nt-*, 17: *bhūṣi̯á-nt-*, 30: *śrāu̯ái̯a-nt-*; b. aus unthematischen: Kl. 1: *uš-ánt-* und *u̯áś-at-* (jAw. *an-usəntəm*, gAw. *vasas*, NS.), 10: *sunu̯-ánt-* u. s. w. Weitres § 182 d.

2. Suffix *mna-*, *mana-*[1]; fem. *°ā-* bildet Part. Praes. Med. aus allen thematischen Tempusstämmen; Praes. Kl. 2: *i̯ažam(a)na-*, 17: *dhāsi̯am(a)na-* u. s. w.

[1] Das entsprechende aind. Suffix *māna-* hat sein *ā* wohl dem Einfluss von *āna-* (s. unter 3) zu danken. Das Awesta kennt fast nur *mna-*.

3. Suffix *ana-*, *āna-*[1]; fem. *°ā-* bildet Part. Praes. Med. aus allen unthematischen Tempusstämmen; der Wortaccent lag meist auf dem Suffixausgang, daher der Tempusstamm davor in schwacher Form erscheint: cf. Praes. Kl. 1: jAw. *γnānō*: ai. *hánti*; jAw. *vyānō*: ai. *vyānás*; np. *tuvān* »vermögend«[2]; 5: jAw. *daδānō*, np. *dahān*: ai. *dádhānas*, *dádānas*; 10: jAw. *hunvana*: ai. *sunvānás*; s-Aor. 1: jAw. *mərəxšānō*; Perf. 1: jAw. *daδrānəm*, *mamnānāi*; 2: *vāvərəzananąm*; dagegen Praes. 1: jAw. *sayanəm*: ai. *śáyānas*; jAw. *stavanō*: ai. *stávānas* u. s. w.

[1] S. dazu BB. 15, 187 und Brugmann, Grundriss 2, 133. *ana-* mag auf *n̥na-* zurückgehen; das *ā* könnte von den *ā*-Praesentien, § 142 stammen; s. dazu Studien 2, 175. — [2] Np. Material bei Darmesteter, Études 1, 266.

4. Suffix *au̯-* bildet Part. Praes. Act. aus denominativen *i̯a*-Praesentien (§ 152)[1]: jAw. *vaδa[i]ryav-*[2], *aṇhuyav-*.

[1] S. Whitney, Grammar[2] § 1178 d. — [2] Geldner, 3 Yasht 69.

5. Suffix *a-* bildet Part. Praes. Act. aus Praesensstämmen, insbesondre aus reduplicirten[1]: jAw. *daδa-* »gebend« (§ 126); *vāva-* »wehend«; *rą̇rəma-* »ruhend« (§ 128); *kər[ə]nta-* »schneidend« (§ 130); *pər[ə]sa-* »fragend« (§ 135); *srāvaya-* »hören lassend« (§ 151).

[1] Vgl. KZ. 29, 559 f. (wo weitre Beispiele); Whitney, a. O. § 1148, 3, 4.

6. Suffix *u̯ās-, uš-;* fem. *uṡī-* — vgl. § 174 — bildet Activparticipien aus Perfectstämmen; das Suffix hat den Wortaccent und steht darum normal hinter dem schwachen Tempusstamm. Vgl. Kl. 1: jAw. *mamnūš, jaγmūšīm, yaētušīš, vaokuše,* gAw. *nąsvå,* jAw. *åiəhušąm, daδvåiəhəm;* 2: *vāvər[ə]zuše;* 3: gAw. *vīduše* u. s. w. Wegen jAw. *jaγnvå* und *jaxšvå* s. § 159, 2. Zu jAw. *vavanvå* neben *vaonušąm* s. ai. *vavanvā́n*. Auffällig ist jAw. *jaγā[u]rvåiəhəm* (N. 1, 6) mit der Dehnform des Stamms; daneben *jaγa[u]rv°* (Yt. 10, 7).

7. Suffix *ta-;* fem. *tā-*, ganz selten *tī-* (z. B. gAw. *šyeͣtī-:* jAw. *šāta-*, § 90, 2; s. ferner Geldner, KZ. 28, 186), bildet Part. Perf. Pass. aus der Wurzel, welche, da das Suffix den Ton hat, normal die Tiefstufenform aufweist. a. Beispiele für diese regelmässige Bildung sind: jAw. *srita-; hixta-; frita-*[1]*; dīta-*, np. *dīd;* — jAw. *huta-; uxta-; yuxta-; druxta-*, ap. *duruxta-*[2]; jAw. *būta-;* — jAw. *bər[ə]ta-*, np. *burd;* jAw. *vər[ə]zda-*[3]*;* np. *hišt*[4]; jAw. *sar[ə]ta-;* — jAw., ap. *jata-*, np. *zad;* jAw., ap. *basta-*, np. *bast*[2]; jAw. *zāta-*, np. *zād*[5]*;* — jAw. *yata-; kåta-*[5]. Vgl. der Reihe nach ai.: *śritá-, siktá-, prītá-, d[h]ītá-; sutá-, uktá-, yuktá-, drugdhá-*[3]*, bhūtá-; bhr̥tá-, vr̥ddhá-*[3]*, sr̥ṣṭá-, śūrtá-; hatá-, baddhá-*[3]*, jātá-; yatá-, (kāntá-*[6]). — b. Die Hochstufenform zeigen[7]: jAw. *baxta-, tašta-;* np. *nišast*[8]; — jAw. *našta-*[9]*;* — jAw. *sāsta-*[10]; ap. *rāsta-*, np. *rāst*[2]*;* jAw. *dāta-*, np. *dād;* jAw. *snāta-*. Vgl. dazu ai. *bhaktá-, taṣṭá-, niṣattá-; naṣṭá-; śāstá*[10], *rāddhá-*[3], *°dāta-, snātá-*. — c. Die Dehnform erscheint in jAw. *rāšta-*[11]: lat. *rēctus;* jAw. *tāšta-*[11]. — — Vgl. dazu 8.

[1] Nur Yt. 5, 130. Sonst *friϑa-*, s. 8. — [2] Gegen § 52, 1 b; s. § 53 II. — [3] Nach § 52, 1 b. — [4] *i* aus *r̥*, § 57. — [5] *ā* aus idg. *n̥̄*. — [6] Jüngere Form für **kāta-*, vgl. *kāmakātayas* und § 61, 2. — [7] Vgl. BB. 17, 109; IdgF. 3, 17. — [8] Vgl. dazu bal. *ništa*, § 96, 1. — [9] Doch s. V. 13, 50; BB. 17, 117. — [10] Daneben ai. *śiṣṭá-*, mit *i* aus *ə*. Derartige Bildungsdifferenzen kommen öfters vor; vgl. noch jAw. *yašta-:* ai. *iṣṭá-;* jAw. *x[v]apta-:* ai. *suptá-;* jAw. *dāta-:* ai. *hitá-;* jAw. *stāta-*, np. *istād:* ai. *sthitá-* u. a. m. — [11] Der Langvocal stammt aus dem Praesens § 125, 136 I; daneben jAw. *rašta-, tašta-*.

8. Suffix *ta-;* fem. *tā-;* s. § 52, 2. Alles wie bei *ta-*, 7. Vgl.: a. jAw. *uxδa-:* ai. *uktá-;* jAw. *friϑa-*[1], np. *farī; yūxδa-; bər[ə]xδa-;* — b. jAw. *draoxδa-*[2]; *ϑraf[ə]δa-*[3]. — Wegen jAw. *δ* für ar. *t* s. § 280.

[1] D. i. *frīϑa-*, § 268, 1; s. oben § 52, 2 No. 3. — [2] Gegen § 52, 1 b; s. § 53 II, 3. — [3] Vgl. dazu KZ. 29, 483, 502; oben § 24.

9. Suffix *na-;* fem. *nā-* bildet ebenfalls Part. Perf. Pass.; jAw. *pər[ə]na-*, np. *pur* geg. ai. *pūrṇá-;* jAw. *ūna-:* ai. *ūná-;* jAw. *us-tāna-:* ai. *ut-tāná-* (§ 78); jAw. *frīna-, tušna-*.

10. Suffix *tavant-* bildet Part. Perf. Act.: jAw. *vī-var[ə]zdavant-;* einziges Beispiel. Vgl. ZDMG. 46, 302; IdgF. 3, 20; oben § 52, 1 b.

11. Suffix *ata-;* fem. *°ā-* bildet Part. Fut. Pass.; s. IdgF. 4, 127. Vgl. jAw. *yazata-;* ap. *[h]ubarata-;* gAw. *dar[ə]sata-:* ai. *yajatá-, bharatá-, darśatá-;* ap. *[h]ufrasata-;* jAw. *azgata-:* gr. *ἄσχετος;* jAw. *niγmata-* »superventurus«; ferner zum Praesensstamm § 131: jAw. *s[u]runvata-*.

12. Suffix *i̯a-* (*ii̯a-*); fem. °*ā-* bildet Part. Fut. Pass. Vgl.: jAw. *vaⁱrya-*: ai. *várya-*; jAw. *staⁱrya-*: ai. *staryà-*; jAw. *darᵊsya-*: ai. *dárśya-*; jAw. *daoya-* (§ 268, 37): ai. *dā́δya-*; jAw. *yezya-*: gr. ἅγιος; jAw. *karšya-* geg. ai. *kr̥šyà-*; jAw. *išya-* geg. ai. *išyà-*.

13. Suffix *tu̯a-* (*tuu̯a-*); fem. °*ā-* bildet Part. Fut. Pass.: jAw. *ǰąϑwa-*: ai. *hántva-*; jAw. *vaxδwa-* (§ 280): ai. *váktva-*; jAw. *mąϑwa-*, *varštva-*, *yaštva-*, *bərᵊϑwa-*, *paⁱriϑwa-* (d. i. °*ri* + *i*°).

14. Suffix *anta-*; fem. °*tī-* bildet Part. Fut. Pass.; ist vielleicht speciell awestisch; s. IdgF. 4, 127. Vgl.: jAw. *frāyazanta-*; *frāyaēzyanta-* (§ 150); *haošyanta-*, *amərᵊxšyanta-* (§ 138); *aⁱwi.vaēδayanta-* (§ 151).

§ 210—211. Zahlwörter.

Vgl. BRUGMANN, Grundriss 2, 463 ff.; DELBRÜCK, Vergl. Syntax 521.

§ 210. *Ordinalzahlen.*

1: ir. Grundform ist **aiu̯a-*, fem. °*ā-* geg. ai. *éka-*; jAw. *aēvō*, ap. *aivaʰ*; Phlv. *ēvak*, np. *yak*. Zur Flexion s. § 245, 2. — Ein zweites Wort für 1, idg. **sem-* steckt in jAw. *hakərᵊṯ* »einmal« = ai. *sákr̥t*; s. noch IdgF. 5, 227 No. 1.

2: ar. **du̯a-*, mit der Satzform **duu̯a-*; fem. °*ā-*; vgl. § 83, 4; 88. jAw. *dva* = gr. δύω (§ 268, 8); jAw. *baē* = ai. *dvé*; np. *du*, oss. *duwā* u. s. w.

3: ar. **trai̯-*, fem. **tisr-*; s. § 45 No., 186. jAw. *ϑrāyō* = bal. *sai* (GEIGER, ABayrAW. 19. 1, 411), PDw. *trūi*; afγ. *drē*, oss. *ärt'ä* = jAw. *ϑrāyō* oder = ai. *tráyas*, s. § 227; np. *sih* = jAw. *ϑrī*, APn.; jAw. *ϑribyō*; *tišrō*.

4: ar. **k̂atu̯ar-*; fem. **k̂atasr-*; s. § 186. jAw. *čaϑwārō*, np. *čahār* = ai. *čatvā́ras*; jAw. *čaturąm*, *čaϑwarᵊ-* (in Compp.); *čataɜrō* (§ 286 b)[1].

[1] In secundären Ableitungen und in Zusammensetzungen findet sich auch **k̂atru-* — jAw. *čaϑrušva-* (§ 200); *čaϑru.karana-*, np. *čārpāī* —, dessen Verhältnis zu den obigen Stammformen auch nach den Ausführungen von VON BRADKE, JOHANSSON, KRETSCHMER, LEUMANN, MERINGER und MEILLET (ZDMG. 40, 349 ff.; KZ. 30, 408; 31, 412; 32, 303 ff.; SWAW. 125. 2, 24; MSL. 8, 158) noch dunkel bleibt.

5: ar. **pan̂k̂a*; jAw. *panča*, np. *panǰ* = ai. *páñča*.

6: ar. **šu̯aš* und **šaš*. Litteratur bei KRETSCHMER, KZ. 31, 418 f. und JOHANSSON, IdgF. 3, 209, wozu noch BTHL., Studien 2, 22 und § 50, 86. Vgl. jAw. *xšvaš*, afγ. *špaž*, oss. *äxsäz* = nkymr. *chwech*; Phlv., np. *šaš* = ai. *ṣáṣ*, lat. *sex*.

7: ar. **sapta*; jAw. *hapta* (§ 279), Phlv., np. *haft* = ai. *saptá*.

8: ar. **aštā(u)*, § 84, 4; jAw. *ašta*, np. *hašt* (*h* von 7) = ai. *aṣṭā́*.

9: ar. **nau̯a*; jAw. *nava*, PDw. *nao* = ai. *náva*.

10: ar. **daša*; jAw. *dasa*, oss. *däs*, np. *dah* = ai. *dáśa*.

Die Zahlen 5—10 sind von Haus aus indeclinabel, doch mögen einzelne mit Flexionsausgängen versehene Formen schon arisch sein; vgl. jAw. *pančanąm*, *navanąm*, *dasanąm*: ai. *pañčānā́m*, GP. nach der *a*-Declination.

Die Zahlwörter für 20, 30, 40, 50 sind Verbindungen derer für 2, 3, 4, 5 mit *šant-*, *šat-* f. »Dekade« (§ 182 γ; 83, 1).

20: Das Arische scheint mehrere Wörter dafür gebraucht zu haben[1]: 1) **u̯īšati-* »zwei Dekaden« (ND.); jAw. *vīsaⁱti*, Phlv. *vīst*, np. *bīst*, bal. *gīst*[2] = lat. *vīgintī*; 2) **u̯īšant-*, **u̯īšat-* f. »die Zwanzig«; jAw. *vīsąs* (NS.; AF. 1, 154; KZ. 27, 225); 3) Auf eine Form mit *nš* weisen oss. *insäi*, *ssäj*: ai. *viṃśatíṣ*; s. § 62, HÜBSCHMANN, Oss. Sprache 94. Dass in jAw. *vīs*° *ī* für *i̯* steht, ist möglich, aber jedenfalls unerweisbar; s. Studien 1, 74.

[1] Vgl. ausser der bei BRUGMANN citirten Litteratur noch Studien 2, 18; JOHANSSON, GGA. 1890, 778 f., IdgF. 2, 25. — [2] Man erwartete Phlv. **vīsaṯ*, np. **bīsad*; Phlv. *vīst* stammt aus dem Ordinale *vīstum* (s. § 211); *dahum*: *dah*, *pančum*: *panč* = *vīstum*: *vīst*.

30: ar. **trišant-*, °*šat-* f.; jAw. *ϑrisąs*, °*satəm*; Phlv. *sīh*[1], np. *sī*[1]; s. lat. *trīgintā* air. *tricha*, aber ai. *triṃśát*.

40: ar. *katuṛ̥šant-, °šat- f.; jAw. čaϑwarᵊsatəm[2], np. čihil[1]. S. dagegen ai. čatvāriṃšát.

50: ar. *paṇ̃kāšant-, °šat- f.; jAw. pančāsatəm, pančasaϑbīš; np. pančāh[1], afγ. panjōs[1]: ai. pañčāšát.

[1] Führen auf die altir. NS. *ϑrīsas, *čaϑur̥sas, *pančāsas. J. Darmesteter's Bemerkungen, Études 1, 147 f. sind nur zum Teil zutreffend. — [2] Mit ar. ṛ̥ nach Brugmann; s. aber das np. Wort und § 289, 2.

Die Zahlen für 60, 70, 80, 90 sind Abstractbildungen aus denen für 6, 7, 8, 9.

60: ar. *šuaštai̯- und *šaštai̯-; jAw. xšvaštīm; np. šast = ai. ṣaṣṭíṣ.

70: ar. *saptatai̯- wurde im Uriranischen nach dem Zahlwort für 80 zu *haftāt°; jAw. haptāⁱtīm, np. haftād; aber ai. saptatíṣ.

80: ar. *aštātai̯-; jAw. aštāⁱtīm, np. haštād; aber ai. aśītíṣ.

90: ar. *nauatai̯-; jAw. navaⁱtīm, np. navad = ai. navatíṣ.

100: ar. *šata- n.; jAw. satəm, np. sad = ai. šatám.

1000: ar. *sažasra- n.; jAw. hazaŋrəm, np. hazār = ai. sahásram.

Das Uriranische besass auch einen Ausdruck für 10000: *baiuar- (,°uan-) n.[1]; jAw. baēvarᵊ (, baēvąn), Phlv. bēvar.

[1] Vielleicht »Vielheit« bedeutend, cf. oss. bëurä »viel, sehr, lang« (Hübschmann, Oss. Sprache 28, 113), und mit ai. bhū́ri, jAw. būⁱri zusammenhängend; s. dazu Per Persson, Wurzelerweiterung 154 ff.

Die uriranischen Ausdrücke für 11—19, ursprünglich indeclinabel, lassen sich nur zum Teil ermitteln.

11: jAw. *aēvandasa[1], vielleicht = lat. ūndecim, aus idg. *oiuondeḱm̥[2].

12: jAw. dvadasa, vielleicht = lat. duodecim; dagegen berührt sich np. duvāzdah[3] mit ai. dvā́daša, gr. δυώδεκα.

13: jAw. *ϑridasa[1] stellt sich am nächsten zu lat. tredecim; dagegen ai. tráyōdaša.

14: jAw. *čaϑrudasa[1] geg. ai. čáturdaša; vgl. zu 4.

15: jAw. pančadasa (, np. pānzdah) = ai. páñčadaša.

16: jAw. *xšvaš.dasa[1], Neubildung nach 15, 17, 18, 19 mit š statt ž: ai. ṣṓḍaša.

17: jAw. *haptadasa[1] (, np. hafdah) = ai. saptádaša.

18: jAw. *aštadasa[1] (, np. haždah) geg. ai. aṣṭā́daša.

19: jAw. *navadasa[1] = ai. návadaša.

[1] Nicht belegt, aber aus dem Ordinale mit Sicherheit zu erschliessen. — [2] Der Nasal vielleicht durch Vermischung mit einem dem gr. ἕνδεκα entsprechenden *sendeḱm̥. — [3] Zur Herkunft des z s. Darmesteter, Études 1, 147; Horn, Etymologie 128 f., 170.

Die Bildung der Zahlausdrücke 21, 22 ff., 200, 300, 2000 ff. schlägt ins Gebiet der Syntax.

§ 211. *Ordinalzahlen.*

1.: ar. *pratama- und *pṛ̥uii̯a-: jAw. fratəmō, ap. fratamā, Phlv. fratum geg. ai. prathamás[1]; gAw. pouruyō, jAw. paoⁱryō (§ 268, 44) = ai. pūrvyás.

[1] Wegen des th s. Bthl., Handbuch § 119; Brugmann, Grundriss 2, 267; oben § 52, 2.

2.: ar. *duitii̯a-; § 88; 268, 11; 270: jAw. bityō, gAw. daⁱbitīm, ap. duvitīyam = ai. dvitíyas, °am; das selbe auch in Phlv. dati̯gar, np. dīgar, bal. dī; s. Horn, Grundriss 132. — Ar. *duita- dürfte in afγ. bal stecken; vgl. 3.

3.: ir. *ϑritii̯a- geg. aind. tṛ̥tī́ya-: jAw. ϑrityō, ap. ϑitīyam; auch in Phlv. sitīgar. Das dem gr. τρίτος entsprechende Wort kennen die arischen Sprachen nur als EN.: jAw. ϑritō = ai. tritás; vgl. 2.

4.: ar. *turii̯a-, *°kturii̯a-; s. § 83, 1: jAw. tūiryō, āxtūⁱrīm (§ 268, 21) = ai. turī́yas. Ein zweites ar. Wort dafür *turta-, woraus ai. čaturthá- mit Einführung des *ča* vom Cardinale her, steckt in dem gewöhnlich mit *tasūm*[1] wiedergegebenen Phlv.-Wort, das ich vielmehr *tuhrum* (*t-hr-m*) lese; *-um* von 5., 7. u. s. w.

[1] PPGl. 22; West-Haug, Arda-Viraf-Gloss. 118; J. Darmesteter, Études 1, 150; de Harlez, Manuel du Pehl. 237, wo gesagt wird »thème *tas;* comp. le grec *τίσσαρες*, S. *ča-tas-rasu*.

5.: Ar. **pańkama-* steckt in Phlv. *pančum*, np. *panjum*, oss. *fänjäm* = ai. *pañčamás*. Das jAw. *puxδō* vertritt ar. **pukta-*, mit *u* statt *a* aus *n̥* (s. ahd. *funfto*) nach **turta-;* s. IdgF. 2, 492, vgl. noch § 61, 2 No.; anders Brugmann, Grundriss, 2, 475.

6.: jAw. *xštvō*, nach § 86 für **štu̯°*. Nach dem Muster von ar. **turta-*, neben **katurta-* und **katu̯āras*, *°turas* bildete man **šta-* neben **šašta-* (ai. *ṣaṣṭás*) und **šaš*. Der Wechsel von **šaš* mit **šu̯aš* führte schliesslich zu **štu̯a-;* s. auch Kleinhans, IdgF. 3, 304. Das np. *šašum* ist Neubildung nach 7., 10.

7.: Ar. **saptata-* und **saptama-:* jAw. *haptaϑō* = ai. *saptátas;* np. *haftum* = ai. *saptamás*, lat. *septimus*.

8.: Ar. **aštama-*[1]*:* jAw. *aštəmō*, np. *haštum* = ai. *aṣṭamás*.

9.: Ar. **nau̯ama-*[1]*:* ap. *navamaᵈ*, jAw. *naomō, nāumō* (für **navəmō*, § 268, 22, 33) = ai. *navamás*.

[1] Arische Neubildungen nach dem Muster von 7., 10.

10.: Ar. **dašama-:* jAw. *dasəmō*, np. *dahum* = ai. *daśamás*, lat. *decimus*.

20.: Ar. **u̯īšaϑtama-:* Phlv. *vīstum*, np. *bīstum* (aus **u̯īsast°*, mit Ausstossung des kurzen Vocals nach langsonantischer Silbe; vgl. dazu Darmesteter, Études 1, 109) = lat. *vīcēsimus*. jAw. *vīsąstəmō* hat das *ą* vom NS. *vīsąs*. Dagegen ai. *viṃśatitamás*.

Die Zahlen 30., 40. ff. sind nur in den modernen Dialekten nachweislich, wo sie durchweg auf Neubildung beruhen; so np. *panjāhum* zu *panjāh* 50 u. s. w.

100.: Ar. **šatatama-:* jAw. *satō.təmō°*[1]*:* ai. *śatatamás;* np. *sadum* ist Neubildung.

1000.: Ar. **sažasratama-:* jAw. *hazaŋrō.təmō°*[1]*:* ai. *sahasratamás;* np. *hazārum*, Neubildung.

[1] Wegen des *ō* statt *a* s. § 264 D.

11.—19.: jAw. *aēvandasō, dvadasō* u. s. w.; s. § 210; vgl. ai. *pañčadaśás*.

Der Femininalstamm endet im Awesta bei 1., 2., 3., 4. auf *ā-*, bei 6. auf *ī-;* Weitres fehlt. Vgl. Whitney, Grammar[2] § 487 h.

Wie man sieht, stehen die Ordinalia ausser 1. mit den Cardinalia in engstem Zusammenhang; es sind secundäre Bildungen dazu, und zwar mit den Suffixen: *a-:* ar. **saptama-; tama-;* ar. **šatatama-; i̯a-:* ar. **turii̯a-; tii̯a-:* ar. **du̯itii̯a-; ta-:* ar. **du̯ita-; ta-:* ar. **saptata-*. Auffällig sind ar. **du̯ādaša-* u. s. w. gegenüber lat. *duodecimus;* ich sehe nicht, nach welchem Muster sich die offenbaren Neubildungen vollzogen haben.

II B I b. Casusbildung.

Die den folgenden Beispielen vorgesetzten Cursivziffern mit *a*, *α* u. s. w. geben die Stammklasse an; vgl. oben die Cursivziffern in [ ]. Ich schalte hier eine Übersicht ein:

1. Stämme auf *s-;* a abgeleitete, *α* auf *i̯as-*, *β* auf *u̯as-*, *γ* auf *as-;* b radicale.
2. St. auf *š-:* a abgel., *α* auf *iš-*, *β* auf *uš-;* b rad.
3. St. auf *ś- ź- ź̌-:* a auf *ś-*, rad.; b auf *ź- ź̌-*, *α* abg., *β* rad.
4. St. auf *p- bʰ-*, rad.: a auf *p-*, b auf *bʰ-*.

5. St. auf *k- g- gʰ-:* a auf *k-*, rad., *α* Typ. *u̯āk-*, *β* T. *prati̯ank-;* b auf *g- gʰ-*, *α* abg., *β* rad.
6. St. auf *t- d- dʰ-* rad.: a auf *t-*, b auf *d- dʰ-*.
7. St. auf *tāt- tūt-*, abg.
8. St. auf *nt-*, abg.: a auf *u̯mant-*,

b St. *maz̄ant-*, c Adj. auf *ant-*, d Partic. auf *nt-*, α Typus *b̄arant-*, β T. *sāsat-*, γ T. *sánt-*, δ T. *b̄ánt-*.
9. St. auf *at- āt- t-*, abg.
10. St. auf *r-*, rad.
11. St. auf *ar-*, abg., neutr.
12. St. auf *ar- tar-*, abg., masc. und fem.: a Typus *pitár-*, b T. *dātár-*.
13. St. auf *r-*, Zahlw.
14. St. auf *m-*, rad.
15. St. auf *n*: a abg., α auf *an-*, β auf *in-*; b rad.
16. St. auf *i̯-*, abg.
17. St. auf *u̯-*, abg.
18. St. auf *ī-*, abg.
19. St. auf *ū-*, abg.
20. St. auf *i̯-*, rad.
21. St. auf *u̯-*, rad.
22. St. auf *a-*, abg.
23. St. auf *ā-*, abg.
24. St. auf *ā-*, rad.

1. Die Singularcasus.

Acht Casus: Nom., Acc., Abl., Gen., Dat., Instr., Loc., Voc.

§ 212. *Sing. Nom. masc. und fem.*

Zwei Bildungen: 1) mit *s*, 2) ohne Suffix. Die letztere findet sich insbesondere bei jenen abgeleiteten Stämmen, welche mehrförmig flectiren; es dient dann die blosse Dehnform als Nom. Sing. Die Wurzelstämme scheinen den Nom. Sing. in alter Zeit ausschliesslich sigmatisch gebildet zu haben. Für die Gestaltung der Stammsilbe im sigmatischen NS. ist eine allgemein giltige Regel nicht zu geben. Die Wurzelstämme, die das *s* ursprünglich wohl überall an die Dehnform fügten, schwanken am meisten; s. die Beispiele. Wegen der Behandlung des auslautenden *s* u. s. w. s. § 38 ff.; 84, 1, 2; 85, 2; 93, 2.

1. Sigmatische Bildung.

a. Bei Wurzelstämmen: α) den Vocal *ā* zeigen z. B.: *1* b jAw. *må*, *mås-ca* = gr. μής; jAw. *mazdå*, ap. *mazdā* = ai. *su-mēd̄ás*; *2* b jAw. *fravāxš*; *4* a jAw. *āfš* »Wasser«; *5* a α jAw. *vāxš* = ai. *vák*; *21* jAw. *gāuš* = ai. *gáuṣ*; *24* jAw. *raϑaē-štå* m. = ai. *rat̄ē-ṣt̄ás*; jAw. *šå* »froh« f. — In dem Ausgang ar. *-ās* sind verschiedene radicale Stammklassen zusammen getroffen, die auf *ā* (*24*), *s-* (*1*), ferner die auf *m-*, *n-*, *i̯-* [, *r-*, *u̯-*], sofern dieser Laut hinter dem langen Vocal nach § 80 untergegangen war; vgl. *14* gAw. *frō.gå* = ai. *purō-gás*; jAw. *zyå* »Winter«; *15* b jAw. *xå* »Quelle«: ai. *bisa-k̄ás*; jAw. *vərəϑra-jå*; *20* gAw. *hu-då* »einsichtig«, vgl. zur Bildung ai. *rá-s*: *ráy-as* [; für *r-*, *u̯-* fehlt es an arischen Beispielen; s. aber gr. βῶς: ai. *gáuṣ* und § 213]; vgl. IdgF. 1, 310 ff. Über die Folgen dieses Zusammenfalls s. § 213, wo auch über jAw. *aēza-xas-ča* NS. zu *15* b. — — β. Die *a*-Stufe zeigen: *2* b jAw. *vīspa-taš* »allzimmernd«; *3* a jAw. *spaš*: ai. *spáṭ*[1]; *3* b jAw. *barš* »Höhe«; *5* a β jAw. *paiti. yąš* (d. i. *paitiyąš*)[2], *apąš* = ai. *praty-áṅ*, *ápāṅ*[3]; *21* gAw. *yaoš* »helfend«[4]; jAw. *gaoš* »schreiend«[4]; s. noch *3* a jAw. *parō.daršˈ* geg. ai. *svar-dṛ́k*; *5* a α gAw. *ānuš.haxš* neben jAw. *ašaŋhāxš*. — — γ. Tiefstufe in: *2* b jAw. *hu-biš* »wohl heilend«; *zuš*[5]: ai. *sa-júṣ* (Studien 1, 21, 39); *4* *kərəfš* »Leib«; *5* a α *°mərəxš* »gefährdend«; b β *druxš* = ai. *a-d̄rúk*; *20* jAw. *āfriš*[5] f. = ai. *āpṛ́ṣ*; s. noch *20* jAw. *bərəzaⁱ-ōiš*[5] m. = ai. *svā-d̄ī́ṣ* neben gAw. *hu-då* »einsichtig«; jAw. *vīš* »Vogel«[6] = ai. *víṣ*, woneben *vīṣ*[4]. Beachtung verdient *2* b jAw. *vīš* »Kleid«, dessen *ī* wie das von ai. *āśī́ṣ* (und wie das *ā* von lat. *vās*) zu beurteilen ist; BB. 17, 113, 119; IdgF. 1, 183. Neben *15* b jAw. *vərəϑrajå*, gebildet wie ai. *gōṣ́ás* neben *°ṣaṇas*, steht *°ja* = ai. *vṛtrahá*. Ar. *-ā* war nach § 85, 2 b im Sandhi aus *-ās* entstanden und wurde durch die abgeleiteten *n*-Stämme begünstigt. Die Feminina der *ā*-Klasse (*24*) zeigen ebenfalls neben *-ās*: jAw. *šå* auch *-ā*: jAw. *upa-sta*; vgl. Lanman, JAOS. 10, 444 f.; auch hier machte sich der Einfluss der abgeleiteten Stämme gleichen Ausgangs (*23*) geltend. Zu *21* gAw. *ahū*, jAw. *framrū* s. § 411.

[1] KZ. 29, 578. — [2] KZ. 29, 501 und die Neuausgabe; unten § 268, 11. — [3] Aus ar. *-*āṇəǩs*, § 24. — [4] S. dazu Studien 1, 120; Brugmann, Grundriss 2, 533. — [5] Yt. 5, 7; so mit den besten Hdss. zu lesen, entgeg. der NA.; vgl. ZDMG. 48, 146. — [6] Zu *ī* s. § 268, 1; doch vgl. auch unter 2.

b. Bei abgeleiteten Stämmen: ***5*** b α gAw. *usixš* = ai. *uśik;* ***7*** jAw. *pouru-tās* »Vielheit« = lat. *cīvi-tās;* jAw. †*gaδō.tūs* »Räubertum« = lat. *servi-tūs;* ***8*** a gAw. *ϑwāvąs:* ai. *tvā́vān;* d α gAw. *pərəsąs* = ai. *pṛćā́n;* β gAw. *stav-as* »preisend« = ai. *śā́s-at;* γ gAw. *hąs* = ai. *sán;* ***9*** jAw. *snus, ašavaxšnus; ā-bərəs* = ai. *vajra-bhṛ́t;* jAw. *ϑrisąs* »dreissig« (§ 210); ***16*** jAw. *ažiš* = ai. *áhiṣ;* ***17*** jAw. *bāzuš* = ai. *bāhúṣ;* jAw. °*bāzāuš;* ***18*** jAw. *dāϑr-iš,* ap. *harauvat-iš:* ai. *dū́t-íṣ;* ***19*** jAw. *tanuš:* ai. *tanū́ṣ;* ***22*** jAw. *ahurō,* °*ras-ča* = ai. *ásurō,* °*raś-ća.*

Zu ***7:*** Der NS. auf ir. *-tās* vielleicht auch in np. *jāvēd* = air. **i̯āu̯ai-tās;* Fr. Müller, WZKM. 5, 353.

Zu ***8:*** Bei den secundären *nt*-Stämmen (***8*** a) hat das Awesta den Ausgang *-ąs* nur für jene auf *u̯ant-,* welche Ähnlichkeit ausdrücken; s. KZ. 29, 497; die ursprüngliche Quantität des in °*vąs* enthaltenen *a*-Vocals ist nicht festzustellen (§ 268, 54); doch gestattet die Lautlehre gAw. *ϑwā-vąs* dem ai. *tvā́-vān* (und dem gr. χαρί-εις) gleichzusetzen, also auf ar. °*u̯ānts* zurückzuführen. Die andern Stämme der Klasse gehen auf *-å* aus: jAw. *amavå, xratumå,* d. i. ar. *-ās* geg. ai. *ámavān, krátumān;* die selben Differenzen weisen die Comparative und Part. Perf. Act. auf (Kl. ***1*** a α, β). Der Ausgang *-ās* bei ***8*** a ist sicher alt. Und auch *-ā* muss für alt gelten, vgl. jAw. *ama-va* (neben °*vå*) = ai. *sahá-vā* (neben °*vān*); analog auch jAw. *maza* geg. ai. *mahā́n* zu ***8*** b. Es ist unzweifelhaft, dass zwischen der *u̯as-* (***1*** a β), *u̯ant-* (***8*** a) und *u̯an-* (***15*** a α) Klasse von den Zeiten der Ursprache her enge Beziehungen bestehen; s. zuletzt Johansson, BB. 18, 43 ff., wo Weitres; ferner § 213, 2; 216; 220 zu ***8*** a.

Bei den *nt*-Participien haben wir als arische Ausgänge für α und γ *-ants,* für β *-ats* anzusetzen; für δ habe ich kein iran. Beispiel.

Zu ***9:*** jAw. *napå,* ap. *napā* geg. lat. *nepōs,* ai. *nápāt* statt **napās* ist iranische Neubildung nach ***1*** a (jAw. *viδvå* u. s. w.), veranlasst durch den Zusammenfall von ar. *-ās* und *-āts* im Sandhi vor Muten; KZ. 29, 572.

Zu ***16, 17:*** Die seltenen NS. auf *-āuš* neben *-uš* bei der *u*-Klasse, ap. *dahyāuš:* jAw. *daińhuš,* jAw. *uγra.bāzāuš, darəγō.b°, aš.b°: bāzuš,* gAw. *hiϑāuš* scheinen sich mit den griechischen wie ἱερεύς aus idg. °*ēus* zu decken; anders Brugmann, Grundriss 2, 533. Zum Alter des NS.-Ausgangs *-iš, -uš* bei ***16, 17*** s. § 213. — Einem *i̯*-Stamm (***16***) gehören jAw. *pantå* mit der Sandhiform *panta* »Weg« an, = ai. *pántʰās, pántʰā* neben ksl. *pątĭ,* und ap. *xšayāršā* EN. »Xerxes«, eig. »der Stier unter den Königen«; zu ar. **aršās* vgl. gr. ἄρσης und lat. *verrēs* neb. lit. *veȓszis;* s. J. Schmidt, KZ. 27, 370 ff.; 32, 383 f.; Meringer, SWAW. 125. 2, 4 f.; Bthl., AF. 1, 34 f.; KZ. 29, 495; anders freilich Pedersen, KZ. 32, 269. Wegen jAw. *pantānəm, aršānəm* u. s. w. s. § 213. Der ar. NS. **pantʰā[s* steckt auch in PD. *punt* »Weg« (KZ. 28, 209) und in np. *pand* »Rat«.

Zu jAw. *dāϑriš, tanuš* u. s. w. (***18, 19***) s. unter 2.

2. Asigmatische Bildung.

Nur bei abgeleiteten Stämmen; ***1*** a α jAw. *āsyå* = lat. *ōciōs;* β jAw. *viδvå* = gr. εἰδώς; gAw. *vīduš* = ai. *vidúṣ;* γ jAw. *nairi.manå* = ai. *su-mánās;* gAw. *ušå* = ai. *uṣā́s;* ***2*** a α ap. *haxāmaniš* = ai. *svárōć-iṣ;* ***12*** a jAw. *brāta* = ai. *bhrā́tā;* b jAw. *pāta* = ai. *pātā́;* ***15*** a α jAw. *asma* = ai. *áśmā;* ***16*** jAw. *haxa* = ai. *sákʰā;* ***18*** jAw. *strī, bərəzaiti* = ai. *strī́, bṛhatī́;* ***23*** jAw. *haēna* = ai. *sḗnā;* [***24*** (nach dem Muster von ***23***) jAw. *upa-sta:* ai. *prati-ṣṭʰā́*].

Zu ***1*** a α, β jAw. *āsyå, viδvå* geg. ai. *ā́śīyān, vidvā́n* s. 1 b zu ***8***; zu α beachte gAw. *čīčiϑwā* (ZDMG. 46, 294; KZ. 33, 191), zu γ jAw. *haosrava* EN. neben *haosravå:* ai. *suśrávās;* Sandhiformen. — Die NS. auf *-uš* zu β, aus den Casus mit Nullstamm (und dem Feminin) gefolgert, sind schon alt; vgl. KZ. 29, 530 f. Im Arischen sind sie der Anlass zu Neubildungen nach der *u̯*-Deklination (*17*) geworden; so jAw. *jaγāᵘrūm* neben *jaγāᵘrvåiəhəm* u. a. m. — Ebenso waren die NS. masc.-fem. Composita auf *iš*-, *uš*- zu **2** a α, β die Ursache zur Überführung der neutralen *iš*-, *uš*-Stämme in die *i̯*-, *u̯*-Declination (*16, 17*); vgl. Lanman, JAOS. 10, 570 f. So jAw. *ayaoš* GS. = ai. *viśvā́yōṣ* neb. *ā́yuṣas*; gAw. *darᵊgāyū* ASn.; *darᵊgāyāu* LS., s. ai. *ā́yuni* neb. *ā́yuṣi*.

Zu dem der *tar*- (*12*), *an*- (*15* a α) Klasse und einigen *i̯*-Stämmen (*16*) gemeinsamen Ausgang -*ā* gegenüber gr. εὐφράτωρ, ἄκμων, Φιλῴ s. § 80, 4; Streitberg, Zur germ. Sprachgesch. 44. Wegen jAw. *ātarš* »Feuer« s. § 400.

Zu *18:* Der Formenausgleich der abgeleiteten *ī*- und *i̯*-Klasse dürfte schon in der Ursprache begonnen haben. Im Iranischen wurde er dadurch begünstigt, dass vom NS. mehrsilbiger *ī*-Stämme das hier lautgesetzlich entstandene *i* in die Casus mit *b*- und *s*-Suffixen eindrang, welche dadurch denen der *i̯*-Klasse (*16*) gleichlautend wurden. Danach gebe ich jAw. *dāδriš*, ap. *haraᵘuvatiš* kurzen Endvocal und identificire ihren Ausgang mit dem der *i̯*-Klasse. Das umgekehrte Verhältnis besteht zwischen jAw. *pārəndi* und ai. *púrandīṣ* (s. übrigens S. 108 oben). Doch zeigt sich der Einfluss der *ī*- auf die *i̯*-Stämme im Iranischen seltener als im Indischen; s. § 216, 218, 220, 221. Auch der masculine NS. zu *20* jAw. *bərᵊzaᵢδiš*, allenfalls auch jAw. *āfriš* NS. fem. zu *20* mögen nach dem Muster von *18* und *16* kurzes *i* gehabt haben; vgl. ai. *vēṣa-śriṣ* NS. masc. neben *gṛta-śrī́ṣ*. — Durch die Vermittlung der abgeleiteten *ī*-Stämme geschah es, dass die *ū*-Stämme unter den Einfluss der *u̯*-Declination gerieten; cf. jAw. *tanuš*, *tanubyō* geg. ai. *tanū́ṣ*, *tanū́bhyas*.

Zu *23:* Die jAw. NS. auf -*e* (u. s. w.) = ar. -*ai* stammen aus der pronominalen Flexion; s. IdgF. 1, 189 f., unten § 245 und Brugmann, Grundriss 2, 525; falsch Geiger, KZ. 33, 247 f. (s. § 268, 32).

Zu *24:* Wegen der suffixlosen Form s. oben 1.

§ 213. *Sing. Acc. masc. und fem.*

Die Suffixe sind arisch bei sonantischem Stammausgang -*m*, bei consonantischem -*am*, aus -*m̥m*, worüber § 84, 3; vgl. dazu § 106, 2. Der Stamm davor erscheint in der selben Gestalt wie vor dem -*s* des NS. Für die Gestaltung des ausl. *m* und der vorausgehenden Vocale im Awesta s. § 296 ff., 303.

1. Wurzelstämme. Sie bildeten ursprünglich den AS. ebenso wie den NS. aus dem Dehnstamm. Wir haben:

a. Mit dem Wurzelvocal *ā*: *1* b jAw. *måŋhəm* = ai. *mā́sam*; ap. *nāham* = lat. *nārem*; *3* b β jAw. *bərᵊzi.rāzəm* = ai. *vi-rā́jam*; *4* a jAw. *āpəm* »Wasser«; b jAw. *asəngō.gāum* (d. i. °*āvəm*, °*āwəm*, § 268, 37) »steinhändig« (IdgF. 2, 268); *5* a α jAw. *vāčim* = ai. *vā́čam*; β jAw. *vīrō.ny-āṇčim* (§ 298, 7) geg. ai. *ny-ā̀ñčam*; *6* b jAw. *pāδəm* = ai. *pā́dam*; jAw. *maᵢδyōi-šāδəm* geg. ai. *apsu-ṣ́ā́dam*; *24* jAw. *raϑaē-štąm*, ap. *upa-stām* = ai. *prati-ṣṭhā́m*. — Der NS.-Ausgang -*āˣs* der *s*-, *m*-, *n*-, *r*-, *i̯*-, *u̯*-Stämme (§ 212, 1 a) erzeugte schon in der Ursprache den neuen AS.-Ausgang -*āˣm*, = ar. -*ām*, durch den der alte meist ganz verdrängt wurde; so: *1* b jAw. *mazdąm*, ap. *mazdām* = ai. *su-mēdhā́m*; *14* jAw. *ząm* »Erde«: ai. *kṣā́m*; *21* jAw. *gąm* »Rind« = ai. *gā́m*, gr. βῶν (neb. NS. βῶς). Der arische AS.-Ausgang -*ām* im Verein mit dem NS.-Ausgang -*ās*, die beide den genannten Stämmen gemeinsam waren, veranlasste in deren Flexion mancherlei Ausgleichungen. So gAw. *hudåŋhō* NP. zu *20* *dāi̯*- wie ai. *dyukṣā́sas* zu *20* *xšāi̯*- (J. Schmidt, Pluralbildungen 417), ferner gAw. *hudåŋhē* DS. nach dem Muster von *1* b; jAw. *fšūšō* GS. zu *15* b *san*- nach dem Muster von *24*, wie ai. *paśuṣé* DS. u. a. m. Der AS.-Ausgang -*ām* leitete aber auch — unterstützt durch -*ā* des IS., § 218 2 a — zur gewöhnlichen *ā*-Flexion (*22, 23*) hinüber, wobei vermutlich die *ā*-

Stämme die Führung hatten; s. Lanman, JAOS. 10, 434 ff. So steht jAw. *vaəhar²-štas-čit̰* NS.: ai. *pṛthivī-ṣṭhís*, jAw. *raϑaēštāi* DS.: ai. *rathēṣṭhāya* neben jAw. *raϑōište*, Stamm *stā-* (*24*); ferner jAw. *aēza-xas-ča* NS. (§ 53 I) neben *xā*, ai. *kām*, Stamm *kan-* (*15* b), vgl. ai. *kām* und *šatru-hás* neben °*háṇas* u. s. w.

b. Wurzelvocal *a* ist selten: *2* b jAw. *aka-tašəm*; *3* a jAw. *spasəm* = ai. *spáśam*; b β jAw. *haⁱϑyā-var²zəm*; *6* b ap. *pati-padam* = lat. *pedem* geg. jAw. *pāδəm*. *10* jAw. *dvarəm* geg. ai. *dvāram*; *15* b jAw. *vər²ϑrā-janəm* = ai. *vṛtra-háṇam*; *1* b jAw. *hvāvayaŋhəm* neb. *avayąm* ist wohl trotz ai. *sumēdhásam* neb. *sumēdhām* sammt diesem für eine Neubildung nach *1* a γ, ai. *sučētásam* anzusehen. *21* jAw. *gaom* (d. i. *gavəm*, 3mal) neben viel häufigerem *gąm* ist sicher jung, ebenso wie gr. *βόα*, und zwar Neubildung zu IS., DS. *ar* in *10* jAw. *nər².garəm* und *sarəm* sehe ich für den Vertreter von ar. *ṛr* an, vgl. ai. *á-śiram*; also zu c.

c. Die Wurzel erscheint in der Tiefstufe: *2* b gAw. *īšəm*; jAw. *fra-zušəm*; *3* b β jAw. *bər²zəm*; *4* a jAw. *kəhrpəm* (§ 289) »Gestalt«; *5* b β jAw. *drujəm* = ai. *drúham*; jAw. *vohuna-zgəm*; *6* b jAw. *astō.biδəm* = ai. *gōtra-bhidam*; jAw. *šuδəm* = ai. *kṣúdham*; *10* jAw. *zaⁱrimyaŋurəm* »das Grün fressend« (aus ar. *°*suram*); *nər².garəm*; *sarəm*: ai. *gávā-śiram*; *14* ar. *maⁱδyōi-šəməm* »Mitsommerfest« (A. Stein, Academy 1887, 418 b); *15* b jAw. *vər²ϑraγnəm* neben °*janəm*; *20* jAw. *bər²zaⁱ-δīm*; *xšīm*; *yavaē-jīm*; *21* jAw. *zavanō.sum*; gAw. *xšnūm*. Der Wert von *-īm* in *20* ist nicht bestimmbar; es kann für *-īm*, *-im* und *-iyəm* (§ 268, 21) stehen, welch letzteres nach dem ai. *durā-dhyàm* zu erwarten wäre; doch s. zu jAw. *bər²zaⁱδiš* NS. *21* °*ūm* wird °*uvəm* vertreten (§ 268, 22); s. ai. *abhibhúvam*, aber auch *abhibhúm*; vgl. unten 2.

2. Abgeleitete Stämme.

1 a α gAw. *nāⁱd-yåŋhəm* = lat. *mel-iōrem*; jAw. *spaⁱn-yaŋhəm* = gr. *βελτ-ίω* (aus *-i̯osm̥*); β jAw. °*vīδvåŋhəm*; γ jAw. *humanaŋhəm* = ai. *sumánasam*; jAw. *ušåŋhəm* = ai. *uṣásam*; *2* a α jAw. *niδāsnaⁱϑ-išəm* = ai. *čitrá-śōč-iṣam*; *7* jAw. *amər²tatātəm*; *8* a jAw. *amavantəm* = ai. *ámavantam*; b jAw. *mazāntəm* = ai. *mahántam*; c jAw. *bər²zantəm* = ai. *bṛhántam*; d α jAw. *barəntəm* = ai. *bhárantam*; γ jAw. *həntəm* = ai. *sántam*; δ jAw. *a-vāntəm* = ai. *bhántam* (KZ. 29, 556); *9* gAw. *xšnūtəm*, jAw. *ā-bər²təm* = ai. *uktha-bhṛtam*, jAw. *napātəm* = *nápātam*; *12* a jAw. *pitarəm*, *narəm* = ai. *pitáram*, *náram*; b jAw. *dātārəm* = ai. *dātāram*; *15* a α ap. *asmānam*, jAw. *a²ryamanəm* = ai. *áśmānam*, *aryamáṇam*; *16* jAw. *ažīm* = ai. *áhim*; gAw. *hušhaxāim* (d. i. °*āyəm*) = ai. *suṣa-khāyam*; jAw. *kavaēm* (d. i. °*ayəm*) »Fürst«; *17* jAw. *maⁱnyūm* = ai. *manyúm*; jAw. *nasāum* (d. i. °*āvəm*) »Leiche« = gr. *βασιλ-ῆα*; jAw. *daⁱŋhaom* (d. i. °*avəm*) »Land« = gr. *εὐρ-έα*; *18* jAw. *bər²zaⁱtīm* = ai. *bṛhatīm*; *19* jAw. *tanūm* = ai. *tanūm*, gr. *νέκ-υν*; gAw. *tanvəm* = ai. *tanvàm*; *22* jAw. *ahurəm* = ai. *ásuram*; *23* jAw. *haēnąm*, ap. *hainām* = ai. *sénām*.

Zu *8* a: Beachte jAw. *pąsnvåŋhəm*; s. dazu S. 115 und KZ. 29, 527, 534, 542 f.

Zu *9*: jAw. *ϑrisatəm* statt, wie zu erwarten, °*antəm*; der Ausgang *-atəm* war durch *satəm* 100 begünstigt; s. dazu Brugmann, Grundriss 2, 495.

Zu *12*: *ar* bei der Abt. b nach Analogie von a findet sich in jAw. *x^vaŋharəm* »Schwester«: np. *x^vāhar* (vgl. lit. *sèserį*); doch s. auch bal. *gvahār* = ai. *svás-āram*. Ausgleich in umgekehrter Richtung kommt kaum vor; jAw. *akatarəm* (Nom. ag. nach KZ. 30, 517) und ap. *framātaram* sind schwerlich richtig überliefert. Recht alt scheint bei *12* a — und nur hier! — die Überführung der Nullform in den AS., sowie in den ND., NP. zu sein. Bal. *brās* (§ 185, No. 2) geht wohl mit jAw. *brāϑrəm* auf die gleiche Grundform zurück; steht diese mit lat. *frātrem* in geschichtlichem Zusammenhang? S. auch gr. *ϑύγατρα*, *ἄνδρα*.

Zu *15* a α: Das Schwanken zwischen *-ān-* und *-an-* im AS. — und ebenso im ND., NP. — beginnt frühzeitig; s. AF. 1, 42. Bemerkenswert ist die Thatsache, dass im Awesta Neutralstämme am Ende von Compositen in jenen Casus niemals *ā* aufweisen; s. jAw. *aoxto.nāmanəm* geg. ai. *purú-nāmānam* u.s.w.

Zu *16, 17:* Die drei verschiedenen Bildungsweisen scheinen alle auf idg. Muster zurückzugehen; anders Brugmann, Grundriss 2, 548 f. S. auch NP. Das Gewöhnliche ist, dass NP. und AS. gleichstämmig formirt werden; sonach wäre zu NP. idg. *-e̯es, -e̯ues* im AS. *-e̯i̯m, -e̯um* zu erwarten. Der übliche AS.-Ausgang *-im, -um* — und auch, in zweiter Linie, der NS.-Ausgang *-is, -us* — beruht wohl auf Analogiebildung nach dem AP. und der *o*-Declination; *-ons: -ins, -uns = -om* und *-os: -im, -um* und *-is, -us*. Die NS. und AS. auf *-īs, -ūs, -īm, -ūm* unterstützten die Neubildung; s. AF. 1, 34.

Zu *19:* Die Form auf °*uu̯am* (gAw. *tanvəm*) war im Arischen, wenn schon sie als Neubildung nach der Wurzelklasse *21* aufgefasst werden muss, die normale; im RV. herrscht sie ausschliesslich und Aw. *-ūm* kann überall *-uvəm* vertreten; s. § 268, 22.

Auf arischer, vielleicht sogar ursprachlicher Neubildung beruhen einige AS. auf *-ām* aus abgeleiteten Stämmen verschiedenen Ausgangs; sie fussen auf dem NS.-Ausgang *-ās*, s. oben S. 114. So: zu *1* a α jAw. *ušąm* = ai. *uṣā́m;* zu *16:* jAw. *pantąm* = ai. *pánthām;* ap. *xšayāršām;* jünger scheint *17* gAw. *hiϑąm* neben NS. *hiϑāuš*, wohl dem Musterverhältnis *gąm: gāuš* (*21*) nachgeformt. — Neben jAw. *pantąm* findet sich *pantānəm*, ferner °*tānō* NP.; ai. *pánthānam*, °*ānas* zeigen, dass auch diese Formen aus arischer Zeit stammen; ich vermute, dass sie dem NS. ar. **pánthā* nach dem Muster des synonymen **ádhu̯ānam: *ádhu̯ā* (§ 188 a α) angeschlossen worden sind, wie umgekehrt ar. **pánthās* neben **pánthā* das gleichbedeutende gAw. *advā̊* neben ai. *ádhvā* ins Leben gerufen haben wird. — jAw. *aršānəm* (und andre *n*-Casus) neben ap. *xšayāršām* erkläre ich mit der Annahme, dass eins der synonymen Reimwörter idg. **r̥s*° und **u̯r̥s*° *an*-Stamm war.

Dadurch, dass der AS. der consonantischen Stämme im Arischen den gleichen Ausgang gewonnen hatte wie der der *a*-Stämme (*22*), ist er der Hauptanlass zur Überführung consonantischer Stämme in die *a*-Declination geworden. Daneben waren in gleicher Richtung wirksam der IS., ND. und GP. Die Beispiele sind zahlreich und in allen Klassen anzutreffen. Zum Teil ist Genuswechsel damit verknüpft; so wird im jAw. zu *šuδəm* = ai. *kṣú-dham*, fem., der neue NS. *šuδō* gebildet, wodurch das Wort masc. wurde. Neuflexion von *a*-Stämmen nach den Mustern consonantischer, die ja von den nämlichen Casus ihren Ausgang nehmen könnte, ist selten nachweisbar; z. B. jAw. *vātō* (Yt. 13, 14) NP. zu *u̯āta-* »Wind«; jAw. *nmānya* (IdgF. 5, 220), LS. zu *dmāna-* »Haus« u. a.; s. § 412.

§ 214. *Sing. Acc. Neutr.*

Mehrfache Bildung.

1. Der ASn. ist dem ASm. gleichlautend, mit Suffix *-m*, bei der *a*-Klasse (*22*): jAw. *xšaϑrəm*, ap. *xšaϑram* = ai. *kṣatrám*. Auch der ASn. jAw. *vīspō.tanūm* (d. i. °*nuvəm*) zu *19* dürfte eine arische Bildung repräsentiren; vgl. ai. *hari-śrīyam* zu *20* bei Lanman, JAOS. 10, 377 und den NPm. gAw. *pəšō.tanvō* (§ 227).

2. Der ASn. wird ohne besonderes Suffix gebildet, und entspricht dann bei mehrförmigen Stämmen meist dem schwachen Stamm.

a. Bei Wurzelstämmen: *1* b jAw. *yā̊* »Gürtel«; *2* b jAw. *viš* »Gift«[1]; *yaoš* »Heil« = ai. *yóṣ;* *6* α jAw. *as-ča*[2] geg. ai. *ásthi;* *10* jAw. *hvarᵉ* = ai. *svàr;* Aw. *yārᵉ*.

[1] So Yt. 19, 40 und Pt 4 zu J. 9, 11. — [2] So Jp 1, Mf 2 zu V. 5, 9; vgl. AF. 2, 112; BB. 15, 38. Zum Abfall des *t* s. § 94.

b. Bei abgeleiteten Stämmen: *1* a α jAw. *nazd-yō*, gAw. *aš-yas-čā* = ai. *vás-yas;* γ jAw. *manō*, *manas-ča* = ai. *mánas;* *2* a α jAw. *barᵊziš* = ai. *barhíṣ;* β gAw. *hanəh-uš* = ai. *áy-uṣ;* *8* a jAw. *amavat̰* = ai. *ámavat;* b jAw. *mazat̰* = ai. *mahát;* c jAw. *ərᵊyat̰* = ai. *br̥h-át;* d γ gAw. *hat̰* = ai. *sát;* *9* jAw. *fraorᵊt̰* (d. i. *fravərᵊt̰*, § 268, 41); *11* jAw. *vadarᵉ* = ai. *vádʰar;* *15* a α jAw. *čarᵊma* = ai. *cárma*, lat. *nō-men* aus idg. *°mn̥;* *16* jAw. *būⁱri* = ai. *bʰúri;* *17* jAw. *maδu* = ai. *mádʰu.*

Für *1* a β kein ganz sicheres Beispiel; wahrscheinlich jAw. *afraᵒᵘrvis-vat̰* »sich nicht umwendend« = ai. *vid-vát*, beide mit dem Ausgang der *u̯ant*-Stämme, s. S. 115, geg. gr. *εἰδός;* vgl. jAw. *hąm.ᵘrvīsvåŋhō* NPm.

Bei der Klasse *8* ist der Ausgang ar. *-at* offenbar nur bei jenen ablautenden Stämmen altberechtigt, welche eine andre als die letzte Silbe betonten; aber die übrigen Stämme scheinen sich schon frühzeitig angeschlossen zu haben. Für *8* d α, Typus ar. **bʰárant-*, habe ich kein iranisches Beispiel; ai. *bʰárat* geg. gr. *φέρον.*

3. Der ASn. hat das Suffix *-t;* vgl. IdgF. 4, 121 ff. Im Iranischen nur bei Wurzelstämmen sicher zu erweisen und zwar nur bei solchen auf Gutturale (*5*); zum awestischen Ausgaug *-gᵊt̰* für ar. *-kt* s. § 303; so: *5* a α jAw. *ārmaⁱtiš.hāgᵊt̰* »mit Demut verbunden«; β jAw. *paragᵊt̰* »abseits, ausser«: ai. *párāk* (für **parākt*); b jAw. *bərᵊzy-aogᵊt̰* »laut sprechend«.

4. Der ASn. hat das Suffix *-i;* vgl. AF. 2, 113; J. Schmidt, Pluralbildungen 244 ff.; BB. 15, 31, 33, 37 f. Im Iranischen kenne ich nur: *3* a ap. *vasiy;* vgl. IdgF. 1, 302. PDsar. *zārd* ist vielleicht = ai. *hárdi* (und arm. *sirt*); s. § 179[1]. Vgl. noch § 223, 3.

[1] jAw. *vanri* bei J. Schmidt, Pluralbildungen 247 ist wohl LS.

§ 215. *Sing. Abl.*

Die Ursprache hatte für den AbS. eine besondre Casusform nur bei den *e-o*-Stämmen (*22*) ausgebildet. Er endete hier auf *-ēd, -ōd*, bzw. nach § 84, 1 auf *-ēt, -ōt;* der lange Vocal darin ist nach Ausweis des lit. *tõ* (= lat. *is-tōd*), mit schleifender Betonung, ein Contractionsproduct aus *-e, -o* und *a*[x]*;* Suffix also *-a*[x]*d.* Im Arischen entspricht *-ād, -āt;* im Uriranischen *-ād, -āt̰* s. § 93, 1. Vgl. jAw. *dūr-āt̰*, ap. *draug-āʰ* = ai. *dūr-át.* Der Ausgang *-ād* hat sich nur vor der enclitischen Postposition *ă* erhalten. jAw. *xᵛafnāδa:* ai. *svápnād á;* vgl. § 217, 2 a. In der Sprache des jüngern Awesta — nur in dieser — wurde der AbS.-Ausgang *t̰*, *δa* von der *a*-Declination aus auf alle andern Stämme übertragen; s. § 378.

Zu ap. *paruviyataʰ* s. § 252, 2.

§ 216. *Sing. Gen.*

Zur Bildung des GS. dienen drei Suffixe: 1. *-si̯o* = ar. *-si̯a;* 2. *-s* = ar. *-s, -š;* 3. *-es, -os* = ar. *-as;* mit *s* im Ablautsverhältnis stehend.

1. Suffix ar. *-si̯a* findet sich nur bei masc.-neutr. *a*-Stämmen (*22*), und zwar hier ausschliesslich; über die Gestaltungen des urir. *-hi̯a* im Awesta s. § 285; 268, 32: ap. *kār-ahyā*, gAw. *yasn-ahyā*, jAw. *yasn-ahe* = ai. *yajñásya.* Ursprünglich nur pronominal ist idg. *-si̯o* schon in der Ursprache auf die nominalen *a*-Stämme übergegangen; s. § 238, 1.

2. Suffix ar. *-s, -š* ist allein bei Stämmen auf *r-, m-, n-, i̯-, u̯-* bezeugt (Studien 1, 77 ff.); bei den *i̯-, u̯*-Stämmen ist die *s*-Bildung die gewöhnliche; sonst kommt sie selten vor, und nirgend ausschliesslich.

Bei den *tar*-Stämmen (*12*) bevorzugt das Iranische die *as*-Bildung, im Gegensatz zum Indischen; s. unten.

Ich gebe, ausser für Klasse *16, 17*, alle Beispiele.

a. Wurzelstämme zeigen vor dem Suffix die starke Stammgestalt; vgl. ***10*** jAw. *ātar*ᵊ*.čarᵊš*[1] = ai. *sv-àr*[2]; ***14*** gAw. *dǝ̄ng* = ai. *dán*, aus ar. **dáns*[3]; ***15*** b gAw. *x*ᵛ*ǝ̄ng*, aus ar. **su̯ans*[4]; ***21*** jAw. *gǝ̄uš*, *dyaoš* = ai. *gṓṣ*, *dyṓṣ*; gAw. *yaoš*[5].

b. Abgeleitete Stämme haben ebenfalls meist die starke Stammform; vgl. ***11*** gAw. *aodǝrᵊš*[6]; ***12*** jAw. *āsnātarš*, *ātarš*, *frabarᵊtarš*, *sāstarš*, *zaotarš*, *naršᵊ*[7]; gAw. *nǝrᵊš* = ai. *brā́t-ur*[8] (geg. *náras*); ***15*** a α jAw. *ayąn*, gAw. *rāzǝ̄ng* = ai. *áh-an*, aus ar. °*ans*[9]; ***16*** jAw. *ažōiš* = ai. *áhēṣ*; ***17*** jAw. *pasǝ̄uš* = ai. *páśōṣ*.

[1] Studien 1, 77; s. auch J. Darmesteter, Traduction 2, 136. — [2] So J. Schmidt, Pluralbildungen 223; s. noch No. 7. — [3] IdgF. 3, 100 ff. — [4] KZ. 28, 12 f. Zu Y. 43, 16 liest Geldner, KZ. 30, 321 jetzt *x*ᵛ*ǝ̄ng.darᵊsōi* als Compositum, ohne aber eine Erklärung des Ausgangs *-ǝ̄ng* zu versuchen; s. § 258, 1. — [5] Y. 43, 13 geg. NA. — [6] Geldner, KZ. 30, 524. — [7] Die nämliche Gen.-Bildung wahrscheinlich in ai. *mātar-ìšvan-*; s. BB. 13, 92. — [8] AF. 2, 110; Wackernagel, KL. 3, 57*; vgl. dazu auch gAw. *aodǝrᵊš*. — [9] IdgF. 1, 178; Lichterbeck, KZ. 33, 184.

3. Suffix ar. *-as*. Bei einigen Klassen (***18*** b, ***19*** b, ***23***; s. c) ergab sich durch Verschmelzung des Stammaus- und des Suffixanlauts der Ausgang *-ās* (gr. *-ᾶς*), *-ēs* = ar. *-ās*. Über die Gestaltung des ar. *-as*, *-ās* s. § 85, 93, 303 ff. Das Gebiet des Suffixes erhellt aus den Angaben unter Abs. 1 und 2. Gewöhnlich treffen wir vor *-as* den Schwachstamm.

a. Wurzelstämme. ***1*** b jAw. *mā̊ŋhō* = ai. *māsás*; ***2*** b gAw. *īšō* »des fordernden«; ***3*** a jAw. *vīsō* = ai. *viśás*; b β gAw. *mazō* = ai. *mahás*; jAw. *bǝrᵊzō* = got. *baurgs*; ***4*** a jAw. *apō*: ai. *apás*; jAw. *āpō*; jAw. *kǝhrpō*; ***5*** a β jAw. *hunaᶦryąṇčō*; b β *drūjō* = ai. *druhás*; ***6*** a jAw. *paδō* = ai. *pat̆ás*; jAw. *astō* = lat. *ossis*; ***6*** b ap. *θardaʰ*; ***10*** jAw. *hūrō* = ai. *sū́ras*; jAw. *garō* = *girás*; ***14*** jAw. *zǝmō* (mit *m̥m*)[1] geg. ai. *kṣmás*; jAw. *zimō*; ***15*** b jAw. *vǝrᵊθraγnō* = ai. *vr̥traghnás*; jAw. *vǝrᵊθrājanō*; ***20*** gAw. *xšyō*, jAw. *xšayas-ča* »des Elends« (d. i. *xšiy*°, s. § 193 No.), ***21*** jAw. *aša-stvō* (d. i. *stuvō*); ***24*** jAw. *fšū-šō* (zu ***15*** b *sān-*, nach dem Muster von ***24***, s. § 213, 1): ai. *kr̥ṣṭi-pr-ás*.

[1] Gewöhnlich liest man *zᵊmō* ebenso im IS., GP. u. s. w.; aber aus urir. *zm* entsteht jAw. *sm* (§ 278); vgl. *xrūždi-sme*, s. § 219, 2. Die Silbenzählung (Geldner, Metrik 47) genügt nicht, die Existenz einer der Lautlehre widersprechenden Form zu erweisen.

b. Abgeleitete Stämme: ***1*** a α jAw. *nāᶦdyaŋhō* = ai. *náv-yasas*; β gAw. *vīdušō* = ai. *vidúṣas*; γ jAw. *manaŋhō* = ai. *mánasas*; ***2*** a α jAw. *hadišas-ča* = ai. *hav-íṣas*; ***3*** b α jAw. *zǝrᵊδazō*: ai. *tr̥ṣṇ-ájas*; ***7*** jAw. *uparatātō*; ***8*** a jAw. *amavatō* = ai. *ámavatas*; c jAw. *bǝrᵊzatō* = ai. *br̥hatás*; d α gAw. *adrujyantō* geg. ai. *drúhyatas*; γ jAw. *hatō* = ai. *satás*; ***9*** gAw. *čaratas-čā*; jAw. *ābǝrᵊtō*; *naptō* »des Enkels«; ***12*** ap. *piθraʰ*, jAw. *brāθrō* = gr. *πατρός*, lat. *frātris* geg. ai. *pitúr*, *brā́tur*; ***15*** a α jAw. *tašnō* = ai. *tákṣṇas*; jAw. *aδwanō* = ai. *ádvanas*; jAw. *aᶦryamanō* geg. ai. *aryamṇás*; gAw. *mąθrānō* (geg. ai. *mantríṇas*, § 188); ***16*** fehlt; vgl. ai. *aryás*; ***17*** jAw. *xraθwō* = ai. *krátvas*; ***18*** a jAw. *xšōiθnyō*, *tąθryas-čit̰* (d. i. °*iy*°) = ai. *nad-yàs*; ***19*** a jAw. *tanvō* (d. i. °*uvō*) = ai. *tanvàs*.

Zu ***1*** a β: Beachte jAw. *vīvaŋuhatō* = ai. *vivásvatas* neben gAw. *vīvaŋhušō*; vgl. § 212.

c. Den Ausgang *-ās* zeigen: ***18*** b jAw. *patąᶦθyå* = *pátantyās*; ***19*** b gAw. *hizvå* = *śvaśr-vā́s*; ***23*** jAw. *čiθå* = gr. *χώρ-ᾶς*; ap. *hainā̊yāʰ* = ai. *sḗnāyās*; ***24*** gAw. *ā-kå* (zu ***14*** *kām-*, nach dem Muster von ***24***; s. § 213) = ai. *apa-dʰás* (BB. 17, 347).

Zu ***23***: Die Formen gleich jAw. *čiθå* sind selten; vgl. KZ. 27, 578; IdgF. 1, 190; 2, 282; dazu noch jAw. *humāyå* Yt. 13, 139, *nāᶦrikås-čit̰* Nir. 40. Deren Mehrzahl endet auf *-yå*, welches nach J. Schmidt, KZ. 27, 383 durch »syllabische Dissimilation« aus °*yayå* hervorgegangen ist (§ 100 b, 306). Dann wäre jAw. *čiϑå* als Neubildung aufzufassen; *vaⁱryąm* AS.: *vaⁱryå* GS. = *čiϑąm: čiϑå;* s. aber unten zu ***24.*** — Durch ap. *hainā̆yāʰ* = ai. *sḗnāyās* wird als der normale arische GS.-Ausgang *-ā̆i̯ās*, mit *ā* in der Paenultima erwiesen; zu dessen Herkunft s. § 219. Das jAw. *a* in *haēnayå* stammt vom IS., s. § 218, 2; über eine Spur dieses Ausgleichs im Ai. s. Lanman, JAOS. 10, 359. Neben jAw. *haēnayå* kommt auch *haēnyå* vor (entsprechendes beim IS., DS., LS.), also wie von einem *ī*-Stamme, Kl. ***18.*** Der Wechsel mag auf dem öfter bezeugten Nebeneinander von *ā*- und *ī*-Stämmen beruhen; s. Whitney, Grammar² § 332 und IdgF. 1, 188 zu ai. *kanā́yās:* jAw. *kanyå.*

Zu ***24:*** Der alte GS.-Ausgang ist *-as;* aber *-ās* ist auch bereits arisch, wenigstens bei den Femininstämmen. Ich nehme an, dass er von Kl. ***23*** bezogen wurde, als dort *-ās* neben *-ā̆i̯ās* noch häufiger war. Später hat sich der Ausgang *-ās,* ebenso wie *-āi* im DS. und *-ā* im IS. der wurzelhaften *ā*-Stämme und der nach ihrem Muster flectirten (§ 213) gehalten, während er bei den abgeleiteten durch Neubildungen ersetzt wurde; vgl. ai. *apa-dā́s, vayō-dā́i, prati-dā́* gegen *sḗnāyās, °āyāi, °ayā;* s. § 217 f. und BB. 17, 346 f. jAw. *armaē-štayå* ist eine jüngere Ausgleichsform ebenso wie ai. *pra-jā́yās* neben *jā́s-patiš* und wie im jAw. *upasta* NS. — Der gleiche Ausgang der Fem. und Masc. im NS., AS., DS. u. s. w. hat das genetivische *-ās* auch ins Masculinum dringen lassen: jAw. *raϑaē-štå, mazdå* (zu ***1*** b, nach dem Muster von ***24,*** neben ap. *mazdāhaʰ*).

Überführung des Ausgangs *-ās* der *ī*- auf die femininen *i̯*-Stämme bei jAw. *tušnā-maⁱtyå:* ai. *ánu-matyās* u. a.; s. oben S. 116; falsch BB. 15, 228.

§ 217. *Sing. Dat.*

Idg. Suffix des Dativs ist *-ai.* Das selbe Suffix dient auch — bei Einsilbern — zur Locativbildung, an Stelle des gewöhnlichen *-ĭ,* und dies wieder ist nichts anderes als die Schwachform zu *-ai.* Dativ und Locativ stehen also, wie syntaktisch, so auch hinsichtlich ihrer Bildungsweise in engem Zusammenhang; IdgF. 1, 312, unten § 219. Bei den ablautenden Declinationsklassen fügt sich *-ai* überwiegend an den Schwachstamm; s. aber Kl. ***16, 17.*** Über die Gestaltung des ausl. *-ai* im Awesta s. § 303.

1. Wurzelstämme: ***1*** b jAw. *huδåŋhe* = ai. *sudā́sē;* ***2*** b jAw. *haši.ţbiše* = ai. *dvi-dviṣḗ;* jAw. *ātra-vaxše;* ***3*** a jAw. *vīse* = ai. *viśḗ;* b β gAw. *mazōi* = ai. *mahḗ;* jAw. *sraošā-varᵊze;* ***4*** jAw. *ape;* ***6*** b jAw. *armaē-šāδe* geg. ai. *vēdi-ṣádē;* ***10*** jAw. *raēϑwiš-kare;* gAw. *sarōi* = ai. *gávā-śirē;* ***15*** b jAw. *varᵊϑrayne* = ai. *vr̥traghnḗ;* ***20*** gAw. *ərᵊzᵊ-jyōi* (d. i. *°iyōi*): ai. *śriyḗ;* ***21*** gAw. *gavōi* = ai. *gávē;* gAw. *suyē* (d. i. *suvē*): ai. *aδi-δúvē,* neb. gAw. *savōi;* np. *jāvē-d* (§ 180, 212) neben jAw. *yavaē-tāⁱte;* ***24*** jAw. *raϑōi-šte :* ai. *dḯyan-dḗ.* S. noch § 258, 1.

2. Abgeleitete Stämme. Bei den Klassen ***18*** b, ***19*** b, ***22*** und ***23*** entstand durch Contraction der zusammentreffenden Vocale der Ausgang idg. *-ēi, -ōi, -āi* = ar. *-āi;* s. unter 3. Vgl.: ***1*** a α jAw. *kas-yaŋhē* = ai. *táv-yasē;* β gAw. *vīdušē* = ai. *vidúṣē;* γ gAw. *avaŋhē* = ai. *ávasē;* ***7*** gAw. *yavaē-tāⁱtē* = ai. *dēvá-tātē;* ***8*** a jAw. *raēvaⁱte* = ai. *rēvátē;* c jAw. *bərᵊzaⁱte* = ai. *br̥hatḗ;* d α gAw. *zbayentē* geg. ai. *hváyatē;* ***9*** jAw. *ābərᵊte; frātaţ.čarᵊte;* ***12*** jAw. *zaoϑre, naⁱre* = ai. *hṓtrē, nárē;* ***15*** a α jAw. *tašne,* gAw. *haxmaⁱnē* = ai. *tákṣṇē, sákmanē;* β jAw. *pərᵊnine* = ai. *parṇ-inē;* ***16*** jAw. *anumatayaē-ča* = ai. *su-matáyē;* jAw. *haše* (§ 90, 2), gAw. *paⁱϑyaē-čā* »dem Gatten« (§ 189, 1) = ai. *sákhyē, pátyē;* ***17*** jAw. *maⁱnyave* = ai. *manyávē;* jAw. *raϑwe* = ai. *krá-tvē;* ***18*** a fehlt; vgl. ai. *vr̥kyḗ;* ***19*** a jAw. *tanuye* (§ 268, 19) = ai. *tanvḗ.*

3. Auf *-āi* enden: ***18*** b jAw. *astvaⁱϑyāi* = ai. *vā́ja-vatyāi;* ***19*** b fehlt; vgl. ai. *vadhvā́i;* ***22*** jAw. *ahurāi* = gr. ϑε-ῷ geg. ai. *ásurāya;* ***23*** gAw.

frasayāi: ai. *sēnāyāi;* **24** gAw. *ādāi* = ai. *vayō-dʹāi.* — Für Kl. **16, 17, 20, 21** s. S. 116 zu **18.**

Zu **22:** Der Aw. Form auf *-āi,* die die idg. Form auf *-ōi* wiedergibt, s. lat. *numasioi,* steht im Ai. für gewöhnlich eine solche auf *-āya* gegenüber, d. i. *āi* mit der enclitischen Postposition *ă,* welche wir auch hinter dem AbS. (§ 215), LS. (§ 219), LP. (§ 232) und — vielleicht — AS.[1] finden; jAw. *xᵛafnāδa:* ai. *snápnād á* = ai. *ásurāya:* gAw. *ahurāi ā;* s. AF. 3, 63; Studien 1, 98; Brugmann, Grundriss 2, 598 gegen Collitz, BB. 17, 11. Über nicht erweitertes *-āi* im Ai. — abgesehen von den Pronomina, die stets auf *-āi* ausgehen — s. BB. 15, 221 f., 247; IdgF. 3, 23. Johansson's Construction (Berl. Phil. Wschr. 1893, 1522) verstehe ich vorläufig nicht. — Neben ar. *-āi* auch *-ā,* welches — sofern es nicht trotz Hirt, IdgF. 1, 223 ff. und Streitberg, Zur germ. Sprachgesch. 109 auf idg. *-ō* aus *-ōi* zurückgeführt werden darf (; vgl. oben zu § 106, 1 und Ludwig, Rigveda 6, 254 zum IP. gegenüber IdgF. 1, 223) — die arische Satzform vor *ĭ* darstellen müsste (§ 81)[2]; so gAw. *aša* Y. 50, 6; *vasnā* BB. 15, 221 f.

Zu **23:** Wegen der Quantitätsverschiedenheit in der vorletzten Silbe zwischen jAw. *-ayāi* und ai. *-āyāi* s. GS., § 216, 3 c. Neben *-ayāi* auch *-yāi;* jAw. *gaēδyāi;* s. ebd. Der alte Ausgang *-āi* wie in gr. χώρᾳ ist frühzeitig verschollen; schwerlich richtig Lanman, JAOS. 10, 359. S. aber zu **24** und § 239, 2.

Zu **24:** *-āi* des fem. gAw. *ā-dāi* kann dem *-ᾳ* in gr. χώρᾳ entsprechen; vgl. GS. Es kann sich aber auch nach dem Muster der abgeleiteten *ā*-Stämme — GS. ar. *-āi̯ās:* DS. *-āi̯āi* — dem GS. auf *-ās* angeschlossen haben. Das masculine *-āi* in jAw. *raδaēštāi* wird wie ai. *-āya* in *raťēṣṭʹāya* von den abgeleiteten *a*-Stämmen herübergenommen sein, s. S. 116 f.

[1] Jedenfalls ist Yt. 5, 77; Y. 10, 14 mit den besten Hdss. gegen NA. *sārəma* »auf dem Kopf« und *vārəma* zu lesen; letzteres bildet den Gegensatz zu *fraša* und bedeuet etwa »beliebig«, »hin und her« (wie das Flaggentuch im Winde); vgl. ai. *vāram ā* und *vṛťā* (wozu IdgF. 3, 163). — [2] Gegenüber Pischel's abweichender Erklärung in Ved. Studien 1, 62 ff. s. BB. 15, 221 ff.; J. Schmidt, Pluralbildungen 235 No.

§ 218. *Sing. Instr.*

Die Frage der IS.-Bildung haben zuletzt eingehender behandelt Brugmann, Grundriss 2, 624 ff. und Hirt, IdgF. 1, 13 ff.; s. auch Zubatý, IdgF. 3, 119 ff. Das Wesentliche des IS.-Suffixes ist *m;* wahrscheinlich bewegte es sich in dem Ablaut *-ām: -m*[1]. Die arischen Sprachen zeigen in den meisten Fällen *-ā,* d. i. die ursprachliche Sandhiform zu *-ām* (§ 80). Wegen der ai. Gerundien auf *-ya* (neben *-yā*), welche von Brugmann u. a. für alte IS. mit *-a* angesehen werden, s. BB. 15, 244 f., IdgF. 3, 129. — Ablautende Stämme zeigen vor dem Suffix meist die Schwachform.

[1] Man beachte aber, dass der IP. verschieden gebildet wird; s. § 230 f. Die gleiche Möglichkeit muss auch grundsätzlich für den IS. offen gehalten werden.

1. IS. mit bewahrtem *m* kommen im Arischen nur bei adverbiellem Gebrauch etwas häufiger vor; über die Veränderungen des ausl. *-ām* im Awesta s. § 296, 303. So jAw. *apąm* »fort, hinfort« neben *apaya;* **pasčąm,* enthalten in *pasčąⁱδyehe* (Studien 2, 50)[1] neben *pasča* = ai. *paščā́* (Kl. **5** a β, s. unter 2 a); jAw. *hubərᵉtąm, vohu.bərᵉtąm* zu Kl. **9**; vgl. § 259 a; jAw. *kąm* »wodurch« (V. 9, 13), »wie« (mit *čit̰* indef.) neben *kā* = gr. οὔ-πω; gAw. *usǝn* »gern, bereit«, vgl. ai. *uśānā* und jAw. *kana* neben *kąm(čit̰)* und *kā;* vgl. IdgF. 1, 20; 2, 216; 3, 127, 133; Ludwig, Rigveda 6, 249 ff.; unten § 219, 237. Auf der Grenze zwischen adverbiellem und casuellem Gebrauch stehen die ai. Formen *usrā́m, uṣā́m, kṣapā́m, dōṣā́m* neben *uṣā́, kṣapā́, divā́* u. s. w.; s. KZ. 29, 574 f.; BB. 15, 202, 208, 210. Deutlich casuell gebraucht ist jAw. *paδąm* zu **6** a neben *paδa* = ai. *paťā́m* (nach Ludwig) und *paťā́;* s. ZDMG. 46, 304 f.

[1] Anders freilich, aber schwerlich richtig HÜBSCHMANN, Zur Casuslehre 322.

2. IS. ohne *m* also auf *ā* ausgehend; vgl. § 92.

a. Bei Wurzelstämmen: *1* b gAw. *"ā̊ŋhā* (§ 268, 6) = ai. *ā́sā;* *2* b gAw. *īšā;* *3* a jAw. *vīsa* = ai. *viśā́;* b β gAw. *dǝrᵊzā* »Fessel«; jAw. *ǝ̄rǝšyō.barᵊza;* *4* a jAw. *kǝhrpa* = ai. *kr̥pā́;* jAw. *apā-ča* = ai. *apā́;* *5* a α jAw. *vača* geg. ai. *vāčā́;* jAw. *druča;* β jAw. *pasča* = ai. *paśčā́* (s. unter 1); jAw. *frača* geg. ai. *prā́čā;* jAw. *paⁱtiša* (statt °*ča;* § 8): ai. *pratīčā́;* jAw. *parāča* = ai. *párāčā;* b β jAw. *stiša;* *6* a jAw. *paϑa* = ai. *pathā́* (s. unter 1); b gAw. *zǝrᵊdā* = ai. *hr̥dā́;* jAw. *pāδa* gegen ai. *padā́;* *10* jAw. *aša-sara:* ai. *ā-širā́;* *14* jAw. *zǝmā:* ai. *kšamā́;* jAw. *hama* »Sommer« (*am* = *m̥m?*, s. § 227); *15* b jAw. *vǝrᵊϑrayna* = ai. *vr̥traghnā́;* jAw. *vǝrᵊϑrājana;* *20* jAw. *raya* geg. ai. *rāyā́;* jAw. *sraya* (d. i. *sriya,* § 193 No.) = ai. *śriyā́;* *21* gAw. *fraⁱ-divā* = ai. *divā́* (§ 258, 2; AF. 2, 107; KZ. 28, 263); jAw. *gava* = ai. *gavā́;* *24* gAw. *ādā* = ai. *prati-dā́.*

b. Bei abgeleiteten Stämmen: *1* a β jAw. *vīduša* = ai. *vidúṣā;* 7 jAw. *manaŋha* = ai. *mánasā;* *2* a α gAw. *snaⁱϑišā* = ai. *hav-íṣā;* β jAw. *arᵊduša* = ai. *čákṣ-uṣā;* *7* gAw. *hunarᵊtātā* = ai. *satyá-tātā;* *8* a jAw. *vastra-vata* = ai. *niyút-vatā;* c jAw. *bǝrᵊzata* = ai. *br̥hatā́;* *12* jAw. *zaoϑra* = ai. *hótrā;* *15* a gAw. *aⁱryamnā* = *aryamnā́;* jAw. *maēsmana* = ai. *kár-maṇā;* jAw. *aoxtō.nāmana* geg. ai. *nā́mnā;* *16* jAw. *haša* (§ 90, 2) = ai. *sákhyā;* *17* gAw. *xraϑwā* = ai. *krátvā;* *18* a fehlt; vgl. ai. *vēśyā̀;* *18* b gAw. *vahehyā* = ai. *vásyasyā;* *19* a gAw. *hizvā* (d. i. °*uvā;* § 268, 12) = ai. *tan-vā̀;* *19* b fehlt, vgl. ai. *vadvā́;* *22* jAw. *ahura* = ai. *ásurā;* *23* gAw. *daēnā* = ai. *dhā́r-ā;* jAw. *daēnaya* = ai. *dhā́r-ayā.*

Zu *16, 17:* jAw. *haša* und gAw. *xraϑwā* neben *xratū* sind die einzigen sicheren ir. Formen dieser Bildung; s. übrigens unter 3.

Zu *24:* Ar. °*dā* zerlegt sich in *d* + *ā*. Die drei Klassen der *a*-Stämme fielen im IS.-Ausgang zusammen; der IS. hat dadurch wesentlich zur Neuflexion der wurzelhaften *ā*-Stämme (und deren Genossen, s. § 213) beigetragen.

Zu *22, 23:* Den schliessenden Langvocal sehe ich im Gegensatz zu HIRT für ein Contractionsproduct an, der den ihm zukommenden schleifenden Ton frühzeitig nach dem Muster der anderen Stämme durch den gestossenen ersetzt hat[1]. — *-ēna* bei *22* ist speciell indisch; wegen ap. *aniyanā* s. unten § 237.

Zu *23:* Die zweite Form auf *-ai̯ā*, die vom Pronomen herübergenommen ward (KZ. 27, 386) — vgl. ksl. *rąkoją* neben seltenem *rąką* —, ist schon im Arischen weitaus die gewöhnlichere[2]. *-ā* findet sich hauptsächlich in den Ausgängen *-asi̯ā* (*-uši̯ā*), *-tā* und *-anā*. Zum ersten vgl. jAw. *uštānō.činahya* (BB. 13, 289) = ai. *vač-asyā́;* vielleicht ist ai. *vačasyā́* gegenüber *vačasyā́yā* die jüngere Form; s. § 216 zum GS. und § 100 b. Neben *-tā*, *dēvátā* (s. § 204) erscheint im RV. nur éinmal *-tayā;* 10, 24, 6; im Awesta herrscht *-ta* ausschliesslich: *yesnyata;* vielleicht geht *-tā* auf *-tātā*, IS. zum Suffix *tāt-*, Kl. 7, wieder nach § 100 b. Auch die vedischen IS. auf *-ánā* scheinen im Awesta ihr Gegenstück zu haben; vgl. gAw. *mazōnā*, jAw. *masana, vaŋhana, srayana.* Man vgl. dazu ZUBATÝ, IdgF. 3, 133. Wegen gAw. *mazōnā*, d. i. ar. **mažᵊanā* sei auf gAw. *usōn* = ar. **ušā́m* neben ai. *uṣā́nā* (s. 1) und auf ai. *mahā́m* verwiesen, das LUDWIG an mehreren Stellen als IS. nimmt, Rigveda 6, 250. Dadurch wird die Zugehörigkeit der *anā*-Formen zu *ā*-Stämmen in Frage gestellt. — Die gewöhnlichen IS. auf *-ai̯ā* haben im Awesta ihr *a* auf den GS., DS. und LS. übertragen; s. § 216 f., 219; der IS. und LS. fielen so zusammen; s. S. 126. Zu den jAw. IS. auf *-ya:* *suwrya* u. s. w. s. S. 121 oben und BB. 15, 228.

[1] jAw. *pasča* = *paśčā́* (Kl. *5* a β) soll ein idg. **poskē* »verbürgen« (J. SCHMIDT, Pluralbildungen 41 No.; BRUGMANN, Grundriss 2, 628); dann hat eine qualitative Beeinflussung des IS.-Ausgangs durch den der *e-o*-Klasse — gr. ὄ-πῃ — stattgefunden. — [2] LANMAN, JAOS. 10, 358 wirft unter 1 sehr Verschiedenartiges zusammen.

3. Die IS. auf *-ī*, *-ū* bei den abgeleiteten Stämmen auf *i̯-*, *u̯-* (**16, 17**) fasse ich mit Osthoff als ursprachliche Neuschöpfungen zu den IS. auf *-ā*, *-ē*, *-ō* der Klassen **22, 23**; NS. *-os:* IS. *-ō* = *-is:* *-ī* u. s. w.[1]; vgl. 221, 4. Die Ausgänge *-ī*, *-ū* gelten für alle Geschlechter, vgl. jAw. *čisti* f. = ai. *cittī*; jAw. *maᶦnyu* m., *daēnu* f., *vohu* n. Die alten Formen auf *-i̯ā(m)*, *-u̯ā(m)* waren schon in der Ursprache aufgegeben worden, ausser bei einigen wenigen Stämmen, die auch sonst eine besondre Stellung einnehmen: jAw. *haša* = ai. *sákyā*, gAw. *xraϑwā* = ai. *krátvā*; ai. *pátyā*; s. unter 2. Übertragung des *ī* auf Kl. **18** bei gAw. *vaŋuhī*, jAw. *aošaŋuhaᶦti*; s. BB. 17, 347 No. Für den umgekehrten Vorgang — vgl. ai. *sumatyā́* — kenne ich kein sichres iranisches Beispiel; die jAw. Formen auf *-tya* bei Hübschmann, Zur Casuslehre 267 nehme ich als LS. aus *t*-Stämmen, s. § 219; so vielleicht auch *aδāᶦtya* Nir. 38. — Einzeldialektische Neuschöpfungen sind die ai. IS. auf *-inā* u. s. w.; s. AF. 1, 62 f.

[1] Man beachte ai. *mā́kīm:* μήπω neben jAw. *kąm:* °πω, s. unter 1. Ai. °*kīm:* lat. *quī* = jAw. *kąm:* *kā*; s. noch § 244, 10.

4. Das Awesta hat aus *n*-Stämmen (**15** a α) ein Paar Formen auf *-i*, welche als IS. gebraucht sind: jAw. *nāmə̄nī*, gAw. *časmaᶦnī*; vgl. Hübschmann, Zur Casuslehre 267. Erklärungsversuche bei J. Schmidt, Pluralbildungen 270 ff. und Brugmann, Grundriss 2, 716. Ich halte dafür, dass die Formen morphologisch LS. sind, ebenso wie die als IS. verwendeten und mit IS. verbundenen Formen auf *-a* der *i̯*-Klasse (**16**); s. Hübschmann, a. O. 268, Jackson, JAOS. 13, ccxi No.

§ 219. *Sing. Loc.*

Verschiedene Bildungen, mit und ohne Suffix. In beiden Fällen hat sich im Arischen öfters die enclitische Postposition *ă* angeschoben; s. § 217, 3; IdgF. 1, 191; ZDMG. 46, 298.

1. Suffixlose Bildung. Nur bei ablautenden Stammklassen, welche den blossen Stamm in starker oder Dehnform als LS. verwenden. Die selben Stämme zeigen mehrfach beide Formen. Meist stehen noch andere LS.-Bildungen daneben.

a. Bei Wurzelstämmen: **10** jAw. *dvarᵊ* = ai. *sv-àr*; s. 2 a und ai. *durí* nach 2 b; **14** gAw. *kąm* geg. ai. *kám*[1]; gAw. *dąm*, *dąn* (§ 303) neben jAw. *dąmi* 2 b und gAw. *ha-dᵊmōi* 2 a; vgl. gr. δῶ, ἔνδον[1]; **21** jAw. *yava* (KZ. 31, 263).

[1] Vgl. KZ. 29, 496 f.; IdgF. 1, 315, wo weitre Angaben. Dem Verhältnis von gAw. *kąm* zu ai. *kám* mag das von gAw. *dąm* zu gr. ἐν-δον entsprechen; doch s. IdgF. 1, 315 No. Gr. δῶ ist = idg. **dō*, der Sandhiform zu **dṓm* = gAw. *dąm*, also ursprünglich Loc. Sing. (des Ziels).

b. Bei abgeleiteten Stämmen.

α. Starke Form: **1** a γ gAw. *avō* u. s. w. (§ 260); **11** jAw. *išarᵊ* = ai. *áh-ar*; **15** a α gAw. *rōiϑwən* = ai. *dá-van*; **16** gAw. *mrūᶦtē* u. s. w. (§ 260); **17** jAw. *haētō* = ai. *vás-ō*; jAw. *aŋhava*;

β. Dehnform: **15** a α jAw. *ayąn*, gAw. *varᵊdᵊmąm* (§ 303) = gr. δό-μην; **16** gAw. *aᶦbī.dərᵊštā* = ai. *údi-tā*; **17** gAw. *vaŋhāu* = ai. *vásāu*.

Die unter α zu **1** a γ, **15** a α und **16** angeführten Formen finden sich nur in infinitivischem Gebrauch; s. § 260. Zu **1** a γ s. Brugmann, Grundriss 2, 611 und J. Schmidt, Pluralbildungen 305.

Zu **11**: Wegen jAw. *išarᵊ* und der gleichartigen jAw. Formen s. BB. 15, 14 ff. und die § 184 verzeichnete Litteratur, ferner unten § 254.

Zu **15** a α: Die LS. auf ar. *-ān* fehlen dem Veda; umgekehrt sind die im Veda häufigen *an*-Formen im Iranischen nur durch das eine gAw. *rōiϑwən* verteten, das als Infinitiv fungirt, s. § 260, 2 b. Ap. *xᵃšᵃpᵃvᵃa* ist gleich ai. *kšapā́* (IS.) + *vā*, gegen Handbuch 85.

Zu *16*, *17*: Bei *17* hatte das Arische im LS. beide Ausgänge, *-āu* und *-au*, woneben *-au̯-ă*; *-au* ist im Awesta der gewöhnlichere, im Veda ganz selten; vgl. IdgF. 1, 191, wo Weitres. Entsprechend wäre bei *16* *-ai* und *-āi* zu erwarten. Aber *-āi* kommt gar nicht, *-ai* nur in awestischen Infinitivformen auf *-tē*, *-tōi* vor (§ 260), wobei zu bemerken, dass *-ai* auch, nach § 81, auf *-ai̯-i* (zu 2) zurückgeführt werden könnte; s. aber unten zu *17*. An Stelle von *-āi* erscheint nur dessen alte Sandhiform *-ā* (§ 80), während wieder *-ā* an Stelle von *-āu* noch bei keinem sichern Beispiel nachgewiesen ist; doch s. LANMAN, JAOS. 10, 411 und IdgF. 1, 487 No. Auffällig ist die Übertragung der Ausgänge *-āu*, *-au* von der *u̯-* auf die *i̯*-Klasse; cf. jAw. *hubər^ətå* (statt *°tāu*, § 268, 33), *hubər^ətō*: ai. *bŗtáu* zu jAw. *hubər^ətīm*; jAw. *garō*: ai. *giráu* zu jAw. *ga^iriš*; s. BB. 13, 83; 15, 12; IdgF. 1, 191; 3, 19; ZDMG. 46, 300, 304. MERINGER's Erklärungsversuch reicht nicht aus. Jedenfalls hat man auch die gleichartige Verwendung der Suffixe *tai̯-* und *tau̯-* in Betracht zu ziehen — vgl. die Infinitive jAw. *uxtayaē-ča* und ai. *vā́ktave* —, zusammen mit der Thatsache, dass im RV. *āu*-Locative bei *16* nur zu *tai̯*-Stämmen nachzuweisen sind. — Wegen jAw. *aŋhvō* und ähnl. s. § 407.

2. Bildung mit Suffix. Das LS.-Suffix bewegt sich in dem Ablaut *-ai*: *-ĭ*; vgl. § 217 zum DS.

a. Suffix *-ai*; vgl. gr. *χαμαί*, lat. *humī*, wozu STREITBERG, Zur germ. Sprachgesch. 67 f. Mit Sicherheit lässt sich *-ai* nur bei Wurzelstämmen nachweisen, welche davor normal in der Schwachform erscheinen. Im Arischen auch, mit postponirtem *ă*, *-ai̯ă*. Meist stehen andere Locativbildungen daneben. Vgl.: *3* a jAw. *vīse vīse*[1] = ai. *viśé viśe*; s. auch 2 b; *4* a jAw. *tači*.-*apaya*; s. 2 b; *10* ap. *duvarayā*; s. unter 1 a; *14* gAw. *ha-d^əmōi* (AF. 2, 169 f.); s. 1 a, 2 b; jAw. *xrūždi-sme* (§ 278), ap. *uzmayā* (§ 305), ai. *kṣmayā́* (BB. 15, 21; 17, 343); jAw. *zəme* = gr. *χαμαί* (s. unten); s. 2 b; *24* gAw. *a-kōyā* (nach dem Muster von *24*, Thema *kam-*)[2]; s. 1 a; *19* ap. **divai-xšiš* (*Διαῖξις*; Aesch. Pers.) = ai. *divé divē*; vgl. *divi-kṣitā* und *dyávi*.

[1] V. 5, 10; so gegen die Neuausgabe. — [2] Vgl. dazu KZ. 30, 321; 33, 203.

b. Suffix *-ĭ*; im Iranischen nicht zu scheiden. Für abstufende Stämme ist es Regel, dass sie das Suffix an die starke Form fügen. Das postponirte *ă* ist auch hier häufig.

α. Bei Wurzelstämmen: *1* b jAw. *yāhi* (BB. 14, 24); ap. *māhyā* (BB. 9, 309 f.): ai. *mā́si*; *3* a jAw. *vīsi*, *vīsya*, ap. *viϑiyā*: ai. *viśí*; s. 2 a; *4* ap. *apiyā* (BB. 14, 244 f.), jAw. *kəhrpya*; *6* a gAw. *pa^iϑī* = ai. *patí*; b jAw. *upa.bdi*; ap. *ni-padiy* = ai. *padí*; jAw. *urvōi*; ap. *rādiy*; *10* jAw. *a-sū^iri*; gAw. *sa^irī*; *14* jAw. *zəmi*: ai. *kṣā́mi*; s. 2 a; jAw. *dąmi*; s. 1 a, 2 a; *24* gAw. *fraxšnī* (§ 260, Inf.).

β. Bei abgeleiteten Stämmen: *1* a γ jAw. *manahi* = ai. *mánasi*; s. 1 b; ap. *drayahyā* (ZDMG. 46, 298); *2* a α jAw. *vīϑiši*; *7* gAw. *amər^ətā^itī* = ai. *upará-tāti*; jAw. *uštatā^itya*; *8* a jAw. *astva^inti*; *pō^uruma^iti* = ai. *gṓ-mati*; jAw. *avavа^itya*; c jAw. *bər^əza^intaya* (d. i. *°tiya*)[1]; d α jAw. *jasənti* geg. ai. *gáčati*; *9* jAw. *fraspā^iti*, *čā^iti*; *11* jAw. *vaŋri*: ai. *us-rí*; *12* jAw. *duγδa^iri*, *na^iri* = ai. *duhitári*, *nári*; *15* a α jAw. *ašavanaya* (d. i. *°niya* s. *8* c mit No.): ai. *ŗtā́vani*; jAw. *asni* = ai. *áhni*; *18* b ap. *hara^uvatiyā* (d. i. *°tyā*; s. dazu § 8): ai. *sárasvatyām*; *19* a jAw. *tanvi* (d. i. *°uvi*) = ai. *tanvì*; *22* jAw. *dū^ire* = ai. *dūré*; ap. *dastaya*, jAw. *zastaya*: ai. *hásta ā*; *23* ap. *arbirāyā*: ai. *yamúnāyām*; gAw. *frasayā*.

[1] Yt. 5, 54, 57. So mit den besten Hdss. gegen die NA.

Zu *18* b und *23*. Vgl. J. SCHMIDT, KZ. 27, 384 ff.; BRUGMANN, Grundriss 2, 618 ff. Den lit. Ausgängen *-oje* bei *23* und *-ė* (für **-je*) — neben *-ėje* (für **-ėje*) und aus diesem durch »syllabische Dissimilation« (s. § 216 und

§ 100 b) hervorgegangen — bei *18* b entsprach, so nehme ich an, im Arischen *-āi̯ă* und *-i̯ā;* beide Ausgänge enthielten das Suffix *i* und die Postposition *ă*. Das Verhältnis von *-i̯ă* LS. zu *-i̯ās, -i̯āi* GS., DS. bei *18* b erzeugte bei *23* zu *-āi̯ă* LS. die neuen Ausgänge *-āi̯ās, -āi̯āi* für GS., DS. an Stelle der alten *-ās, -āi.* Im Uriranischen blieben diese Ausgänge unverändert, während das Awestische bei *23* das *ā* der Vorletzten nach dem IS. durch *a* ersetzte; s. § 218. Das schliessende *-m*, welches im Indischen bei *23* (*yamúnāyām*) und bei anderen Femininen auftritt, ist dem Iranischen durchaus fremd; falsch AF. 2, 104; KZ. 29, 282 No.; ZDMG. 46, 304.

Zu *17:* Formen gleich ai. *sūnávi* fehlen im Iranischen; s. unter 1 und unten.

Die Verschiedenartigkeit der beiden Locativbildungen zeugt für gegenseitige Beeinflussung. Das Normale dürfte gewesen sein: Schwachform vor *-ai*, Starkform vor *-i*, Dehnform bei suffixloser Bildung. Normal sind also z. B. zu Kl. *14* a) jAw. *xrūždi-sme*, ai. *kṣ̌mayā́* (und gr. χαμαί); gAw. *ha-dᵊmōi;* b) ai. *kṣ̌ámi;* c) gAw. *dąm, ką̄m;* ebenso zu Kl. *17, 21* a) ai. *divḗ*, ap. **divai;* b) ai. *dyávi; sūnávi;* c) ai. *abí-dyāu; sūnáu.* Auf Ausgleich beruhen jAw. *dąmi* (c+b), ai. *kā́m* (b+c), ai. *diví* (a+b), jAw. *daⁱŋhō, daⁱŋhava* (b+c) u. s. w. jAw. *zəme* kann sonach dem gr. χαμαί genau entsprechen, also *ṃm* enthalten — dann ist es die Sandhiform zu *°sme* (§ 83, 4) — oder *ə* geht auf *aˣ*, vgl. gr. χϑονί, ai. *kṣ̌ámi.* Vgl. noch zu *10* jAw. *dvarᵊ* statt *°ārᵊ*, ai. *durí* statt *°vári*, ap. *duvarayā* statt *°urayā.*

§ 221. *Sing. Voc. masc. und fem.*

Der Vocativ ist kein eigentlicher Casus. Er hat kein Suffix, sondern ist — von der Betonung abgesehen — gleich der Stammform, und zwar bei abstufender Flexion der starken. Belegt ist er im Iranischen nur bei verhältnismässig wenigen Stammklassen. *1* a γ jAw. *humanō* = ai. *sumanas; 8* a jAw. *drvō* (d. i. *dru-vō*) = ai. *sáhas-vas; 12* jAw. *dātarᵊ, narᵊ* = ai. *dā́tar, nar; 15* a jAw. *āϑraom* (d. i. *°avəm*): ai. *átʰarvan; 16* jAw. *vīspaⁱte* = ai. *viś-patē; 17* jAw. *maⁱnyō* = ai. *manyō; 18* jAw. *amavaⁱti* = ai. *ámavati; 22* jAw. *ahura* = ai. *asura; 23* jAw. *rasište* = ai. *saram-ē;* gAw. *poᵘručistā.*

Zu *8* a: *drvō* aus ar. **dʰrugvas* (§ 275), einzige Form. Der Ausgang stammt von den *u̯as*-Stämmen, *1* a β; vgl. S. 115 und KZ. 29, 531.

Zu *9:* Beachte jAw. *napō*, wohl schon uriranische Neubildung zum NS. *napå* nach dem Muster der *s*-Stämme; s. oben S. 115.

Zu *15* a: Wegen des *-m*, das für ar. *-n* steht, s. § 303.

Zu *16, 17, 18:* Feminine *i̯*-Stämme zeigen hie und da den Ausgang *i* nach der *ī*-Klasse, und umgekehrt; vgl. jAw. *aši dāϑre* Yt. 17, 6 an Stelle reg. *aše dāϑri;* vgl. S. 116. Im Arischen war *-ai* bei *16* ausschliesslich üblich (vgl. Lanman, JAOS. 10, 389), daher ein geschichtlicher Zusammenhang zwischen jAw. *aš-i* und gr. ὄρ-ι nicht angenommen werden darf. Bei *17* kommt auch im Awesta nur *-ō*, d. i. ar. *-au* vor (IdgF. 5, 218 No.; falsch Caland, KZ. 30, 460). Ob das *-i* bei *18* ursprachlich ist oder erst arisch, lässt sich nicht entscheiden. Jedenfalls beruht der VS.-Ausgang *-i* auf Neubildung zu dem des NS. *-ī*, vgl. ai. *sumanas: °nās*, gr. πάτερ: πατήρ u. s. w.

Zu *22:* Die Form auf *-a* dient auch als Vocativ des Neutrums; gAw. *ašā.* Unrichtig AF. 3, 29 f.; KZ. 30, 541.

Zu *23:* Der gebräuchliche VS.-Ausgang im Arischen war *-ai*, er stammt vermutlich von den *āi–ī*-Stämmen (*18* a), vgl. gr. Γοργοῖ und J. Schmidt, KZ. 27, 380; man übersehe nicht, dass gr. Γοργώ u. s. w. Rufnamen sind, bei denen der Vocativ die geläufigste Form ist. Ob die Aw. Vocative auf *-ā* mit gr. νύμφα zusammenzustellen oder als Nominative in vocativischem

Gebrauch zu nehmen sind, muss unentschieden bleiben; der Gathadialekt hat nur *-ā*. Auf ai. *amba* ist nichts zu geben (s. Lanman, a. O. 360); sonst findet sich im Aind. nur *-ē*.

2. Die Dualcasus.

Beim Nomen sind für den Dual nur vier Casus bezeugt: Nom.-Acc.-Voc., Dat.-Abl.-Inst., Gen., Loc.

§ 221. *Du. Nom. masc.* (und fem.).

Verschiedene Bildungsweisen. Zu der von Brugmann, Grundriss 2, 638 ff. verzeichneten Litteratur s. noch IdgF. 5, 217 ff. Wegen Du. Nom. fem. s. auch § 222. Vgl. ferner den Anhang zu § 221, 222.

1. Suffix idg. *-e*, bei ablautenden Stämmen hinter der nämlichen Form auftretend wie das Suffix des AS., NP. Im Arischen *-a*. Fürs Indische vgl. Brugmann, Grundrisss 2, 645. Im Iranischen sind ar. *-a* und *-ā* (s. 2) zusammengefallen (§ 92), daher das awestische *amarᵊšanta* ebensowohl dem gr. *φέρ-οντε* als dem ai. *bár-antā* gleichgesetzt werden kann; s. unter 2.

2. Ausgang *-ōu* mit der Sandhiform *-ō* (§ 80) bei den *e-o*-Stämmen (**22**); = ar. *-āu*, *-ā*[1]. Ersterer ist im Iranischen nur durch wenige Formen belegt — Der im Indischen durchgeführte Process, dass sich die ND.-Ausgänge der masc. *a*-Stämme auf alle übrigen, masc. und fem., übertrugen, sofern sie nur im AS. auf *-am* endeten, hat unzweifelhaft bereits im Arischen seinen Anfang genommen, s. unten.

[1] Ist *-ōu* Contractionsproduct, so muss sich schon sehr frühzeitig der gestossene Ton an die Stelle des ältern schleifenden geschoben haben, s. § 180 No., § 122 No. Vgl. noch Hirt, IdgF. 1, 31; 2, 238 f. Man beachte, dass idg. **med'i̯ōu* aus **med'i̯-ōu* hervorgegangen sein kann; S. 105.

3. Ausgang ar. *-au*. Zu einer Zeit, als noch *-āu*, *-ā* und *-a* üblich waren, also jedenfallss vor der iranischen Kürzung auslautender Langvocale (§ 92), wurde, entsprechend dem Wechsel *-ā*: *-āu*, zu *-a* der neue NS.-Ausgang *-au* geschaffen. Er ist nur im Awesta belegt — als *-ō*, *-ə*, *-ə̄*; s. § 303 —, wo er auch in die *a*-Declination eindrang, nachdem *-ā* und *-a* einander gleich geworden waren.

4. Ausgänge *-ī*, *-ū* bei denjenigen abgeleiteten *i̯*-, *u̯*-Stämmen (**16, 17**), die NS., AS. auf *-is*, *-us*; *-im*, *-um* bilden: ai. *pátim*: *pátī*, aber *sákāyam*: *sákāyā*. Sie wurden in der Ursprache zu eben diesen Ausgängen nach dem Vorbild der *o*-Declination — *-os*, *-om*: *-ō* — neugeschaffen; vgl. § 218, 3. Da aber *-is*, *-us*, *-im*, *-um* für Masc. und Fem. gelten, übertrug sich *-ī*, *-ū* auch auf die Feminina. Vgl. Osthoff, MU. 2, 132 ff. Auch die abgeleiteten *ī*-Stämme zweiter Klasse (**18** b) haben *-ī*, vielleicht schon seit idg. Zeit.

1. Ausgang ar. *-a*, *-ā*: **1** a α jAw. *āsyaŋha*; γ jAw. *aⁱϑyajaŋha*: ai. *sajōš-asā*; **4** a jAw. *āpa*; b jAw. *gava*; **6** b jAw. *pāδa*: ai. *pádā*; **7** jAw. *amərᵊtāta*; **8** c jAw. *bərᵊzanta*: ai. *br̥hántā*; d α jAw. *amarᵊšanta*: ai. *váhantā*; **12** a jAw. *zāmātara*, *nara*: ai. *jāmātárā*, *nárā*; b jAw. *ϑrātāra*: ai. *trātárā*; **15** a α jAw. *spāna*: ai. *śvánā*; jAw. *aⁱryamana*: ai. *aryamáṇā*; **20** jAw. *ratu-frya* (d. i. *°iya*): ai. *abiśr-íyā*; **21** gAw. *gāvā*: ai. *gávā*; **22** jAw. *ahura*: ai. *ásurā*.

2. Ausgang ar. *-āu*: Im Iranischen ganz selten, s. IdgF. 5, 218; vgl. **22** jAw. *tå* (für *tāu*, § 268, 34), Pron. neben *tā-ča* = ai. *táu*, *tá-ča*.

3. Ausgang ar. *-au*; nur im Iranischen, und auch hier nicht häufig. Vgl.: **4** b jAw. *gavō*; **6** b jAw. *paδō*; **12** a jAw. *pitarə*: **22** jAw. *zastō*, *zastə̄*. Überall steht *-ă* daneben.

4. Ausgänge ar. -ī, -ū: **16** jAw. *aēϑra-pa'ti* m., *āzū'ti* f., = ai. *pátī* m., *vásuti-tī* f., **17** jAw. *pasu* = ai. *páśū*; **18** b gAw. *azī* = ai. *rōdas-ī*.

Zu **16**: Bemerkenswert ist jAw. *haša* = ar. **sak̑įā* (§ 90, 2), eine Umbildung des alten **sakāįā* = ai. *sákāyā* nach den Formen des DS., IS. u. a. (jAw. *hašē, haša* u. s. w.).

Zu **17**: Neben den Formen auf *-u* bietet das Awesta auch solche auf *-ava*: *bāzava*, *zanava*[1], die sich formell mit den griech. wie πήχεε decken, aber wahrscheinlich ebenso wie diese auf einzelsprachlicher Neubildung zu den NP. beruhen.

[1] Yt. 1, 27; so zu lesen; s. im übrigen KZ. 30, 514.

§ 222. *Du. Nom. (Acc.) neutr. und fem.*

Gemeinsames Suffix für beide Geschlechter war idg. *-ī*. Brugmann's Annahme eines *-i* beruht allein auf gr. εἴκοσῐ, εἴκατῐ; man beachte aber, dass ein **ϝεικατῑ* im daktylischen Versmass überhaupt unbrauchbar gewesen wäre; vgl. lat. *vīgintī*, dessen *-ī* auf idg. *-ī* geht. Das Indische hat stets *-ī*; *máhi* bei Lanman, JAOS. 10, 392 beweist nichts. — Das Geschlecht, ob Fem. oder Neutr. ist nicht immer sicher zu bestimmen.

1. Wurzelstämme: **2** b jAw. *aši* = ai. *akṣī́*; jAw. *suši* »Lungen«; jAw. *uši* »Ohren«; **3** a *zaranyō.pisi*; **5** a α jAw. *saŋhavāči ar'navāči*; **6** a jAw. *haxti*: ai. *sakthī́* (s. § 52, 2); **9** jAw. *vīsa'ti* = lat. *vīgintī*; **10** jAw. *2 sa'ri*. Von diesen Formen sind sicher feminin: *vīsa'ti* ND. zu *vīsąs* (§ 210); *saŋhavāči ar'navāči* Yt. 5, 34, zwei zu einem Dvandvacompositum vereinigte Frauennamen (Darmesteter, Études 2, 213 ff.); wahrscheinlich *zaranyō.pisi* Yt. 17, 10, Beiwort von *minu* (»ein Paar goldgefasste Edelsteine zur Schau tragend«, nämlich in den Ohren; vgl. *minum* Yt. 5, 127, welches die Fassung von *minu* als APn. verbietet).

2. Abgeleitete Stämme; *-ī* ist nur bei den Neutren auf *a-* (**22**) und den Femininen auf *ā-* (**23**) sicher nachweislich; beide gehen arisch auf *-ai* aus; es tritt also *-ī* bei **23** an die Stammform mit kurzem *a* an[1]; vgl. **22** jAw. *dvaēča sa'te* »und 200« = ai. *dvḗča śatḗ*; **23** jAw. *urva'rē* = ai. *urvárē*.

Die abgeleiteten *į*-Stämme (**16**) hatten den Ausgang *-ī* d. h. die feminine Form diente auch als neutrale, nach Analogie der Wurzelstämme, cf. ai. *śúčī*; vgl. § 223, 3. Da im Iranischen *-ī* der Kürzung unterlag, fiel der ND. mit dem A.-NS. zusammen. Dem entsprechend wurde auch bei andern neutralen Stämmen die Singularform für die duale verwendet, so bei **15** a α jAw. *dąma*.

[1] Hirt's Erklärung, IdgF. 1, 41 ff. ist nicht zwingend. Das lit. *gerì* beweist doch nur, dass zur Zeit als Leskien's Vocalkürzungsgesetz (Brugmann, Grundriss 1, 526) in Kraft trat, der Sonant der zweiten Silbe den gestossenen Ton hatte. Dieser kann aber vorher nach Analogie des NS. für den schleifenden eingetreten sein; vgl. auch NPm., f. der Pronomina und oben § 106, 1.

§ 223. *Anhang zu* § 221, 222. Der ND. als Quelle von Neubildungen; vgl. Benfey, Vollst. Gramm. 304 No. 2; J. Schmidt, Pluralbildungen 389; Brugmann, Grundriss 2, 650 ff.; BB. 15, 33, 38, wo weitere Angaben.

1. Die fertige Form der ND. schiebt sich vor den Suffixen der übrigen Dualcasus an die Stelle der Stammform; vgl. DP. und LP. bei den *a*-Stämmen. So: **6** b jAw. *pāδave*, d. i. ar. **pāda* (gr. πόδε) + *bįā*; s. dag. ai. *padbhyā́m*; — **1** b jAw. *nāŋhābya*: ai. *nā́sābhyām*, d. i. ar. **nā́sā* (: ags. *nosu*?, s. Brugmann, Grundriss 2, 642) + *bį°*; — **22** jAw. *dvaēibya*, d. i. ar. **dųai*, NDntr. + *bįā*; entsprechend gebildet ist got. *twaim*; **22** jAw. *dōiϑrābya*: ai. *hást-ābhyām*, d. i. ar. *°ā*, NDmsc. + *bįā* u. a. m.; s. 224 ff.

2. Dem ND. auf *-ā* schliessen sich singulare Casus nach dem Muster der *ā*-Declination (**23**) an; ar. **nā́sā* »die beiden Nasenlöcher« wird als Bezeichnung für »die Nase« wie **sainā* flectirt. So: **1** b jAw. *nāŋhaya* IS.

Dazu wieder ein neuer ND.: Phlv. *nāi* = ai. *nā́sē*. Damit war natürlich gegebenen Falls Geschlechtswechsel verbunden.

3. Die ND. auf *-ī* consonantischer Stämme (§ 222) führen diese der *i̯*-Declination (**16**) zu, die im ND. aller Geschlechter ebenfalls den Ausgang *-ī* hat. So **2** b jAw. *xšvaš.ašīm;* s. ai. *akṣyṓṣ, ákṣiṇī*[1]. So wohl auch jAw. *ašībya,* das freilich auch dem ai. *akṣībyām,* Bildung aus dem ND., entsprechen könnte; s. § 268, 1. Das Gleiche gilt für jAw. *ušībya* zu **2** b.

S. noch § 224 No.

[1] Das *ī* im ai. AS. *ákṣi, sákᵗi* könnte auch daher stammen; es mag verschiedene Quellen gehabt haben; s. § 214.

§ 224. *Du. Dat.-Instr.-Abl.*

Zwei arische Suffixe *-bʰi̯ā* und *-bʰi̯ām;* ersteres fehlt im Indischen, während umgekehrt letzteres im Iranischen nur éinmal belegt ist: jAw. *brvaṯbyąm*. *-bʰi̯ā* stellt vermutlich die Satzsandhiform zu *-bʰi̯ām* dar, vgl. § 84, 4; 247, 4. Zu *-bʰi̯ā* s. ksl. *-ma* und wegen der Anlautsdifferenz hier und im DP., IP. Brugmann, Grundriss 2, 626 f. Vor allen *bʰ*-Suffixen erscheinen mehrförmige Stämme normal in schwacher Gestalt. Zu jAw. *-we* (*-ve*) neben *-bya* s. § 268, 32, 37. Vgl.:

1. Wurzelstämme. Ich kenne kein iran. Beispiel für directe Bildung des DD. aus einem Wurzelstamm. Wegen **6** b jAw. *pāδave* s. § 223, 1; wegen **2** b jAw. *ašībya, ušībya* ebd. 3.

2. Abgeleitete Stämme: **1** a γ jAw. *vaγžᵉbyā-ča* geg. ai. *vā́čōbʰyām;* **2** a α jAw. *snaᶦϑīžbya:* ai. *hav-írbʰyām;* **7** jAw. *amərᵉtaṯbya* (für °*tātāṯbya*, § 306); jAw. *čvaṯbya;* **8** c jAw. *bərᵉzanbya* (aus ar. *-anᵈbʰi̯ā;* s. § 24) geg. ai. *br̥hádbʰyām;* **9** jAw. *brvaṯbyąm;* **12** jAw. *nərᵉbya:* ai. *nŕ̥bʰyām;* **16** jAw. *hąm.vaᶦntibya:* ai. *śrōṇibʰyām;* **17** jAw. *bāzubya, bāzuwe:* ai. *bāhúbʰyām;* **22** jAw. *dōiϑrābya*, ntr.: ai. *hástābʰyām;* jAw. *zastaēᶦbya*, masc.; *naēmaēᶦbya*, ntr.; **23** jAw. *vąϑwābya:* ai. *śiprābʰyām.*

Zu **1** a γ: Vgl. DP., § 230 und LP., § 232.

Zu **8** c: Die Form auf *-anbya* stammt von den *nt*-Participien wie **bʰárant-*, **8** d α. S. noch DP., § 230.

Zu **22, 23:** Beim Feminin (**23**) lässt sich das vor dem Suffix auftretende *ā* als Stammvocal fassen; dagegen muss es bei der *a*-Klasse als Ausgang des NDm. genommen werden; s. § 223, 1. Die Verbindung des NDn. mit dem Suffix steckt in dem Ausgang jAw. *-aēbya.* Im Indischen gilt *-ābʰyām* bei **22** für Masc. und Neutr., zugleich ist es Ausgang der fem. *ā*-Stämme (**23**). Im Awesta dient das ursprünglich neutrale *-aēᶦbya,* das am DP. Anhalt fand (§ 230), für Masc. und Neutr., während das ursprünglich masculine *-ābya,* mit dem Ausgang der Feminina (**23**) gleichlautend, aufs Neutrum: *dōiϑrābya*[1], *srvābya* beschränkt wird, unzweifelhaft darum, weil auch die ND. fem. und neutr. den nämlichen Ausgang hatten. — Wegen jAw. *gaošaᶦwe* s. S. 118 und unten.

[1] jAw. *dōiϑrābya* wird von Justi als DD. fem. verzeichnet, weil der DP. dazu *dōiϑrābyō* lautet. Aber diese Form ist erst durch die des Duals veranlasst, der natürlich bei einem Wort für »Auge« in häufigstem Gebrauch ist. Die *ā*-Stämme, deren ganzer Dual dem der Neutr. auf *a*- gleichlautet, gaben das Muster dazu ab.

§ 225. *Du. Loc.*

Fehlt im Indischen. — Das awestische Suffix dafür ist *-ō,* das auf ar. *-au* oder *-as* gehen kann. Das ksl. *-u: kamen-u* kann ar. *-au,* aber auch ar. *-auš* (= ai. *-ōṣ*, GD.) entsprechen; vgl. AF. 1, 83; Brugmann, Grundriss 2, 655 f.[1] Beispiele nur bei der *u̯*- und *a*-Klasse (**17, 22**): **17** jAw. *bāzvō* (KZ. 30, 522); **22** jAw. *zastayō.*

Zu **22**: Der Ausgang *-ayō* wird vom Neutrum stammen, wo das Suffix an den ND. auf *-ai* trat; s. auch GD., § 226.

[1] Tahm. 57 steht *zastayasča*, das auf ar. *-as* zu weisen scheint. Man erwartete aber den GD. *zastayå̊sča*. Möglicherweise hat Darmesteter (Trad. 3, 64) die Stelle falsch abgeschrieben; s. IdgF. 5, Anz.

§ 226. *Du. Gen.*

Das Awestische verwendet dafür das Suffix *-å̊*, *-å̊s[ča*, das nur auf ar. *-ās* zurückgehen kann. Die Verwandten bieten nichts Entsprechendes. Vgl. von Wurzelstämmen: **3** b β jAw. *hvarᵊzå̊* (d. i. *hu-v°*); **21** jAw. *paršat̰gavå̊*; von abgeleiteten: **1** a γ jAw. *aša-nəmaŋhå̊*; **7** jAw. *amərᵊtātå̊*; **8** d α gAw. *ašaoxšayantå̊*; **12** jAw. *narå̊*; **15** a α jAw. *ašaonå̊*, *čašmanå̊*; **16** jAw. *parå̊ntyå̊*; **17** jAw. *pasvå̊*; **22** *srūtō.spāδå̊*; *vayå*, *vayå̊s-čit̰* (= ai. *ubʰā́°*); **23** jAw. *nāⁱrikayå̊*.

Zu **22, 23**: Die Formen auf *-ayå̊* sind die gebräuchlicheren; zur Herkunft des *-ay-* s. § 225. In den kürzeren Formen zu **22** muss *-å̊* Contractionsproduct sein, sofern sie nicht der consonantischen Declination nachgebildet sind; s. § 213 a. E.

3. Die Pluralcasus.

§ 227. *Plur. Nom. masc. und fem.*

Idg. Suffix ist *-es*. Davor im allgemeinen die selbe Stammform wie vor dem *-m* des AS.; doch haben die abgeleiteten *i̯*-, *u̯*-Stämme (**16, 17**) im NP. starke Form. Bei den Klassen **22, 23, 24** (*ā*-Stämme) entstand, mit Contraction der zusammentreffenden *a*-Vocale, ar. *-ās* (= idg. *-ōs*, *-ās* mit schleifendem Ton). Über dessen Vertretung im Arischen s. § 85, 2 b. — Noch unerklärt ist der arische Ausgang *-āsas* neben *-ās* bei der *e-o*-Declination; vgl. Brugmann, Grundriss 2, 660 f. Seine Entstehung wird auf das Bedürfnis zurückzuführen sein, die masc. Form (idg. *-ōs*) von der fem. (idg. *-ās*, **23**) zu scheiden; vgl. unten zu **22, 23**. Bei jAw. *yōi vaŋhazdå̊ ašavanō* Y. 65, 12: *yōi vaŋhuδåŋhō ašavanō* Y. 16, 9 begreift man den Wechsel; *°då̊* gehört zu einem *ā*- (**24**), *°δåŋhō* zu einem *ās*-Stamm (**1** b), die beide in gleicher Bedeutung gebraucht werden. Ich kann mir aber nicht recht denken, dass der Wechsel von da aus auf die *a*-Klasse übertragen sein sollte. — Vgl.:

1. Aus Wurzelstämmen: **1** b jAw. *vaŋhuδåŋhō*; **3** a jAw. *spasō* = ai. *spáśas*; jAw. *anusō*; b β jAw. *daēvayāzō* geg. ai. *divi-yā́jas*; **4** a jAw. *āpō* = ai. *ā́pas*; **5** a α jAw. *vāčō* = ai. *vā́čas*; jAw. *šōiϑra.ⁱričō*; β jAw. *nyåñčō* geg. ai. *nyàñčas*; jAw. *vīšvanča*[1]: ai. *svàñčas*; jAw. *haϑråñčō* = ai. *satrā́ñčas*; b β jAw. *miϑrō.drujō* = ai. *puru-drúhas*; **6** b *tušnišāδō*; *aⁱrime.aŋhaδō*: ai. *čamū-ṣádas*; jAw. *ašəmnō.viδō* (IdgF. 1, 486); **10** jAw. *axᵛarō*; **14** jAw. *zəmō*; *zimō*; *hama* (V. 5, 10)[2]; **15** b jAw. *vərᵊϑrājanō* = ai. *śatru-hánas*; **20** jAw. *fryō* = ai. *ā-priyas*; **21** jAw. *gavō* geg. ai. *gā́vas*; **24** jAw. *vaŋhazdå̊* = ai. *aśva-dā́s*.

Zu **15** b: S. noch jAw. *xå̊*, nach dem Muster von **24**; § 213, 1; vgl. ai. *prajā́s*.

[1] Wegen des jAw. *-a* statt *-ō* hier und sonst s. zu **22** und § 378, 3. — [2] jAw. *hama* (mit *-a* statt *-ō*, s. eben) ist hier NP., sonst IS.; vgl. § 218. Falsch IdgF. 1, 179, vgl. jetzt die Neuausgabe.

2. Aus abgeleiteten Stämmen: **1** a α jAw. *frāyaŋhō*; β jAw. *viδvåŋhō*; γ jAw. *humanaŋhō* = ai. *sumánasas*; **3** b α jAw. *karšnazō* = ai. *átṛṣṇ-ajas*; **7** jAw. *uxšyąstātō*; **8** a gAw. *əmavantas-čā* = ai. *ámavantas*; c jAw. *bərᵊzantō* = ai. *bṛhántas*; d α gAw. *baodantō* = ai. *bṓdʰantas*; β *mrvatō* (d. i. *mruv°*; KZ. 29, 555) = ai. *dā́ś-atas*; γ jAw. *həntō* = ai. *sántas*; δ jAw. *påntō* = ai. *pā́ntas*; **9** jAw. †*aš.bərᵊtō* = ai. *pitu-bʰṛtas*; jAw. *frātat̰.čaratas-ča*, *°čarᵊtō*; **12** a gAw. *mātarō* = ai. *mātáras*; b jAw. *zaotārō* = ai. *hṓtāras*, **13** jAw. *čaϑwārō*, np. *čahār* = ai. *čatvā́ras*; **15** a α jAw. *aršānō* = ai. *rā́j-ānas*; jAw.

ašavanō geg. ai. *ṛtā-vānas;* **16** jAw. *garayō* = ai. *giráyas;* jAw. *ϑrāyō* geg. ai. *tráyas;* **17** jAw. *išavō* = ai. *íṣavas;* ap. *dahyāvaʰ* geg. ai. *dásyavas;* jAw. *pasvas-ča* = ai. *mádʷ-vas;* **18** a jAw. *daēvayō* (d. i. °*viyō*, § 268, 13) = ai. *nadyàs;* b jAw. *vaŋuhīš* = ai. *vásvīš;* **19** jAw. *aγrvō* = ai. *agrúvas;* **22** jAw. *aspa, aməšā, andās-ča* = ai. *áś-vā, áśvās* (§ 85, 2 b); jAw. *aspåŋhō* = ai. *áśvāsas;* **23** jAw. *uγrå, uγrås-ča* = ai. *ugrás.*

Zu **16, 17:** Die gewöhnlichen iranischen Ausgänge entsprechen den aind. *-ayas, -avas.* jAw. *haxayō* geg. ai. *sákāyas* ist Neubildung nach den geläufigen Mustern. Das *ā* von jAw. *ϑrāyō* »drei« will CALAND, KZ. 32, 594 auf Grund eines awestischen Lautgesetzes erklären, vgl. *ϑrayas-ča* (§ 294); dagegen aber und für das Alter des *ā* erheben sich die modernen Dialekte; s. § 210. S. noch jAw. *staomāyō.* Das Alter des *ā* in ap. *dahyāvaʰ* wird durch jAw. *daⁱŋhāvō* verbürgt, und umgekehrt.

Zu **18** b: Die ar. Formen auf *-īš* im NP. und im gleichlautenden AP. dürften auf vorarischer Neubildung nach der *ā*-Declination (**23**) beruhen: *-ā* NS., *-ām* AS.: *-ās* NP., AP. = *-ī, -īm: -īs;* vgl. BRUGMANN, Grundriss 2, 664. S. übrigens auch HIRT, IdgF. 1, 7.

Zu **19:** Die selbe Form auch im masculinen Compositum: gAw. *pəšō.tanvō;* vgl. § 214, 1.

Zu **22, 23:** Das auf ar. *-ās* zurückgehende jAw. *-å* (§ 93, 2) ist bei **22** ganz selten, bei **23** dagegen allein gebräuchlich. Bei **22** ist *-a,* aus ar. *-ā* (§ 82, 2 b) der üblichste Ausgang. Ich sehe darin ein neuerdings auftauchendes Bestreben, die NP. der beiden Klassen äusserlich zu scheiden. Fürs Feminin war *-å* der gegebene Ausgang, da sonst NS. und NP. zusammengefallen wären. Der Zusammenfall des NP. mit dem ohnedies ja wenig gebrauchten ND. beim Masculinum war weniger anstössig und selten geeignet, Missverständnise zu erzeugen.

§ 228. *Plur. Acc. masc. und fem.*

Das indogermanische Suffix war, nehme ich an, ein ablautendes, nämlich *-éns: -ns,* bzw. hinter Consonanten *-n̥s;* vgl. § 111 und 119 zu den Suffixen der 3. Plur. *-éns* [vielleicht erhalten in lat. *pedēs* (, s. unten), sowie, mit Veränderung der Vocalqualität nach *-ας* = idg. *-n̥s,* in kret. ἀποδοντανς u. s. w. — das gemeingr. °ας kann sich dazu stellen wie ἑς zu εἰς; s. BRUGMANN, Grundriss 1, 488 —] ist im Arischen dem *-as* aus idg. *-n̥s* gewichen, das aber wieder, als Vertreter des idg. *-éns,* dessen Orthotonirung übernommen hat; ai. *padás:* lat. *pedēs.* — Zur AP.-Bildung der *ā-, i̯-, u̯-, r*-Stämme s. unter 2 a. — Vgl.:

1. Aus Wurzelstämmen: **1** b jAw. *måŋhō:* ai. *māsás;* **2** b jAw. *frazušō; fravāxšas-ča;* **3** a jAw. *vīsō* = ai. *víśas;* b β jAw. *vərᵉzō; zᵃmargūzō;* **4** a jAw. *apō* = ai. *apás;* jAw. *āpō* = ai. *ápas;* jAw. *kəhrpas-ča;* **5** a α jAw. *vačō; vāčō* = ai. *váčas, vāčás;* **6** a jAw. *paϑō* = ai. *patás;* **10** gAw. *garō* = ai. *gíras;* **14** jAw. *zəmō;* **15** b jAw. *zantu-šānō;* **20** gAw. *rāyō* = ai. *rāyás;* gAw. *yavaējyō* = ai. *durāádʸyàs;* **21** gAw. *yavaēsvō* = ai. *mayōbʰ-úvas.* **24** s. unten.

Zu **15** b: S. noch jAw. *xå;* ebenso im NP.; s. § 213, 1 und zu **24**.

Zu **20:** Neben *yavaējyō* auch gAw. *ərᵉžjīš* nach dem Muster abgeleiteter *i̯*-Stämme (**16**).

Zu **21:** S. noch gAw. *gå* »Rinder« = ai. *gás.* Jedenfalls eine Neubildung zum AS. ar. **gám* (S. 116), vielleicht schon in der Ursprache vollzogen; s. bei BRUGMANN, Grundriss 2, 681.

Zu **24:** APm., f. auf *-as* bei den Wurzelstämmen auf *ā-* und den ihnen folgenden scheinen nicht mehr vorzukommen; s. LANMAN, JAOS. 10, 451. Die belegbaren Formen zeigen je nach dem Geschlecht die Ausgänge von **22** und *23* (ā-Stämme): gAw. *ākāstə̄ng* masc., jAw. *arᵊmaēštā̊* fem.; s. ai. *sugā́n*, *sugā́s*.

2. Aus abgeleiteten Stämmen: *1* a β jAw. *dadušō* = ai. *jagm-úṣas*; γ gAw. †*dušmanaŋhō* = ai. *surā́d-asas*; *7* jAw. *fratəmatātō*; *8* a gAw. *drəgvatō* = ai. *pátnī-vatas*; d α gAw. *jvantō* geg. ai. *jī́vatas*; γ gAw. *hatō* = ai. *satás*; *9* jAw. *masitō*, *fratəmaδātō*; *12* a jAw. *fᵊδrō* (aus ar. **ptras*, § 278) »Väter« = gr. θύγα-τρας; jAw. *nara*[1]: gr. ἀνέρας; s. noch 2 a; *13* jAw. *tišrō* = ai. *tisrás*; jAw. *čatarrō* = ai. *čátasras*; *15* a α jAw. *xšafnō* »Nächte« = ai. *vípṣ-ạas*; jAw. *rasmanō* = ai. *áš-manas*; *16*: s. 2 a; *17* jAw. *pasvō* = ai. *paśvás*; s. noch 2 a; *18* a jAw. *tištryaēnyō* (d. i. °*niyō*) = ai. *nad-yàs*; b gAw. *arš̌navaⁱtīš* = ai. *br̥hat-īṣ*; *19* jAw. *tanvō* = ai. *tanvàs*.

[1] Wegen des jAw. -*a* hier und sonst, s. § 227 1, No. 1.

Zu *18* b: Ar. -*īš* aus idg. -*īs*, das entweder aus -*īns* hervorgegangen (§ 80) oder dem Muster der *ā*-Stämme (*23*) nachgebildet ist.

2 a. Aus *r*-, *i̯*-, *u̯*-, *a*-, *ā*-Stämmen: *12* a jAw. *nərᵊš*, *nərᵊᵘš*, gAw. *nərᵃš* (d. i. **nər̥š*, mit nasalirtem *r*) geg. ai. *nr̥̄n*; s. noch 2; *16* jAw. *gaⁱrīš* geg. ai. *girī́n*; *17* gAw. *xratūš* geg. ai. *kratū́n*; *22* jAw. *haomą*, *haomąs-ča*, gAw. *mašyə̄ng*: ai. *sṓmān*, *sṓmā̊ṣ-ča*; *23* jAw. *zaoθrā̊*, *zaoθrā̊s-ča* = ai. *sénās*.

Über die AP.-Bildung dieser Stämme s. KZ. 29, 483 ff.; Studien 1, 37 f.; J. SCHMIDT, Pluralbildungen 273 f.; BUCK, AJPh. 11, 291 ff.; BRUGMANN, Grundriss 2, 671 ff., wo weitre Nachweise; STREITBERG, IdgF. 3, 149 ff. Der idg. AP.-Ausgang der Klassen *16*, *17*, *22*, *23* war -*ins*, -*uns*, -*ons*, -*ās*, welch letzteres auf älteres -*āns* zurückführt (HIRT, IdgF. 1, 7). [Das ai. -*ān* bei *22* ist für die Existenz eines idg. -*ōns* nicht beweisend, wie auch BRUGMANN, a. O. 672 selbst zugibt; wegen des zum Vergleich herangeholten AbS.-Ausgangs -*ōd* — mit schleifend betontem *ō* — s. § 215. Vgl. jetzt zu den lit. Formen STREITBERG, IdgF. 3, 150.] Im Arischen entsprachen zunächst -*ins*, -*uns*, -*ans*, -*ās*. Das Verhältnis von -*as* NS., -*am* AS. (u. s. w.) zu -*ans* AP. bei den *a*-Stämmen, die die *i̯*-, *u̯*-Flexion ja auch sonst beeinflusst haben (s. IS., ND.), erzeugte nunmehr zu -*iš*, -*im* und zu -*uš*, -*um* die neuen AP.-Ausgänge -*inš*, -*unš*, die ebenso wie jene Ausgänge und wie -*ai̯as*, -*au̯as* im NP. u. s. w. für beide Geschlechter gebraucht wurden. Von den *i̯*-, *u̯*-Stämmen übertrug sich dann *nš*, ebenfalls noch im Arischen, auf die *ar*-Stämme (*12*); nach dem Muster -*iδiš* IP., -*išu* LP. (u. s. w.) zu -*inš* AP. und -*uδiš*, -*ušu* zu -*unš* gesellte sich zu -*r̥δiš*, -*r̥šu* der neue AP.-Ausgang -*r̥nš*, und zwar ebenfalls für beide Geschlechter. Im Indischen trat zunächst -*āns* an die Stelle von -*ans*, worauf der lange Sonant sich auch bei den andern Stammklassen einstellte: -*īnṣ*, -*ūnṣ*, -*r̥̄nṣ*; und weiter wurden, nach dem Muster -*āns* masc. zu -*ās* fem., die Ausgänge auch bei den übrigen Klassen nach dem Geschlecht geschieden: den masculinen -*īnṣ*, -*ūnṣ*, -*r̥̄nṣ* traten feminine -*īṣ*, -*ūṣ*, -*r̥̄ṣ* zur Seite. Was dagegen das Iranische angeht, so lässt sich nicht nachweisen, dass es die arischen Bahnen verlassen habe, da Aw. -*īš*, -*ūš* — auch -*iš*, -*uš* kommt vor —, die für beide Geschlechter gelten, -*i̯š*, -*u̯š* meinen oder fortsetzen können (§ 67), und auch nicht wahrscheinlich machen, da das sicher feminine gAw. *mātərᵃš* »Mütter« jedenfalls nur auf ar. **mātr̥nš* zurückgeführt werden kann. Was BUCK, a. O. 296 f. aus ap. *martiyā*: ai. *mártyān* folgert, ist nicht richtig; vgl. S. 161.

§ 229. *Plur. Acc. neutr.*

Der Casus wird verschieden gebildet.

1. Suffixlose Bildung: Der APn. ist dem Dehnstamm gleich. Sie ist nur bei wenigen abgeleiteten Stammklassen nachweisbar. Das Awesta bietet: *1* a α jAw. *vaⁱŋhā̊s-ča*[1]; γ jAw. *vačā̊*; *8* a gAw. *mīždavąn*; *10* gAw. *ayārᵊ*; *15* a α gAw. †*dāmąm*. Die arischen Grundlagen für die Ausgänge der 4 Klassen

sind der Reihe nach: *-ās; -ān* aus *-ānt*, § 85, 1; *-ār; -ān*, § 303, 7; s. KZ. 29, 492; Studien 1, 69 ff.; IdgF. 1, 180. Neben *-ās* bei **1** und *-ān* bei **15** stand schon im Arischen auch *-ā*, dort auf arischem (§ 85, 2 b), hier auf indogermanischem Sandhi (§ 80; 84, 4) fussend; vgl. **1** a γ gAw. *sava-čā* (IdgF. 1, 309); **15** a α jAw. *nąma* = ai. *nā́mā*. — Im Indischen ist die erste Bildungsart nur bei der *n*-Klasse bezeugt; s. aber noch unter 2 a.

Zu **1** a γ: Die accusativisch und nominativisch gebrauchten Formen auf ar. *-ā* und *-ās* stimmten im Ausgang zu den entsprechenden Formen der neutralen *a*- (**22**) und der femininen *ā*-Klasse (**23**). Die Folge sind mancherlei Ausgleichungen — zunächst im Plural —, deren Anfang in die arische Zeit hinaufreicht. Mehrfach geht Geschlechtswechsel — der Neutr. zu Fem. und umgekehrt — damit Hand in Hand. Vgl.: gAw. *savāiš* IP. nach **22**, geg. ai. *śávōbiṣ*, jAw. *mayābyō* nach **23** geg. ai. *máyōbyas*, jAw. *stərpaēsəm* ASn. nach **22** geg. *stəhrpaēsaŋhəm* ASm. zu *as*-Stämmen; umgekehrt nach **1** a γ jAw. *vīspås*[1]*.tå dąmąn* »all diese Geschöpfe« zu **22** geg. ai. *víśvā tā́ dhā́mā*, jAw. *drvaṭbyō haēnəbyō*[2] DP. zu **23** geg. ai. **druhvatībyaḥ sḗnābyas* u. s. w.; s. Lanman, JAOS. 10, 548 ff.; IdgF. 1, 308 f. S. übrigens unter 2, No. 4.

[1] Y. 52, 1; so mit Pt 4; s. noch Nir. 46. — [2] Y. 57, 25. So Pt 4 u. a.; vgl. § 268, 4.

2. Bildung mit Suffix.

a. Auf ar. *-i*[1] enden **1** a γ gAw. *var*ᵊ*čāhī*[2]: ai. *várčąsi* (§ 174); **6** a jAw. *asti*; **15** a α gAw. *afšmānī* = *nā́māni*; gAw. *sāxᵛənī*; jAw. *ašaoni*.

Die mit Dehnung gebildeten APn. *var*ᵊ*čāhī* und *afšmānī* = ai. *nā́māni* (vgl. auch got. *augōna*) stehen zu denen der ersten Art in engerer Beziehung, nach J. Schmidt, Pluralbildungen 237, 243 sind sie — mit späterem Antritt des suffixalen Elements — daraus hervorgegangen; jAw. *vač-å*: gAw. *var*ᵊ*č-āhī*[2] = jAw. *dąm-ąn*: ai. *dhā́m-āni* = gAw. *mīždav-ąn*: ai. *paśum-ánti* = gAw. *ay-ār*ᵊ: ai. *čatv-ā́ri*; s. auch KZ. 29, 492. jAw. *nāmə̄ni* aus ar. *-ani* (§ 298, 1) erinnert an lat. *nomina*, jAw. *ašaoni* an got. *namna*. Zu jAw. *asti* s. lat. *ossa*.

b. Bei den *o*-Stämmen (**22**) endete der APn. in der Ursprache auf *-ā*, welches wegen der lit. Betonungsart — *taĩ piktà*, Brugmann, Grundriss 2, 684 — wahrscheinlich nicht Contractionsproduct ist; also lat. *alia* = idg. **ali̯-ā* wie NSm. **ali-s* (S. 105). So jAw. *xšaϑra* = ai. *kṣátrā*. Der Zusammenfall der *a*- und *n*-Klasse (**22**, **15** a α): ai. *kṣatr-ā́* — *nā́m-ā* wurde schon im Arischen zum Anlass, die neben **nā́m-ā* üblichen weitern Ausgänge der *n*-Stämme auf die *a*-Klasse zu überführen: jAw. *aməšyąn*[3], *yąm*, gAw. *kāϑə* = ai. *patang-ā́n* (Studien 1, 73 und § 296, 303). Der jAw. Ausgang *-å*: *vastrå* stammt von den *as*-Stämmen; s. unter 1. Anders J. Schmidt, Pluralbildungen 29 f.[4] — *-ā* auch bei **24**: jAw. *antar*ᵊ]*stā* = ai. *sadhā-sthā*.

[1] Der etymologische Wert des ar. *-i* ist strittig. Idg. **ali̯-ā* (s. b) spricht für *-ə*. Anders J. Schmidt, Pluralbild. 227. — [2] Y. 32, 14; NA. hat *var*ᵊ*čå hīčā*, s. die Var.; AF. 2, 105; KZ. 29, 492. — [3] Yt. 15, 20. — [4] Es sei aber darauf hingewiesen, dass der LSn. *pəsane*, auf den J. Schmidt besondres Gewicht zu legen scheint, in der NA. verschwunden ist; s. Yt. 9, 30.

3. Die APn. der *i̯*- und *u̯*-Stämme (**16**, **17**) gingen in der Ursprache auf *-ī, -ū* aus; s. dazu Solmsen, BB. 18, 244 ff. Ich halte dafür, dass sich *-ī, -ū* zum singularen *-i, -u* nach dem Muster *-ōs* zu *-os* bei den *s*-Stämmen eingefunden hat. Vgl. jAw. *ϑrī* = ai. *trī́*; jAw. *po*ᵘ*ru* = ai. *purū́*. S. übrigens Studien 1, 73 f.

§ 230. *Plur. Dat. und Instr. I (mit -bis).*

Die arischen Suffixe sind *-bhyas*, bzw. *-bhiš*. Ersteres erscheint im Awesta als *-byō, -wyō, -vyō, -uyō*; s. § 268, 37. Im Übrigen vgl. § 224 zum Dat. Du.

1. Aus abgeleiteten Stämmen: **1** a α jAw. *staoyəbīš* = ai. *vás-yōbhiṣ*; β jAw. *dadūžbīš* geg. ai. *jā́gr̥-vádbhiṣ*; γ jAw. *vayž*ⁱ*byō*; *vačəbīš* = ai. *váčōbhiṣ*; **8** a jAw.

amavaϑbyō = ai. *ámavadbyas;* d α jAw. *ϑbišyanbyō* (aus ar. *-an^dbias;* s. § 24) geg. ai. *pás-yadbyas;* γ jAw. *haδbīš* = ai. *sádbiš;* **9** gAw. *bər^əd^ubyō* = ai. *triv-ŗdbiš;* **11** jAw. *baēvar^əbīš;* **12** jAw. *ātər^əbyō* = ai. *stō-tŗbyas;* **15** a α *dāmabyō* = ai. *dámabyas;* **16** jAw. *ga^iribyō* = ai. *giribyas;* **17** jAw. *vaŋhubyō* = ai. *vásubyas;* **18** gAw. *nā^iribyas-čā:* ai. *nārībyas;* **19** jAw. *tanubyō:* ai. *tanūbyas;* **22** jAw. *daēvaē^ibyō,* ap. *martiyaibiš* = ai. *dēvēbyas, mártyēbiš;* **23** jAw. *vīspābyō* = ai. *višvābyas.*

2. Aus Wurzelstämmen: **1** b jAw. *vaŋhuδābyō*[1]; **3** a gAw. *vīž^ibyō* = ai. *vidbyás* (§ 27 b 3. 47); b gAw. *maz^ibīš* (mit *z* statt *ž*, § 49, 2); **4** a jAw. *a^iwyō* (aus ar. **abbiás*): ai. *adbyás* (IdgF. 5); **6** a jAw. *azd^ibīš;* b jAw. *paϑbyas-ča* = ai. *padbyás;* **20** jAw. *yavaējibyō:* ai. *ŗtanibyas;* **21** jAw. *yavaēsubyō; gaobīš* = ai. *gōbiš;* **24** jAw. *akō.dābīš:* ai. *būri-dābyas.*

Zu **1**: Zur Differenz bei **1** a β jAw. *dadūžbīš* — ai. *jāgŗvádbiš* s. LP., § 232 und oben S. 95. — Ar. *-ōbiš* bei **1** a α und γ statt *-azbiš,* s. gr. ὄχ-εσφι; *-ō* ist Satzsandhiform für *-as* (s. § 85, 2 b), welche sich vor den *b*-Suffixen ebenso wie vor Compositionsgliedern (§ 264) an Stelle von *-az,* gleichzeitig mit dessen Verdrängung durch *-ō* im Satz, einfand, unterstützt durch Gleichungen wie **uasu, *būri* (ASn.): **uasubiš, *būribiš* = **manō: *manōbiš.* Ebenso erklärt sich jAw. *vaŋhuδābyō* zu **1** b. S. KZ. 29, 581 f.; IdgF. 1, 486 f. — jAw. *vayž^ibyō* wie DD. *vayž^ibyā-ča* aus dem Nullstamm, s. S. 95. *vāyž^ibyō,* das auch vorkommt, zeigt den Einfluss des mit *vačō* gleichbedeutenden NS. *vāxš* zu **5** a α.

Zu **18—21**: Wegen *i u* s. oben S. 116. In Y. 3, 3 ist *vaŋhībyō* (zu **18**) die bestbezeugte Lesart; doch lege ich darauf kein Gewicht; s. auch § 233.

Zu **22**: Idg. *oi* = ar. *ai* stammt vom NPm. der Pronomina; ebenso im LP.; s. § 232, 240.

[1] Y. 24, 34. S. dazu IdgF. 1, Anz. 101.

§ 231. *Plur. Instr. II.*

1. Bei den *o*-Stämmen (**22**) existirte in der Ursprache neben der Form mit *-bis* noch eine zweite mit dem Ausgang *-ōis* (mit schleifendem Ton), worin ein Constructionsproduct aus *-o* + *-a^xis* oder *-ā^xis* zu erkennen ist. jAw. *daēvāiš* = ai. *dēvāiš.*

2. Im Ablaut zur Suffixform *-a^xis* oder *-ā^xis,* wie sie für die *o*-Klasse anzunehmen ist, stand *-is* oder *-īs,* welches in allen übrigen Sprachen aus der lebendigen Casusbildung verschwunden ist, aber im Awesta sich in einigen Bildungen auf *-īš* (d. i. ar. *-iš* oder *-īš,* § 268, 1) erhalten hat: Bildungen, die ebenso wie die auf *-āiš* und mit *-bīš* in instrumentaler (sociativer), aber auch in nominativischer (und bei Neutren accusativischer) Verwendung vorkommen. Litteratur bei Jackson, JAOS. 13, cccviii f., J. Schmidt, Pluralbildungen 262 ff., Brugmann, Grundriss 2, 716, Caland, GGA. 1893, 401; dazu noch JAOS. 15, xlii; zur syntaktischen Frage s. Studien 2, 124 f. Vgl. a α jAw. *ašaonīš* Vp. 21, 3; gAw. *nāmənīš* Y. 51, 22; **17** jAw. *avaŋhīš*[1] (d. i. ar. **a-uasuiš,* § 268, 30) Y. 12, 4. Weiteres unten.

[1] K 5, Pt 4.

§ 232. *Plur. Loc.*

Arisches Suffix ist *-su* (*-šu*), das hinter der selben Stammform erscheint wie die *b*-Suffixe. Häufig ist damit die Postposition *ā* verwachsen.

1. Aus Wurzelstämmen: **3** a gAw. *nāšū* (§ 34); **5** a α jAw. *tūtuxšva;* **20** jAw. *ratufrišu;* **24** gAw. *adāhū; dāhvā* (zu **14**, nach dem Muster von **24**).

2. Aus abgeleiteten Stämmen: **1** a β jAw. *zazušu* (§ 51, 1) geg. ai. *vid-vátsu;* γ jAw. *ązahu* (§ 51, 1) = ai. *ą́hasu;* jAw. *ušahva;* **8** a gAw. *drəgvasū* (§ 5) = ai. *áma-vatsu;* d α gAw. *pišyasū* (§ 5) = *jū́r-yatsu;* **9** gAw. *nafšu-čā* (§ 25);

15 a α jAw. *dāmahva, dāmōhu* (§ 298, 3): ai. *dā́masu; 16* jAw. *ϑrišva:* ai. *trišú; 17* jAw. *varəhušu* = ai. *vásušu;* ap. *dahyušuvā; 18* jAw. *xšaϑrišu:* ai. *mā́nuš-īšu;* jAw. *xšaϑrišva; 19* jAw. *tanušu:* ai. *tanū́šu; 22* jAw. *aspaēšu* = ai. *á-śvēšu;* ap. *mādaišuvā; 23* jAw. *urvarāhu* = ai. *urvárāsu;* jAw. *gaēϑāhva.*

Zu *1* a β, *18—22* s. die Bemerkungen zu § 230.

Zu *8* d α gAw. *pišyasū* = ai. *bā́r-atsu* s. oben S. 98.

§ 233. *Plur. Gen.*

Im Arischen enden alle GP. der Nomina auf *-ām,* über dessen Herkunft zuletzt STREITBERG, IdgF. 1, 289 gesprochen hat. Über die Vertretung des ar. *-ām* im Awesta s. 296, 303. In zahlreichen Fällen stand vor dem *-ām* ein nicht zum Thema gehöriges *n,* das aus der *n*-Declination stammt; vgl. HANUSZ, SWAW. 110, 41 ff. Doch ist im Iranischen das Auftreten des *n* viel eingeschränkter als im Indischen. Es findet sich nur hinter sonantischem Vocal, während das Indische auch Formen wie *nṛṇā́m, pitṝṇā́m, čaturṇā́m, gōnā́m, šaṇṇā́m* kennt, alles zweifellos junge Bildungen. — Ich scheide zwei Abteilungen: 1. GP. mit *-ām,* 2. GP. mit *-nām.* In beiden Fällen haben wir bei abstufenden Declinationen meist den Schwachstamm.

1. GP. mit *-ām:*

a. bei Wurzelstämmen: *1* b gAw. *yāəhąm; 2* b jAw. *sāsnō.gūšąm; ašava.ϑbaēšąm; 3* a jAw. *vīsąm* = ai. *višā́m;* b β *dužvarštāvar³ząm; 4* a jAw. *apąm* = ai. *apā́m; 5* a α jAw. *vačąm* geg. ai. *vāčā́m;* b jAw. *adružąm* = ai. *adrúhām; 6* a jAw. *paϑąm* = ai. *pathā́m; 10* jAw. *kər³fš.xᵛārąm* »der Fleischfresser« (§ 287); *14* jAw. *zəmąm; 20* jAw. *rayąm* geg. ai. *rāyā́m;* jAw. *vayąm* »avium« geg. ai. *vīnā́m* zu 2; *21* jAw. *gavąm* = ai. *gavā́m* (später *gōnā́m*);

b. bei abgeleiteten Stämmen: *1* a α jAw. *vaŋhaŋhąm* = ai. *vásyasām;* β jAw. *vaonušąm* = ai. *vid-úšām;* γ jAw. *vačaŋhąm* = ai. *váčasām; 2* a α jAw. *snaⁱϑišąm;* β *ar³dušąm; 7* jAw. *varəhutātąm; 8* a gAw. *əmavatąm* = ai. *ámavatām;* c jAw. *bər³zatąm* = ai. *bṛhatā́m;* d α jAw. *ϑbišyantąm* geg. ai. *dēvayatā́m;* γ jAw. *hātąm* (wegen *ā* s. S. 98): ai. *satā́m; 9* gAw. *stūtąm* = ai. *abihr-útām; 12* jAw. *āϑrąm* = gr. πα-τρῶν geg. ai. *pi-tṝṇā́m* zu 2; jAw. *narąm* = ai. *narā́m; 13* jAw. *tišrąm* geg. ai. *tisṛṇā́m* zu 2; jAw. *čaturąm* geg. ai. *čaturṇā́m* zu 2; *15* a α jAw. *aršnąm* = ai. *vṛ́š-ṇām;* jAw. *taoxmanąm* = ai. *bráh-maṇām;* β jAw. *myezdinąm* = ai. *vāj-ínām; 16* jAw. *hašąm* (§ 90, 2 a) geg. ai. *sákhīnām* zu 2; *17* jAw. *pasvąm* geg. ai. *pašūnā́m* zu 2; *22* jAw. *var³sąm* (neben *varsanąm* zu 2) = ai. *čarát-ām.*

2. GP. mit *-nām;* nur bei abgeleiteten der *16.—19., 22.* und *23.* Klasse: *16* jAw. *gaⁱrinąm:* ai. *girīṇā́m; 17* jAw. *vohunąm:* ai. *vásūnām; 18* jAw. *ašaoninąm:* ai. *mā́nuš-īṇām; 19* jAw. *tanunąm:* ai. *tanū́nā́m; 22* ap. *bagānām* = ai. *bágānām;* jAw. *daēvanąm; 23* ap. *paruvzanānām* = ai. *manīš-ā́ṇām;* jAw. *zaoϑranąm.*

Zu *16* ff.: Wo *-ām* und *-nām* neben einander vorkommen, ist das erstere überall das seltenere. Wie jAw. *hašąm* zu *16* ist nur noch *kaoyąm* (§ 268, 13) gebildet; beide Stämme zeichnen sich in ihrer Flexion auch sonst durch Besonderheiten aus. *ϑrayąm* könnte allerdings für **ϑriyąm* stehen (§ 268, 11) und somit gr. τριῶν entsprechen; wahrscheinlicher aber ist *ϑrayąm* mit *vayąm* zusammenzustellen, vgl. die daneben vorkömmlichen GP. ai. *trayāṇā́m* und jAw. *vayanąm.* Bei *18, 19* sind nur *nām*-Formen bezeugt, welche im Aind. auch bei *16, 17* ausschliesslich üblich sind. Bei *23* kenne ich für *-ām* kein sichres Beispiel; wegen jAw. *vanąm* s. BB. 15, 15. Bemerkenswert ist die Quantität des dem *-nām* vorausgehenden *a* bei *22, 23.* Das Arische hat wohl durchweg *ā* gehabt, wie die Übereinstimmung des Aind. und Apers. schliessen lässt; wegen des npers. Pluralausgangs *-ān,* der gewöhnlich nach

Fr. Müller auf *-ānām* zurückgeführt wird, s. jetzt Geiger, KZ. 33, 251 f. und oben § 188. Nach Hanusz, a. O. 49 stammt das *ā* vor den fem. *ā*-Stämmen (**23**), welche zu **sainābiš* nach dem Muster **ātmabiš: ātmanām* den GP. **sainānām* bildeten; s. auch Brugmann, Grundriss 2, 691. Im Awesta ist *-ānām* nur noch in zwei Wörtern belegt: zu **22** *mašyānąm* = ai. *mártyānām*, zu **23** *γ'nąnąm* (§ 296) = ai. *gnā́nām*. Die Neuerung im Awesta — *-anąm* — dürfte beim Neutrum begonnen haben, dessen AP. mit dem der *n*-Stämme zusammen traf (§ 229, 2 b); *taoxma: taoxmanąm* = *āyapta: ayaptanąm*. Über aind. Ansätze zu dieser Analogiebildung s. Lanman, JAOS. 10, 352, 364. Umgekehrt hat das Aind. die lange Paenultima auch auf die GP. der *i*- und *u*-Stämme (**16, 17**) überführt, vgl. zum APm. (§ 228). Wegen des *i, u* bei **18, 19** im Awesta s. S. 116.

II B II. DIE PRONOMINA.

Vgl. Caland, Zur Syntax der Pronomina 4 ff. mit IdgF. 1, Anz. 9 f. Zwei Abteilungen: 1. Geschlechtige, 2. Ungeschlechtige.

II B II A. Die geschlechtigen Pronomina.

1. Pronominale Casusbildung.

Eine Reihe von Casus werden beim geschlechtigen Pronomen anders gebildet als beim Nomen. Nur diese kommen hier zur Sprache.

§ 234. *Sing. Nom. masc. und fem.*

Im Allgemeinen wie beim Nomen: jAw. *yō, yas-ča* (Nominalklasse **22**), *čiš* (**16**) u. s. w. Besondre Formen sind:

1. jAw. *hā* (§ 268, 8), *aēša* »dieser« = ai. *sá, ēṣā́;* gr. ὁ. Suffixlose Bildung. Daneben Formen mit *-s:* jAw. *hō, hasčit̰* = ai. *sás*, vermutlich jünger als jene. S. noch 2.

2. jAw. *hāu*, ap. *hauv* »der, jener; die, jene«: ai. *asáu*. Gr. οὗ-τος, αὕ-τη (aus **sāu-tā*) lässt schliessen, dass ursprünglich ar. *-au* nur dem Masc., *-āu* dem Fem. zukam. Ar. **sau* = ap. *hauv* und ar. **sāu* = jAw. *hāu* zerlegen sich in **so* (gr. ὁ) + *u*, **sā* (gr. ἡ) + *u* = »der, die dort« (vgl. Brugmann, Grundriss 2, 775 f.). So noch jAw. *aom* (d. i. *avəm*) »der dort« (KZ. 29, 498), aus **o-u* + *aᵘm* (§ 236), = ksl. *ovŭ;* vgl. jAw. *aēm* unter 3.

3. jAw. *aēm*, gAw. *ayə̄m* »dieser« = ai. *ayám;* zerlegt sich in **o* + *i* »der hier« + *aᵘm* (§ 236); jAw. *aēm* und *aom* unterscheiden sich nur durch die an NS. **o* (vgl. ai. *sá* und *a-syá*) angeschobene Partikel.

4. NSf. auf idg. *-ai:* gAw. *xᵛaē-čā* »die eigene«, *ϑwōi* »die deinige« (§ 245), s. lat. *quae;* im Aind. nicht belegbar. Gegenüber KZ. 27, 388 s. IdgF. 1, 189 f. No.

§ 235. *Sing. Acc. ntr.*

1. Speciell pronominales Suffix ist *-d*, bzw. *-t*, über deren Gestaltung im Air. § 93, 303, 305 Auskunft geben. jAw. *tat̰*, ap. *aitaʰ* »dieses« = ai. *tád, ētád;* jAw. *čit̰* »was?« = lat. *quid?*, ap. *čiščiy* »irgendwas« = lat. *quidquid.* Eine gewöhnliche Bildung ist z. B. jAw. *yeⁱti* »wie viel« = ai. *yáti.*

2. Beachtung verdient jAw. *čim:* ai. *kim*, dort AS. ntr. und masc., hier nur ntr., ursprünglich aber doch nur masc. Das Awesta verwendet so auch *kəm*, *yim* (§ 298, 4, = ai. *yám*) als ASn., neben *kat̰, yat̰* = ai. *kád, yád.*

§ 236. *Sing. Nom. und Acc. mit -aᵘm.*

Bei einer Reihe von NS. und AS. aller Geschlechter erscheint hinter den nach § 234 f. und 213 gebildeten Formen die Silbe ar. *-am*, ein Element, das ursprünglich wohl die selben Funktionen zu verrichten hatte wie *i* und *u* in § 234, 2, 3; s. Thurneysen, KZ. 27, 175.

1. SNm., f.: jAw. *aēm*, gAw. *ayəm*, np. *ē* »der hier« = ai. *ayám;* — jAw. *aom* (= **avəm*) »der dort«; — jAw. *īm* (d. i. **iyəm*) »die hier«, ap. *iyam* »der hier, die hier«[1] = ai. *iyám* NSf.; wohl **ī-am*, dessen **ī* »sie« zu **o* »er« in ai. *a-y-ám* sich verhält wie ahd. *sī* »sie« zu gr. ὁ »er«.

[1] Umgekehrt ist im Pali *ayą* NSm. und f.

2. ASm.: ap. *imam*, jAw. *iməm* »den hier« = ai. *imám;* daneben jAw. *īm* = lat. *im;* s. § 244, 5.

§ 237. *Sing. Instr.*

1. Dem Pronomen eigentümlich ist das IS.-Suffix *-na* (Per Persson, IdgF. 2, 225 f.): gAw., ap. *anā* »durch diesen« (§ 244, 6), jAw. *kana* »durch welchen?«; daneben stehen jAw. *kąm* und *kā*, § 218.

2. Die femininen *ā̆*-Stämme hatten beim Pronomen den Ausgang *-ai̯ā(m)*, der durch Antritt des IS.-Suffixes *-ā(m)* an die NS.-Form auf *-ai* entstand. Schon frühzeitig ging *-ai̯ā(m)* auch auf die entsprechenden Nomina (**23**) über; s. § 218. Formen auf *-ā* neben *-ai̯ā* sind im Arischen nicht nachweislich; falsch Handbuch 103 f.

§ 238. *Sing. Gen.*

1. Die masc. Stämme auf *o-* endeten im Arischen auf **-asi̯a* = idg. **-esi̯o* (oder **-osi̯o*): jAw. *kahe*, gAw. *kahyā* »wessen?« = ai. *kásya*. Vgl. § 216, 1.

2. Die fem. Stämme auf *ā̆-* zeigen im Arischen den Ausgang **-asi̯ās* = idg. **-esi̯ās*, der aus dem masculinen **-esi̯o* und dem femininen **-ās* (gr. τᾶς) hervorgewachsen ist; s. Brugmann, Grundriss 2, 781 f. Vgl. jAw. *yeṅ́hā* »welcher« = ai. *yásyās*.

§ 239. *Sing. Dat., Abl., Loc.*

1. Die masc. Stämme auf *o-* weisen im Arischen vor dem eigentlichen Casusausgang die Gruppe *asm* (= idg. *osm*) auf. Die Ausgänge des DS. und AbS. sind die gewöhnlichen der *o*-Stämme: jAw. *kahmāi* »wem?« = ai. *kásmāi;* jAw. *kahmāṯ* »von wem?« = ai. *kásmād*. Die LS. enden im Iranischen auf *-i* und auch *-i̯a*, mit postponirtem *ā̆* (§ 219), während das Indische *-in* bietet; das Griechische hat beide Ausgänge. Vgl. jAw. *kahmi* »worin?«: ai. *kásmin;* jAw. *ahmi* »darin« = oss. *am* und jAw. *ahmya* = oss. *ámi:* ai. *asmín*. Air. **kahm°* steckt in afγ. *kam* »wer«; »was?« — Beachte gAw. *yāṯ* = ai. *yā́d*, die nominale Form des AbS. neben jAw. *yahmāṯ* = ai. *yásmād*.

2. Die fem. Stämme auf *ā̆-* bieten an Stelle des masc. *sm* in den gleichen Casus *si̯*, welches wahrscheinlich aus dem GS. stammt. Vgl. gAw. *kahyāi* »welcher?« = ai. *kásyāi*, jAw. *aṅ́he* (= ir. **ahi̯a*, § 268, 29) »in dieser«: ai. *asyā́m*, mit den selben Ausgängen wie die Nomina 18. und 23. Klasse. Das ap. als GS. und LS. dienende *ahyāyā* scheint durch reimende Angleichung an die nominalen GS. und LS. *hainā̆yā* entstanden zu sein. — Dem Nomen folgt jAw. *aētayå* GS. neben *aētaṅhå* = ai. *ētásyās*.

§ 240. *Plur. Nom. masc.*

Die *o*-Stämme schlossen in der Ursprache auf *-oi*, das ich trotz Hirt, IdgF. 1, 31 in *-o* + Suffix *i* zerlege; lit. *tē̃* hat die alte Betonungsart bewahrt, während z. B. gr. τοί nach θεοί betont, das selber wieder dem Einfluss von θεός erlegen ist; s. auch Per Persson, IdgF. 2, 226 f.; Meillet, MSL. 8, 241. jAw. *yōi*, ap. *tyaiy* »welche«: ai. *yḗ*. Die *ai*-Formen dienen allgemein im Apers., öfters im jungAw. auch als APm.; eine mir zweifelhafte Spur dieses Gebrauchs will Ludwig, Rigveda 6, 102 zu RV. 5, 50, 2 gefunden haben.

Der pronominale NPm. auf *-ai* liegt den Bildungen des DP. und IP. mit *b*-Suffixen, des LP. und GP. zu Grunde: jAw. *aēibyō, aēibiš, aēšu, aēšąm* = ai. *ēbyás, ēbíš, ēṣú, ēṣā́m*. Die Ausgänge der drei ersten Casus sind schon in indogermanischer Zeit aufs Nomen übergegangen; s. § 230, 232 und J. Schmidt, KZ. 25, 5 f.

§ 241. *Plur. Gen.*

Pronominal-Suffix ist ar. *-sām* geg. *-ām* beim Nomen. Die *o*-Stämme fügen *-sām* an die Form des NPm. Vgl.: jAw. *yaēšąm* = ai. *yḗṣām*, jAw. *yåᵊhąm* = ai. *yā́sām*[1]. — Dem Nomen folgt jAw. *ananąm* GPf.

[1] Der angebliche jAw. GPm., f. *kąm* ist vielmehr adverbieller IS. (§ 218); über noch ein anderes *kąm* s. § 219, 1.

2. Die einzelnen Pronominalstämme.

§ 242. a. *Pron. interrog.*

Das Charakteristische für das Pron. interr. ist der Anlaut *k*, bzw. *k̑*; der Stammauslaut ist verschieden.

1. Idg. **ko-, *k̑e-* m. n., **kā-* f., im Iran. *ka-, ča-, kā-;* im Ind. ist *ča-* beseitigt. Cf.: jAw. *kō* NSm., *kā* NSf., *kaṯ* ASn. = ai. *kás, kā́, kád;* jAw. *kana, kąm, kā* ISm.: gr. πῶ; gAw. *čahyā* = gr. τέο neb. *kahyā* GSm.; jAw. *čaṯ* neb. *kaṯ* u. s. w.; oss. *ka*, afγ. *kam* (§ 239, 1) »wer« u. s. w.

2. Idg. **k̑ei̯-, *k̑i-* m. f. n., im Iran. *čai̯-, či-* und auch *kai̯-, ki-* mit dem *k* von 1. Cf.: jAw. *čiš* = gr. τίς, aber ai. *ná-kiš;* jAw. *čim* »wen?, was?«: ai. *kím;* jAw. *čayō* NPm. = lat. *quēs;* jAw. *yā.či-ča* APn.[1] (s. v. a. ai. *yā́ni kā́ni ča*), np. *čih* »was?«[1], kurd. *čī;* jAw. *kaya* NPm. u. s. w.

[1] Np. *čīz* »etwas« = ir. **čī ča, *čī čiṯ*. Anders Fr. Müller, WZKM, 7, 382.

3. Idg. **ku-*, im Iran. *ku-* und, mit übertragenem *č*, *ču-*. Cf. jAw. *čū* IS. »um was (um wie viel)?«. Vgl. noch die Adverbien jAw. *kuϑra, kuϑa*, oss. *k̑u, k̑ud* u. s. w.

§ 243. b. *Pron. relat.*

Das ursprachliche Relativum ist **i̯o-, *i̯ā-*. Cf. jAw. *yō yā yaṯ* = ai. *yás yā́ yád;* np. *i* (*izāfat*), vgl. Caland, Syntax der Pronomina 24[1]. Im Apers. dient ar. **ti̯ă-, *si̯ă-* als Relativum; s. § 244, 13, 14.

[1] Anders Darmesteter, Études 1, 131; aber dass das Npers. gerade auf die apers. Kanzleisprache (BB. 9, 128; Studien 2, 68) zurückgehe, ist doch unbeweisbar.

§ 244. c. *Pron. demonstr.*

1. Idg. **so-, *sā-* dient nur zur Bildung der beiden NS. Cf. jAw. *hā* = ai. *sá, sā́;* jAw. *hō, hāu;* ap. *hauv;* s. § 234, 2. Die übrigen Casus bildeten sich aus:

2. Idg. **to-, *tā;* cf. jAw. *taṯ* = ai. *tád;* jAw. *tōi, taē-ča* = gr. τοί. S. 1 und 7, 8; 13, 14.

3. Idg. **o-, *ā-;* cf. gAw. *ayə̄m, ahyā* = ai. *ayám, asyá;* jAw. *ābyō* = ai. *ābyás*. S. np. *ē* = gAw. *ayə̄m*, oss. *am* = jAw. *ahmi* u. s. w.

4. Idg. **ī-* f.; nur in ap. *iyam*, jAw. *īm* »sie« = ai. *iyám*. S. § 236, 1.

5. Ar. **ima°, *imā°*. Der ASm. ar. **imam* (§ 236, 2) hat, mit *tám* u. s. w. gleichgestellt, eine Anzahl Neubildungen ins Leben gerufen, die anscheinend zu einem Stamm **imă-* gehören (Gaedicke, Acc. im Veda 15): ap. *imaiy* = ai. *imḗ*, jAw. *imąm* = ai. *imā́m;* np. *im-sāl* »heuer« u. s. w.

6. jAw. **ana-, *anā-;* cf. jAw. *anayå:* ai. *anáyōṣ;* gAw. *anāiš;* s. np. *ān*[1]. Ir. **ana* ISm. = jAw. *ana*, ap. *anā* gehört eher zu 3 als hierher; jAw. *ana:* ai. *ēnā́* = jAw. *kana:* ai. *kḗna*[2].

[1] Np. *ān* »jener« bekundet durch die Länge seines Vocals den Einfluss von *īn* »dieser«, Nu. 15. — [2] Ist der »Stamm« **ono-* erst aus dem ISm. hervorgegangen? Vgl. PW. 1, 794; PER PERSSON, IdgF. 2, 200, 242.

Die Casus aus 3—6 ergänzen sich gegenseitig, 3 stellt dabei die meisten Formen, 4 nur éine, 6 ganz wenige. Für einige Casus sind mehrere Bildungen gebräuchlich: GD. jAw. *anayå* und *ayå*, vgl. ai. *anáyōṣ* und *ayṓṣ*; IP. jAw. *aēibiš* (= ai. *ēbíṣ*), *āiš*, *anāiš*. Der ASn. lautet im jAw. *imaṯ*, im Ap. *ima^h* (zu 5), während im Ai. *idám* zum Stamm *i* (10) dafür verwendet wird.

7. Idg. **eiso-*, **eisā-*[1]; nur in den beiden NS. jAw. *aēša*, *aēšō*; *aēša* = ai. *ēṣá*, *ēṣás*; *ēṣā́*. Vgl. bal. *ēš* »dieser«. Die übrigen Casus aus:

8. IdgF. **eito-*, **eitā-*[1]: jAw. *aētaṯ*, ap. *aita^h* = ai. *ētád*. Vgl. np. *ēdūn* »so«.

[1] *eiso-*, *eito-* sind Zusammensetzungen der Stämme *so-*, *to-* (1, 2) mit *ei*, nach BRUGMANN »hier«.

9. Idg. **oṷo-*, **oṷā-*, vielleicht aus dem NSm. **oṷa^xm*, d. i. **o-u-a^xm* (§ 234, 1) hervorgegangen. Ist im Iranischen für »jener« in allen Casus üblich, während das Aind. nur GD. *avṓṣ* bietet; jAw. *avaṯ*, ap. *ava^h*; jAw. *avē*, ap. *avaiy*; jAw. *avaēšąm*, ap. *avaišām* u. s. w. Vgl. oss. *vōmi* »dort« (= jAw. **avahmya*), np. *ō* u. s. w.

10. Idg. **i-*; die awestischen Formen daraus sind alle enclitisch; cf. jAw *iṯ* »es«, *īm* »ihn« = ai. *íd*, lat. *id*, *im*. S. noch 5 f.

[1] jAw. *īm* ist an allen sichern Stellen AS. masc., steht also für **im* (§ 268, 1) und lässt sich mit ai. *īm* nicht identificiren. Ai. *īm* könnte 1. AS. zu *iyám* sein (s. 4), 2. IS. zu *i-*, vgl. *mā-kīm* (§ 218, 3) und das mit *īm* gleichbedeutende 7. S. noch 11, 12.

11. Idg. **si-*, ar. **si-*, **šī-*; ebenfalls enclitisch. jAw. *hīm* »ihn, sie«, ap. *šim* »ihn« (= np. *-(a)š*; vgl. § 251 No.): ai. *sīm*, *ṣīm* (vgl. die Note zu 10); ap. *hīš*, ap. *šīš* »sie«.

12. Enclitisch ist auch air. *di-* (aus ar. **di-* oder **dī-*); ap., jAw. *dim* »ihn, sie«; jAw. *diṯ* »es«.

13, 14: **si̯o-*, **si̯ā-* und **ti̯o-*, **ti̯ā-*, wie **so-*, **to-* (1, 2) geschieden und damit eng verwandt. Ap. *hya^h*, *hyā* = ai. *syás*, *syā́*; ap. *tya^h*, *tyaišām* = ai. *tyád*, *tyḗṣām*. Air. **ti̯a-* steckt nach FR. MÜLLER im afγ. Genetivpräfix *da*; s. GEIGER, ABayrAW. 20. 1, 74.

15. **oino-*, **oinā-*: Phlv., np. *īn* »dieser, diesen« u. s. w. = ai. *ēnam*.

16. **tṷo-*, **tṷā-*; im Iranischen nur in gAw. *ϑwaṯ* = ai. *tvad*; s. CALAND, KZ. 30, 536 f.

17. Ar. **amu-*; im Iranischen nur in ap. *amuϑa^h* »von dort her«; s. § 252.

18. **sṷo-*, **sṷā-* (vgl. § 251, 1): gAw. *hvō* »er«, »selbst« geg. ai. *svayám*; jAw. *x^vatō*, bal. *vat*, np. *x^vad* »von selber« = ai. *svatas* (§ 252).

Anhang. § 245. *Übertragung der pronominalen Flexion auf die Nomina.*

Sie findet schon von ältester Zeit an statt und zwar zunächst auf solche Nomina, die den Pronomina der Bedeutung oder Abstammung nach nahestehen. Einzelne pronominale Casusausgänge sind dann schon in der Ursprache auf alle entsprechenden Nomina übergegangen: so *-oisu* im LP. u. s. w. (§ 240). Jene Nominalstämme, welche die in § 234—241 beschriebenen Besonderheiten der pronominalen Declination aufweisen — freilich niemals ausschliesslich —, zerfallen in zwei Gruppen.

1. Die einsilbigen Possessivstämme ar. **sṷā-* »suus«, **mā-* »meus« und *tṷā-* »tuus«[1]; vgl. jAw. *x^vahmi*, *x^vahyå*: ai. *svásmin*, *svásyās*; ferner gAw. *mahmāi*, *ϑwahmāṯ*; *ϑwōi*, *x^vaē-ča* (NSf.; § 234, 4); *ϑwōi* NPm. u. a. m.

[1] Nur diese; nicht z. B. jAw. *hava-* »suus«.

2. Die Wörter für »einer, anderer, jeder«; vgl. jAw. *aēvahmi*, *aēvanhå*: ai. *ēkasmin*, *ēkasyās* (§ 210); jAw. *anyaṯ*, ap. *aniyaš-čiy* (§ 282) = ai. *anyád*;

ap. *aniyanā;* jAw. *katarasčit* (§ 3, 4; IdgF. 1, 488 No.) = ai. *katarad;* jAw. *vīspe, vīspaēšąm* = ai. *víśvē, víśvēṣām;* ap. *hamahyāyā* (§ 239, 2) zu got. *sums.*
Gelegentlich finden sich die pronominalen Casusausgänge auch bei andern Wörtern; im Awesta am häufigsten ar. *-ai* für NS. femininer *ā*-Stämme (**23**): gAw. *bər^əxδē*, jAw. *pər^əne* u. a., ob auch afγ. *nāve?* (AF. 2, 173 f.; KZ. 27, 585; 30, 531; IdgF. 1, 189 f.; KZ. 33, 247 f., oben § 212 a. E.); ferner ar. *-ai* für NP. masculiner *o*-Stämme (**22**): gAw. *pōuruyē* (Geldner, KZ. 27, 585; Baunack, Studien 1, 360); auffällig *naraē-ča* V. 3, 8, 36.

II B II B. Die ungeschlechtigen Pronomina.

§ 246. *Pron.* 1. *Pers. Sing.*

Der Nom. setzt einen »Stamm« **eg'-* voraus — wegen des γ in gr. ἐγώ, got. *ik* u. s. w. lässt sich auf § 52, 1 b und 82, 84 verweisen —, während die andern Casus einen Stamm **maˣ-*, **m-* zur Grundlage haben.

1. Nom. jAw. *azəm*, ap. *adam*, oss. *äz*, afγ. *za* u. s. w. = ai. *ahám* aus idg. **eg'-aˣm* mit dem *-aˣm* des § 236; ohne dies gAw. *as-čit* = arm. *es* (§ 49, 2; 84; BB. 13, 54), s. § 247, 1.

2. Acc. jAw. *mąm*, ap. *mām* = ai. *mām*, ksl. *mę;* (in enclitischer Stellung) jAw. *mā*, np. *-(a)m*[1] = ai. *mā;* lat. *mē.* Vgl. dazu § 247, 2.

3. Gen. jAw. *mana*, ap. *manā*, np. *man*, oss. *män* u. s. w. = ksl. *mene* geg. ai. *máma.* S. noch 5.

4. Dat. gAw. *maibyā, maibyō:* mit dem Ausgang der 2. Person (§ 247, 4) geg. dem älteren ai. *máhyam.* S. noch 5.

5. Gen.-Dat. (in enclitischer Stellung) jAw. *mē*, ap. *maiy*, np. *(a)m*[1] = ai. *mē*, gr. μοι. Vielleicht **mo-i* LS. Vgl. dazu § 247, 5; 251, 1.

6. Abl. gAw. *mat*, ap. (enclitisch) *maᵗ*, np. *-(a)m*[1]. Vgl. dazu § 247, 6.

[1] Die enclitischen Formen des Acc., Gen.-Dat. und Abl. sind im Miran. zusammengefallen; s. § 251 No.

§ 247. *Pron.* 2. *Pers. Sing.*

Alle Formen gehen auf die Grundlage **tuaˣ-*, **tu-*, **teu-* zurück.[1]

1. Nom. jAw. *tūm* (d. i. **tuvəm*, § 268, 22), ap. *tuvam*, np. *tu* = ai. *tvám* mit dem *-aˣm* des § 236; ohne dies (auch in der Enclise) jAw. *tū*, oss. *du* (*d* im Satz nach Sonoren) aus ar. **tu* oder **tū* = gr. σύ, lat. *tū.* S. § 246, 1.

2. Acc. jAw. *ϑwąm*, ap. *ϑuvām* (d. i. **ϑvām*) = ai. *tvām*, vgl. ksl. *tę;* (in enclitischer Stellung) jAw. *ϑwā* = ai. *tvā*, vgl. lat. *tē.* S. dazu § 246, 2.

3. Gen. jAw. *tava*, bal. *tau* = ai. *táva*, lit. *tavè.* S. noch 5.

4. Dat. gAw. *taibyā, taibyō:* ai. *túbya, túbyam*, umbr. *tefe.* Das alte singularische Dativsuffix der Personalpronomina war ar. *-bia;* das aind. *-byam* könnte durch den alten Wechsel von *-biā* und *-biām* im Dual (§ 224) hervorgerufen sein; jAw. *-byō* wird von den Pluralformen stammen, s. § 248 f.; vom Pron. 2. Pers. ging im Iranischen das Suffix auf das der 1. Pers. über. Ob *ta-* oder *tu-* als Anlaut älter ist, lässt sich kaum entscheiden; s. 5 und Handbuch 110, Brugmann, Grundriss 2, 816.

5. Gen.-Dat. (in der Enclise). jAw. *tē*, ap. *taiy*, np. *(a)t* = ai. *tē*, gr. τοι; s. § 246, 5. Der Anlaut *t* statt *tu* stammt vielleicht vom nichtenclitischen Genetiv; das Verhältnis von **mene* zu **teue* konnte zu **moi* ein **toi* erzeugen; entsprechend im Reflexivum (§ 251); anders, aber mich nicht überzeugend, Brugmann, Grundriss 2, 802 f.

6. Abl. jAw., gAw. *ϑwat* = ai. *tvád.* Daneben gAw. *ϑwāt* Y. 35, 10, das mit seinem *ā* an lat. *tēd* erinnert.

7. Instr. jAw., gAw. *ϑwā* = ai. *tvā́;* vgl. lat. *tē* (?). S. § 249, 7.

§ 248. *Pron.* 1. *Pers. Plur.*

Der Nom. geht auf **u̯aˣ*- zurück; von den übrigen Casus weisen die enclitischen auf **naˣ*-, die hochbetonten auf **u̥smaˣ*- (= ar. **asma*-); s. BRUGMANN, Grundriss 2, 803 f.

1. Nom. Ap. *vayam*, jAw. *vaēm* = ai. *vayám*; anscheinend wie ai. *ayám* (§ 234, 236) formirt.

2. Acc. gAw. *ǝ̄hmā* (§ 298, 1) = gr. *ἄμμε*; aber ai. *asmā́n*. Vgl. ZDMG. 48, 150. S. noch 5.

3. Gen. jAw. *ahmākǝm*, np. *mā* = ai. *asmā́kam*. Auf ein ir. **ahmāxam* führen ap. *amāxam*, oss. *max* zurück; zur Herkunft des *x* s. AF. 1, 79 No.; vgl. auch § 249, 3. S. noch 5.

4. Dat. gAw. *ahmaibyā*: ai. *asmábyam* (§ 247, 4). Daneben gAw. *ahmāi*, wozu ai. *asmé* LS. zu vergleichen. S. noch 5.

5. Acc.-Gen.-Dat. in der Enclise: gAw. *nå* = lat. *nōs*; jAw. *nō* = ai. *nas*. Vgl. § 249, 5 und KZ. 28, 38 No., CALAND, Syntax 57.

6. Abl. gAw. *ahmaṯ* = ai. *asmád*.

§ 249. *Pron.* 2. *Pers. Plur.*

Der Nom. geht auf idg. **i̯u*-, die übrigen Casus, wenn tonlos, auf **u̯aˣ*-, wenn betont, auf **i̯usmaˣ*- (= ar. **i̯uṣ́ma*-) zurück. Neben **i̯uṣ́ma*- existirte im Iranischen auch **xṣ́ma*- (aus **ṣ́ma*-, § 86), über dessen Entstehung IdgF. 1, 186 f., 2, 260 f. Falsch neuerdings KIRSTE, WZKM. 7, 92.

1. Nom. jAw. *yūžǝm* (geg. ai. *yūyám*, IdgF. 2, 261); daneben (in der Enclise, IdgF. 1, Anz. 10) gAw. *yūš* = got. *yūs*, lit. *jūs*. Ersteres wohl aus idg. **i̯ūz*, der Sandhiform von **i̯ūs* vor tönenden Geräuschlauten + *aˣm* (§ 236; s. § 278, 304).

2. Acc. Betonte Form unbelegt; s. aber 5.

3. Gen. jAw. *yūšmākǝm* = ai. *yuṣmā́kam*; gAw. *xšmākǝm* = np. *šumā*[1]; auf einem ir. **xšmāxam* (§ 248, 3) beruht oss. *smax*. S. noch 5.

[1] PDš. *tamā* mit dem *t* des Singulars; vgl. Pa. *tumhē* geg. ai. *yuṣmé*, s. E. KUHN, Beitr. z. Paligr. 86.

4. Dat. jAw. *yūšmaoyō* (für °*awyō*, § 268, 37), gAw. *xšmaibyā*: ai. *yuṣmábyam* (§ 247, 4).

5. Acc.-Gen.-Dat. in der Enclise: gAw. *vå* = lat. *vōs*; jAw. *vō* = ai. *vas*. Vgl. § 248, 5.

6. Abl. jAw. *yūšmaṯ* = ai. *yuṣmád*.

7. Instr. gAw. *xšmā*; vgl. ai. *yuṣmá-datta*- bei BRUGMANN, Grundriss 2, 822 und ZDMG. 48, 150 f.; § 247, 7.

§ 250. *Pron.* 1., 2. *Pers. Dual.*

1. Pers. Acc. gAw. *ǝ̄ǝ̄āvā* (d. i. **ǝvā*, § 268, 6; aus urir. **au̯ā*) geg. ai. *āvā́m*; vgl. AF. 3, 54 f.

2. Pers. Gen. jAw. *yavākǝm* (d. i. *yuv*°, § 268, 12), vgl. § 248, 3, 249, 3 und ai. *yuvā́kú*.

§ 251. *Pron.* 3. *Pers.* (*Reflex.*).

Nur wenige Formen, die einen Stamm **su̯aˣ*- voraussetzen. Zum anscheinenden Verlust des *u̯* in den enclitischen Casus s. zu § 247, 5 und lit. *savè* GS. Die Casus gelten für alle Zahlen[1].

1. Dat. jAw. *hvāvōya* (d. i. **hvawya* aus ar. **su̯abi̯a*; s. § 247, 4 und 268, 3). Vgl. auch § 244, 18.

2. Gen.-Dat., enclitisch: ap. *šaiy*, np. (*a*)*š*[2], jAw. *hē* = Prakr. *sē*, gr. *οἱ*; s. § 246, 5.

3. Abl. enclitisch: ap. *šaʰ* = np. -(*a*)*š*[2]; s. BB. 14, 247 ff.

[1] Der ap. GP. *šām* ist Neubildung zum DS. *šaiy* und GS. *šaʰ* nach dem Muster consonantischer Nominalstämme, vollzogen zu einer Zeit, als deren DS. noch nicht ausser Gebrauch gekommen war. — Der Phlv., np. Casus obl. *šān* ist nicht damit identisch, wie Horn meint, Grundriss 170, sondern durch Anfügung des Pluralsuffixes *ān* an das singularische *š* entstanden; s. Fr. Müller, WZKM. 5, 185. — [2] Im mitteliranischen *-(a)š* sind altir. **šai*, **šat* und der AS. **šim* (§ 244, 11) zusammengefallen; vgl. § 246 No.

ANHANG ZU II.

I. Adverbialbildung. II. Infinitivbildung. III. Das Nomen als vorderes Compositionsglied.

I. Adverbialbildung.

Vgl. im Allgemeinen Brugmann, Grundriss 2, 523 f.; fürs Altiranische Hübschmann, Zur Casuslehre 203 ff., 251, 262, 272 ff., 282 ff., 293; Spiegel, Vgl. Grammatik 391 ff.; Jackson, Grammar 201 ff.; fürs Altindische Whitney, Grammar[2] § 1096 ff.

§ 252. 1. *Adverbialsuffixe mit anl. t-Laut.*

1. Ar. *-trā̆*, auf die Frage wo?; Whitney, § 1099 a. S.: jAw. *aϑra; iϑra; avaϑra*, oss. *vortʻā;* jAw. *yaϑra; kuϑra; haϑra* (zu idg. **sem-*); *vīϑra* »gesondert« (für **viϑra*, § 268, 20); *ātaraϑra* »auf dieser der beiden Seiten«.

2. Ar. *-tar*, ebenso. S.: jAw. *antarᵉ*, ap. *aⁿtar*, np. *andar* = ai. *antár;* jAw. *pārəntarᵉ* [1 2]; *vītarᵉ* [2].

[1] Aus dem AS. ar. **păram;* vgl. ai. *patsu-tás, uttarāt-tāt.* — [2] Auch °*tarəm*, mit dem AS.-Ausgang der *a*-Stämme; s. 4, 5 No.

3. Ar. *-tas*, auf die Frage woher?; Whitney, § 1098 a, b. S.: jAw. *xᵛatō*, np. *xᵛad* »von selber« (§ 244, 18); ap. *paruviyataʰ* »von früher her«; ap. *amuϑaʰ* [1] »von dort her«.

[1] *ϑ* statt *t* (ai. *amútas*) stammt von **amuϑā* (No. 5) u. a.; s. BB. 14, 244.

4. Ar. *-ta* (= gr. -τα in εἶτα u. s. w.). S.: jAw. *uta*, ap. *utā*, ai. *utá;* ap. *yātā* »bis«; jAw. *vīta* »gesondert«; *pascaēta* »darauf« [1]; ap. *duvitā*° »doppelt«.

[1] Aus dem IS. ar. **paskai;* vgl. gr. ἔπειτα. Jedenfalls unrichtig ist Hübschmann's Herleitung aus *pasča* + *aēta* (a. O. 322); das wäre °*āit*°.

5. Ar. *-tʻā*, auf die Frage wie?; Whitney, § 1101. S.: jAw. *aϑa*, oss. *atʻā;* jAw. *iϑa;* jAw. *avaϑa*, ap. *avaϑā*, oss. *votʻä;* jAw. *yaϑa*, ap. *yaϑā;* jAw. *kaϑa; kuϑa; hamaϑa; aēvaϑa;* gAw. *anyāϑā* (geg. ai. *anyátʻā*) [1].

[1] Geldner's Erklärungsversuch des gAw. *ā*, KZ. 30, 531 halte ich nicht für gelungen. Ich vergleiche ai. *viśvā́hā* neben *viśvá-hā, paścā-tād;* *ā* ist IS.-Ausgang; s. 2 und 4 No.

6. Ar. *-dā* [1], auf die Frage wann?; Whitney, § 1103 b. S.: jAw. *aδa*, ap. *ada*°; jAw. *taδa; kaδa*, oss. *kād*, np. *kai*, afγ. *kala;* gAw. *yadā;* jAw. *haδa;* oss. *vād* (aus ar. **au̯adā*).

7. Ar. *-dʻa* [1], auf die Frage wo?; Whitney, § 1100 a. S.: jAw. *iδa*, ap. *idā;* gAw. *kudā*, oss. *kud;* jAw. *avaδa*, ap. *avadā;* jAw. *haδa.*

[1] Im Iranischen sind ar. *-dā* und *-dʻa* zusammengefallen; so entspricht jAw. *haδa* ai. *sádā* und *sahá.*

8. Ar. *-di* [1]. S. ap. *yadiy*, jAw. *yeᵈδi* [2] »wenn« = ai. *yádi* [1].

[1] S. aber J. Schmidt, Pluralbildungen 245. — [2] Wegen jAw. *yezi* s. IdgF. 2, 261 f. und § 274, 304.

§ 253. *Adverbial gebrauchte Casusformen.*

Vgl. Whitney, § 1110 ff.

1. AS., vgl. dazu Gaedicke, Acc. im Veda 171 ff., 215 ff. S.: ap. *aparam*, gAw. *aparəm* »künftighin« = ai. *áparam;* gAw. *apəməm* »schliesslich«;

gAw. *haiθīm* (d. i. °θyəm, § 268, 21) »wirklich« = ai. *satyám* (s. aber MEILLET, MSL. 8, 243 No.); jAw. *paityāpəm* »gegen den Strom«: ai. *pratīpám* (s. dazu IdgF. 3, 15 No.); jAw. *nūrəm*, ap. *nūram*, oss. *nur* »jetzt«; np. *nūn*, bal. *nūn* »jetzt«, afγ. *nan* »heute« = ai. *nūnám;* diese aus *a*-Stämmen; ferner jAw. *nąma* »namentlich« = ai. *nā́ma, an*-St.; jAw. *nazdyō* »näher«: ai. *nédīyas; vasō* »nach Belieben«, *as*-St.; *hakərət* »einmal« = ai. *sákr̥t;* jAw. *yavat* »wie lang«: ai. *yā́vat;* jAw. *fraorət* »lieber«, *t*-St.; jAw. *paragət* »abseits«: ai. *párāk, k*-St. (s. § 214, 3) u. s. w.; sodann aus Pronominalstämmen: jAw. *yat* »wenn«, »dass« = ai. *yád;* gAw. *at* »dann« u. s. w.

2. IS. S.: jAw. *dašina* »rechts« = ai. *dakṣiṇā́;* ap. *yāvā* »wie lange«; jAw. *yā* »dass«, *a*-St.; jAw. *yavata* »wie lange«: ai. *yā́vatā, t*-St.; jAw. *pasča* »dahinter« = ai. *paščā́, k*-St.; gAw. *fraidivā* »längst«: ai. *pradívas*, GS. (§ 218, 2 a), *u*-St.; ferner mit *-ąm* (§ 218, 1): jAw. *apąm* »hinfort«; *kąm* »wie«; jAw. *nūrąm* »jetzt« u. a.

3. LS. S.: jAw. *dūire*, ap. *dūraiy* = ai. *dūré;* jAw. *vaya* (d. i. **uvaya*, § 268, 12) »beiderseits« = ai. *ubhayā́* (BB. 13, 58); gAw. *aṇrayā* »böslich«; diese aus *a*-Stämmen, die beiden letzten mit postponirtem *ā̆* (BB. 15, 20 f. No.); so auch afγ. *līre* »fern« = ir. **dūraia* (anders GEIGER, KZ. 33, 247); jAw. *ušta* »nach Wunsch, wohl« (BB. 14, 5; 15, 14; KZ. 30, 321); gAw., ap. *azdā* »kund, sicher« (vgl. IdgF. 2, 29 ff.), *i*-St.; ap. *nipadiy* »auf dem Fusse«, *d*-St. u. s. w. Hierher auch jAw. *āsuyā-ča* »rasch« = ai. *āśuyā́*, aus *u*-Stämmen, arische Neubildungen zu den °*aiā̆*-Formen; *-am: -aiā̆* = *-um: -uiā̆;* s. BB. 15, 21 No.; anders J. SCHMIDT, Pluralbildungen 213.

4. AbS. S.: jAw. *dūrāt* »von fern« = ai. *dūrā́d;* jAw. *paskāt* »dahinter«: ai. *paščā́d;* gAw. *āt* »dann« = ai. *ā́d;* gAw. *ahmāt* »darum«.

5. DS. S.: jAw. *yahmāi* »damit«; s. noch § 254, 1.

6. GS. S.: jAw. *aētavatō* »derart, so«.

7. IP. S.: gAw. *āiš, anāiš* »darum, also«; *savāiš* »mächtig«; *mazibīš* »magnopere« (§ 49, 2).

§ 254. 3. *Andere Adverbien.*

1. Zahladverbien; s. BRUGMANN, Grundriss 2, 507 ff. S.: jAw. *hakərət; biš; θriš* 1, 2, 3 mal = ai. *sákr̥t* (§ 210; 253, 1); ai. *dvíṣ*, lat. *bis* (§ 88); ai. *tríṣ*, gr. *τρίς;* — jAw. *čaθruš* »4 mal« geg. ai. *čatúr;* — jAw. *θrižat*[1] »3 mal, 3 fach«, *bižavat*[2] »2 mal«, *θrižavat*[2] »3 mal«; — jAw. *xšvažaya* »6 mal«, *nāumayā-čit* »9 mal«; — jAw. *θritīm* (d. i. °*tīyəm*, § 268, 21), *θrityāi* »zum dritten Mal« u. s. w.

[1] Das *ž* dieser und der beiden nächsten Formen dürfte dem ai. *h* in *viśváha* »allemal«, gr. χ in δίχα, τρίχα (§ 54 f.) entsprechen, also ar. *ǵ'* vertreten (§ 276). — [2] So lese ich gegen die NA., die °*žvat* bietet; s. die Varianten.

2. Sonstiges: jAw. *aēva* »so« = ai. *ēvá, ēvā́*[1]; jAw. *mošu* »bald« = ai. *makṣū́*[2]; — gAw. *āviš*, np. *āš°* »offenbar« = ai. *āvíṣ*[3]; — jAw. *hanarə* »abseits«[4]; — jAw. *miθō* »fälschlich« = ai. *mitʰás*[5]; u. a. m., über die das Wörterbuch Auskunft gibt.

[1] Nach ZUBATÝ, IdgF. 3, 127 Instr. Sing. — [2] Od. Loc. Plur.? — [3] Vgl. zur Bildung ai. *bahíṣ*, gr. χωρίς und BB. 15, 16. — [4] Vgl. BB. 15, 14 ff., oben S. 99; die Formen sind LS.; s. noch jAw. *zəmargūz-* »in der Erde sich verbergend« und *vaŋharəštā-* »im Gewand seiend, bekleidet«. — [5] Zur Bedeutung des Awestaworts s. ai. *mitʰyā́;* vgl. nhd. *tauschen* — *täuschen*.

II. INFINITIVBILDUNG.

Vgl. das reiche Litteraturverzeichnis bei BRUGMANN, Grundriss 2, 1397, 1410. Ich füge speciell fürs Altiranische noch hinzu: GELDNER, KZ. 25, 581; 27, 226 f.; 28, 194, 261; 30, 328; BANG, BB. 17, 270; ferner BB. 9, 302;

13, 76 f.; 15, 218 f., 238 ff.; AF. 2, 140; ZDMG. 43, 666; 46, 300, 304; IdgF. 2, 275 ff.; 281 ff.; 3, 19 f.

In älterer Zeit bekundet die Infinitivbildung eine ausserordentliche Mannichfaltigkeit. Und das ist noch der Fall im Awestischen, das in dieser Hinsicht dem Vedischen mindestens gleichsteht. Dagegen zeigt schon das Altpersische ebenso wie das Sanskrit den Infinitiv nur noch in einer einzigen Form (doch s. § 260, 2 d α); ebenso in den neuiranischen Dialecten.

Von Haus aus ist ein »Infinitiv« nichts andres als ein obliquer Singularcasus irgend eines, sei es wurzelhaften, sei es abgeleiteten, Nominalthemas, das auch sonst, in nichtinfinitivischem Sinn, gebraucht werden konnte. Schon frühzeitig aber wurden die Ausgänge solcher Casus auf dem Wege der Analogie mit beliebigen Tempusstämmen verbunden; ar. **áu̯asai* »zu helfen« in Beziehung gesetzt zu **áu̯ati* »er hilft« schuf zu **śrāu̯ái̯ati* »er lässt hören« ein **śrāu̯ái̯asai* »hören zu lassen« (§ 258, 2 a) u. s. w. (BB. 15, 231, 235). So entstanden die eigentlichen Infinitive, d. s. solche Casusformen, welche in anderer als infinitivischer Verwendung nicht vorkommen und andere gleichstämmige Casus, es seien denn ebenfalls Infinitive, nicht zur Seite haben.

Ich ordne im Folgenden nach den Casus. Die Cursivziffern beziehen sich auf die Nominalstammklassen (S. 113 f.), denen der Infinitiv zugehört.

§ 255. 1. *Accusative.*

1. Aus Wurzelstämmen: jAw. *upaǝhǝr'z-ǝm* »einzugiessen«[1]; *dužāp-ǝm* »schwer zu erreichen«[2]; *fravāk-ǝm* »herzusagen«[3]; gAw. *ār-ǝm* »zu kommen«[4]; *xšnūm* (d. i. wohl °*uv-ǝm*, § 268, 22) »zufrieden zu stellen«[5]; *dą-m*, *dą-n* (**24**, wegen des *n* s. § 303) »zu geben«[6], s. ai. *práti-dām*. Vgl. dazu LUDWIG, Infinitiv im Veda 51 ff.; DELBRÜCK, Aind. Verbum § 218; BRUNNHOFER, KZ. 30, 504 f.

[1] AF. 2, 140; der Infinitiv vertritt die 2. Sing. Conj. — [2] AF. 2, 141. *duš* kommt auch vor finiten Verbalformen vor; s. Studien 2, 84 No. — [3] BB. 15, 218. — [4] KZ. 30, 328; BB. 15, 218. — [5] KZ. 28, 194; 30, 534. — [6] AF. 2, 180; KZ. 28, 194, 206.

2. Aus abgeleiteten Stämmen: a) Auf *-tim* (***16***): gAw. *ištīm* »in Besitz zu kommen«[1]; jAw. *yaož-dāitīm* »zu entsühnen«[2]; *upa.maitīm* »abzuwarten«[3]; ferner, wie es scheint mit Anlehnung an die Participien § 209, 1 oder 13, jAw. *sraēšyeintīm*[3], *ā-stryeintīm*[3]. — b) Auf *-tam* (***22***): jAw. *ni-jaϑǝm* »niederzuschlagen«[4]. — c) Auf *-ām* (***23***): gAw. *gǝr'bąm* »festzuhalten«[5]; jAw. *γ'nąm* »zu töten«[6]; ferner aus Praesensstämmen: jAw. *jaiδyąm* »zu bitten« (§ 147)[7]; *xᵛairyąn* »zu essen« (§ 147)[8]; *yaož-dayąn* »zu entsühnen«[9] (§ 148) u. a. Die Formen unter c lassen sich auch als Instrumentale nehmen; s. § 259.

[1] BB. 14, 1, 9. — [2] AF. 2, 140; BB. 15, 244. — [3] IdgF. 3, 19. — [4] In der Verbindung *nij°* *hyāt* »er könnte niederschlagen«; vgl. dazu IdgF. 3, 19. — [5] KZ. 29, 588. — [6] JACKSON, Grammar § 84. — [7] So mit den meisten Hdss. geg. NA.; s. KZ. 29, 562. — [8] BB. 15, 243; 16, 275. — [9] Auch mit *a* priv. *ayaožd°* »nicht zu ents.«; vgl. übrigens IdgF. 3, 19.

§ 256. 2. *Ablative.*

Von *ād*-Formen (***22***) kenne ich nur gAw. *dar'sāt* »zu sehen«; s. KZ. 28, 23, 258, 263.

Jungawestische Neubildungen sind *fra-šūtōit* und *apa-šūtōit* »sich vorwärts, rückwärts zu bewegen«, Tahm. 39. Vgl. § 257 und 215.

§ 257. 3. *Genetive.*

Nur aus abgeleiteten Stämmen auf *i̯*- (***16***) sicher nachweisbar[1]: gAw. *avapastōiš* »herabzufallen«; *darštōiš* »zu sehen« u. a.; s. BB. 15, 244.

[1] jAw. *mǝr'tō* ist doch wohl, gegen BB. 9, 302, LS., zu § 260, 2 d γ gehörig; vgl. *para ... ϑwarštō* Y. 19, 8.

§ 258. 4. *Dative.*

1. Aus Wurzelstämmen; die Norm ist, dass das Dativ(und Locativ)suffix -*ai*[1] sich an die Tiefstufenform der Wurzel anfügt; s. aber unten und IdgF. 1, 498 f. Litteratur ebd., ferner IdgF. 2, 279 ff. Vgl. gAw. *aēšē* »aufzusuchen«[2] = ai. *ēṣé*, *īṣé*; gAw. *darᵊsōi* »zu schauen«[3]: ai. *dr̥śé*; gAw. *aoǰōi* »zu sagen«[4]; jAw. *paⁱtibaⁱre* »darzubringen«[5]; gAw. *nəmōi* »sich zu flüchten«[6] = ai. *ni]námē*; jAw. *buye* (d. i. **buve*, § 268, 19) »zu werden« = ai. *bhuvé*; gAw. *pōi* »zu schützen« (24)[7], s. ai. *śrad-dʰé* u. s. w. Ferner aus dem *s*-Aorist: gAw. *a-nāšē* »zu bringen«[8]; jAw. *raose* »zu wachsen«[8]; s. ai. *stuṣé*[8].

[1] S. § 217; 219, 2. — [2] KZ. 28, 18, wo aber fälschlich in *ā* + *išē* zerlegt wird. — [3] KZ. 28, 12 f., 18; anders GELDNER, KZ. 30, 321, vgl. aber § 216, 2 No. 4. — [4] KZ. 28, 262. — [5] V. 7, 77. — [6] KZ. 28, 18; BB. 14, 1, 6. — [7] AF. 2, 177 ff. — [8] IdgF. 2, 279 ff. jAw. *raose* dient Y. 10, 4 wie die entsprechenden griechischen Formen δεῖξαι u. s. w. als 2. Sg. Imp.; s. noch § 260, 1 No. 3.

2. Aus abgeleiteten Stämmen; und zwar:

a. Auf -*asai* (1 a γ): jAw. *avaŋhe* »zu helfen« = ai. *ávasē*; gAw. *frādaⁱŋhē* »zu fördern«; — ferner aus Tempusstämmen: gAw. *vaēnaŋhē* (§ 132) »zu sehen«; *vaočaŋhē* (§ 163) »zu sagen«; *srāvayeŋhē* (§ 151) »zu verkünden«. Vgl. KZ. 28, 18 f.; LUDWIG, 60 f.; DELBRÜCK, § 202; BRUNNHOFER, KZ. 25, 332 ff. unter 11.

b. Auf -*trai* (12): jAw. *vīdōiϑre* »zu sehen«; *barᵊϑre* »hervorzubringen«[1]. Vgl. IdgF. 1, 496; 2, 275.

c. Auf α. -*u̯anai*, β. -*manai*, γ. -*tanai*, -*tnai* (15 a α). Zu α nur gAw. *vīdvanōi* »kennen zu lernen«; — zu β jAw. *staomaⁱne* »zu preisen«; gAw. *xšąnmə̄nē* »sich zu gedulden«[2]; — zu γ ap. *čartanaiy* »zu machen«; *kaⁿtanaiy* »zu graben«; jAw. *aⁱwi.xšōiϑne* »zu bewohnen«[3]. — Vgl. LUDWIG, 59 f.; DELBRÜCK, § 208 f.; BRUNNHOFER, unter 16—18; ferner zu γ BB. 15, 13, 227.

d. Auf α. -*tai̯ai*, -*ātai̯ai*, β. -*tai̯ai* (16). Zu α jAw. *kərᵊtəe* (§ 268, 26) »zu machen«; *fraoxtayaē-ča* »herzusagen«; *apatəe* »zu erreichen«[4]; ferner aus dem Praesensstamm jAw. *zazāⁱtəe* (§ 126) »zu gewinnen«[5]; — zu β nur jAw. *čiϑayaē-ča* »zu büssen«[6]. — Vgl. LUDWIG, 61 f.; DELBRÜCK, § 205; BRUNNHOFER, unter 23; ferner oben § 189, 2 und 52, 2.

e. Auf α. -*āi*; β. -*nāi*, -*tnāi*; γ. -*trāi*; δ. -*i̯āi*, wozu auch δδ. -*di̯āi*; ε. -*tāi*, -*atāi* (22). Zu α jAw. *ǰayāi* »zu besiegen«[7]; *afrapatāi* »nicht hervorzustürzen«[8]; *fravākāi* »herzusagen«[8]; ferner aus Praesensstämmen jAw. *vindāi* (§ 130) »zu erlangen«[8]; *uzraočayāi* (§ 145 oder 152) »aufzuleuchten«[8]; — zu β jAw. *zyānāi* »zu berauben«[9]; gAw. *šyaoϑᵃnāi* »zu thun«[9]; — zu γ gAw. *sąstrāi* »zu verkünden«; jAw. *marᵊϑrāi* »im Gedächtnis zu behalten«; — zu δ gAw. *ušyāi* »zu hören«[10]; *vaēdyāi* »kennen zu lernen«; ferner aus dem Praesensstamm jAw. *mərᵊnčyāi* (§ 129) »zu gefährden«; sodann zu δδ jAw. *vazaⁱδyāi* »zu fahren« (eig. »Fahrt zu machen«; BB. 15, 234 ff.); gAw. *məndaⁱdyāi* »zu lernen«[11]; gAw. *ϑrāyōⁱdyāi* »zu schützen«[12]; ferner mit Verschleppung des -*di̯āi* hinter Tempusstämme jAw. *vərᵊzyeⁱδyāi* (§ 148) »zu wirken«; gAw. *srāvayeⁱdyāi* (§ 151) »hören zu lassen«; *dazdyāi* (§ 126) »zu thun«; *mərᵊngᵊⁱdyāi* (§ 129) »zu gefährden«[13]; *srūⁱdyāi* (§ 122) »zu hören«; *vōizdyāi* (§ 156; 328, 2) »zu bewirken«[14]; — zu ε gAw. *ūϑāi* »zu helfen«; jAw. *mahrkaϑāi* »zu gefährden«. — Vgl. zu α BRUNNHOFER, unter 30, ferner BB. 15, 234; ZDMG. 46, 300; zu β KZ. 28, 407; BB. 15, 227; zu δ BB. 15, 227 ff.; zu ε BRUNNHOFER, unter 32, 33.

[1] V. 2, 10, 18 der NA.; s. noch § 259 b β. — [2] AF. 3, 57; oben § 68. — [3] S. § 55, 1. — [4] KZ. 30, 520; BB. 17, 348. — [5] BB. 12, 100. — [6] Nir. 45. — [7] HAUG, 18. Kap. des Vend. 24; GELDNER, BB. 13, 290. — [8] BB. 15, 234 No. — [9] KZ. 28, 262 No., 407; BB. 14, 9; 15, 228. — [10] BB. 15, 228; IdgF. 5, Anz. — [11] BB. 13, 80. — [12] BB. 17, 347. — [13] S. § 24 No. — [14] BB. 15, 256.

§ 259. 5. *Instrumentale.*

Im Iranischen nur bei abgeleiteten Stämmen nachweisbar, und zwar:

a. Auf *-tām* (**9**, *t*-Stämme): jAw. *hubərᵊtąm, vohu.bərᵊtąm*[1] »wohl, gut zu pflegen«, in Verbindung mit einer finiten Verbalform von **bar-*. Vgl. dazu Zubatý, IdgF. 3, 126 f., 134 f. mit ZDMG. 46, 304 und IdgF. 2, 276 f.

b. Auf α. *-tī, -itī;* β. *-tī* (**16**). Zu α jAw. *tarōⁱdīti*[2] »despicere«; gAw. *apa-yeⁱtī*[3] »wegzunehmen«; *ənāⁱtī*[4] »zu atmen«; ferner aus dem Praesensstamm gAw. *srāvahyeⁱtī*[5] (§ 152) »inclutum fieri«; — zu β nur jAw. *bərᵊϑi*[6] »hervorzubringen«. Vgl. dazu BB. 15, 245 f. und Brugmann, Grundriss 2, 602 f.

c. Auf α. *-ā*, β. *-i̯ā* (**22**). Zu α jAw. *fravāza* »vorwärts zu bringen«, in Verbindung mit dem Verbum fin. *vazaⁱti;* s. zu a; — zu β jAw. *aⁱbigaⁱryā* »anzunehmen«; *paⁱtiričyā* »bei Seite zu lassen«, in Verbindung mit einer finiten Verbalform von **dā-* »setzen, thun«; vgl. dazu BB. 15, 237 und unten § 260.

S. noch § 255, 2 c.

1 Yt. 13, 18 der NA., die Zubatý nicht berücksichtigt hat. — 2 BB. 15, 241 No., 245. — 3 KZ. 28, 258, 263. — 4 KZ. 28, 405. — 5 KZ. 28, 261. — 6 V. 3, 27; s. § 258 b.

§ 260. 6. *Locative.*

1. Aus Wurzelstämmen; vgl. § 258, 1. Auf *-i* enden nur wenige Formen: gAw. *fraxšnī*[1], jAw. *fraxšni*[2], *frašni*[2] (**24**) »kennen zu lernen« neben jAw. *fraxšne*[2]; ferner aus dem *s*-Aorist gAw. *frašī* »zu fragen«[3]; *dōišī* »zu sehen«[3]; s. ai. *jéṣi*[3]; vgl. dazu IdgF. 2, 271 ff.

1 Geldner, 3 Yasht 38 f.; anders freilich KZ. 28, 407. — 2 Vgl. Yt. 10, 24, 46; Vp. 14, 2; ferner oben § 86. — 3 AF. 2, 165; KZ. 29, 307; BB. 15, 261; IdgF. 2, 274. *dōišī* dient wie ai. *jéṣi* u. s. w. als 2. Sg. Imp.

2. Aus abgeleiteten Stämmen; und zwar:

a. Auf α. *-as*, β. *-asi* (**1** a γ). Zu α gAw. *avō* »zu helfen«; ferner aus Praesensstämmen: gAw. *vərᵊzyō* (§ 148) »zu wirken«; gAw. *savayō* (§ 145) »zu nützen«; jAw. *taᵘrvayō* (§ 145) »zu überwinden«; *frayrārayō* (§ 151) »aufzuwecken«[1]. Vgl. dazu oben S. 124, ferner KZ. 28, 261, 407; BB. 15, 238. — Zu β jAw. *paⁱri.tačahi* »herumzulaufen«[2].

b. Auf *-ati* (**9**): nur in jAw. *frādati*[*ča* »zu fördern«; Yt. 6, 1. Vgl. dazu die vedischen Infinitive auf *-at* bei Ludwig, Rigveda 6, 264.

c. Auf *-u̯an* (**15** a α): nur in gAw. *rōiϑwən* »zu vermischen«; s. BB. 13, 76 f.; IdgF. 1, 495 ff.

d. Auf α. *-tā;* β. *-tai, -tai;* γ. *-tau;* δ. *-tāu* (**16**). Zu α gAw. *ąstā* »zu befeinden«[3]; jAw. *ⁱrita* »zu kacken«; *haϑra.jata* »auf einmal zu erschlagen«[4]. — Zu β jAw. *mrūⁱte* »zu sagen«; gAw. *stōi* »zu sein«[5]; gAw. *ā.hōiϑōi* »zu unterdrücken«[6]; jAw. *piϑe* »zu schützen«[7]; ferner aus Tempusstämmen gAw. *dastē* (§ 126) »zu geben«; jAw. *åste* (§ 160) »zu sein«[8]. — Zu γ jAw. *mərᵊtō* »im Gedächtnis zu behalten«[9]; *haϑra.jatō* »auf einmal zu erschlagen«[4 10]; *hubərᵊtō* »wohl zu pflegen«[4]. — Zu δ jAw. *haϑra.jatå* »auf einmal zu erschlagen«[4], *hubərᵊtå* »wohl zu pflegen«[4] (*-å* für *-āu*, § 268, 34). — Vgl. zu α BB. 15, 242; ZDMG. 46, 304; zu β BB. 15, 241; KZ. 28, 22; ZDMG. 46, 304 No.; IdgF. 3, 19 f., 33; zu γ ZDMG. 46, 300, 304; § 257 No.; zu δ ZDMG. 46, 304.

e. Auf α. *-nai;* β. *-i̯ai, -ti̯ai;* γ *-u̯ai* (**22**). Zu α nur ap. *ašnaiy* »zu marschiren«; gAw. *ᵘrvānē* »zu wählen«. — Zu β nur jAw. *vərᵘϑyē* »zu vermehren«; gAw. *uzūϑyōi* »zu helfen«. — Zu γ gAw. *dāvōi* »zu geben«; *vīduyē* (d. i. **vidvē*) »kennen zu lernen«. — Vgl. zu α ZDMG. 43, 666; zu β und γ BB. 15, 240; IdgF. 1, 495 No.

[1] Nir. 19: *vīsaⁱti dim frayrārayō*, vgl. dazu *vīsəntā .. avō* Y. 32, 14; *vīsaⁱte framričte* Y. 8, 4, Nir. 13 (wo °*ti* °*ti*); *vīsaŋha merᵊtō bərᵊtača* V. 2, 3. — [2] In der Verbindung *p° bavaŋ* V. 15, 45; s. SPIEGEL, Vgl. Gramm. 388. S. übrigens auch BANG, BB. 17, 270. — [3] Y. 46, 18; so zu lesen; s. BB. 15, 222, 237. — [4] ZDMG. 46, 304; HÜBSCHMANN, Zur Casusl. 327. S. noch Yt. 10, 101. — [5] BB. 15, 12 f. — [6] KZ. 28, 22. — [7] ZDMG. 46, 304. — [8] IdgF. 3, 19. — [9] WZKM. 1, 163; ZDMG. 46, 300. — [10] V. 9, 56; so zu lesen.

§ 261. *Die mittel- und neuiranischen Infinitive.*

Sie sind mit den avestischen und altpersischen Formen nur zum geringern Teil identisch.

1. Phlv. *-tan*, *-t̰an*, np. *-tan*, *-dan*, kurd. *-tin*, *-din* geht auf ir. *-tan* + x, vgl. ap. *-tanaiy*, § 258, 2 c γ. Phlv. *kart̰an*, np. *kardan*, kurd. *kirdin* (ZDMG. 38, 80) »zu thun«: ap. *čartanaiy* (§ 22); np. *bastan*, kurd. *bastin* »zu binden«. Kurd. *berīn*, *būn*, *dān* aus °*īdin*, °*ūdin*, °*ādin*: np. *burīdan*, *būdan*, *dādan*; neben *berīn* (ZDMG. 38, 53) auch *birin* nach *bastin* u. s. w.

2. Gabri *-mūn*, *-vān*, die hinter dem »zweiten Stamm« erscheinen: *dāšt-mūn* »zu halten«, *parsād-mūn* »zu fragen«, *baxšād-vān* »zu schenken«, führen auf ir. *-mān*, *-u̯ān* + x, stehen also in engster Beziehung zu jAw. *stao]maⁱne*, gAw. *vīd]vanōi*; § 258, 2 c α, β. Vgl. noch 7.

3. PD. sar., šiγ. *-tao*, *-dao* in sar. *δadao* »machen«, *riftao* »beschmieren« geht nach TOMASCHEK, SWAW. 96, 743, 848 auf ir. *-tau̯* + x, also auf eine Casusform des in den aind. Infinitiven *gán-tavē*, °*tōš*, °*tum* enthaltenen Suffixes. Ganz sicher ist die Erklärung nicht; s. § 262.

4. PD. waxi *-an* in *pörsan* »fragen« u. s. w. entspricht ir. *-an* + x, vielleicht *-anăi*, LS. oder DS.; s. BRUNNHOFER, KZ. 25, 332 ff. unter 27, 28 und ZDMG. 43, 666; TOMASCHEK, a. O. 844.

5. Oss. *-i̯n*, dig. *-un* beruht nach HÜBSCHMANN, ZDMG. 41, 325 auf ir. *-un*+x, etwa auf *-unăi*, LS. oder DS.; vgl. BRUNNHOFER, a. a. O. unter 29.

6. PD. waxi *-ak* und bal. *-ag* in *wandak*, *bandag*, nbal. *bandaγ* »binden« u. s. w. dürften zusammengehören; ir. Grundlage wäre *-ak* + x, etwa *-akăi*, LS. oder DS.; vgl. TOMASCHEK, 843, GEIGER, ABayrAW. 19. 2, 420. Die altarischen Dialecte bieten nichts vergleichbares.

7. Das *l* des afγanischen Infinitivs möchte ich auf ir. δ (= ar. *ṭ*) + x zurückführen; also afγ. *lql* »geben« zu gAw. *fra-d-aδăi* (KZ. 28, 20), afγ. *va-žql* »töten« zu ai. *háťād* u. s. w.; s. § 258, 2 e ε. Doch s. auch *-ati*, § 260, 2 b, das ebenfalls afγ. *-ql* ergeben musste. Oft tritt *ql* hinter dem »zweiten Stamm« auf (vgl. 2); s. *kūtql* »zerteilen« (*t* für *št*): np. *kuštan*; afγ. *važlql* neben *važql*, vgl. *važalai* »getötet«: jAw. *jatō*. Anders FR. MÜLLER, SWAW. 55, 680.

§ 262. *Übersicht zu* § 255 *ff.*

Der Infinitivbildung liegen sowohl wurzelhafte als abgeleitete Stämme zu Grunde. Von den erstern dienen als Infinitiv AS., DS., LS.; im Altindischen auch GS., s. LUDWIG, 60, DELBRÜCK, § 215; von den letztern kommen in Betracht: 1. *as*-Stämme (*1* a γ) im DS., LS.; — 2. *t*-Stämme (*9*) im IS., LS.; — 3. *tar*-Stämme (*12*) im DS.; im Aind. auch im LS., s. DELBRÜCK, § 214; IdgF. 2, 275; — 4. *an*-Stämme — auf *man-*, *u̯an-*, *tan-* — (*15* a α) im DS., LS.; — 5. *i̯*-Stämme — auf *tai̯-*, *itai̯-*, *ătai̯-*; *ṭai̯-* (*16*) — in allen obliquen Singularcasus; — 6. *a*-Stämme — auf *a-*, *na-*, *tna-*, *tra-*, *i̯a-*, *ti̯a-*, *dᵊi̯a-*, *u̯a-*, *ṭa-*, *aṭa-* (*22*) — im AS., AbS., DS., IS., LS.; — 7. *ā*-Stämme (*23*) im AS.; s. aber § 255, 2 c No. — Infinitive, die notwendig auf einen *u̯*-Stamm (*17*) bezogen werden müssten, — im Aind. die häufigsten — sind nicht mit voller Sicherheit zu erweisen; doch s. § 261, 3 und 260, 2 d γ, δ. Man beachte gAw. *ǰyātōuš* »vitae«, aber *huǰyātōiš* »bene vivendi«.

III. Das Nomen als vorderes Compositionsglied.

Ein Nomen konnte in arischer Zeit mit Nominal- und auch mit Verbalformen zum Compositum verbunden werden.

§ 263. 1. *Composition mit Verben.*

Vgl. Brugmann, Grundriss 2, 843 f.; fürs Altindische Whitney, Grammar[2] § 1076 ff. Die Zahl der Verba, die in Verbindung mit anderen Wörtern als den »Verbalpraefixen« angetroffen werden, ist sehr beschränkt, und überhaupt sind die Fälle anderweiter Composition nur vereinzelt. Ich vermute, dass der Gebrauch finiter Verbalformen der Art im Anschluss an infinitivisch verwendete Casus von Compositen erfolgt ist: ai. *pramḗ: prámimītē* = *śraddhḗ: śráddadhāti*. Aus dem Altiranischen kenne ich nur: 1. Aw. *yaoždā-* »läutern, entsühnen« in gAw. *yaoždā̊* (2. S.), jAw. *yaoždāiᵗte, yaoždaδāiti* u. s. w., auch mit Praefix *pairi.yaoždaiδita*. Aus dem Aind. vergleicht sich *śráddadhāti* u. s. w. — 2. jAw. *dāiᵗyō.aēsmi.buyā̊, dāiᵗyō.baoiδi.buyā̊* und vier weitere gleichartige Bildungen, Y. 62, 2; das Nomen ist ein Possessivcompositum: »du mögest werden gehöriges Brennholz, gehöriges Räucherwerk (u. s. w.), habend«; vgl. auch die Infinitive *saoči.buye, vaxšaδi.buye* u. s. w. in Y. 62, 3; s. § 258, 1. Vgl. dazu Whitney, § 1093 a. Wichtig ist das Zusammentreffen des Aw. mit dem Aind. in der Gestaltung des dem Verbum vorangehenden Vocals (*ī* statt *a*). S. übrigens Geldner, KZ. 27, 260; Caland, GGA. 1893, 404; Jackson, JAOS. 15, lxi, Grammar § 724, 3; 787 No. 3.

§ 264—266. 2. *Composition mit Nomina.*

Das vordere Compositionsglied ist entweder a) ein Nominalstamm oder b) α. eine Casusform, β. ein Adverbium. — Vgl. Brugmann, Grundriss 2, 20 ff.; fürs Altiranische Spiegel, Vgl. Grammatik 222 ff.; Justi, Handbuch 377 ff.; Jackson, Grammar 236 ff.; fürs Altindische Whitney, Grammar[2] § 1246 ff.

Die Zahl der aus arischer oder indogermanischer Zeit stammenden Composita ist nicht besonders gross. Die Mehrzahl stammt aus einzelsprachlicher Zeit, was sich auch dadurch zu erkennen gibt, dass die Verbindung der Glieder nicht nach den für den Inlaut geltenden Regeln erfolgt. Im Awesta werden die Compositionsglieder in solchem Fall durch den wortschliessenden Punkt getrennt; vgl. z. B. jAw. *yuxta.aspąm* gegen § 95, 3, 5 neben *yūxtāspahe; āsu.aspəm* gegen § 84, 3; *vīduš.gāδəm* gegen § 82, 1; *vindaṯ.spāδəm* gegen § 3, 4; *ərᵊzu.stavaŋhəm* gegen § 38 a; *haši.ṯbiše* nach § 88 u. s. w.; ap. *zuraʰkaraʰ* »Verrat übend« (statt *zurask°*, § 38); ap. *dārayaʰvaʰuš* (statt *°yaʰuva°*, § 270, c). Auch im Altpersischen sind die Glieder ab und zu durch den 'Wortteiler' auseinandergehalten, z. B. *ariya čiδraʰ* »von arischer Abstammung«. S. § 304 f. Alte Composita in den neuiranischen Dialecten sind z. B. np. *gōbān, šubān, šahryār* u. s. w.; s. unten.

§ 264. a) *Nominalstamm als Vorderglied.*

Abstufende Stämme erscheinen überwiegend in Schwachform.

A. Substantiva und Adjectiva.

Die Beispiele sind entsprechend der oben § 174 ff. (vgl. S. 113 f.) durchgeführten Reihenfolge geordnet.

1. Wurzelstamm als Vorderglied.

1 b jAw. *māzdrājahīm* »einen Monat während«; *yāskərᵊtō* »Abschluss bewirkende«; — ***2*** b jAw. *vīšāpahe* »des giftsaftigen«[1]; *yaoždātārəm* »integrum facientem«; — ***3*** a jAw. *vīšānō* »Haus verdienende«[2]; *vīspaiᵗtiš* »Hausherr«[3]; — ***4*** a jAw. *xrafstra°* »sich von Fleisch nährend«[4]; — ***6*** b jAw. *hamiδpatōiš*

»des Herrn des Brennholzes«; — ***10*** jAw. *hvarᵊ.darᵊsō* »das Sonnenlicht schauend«[5]; *yārᵊ.drājō* »Jahresdauer«; — ***14*** jAw. *zəm.fraϑō* »von Erdbreite«; — ***20*** *āfrivačaŋhō* »Fluchworte sprechend«; — ***21*** jAw. *gaoyaoⁱtīš* »Viehweiden«[6]; *gaomaēzəm* »Rindsurin«; np. *gōbān*, afγ. *γōbą* »Viehhüter, Hirt«[7]; np. *gōsālah* »Rinderjährling, Kalb«[8]; — ***24*** jAw. *frazābaoδaŋhəm*[9] »das Bewusstsein nehmend«; *niδāsnaⁱϑišəm*[9] »die Waffe niederlegend«; *fraspāyaoxᵊδrąm*[9] »die Kampflust beseitigend«.

[1] *š̌* = idg. °*s* + *s*°, s. § 51, 1; ar. **sāpa-* zu nhd. *saft*, ne. *sap*, s. § 23. — [2] *š̌* = ar. *xš*, idg. °*x* + *s*° (?); § 34. — [3] = ai. *viš̌pátiṣ*; s. dazu § 49, 2. — [4] S. § 40, 177. — [5] Vgl. ai. *svardṛ́šam*. — [6] Vgl. ai. *gávyūtiṣ* und § 268, 13. — [7] Vgl. ai. *gōpā́s*; zu afγ. γ° s. GEIGER, ABayrAW. 20. 1, 206. — [8] S. § 5 No. — [9] Vgl. zu diesen Compositen GARBE, KZ. 23, 491 und BRUGMANN, Grundriss 2, 49 f.

2. Abgeleiteter Stamm als Vorderglied.

1 a α jAw. *vaŋhazdå* »das Bessere (Glück) verleihend«; ap. *vahyazdātaʰ* EN., eig. »vom Bessern (Glück) verliehen«; gAw. *rānyō.skərᵊⁱtīm* »das Erwünschtere bewirkend«[1]; — β jAw. *vīduš.gāϑəm* »die Hymnen kennend«; — γ jAw. *xᵛarᵊnazdå*, *xᵛarᵊnō.då*[2] »Majestät verleihend«; *ayō.vərᵊϑrå*[2] »eisenbewehrte«, *ayō.xaoδå*[2] »eisenbehelmte«; ap. *abaʰāčariš*[3] »Wasserleitung«; ap. *zuraʰkaraʰ* »Verrat übend«; jAw. *awždātəm*[3] »ins Wasser gelegt«; — —

2 a α np. *ābišxᵛard*[3] »Tränke«; — β jAw. *manuš.čiϑrahe* EN., eig. »von Manuš abstammend«; — —

8 a jAw. *raēvasčiϑrayå*[4] »von vornehmer Abstammung«; *astvaṯ.ərᵊtō* EN.; ap. *čiyaʰkaram* »wie vielfach«[5]; — c jAw. *paršaṯ.gāuš* EN., eig. »scheckige Rinder habend«; *zaraϑuštrō* EN., eig. »alte Kamele habend«[6]; — d jAw. *fraoϑaṯ.aspa* »mit schnaubenden Rossen«; [7]jAw. *dārayaṯ.raϑahe* EN., eig. »Wagen besitzend«[8]; ap. *dārayaʰvaʰuš* EN. Darius, eig. »Gut besitzend«[8]; jAw. *vanaṯ.pəšanō* »Schlachten gewinnend«; jazyg. Βανάδασπος EN., eig. »Rosse gewinnend«[9]; — —

9 jAw. *sruṯ.gaošō* »hörende Ohren habend«[10]; *vīkərᵊṯ.uštānəm* »das Leben beeinträchtigend«[11]; — —

11 jAw. *ayarᵊ.baranąm* »der Tagesritte«; *vaŋharᵊštas*[*čiṯ* »im Gewand sich befindend«[12]; — —

12 jAw. *nərᵊgarəm* »den männerverschlingenden«; *stəhrpaēsaŋhəm* »den sternengeschmückten«[13]; *ātərᵊ.pātahe* EN., eig. »des vom Feuer geschützten«, Phlv. *āṯurpāṯ*; jAw. *ātarᵊčarᵊš* »des Feuer bereitenden«; — —

15 a α jAw. *ašavaja* »den Gerechten tötend«; *nąma.azbāⁱtiš* »Namensanrufung«; — —

16 jAw. *zaⁱri.dōiϑrō* »goldäugig«; *zaⁱryąš* EN.[14], *zaⁱričyå* EN., eig. »der goldäugige, der goldäugigen«[15]; *tižidārəm* »mit scharfer Schneide«[16]; *gaⁱrišāčō* »in den Bergen befindliche«; — —

17 jAw. *pasu.mazō* »vom Wert eines Stücks Kleinvieh«; *fšūšō* »des Viehbesitzers«[17]; np. *šubān* »Hirt« (Viehschützer); jAw. *pərᵊϑu.sraoniš* »breithüftig«; — —

18 jAw. *strī.nāmanō* »die Kennzeichen des Weibes habend«; — —

19 jAw. *tanu.mazō* »von der Grösse des Leibes«; *tanu.kərᵊta* »selbstgezeugt«; *hizu.drājō* »die Zunge lang machend«[18]; — —

22 jAw. *daēvayasnō* »Daivaanbeter«; *daēvayāzō* dass. NP.; ap. *xšaϑrapāvā* »Landpfleger«[19]; np. *šahryār* »Machthaber«[20]; gAw. *darᵊgāyū* »lange Dauer habend«[21]; jAw. *darᵊya.ārᵊštaēm* »mit langem Schaft«; *naⁱre.manå* »mannesmutig«[22]; [*daēvō.dātō* »von den Daiva's geschaffen«[23];] — —

23 jAw. *daēnāvazaŋhō* EN., eig. »des Förderers des Glaubens«[24]; *gaδavarō* »Keulenträger«[24].

[1] Eine Vermischung von °*yask*° und °*yō.k*°; IdgF. 1, 486 No. — [2] Wegen des *ō* s. oben § 230 zu 1. — [3] Stamm ar. **abʰas-* mit Suffixablaut; s. § 96, 3; 43 und bei

Horn, Grundriss 2 f., 38; ferner Fr. Müller, WZKM. 4, 308 und PDw. *čarm* »Wasserlauf, Bewässerungskanal«, SWAW. 96, 756. — 4 *sč* aus ar. *tk'*; s. § 3, 4. — 5 Gegen § 3, 4; 278 II; zur Lesung BB. 13, 70. — 6 Hübschmann, KZ. 26, 603; oben § 93, 1. Die Zahl der falschen Etymologien hat sich neuerdings vermehrt. Fr. Müller, WZKM. 6, 264; Darmesteter, Traduction 3, LXXVI. — 7 Zu den folgenden Composita vgl. Whitney, Grammar² § 1309; KZ. 29, 546 f. No. — 8 S. ai. *d'ārayátkavī*, *d'ārayátkṣitī*. — 9 Müllenhoff, MBerlAW. 1866, 570; aber seine Deutung ist unrichtig. — 10 S. ai. *śrútkarṇas*. — 11 Vgl. zur Bedeutung von *vīkər'ṯ* IdgF. 3, 194. — 12 S. aber § 254, 2. — 13 Vgl. § 288. Gegenüber Pischel, VSt. 2, 125 verweise ich auf die awestischen Stellen und auf RV. 1, 48, 10; 6, 49, 3. — 14 Yt. 13, 114; so zu lesen. S. § 178 a β; Studien 1, 79 f. — 15 § 8. — 16 Urir. **tiǯi°* in Compositen neben selbständigem **tigra-*; vgl. Caland, KZ. 31, 267; ZDMG. 48, 155. — 17 § 216, 3 a. — 18 Geldner, KZ. 30, 514. — 19 S. ai. *tanūpāvan-*. — 20 Urir. **xšaϑradāra-*; KL. 1, 16; jetzt auch Fr. Müller, WZKM. 6, 357. — 21 S. ai. *dīrgʹāyuṣ*. — 22 *-e* für *-ya* nach § 268, 32. — 23 S. ai. *devâhitas*; wegen des *ō* s. unter D. — 24 Zur Differenz *ā*—*a* s. unter D.

B. Zahlwörter; vgl. § 210.

jAw. *aēvō.arəmō* »einarmig«[1]; — *bizangrō* »zweifüssig«; *bixšaparəm* »zwei Nächte lang«; — *ϑrigāim* »drei Schritte weit«; — *čatur'.zīzanatąm* »quattuor parientium«; *čaϑru.yuxtəm* »mit vieren bespannt«; np. *čārpāi* »vierfüssig«[2]; jAw. *čaϑwar'zangrō* »vierfüssig«; — *xšvaš.gāim* »sechs Schritte weit«; — *haptaŋhāitiš* »siebenteilig«; *haptō.karšvairīm* »die sieben Erdteile umfassende«[1]; — *satafštānəm satō.dārəm*[1] »mit hundert Buckeln (Brüsten), hundert Kanten (Schneiden)«; — *hazaŋra.gaošō* »tausendohrig»; u. s. w.

[1] Wegen des *ō* s. unter D. — [2] Aus urir. **čaϑrupād°*.

C. Pronomina; vgl. § 242 ff.

Selten: jAw. *yāvar'nō* »welchen Glaubens«; *kū.nāiriš* »Hure«[1].

[1] Zu ar. **nārī-* »Weib«; vgl. Whitney, Grammar² § 505 f.; Fick, Wörterbuch 1⁴ 189.

D. Ersetzung des Stamms durch den Nom. Sing.

Bereits im Arischen war die im Vorderglied auftretende Stammform bei verschiedenen Klassen dem NS. oder auch A.-NS. ntr. äusserlich gleich. Das hat schon frühzeitig zur Folge gehabt, dass auch bei andern Klassen der Stamm durch den NS. ersetzt wurde, so z. B. jAw. *bāzuš.aojaŋhəm* »den armstarken« neben *bāzu.stavaŋhəm* »den armgrossen« (*u*-Stamm, **17**); *druxšmanaŋhō* »des falschgesinnten« (*ǵ*-Stamm, **5** b); ap. *haxāmaniš* EN., eig. »freundgesinnt« (*i*-Stamm, **16**)[1]. Vielleicht ist auch das *-ā* der **23.** Klasse (jAw. *daēnāvazaŋhō* neben *gaδavarō*) NS.-Ausgang; s. S. 107[2]). Besonders häufig fand jene Ersetzung bei den Stämmen der *a*-Klasse statt, welche im Awesta überwiegend den Ausgang *-ō* aufweisen: jAw. *daēvō.dātō* neben *daēvayasnō* u. s. w. Mit der Zeit ist — im Zusammenhang mit der Verdrängung des *a* durch *ō* bei den *a*-Stämmen — das *ō* geradezu zum Compositionsvocal geworden, der nun jedes *a* vertreten kann; z. B. jAw. *spō.bər'tō* »von Hunden verschleppt« neben *spačiϑranąm*, ai. *śvápatiṣ*, *n*-Stamm; jAw. *daēnō.disō* »Ausleger des Glaubens«, *ā*-Stamm; *haptō.karšvōhva* »in den sieben Erdteilen«, indecl. Zahlwort; *haδō.gaēϑa* »zum selben Hausstand gehörige«, Adverb (= ai. *sahá*, § 252, 7) u. a. m. Ja nach dem Muster der Composita hat sich das nominativische *ō* auch vor secundären Nominalbildungssuffixen — sofern sie in lebendigem Gebrauch waren — eingefunden; so insbesondere vor den Steigerungssuffixen *tara-*, *tama-* (§ 208): jAw. *baēšazyōtarå*[3], *baēšazyōtəmō*[3] zu *baēšazya-* »heilsam« und so meist (s. Justi, Handbuch 375); ferner vor *tāt-*, *tūt-*: jAw. *uϑō.tās*[3], †*gaδō.tus*[3] zu *uϑa-*, *gaδa-*; sogar gAw. *karapō.tās-čā*[3] zu *karapan-*, *n*-Stamm (vgl. oben *spō.bər'tō*).

[1] J. Schmidt, KZ. 27, 373. — [2] Der Wechsel zwischen *-a* und *-ā* bei dieser Klasse hat sich auch auf Klasse **22** übertragen: jAw. *dawrāmaēšōiš* EN., eig. »des wenig Schafe besitzenden«. — [3] In den Handschriften wird denn auch in der

Regel hinter dem *ō* wie hinter dem eines vordern Compositionsgliedes der Schlusspunkt gesetzt. GELDNER verfährt in der NA. nicht ganz consequent; vgl. Y. 35, 15; 19, 9; V. 6, 10.

§ 265. b) α. *Casusform als Vorderglied.*

1. AS.: jAw. *vīrənjanō* »des Männer tötenden« (Kl. **22**); *daēum.janəm* »den die Daiva's tötenden« (**22**); *ahūm.mer'ənčō* »des das Leben gefährdenden« (**17**); *pārəndi* EN. (**10**)[1].

[1] Vgl. ai. *púraṃdʻiṣ*; IdgF. 1, 184 f.; oben S. 108.

2. DS.: jAw. *yavaējibyō*, *yavaēsubyō* »den immer lebenden . . . nützenden« (**19**); s. § 180, No. 1.

3. LS.: jAw. *armaēšāiδe* »dem still sitzenden« (**22**); *aiʻrime.aŋhaδō* »still sitzende« (**22**); ap. Διαῖξις EN., eig. »im Himmel wohnend« (**19**), s. § 219, 2 a.

4. GS.: jAw. *zəmasčiϑra-* »von der Erde stammend«.

5. IS.: jAw. *xšapāyaonō* »während der Nacht umherstreifend«.

6. ND.: jAw. *baēərᵊzu.stavaŋhəm* »den zwei Finger starken« (**17**); *aspa.-vīraja* »Ross und Mann tötend«[1] (**22**); *dvaēpə* »auf der Klippe« (**23**)[2].

[1] S. BB. 13, 57 f. — [2] Aus *du̯a(i̯)ip°* nach § 81; **du̯ai* ist NDf. *ip-* Schwastufe zu *āp-* »Wasser«; s. ZDMG. 46, 299.

7. LD.: jAw. *vayō.dāranąm* (d. i. **uwayō°*, § 268, 12) »auf beiden Seiten schneidender«[1].

[1] Oder steht *vayō* nach § 264 D für *°ya* zu § 253, 3?

Das verschiedene Alter der Composita zeigt sich in der ungleichmässigen Gestaltung des Auslauts beim Vorderglied; man vergleiche *vīrənjanō, pārəndi: daēum.janəm; armaēšāiδe: aiʻrime.aŋhaδō* (§ 268, 48) u. s. w.

§ 266. b) β. *Adverbium als Vorderglied.*

1. Zu § 252: jAw. *antarᵊstā* »dazwischen befindliches«; gAw. *utayūitīm* »Fortdauer«; jAw. *kuδō.zātanąm* »irgendwann geborener«[1]; *haδa.baoiδinąm* »der mit Räucherwerk versehenen«; *haδō.gaēϑa* »zum gleichen Hausstand gehörige«[1]; ap. *duvitātaranam* »in doppelter Reihe«.

[1] Wegen des *ō* s. § 264 D.

2. Zu § 253: jAw. *hakərᵊt.janō* »des auf einmal tötenden«; *dūraēsrūtəm* »den weit bekannten«; *uskāt.yāstō* »oben gegürtet«.

3. Zu § 254: jAw. *bišāmrūta* »zweimal herzusagen«; *mošu.kaiʻryąm* »die gleich wirksame«; np. *āškār* »klar« (aus ir. **āu̯iškāram*); gAw. *miϑahvačā* »fälschlich redend«[1]; *miϑō.varštanąm* »der fälschlich gethanen (Handlungen)«[1]; s. noch § 254, 2 No. 4.

[1] Man beachte die verschiedene Gestaltung des ar. *°mitʻas*; *miϑahv°* ist altes, *miϑō.v°* junges Compositum.

II. AWESTASPRACHE UND ALTPERSISCH.

VON

CHR. BARTHOLOMAE.

[Abgeschlossen und eingeliefert
am 2. Januar 1895.]

Awestisch nennen wir die Sprache, in der das Awesta, die Sammlung der heiligen Bücher der Parsen, geschrieben ist. Von dem jungawestischen (jAw.) Dialekt, dem der weitaus grössere Teil jener Schriften angehört, hebt sich der gathischawestische (gAw.), die Sprache der Gatha's (Hymnen), durch höhere Altertümlichkeit in Lauten und Formen, sowie durch die § 268 Nu. 7 angegebene, allerdings nur graphische Besonderheit scharf ab.

Unter altpersischer Sprache (ap.) versteht man die Kanzleisprache des persischen Hofes, deren Kenntnis wir aus den altpersischen Inschriften schöpfen. Vgl. BB. 9, 128.

Ich behandle die beiden Sprachen zusammen.

Die Aufgabe ist: zu zeigen, welche Veränderungen in lautlicher und formaler Hinsicht das im Vorhergehenden geschilderte uriranische Sprachgut einerseits in der awestischen, anderseits in der altpersischen Sprache erfahren hat. Dass die altpersische Geschichte der uriranischen Laute und Formen zahlreiche Lücken aufweisen muss, versteht sich bei dem geringfügigen Umfang des überlieferten Sprachstoffes von selbst; s. oben S. 48.

EINLEITUNG: DAS SCHRIFTWESEN.

I. DAS AWESTISCHE SCHRIFTWESEN.

Das Awesta ist in einer linksläufigen Lautschrift aufgezeichnet.

§ 267. *Die awestischen Buchstaben.*

1. Die Neuausgabe des Awesta, der ich mich in der Wiedergabe der awestischen Wörter — zwei Fälle ausgenommen (s. Buchst. 33 und 44) — anschliesse, verwendet 48 verschiedene Buchstaben; s. die Tafel, S. 161: 1 *a* 2 *ā* 3 *e* 4 *ē* 5 *ə* 6 *ə̄* 7 *o* 8 *ō* 9 *å* 10 *ą* 11 *i* 12 *ī* 13 *u* 14 *ū* — 15 *k* 16 *g* 17 *x* 18 *γ* 19 *č* 20 *ǰ* 21 *t* 22 *d* 23 *ϑ* 24 *δ* 25 *t̰* 26 *p* 27 *b* 28 *f* 29 *w* 30 *ŋ* 31 *ŋ́* 32 *n* 33 *n*, *m* 34 *m* 35 *y* 36 *y* 37 *v* 38 *v* 39 *r* 40 *s* 41 *z* 42 *š* 43 *š* 44 *š* 45 *ž* 46 *h* 47 *h̄* 48 *xᵛ*; ausserdem drei Ligaturen: für *št* (50), *šč* (51) und

ša (52; z. B. V. 7, 50; 8, 43). In den Handschriften erscheinen noch einige weitre Buchstaben. Hervorzuheben ist 49 *y*, das in persischen Handschriften an Stelle von 35 *y* der indischen erscheint; ursprünglich war das erstere Zeichen (49) das für *y*, während das letztere (35) einen tönenden Zischlaut darzustellen hatte, und zwar den, welcher im jAw. aus urir. *ǰ* hervorgegangen war; s. § 271 I a; 276. — Die einzelnen Wörter werden durch einen Punkt getrennt; meist auch die Glieder einer Composition; in letzterm Fall ist der Punkt bei der Wiedergabe mit lateinischen Buchstaben beibehalten.

2. Erläuterungen zur Umschreibung und Aussprache der awestischen Buchstaben.

Zu 5, 6: *ə*, *ə̄* — früher *e*, *ē* umschrieben — bezeichnen, wie Andreas gesehen hat, einen nach *u* zu liegenden *a*-Vocal, etwa *ö*[2] des Winteler'schen Schemas (bei Sievers, Phonetik[4] 83); vgl. § 268, 4.

Zu 9: *å* ist etwa wie englisch *aw* in *saw* zu sprechen.

Zu 10: *ą* bezeichnet nasalirtes *a*.

Zu 17, 23, 28; 18, 24, 29: *x ϑ f* sind tonlose, *γ δ w* tönende Spiranten; *x* also unser *ch*, *ϑ* das englische *th*, *f* etwa unser *f*.

Zu 25: Der mit *t̰* umschriebene Buchstabe bezeichnet eine sowohl tönend als tonlos gesprochene Spirans, die den mit *ϑ δ* dargestellten Lauten nahe steht; s. § 93, 1; 268, 50 f.; 302, 4 f.; 304 II, 44.

Zu 19, 20: *č ǰ* sind Affricaten: *tš*, *dž*; die Thatsache, dass sie auf einen vorhergehenden oder folgenden *a*-Vocal ebenso wirken wie *y* und *i* (§ 293, 7; 298, 2, 5), lässt vermuten, dass sie mouillirt gesprochen wurden; s. noch § 271 No. 6.

Zu 30 f.: 30 *ŋ* bezeichnet den gutturalen, 31 *ŋ́* vielleicht einen mouillirten gutturalen Nasal; s. aber § 268, 28 f.

Zu 33: Wegen des mit *n* und *m* umschriebenen Nasalzeichens s. § 268, 53.

Zu 35 ff.: *y v* sind die consonantisch gebrauchten Vocale *i u*; 35 *y* und 37 *v* stehen im Wortanlaut, 36 *y* (eigentlich *ii*) und 38 *v* (eigentlich *uu*) im Inlaut.

Zu 42—44: Die drei Zeichen für *š* sind ursprünglich bestimmt, drei phonetisch (und etymologisch) verschiedene *š*-Laute darzustellen; s. § 271 No. 1. Die Praxis der Handschriften geht dahin, 42 *š* vor dem wortschliessenden Punkt und vor den Tenues (*k č t p* — vgl. Y. 10, 4, 11 —) zu brauchen; 44 *š* vor 36 *y*; 43 *š* in den übrigen Fällen. Die Neuausgabe verfährt nicht ganz gleichmässig. 44 *š* verwendet sie ausser für *š* zugleich auch für *š*+*k*; ich schreibe in diesem Fall *šk*, z. B. *huškō*: ai. *śuṣkás* (§ 50); s. IdgF. 1, Anz. 98 f.

Zu 46: *h* ist unser *h*, ausser vor *rk* und *rp*, worüber § 268, 55; 288 f.

Zu 47 f.: *h́* bezeichnet eine nicht genauer bestimmbare Modification des *h* vor 36 *y*; *x*[v] bedeutet labialisirtes *x*, s. § 89.

Litteratur verzeichnet Jackson, The Avestan Alphabet 34 ff.; dazu noch Kirste, WZKM. 5, 9 ff.

§ 268. *Zur awestischen Orthographie.*

Die sämtlichen awestischen Handschriften — und danach selbstverständlich auch die Ausgaben — weisen eine beträchtliche Anzahl von mehr oder weniger regelmässig auftretenden Abkürzungen und andern, die wirkliche Aussprache verdunkelnden Darstellungen auf, welche zu kennen für Jeden unerlässlich ist, der awestisches Sprachgut für vergleichende Zwecke verwerten will. Ich trage sie gleich hier zusammen.

Dabei begnüge ich mich mit der Anführung der Thatsachen, ohne mich auf die Erörterung der Ursachen einzulassen; eine der hauptsächlichsten scheint mir der Umstand, dass die awestischen Schriften früher in einem weniger ausgebildeten Alphabet aufgezeichnet waren. Auf absolute Vollständigkeit erhebe ich keinen Anspruch. Vereinzelte Missschreibungen, ferner die mehr oder weniger regelmässig wiederkehrenden Verunstaltungen gewisser Wörter — z. B. gAw. *hyaṯ* statt *yaṯ*; jAw. *ārmaitiš* statt *arəmaitiš* (s. BB. 8, 229); jAw. *zrayāi* oder *zrayā* statt *zrayahi* (ZDMG. 46, 149) u. a. m. — habe ich grundsätzlich übergangen; ebenso minderwertige Schreibungen wie z. B. *xąyā* (Neuausg.) statt *xąnyā* (Pt 4; § 296, 3) zu Y. 68, 6 u. s. w. Auf die Metrik habe ich nirgend Rücksicht genommen.

Überhängende Buchstaben (s. S. 6 No.) sind in diesem Paragraphen nur ausnahmsweise angewendet. j. und g. stehen für sonstiges jAw., gAw.

1. *ī* statt *i*, *ū* statt *u* und umgekehrt. Ersteres gewöhnlicher, vor wortschliessendem *m* Regel. a. *ī* st. *i*: j. *mīždəm* (neben *mi°*); g. *sīšōiṯ* (: ai. *aśiṣam*); j. *vīndaiδya* (n. *vi°*); *paitīm*; — b. *ū* st. *u*: j. *tūiryō* (= ai. *turīyas*); *ǰaymūšyå*; *xratūm*; — c. *i* st. *ī*: j. *friδō* (= np. *farī*; § 209, 8); *framrvīša* (: ai. *bruvītá*); *aiwitaēδa* (: ai. *ádītiṣ*; *ī* aus *i* + *i*); — d. *u* st. *ū*: j. *stunå* (n. *stū°*, = np. *sutūn*); *buyāṯ* (= ai. *bhūyát*); *anuxtayaēča* (: ai. *anūktiṣ*; *ū* aus *u* + *u*). S. übrigens § 293, 1; 294.

2. *ē ə̄ ō* statt *e ə o*, und umgekehrt *e ə* statt *ē ə̄*. a. *ē* statt *e* regelmässig nach *a*; s. zu *aē* § 297, 1. — b. *ə̄* statt *ə* regelmässig vor *u*; s. zu *ə̄u* § 297, 2; sonst besonders häufig in den gathischen Stücken, namentlich vor schliessendem Nasal; j. *spə̄nistō*, *frə̄na*, *nāmə̄ni*; g. *ə̄nəitī*, *ə̄vistī*, *vərəzə̄nəm*, *airyə̄mā*, *ǰə̄nyāṯ*, *xᵛə̄nvaṯ*, *hačə̄mnā*, *huzə̄ntuš*, *ə̄hmā*, *anyə̄m*, *yūǰə̄n*; s. § 298, 1, 8. Vgl. ferner Nu. 54. — c. *ō* statt *o* regelmässig vor *i*, *y*; s. zu *ōi*, *ōy* § 293, 297 f.; sonst j. *δwōrəštāra*, *hvōvahe*; g. *čōrəṯ*; s. § 298, 3. — d. *e* statt *ē*: j. *zbayemi*, *hāčayeni*; s. § 298, 5. — e. *ə* statt *ə̄*; s. Nu. 4 und § 303, 5 No. 3.

3. *ā* statt *a* und umgekehrt: a. *ā* st. *a* in *āvōy*, *āvay*, die *avy* oder *awy* (37) vertreten: j. *hāvōya*, *hāvayača* (= ai. *savyá*); *xšmāvōya* (= g. *xšmaibyā*); — im Anlaut eines zweiten Compositionsgliedes hinter *y*: j. *hvaiwyāsta* (= ai. *svabhy-astā*); *aiwyāiti* (= ai. *abhyēti*); — — b. *a* st. *ā* in Zusammensetzungen, wo *ā* Contractionsproduct ist: j. *frapayemi* (für *fra* + *ap°*); *pourušaspō* (für *pouruša* + *a°*); *syāvaršānō* für *syāva* + *arš°*).

Vgl. Justi, Handbuch 358, § 7; Caland, KZ. 32, 593; 33, 302, 459. Unrichtig zu a Luquiens, AOSPr., May 1880 xi f.

4. Wo *ō* zu erwarten, steht oft *ə̄*, besonders in den Gatha's: g. *vātə̄yāmahī* (neben †*vātōyō.tū*, § 298, 3 c); j., g. *vačə̄bīš* (: ai. *váčobhiṣ*); g. *parə̄* (: j. *parō*, ai. *puró*); j. *vimanəkarə*; *pitarə*. S. noch Nu. 26 und § 297, 2 No.; 303, 3, 5. — Gelegentlich kommt auch das Umgekehrte vor: gAw. *frōrətōiš* (neben jAw. *frə̄rətōiṯ*, § 304 II, 28); gAw. *mōrᵊndaṯ* (zu § 289, 2).

5. Statt auslaut. *-āṯ* wird öfter, vor *ča* regelmässig *-āaṯ* geschrieben: g. *āaṯ* (neben *āṯ*, = ai. *ád*); g. *ašāaṯča* (neben *ašāṯ*, *ašāṯčiṯ*); j. *baxšayāaṯča*.

Vgl. dazu Geldner, Studien 1, 141; Bthl., KZ. 28, 5; unten § 307.

6. Statt *ā*, *å* steht *ə̄əā ə̄əå* im Anlaut der gathischen Wörter *ə̄əādū* (st. *ā°*); *ə̄əānū*, *ə̄əāvå* (st. *a°*, allenfalls *ə̄°*, § 298, 1); *ə̄əåŋhā* (= ai. *āsá*, neben *åŋhō*).

Vgl. dazu Th. Baunack, Studien 1, 350 f.; Geldner, KZ. 28, 265.

7. In den Gatha's und den ihnen nachgebildeten Stücken sind die auslautenden Vocale, einschliesslich des anaptyktischen *ə* (§ 300), fast durchweg lang geschrieben: g. *həntī*, *hə̄ntū*, *hyātā* (= ai. *sánti*, *sántu*, *syáta*); *vadarə̄* (d. i. *vadarᵊ*, = ai. *vádhar*).

Vgl. dazu Bthl., AF. 2, 135; ZDMG. 48, 143.

8. In den jungawestischen Stücken werden die einfachen Vocale im Auslaut einsilbiger Wörter lang geschrieben; j. *hā* (= ai. *sá* und *sá*); *vā* (neben *nava*; = ai. *vā*, BB. 13, 58); *zī* (= ai. *hí*); *strī* (neben *striča*; = ai. *strí*); *tē* (neben *aēte*; = ai. *té*); j. *dva* ist *duva*, *va* ist *uva*; s. 12. — Wegen auslautend *-ə̄* s. 54; wegen *-ō* § 303, 5 No.

9. Statt *i* wird vor *ī*, *y* der folgenden Silbe einige Male *ə*, *əi* (*ə*ⁱ), selten *ai* (*a*ⁱ) geschrieben: g. *āskəitīm* (§ 25, 4); j. *vasə.šəitīm*, *rārəšyąn* (§ 150); *irīraiϑyāṯ*. S. 10.

Vgl. TH. BAUNACK, Studien 1, 391 f.; JACKSON, Avestan Alphabet 11, Grammar 9f.

10. Statt *u* findet sich vor *ū*, *v* der folgenden Silbe mehrmals *ə* oder *əu* (*ə*ᵘ): g. *drəgvå* (= j. *drvå*, § 275); *bəzvaitē*; *užəurū*. S. 9.

Vgl. TH. BAUNACK und JACKSON, a. a O.

11. Statt *ĭy* (*iii*) meist *y* (*ii*); seltener *ay* und *ōy*; vereinzelt *i.y*, Anlauts-*y* und *ĭv*. a. *y* (*ii*) st. *ĭy*: j. *fryō* (= ai. *priyás*); *yesnyō* (= ai. *yajñíyas*); †*yeyąm* (d. i. *iycy*°, § 102 I c); b. *ay* st. *ĭy*: j. *aspayąm* (= ai. *aśvyám*); *uzayara* (: ai. *íyarti*); s. noch 23; — c. *ōy* st. *ĭy*: g. *isōyā* (= ai. *īś-iyā́*); g. *mōyastrā*; — d. *i.y* st. *ĭy*: j. *paiti.yąš* (: ai. *pratyáñ*); *zizi.yūšaṯ*; — e. *y* (Anlauts-*y*) st. *ĭy*: j. *yeyenti* (Y. 57, 14; so!, IdgF. 3, 35 f.); *yaēša* (?, § 102 I, 1 c); — f. *ĭv* st. *ĭy*: j. *vivaozō* (neben *āyaozō*); *biwivåŋha* (: ai. **bibyāsa*); g. *ašivå* GD.

Vgl. zu f JUSTI, Handbuch 365, § 106; GELDNER, KZ. 25, 401, 481, 557.

12. Statt *ŭv* (*ŭuu*) — und auch statt *ŭw*, s. 37 — meist *v* (*uu*), seltener *av*, vereinzelt *ū*, *ŭy* und Anlauts-*v*. a. *v* (*uu*) st. *ŭv*: j. *yvānəm* (= ai. *yúvānam*); *bābvarə* (: ai. *babūvúr*); *vaya* (= ai. *ubayā́*; § 273); gAw. *hudānvarəšvā* (st. *hudānū var*°, 2 Wörter); — b. *av* st. *ŭv*: j. *kavačiṯ* (neben *kva*, = ai. *kvà*); *yava* (= ai. *yúvā*); — c. *ŭ* st. *ŭv*: j. *stūi*° (neben *stvi*°); *xšuiš*; — d. *ŭy* st. *ŭv*: *aiwi.sūzuyanąm*; s. noch 19; — e. *v* (Anlauts-*v*) st. *uv*: *vaēm* (= ai. *ubáyam*; s. a).

Vgl. zu c BTHL., BB. 8, 230; zu d GELDNER, KZ. 27, 245.

13. Die Schreibung *vy* (*uuii*), nach 11 f. auch *ŭvy*, *vĭy*, *ŭvĭy* vertretend — s. auch 37 —, wird vermieden. Die NA. hat sie nur in *ǰīvyąm* und, mit minderwertigen Hdss., in *gaēϑāvyō* Y. 9, 8 und *drīvyåsča* Y. 57, 10; vgl. a. Man schreibt: a. *vay* st. *vy*: j. *nāvaya* (= ai. *nāvyā̀*; s. noch b); *gaēϑāvayō* (so!, = ai. *sén-ābyas*; s. noch b); — b. *uy* und, nach *a*, *oy* st. *vy*: j. *nāuya* (= ai. *nāvyā̀*; s. noch a); *vōiγnāuyō* (= ai. *sén-ābyas*; s. noch a); *varəhuyå* (= ai. *vásvyās*); *tanuya* (= ai. *tanvīyā́*); *nəruyō* (= ai. *nṛ́byas*; s. noch 42); *haoyąm* (= ai. *savyám*; s. noch c); *ašavaoyō* (= ai. *ṛtā́-vabyas*); — c. *āvay*, *āvōy* st. *avy*: j. *hāvayača*, *hāvōya* (= ai. *savyā́*; s. noch b und 3a). — S. noch 44.

14. Statt *yu* (*iiu*) einige Male *i*; an Stelle von *ai* statt *ayu* wird dann *aē* oder *ōi* geschrieben (§ 297, 1): j. *vaδairiš* (NS., neben °*ryaoš*, GS.); *hazaŋrāiš*, *baēvarōiš* (neben *satāyuš*); *vaēm* (AS., neben *vayuš*, NS.). — *ōim* (= ap. *aivam*) für *ōyum*, und dies nach 24 für **ōivəm*.

Vgl. dazu WINDISCHMANN, Mithra 49; GELDNER, 3 Yasht 69.

15. Die Schreibung *yv* (*iiuu*), nach 12 *yŭv* vertretend, wird vermieden. Man schreibt *iv*, seltener *yav* und *y*. a. *iv* st. *yv*: j. *mainivå* (GD., neben *mainyuš*, NS.); — b. *yav* st. *yv*: j. *mainyavaså* (neben *mainivasaŋhō*; s. JACKSON, Reader 85); — c. *y* st. *yv*: j. *bāmanyå* (ZPGl., neben *bāmanivå*); *afsmainyąn* (Nir., neben †*afsmainivąn*).

16. Statt *i-yu* in Zusammensetzungen findet sich *ivi*: j. *hunivixtəm* (= ai. *su-ni-yuktam*); *nivizaiti*.

Vgl. dazu J. DARMESTETER, Traduction 2, 405, 575. [Anders zu *hunivixtəm* neuerdings wieder JACKSON, Classical Studies in Honour of H. Drisler 111.]

17. Statt *ĭv* auch *v* (*uu*) und *av*; statt *ĭvy* entsprechend auch *uy* (vgl. 13): j. *ǰvainti* (= ai. *jīvanti*); *vīdiδvå* (: ai. *didivā́n*); j. *čvaiti*, *čavaiti* (: ai. *kīvat*); — j. *ǰuyō* (neben *ǰīvyąm* und *ǰvayō*).

18. Statt *avr*, *āvr* stets *aor*, *āur*: g. *vaorāzaϑā*, *vāurayā*; beides reduplicirte Formen.

19. Statt *v* (*uu*) —, das nach 12, 37 auch *ŭv* und *ŭw* vertritt, — wird vor wortschliessendem *ē* gewöhnlich *uy* (*uii*) geschrieben: j. *duyē* (= ai. *dvḗ*, neben *dvaēča*); *tanuye* (= ai. *tanvḕ*, neben *tanvaēča*); *ahuye* (neben *aŋhve*, *aŋuhe*, s. 27); *uyē* (= g. *ubē*, ai. *ubḗ*).

Vgl. dazu Bthl., BB. 8, 229; falsch neuerdings Jackson, Grammar § 190.

20. Statt *v* — und *w*, 37 — findet sich im Anlaut und nach *a* vor *e* und *i* auch *ō*; a. j. *ōifranąm* (Yt. 13, 104, so!, neben *vifyeiti*); *ōiϑra*; — b. j. *aoe* (neben *ave*); *aoi* (neben *avi* und *aiwi*).

Vgl. zu a Bthl., IdgF. 5.

21. Statt *yə* und *ĭyə* (*iiə*, 11) steht vor Nasal sehr häufig *ĭ*, besonders am Wortende; nach *a* wird dann statt *ĭ ē* geschrieben (s. § 297, 1). a. *ĭ* st. *yə*: j. *irišintō* (: ai. *rišyantam*); *haomanaŋhimna* (: ai. *sumanasyámānas*); *ainim* (neben g. *anyə̄m*, 2 b); *aēvō.gāim* (= ai. *gāyám*); g. *humāīm* (= ai. *sumāyám*); — b. *ē* st. *yə*: j. *aēm* (neben g. *ayə̄m*, 2 b); — c. *ĭ* st. *ĭyə*: j. *frazinte* (= ai. *prájīyantē*; Bthl., ZDMG. 48, 148); *frīm* (= ai. *priyám*). — S. No. zu 22.

22. Statt *və* und *ŭvə* (*uuə*, 12, wobei *uu* auch *w* vertreten kann, 37) wird vor Nasal oft *ŭ* geschrieben, besonders am Wortende; an Stelle von *au* erscheint dann *ao* (s. § 297, 2). a. *ŭ* st. *və*: j. *təmaŋhuntəm* (= ai. *támasvantam*); *haurum* (= ai. *sárvam*); *nasāum* (§ 213); *asəngō.gāum* (st. °*gāvəm*, § 213); — b. *o* st. *və*: j. *naomō* (= ai. *navamás*); *nimraomnō*; *yaom* (= ai. *yávam*); *baon* (= ai. *bhavan*); s. noch 33; — c. *ŭ* st. *ŭvə*: j. *drūm* (= ai. *dhruvám*); *bun* (: ai. *bhūvan*). — S. noch die Note.

Zu 21, 22. Auslautendes -*im*, -*um* entspricht viel häufiger ar. -(*ĭ*)*įam*, -(*ŭ*)*u̯am*, als ar. -*im*, -*um*; s. 1.

23. Für auslaut. -*ĭyəm*, -*ŭvəm* kommt neben -*īm*, -*ūm* (21 f.) einige Male auch -*aēm*, bzw. -*aom* vor (s. 11 b, 12 b). a. j. *aspaēm* (= ai. *aśvyám*); *darəya.ārəštaēm*; — b. j. *frādat.fšaom* (so!, Y. 2, 4; 6, 3; G. 2, 6).

24. Für auslaut. -*ōivəm* schreibt man -*ōyūm* und (nach 14) auch -*ōim*: j. *vīdōyūm* (= ai. *vídēvam*, neben *daēum*); *harōyūm* (: ap. *haraivaʰ*); *ōyum*, *ōim* (= ap. *aivam*).

25. Für auslaut. -*ĭvəm* erscheint -*um*, an Stelle von -*vəm* (17, 22): j. *jum* (= ai. *jīvám*).

26. Für auslaut. -*ōye* (aus *-*ai̯ai*) wird regelmässig -*ōe* geschrieben: j. *anumatōe* (neben °*matayaēča*, g. *ax-tōyōi*; s. § 298, 3 c). Vgl. dazu 4.

27. Statt *ŋhv* (*ŋhuu*) — vor Vocalen — meist *ŋuh*: j. *vaŋuhīm* (= ai. *vásvīm*, neben *vaŋhuyå*, 13); *aŋuhe* (neben *aŋhve*, *ahuye*, 19); *xᵛarənaŋuhantəm* (neben °*aŋhvanta*, °*aŋhuntəm*, 22). — *saŋuhasča* steht für *saŋhuvas*°, *saŋuhaitiš* für *saŋhuvait*°. — S. noch 30.

Vgl. dazu Bthl., BB. 8, 229 f.

28. Statt *ŋhy* (*ŋhii*) wird *ŋ́h* geschrieben: j. *vaŋ́hō* (= ai. *vásyas*); *aŋ́hå*, *aiŋ́hå* (d. i. *aⁱŋ́hå*; = ai. *asyás*). — S. noch 30.

Vgl. dazu Hübschmann, KZ. 24, 360 mit Salemann, Parsenhandschrift 22. *ŋ́* vertritt in diesem Fall *ŋi*, *ŋ́h* also *ŋih*, vgl. *ŋuh* statt *ŋhv*, 27. Zu Geldner's abweichender Ansicht KZ. 27, 259; 28, 207 s. Nu. 29. — Vgl. noch 30 b und § 286 e.

29. *ŋ́h* vertritt auch *iŋh* (*ⁱŋh*) vor schliessendem *ĕ*; statt -*aŋ́he* (= ai. -*asē*) auch -*aiŋ́he* (-*aⁱŋ́he*; s. 56): g. *avaŋ́hē* (Y. 50, 7; so!), j. *avaiŋ́he* (neben *avaŋhe*); g. *hudåŋ́hē* (Y. 31, 22; Pt 4; neben j. *hudåŋhe*); g. *srāvayeŋ́hē*.

30. Statt *ŋuh* (für *ŋhv*, 27) und *ŋ́h* (für *ŋhy*, 28, 29) erscheint auch oft blos *ŋh*. a. *ŋh* st. *ŋuh*: j. *vīvaŋhå* (: ai. *vivásvān*, neben *vīvaŋuhatō*); *nəmaŋhənte* (: ai. *námasvantam*); — b. *ŋh* st. *ŋ́h*: j. *vaŋhō* (= ai. *vásyas*, neben *vaŋ́hō*); *aŋhat*, *åŋhat* (»er warf«, = ai. *ắsyat*, neben *parāŋ́hāt* Y. 9, 11 — so! — und *aŋhimanayå* Y. 57, 28 — so! —, Nu. 21).

31. Statt anlaut. *huv* (richtig *hv*, 12) findet sich einige Male *xᵛ*:

j. *x^vandra-karō* (Gegensatz *dužvandravō;* vgl. *ovandam?* bei GEIGER, KZ. 28, 294); *x^vāstrəm.*

Vgl. dazu GELDNER, KZ. 25, 417; 3 Yasht 47; J. DARMESTETER, Ét. Ir. 2, 193.

32. Statt *ya* (auch *ĭya*, 11) nach Consonanz wird oft *e* geschrieben, insbesondere im Auslaut und nach *h*, im Inlaut nur nach letzterem: g. *vahehīš*, *vahehyā* (= ai. *vásyasīṣ*, *vásyasyā*); j. †*zarahehīš* (: ai. *hrásīyasīṣ*; IdgF. 5); j. *mašyehe*, *mašyeheča* (= ai. *mártyasya-ča*); j. *kaine* (= ai. *kanyā̀*); *naire.manå.* S. noch 42 und § 304 II, 14 No.

33. Statt *ao* wird öfters *āu* geschrieben: g. *mərəϑyāuš* (= ai. *mṛtyóṣ*; s. KZ. 33, 191; BB. 17, 148). Ebenso in den Fällen 22 b: j. *nāumō* (neben *naomō*); *bāun* (neben *baon*).

34. Statt *āu* im Auslaut mehrmals *å*: g. *xratå* (= ai. *krátāu*); j. *tå* (= ai. *tā́u*).

S. dazu BTHL., BB. 9, 306 f.; Idg. 5, 218.

35. Statt *av* vor Vocal findet sich *aov* und *ao;* vor *i* auch *ō;* umgekehrt *av* für *aov.* a. g. *drigaovē* (DS., neben *x^vaētavē*); j. *aoe* (neben *ave*); j. *yōištō* (= ai. *yáviṣṭas*); — b. j. *gavāstrya* (aus *gaovāstr°*).

36. Statt *avō* mehrmals *ao:* j. *raoraϑa* (: *raom*, 22 und § 275); *mainyaoibyasča* (DP., neben *mainyavō*).

37. *w* wird überaus häufig mit *v* (*uu*) verwechselt und dann in allen Stücken nach den für *v* geltenden Schreibregeln behandelt; vgl. 3, 12, 13, 19, 20, 22, 35, 42: j. *avantəm* (neben *bantəm*, § 273); *davąϑyå*, *aδaoyō* (: ai. *dabhnóti*); *vaya*, *uyē* (: ai. *ubhā́u*); *avi*, *aoi* (neben *aiwi*, = ai. *abhí*).

38. Statt *v* (*uu*) wird anderseits hinter *ϑ* regelmässig, hinter *δ* meist *w* geschrieben; j. *xraϑwa* (: ai. *krátvā*); j. *vaxδwanąm* (: ai. *váktvāni*); j. *zəmbayaδwəm* (= ai. *jambháyadhvam*). Aber j. *viδvå* (= ai. *vidvā́n*), g. *ϑrāzdūm* (= ai. *trā́dhvam*, 22).

39. Statt *ərə* (*ər°*) kommt auch die abgekürzte Schreibung *rə* (*r°*) vor: j. *grəwnāiti* (= ai. *gṛbhṇā́ti*); *grəwənti*; *trəfyāṯ*; *ātrə.čiϑra°*; *strəuš* (54).

40. Statt *əiry*, d. i. *əʳry* (§ 301, 2) wird *iry* geschrieben: j. *kiryeiti*, *kiryeinti*, *piryeiti*, *miryeite.*

S. dazu BTHL., IdgF. 4, 126.

41. Statt *avərə* schreibt man *aorə* (*aor°*): j. *fraorənta* (: *právṛṇīta*); *fraorəčinta* (neben *aipi.vərəčainti*).

42. Statt *əurvy*, d. i. *əᵘrv°* (§ 301, 1) — nach 37, 56 auch für *ərəwy* — findet sich *əruy*, *uruy* und *ūiry* (*ūʳry*): a, b. j. *nəruyō*, *nuruyō* (: ai. *nṛ́bhyas*); — c. j. *brātūiryō* (= ai. *bhrā́tṛvyas*), *tūiryō.* — j. *brātūire* steht für **brātərvya*, 32.

Vgl. dazu BTHL., BB. 10, 271 f.; IdgF. 4, 126. Doch s. zu c auch E. LEUMANN, KZ. 32, 335 f.

43. Statt *aur* (*aᵘr*) auch *aour* (*aᵒᵘr*): j. *aš.baourva* (: ai. *súbharvas*); *fraourvaēsayeni* (aus *fra+urv°*); g. *paourvīm* (= ai. *pūrvyám*, 21).

44. Statt *aurvy*, *aurvī* (*aᵘrv°*) oder *aourv°* (s. 43) im jüngern Awesta regelmässig *aoiry*, *aoirī* (*aᵒⁱr°*): j. *baoiryąm* (neben *aš.baourva*); *paoiryō* (= g. *paouruyō*, 13); *paoirīš* (= ai. *pūrvī́ṣ*); *avaoirištəm* (aus *ava + urvi°*); *paoirīm* (= g. *paourvīm*, 21). — *avōirisyāṯ* statt *avaoir°* steht allein, s. 35.

45. Statt auslaut. *ŭ + vō*, *nō* und *rō* findet sich *ū* in den Wörtern: a. j. *hū* (= gr. ὑός, lat. *suis*); — b. j. *zrū* (neben *zrūne*, *zruni*); — c. j. *hū* (neben *hūrō*, = ai. *sū́ras*).

Vgl. dazu TOERPEL, De metricis partibus Zendavestae (Hallische Diss. 1874) 36; GELDNER, Metrik 18 f., Studien 1, 113; PISCHEL, ZDMG. 36, 137; BTHL., BB. 15, 40; 17, 346; CALAND, KZ. 32, 591.

46. Statt *nh* erscheint vor *r* meist blos *n*: j. *hazanrəm* (neben *hazanhrəm* und *hazangrəm*, 47; Y. 68, 15; = ai. *sahásram*); *čanranhāča* (neben *čaṇhr°* und *čangr°*, Vp. 2, 1).

47. Statt *n* auch *nn* und *ng* — dies besonders vor *r* (46) in den gathischen Stücken —, umgekehrt auch *n* statt *ng*. a. *ng* st. *n*: *mərəngəidyāi* (statt *mərəndyāi*; 56, § 24); g. *dangrā* (neben j. *danrō*; = ai. *dasrás*); g. *vənghaṯ* (54); — b. *nn* st. *n*: g. *raočōnnhvaṯ* (neben *aojōnghvaṯ* und *aojōnhvantəm*); g. *vənnhaitī* (54); — c. *n* st. *ng*: j. *bizənrō* (neben *bizangrō*; : ai. *jáṅgā*).

48. Statt *h* im Anlaut eines zweiten Compositionsgliedes findet man nach *ō e i* und *š* auch *anh*: j. *haomō.anharəzānāi*; *airime.anhaδō*; *pairi.-anharštābyō*; *nišanharətayaēča* (neben *nišharətāra*, § 287).

Vgl. dazu JUSTI, Handbuch 359 § 15, 365 § 109; SPIEGEL, Commentar 2, 609; CALAND, KZ. 31, 589; GGA. 1893, 404.

49. Statt *t* zeigt sich mehrmals *ṯt*, und umgekehrt. a. *ṯt* st. *t*: g. *gat.tē*; *āgəmaṯ.tā*; j. *åŋhāṯtəm* (Yt. 13, 12; so!); — b. *t* st. *ṯt*: j. *vindātəm* (Yt. 17, 35; so!); *mōi.tū*.

Vgl. dazu BTHL., KZ. 28, 21; BB. 10, 275; IdgF. 1, 490; TH. BAUNACK, Studien 1, 317; GELDNER, KZ. 30, 322.

50. Statt ϑ erscheint vor den Tenues *k* und *p* entweder *ṯ*., oder, noch häufiger, *δ*; umgekehrt kommt vor *č δ* statt *ṯ* vor. a. *δ* st. ϑ: j. *aδkəm* (= ai. *átkam*); *hamiδpatōiš*[1] (: ai. *samitpāṇiṣ*); — b. *ṯ*. st. ϑ: j. *afrataṯ.kušīš* (= ar. **tatk°*; KZ. 24, 412); — c. *δ* st. *ṯ*: j. *āϑaδča* (Yt. 19, 12; so!; vgl. GELDNER, KZ. 30, 514); *taδča* (Yt. 19, 51; so!). S. noch § 302, 5; 304 II, 44.

[1] Könnte allerdings auch etymologische Schreibung — cf. AS. **hamiδəm* — sein.

51. Statt *δ* findet sich vor der Media *b* auch *ṯ*, *ṯ*. (d. i. *ḏ*): j. *avaṯbyō* (Yt. 5, 85; neben *avaδbyō* Yt. 5, 132; so!); *brvaṯ.byąm* (V. 8, 41 f.; Var. *brvaδb°*). S. noch § 302, 4.

52. Statt *č ǰ* einige Male *ṯ.č*, *δč* (s. 50 f.), bzw. *dəǰ* (d. i. *dʸǰ*, 56). a. *ṯ.č*, *δč* st. *č*: j. *urvaṯ.čaēm*; *viδčōišta* (neben *vīčirō*); — b. *dǰ* (*dəǰ*) st. *ǰ*: g. *dəǰāmāspō* (neben j. *ǰām°*); g. *dəǰīṯ.arətā* (neben j. *ǰīṯ.ašəm*).

Vgl. dazu GELDNER, Studien 1, 55; BTHL., IdgF. 1, 489 f.

53. Statt *n* vor *t d č ǰ* und statt *n* vor *k g* wird in der Regel, statt *m* vor *p b* hie und da (Yt. 13, 138; z. B. V. 8, 10) das Nasalzeichen 33 der Tafel geschrieben.

Ausserdem kommt es noch vor *nh* vor, 47. Ich gebe es vor *p b* durch *m*, sonst durch *n* wieder.

54. Zur Darstellung nasalirt gesprochener Laute fehlt es — ausser für *ą* — an eigenen Zeichen. Bei nasalirtem *ā* (a) bleibt die Länge, bei nasalirtem *i*, *u* (b) und *ə* (c) die Nasalirung unbezeichnet; nasalirtes *r* (d) wird durch *rą* (*rᵃ*) im gAw., durch *rəu* (*rᵊᵘ*) im jAw. ausgedrückt; im Wortauslaut endlich (e) wird zur Hervorhebung der nasalirten Aussprache des schliessenden Vocals oftmals *n m* (nach *ą*) oder *ng* (nach *ə*) zugefügt. a. g. *vąs* (= ar. **ụānst*, § 94, 1); — b. j. *gairīš*, *ąsuš* (= ar. *°inš*, *°unš*; s. 1 und § 299, 1); — c. g. *vənnhaitī*, *vənghaṯ*, j. *vənhən*, *vīspəsča* (: ai. *vásat*, *víšvąšča*; s. 2, 47 und § 299, 2); g. *starəm* neben j. *strąm*; — d. g. *nərąš*, j. *nərəuš* (= ar **nr̥nš*); j. *strəuš* (39); — e. j. *tąn*, *tąm* neben *tą*; *haomąn*, *haomąm* neben *haomą* (Y. 3, 3; 70, 1 = ar. **tans*, **saumans*, § 94, 2); j. *aməšəng* neben j. *aməšə*, *aməšą*.

Zu b verweise ich noch auf § 132 No. — Zu d s. BTHL., AF. 1, 86 f.; JACKSON, AJPh. 10, 346 f. Die NA. schreibt bald *nər-əuš*, bald *nər-əš*; ersteres halte ich für das bessere, *u* steht für *n*. — Zu e: Die NA. hat fast überall *ą*, aber oftmals gegen die Autorität der Hdss., z. B. V. 9, 27 *imą*, besser *imąm*, s. Yt. 13, 20; Y. 62, 10 *yaoždātą*, besser bezeugt ist *°ąm*, *°ąn*.

55. Zur Darstellung eines besondern, wahrscheinlich tonlosen *r*-Lauts (*r̥*), der vor *k* und *p* erscheint, § 288 f., schreibt man *hr*: j. *vəhrkō*, *kəhrpa*.

56. Oft erscheinen etymologisch wertlose Vocale — sowohl im Wort- als im Satzinlaut — an Stellen, wo weder Epenthese (§ 301) noch Anaptyxe (§ 300) am Platze ist; es sind Zuthaten der Redactoren und Abschreiber; z. B. g. *daibišyantē* (*d^{ai}b°* st. *d^{a}b°*) neben j. *ṭbišyantaṭ*; j. *gəurvayaṭ* (*gə^{u}rv°* st. *gərv°*) mit *v* für *w*, 37; j. *ϑanvarəitinąm* (°*var^{ə}'t°*); g. *dužazōbā̊* (*dužaz^{ō}bā̊*; Geldner, BB. 14, 11 f.); j. *yas^{ə}.tē* (= ai. *yás tē*) u. a. m.; s. noch 47 a und 52 b.

57. In zahlreichen Fällen haben die Abschreiber ein Wort in zwei Teile zerrissen; der Endvocal *a* des ersten Teils wurde dabei meist in *ō* verändert[1]: j. *para.kavistəma* (Yt. 12, 7; so!), *parō.kəvīδəm*; richtig *parak°*; — *vīmanō.hīm* (neben richtigem *manahīm*); — *drvō.iϑyāṭ* (Yt. 1, 19; 13, 71; so!); richtig *drvaiϑyāṭ*; — *aδwō.žən*, *fraδwō.žəm*, *viδwō.žən* (Yt. 14, 45; so!); richtig °*δwaž°*: ai. *dvajás* »Fahne«; — *hispō.səmna* (Yt. 10, 45; so!); richtig *hispas°*; — g. *dīdraγžō.duyē* (Y. 48, 7; so); richtig °*draγžad°*; — j. *rąrō.manō* (Yt. 13, 29; so!) neben *rąrəmā̊*; — g. *hvō.urušaēibyō*; richtig *hvouruš°*; — g. *gə̄uš.āiš* (Y. 30, 2; so!); richtig *gaošāiš*[2].

[1] Nach dem Muster wirklicher Composita, § 264 D; vgl. Bthl., KZ. 28, 6 f.; AF. 3, 33; BB. 15, 8. Die NA. verfährt nicht gleichmässig; meist hat sie gegen die bessern Hdss. den Trennungspunkt weggelassen. — [2] Vgl. § 297, 2.

58. Schreibung von Doppelconsonanz wird vermieden. Wie gesprochen wurde, ist für die einzelnen Fälle besonders zu untersuchen. Vgl.: j. *bunəm*, *frākərənaoṭ* (*n*); — j. *duməm*, g. *hə̄miϑyāṭ*, j. *hamistō* (*m*); — j. *masyō*, †*anusavanta*, *raosc*, *aēsmō*, *usnāitīm*, *ustryamnō* (*s*); — g. *dušitā*, j. *vīšāpahe* (*š*); — j. *aiwyō* (*w*); — *uzūityåsča*, *yezi* (*z*). — Vgl. dazu § 271 No. 5; 278 I, 6; 291; 304 II, 33 ff.

II. Das altpersische Schriftwesen.

Die altpersische Schriftführung ist rechtsläufig.

§ 269. *Die altpersischen Buchstaben.*

1. Die altpersischen Keilinschriften weisen 36 Buchstaben auf[1]. Drei davon sind Vocalzeichen; die übrigen haben eigentlich — s. § 270 — eine aus einem Consonanten und einem Vocal bestehende Gruppe darzustellen; s. die Tafel, S. 161. 1 *ă* 2 *ĭ* 3 *ŭ* — 4 *ka* 5 *ku* 6 *ga* 7 *gu* 8 *xa* 9 *ča* 10 *ǰa* 11 *ǰi* 12 *ta* 13 *tu* 14 *da* 15 *di* 16 *du* 17 *ϑa* 18 *pa* 19 *ba* 20 *fa* 21 *na* 22 *nu* 23 *ma* 24 *mi* 25 *mu* 26 *ya* 27 *va* 28 *vi* 29 *ra* 30 *ru* 31 *la* 32 *sa* 33 *za* 34 *ša* 35 *ϑ^{r}a* 36 *ha*.

[1] Weissbach-Bang, Die altpers. Keilinschriften 1 zählen deren 39. Ich kenne aber nur 36.

2. Erläuterungen zur Umschreibung und Aussprache der altpersischen Buchstaben.

Zu 8, 17, 20; 9; 26, 27: *x*, *ϑ*, *f*; *č*; *y*, *v* entsprechen den gleich umschriebenen awestischen Zeichen.

Zu 6, 7, 10, 11, 14—16, 19: Die Zeichen für die Medien *g*, *d*, *b* dienten wahrscheinlich auch zur Darstellung der entsprechenden tönenden Spiranten *γ*, *δ*, *w*; vgl. unten § 284 No. 1. *ǰ* geht in sichern Wörtern überall auf urir. *ǰ*, wird also, wie dieses, als Affricata *dž* gesprochen worden sein. Vielleicht aber wurden die Zeichen 10, 11 auch als Ausdruck für die Spirans *ž* (+ *a*, *i*) gebraucht; vgl. § 271 mit No. 6. Oder ist überall *ž* zu lesen?[1]

[1] Die beiden Wörter, auf die es dabei ankommt, *niǰāyam* Bh. 2, 64 und *avaǰam* Bh. 2, 75, 89, angeblich = ar. **nižāyam* (ai. *nirāyam*) und **aγaγžam* (j. *uzvažaṭ*, § 35), sind unsicher; beim erstern steht die Lesung, beim letztern die Bedeutung nicht fest; s. Bthl., Handbuch 8 No.; BB. 14, 251.

Zu 35: Die Aussprache des, nach seiner Herkunft (§ 281), mit *ϑ^{r}* umschriebenen Consonanten ist nicht genau festzustellen; vgl. Bthl., BB. 9, 126 ff.;

ZDMG. 44, 550 f.; P. HAUPT, The Johns Hopkins Univ. Circulars No. 58, May 1887; W. SCHULZE, KZ. 33, 214 ff.; WILHELM, Transact. 9th Or. Congr. 1, 530 f.

§ 270. *Zur altpersischen Orthographie.*

a. Die altpersische Keilschrift ist ihrem Ursprung nach eine Silbenschrift. Jede aus Consonant und kurzem Vocal (*a, i, u*) bestehende Silbe wurde mit je éinem Zeichen (z. B. d^a, d^i, d^u) geschrieben; die drei Vocalzeichen dienten einmal zur Darstellung des vocalischen Anlauts, und zwar ohne Scheidung von Kürze und Länge; sodann zur Wiedergabe in- und auslautender Vocallänge, indem sie dem entsprechend vocalisirten Silbenzeichen zugefügt wurden (d^a+a = *dā*, d^i+i = *dī*, d^u+u = *dū*); die Zeichen für *i* und *u* endlich auch zur Schreibung der Diphthonge (d^a+i = *dai*, d^a+a+i = *dāi*). Consonantengruppen und consonantischen Auslaut zu fixiren war unmöglich, weil eben jedem Consonanten ein Vocal inhärirte ($d^a+r^a+g^a+m^a$ = *dargam*).

b. Das System der erhaltenen Inschriften weicht von diesem ursprünglichen Schriftsystem in folgenden Stücken ab: 1. Eine Anzahl von Silbenzeichen mit *i, u* wurde aufgegeben; sie wurden durch Zusammenstellung des *a*-haltigen Zeichens mit dem für *i, u* ersetzt: p^a+i+t^a+a = *pitā* (= ai. *pitā́*); 2. den beibehaltenen Silbenzeichen mit *i, u* wird das Vocalzeichen fast stets auch dann zugefügt, wenn der kurze Vocal darzustellen war: d^i+i+d^a+a = *didā* (= np. *diz*); 3. der Auslaut Consonant + *a* — oder *q*; s. c 8 — wird vom consonantischen Auslaut dadurch geschieden, dass man im erstern Fall noch das Vocalzeichen *a* zufügte: $a+d^a+m^a$ = *adam* (ai. *ahám*); h^a+d^a+a = *hadā* (= ai. *sahá*). S. noch c 1.

c. Dazu noch folgende Schreibregeln:

1. Nasale vor Geräuschlauten, auslautendes *n* (= ar. *n*, *n*[*t*]; § 85, 1) und auslautendes *h* (= ar. *s* und *t*; § 93, 1; 305 B) bleiben unbezeichnet; in der Transscription sind sie durch überhängende *n, h* gegeben: $b^a+d^a+k^a$ = *ba*^{n}*daka*^{h} (= np. *bandah*); man beachte b 3. S. noch Nu. 3 und 8.

2. Statt *ya* und *va vi* schreibt man nach vocallos zu sprechenden Consonantenzeichen $i+y^a$; $u+v^a$, v^i (vor *ĭ*): $š^a+i+y^a+a+t^a+i+š^a$ = *šiyātiš* (gespr. *šy*°, § 7); $ϑ^a+u+v^a+a+m^a$ = *ϑuvām* (gespr. *ϑvām*, § 5). — S. noch Nu. 4.

3. Statt *i* und *u* schreibt man im Auslaut, gleichviel ob das vorhergehende Consonantenzeichen a. ohne oder b. mit *a*-Vocal zu lesen ist, $i+y^a$, $u+v^a$: $p^a+r^a+i+y^a$ = *pariy*; $d^u+u+r^a+i+y^a$ = *dūraiy*. Beachte °*čiy* für °*či* = °*čih* (Nu. 1). S. noch Nu. 4.

4. Statt $i+y^a$ im Fall Nu. 2 und 3 a wird nach h^a regelmässig blos y^a gesetzt: h^a+y^a+a = *hyā*; $b^a+v^a+a+h^a+y^a$ = *bavāhy*.

Vgl. dazu BTHL., Handbuch 6 No. 1. Zu einigen analogen Fällen nach andern Consonantenzeichen s. BB. 10, 270; 13, 68 f.; Studien 2, 68.

5. Vor *u* bleibt der Laut *h* stets unbezeichnet; *hv*° wird nach Nu. 2 durch $u+v^a$, v^i (vor *ĭ*) dargestellt. In der Transscription schreibe ich ^{h}: $u+š^a+k^a+h^a+y^a+a$ = ^{h}*uškahyā* (: jAw. *huškō*, np. *xušk*); $h^a+r^a+u+v^a+t^a+i+m^a$ = *hara*^{h}*uvatim* (: ai. *sárasvatīm*, jAw. *harax*^{v}*a*^{i}*tīm*. S. noch Nu. 6.

Vgl. dazu WEISSBACH, Die Achämenideninschriften zweiter Art 31 f. Das *h* wurde gesprochen; s. auch NÖLDEKE, LC. 1894. W. SCHULZE, KZ. 33, 217 überschätzt den Wert der griechischen Umschreibung von ap. *a*^{h}*u* durch *ω*; man muss sich das *ω* dumpf, mit schleifender Betonung gesprochen vorstellen; vgl. BTHL., BB. 17, 100 f. S. auch **ξᾱρξᾶς*, die Grundlage von *ξέρξης* (E. KUHN, KZ. 31, 323 f.; BRUGMANN, Grundriss 1, 463) gegenüber ap. *xšayāršā*; *h, y* und *v* gingen eben im griechischen Mund unter.

6. Ab und zu ist die Bezeichnung des *h* auch vor *a* und *i* unterlassen: $a+i+š^a+t^a+t^a+a$ = *a*^{h}*ištatā*; $ϑ^a+a+t^a+i+y^a$ = *ϑa*^{h}*atiy* (s. 8).

CORRIGENDA.

Die erste Ziffer bezeichnet die Seite, die zweite die Zeile (von oben an gezählt.)

7, 35 l.: oss. *čalx.* — 14, 13 l.: °*darĕnvaⁱnti.* — 14, 27 l.: **γayžat.* — 23, 11 l.: *drūžati.* — 25, 43 l.: *nš* für *əx.* — 48, 2 füge hinzu, 6 streiche: *r̥.* — 50, 42 l.: § 222. Du. Gen. — 60, 25 l.: *viyatarayāmaʰ.* — 60, 31 l.: †*susruma.* — 61, 53 l.: *āfrīnəntu.* — 73, 26 l.: †*fryąnmahī.* — 82, 42 l.: *drug̑ᶜid-.* — 96, 52 l.: *paty*]*āk.* — 99, 9 l.: Aw. — 105, 15 l.: Aw. — 138, 47 l.: jAw. †*anayå.* — 139, 26 l.: Aw. *hīš*, ap. *šiš.*

[Zu § 110, 4 vgl. § 331, 3 No. — Zu § 115, 2 Conj. vgl. § 371. — Zu § 141 vgl. § 321. — Zu § 160, 7 jAw. *vavačata* vgl. § 372. — Zu § 166 gAw. *uštā* vgl. § 343. — Zu § 169 vgl. jAw. *hunyāṯ* § 377.]

7. Einige Male dient das Silbenzeichen h^a zur Darstellung der Silbe *hi*: $x^a+\check{s}^a+n^a+a+s^a+a+h^a+di+i+\check{s}^a$ = *xšnāsāhidiš*. Vgl. dazu 4.

8. Nasalirung der Vocale bleibt unbezeichnet: $a+\vartheta^a+h^a+m^a$ (*aϑaham*) entspricht ai. *aš́ąsam*, $m^a+r^a+t^a+i+y^a+a$ (*martiyā*) entspricht jAw. *mašyą* (s. dazu b 3).

Ich vermute, es wurde *aϑąham* u. s. w. gesprochen; zu beweisen ist das freilich nicht; s. dazu § 293, 10; 299, 2. Belege für andre Nasalvocale als *ą* sind ganz selten; s. § 421. Ich lasse die Nasalirung auch in der Transscription unbezeichnet.

d. Aus dem unter a bis c Gesagten ergibt sich, dass die Wiedergabe der altpersischen Wörter mit lateinischen Lettern weit entfernt ist, zeichengenau zu sein. Überall, wo die Schreibung an sich mehrfache Lesung gestattet, ist die Umschrift des Wortes durch dessen grammatische und etymologische Fassung bestimmt, bei Eigennamen ausserdem durch deren Darstellung in den susischen und babylonischen Übersetzungen, sowie im Griechischen. — Litteratur bei Weissbach-Bang, Die altp. Keilinschr. 1 ff.

SCHRIFT-TAFEL ZU § 267, 269.

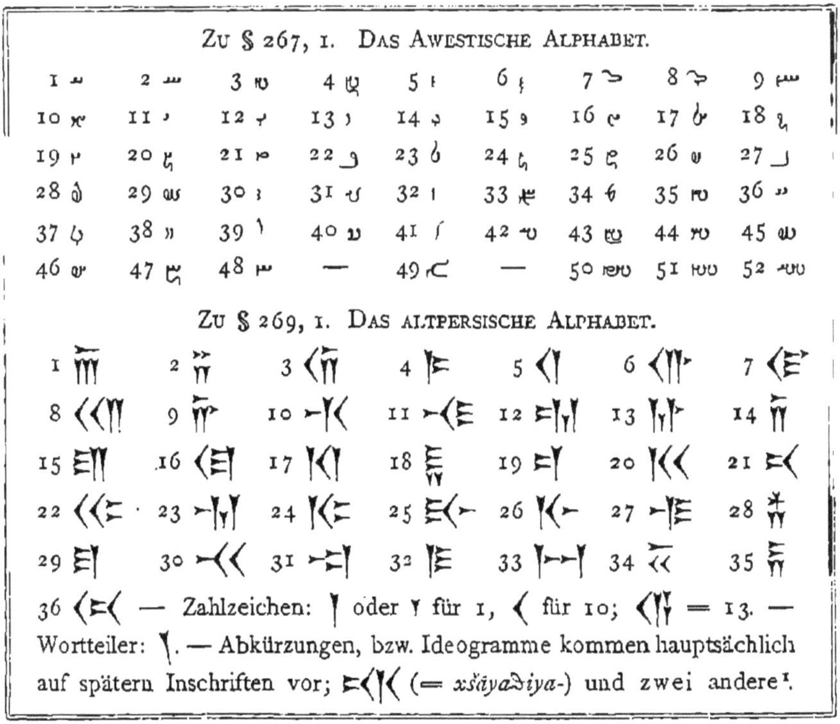

Zu § 267, 1. Das awestische Alphabet.

1	2	3	4	5	6	7	8	9
10	11	12	13	14	15	16	17	18
19	20	21	22	23	24	25	26	27
28	29	30	31	32	33	34	35	36
37	38	39	40	41	42	43	44	45
46	47	48	—	49	—	50	51	52

Zu § 269, 1. Das altpersische Alphabet.

1	2	3	4	5	6	7
8	9	10	11	12	13	14
15	16	17	18	19	20	21
22	23	24	25	26	27	28
29	30	31	32	33	34	35

36 — Zahlzeichen: 𐏑 oder 𐏑 für 1, 𐏓 für 10; 𐏓𐏑𐏑𐏑 = 13. — Worteiler: 𐏐. — Abkürzungen, bzw. Ideogramme kommen hauptsächlich auf spätern Inschriften vor; 𐏈 (= *xšāyaϑiya-*) und zwei andere[1].

[1] Ich wenigstens kenne nur 3; J. Oppert, JA. 7. Ser., 3, 244 führt 8 an; Weissbach-Bang, Die altp. Keilinschr. 1 zählen 4.

I. GESCHICHTE DER LAUTE.

Vergleiche das gleichnamige Kapitel im vorhergehenden Abschnitt, S. 2 ff. und insbesondre S. 45 ff.; Beispiele für nicht veränderte Laute sind im Folgenden nur ausnahmsweise gegeben; sie sind mit Hülfe der Liste leicht zu finden.

EINTEILUNG.

I A. DIE GERÄUSCHLAUTE.

I Aa. Die Verschlusslaute und Affricaten. § 271. Übersicht. — § 272—277. Belege.

I Ab. Die Spiranten. § 278. Übersicht. — § 279—287. Belege.

I B. DIE SONORLAUTE.

I Ba. Die Liquidae. § 288. Übersicht. — § 289—290. Belege.

I Bb. Die Nasale. § 291. Übersicht. — § 292. Belege fürs Awestische.

I Bc. Die Vocale. § 293. Übersicht. — § 294—299. Belege fürs Awestische.

ANHANG ZU I A, B. § 300. Anaptyxe. — § 301. Epenthese.

I C. SATZPHONETIK.

§ 302—304. Awestische Satzphonetik. — § 305. Altpersische Satzphonetik.

ANHANG ZU I. § 306. »Syllabische Dissimilation«. — § 307. Zur Betonung.

ÜBERSICHT ZU I.

I A. DIE GERÄUSCHLAUTE.

Über besondere Gestaltungen der uriranischen Geräuschlaute im An- und Auslaut s. § 302 ff.

I Aa. DIE VERSCHLUSSLAUTE UND AFFRICATEN.

§ 271. *Übersicht.*

I. **Aw.** 1. Die urir. Tenues *p t k č* erfahren keine Veränderung, ausgenommen

t in der Gruppe *rt*, welche z. T. in einen *š*-Laut (*ṣ̌*) umgesetzt wird[1].

Wegen *t̤t* statt *t*, *t̤č* und *δč* statt *č* s. § 268, 49, 52.

2. Die urir. Mediae *b d g ǰ* sind

a. im **gAw.** durchaus erhalten[2], dagegen

b. im **jAw.** nur nach Zischlauten und Nasalen[3], sowie im (Satz-)Anlaut, und zwar hier

b und *ǰ* allgemein,

g ausser vor Nasalen, wo wie sonst *γ* eintritt,

d ausser vor *m* und *b*, wozu § 302, 2, 4; sonst werden sie (im Inlaut)

zu tönenden Spiranten[4] *w*[5] *δ γ ž*[6], während

g vor *u̯* hinter Vocalen und *n* ausfällt.

Wegen *dəǰ* statt *ǰ* s. § 268, 52.

II. **Ap.** Tenues und Mediae sind unverändert erhalten[7]; doch beachte man wegen der Medien No. 4 und oben § 269.

[1] Vgl. zu diesem Wandel § 288 f. Die Awestaschrift hat für den tonlosen *š*-Laut drei verschiedene Zeichen, entsprechend seinen dreifach verschiedenen etymologischen Werten: urir. *š̌ š* und *rt*, und entsprechend seiner dreifach verschiedenen Aussprache; s. BTHL., BB. 7, 188 ff.; KL. 2, 383 ff.; IdgF. 1, Anz. 98 f. Aber in den Handschriften sind die alten Unterschiede verwischt; s. § 267. — [2] Falsch *nəδwō* Y. 46, 13, wofür mit J 2, K 5 und nach der Pehl.-Version *nəδwō* zu lesen; s. Y. 28, 10. — [3] Es steht das in Einklang mit der unter den nämlichen Bedingungen stattfindenden Ersetzung der ar. Ten. asp. durch Ten., während sonst tonlose Spiranten dafür eintreten; § 3, 1. — [4] Die gleiche Erscheinung auch in

neuiranischen Dialekten, z. B. im Neup. und Afγ.; vgl. HÜBSCHMANN, KZ. 24, 413 und zu letzterem GEIGER, ABayrAW. 20. 1, 213 f., ferner oben zum Ap. — 5 In jAw. *aiwyō* = ar. **abbias* mag langes *w* stecken; s. § 273. — 6 In der Schrift von *ž* = urir. *ž* nicht getrennt; s. aber § 267. Vgl. dazu § 3, No. 5 und § 293, 7; *ž* verwandelt ein folgendes *a* wie *y* zu *i*, woraus ich auf mouillirte Aussprache schliesse; s. auch § 267 zu 19, 20; *ž* verhält sich zu *ǰ* (= *dž*) wie das urir. *š* zu *č* (= *tš*). — 7 Wegen ap. *amāxam*: ai. *asmākam* s. § 248.

§ 272—277. *Belege.*

§ 272. Ir. **rt, ṛt** = **Aw.** *š, əš*[1]: gAw. *mašyaēšū* »unter Menschen«: ap. *martiyah*, ai. *mártyas;* — jAw. *pəšanāhu* »in Kämpfen« = ai. *pṛtanāsu;* — jAw. *pəšūm* »Brücke«: nhd. *furt;* — jAw. *bāšārəm* »den Reiter« aus ar. **bart°*, § 295[2].

Daneben aber auch *rt* und *ərət;* s. gAw. *marətaēšū* »unter Menschen« = ai. *mártēṣu;* — jAw. *pərətənte* »sie kämpfen«; — jAw. *pərətuš* »Brücke«. Vgl. dazu § 289.

1 Aus älterem *ərt*, s. § 288 f. — 2 gAw. *maš* »Mensch«, NS. ist Neubildung zum AS. **mašəm* = ar. **mártam;* § 182 No. 6.

§ 273. Ir. **b** = **jAw.** *b:* jAw. *snaiϑižbya* »mit Schlagwaffen«: ai. *haviṛbiṣ;* — jAw. *fraskəmbəm* »Pfeiler« = ai. *skámbam;* — jAw. *bərəzanbya* »den erhabenen«, aus ar. **bṛžandbiā* (§ 24); — jAw. *azdⁱbīš* »mit Knochen«; — jAw. *brāta* »Bruder«: ai. *brātā;* — jAw. *vīzbāriš* »Verkrümmung aus ar. **uižuāriš* (§ 76); —

= **jAw.** *w:* jAw. *aiwi* »hinzu« = gAw. *aibī*, ai. *abí;* — jAw. *gərəwnāiti* »er ergreift« = ai. *gṛbṇāti;* — jAw. *dawra°* »wenig«: ai. *dabrás;* — jAw. *gandarəwō* EN. = ai. *gandarbás* (*°rvás*) aus ar. *°rbás*[1]; — jAw. *aiwyō* »den Wassern« aus ar. **abbias:* ai. *adbyás*[2].

Über graphische Vertretung des *w* s. § 268, 37.

1 DL. 1890, 844. — 2 S. § 268, 58; 271 No. 5 und IdgF. 5.

§ 274. Ir. **d** = **jAw.** *d:* jAw. *dužvandravō* »maledici«: ai. *duṣ + vandáruṣ;* — jAw. *vindənti* »sie finden« = ai. *vindánti;* — jAw. *dazdi* »gib« = ai. *dēhí, daddí* aus ar. **dadᵈi;* — jAw. *drvō* »gesund« = ai. *druvás;* —

= **jAw.** *δ*[1 2]: jAw. *vaēδa* »er weiss« = gAw. *vaēdā*, ai. *véda;* — jAw. *arəδəm* »Seite« = ai. *árdam;* — jAw. *maiδyōi°* »inmitten« = gAw. *maidyōi°*, ai. *mádyē.* — S. noch § 268, 51 und 302, 2, 4.

1 Die Annahme, es sei dafür in einigen Fällen *z* eingetreten — so zuletzt FR. MÜLLER, WZKM. 5, 349; NEISSER, BB. 19, 135; s. ferner FORTUNATOV, BB. 7, 172 — halte ich für irrig; s. IdgF. 2, 261 f., PER PERSSON, Wurzelerweiterung 27 (u. ö.). — 2 Ebenso die Annahme, dass *δ* irgendwo zu *ϑ* geworden sei; s. BTHL., IdgF. 3, 30 No. In der 2PM. *čaraϑwe:* ai. *čáradvē* stammt *ϑ* statt *δ* von der 2PA. **čaraϑa* = ai. *čáratʰa.* Sonst finde ich solches *ϑ* nur im reduplicirten Tempusstamm *daϑ-* neben *daδ-* (zu ai. *dad-* und *dadʰ-*) und am Wurzelende. In letzterer Stellung ist der Wechsel *δ–ϑ* alt, sofern er dem idg. Wechsel *dʰ–tʰ* entspricht; s. § 23. In den übrigen Fällen, nämlich in *daϑ-* und *da*, wo *ϑ* am Wurzelende idg. *d* gegenübersteht — jAw. *vīϑuši:* ai. *vidúṣī; paiϑyāite:* ai. *pádyatē* —, wird eine Nachahmung des dort alten Wechsels vorliegen.

§ 275. Ir. **g** = **jAw.** *g:* jAw. *zangəm* »den Knöchel«, *bizangrō* »zweifüssig«: ai. *ǰáṅgā;* — jAw. *mazgəm* »Mark«: ai. *maǰǰánam*, ksl. *mozgŭ* (§ 43); — jAw. *grīvaya* »auf dem Halse«: ai. *grīvā́;* —

= **jAw.** *γ:* jAw. *bayəm* »den Gott« = ai. *bágam;* — jAw. *darəγəm* »lange« = gAw. *darəgəm*, ai. *dīrgám;* — jAw. *uγrō* »stark«: gAw. *ugrəng*, ai. *ugrás;* — jAw. *γənå* »Frauen«: ai. *gnás;* — jAw. *γəmatəm* »adiendum«: ai. *gámadʰyāi* »kommen«; —

= **jAw.** o (vor *u̯*): jAw. *drvå* (d. i. *druvå*) »Ketzer« = gAw. *drəgvå* (d. i. *drugvå*, § 268, 10): ai. *drúhvān;* — jAw. *rəvīš* »die

hurtigen« (§ 298, 1)[1] = ai. *lag̑vìṣ́;* — jAw. *moᵘrum* (d. i. *moᵘrvəm,* § 268, 22) EN. »Margiane«: ap. *margum*[2]; — jAw. *ϑanvarᵊ* »Bogen« aus ar. **taŋguar*[3].
Über *ŋr* statt *ngr* s. § 268, 46.

[1] ZDMG. 48, 149. — [2] Entsprechend jAw. *raom* (d. i. *ravəm*) »den hurtigen«: ai. *rag̑úm.* — [3] Jackson, JAOS. 14, cxxv; unten § 291.

§ 276. Ir. *ǰ* = **jAw.** *ǰ:* jAw. *ϑwąza͑ti* 3. Sg. Praes.[1]; — jAw. *rəṅǰyō* »hurtig« = ai. *rángyas,* aus ar. **raṅǵ̑ i̯as*[2]; — jAw. *ǰyå* »Sehnen«: ai. *ǰyás;* —
= **jAw.** *ž* (statt *ž̌*): jAw. *tižiº* »schneidig«: ai. *tḗǰiṣṭʰas;* — jAw. *daža͑ti* »er brennt« = ai. *dáhati.*
S. noch § 268, 52 über *dəǰ* statt *ǰ.*

[1] So ist jedenfalls Yt. 19, 58 zu lesen; vgl. *aš̌ᵃϑwō.zgatəma* (Pt 4 zu Y. 13, 2 statt *ºϑwazgº;* § 268, 56) und J. Darmesteter, Traduction 2, 632. Bedeutung des Worts? — [2] S. § 66.

§ 277. *Unregelmässige Media im jAw.*

Zu § 273 ff. — Vielfach finden wir im Inlaut jung**Aw**estischer Wörter gegen die Regel § 271 I, 2 b die Media anstatt der tönenden Spirans. In reduplicirten Bildungen wie *bābvarᵊ, dadāϑa, ǰāgərᵊbuštarō, dadąsaoš* u. s. w. und in Composita wie *ābərᵊtəm, ābarənti, vīdaēvō, apagatōc, aǰyamnəm* u. s. w. erklärt sich die Unregelmässigkeit ohne Weiteres aus dem Einfluss des Simplex, bei dem die Media, weil anlautend, unverändert blieb. Der hier begreifliche Wechsel zwischen tönender Spirans und Media konnte sich aber leicht auch auf andre Wörter übertragen (vgl. § 82, 4). Wegen der mit ar. *b* anlautenden Casussuffixe s. unten § 378, 2. Ferner ist der Einfluss des Gathadialekts zu berücksichtigen. Endlich, Fälle wie *drəwda* statt *ºwδa* sind pure Fehler; vgl. F 1, Pt 1, E 1 zu Yt. 13, 22 und oben § 53 I, 1.

I Ab. DIE SPIRANTEN.

§ 278. *Übersicht.*

I. **Aw.** 1. Unverändert bleiben von den urir. Spiranten: *w x γ xᵛ š ž ϑ š́* (und *ṯ,* § 303). Doch beachte man, dass urir. *š́* der Schrift nach mit dem alten (urir.) *š* und mit dem aus urir. *rt* entwickelten *š* zusammenfällt (§ 271 No. 1). Zu *š* s. noch § 28 f.

2. Urir. *f* bleibt, ausser
hinter *ϑ*, wo es zur tönenden Spirans *w*[1],
vor *t,* wo es zur Tenuis *p* wird[2].

3. Urir. *ϑ* bleibt, ausser
hinter *f* und *x,* wo die tönende Spirans *δ* eintritt[1]. S. noch § 268, 50.

4. Urir. *z* bleibt im **gAw.** allgemein, wird aber zu
s im **jAw.** vor *m*[3].

5. Urir. *h* bleibt teils unverändert, teils wird es durch *ŋh*[4], seltener und nur vor *i̯* durch *h́* vertreten. Zu den nicht ganz durchsichtigen Bedingungen s. § 286.

6. Urir. *s,* im Allgemeinen erhalten, erscheint im **jAw.** vor Vocal und *r* einige Male als *ϑ;* s. hiezu § 282 No. 1. — Aw. *s* in *masyō:* ai. *mátsyas* und in †*an-usa-vanta:* ai. *útsas* (IdgF. 5) ist vielleicht als langes *s* gesprochen worden; s. § 5 No. 5 und 268, 58. Schwerlich aber, wenn *s* aus *ts* vor Geräuschlaut oder Pausa stand: jAw. *nāist* (§ 94, 1), *ºxšnus* (§ 85, 2); vgl. § 51, 1.

II. **Ap.** 1. Urir. *w γ xᵛ* sind nicht nachweislich; wegen *ž* s. § 269, 2 No. 1.
2. Urir. *f x*[5] *š* bleiben unverändert.
3. Urir. *š́* wird *s.*

4. Urir. ϑ bleibt, ausgenommen
vor *ẕ*, wo es zu *š*,
vor *r*, mit dem es zu ϑ*ʳ* wird.
5. Urir. *s* bleibt vor Nasalen und Tenues,
vor *č* wird es *š*[6], während dafür
sonst bald *s* bald ϑ erscheint; s. § 282 No. 1.
6. Urir. *z* bleibt vor Medien, während es
vor Sonorlauten durch *z* und *d* vertreten ist; s. § 284 No. 1.
7. Urir. *h* bleibt, ausser
vor *m*, wo es ausfällt; vgl. § 87.

Wegen urir. *ẕ* s. § 305 B.

[1] In den urir. Spirantengruppen ϑ*f*, *f*ϑ und *x*ϑ wird der zweite Laut tönend. *xf* ϑ*x* und *fx* kommen nicht vor. Vgl. Bthl., AF. 1, 8. — In jAw. *rasō* V. 6, 26 Gl. — vgl. Nir. 37 —, *mahrkasəm* Aog. 48 mit *s* statt ϑ = ar. *t*' sehe ich blosse Schreibfehler. — jAw. *uskāṯ* »oben« hat *s* statt ϑ von *us* und *usča* (§ 5) bezogen; s. auch afγ. *hask* »oben« bei Geiger, ABayrAW. 20. 1, 177. — [2] S. dazu Hübschmann, KZ. 24, 412. — [3] Vgl. dazu § 28 No. 1. Jedenfalls wurde auch urir. *žm* im jAw. zu *šm*. Ich habe kein sicheres Inlautsbeispiel. Beachte aber jAw. *dušmanaŋhe*: gAw. *dužmanaŋhō* (Y. 48, 11; so!), § 304 II, 9. — [4] Horn's Annahme »man kann nicht Aw. *ŋh* lautlich ar. *s* gleichsetzen, sondern nur ar. *ns*« (BB. 20, 183), ist falsch. Zwar fällt im jAw. ar. *as* und *ans* (vor *a*-Vokalen) in *aŋh* zusammen; aber im gAw. haben wir dort *aŋh*, hier *ə̄ngh*, *ə̄nŋh* (§ 293, 10; 299, 2); also waren die Gruppen im Uriranischen geschieden. — [5] Gegenüber jAw. *taoxma*, ai. *tókma* haben wir ap. *taumā* »Geschlecht, Sippe«; vgl. dagegen ap. °*taxmaʰ*: jAw. *taxmō*. Eine sichere Beurteilung des Worts ist bei dem kärglichen Material unmöglich. Die von Bang, ZDMG. 43, 533 vorgeschlagene Erklärung des Worts ist in der NA. nicht aufrecht erhalten. — [6] Es wird also urir. *stš* (*sč*) zu *štš* (*šč*); vgl. zu dieser Assimilation Bthl., IdgF. 1, 488.

§ 279—287. *Belege.*

§ 279. Ir. *f* = **Aw.** *p* (vor *t*)[1]: jAw. *hapta* »sieben« = ai. *saptá*, np. *haft*; — jAw. *suptīm* »Schulter« = ai. *śúptim*, np. *suft*; — jAw. *xᵛaptō* »eingeschlafen«: ai. *suptás*, np. *xuftan*; — gAw. *pᵃtā* »Vater« neben jAw. *hufᵊδrīš*; —

= **Aw.** *w* (hinter ϑ): jAw. *ā*ϑ*wyō* EN. aus ar. **ātpi̯as*[2].

[1] Die wenigen Wörter mit *ft*: jAw. *malaftō*, *gərᵊftəm* (Nir. 67, neben *gərᵊptəm*) verdanken ihre Form wohl den persischen Abschreibern, die ihr *tāft*, *girift* im Kopf hatten. — [2] Einziges Beispiel; vgl. dazu Bthl., IdgF. 1, 180 f.

§ 280. Ir. ϑ = **Aw.** δ (hinter *f* und *x*): jAw. ϑ*rafᵊδō* »gesättigt« (KZ. 29, 502); — jAw. *vaoxδa* »dixisti«: ai. *uváktha*; — jAw. *nafᵊδrō* »des Enkels«: ai. *náptrā*; — gAw. *vaxᵊδrahyā* »des Spruches«: ai. *vaktrám*; —

= **ap.** *š* (vor *iy* = *i̯*, § 270 c 2): ap. *hašiyam* »wahr« = gAw. *haiϑyəm*, ai. *satyám*; — ap. *ʰuvāmaršiyuš* »durch Selbstmord sterbend«: jAw. *mərᵊϑyuš*, ai. *mr̥tyúṣ*.

§ 281. Ir. ϑ*r* = **ap.** ϑ*ʳ*[1]: ap. ϑ*ʳitīyam* »den dritten«: jAw. ϑ*rityō*, ai. *tr̥tī́yas*; — ap. *puϑʳaʰ* »Sohn« = jAw. *puϑrō*, ai. *putrás*; — ap. *xšaϑʳam* »Reich« = jAw. *xšaϑrəm*, ai. *kṣatrám*.

[1] Auffallend ist *ba* + *a* + *xa* + *ta* + *ra* + *i* + *ša*, das man *bāxtriš* (EN., Baktrien) liest. Ein zweites ap. Wort mit der arischen Gruppe Tenuis + *tr* gibt es nicht. — Wegen ap. *miϑraʰ* statt **miϑʳaʰ* s. Bthl., BB. 9, 127 ff.; ebd. und ZDMG 44, 551 auch zu den mittel- und neuir. Fortsetzern des ap. ϑ*ʳ*.

§ 282. Ir. *s* = **Aw., ap.** *s*; Belege s. S. 45, 15; —

= **ap.** *š* (vor *č*): ap. *kaščiy* »irgendwer« = jAw. *kasčiṯ*, ai. *káśčid*; — ap. *aniyaščiy* »auch anderes« = ai. *anyáččid* (§ 3, No. 3); —

= **ap.** ϑ[1]: ap. *viϑam* »Haus« = jAw. *vīsəm*, ai. *víśam*; — ap. *maϑištaʰ* »der grösste«: jAw. *masō*, gr. μῆκος; — ap. *aϑaⁿgainam*

»steinern«: jAw. *asəngō.gāum*[2], np. *sangīn*, ai. *aśániṣ̌;* — ap. *ϑadaya*[h] »es scheine«: jAw. *saδayeiti*, ai. *čadáyati* (§ 30); —

= **jAw.** *ϑ*[1]*:* jAw. *aiwiϑūrō* »mächtig« neben *sūrō:* ai. *śūras;* — jAw. *ϑamnanəuhantəm* »den heilsamen«: ai. *śamáyati;* — jAw. *ϑraotō.stāčō* »in Flüssen laufende«: ai. *srótas*[3]*;* — jAw. *ϑraxtiš* »Ecke« neben *sraxtīm:* ai. *sraktíṣ̌*[3].

[1] Weitere jAw. Beispiele bei JACKSON, Grammar 29, wozu noch CALAND, KZ. 33, 463 f.; weitre altpersische bei HÜBSCHMANN, KZ. 23, 395. — Ich begreife die Erscheinung als Dialektmischung (s. auch § 284 No. 1). Sie zeigt sich auch im Neuiranischen, z. B. im Neupersischen, wo urir. *s* durch *s* und *h* vertreten ist, welch letzteres die Mittelstufe *ϑ* voraussetzt; s. HÜBSCHMANN, KZ. 24, 386. Im Awestischen hat der Wandel nur wenige Spuren hinterlassen, und zwar nur im Jungawestischen; oder haben wir es hier mit blossen Schreibfehlern zu thun (vgl. § 278 No. 1)? — [2] S. oben S. 113. — [3] S. oben § 87, No. 2 und CALAND, a. O.

§ 283. Ir. *ś* = **Aw.** *ś* (für *ś*), **ap.** *ś*. Belege s. § 7, 12, 90.

§ 284. Ir. *z* = **jAw.** *s* (vor *m*): jAw. *xrūždisme* »in harter Erde« neben *zəme:* ap. *huvārazmiš* EN., ai. *jmás*, gr. χαμαί; — jAw. *urvāsma* »Seligkeit«: gAw. *urvāzᵊmā;* — jAw. *aēsməm* »Brennholz«: g. *īzmah*, PDm. *ēzma* (§ 15); —

= **ap.** *z:* ap. *vahyazdāta*[h] EN.: jAw. *vaŋhazdå* (§ 305 C II, 3; zu § 43); — ap. *zura*[h]*kara*[h] »Verrat übend«: jAw. *zurō.jatahe*, ai. *hváras* (§ 76 No. 3; zu § 32); — ap. *azdā* »kund« = gAw. *azdā*, ai. *addhā́* (zu § 41); —

= **ap.** *d:* ap. *adam* »ich« = jAw. *azəm*, ai. *ahám;* — ap. *didā* »Festung«: jAw. *pairi.daēzan*, np. *diz;* — ap. *adānā*[h] »er kannte«: jAw. *zānənti*, ai. *jānā́ti;* — ap. *drayahyā* »im Meer«: jAw. *zrayō*, ai. *jráyas*[1].

[1] Weitre Beispiele gibt HÜBSCHMANN, KZ. 23, 396. *d* meint jedenfalls in all diesen Fällen die tönende Spirans *δ*, s. oben § 269. Die doppelte Vertretung des urir. *z* durch *s* und *d* (*δ*) erklärt sich wie die des urir. *s* durch *s* und *ϑ*, § 282 No. 1. Die gleiche Erscheinung auch im Neupersichen; s. HÜBSCHMANN, KZ. 24, 386.

§ 285. *Ir. h im Altpersischen.*

Ir. *h* = **ap.** *h;* Belege § 42; —

= **ap.** o (vor *m*): ap. *amiy* »ich bin« = jAw. *ahmi*, ai. *ásmi;* — ap. *amahy* »wir sind«: gr. ἐσμέν.

Zur regelmässigen oder gelegentlichen Nichtschreibung des *h* s. § 270 c 5, 6.

§ 286. *Ir. h im Awestischen.*

Wir haben dafür *h*, *ħ* und *ŋh;* zu letzterem s. § 268, 27 ff., 46 f. (*ŋuh*, *ŋ́h* etc.)

Ir. *h* = a) **Aw.** *h* allgemein anlautend — ausser vor *i̯*, s. e — sowie inlautend vor *m* *ī* *ū*[1]*:* jAw. *hənti* »sie sind« = ai. *sánti;* — jAw. *hvąm* »suam« = ai. *svám;* — jAw. *ahmi* »sum« = ai. *ásmi;* — gAw. *mōhmaidī* »wir erkannten« = ai. **masmahi* (BB. 13, 66); — jAw. *ahi* »du bist« = ai. *ási;* — jAw. *pāhi* »du schützest« = ai. *pāsi;* — jAw. *ahurō* »Gott« = ai. *ásuras;* — jAw. *yāhu*, *yāhva* (d. i. °*huva*, § 268, 12) »bei welchen« = ai. *yā́su*, *yā́sv ā́;* —

= b) **Aw.** *ŋh* (*ŋ*, *ng;* § 268, 46 f.) stäts vor *r:* jAw. *čataŋrō* »vier« = ai. *čátasras;* — gAw. *dangrā* »durch den kundigen« = ai. *dasrā́;* — jAw. *aŋrō mainyuš* »der böse Geist«: Sas. *ahraman*, s. jAw. *ąstəm*[2]*;* —

= c) **Aw.** *ŋh* (*nŋh*, *ngh*) im Inlaut vor urir. *a*-Vocalen[1]: jAw. *aŋhat*, *aŋhən* »er, sie sollen sein« = ai. *ásat*, *ásan;* — jAw. *åŋha*, *åŋhar*[e] »er, sie waren« = ai. *ā́sa*, *āsúr* (§ 160, 11); — gAw. *vǝ̄nŋhaitī*, *vǝ̄nghat* »er soll besiegen« = ai. *vą́sat;* — jAw. *vačaŋhe* »dem Worte« = ai. *váčasē* (*e* = urir. *ai*, § 303, 2); —

= d) **gAw.** *h*, **jAw.** *ŋh* im Inlaut vor *u*[1]: gAw. *gūšahvā* »höre«, jAw. *barəŋuha* »bringe«: ai. *bárasva;* — jAw. *ā̊ŋuharəna* »escaria« neben *xᵛarə̄ti* »er isst« (§ 89); —

= e) **gAw.** *h* oder *h́*, **jAw.** *h* oder *h́* oder — im Inlaut — *ŋh* vor *i̯*[3]: jAw. *ahe* (*e* für *ya*, § 268, 32), gAw. *ahyā, ah́yā-čā* »dessen« = ai. *asyá;* — gAw. *dah́yə̄uš* GS., jAw. *dah́yunąm* GP., *daŋhə̄uš* (§ 268, 28) GS. »Land«: ap. *dahyāuš;* — jAw. *manahyō*, gAw. *manah́yāi-čā*, jAw. *haomanaŋhimna* (*i* für *yə*, § 268, 21): ai. *manasyáti;* — jAw. †*ā̊ŋhāt* »er möge sein« (§ 268, 28; IdgF. 3, 19 f.); — jAw. *hyāt*, gAw. *h́yāt* »sit« = ai. *syā́t.*

[1] Die Abweichungen zu a, c und d, d. h. das Auftreten von *ŋh* vor *ī ā* (a), von *h* vor *a*-Vocal (c) und von *ŋh* vor *v* im gAw. (d) erkläre ich durch Lautübertragung; so z. B. zu a: jAw. *vaŋhuš* NS., *vaŋhubyō* DP., *vaŋhušu* LP. nach *vaŋhavō* NP., *vaŋhave* DS., *vaŋhāu* LS.: ai. *vásuš, vásavas* u. s. w.; — gAw. *mə̄ŋghī* 1SM. nach *mə̄ŋghāi* 1SMConj. (s. § 268, 54); — — zu c: jAw. *pərᵊsahe* 2SM.: ai. *pṛčásē* nach *pərᵊsahi* 2SA.; — — zu d: gAw. *vaŋuhīm* ASf., *vaŋhuyāi* (§ 268, 13) DSf. nach *vaŋhuš* u. s. w., s. zu a; — gAw. *aojōŋghvat*: ai. *ṓjasvat* nach *aojaŋhā* = ai. *ṓjasā;* s. übrigens J 2, K 5 zu Y. 28, 6 und § 268, 47. Das jAw. *-hva* des LP. kann überall für *-huva* genommen werden, s. *yāhva* unter a; gAw. *-hvā* der 2SIM. ist immer jAw. *-ŋuha*. S. noch § 298, 7a. — [2] Vgl. BTHL., BB. 8, 220; AF. 2, 177; GELDNER, 3 Yasht 135; BB. 12, 99; JACKSON, JAOS. 14, CXXVI; JOHANSSON, IdgF. 2, 27. Dazu vielleicht ai. *vyąsas* als Dämonenname. — [3] Nach welchen Gesetzen sich der Wechsel regelt, ist undeutlich. Im gAw. ist *h́* viel häufiger als im jAw. Der GS.-Ausgang urir. *-ahi̯a* erscheint im gAw. mit *ča* stets in der Form *ah́yāčā;* s. GELDNER, Studien 1, 141. Anlautendes *h́y* findet sich im gAw. nur im Optativ zu *asti* (§ 122, 7), im jAw. nur im EN. *h́yaona-*. Wegen gAw. *hyat* s. § 268, S. 154.

§ 287. *Anhang. Awestisch šh, šxᵛ für urir. š, šu̯.*

In zahlreichen Fällen zeigt das **Awestische** an der Verbindungsstelle componirter oder reduplicirter Wörter *šh, šxᵛ* — meist mit dem Trennungspunkt hinter *š* — statt oder auch neben *š, šv;* statt *šh* kommt auch *šaŋh* vor, § 268, 48: gAw. *huš.haxā* »guter Freund« = ai. *suṣákhā;* — jAw. *hišhaxti* »er folgt« = ai. *síṣakti;* — jAw. †*paⁱriš.xᵛaxtəm* »umfasst« = ai. *pariṣvaktám;* — jAw. *hušxᵛafa* »er schlief«: ai. *suṣvā́pa* (§ 8). Es scheint, dass z. B. gAw. *huš.haxā* auf einer Contamination der lautgesetzlichen Formen **hušaxa* und *haxa* (= ai. *sákhā*) beruht; vgl. unten § 304, II d[1]. Zuletzt darüber CALAND, KZ. 32, 589 f.

[1] Auffällig freilich ist dabei, dass die Unregelmässigkeit fast nur vor kurzem Vocal anzutreffen ist; doch s. jAw. *aš̌iš.hāgᵊt, paⁱriš.hāvanayō* und IdgF. 3, 63. — Ist der ap. EN. *pa + a + ta + i + ša + u + va + ra + i + ša*, wegen des Strabonischen Πατεισχορεῖς, *pātišʰuvariš* zu lesen?

I B. DIE SONORLAUTE.

Über besondere Gestaltungen der uriranischen Sonorlaute im An- und Auslaut s. § 302 ff.

I Ba. DIE LIQUIDAE.

§ 288. *Übersicht.*

Es kommt nur die eine arische Liquida *r* in Betracht, die in consonantischer und sonantischer Function: *r* und *r̥* gebraucht wurde; vgl. oben § 56 f. Das altpersische Silbenzeichen *la* findet sich blos in zwei nichtiranischen Eigennamen; vgl. aber dagegen *bābiruš* — Βαβυλών.

I. **Aw.** 1. Urir. *r* bleibt im Allgemeinen unverändert; s. 3;

2. Urir. *r̥* (Sonant) wird im Allgemeinen zu *ər;* s. ferner 3;

r̥̄ (nasalirtes *r̥*) wird *ər̥*.

3. Nach Abschluss des unter 2 angegebenen Wandels wird das Aw. *r* im Nachton

a. zu *hr* (*r̥*; § 268, 55) vor den antesonantischen Tenues *p*, *k*;
b. zu *š̌* (geschrieben *š*, § 271) mit folgendem antesonantischen *t*.

II. **Ap.** 1. Urir. *r* bleibt unverändert ausser hinter ϑ, mit dem es ϑ*r* ergibt.
2. Urir. *r̥* wird im Allgemeinen durch *ar*, dagegen vor *n* durch *u* vertreten; § 290.

§ 289—290. *Belege.*

§ 289. *Ir. r, r̥ im Awestischen.*

Man beachte, dass sich zwischen *r* und Consonanz fast stets ein anaptyktischer Vocal einstellt; § 300.

1. Ir. *r* = **Aw.** *r*; Belege § 58 und unten; —

2. Ir. *r̥* = **Aw.** *ər*: jAw. *gər*ᵉ*δāδa* »aus der Behausung«: ai. *gr̥hám*; — jAw. *ər*ᵉ*zifyō*° »Falken°«: ai. *r̥jipyás*; — gAw. *zər*ᵉ*dā* »mit dem Herzen« = ai. *hr̥dā́*; —

Abweichungen in der Schreibung s. § 268, 4, 38 ff. — Öfters wird in den Hdss. *ər* mit *ar* verwechselt, besonders vor Zischlauten; s. z. B. § 134 No., 210 No. zu 40 u. ö.

3. Ir. *r̥̄* = **Aw.** *ər̥*: gAw. *nər*ᵃ*š*, gAw. *nər*ᵊᵘ*š̌* »die Männer«, AP.; aus ar. **nr̥̄š*.

Zur auffälligen Schreibung s. § 268, 54.

4. Ir. *r* = **Aw.** *hr*[1]: jAw. *mahrkō* »Tod«, *mahrkaϑāi* »zu töten«; neben *ahumər*ᵉ*xš̌* »Leben tötend«; — jAw. *kahrkatās* »Hahn«: ai. *kr̥kavā́kuṣ*; — jAw. *kahrpunanąm* GP., Tiername; —

5. Ir. *r̥* = **Aw.** *əhr*[1]: jAw. *vəhrkō* »Wolf« = ai. *vŕ̥kas*; — jAw. *kəhrpəm* »den Leib« neben *kər*ᵉ*fš̌* NS., *hukər*ᵉ*ptəmahe*: ai. *kr̥pā́* IS.; — jAw. *stəhrpaēsaŋhəm* »sternengeschmückt«; —

6. Ir. *rt* = **Aw.** *š̌*[1]: jAw. *mašyō* (§ 268, 11) »Mensch« = ai. *mártyas*; — jAw. *ašanąm* »gemahlener«: Phlv. *artak*, np. *ārd* »Mehl«; —

7. Ir. *r̥t* = **Aw.** *əš̌*[1]: jAw. *aməšəm* »unsterblich« = ai. *amŕ̥tam*; — jAw. *pəšanāhu* »in Kämpfen« = ai. *pŕ̥tanāsu*.

[1] Zu 4—7 vgl. AF. 2, 35 ff., wo ich auf Grund des Gesamtmaterials den Nachweis zu führen versucht habe, dass Aw. *r* vor antesonantischen Tenues — also nicht vor *č* (= *tš*)! — hintern Hochton tonlos (*r̥*) wurde, geschrieben *hr* (§ 268, 54) — daher hinter *hr* keine Anaptyxe statthat, § 300 —, und dass das so entstandene *r̥t* (*hrt*) späterhin sich weiter zu *š̌* (*š*) gestaltete. Massgebend ist natürlich die awestische Betonung in der Zeit nach Abschluss des Wandels von ir. *r̥* zu *ər*; bis dahin aber können schon manche Verschiebungen des arischen Accents erfolgt sein. Nach der aind. Betonung sind normal z. B. jAw. *aməšəm* und *amər*ᵉ*tatātəm*: ai. *amŕ̥tam*, **amr̥tátāt*- (Whitney, Grammar² § 1238, unten § 294 No.). gAw. *mašyaēšū* stimmt zu ai. *mártyēṣu*, dagegen gAw. *mar*ᵉ*taēšū* zu gr. βροτός, μορτός, nicht zu ai. *mártēṣu*. Zu jAw. *mahrkō* »Tod« (= ar. **márkas* gegenüber ai. *markás* »Töter«; Ludwig, Rigveda 5, 495 f.; J. Schmidt, Pluralbildungen 390 f.): gAw. *mar*ᵃ*kaēčā* und zu jAw. *kəhrpəm* (= **kŕ̥pam*): *kər*ᵉ*pəmča* s. unten § 294. Zahlreiche Lautausgleichungen haben das gesetzliche Verhältnis zwischen *hrk*, *hrp*, *š̌* und *rk*, *rp*, *rt* verwischt; jAw. *kəhrpa* = ai. *kr̥pā́*, jAw. *mahrkaϑəm* = ai. **markát'am* haben *hr* von *kəhrpəm*, *mahrkō* bezogen u. s. w.; s. AF. 2, 40 ff. Man beachte auch gAw. *maš̌* »Mensch«, § 272, No. 2. [Wilhelm, Transact. 9th Or. Congr. 1, 533 ff. ignorirt meinen Aufsatz; zu seiner — sicher falschen — Erklärung des np. *dāštan* s. Bthl., IdgF. 4, 129 f.]

§ 290. *Ir. r, r̥ im Altpersischen.*

1. Ir. *r* = **ap.** *r*; Belege § 58; —

2. Ir. ϑ*r* = **ap.** ϑ*r*; Belege § 281; —

3. Ir. *r̥* = **ap.** *ar*[1]; ap. *ardumaniš* EN., eig. »geradsinnig«: ai. *r̥júṣ*, gAw. *ər*ᵉ*zuš*; — ap. *agarbāyam* »ich ergriff«: ai. *gr̥bhāyáti*, jAw. *gə*ᵘ*rvaye*ⁱ*ti*; — ai. *parsātiy* »er soll fragen«: ai. *pr̥ččháti*, jAw. *pər*ᵉ*sa*ⁱ*ti* (, np. *pursīdan*); — ap. *tarsatiy* »er fürchtet« = jAw. *tər*ᵉ*sa*ⁱ*ti* (, np. *tarsīdan*); —

4. Ir. *r̥* = **ap.** *u* (vor *n*)[2]: ap. *akunavam* »ich machte« = ai. *akr̥ṇavam*. Zu ap. *akutā* s. No. 2.

[1] Wo ich im Inlaut *ar* für ir. *ṛ* schreibe, könnte an sich auch *r* gelesen werden, also *aṛrbāyam* statt *agarb°*; so HÜBSCHMANN, KZ. 27, 111; s. noch oben § 57. Aber gegen die Existenz eines ap. *ṛ* spricht einmal *ardumaniš* — s. oben; anders freilich, wenn NÖLDEKE, SWAW. 116, 416 No.; LC. 1894, 151 Recht hätte —, sodann die griechische Wiedergabe persischer Wörter, wie Κοσμαρτιδήνη = ir. **hušmṛtidaina* (KEIPER, Perser des Äschylos 100); 'Αριοβαρζάνης = **ariaṛrzanah*; ἄρξιφος, ἀρδιφιός (TOMASCHEK, BB. 7, 199) = **ṛzifiah*, jAw. *ərəzifyō°* »Falke«. — [2] Nur im *naṷ*-Praesens zu *kar*-belegbar; man vergleiche np. *kunam* »ich mache«: ai. *kṛṇṓti*; np. *šunūdan*, bal. *sunay* »hören«: ai. *śṛṇṓti*; PDw. *pun* »Handvoll«: jAw. *pərənōbyō*. — Die ap. Aoristformen *akutā* = ai. *ákṛta* und *akumā* 1PA. haben ihr *u* vom Praesens bezogen; ai. *asunavam: asuta* = ap. *akunavam: akutā*.

I Bb. DIE NASALE.

§ 291. *Übersicht.*

I. **Aw.** Die uriranischen Nasale *m n* und *ŋ* bleiben unverändert, ausgenommen

m hinter Langvocal vor *r*, wo es zu *n*, und

ŋ vor *gṷ*, das im **jAw.** nach Ausfall des *g* (§ 271, 275) zu *n* wird.

Vgl. noch § 296 und zur Darstellung der Nasale vor den homorganen Geräuschlauten § 268, 47, 53. — Wo Aw. *n, m* für idg. *n, m* + homorganen Verschlusslaut + *m, n* steht, z. B. in jAw. *bunəm* »Boden«, *duməm* »Schwanz«[1] (§ 24), mag langes *n, m* gesprochen worden sein.

[1] S. jetzt auch SÜTTERLIN, IdgF. 4, 93.

II. **Ap.** Keine Änderung[1]. Nasale vor Geräuschlauten bleiben in der Schrift unbezeichnet, § 270 c 1; s. aber ap. *zraⁿkaʰ* — gr. Δραγγιάνη; ap. *kaᵐbujiyaʰ* — gr. Καμβύσης; ap. *viⁿdaʰfarnā* — gr. 'Ινταφέρνης.

[1] FR. MÜLLER's altpersisches Lautgesetz, nach welchem iranisches *hma* neben *ma* auch durch *na* vertreten werden kann (WZKM. 7, 112), ist nichts wert; s. § 416.

§ 292. *Belege fürs Awestische.*

1. Ir. *m* = **Aw.** *m*: gAw. *kāməm* »Wunsch«: ap. *kāmaʰ*, ai. *kā́mas*; u. s. w., § 63; —

= **Aw.** *n*[1]: gAw. *mąnᵃrōiš* »der Verkündigung« aus ar. **māmraiš* (mit Int.-Red.); — jAw. *°dvąnᵃrayå* »der düstern« aus ar. **dʰṷāmr°*: ai. *dʰūmrás*; —

2. Ir. *n* = **Aw.** *n*: jAw. *haēna* »Feindesheer«: ap. *hainā*, ai. *sénā*; — jAw. *panča* »fünf«: ai. *páñča*; — jAw. *ṱbišyanbyō* »den hassenden« (§ 24); — jAw. *bune* »auf dem Boden« (§ 24 und 291);[2] —

3. Ir. *ŋ* = **Aw.** *ŋ* (*n*): jAw. *zaŋgəm* »Knöchel«, *bizəŋrō* (§ 268, 47): ai. *jáŋgā*; — jAw. *paŋtaŋhum* »Fünftel«: ai. *paŋtíṣ* (§ 24); — gAw. *mərᵉŋgᵉdyāi* »zu gefährden« (§ 268, 47); —

= **jAw.** *n* vor *v*: jAw. *ϑanvarᵉ* »Bogen« aus ir. **ϑaŋgṷar* (§ 275).

[1] S. zu diesem Wandel BTHL., IdgF. 1, 493 ff. und unten § 296, 2. — [2] *n* (ar.) vor *r* kommt nicht vor. Der Dāmonenname *indrō* wird, wenn JACOBI's Etymologie KZ. 31, 316 ff. — ar. **inra*- — zutrifft, aus dem Indischen herübergenommen sein; doch s. auch JOHANSSON, IdgF. 3, 235. Statt gAw. *jǝ̄nǝrąm* Y. 53, 8 lese ich mit K 5 *jǝ̄narąm*, d. i. APn. aus ar. **gʰanara*- »Schlagen, Morden«, Bildung wie ai. *sánara*-. J. DARMESTETER's Erklärung, Zend-Awesta 1, 347, ist schauderhaft. Die Herkunft des *m* in jAw. *maγnō* »nackt« gegenüber ai. *nagnás*, got. *naqaþs* u. s. w. ist mir dunkel. Oss. *bäγnäg* bei HÜBSCHMANN, Oss. Sprache 26 hilft auch nicht weiter; ebensowenig DE SAUSSURE, MSL. 7, 93.

I Bc. DIE VOCALE.

§ 293. *Übersicht.*

I. **Aw.**

A. Quantitative Veränderungen.

1. Ein langer (sonantischer) Vocal in offener Paenultima wird gekürzt beim Antritt eines Encliticums oder eines (Secundär-)Suffixes, das eine Verschiebung des Hochtons nach der Auslautssilbe veranlasst. S. § 294.

2. Urir. *a* wird — unter unermittelten Bedingungen — gedehnt (*ā*) beim Übergang eines folgenden *rt* in *š̌* (§ 271, 289); s. § 295.

Anderweitige Fälle von »Ersatzdehnung« sind mir nicht bekannt; zu Geldner, KZ. 25, 190 No. 2 s. Zubatý, KZ. 31, 53; zu jAw. *āfəntəm* bei Caland, GGA. 1893, 398 s. oben § 76.

Alle übrigen quantitativen Veränderungen sind lediglich graphischer Art; s. § 268 Nu. 1 ff.

B. Qualitative Veränderungen.

S. auch C. Nasalirung.

a. Die *i*-, *u*-Vocale und die Diphthonge.

3. Urir. *u* (Sonant); *i̯*, *u̯* (Consonanten); ferner *ī*, *ū* und *āi*, *āu* bleiben unverändert;

4. ebenso urir. *i* (Sonant)
ausser hinter *a* (§ 81); urir. *aī* erscheint als *aē* und *ōi*, s. 5 und § 297, 3;

5. urir. *ai* wird durch *aē* und *ōi* vertreten; Genaueres s. § 297, 1; wegen -*e* aus -*ai* s. § 303, 2;

6. urir. *au* entspricht *ao* und *əu*; s. § 297, 2. Wegen -*ō* aus -*au* s. § 303, 3.

b. Die *a*-Vocale.

Im Allgemeinen bleiben urir. *a* und *ā* unverändert erhalten; aber

7. urir. *a* erscheint als:
ə (*ə̄*, § 268, 2) vor Nasalen,
vor (urir. und jAw., § 275) *v*,
im **gAw.** vor *hm*;
e nach *y* vor *i ī y* (-*e* = -*ya*, § 268, 32; *ə̄h* = *əhy*, § 268, 28) und -*e* (aus -*ai*, § 303, 2) der folgenden Silbe[1 2]; s. unter 8;
o (*ō*, § 268, 2) vor *u*-Vocal der folgenden Silbe[1];
vor *r* + Consonant; s. unter 8;
i vor Nasalen hinter *y č ǰ* und jAw. *ž* (aus *ǰ*, § 277, 271 No. 6).

Wegen *ōi* für *aī* und *ōy* für *ai̯* s. § 297, 3 und 298, 3 c.

8. urir. *ā* erscheint als:
e (an Stelle von *ē*, § 268, 2) nach *y* vor *i ī y* und -*e* (aus -*ai* § 303, 2) der folgenden Silbe[1 2]; s. unter 7;
ō vor *u*-Vocal der folgenden Silbe[1 2],
vor *r* + Consonant; s. unter 7;
å — ausnahmslos — vor *əh* (*əuh* und *ə̄h*, § 268, 27, 28) und vor Nasal + Tenuis.

Genaueres zu 7 und 8 § 298.

[1] Nicht vor den (Aw.) Diphthongen. — [2] Beschränkungen sind § 298, 2, 5, 6 angegeben.

c. Die Nasalvocale.

Vgl. dazu § 268, 54.

9. Urir. *ī̜ ū̜* fallen, wenigstens in der Schrift, mit *ī ū* zusammen; s. § 299, 1.

10. Urir. *ą* bleibt erhalten, ausser
vor *əh* (= urir. *h*, § 286), wo wir
jAw. *a*,
gAw. *ə* (*ə̄*, § 268, 2) treffen; s. § 299, 2.

11. Urir. *ą̄* ist durch *ą* (statt *ą̄*) vertreten, ausser
vor *əh* (= urir. *h*, § 286), wo **gAw.** *ə̄*.

Alle übrigen qualitativen Veränderungen der Vocale sind nur graphischer Art; s. § 268, 6, 9, 10 ff.

C. Nasalirung.

Vgl. dazu § 268, 54.

12. Alle sonantischen Vocale werden nasalirt,

a. vor *nm*,

b. wenn lang: vor *mr*,

vor Nasal in offener Silbe,

vor wortschliessendem Nasal; statt *ą̄* erscheint in diesem Fall im **gAw.** auch *ę̄*. S. § 296.

II. **Ap.**

Es scheinen keinerlei Veränderungen vorgekommen zu sein; wenigstens sind solche nicht nachweislich[1]. Wegen der Nasalvocale s. § 270 c 8. — Belege sind § 71 ff. gegeben.

[1] Es ist dabei die Unvollkommenheit des altpersischen Schrifttums zu berücksichtigen; vgl. BB. 13, 70 zur mutmasslichen Aussprache des *au*. — Über einige Besonderheiten in der Schreibung s. § 270 c.

§ 294—299. *Belege fürs Awestische.*

§ 294. *Kürzung.* S. § 293, 1.

1. Ir. *ī* = **Aw.** *i*[1]: jAw. *pivasča*: ai. *pī́vas*; — gAw. *vər²zimāčā* 1POA. (§ 172); —

2. Ir. *ū* = **Aw.** *u*[1]: jAw. *āzuⁱtīmča* neben gAw. *āzūⁱtīm*; s. aber ai. *ā́hutiṣ*; —

3. Ir. *ā* = **Aw.** *a*[1]: jAw. *čaϑwarasča* neben *čaϑwārō*, ai. *čatvā́ras*; — gAw. *aⁱϑīščiṯ* neben *āⁱϑiš*; — jAw. *rasąstātō* (zu § 180) neben *rāsəntīm*.

[1] Vgl. dazu Hübschmann, KZ. 24, 332; Bthl., BB. 17, 342, IdgF. 5, 220; Caland, KZ. 32, 592 ff. Zur Verschiebung des Haupttons vor *ča* und andern Enelitiken sei auf jAw. *kər²pəmča* neben *kəhrpəm* (§ 289), sowie auf lat. *utérque* neben *úter* u. s. w. verwiesen, zu der vor dem Suffix *tāt-* auf jAw. *amər²tatātəm* neben *aməšəm* und ai. *sarvátātā* neben *sárvam* (s. § 289 No. 1).

Wo trotz der Bedingungen des § 293, 1 die Paenultima langen Vocal zeigt — und das ist recht häufig der Fall —, da ist er aus dem nicht erweiterten Wort herübergenommen, so: gAw. *adāϑąsčā* neben *dāϑąng*. Anderseits ist die Kürze auch in das einfache Wort eingedrungen; so: jAw. *uštanəm* neben *uštānəm* nach *uštanəmča*.

Endlich lässt sich das Auftreten der Länge in der Paenultima gewisser Wörter auf eine Nachahmung des bedingt berechtigten Wechsels der Kürze mit der Länge zurückführen; Caland, a. O. erklärt so: gAw. *hāⁱtīm* neben jAw. *haⁱtīm* = ai. *satím*; s. jAw. *haⁱtīmča*; — gAw. *drəgvāⁱtē* neben jAw. *drvaⁱte* (§ 275): ai. *áma|vatē*; s. gAw. *drəgvataēčā*; vgl. dazu oben § 97, 14. Zu andern Beispielen Caland's s. Bthl., ZDMG. 48, 143 und oben § 97 No. 4.

§ 295. *Längung.* S. § 293, 2.

Ir. *art* = **Aw.** *āš*[1]: jAw. *x̌āšārəm* »den Esser« neben *x̌arᵊtiš*; — jAw. *vāšəm* »den Wagen«; — jAw. *bāšārəm* »den Reiter«; — jAw. *ϑwāšəm* »rasch«[2].

[1] Vgl. Caland, GGA. 1893, 398. Im gAw. kein Beispiel. — Häufiger erscheint *aš*; s. § 272; 289, 6 und AF. 2, 35. Beruht *aš* auf einem Ausgleich zwischen *āš* und *art* (*arᵊt*)? Neben *ərt* (*ərᵊt*) steht nur *əš*, mit der Kürze; s. § 57, No. 2. — [2] Aus ir. **ϑu̯artam* = ar. **tu̯ṛtam*; ai. **tūrtám* aus urind. **tvūrtám*; § 56, 5; 60 No. 2.

§ 296. *Nasalirung.* S. § 293, 12.

1. Ir. *a* (etc.) + *nm* = **Aw.** *ą* (etc.) + *nm*[1]: gAw. *xšąnmənē* »sich zu gedulden«, aus ar. **kšanmanai*[2]; — gAw. †*hvąnmahī*[*čā* »wir verschaffen«, aus ar. **su̯anmasi*[3]; — gAw. *ąnmaⁱnī* »in der Seele«, aus ar. **anᵗmani*[4]; — gAw. *dvąnmaⁱbyas*[*čā* »den Wolken«, aus ar. **du̯ānm°*[5]; — jAw. *činma*[6] »Streben«, aus ar. **kinᵗma*[7]; — jAw. *dunmąn*[6] »Wolken«, aus ar. **dunm°*[5]; —

[1] Vgl. Bthl., AF. 3, 57; KZ. 29, 485. jAw. *šanmaoyō* Yt. 10, 24 ist schwerlich richtig überliefert. — [2] Bthl., AF. 3, 57; oben § 68 No. 3. — [3] S. oben § 132. — [4] Bthl., Studien 2, 100. — [5] Bthl., AF. 3, 57; IdgF. 1, 493; *ą* vertritt *a*; oben § 268, 54 mit No. — [6] Die Annahme, dass hier der *i*-, *u*-Vocal nasalirt gesprochen

worden sei, gründet sich auf die Analogie der Fälle mit *a*-Vocal; s. § 268, 54. — 7 Vgl. dazu ai. *čintā́, čintáyati.*

2. Ir. *ā̆* (etc.) + *mr* = **Aw.** *ą* (etc.) + *nr*[1]: gAw. *mąn͏ᵊrōiš* »der Verkündigung« (s. § 292, 1); — gAw. *xrūnᵊrąm* »sanguinea«[2], aus ar. **krūmr°*.

[1] Vgl. zu diesem Wandel und zu den Beispielen Bthl., IdgF. 1, 493 f., ferner § 292, 1; 296, 1 No. 5 und 6; 300, 2; *ą* vertritt *ą̄*, § 268, 54. Die Annahme, dass nur Langvocale vor *mr* Nasalirung erfahren haben, beseitigt die IdgF. 1, 495 angedeuteten Schwierigkeiten; jAw. *namra°* »ehrerbietig« = ai. *namrá-s* ist sonach normal. Wegen gAw. **jə̄nərąm* s. § 292 No. 2; in jAw. *rąrəmą̄*, Intensivum, beruht *ą* ebenso wie in *dadrąxti*, auf Übertragung von solchen Verben her, die mit einer Spirans anlauten; etwa *zəmbayaδwəm*: **zązəmb°* (ai. *jañjabʰyáte*) = *drənjayeⁱti*: **dądrənj°* = *rāmayeⁱti*: *rąrəm°*.

3. Ir. *ă* in offener Silbe = **Aw.** *ą*[1]: jAw. *nąma* »Name«: ai. *nā́ma*; — jAw. *daδąmi* »ich gebe«: ai. *dádāmi*; — jAw. *mrvąnō* »hergesagt«: ai. *bruvāṇás*; — jAw. *γᵊnąnąm* »der Frauen«: ai. *gnā́nām*; — jAw. †*xąnyā̊* »fontanae« aus ar. **kāniįās*.

[1] *ą* vertritt *ą̄*; § 268, 54. Viel häufiger als *ą* finden wir *ā* oder dessen Vertreter (nach § 298, 8); so: jAw. *nāman*, *zazāmi*, *isānəm*, *mašyānąm*; ferner *dānuš*, *nmānəm*, *nayeni*, *zbayemi* u. s. w. Einen ausreichenden Grund für den Wechsel vermag ich nicht zu erkennen. Vielleicht hatte hier die Nasalirung einen geringeren Stärkegrad als sonst (Sievers, Phonetik 4 § 260), so dass sie in den meisten Fällen überhaupt unbezeichnet geblieben ist. S. noch jAw. *frīnāmi* »ich liebe«: ai. *prīṇā́mi*; jAw. *būmīm* »die Erde«: ai. *bʰū́mim*.

4. Ir. *ā* vor ausl. Nasal = **jAw.** *ą*[1], **gAw.** *ą*[1], *ə̄*[1 2]: jAw. *tąm*, gAw. *tąm*, *tə̄m* »diese«: ai. *tā́m*; — jAw. *mąm*, *ϑwąm*, gAw. *mə̄m*, *ϑwąm* »mich, dich«: ai. *mā́m*, *tvā́m*; — jAw. *barąn*, gAw. *rārəšyąn* »sie sollen ...«, aus ar. *°ān*; — jAw. *hyąn*, gAw. *hyə̄n* »sie möchten sein«, aus ar. **siān*. Die Nasalirung, zunächst im Satzauslaut erfolgt, tritt regelmässig auf[3].

[1] *ą* vertritt *ą̄*, *ə̄* vertritt *ə̨̄*; § 268, 54. — [2] Der Grund der verschiedenen Vocalfärbung ist nicht ganz deutlich; vgl. Studien 1, 72; s. noch § 303, 8. — [3] *kąm* Y. 46, 1, *paitišąm* Y. 17, 10, *fraϑwərəsąm* Yt. 5, 50 halte ich für Fehler.

§ 297. *Die i-, u-Vocale und die Diphthonge.*

1. Ir. *ai* = **Aw.** *aē*, *ōi*[1]: gAw. *vaēdā* »er weiss«, *vōistā* »du weisst« = ai. *vḗda*, *vḗttʰa*; — gAw. *šaētī* »er wohnt«, jAw. *upa.šaēta* »wohnt euch ein«, *šōiϑrahe* »der Wohnung«: ai. *kṣḗti*, *kṣḗtrasya*; — jAw. *vaēyāi* »dem Andrang«, *vōiγna* »Andrang«: ai. *vḗgas*; — jAw. *daēma* »Gesicht«, *dōiϑrābya* »den Augen«; — *āxštaēδa* »vom Frieden«, *āxštōiš* »des Friedens«; — *aēsməm* »Brennholz«. — S. noch § 303, 2 und 298, 3 c.

[1] Nach den gegebenen Beispielen scheint mir die Norm: *aē* im Anlaut und in offener Silbe, *ōi* in geschlossener; s. Bthl., Die Gaϑa's 79; ZDMG. 48, 144. Doch ist sie in Inlautssilben häufig verletzt; so steht *aē* für *ōi* in jAw. *maēsma* »Harn« (vgl. *°maēzəm* dass.), gAw. *hamaēstārō* »Unterdrücker« u. s. w.; umgekehrt *ōi* für *aē* in gAw. *čōišəm* »ich versprach« (vgl. *čōišt* 3S.) u. s. w. Unregelmässiges *ōi* findet sich häufiger. Das gAw. bevorzugt *ōi*, das jAw. *aē*, vgl. gAw. *zastōibyā* »beiden Händen«: jAw. *zastaēibya*; gAw. *yōiϑᵊmā* wird im jAw. Citat durch *yaēϑma* gegeben. In geschlossener Auslautssilbe steht nur *ōi*: gAw. *čōiš*, *čōišt*, jAw. *barōiš*, *barōit* u. s. w. Ganz selten ist anlautendes *ōi*; s. § 268, 24. — Übrigens ist die Differenz in der Aussprache von *aē* (für *ae*; Sievers, Phonetik 4 § 389) und *ōi* (für *oi*; § 268, 2) geringfügiger, als es nach der schriftlichen Darstellung erscheint.

2. Ir. *au* = **Aw.** *ao*, *əu*[1]: jAw. *zaošō* »Gefallen«: ai. *jṓṣas*; — jAw. *aoštra* »Lippen«: ai. *ṓṣṭʰāu*; — jAw. *gəuš*, †*gaoš* »des Rindes«: ai. *gṓṣ*; — gAw. *manyəuš* »des Geistes«: ai. *manyṓṣ*; — jAw. *dəuš.manahyāi* »der Trübsinnigkeit«. — *əu* steht allein vor schliessendem *š*. — Zur Schreibung *āu* statt *ao* s. § 268, 33.

[1] *əu* (für *əu*) verhält sich der Aussprache nach zu *ao* wesentlich so wie *ōi* (statt *oi*) zu *aē*; s. § 268, 4. — Jackson, BB. 17, 148 ff. sucht den Grund der verschiedenen Vertretung vor *-š* in der Betonung; ar. *-áuš* soll *-aoš*, ar. *-auš* *-əuš*

sein. Aber die Art, wie er sich mit jAw. *gāuš*: ai. *gōḥ* und jAw. *dyaoš* »des Himmels«: ai. *dyōḥ* abfindet, kann ich nicht gutheissen.

3. Ir. *ai* = Aw. *aē, ōi*[1]. Belege § 81.

[1] In zweisilbigen Wörtern (wie *raēm*: ai. *rayim*) wurde jedenfalls immer *ae* mit Diärese gesprochen; in mehrsilbigen (wie *sraēštəm, daēna*; s. § 208 No.) wird späterhin Crasis eingetreten sein, wie im Indischen, daher sich denn auch in solchen Wörtern das dem von Haus aus einsilbigen *aē* gleichwertige und damit wechselnde *ōi* (s. 1) vorfindet: jAw. *vīδōišta*. Vgl. dazu Geldner, Metrik 2, 8; Bthl., Die Gaϑa's 6; Oldenberg, Rigveda 1, 183; Grassmann, Wörterbuch 1431 unter *śrēṣṭ'a-* (u. ö.).

S. noch § 294 (Aw. *i u* aus ir. *ī ū*) und § 296, 1.

§ 298. *Die a-Vocale.*

I. Ir. *a*.

1. Ir. *a* = Aw. *ə* (*ə̄*, § 268, 2).

a. vor Nasal: gAw. *frāxšnənəm* »Unterweisung«; — jAw. *upəməm* »das oberste«; — *vazənti* »sie fahren«; — *fraskəmbəm* »Pfeiler«; — °*zəngąm* »Bein«; — *hištəmnō* »stehend«; — *barəm* »ich trug«, *barən* »sie trugen«. Beispiele für *ə̄* statt *ə* aus *a* s. § 268, 2 und Bthl., Die Gaϑa's 73, wozu Studien 1, 76 No.; 2, 102 No.; IdgF. 3, 170 No. zu vergleichen. — Daneben mit *a*: jAw. *aojanō, upaməm, bavantəm, upaskambəm,* °*zangəm, xšayamna*; ferner mit *i*, s. unter 4. Ausgeschlossen ist *a* vor auslautendem Nasal.

Abgekürzte Schreibungen s. § 268, 21 ff.

b. vor *v*: jAw. *ə-vīδvå*, gAw. *ə-vīdvå, ə̄-vistī* »un-«; — jAw. *səvištō, sāsəvištå*; — jAw. *rəvīš* (aus ir. **raguīš*, § 275). — Daneben mit *a*: gAw. *a-vāstryō, savō, raom* (für **ravəm* aus ir. **raguam*, § 275).

c. **gAw.** vor *hm*: gAw. *ə̄hmā* »uns«: jAw. *ahma*; — gAw. *mə̄hma'dī* »wir dachten«. Vgl. dazu Bthl., BB. 13, 66; ZDMG. 48, 150. — Daneben mit *a*: gAw. *ahmāi, mahmāi*.

Die besonderen Bedingungen für das Eintreten von *ə* an Stelle von *a* sind für alle drei Fälle undeutlich; zum Fall a s. noch unter 4.

2. Ir. *a* = Aw. *e*: jAw. *yeze* »ich verehre«, *yesnyō* »ehrwürdig«, *yešti* »zu verehren«: ai. *yáje, yajñiyas*; — gAw. *xšayehī* »du bist mächtig«, jAw. *xšayeⁱte, xšayeⁱnte*: ai. *kṣáyasi,* °*yatē,* °*yantē*; — gAw. *yehyā*, jAw. *yeŋhe* (§ 268, 29) »wessen«: ai. *yásya*; — gAw. *srāvayeŋhē* »hören zu lassen«. — Allein steht jAw., gAw. *ᵗϑyejō* »Not«: ai. *tyájas*, mit *e* vor *j*, neben jAw. *ᵗϑyajaŋhaṯ*; s. dazu § 267 zu 19 f., und unter 5.

Die Umsetzung unterbleibt vor *r, v* und *hm*[1], vgl. jAw. *frayare* »tomorrow«, *maⁱnyavīm, maⁱnyave, yahmi, yahmya*; s. 5. — Vor Diphthongen (§ 293, 7, 8 No.): jAw. *yazaēša, yasnāi*.

[1] Wo sie sonst vermisst wird, ist Ausgleich anzunehmen; so z. B.: jAw. *yaze* 1S. neben *yeze* nach *yazaⁱte* 3S. u. s. w.; jAw. *fšuyante* DS. neben gAw. *fšuyentē* nach *fšuyantəm* AS. u. s. w.; jAw. *vərᵉzinti* (statt °*zyənti*, § 268, 21) 3P. neben *yūⁱδyeⁱnti* nach *vazənti, jasənti* u. s. w.

3. Ir. *a* = Aw. *o* (*ō*, § 268, 2).

a. vor *u*-Vocal der folgenden Silbe[1]: jAw. *mošu* »bald«: ai. *makṣū́*; — jAw. *poᵘru* »viel«: ap. *paruv*, ai. *purú* (§ 59 Abs. 2); — jAw. *goᵘru*° »schwer«: ai. *gurú* (ebd.); — gAw. *vohū* »gutes«: ai. *vásu*; — jAw. *moᵘrum, mō*° EN. (statt °*vəm*, § 268, 22): ap. *margum* (§ 275)[2]; — jAw. *poᵘrum* »vorn« (statt °*vəm*, § 268, 22): ap. *paruvam*, ai. *pūrvam* (§ 60)[2]. — Daneben mit *a*: gAw. *vaŋhuš* »gut«: ai. *vásuṣ*; jAw. *paᵘrvąm* »die frühere«. — Vor Diphthongen (§ 293, 7, 8 No.): gAw. *vaŋhə̄uš, vaŋhāu*.

[1] Die besondern Gründe der Umsetzung sind mir nicht deutlich. Vorzugsweise scheint sie nach den labialen Lauten *v m p* stattgefunden zu haben; im Anlaut fehlt sie ganz. — Wegen des *ō* in gAw. *dīdraγžōduyē, mazdåŋhōdūm, ābaxšōhvā, vərᵉzyōtū* — so die NA.; besser °*ō.d*° u. s. w. — s. § 268, 57 und die Varianten

(zu Y. 48, 7; 45, 1; 33, 10; 35, 6). Das *ō* in gAw. *aojōṇhvantəm, aojōṇghvaṯ* »kräftig«: jAw. *aojaṇhvaṯ*, ai. *ójasvat* dürfte aus dem N.-AS. *aojō* »Kraft« stammen. Zum *ō* in jAw. *ravōhu, xšapōhva* s. § 381, 403. — [2] Oder zu b?

b. vor *r*+Consonant[1]: gAw. *čōrət* »er machte«: ai. *á-kar;* — jAw. *nivōiryete* »verbirgt sich«; — jAw. *ϑwōrəštāra* »die beiden Bestimmer«. S. noch a No. 2. — Daneben mit *a:* jAw. *ϑwarštō* u. s. w.

[1] Nur einige Beispiele; s. aber unter 6 b. Der besondere Grund des Wandels ist unbekannt; im Anlaut kommt er nicht vor.

Anhang. c. Ir. *ai* = **Aw.** *ōy* (*əy*, § 268, 4): gAw. †*vātōyōtū* »er soll lehren«, *vātəyāmahī:* ai. *vātáyati;*—gAw. *axtōyōi*, jAw. *anumatəe* (§ 268, 26): ai. °*tayē;* — gAw. *ubōyō* »in beiden«: jAw. *vayō* (statt **uwayō*, § 268, 12); — gAw. *ōyā* »durch diese«: ai. *ayā́*. — S. noch BB. 13, 55. *ō* ist analogisch entstanden. Der Wechsel von *aē* mit *ōi* vor Consonanten hat den von *ay* mit *ōy* vor Sonanten nach sich gezogen; gAw. *ubōyō:* jAw. *vayō* = gAw. *ubōibyā:* jAw. *vaēibya.*

4. Ir. *a* = **Aw.** *i:* jAw. *yimō*, gAw. *yimasčiṯ* EN.: ai. *yamás;* — gAw. *hačintē* »sie gehen zusammen«: ai. *sáčantē;* — gAw. *jimaitī* »er soll kommen«: ai. *gámati* (§ 22); — jAw. *družintəm* »den Lügner«: ai. *druhántam;* — jAw., gAw. *yim* »welchen«: ai. *yám;* — jAw. *tačin* »sie liefen«. — Daneben findet sich *a* (ausser in Auslautssilben), *ə* (*ə̄*) und *e:* gAw. *hačəintē, jamaitī; yə̄m; hačəmnā* neben *hačimnō;* jAw. *yaoϑyeinti* u. s. w.; s. zu 1a, 2.

S. noch § 295: Aw. *ā* aus ir. *a*, und 296, 1: Aw. *ą* aus ir. *a*.

II. Ir. *ā*.

5. Ir. *ā* = **Aw.** *e* (statt *ē*): jAw. *zbayemi* »ich rufe«: ai. *hváyāmi;* — gAw. *ayenī* »ich will gehen«: ai. *áyāni;* — jAw. *hāčayene* »ich will antreiben«. — Allein steht gAw. *yečā* »ich will bitten«: ai. *yā́čati*, mit *e* vor *č;* s. oben zu 2. — Die Umsetzung unterbleibt vor ir. *h* und *r:* gAw. *yāhī*, jAw. *pārayā̊ṇhe* (7a), *yāiryąm* (s. 2), sowie vor *nt:* jAw. *jaiδyąnte* (s. 7b). — Vor Diphthongen (§ 293, 7, 8 No.): gAw. *hujyātōiš.*

Sonstiges Fehlen der Umsetzung beruht (wie bei 2) auf Ausgleich, so in jAw. °*yāitīm* neben °*yeitīm*, gAw. °*jyāitīm* AS. nach °*jyātōiš* GS. u. s. w.; jAw. *jaiδyāmi* neben *jaiδyemi* 1S. nach **jaiδyāmahi* 1P. u. s. w.

6. Ir. *ā* = **Aw.** *ō.*

a. vor *u*-Vocal der folgenden Silbe: jAw. *viδōtuš*[1] »Zerstörer« neben *viδātaoṯ*[2]; — gAw. *jyōtūm*[1] »Leben« neben *jyātəuš*[2]. — Daneben mit *ā:* jAw. *dāuru, yāhu, bāzuš, bānubyō, pāyuš* u. s. w.

[1] Die einzigen Beispiele; beide Male steht *ō* vor *t*. Sicheres ist nicht zu ermitteln. — [2] § 293, 7, 8 No.

b. vor *r*+Consonant: gAw. *dōrəšt* »er hielt fest«[1] neben *dārəšt.* Ferner mit *ā:* jAw. *vārəϑma, yāiryąm.*

[1] Einziges Beispiel. Die speziellen Bedingungen des Übergangs daher nicht zu ermitteln.

7. Ir. *ā* = **Aw.** *å.*

a. vor *əh* (*əuh, ə̄h*)[1]: jAw. *dåṇhōiṯ* »von der Schöpfung«: ai. *dāsḗṣ;* — gAw. *yåṇhąm* »quarum«: ai. *yā́sām;* — jAw. *måṇhəm* »den Mond«: ai. *mā́sam;* — jAw. *åṇuharəna* (§ 286 d); — †*åṇhāṯ* (§ 286 e).

[1] Wo ar. *h* durch Aw. *h* vertreten ist (§ 286), erscheint *ā:* jAw. *dāhīm, yāhu, yāhva, māhyaēibyō.* jAw. *åṇhušąm* »der gewesenen« für **āhu*° nach *åṇha* »fuit«. *åh* und *åṇh* kommen nicht vor.

b. vor Nasal + Tenuis[1]: jAw. *mazåntəm* »den grossen«: ai. *mahántam;* — jAw. *haϑrånčō* »conjuncti«: ai. *satrā́ñčas;* — jAw. *fåṇkavō* »Berge«. S. dazu Bthl., ZDMG. 48, 144.

[1] Jedenfalls auch vor Media; doch fehlt es an Belegen. — Wegen jAw. *pauruvąnča* s. Studien 2, 51 No.

8. Ir. *ā* = **Aw.** *ə̄*? Es liegt nahe, jAw. *frə̄na* mit *frāna°*, jAw. *nāmə̄ni* mit ai. *nā́māni* zu identifiziren. Aber in der weitaus grössten Mehrzahl von Fällen steht *ə̄* vor Nasal für *ə* (s. 1), und das nehme ich auch für die erwähnten Fälle an; vgl. lat. *nomina* (§ 229) und gAw. *frāxšnənəm:* ai. *prajñā́nam;* s. Studien 2, 102 f.

S. noch § 294: Aw. *a* aus ir. *ā*, und 296, 3 f.: Aw. *ą*, *ə̄* aus ir. *ā*.

§ 299. *Die Nasalvocale.*

1. Ir. *į̆ ų̆*. Es ist wahrscheinlich, dass die Laute sich unverändert erhalten haben, wenn schon in der Schrift einfach *ĭ ŭ* dafür erscheinen. So: jAw. †*gaⁱrīš*[1], *gaⁱrīš* »Berge«, AP. aus ar. **gr̥rīnš*[2]; — jAw. *baršnuš, barᵊšnūš* »Höhen«, AP. aus ar. **bar̆žnunš*[2]; — gAw. *čistā* »er versprach«[3], aus ar. **kinsta*. S. noch § 320.

[1] Yt. 15, 41. — [2] Vgl. § 228. — [3] Y. 51, 5. Wie Y. 44, 16 zeigt, gehört das Wort zu *činahmī*, § 129; idg. **k̑isto* (§ 122) wäre **čištā*.

2. Ir. *ą* = **Aw.** *ą*; Belege § 67; —

= **jAw.** *a*, **gAw.** *ə* (*ə̄*) vor *ŋh* (*ŋᵛh*, *ngh*, § 268, 47): jAw. *saŋhāmi* »ich thue kund«, gAw. *sə̄nghāmahī* »wir t. k.«: ai. *śą́sati;* — jAw. *maŋhānō* »denkend«, gAw. *mə̄nghāi* »ich will denken«: ai. *mą́sāi;* — gAw. *və̄nghən* »sie siegten«[1]: ai. *vą́sat.*[2] S. noch § 304 II, 48.

[1] Im jAw. Citat *vəŋhən;* aber gAw. *sə̄nghā* wird durch *saŋhā* wiedergegeben. — [2] Wo ir. *h* durch *h* vertreten ist (§ 286), finden wir *ą:* jAw. *dąhištəm* »den geschicktesten« neben *daŋhaŋha* »mit Geschicklichkeit«: ai. *dą́siṣṭam, dą́sasā;* jAw. *ząhyamnanąm* »der zu gebärenden«. — Es ist mir wahrscheinlich, dass das gAw. *ə̄* in diesem Fall, wie auch sonst, den Nasalvocal *ą* meint; § 268, 54. Vielleicht meint auch jAw. *aŋh*, wo es auf ir. *ąh* geht — aber nur dann; § 278 No. 4 — wirklich gesprochenes *ąh;* Bthl., Handbuch 21.

3. Ir. *ą̄* = **Aw.** *ą* (statt *ą̄*); gAw. *vą̄s* »er übertraf«, aus ar. **u̯ānst* (§ 94, 1); weitre Belege § 67; —

= **gAw.** *ə̄* vor *ŋh:* gAw. *vīvə̄ŋghatū* »er soll übertreffen wollen«, aus ar. **u̯iu̯ānsatu*. Einziges sicheres Beispiel; s. Bthl., AF. 2, 90 f. und oben 2, No. 2; ferner § 156, 5, 6.

ANHANG zu I A, B. Anaptyxe und Epenthese.

§ 300. 1. *Anaptyxe.*

Anaptyxe, die Entwicklung eines Secundärvocals zwischen Consonanten, kommt in beiden Dialekten vor, ist aber fürs Altpersische nur dann sicher nachzuweisen, wenn der neuentwickelte Vocal nicht *a* ist, da die Gruppen Cons. + Cons. und Cons. + *a* + Cons. in der Schrift nicht auseinandergehalten werden können; s. unten II No. Es ist nicht zu ermitteln, ob etwa schon im Uriranischen Anaptyxe vorgekommen ist.

I. **Aw.** Im Awesta ist Anaptyxe überaus häufig; und zwar

1. hinter *r* — sofern es nicht tonlos geworden war, § 289, 4 ff. — vor allen Consonanten ausser vor *y v*[1]. Der anaptyktische Vocal erscheint als *ə*[2]. So: jAw. *kərᵊpəmča, karᵊtō, varᵊkahe, vərᵊčaⁱnti, trᵊfyāt̰* (§ 268, 39), *arᵊδəm, gərᵊwnāⁱti, arᵊδəm, varᵊsō, vərᵊzō, varᵊšəm*[3], *arᵊmō, parᵊnəm* u. s. w. Aber: *kəhrpəm, vəhrkō, aⁱryō, aᵘrvō*. Hinter wortschliessendem *r* tritt stets *ə* (im gAw. *ə̄*, § 268, 7) auf; die Satzinlautsform wurde verallgemeinert: jAw. *vadarᵊ*, gAw. *vadarᵊ:* ai. *vádhar.*

[1] Wo Epenthese statt hat, § 301. — [2] Gelegentlich auch als *a* und *ō:* gAw. *marᵃkaččā, karᵃpā, marᵃxtārō, θwarᵊždūm*. — [3] Zwischen *ar* und *š* findet sich die Anaptyxe am wenigsten regelmässig; die NA. schwankt ohne erkennbaren Grund; z. B. Yt. 5, 53—10, 11; Y. 9, 26; 10, 3 — V. 2, 20: *barš°* — *barᵊš°*.

2. vor *r* nach *n̥* (aus ar. *m;* § 296, 2)[1], sowie nach Spiranten (*s z f*)[2]. Der Sekundärvocal ist *ə* und *a*, ferner *i u*, wenn *ĭ ŭ* unmittelbar folgt. So:

gAw. *xrūnᵊrąm*, jAw. *aⁱpi.dvąnᵃrayā̊*; *sᵊraošō*, gAw. *fsᵊratuš*, jAw. *zᵃrazdātōiṯ*[3], †*zᵃrahehīš*[4], *fᵊrašaoštrā*; *sᵊrinaoiti*, *sᵘrunaoⁱti*.

[1] In allen Fällen, deren Zahl freilich gering ist. — [2] Verhältnismässig selten; vgl. zu den folgenden Beispielen jAw. *sraošō*, *zrazdātōiṯ*, *azrazdāi*, *frašaoštrō*, *srīrō*, *srunvata*. Die Form mit Anaptyxe dürfte die des Satzanlauts und des Inlauts nach Consonanz sein. — gAw. *gərəhmō*, *barātā*, wie die NA. hat, halte ich für minderwertige Lesarten anstatt *gr°*, *br°*. — [3] ZDMG. 48, 149. — [4] Zu ai. *hrasvás*; IdgF. 5.

3. vor Nasalen nach *r* (s. unter 1), nach Spiranten (*z γ s š ϑ x*) und — im **gAw.** — nach Medien (*d g*). Der Vocal ist *ə* (*ə̄*, § 268, 2)[1]. So: gAw. *ᵘrvāzᵊmā*[2], jAw. *γᵊnā̊*[2], gAw. *usᵊmahī*, *aēšᵊmō*, *yōiϑᵊmā*, *haxᵊmā*, *hudᵊmīm*, *dᵊmānəm*[2], *gᵊnā*[2], *čagᵊmā*.

[1] Gelegentlich *a*: gAw. *šyaoϑᵃnəm*. — [2] Im jAw. entsprechen *ᵘrvāsma* und *nmānəm*; § 284, 303; also ist die Anaptyxe in beiden Fällen nicht urawestisch. Auch nicht in *γᵊnā*, *gᵊnā*, da sonst jAw. *g°* zu erwarten wäre; § 271, 2 b.

4. hinter *m* einige Male im Satzinlaut: gAw. *yəmᵊ spašuϑā*; *həmᵊmyāsaⁱtē*.

5. zwischen Geräuschlauten jeder Art, und zwar sowohl im Wort- als im Satzinlaut. Das Auftreten etymologisch wertloser Vocale (*ə*, *ə̄*, *a*, *ō*, *i*, *u*) beruht hier wohl in den meisten Fällen auf späterer Orthoepie oder auf Redactoren- und Abschreiberwillkür (s. auch § 268, 56). So zwischen: *db* in gAw. *ādᵊbaomā*[1], *aⁱpī.dᵊbāvayaṯ*[1], *aⁱpī.dᵃⁱbitānā*[1], *čazdōnŋhvadᵊbyō*, *azdⁱbīš*, *bərᵊdᵘbyō*; — *gd* in gAw. *dugᵊdā* (s. noch § 303, 10); — *zb*: gAw. *mazⁱbīš*, *dužazᵒbā*[2]; — *žj*, *žb*: gAw. *ərᵊžᵊjyōi*, *vīžᵊbyō*, jAw. *vayžᵊbyō*; — *wž*: jAw. *awᵊždānāŋhō*; — *fδ*, *xδ*: gAw. *rafᵊδrahyā*, *vaxᵊδrahyā*; — *pt*: gAw. *pᵃtā*[3]; — *s*, *š* + Geräuschlaut, nur in Composita und im Satzinlaut[4]: jAw. *kasᵊ.ϑwąm*, *aⁱŋhāsᵊ.tanvō*, *usᵊhištąn*, *usᵊfritinąm*, gAw. *vasasᵊ xšaϑrahyā*, *dušᵊxšaϑrəng*, *huzəntušᵊ spəntō*.

[1] IdgF. 1, Anz. 104; s. auch § 301. — [2] BB. 14, 11 f. — [3] ZDMG. 48, 149. — [4] Man beachte dazu, dass im Wortinlaut die Gruppe *s*, *š* + Spirans ausgeschlossen ist; § 3 No. 1.

II. **Ap.** Anaptyxe ist nur nachweisbar:

6. zwischen *d* und *r* vor *u*: *duruvā*[1], *adurujiyaʰ* neben *draugaʰ*: ai. *dhruvás*, *adruhyat*;

7. in *sugudaʰ*: jAw. *suγδəm*, EN. »Sogdiane«.

[1] Es ist natürlich an sich zulässig, *dᵃrᵃyᵃ* mit *darayaʰ* zu umschreiben und Anaptyxe gegenüber jAw. *zrayō*, ai. *jráyas* anzunehmen. Es ist aber nicht consequent, zwar wegen np. *daryā darayaʰ*, aber trotz np. *darōγ draugaʰ* zu transscribiren, wie es auch noch bei Weissbach-Bang geschieht. S. auch Fr. Müller, WZKM. 1, 60, 133; 6, 279, wozu ich bemerke, dass ein altir. **daryaʰ* im Neupers. doch wohl **dēr* geworden wäre (§ 301, 2 No. 2).

§ 301. 2. *Epenthese.*

Epenthese, d. i. das Vorklingen eines *i*, *u* vor der vorhergehenden Consonanz ist nur im Awesta nachweisbar.

1. *u*-Epenthese zeigt sich regelmässig vor *rū̆*, *rv*[1]: jAw. *aᵘrušəm*, *dāᵘru*, *poᵘru*, *moᵘrum*, gAw. *aēᵘruš*. Wegen *u*-Epenthese nach *ə* s. § 268, 42. Zur Schreibung *aour* statt *aur* ebd. 43, 44. — So auch im Wortanlaut (Prothese); die Satzinlautsform ist verallgemeinert: jAw. *ᵘruϑəm*, *ᵘrūraoδa*, *ᵘrvānəm* (d. i. *ᵘruvā°*, § 268, 12). S. auch unter 2.

[1] In jAw. *gəurvayaṯ* oder *gə̄urvayaṯ* (§ 268, 2) ist das *u* nicht am Platz, da das folgende *v* blos graphischer Vertreter von *w* ist (§ 268, 37).

2. *i*-Epenthese findet sich vor *r* — hier allein regelmässig —[1], vor *n*, vor den dentalen und labialen Geräuschlauten, sowie vor der Gruppe *nt*, wenn *ī̆ y* — [auch *e* für *ya*, § 268, 32] — oder *-e* (aus ir. *-ai*, § 303, 2) folgt, ferner vor *ŋh* (aus ir. *hį*, § 285 e). So: jAw. *aⁱti*, *pāⁱti*, *yeⁱδi*, *nivōⁱryete*, *qⁱϑyā̊*, *uⁱti*, *mrūⁱδi*, *aēⁱti*, *staoⁱti*, *maⁱnyuš*, *aⁱryō*[2], *aⁱpi*, *aⁱwi* [, *kaⁱne*], gAw.

da^i dī, a^i bī, jAw. *astva^i nti, da^i bīhuš*. Wegen *i*-Epenthese hinter *ə* s. § 268 40.[3] — So auch, und zwar regelmässig, im Wortanlaut vor *ri* (Prothese); s. unter 1; so: *^i rinaxti*, †*^i rīriϑānahe*.

[1] Auch vor *ča*, wie ich gegenüber CALAND, KZ. 32, 592 f. bemerken will, cf. *sta^i rišča, na^i ryasča*. — [2] Vgl. np. *ērān*. Ar. *_ari̯°_ entspricht np. *ēr°*, das älteres *_airi̯°_ voraussetzt, s. J. DARMESTETER, Études Ir. I, 106. Ich nehme aber doch Anstand, die *i*-Epenthese darum für gemeiniranisch zu erklären. — 3 Die Abschreiber haben oft auch anaptyktischen Vocalen vor *i* u. s. w. ein *i* zugesetzt, z. B. gAw. *d^{ai}bitānā*, jAw. *kər^{əi}tīm*; s. § 300 I, 4; 268, 56.

Die Epenthesen geben dem awestischen Vocalismus ein sehr buntscheckiges Aussehen; man beachte, dass in den Verbindungen *ai ei əi ąi ui ūi aēi aoi* und *au əu ou ōu aēu* die Vocale *i* und *u* stets epenthetische sind, also keinen etymologischen Wert haben; *aou* steht für *au* = *a^u*.

I C. SATZPHONETIK (SANDHI).

Während im classischen Indisch alle Wörter vom Anfang eines Satzes bis zur nächsten Interpunction schablonenhaft nach bestimmten Regeln mit einander verschweisst werden (s. dazu KZ. 29, 511), sind im Awesta und in den altpersischen Keilinschriften alle »selbständig accentuirten« Wörter (SIEVERS, Phonetik[4] § 574) einzeln geschrieben, wobei sie mit wenigen Ausnahmen (§ 304 f.) nach und vor allen Lauten die gleiche Lautgestalt zeigen, und zwar zumeist die des Satzanlauts und -auslauts, selten die in bestimmter Satzinlautsstellung entwickelte; s. § 82, 3 und 83 ff., 302 ff.

§ 302—304. 1. Awestische Satzphonetik.

§ 302. *Der Anlaut.*

1. Die ir. Gruppe *u̯r-* wird im Satzanlaut zu *ru̯-* umgesetzt, das, in den Satzinlaut gerückt, nach § 301, 1 *urv-*, d. i. *^u rv-* ergab, in welcher Form ir. *u̯r-* stets erscheint[1]. So: gAw. *^u rvātāiš* »nach den Glaubenslehren«: ai. *vratám*[2]; — jAw. *^u rvīna^i tīš* »die zerdrückenden«: ai. *vlīnáti*; — jAw. *^u rvisyatəm* »beide wendeten«: ags. *wrigjan*[3]. S. noch gAw. *^u rvāzəmā*[4] gegenüber *vaorāzaϑā* (statt *vavrāz°*, § 268, 18). Np. *gurāzad* »er schreitet« — gegenüber gAw. *^u rvāxšat̰* »sie schritten« (§ 170, 1) — setzt ir. *_u̯rāzati_ (: ai. *vrájati*) voraus[5].

[1] Die ursprüngliche Silbenzahl erfährt dabei keine Änderung; JACKSON's Etymologie von Aw. *^u rvan-* (Reader 61) ist falsch. Aw. *urv-* ist = ir. 1. *u̯r-*, 2. *ru̯-* (jAw. *^u rvānəm*), 3. *uru̯-* (jAw. *urvara*). — [2] Vgl. zur Etymologie JACKSON, A hymn 20. Ganz falsch BURY, BB. 11, 332 f. — 3 HÜBSCHMANN, ZDMG. 35, 664. — 4 Vgl. dazu auch WILHELM, ZDMG. 42, 85. — 5 Np. *birinj, gurinj* »Reis« wäre Aw. *_^u rvinj°_, wie gegenüber HORN, Grundriss 48 bemerkt sei; gr. ὄρυζον gibt ir. *_u̯rijam_ wieder: afγ. *vrižē*. — FR. MÜLLER, WZKM. 8, 189 (zu np. *gurāzīdan*) hat diese Wörter offenbar übersehen.

2. Im **jAw.** wird ir. *dm-* im Satzanlaut zu *nm-*: jAw. *nmānəm* »Haus«: gAw. *d^ə mānəm*[1]; vgl. gr. δόμος. S. dagegen jAw. †*daδ^ə mahi* »wir geben«: ai. *dadmasi*.

[1] J. SCHMIDT, Pluralbildungen 222 meint, es könnte *dm-* schon in der Ursprache zu *nm-* geworden sein. Mir dünkt das eben wegen gAw. *d^ə mānəm* höchst unwahrscheinlich. Ai. *mr̥nmáyam* »irden« kommt als verhältnismässig junges Compositum (BTHL., ZDMG. 46, 294; gegenüber HORN, Grundriss 207 s. OSTHOFF, Festgruss an R. Roth 126 ff.) gegenüber *vidmáne*, gr. ἴδμεναι u. s. w. nicht in Betracht.

3. Anl. *mn-* scheint im Aw. zu *nm-* geworden zu sein; s. jAw. *mąm avi nmānaya* »wart auf mich«; vgl. ap. *amānaya^h* »er wartete«, gr. μένω, arm. *mnam*.

4. Im **jAw.** ist ir. *db-*[1] im Satzanlaut durch *t̰b-* (d. i. *d̰b-*; s. § 267 zu 25) vertreten. So: jAw. *t̰bištō* »gehasst«, *at̰bištō*[2] »ungehasst«: gAw. *d^{ai} bišəntī* »sie hassen«, ai. *dviṣṭás*; — jAw. *āt̰bitīm*[2] »zweimal«: gAw. *d^{ai} bitīm*, ap. *duvitīyam*.

— Man erwartete $\overset{\circ}{o}b$-; vielleicht handelt es sich nur um eine graphische Besonderheit, s. § 268, 51 und unter 5.

¹ Zu dessen Herkunft s. § 88. — ² Nach dem Simplex.

5. Einige Male findet sich im Wortanlaut ein etymologisch unbegründetes *t* (statt ϑ?), *ð* und zwar vor *k* und *b*: jAw., gAw. *tkaēšō* »Gelöbnis«; jAw. *vitkavōiš* EN.; — jAw. *fraðbaoye, viðbaoye; aⁱpⁱðbaoyə*. Vgl. dazu gAw. *čōišəm* »ich gelobte«, ai. *kavíṣ, bávati, bujáti*. Das Eintreten von *ðb* für *b* könnte nach dem Muster jener Fälle erfolgt sein, darin im Iranischen *b*- mit *db*- (aus ar. *du*-, *du*-) wechselte; s. § 88. Für das *t* vor *k* finde ich keine plausible Erklärung; vgl. Th. Baunack, Studien 1, 373, der es für eine Zuthat der Abschreiber ansieht.

Vgl. noch § 301, 1, 2: Prothese.

§ 303. *Der Auslaut.*

Übersicht. In der iranischen Grundsprache kamen unmittelbar vor Satzpause folgende Laute vor — vgl. § 91 und S. 48 —:

a. Alle nicht nasalirten sonantischen Vocale, die Diphthonge und *ą*[1];

b. *r m n; t*[2] *š*[3] *s*[4];

c. Verbindungen von zwei und drei Consonanten, jeweils mit *š*[5] oder mit *t*, bzw. *t*[6] oder mit *s*[7] als letztem Laut. Vgl. § 93 f.

¹ Aus ar. *-ans*; § 94, 2. — ² Aus ar. *-t*; § 93, 1. — ³ Aus ar.: 1. *-š*; 2. *-kš*; 3. *-xš*; s. § 24; 28, 2; 85, 2a. — ⁴ Aus ar.: 1. *-ts*; 2. *-ts*; 3. *-st*; s. § 3, 4; 5; 24; 94, 1. — ⁵ Aus ar.: 1. *-š*; 2. *-xš*; 3. *-s* (hinter *f* aus *p*); s. § 28, 2; 39, 3b; 85, 2a. — ⁶ Aus ar. *-t* (hinter *r* und Diphthongen); s. § 93, 1. — ⁷ Nur wenn aus ar. *-ts*.

Im Awestischen haben sich die iranischen Auslautsformen in folgender Weise gestaltet:

A. Die Vocale.

1. Ir. *-a -ā -i -ī -u -ū -ō*[1] *-ā*[2], sowie *-āi -āu* bleiben unverändert; wegen *-e* für *-ya, -iya* und wegen *-ā* für *-āu* s. § 268, 32, 34.

Die Auslautsvocale *ă ĭ ŭ* werden im **gAw.** lang geschrieben, im **jAw.** lang in ein-, kurz in mehrsilbigen Wörtern, und zwar ohne jeden Unterschied. Aller Wahrscheinlichkeit nach wurden aber die Längen *ā ī ū* nur im Auslaut einsilbiger Wörter gesprochen, sofern eine alte (arische) Länge zu Grund liegt; also z. B. in *hā* »diese«, *strī* »Weib«, *nū* »jetzt« = ai. *sá, strī́, nū́*; nicht aber in *hā* »dieser« (= ai. *sá*), *zī* »denn« (= ai. *hí*) und in allen mehrsilbigen Wörtern, ebensowohl des gAw. wie des jAw. Wurde das Wort mit einem Encliticum zusammengeschrieben, so erscheint öfters auch im gAw. die Kürze[3]; z. B. *āitī jǝ̄nghatičā*, beides 3SA., ar. *°ti; x^vītičā ǝnǝⁱtī*, beides ND., ar. *°tī* u. s. w.; vgl. § 92.

¹ Aus ar. *-aˣs*, § 85, 2 b; s. übrigens § 303, 5 No. — ² Aus ar. *-ā*; für idg. *-āˣs*; § 93, 2. — ³ Weil der Vocal eben nicht am Ende des Worts steht!

2. Das aus ir. *-ai* im Inlaut hervorgegangene *-aē* (§ 297, 1) wird, in den Satzauslaut gerückt, zu *-ē*. Vgl. jAw. *tē*[1], *aētē*[1] »diese« neben gAw. *tōi*: ai. *té, eté*, gr. τοί; s. jAw. *taēča* »und diese«; — jAw. *raⁱϑe* »auf dem Wagen«: ai. *ráthe*; s. jAw. *raϑaēštārəm, raϑōište* (§ 25, 3). Die Inlautsform *aē* findet sich am Wortende nur in jAw. *baē* »zwei«, neben *duyē* (§ 268, 19) und *dvaēča*, = ai. *dvé*.

Das **jAw.** hat *-ōi* nur zweimal nach *y*: jAw. *yōi* »welche«, *maⁱðyōi* »μέσοι« — s. aber *anumatōe*, § 268, 26 —[2]; das **gAw.** hat *-ōi* in Einsilbern ausschliesslich, aber auch sonst häufig: gAw. *mōi* »mir«: jAw. *mē*, ai. *mē*; — gAw. *gǝrǝzē, gǝrǝzōi* »ich klage«.

¹ S. zur Schreibung § 268, 8. Der Vocal wurde überall lang gesprochen. — ² Wegen *-uye* s. § 268, 19.

3. Ir. *-au* wird im Satzauslaut zu *-ō* (wofür auch *-ǝ̄, -ǝ*; § 268, 4). Die Inlautsform ist verdrängt. Vgl. Bthl., IdgF. 5, 217 f. So: jAw. *maⁱnyō*

»o Geist«: ai. *mányō;* — gAw. *apō* »weg«: ai. *ápō;* — jAw. *zastō, zastə* »die beiden Hände«; — *pitarə* »die Eltern«, ND. S. noch § 304 II, 15.

4. Ir. *-ą*, im jAw. erhalten, wird im gAw. zu *-ą̊;* zu dessen Darstellung s. § 268, 54. Vgl.: gAw. *tǝ̄ng* »diese«, APm.: gr. τόνς, jAw. *tą (tąn, tąm)*[1]; — gAw. *dǝ̄ng* »des Hauses«: ai. *dán*, gr. δεσπότης (für *δενσπ°)[2]; — gAw. *jǝ̄n* »du kamst«: ai. *á-gan*.

[1] Der gAw. APm. *tą* Y. 51, 22 stammt aus dem jAw.; Studien 1, 70. Anderseits sehe ich die jAw. APm. auf *-ə* wie *aməšə* »die unsterblichen« neben *aməša* für Eindringlinge aus dem gAw. (*aməšǝ̄ng*) an; s. auch 8 No. 3. — [2] OSTHOFF, Zur Gesch. d. Perf. 591.

5. Ir. *-å* (aus ar. *-aç*) ist aufgegeben und überall durch die Inlautsform *-ō*[1] ersetzt, das idg. *-as* in allen Stellungen vertritt[2]; also jAw. *vačō* »Wort« gegenüber ai. *váčō, váčah, vácas, vácaš*.

Statt *-ō* hat das gAw. oft *-ə*, in Einsilbern regelmässig[3]: gAw. *vačə* neben *vačō, kə, və:* jAw. *vačō, kō, vō;* s. § 268, 4.

[1] Ich setze den Vocal lang an, wie er auch — mit wenigen Ausnahmen, s. Nu. 3 — geschrieben wird; zu § 92, 1 bemerke ich, dass satzauslautendes *-ō* im Arischen nicht vorkam. — [2] Ein Analogon bietet das Mittelindische; s. E. KUHN, Beiträge 58. — [3] Im jAw. kommt einige Male *-ə* (statt *-ō*) für *-ō* vor: *vavanə* »der siegreiche«; s. CALAND, GGA. 1893, 404.

B. Die (übrigen) einfachen Consonanten.

6. Unverändert bleiben (postsonantische) *-r; -t̰ -š -s*.

7. Ir. *-n* wird im Satzauslaut zu *-m:* jAw. *yum* (d. i. *yuvəm*, § 268, 22), *ašāum* (d. i. *ašāvəm*, ebd.), *āϑraom* (d. i. *āϑravəm*, ebd.), *ϑrizafəm;* sämtlich VS. aus *n*-Stämmen: ai. *yúvan* u. s. w.; — jAw., gAw. *nāmąm*[1] »Namen«, gAw. *dāmąm* »Geschöpfe«[2], *haxᵊmąm* »Genossenschaften«[3]; jAw. *ᵘruϑwąm* »Eingeweide«[4]; sämtlich APn. aus *n*-Stämmen. — jAw. *nāmąn* neben *nāmąm* ist Satzinlautsform; ebenso die 3. Pl. auf *-ən, -ąn* (doch s. *åŋhąm* Y. 60, 11)[5]; *-əm* für die 3. Pl. verbot sich wegen des Zusammenfalls mit der 1. Sg. Die Vocative, die immer vor Satzpausa stehen (Studien 1, 113), haben ausschliesslich *-m* für *-n*.

Infolge der Gleichwertigkeit von *-ąn* und *-ąm* (aus ir. *-ān*) ist auch die Vertretung von ir. *-ām* ins Schwanken geraten; neben dem regulären *-ąm* des AS. findet sich auch *-ąn:* gAw. *dąn* »zu geben« neben *dąm*, jAw. *xᵛarᵊryąn* »zu essen«; sämtliche Formen auf *-ąn* statt *-ąm* sind Infinitive, bei denen die Accusativbedeutung nicht mehr durchgefühlt wurde; s. oben § 255, 1.

[1] Yt. 19, 6, Y. 38, 4 (, wo GELDNER mit einer Hds. gegen alle übrigen *nāmą* liest). — [2] Y. 48, 7; 46, 6 (hier gegen NA.). — [3] Y. 40, 4; so zu lesen. — [4] Yt. 3, 6; 13, 11; so gegen die NA.; s. Studien 1, 69 f. — [5] Die IdgF. 3, 19 No. gegebene Erklärung des Worts wird den Vocativen auf *-m* nicht gerecht.

8. Ir. *-n* und *-m* hinter (langem) Nasalvocal scheinen im Satzinlaut vor bestimmten Consonanten (z. B. den Spiranten) mit geminderter Energie ausgesprochen worden zu sein. So erkläre ich mir das Auftreten von gAw. *-ə̄, -ǝ̄ng* (d. i. *ą̄*, § 268, 54; s. auch § 296, 4) neben *-ąm, -əm* (für ar. *-ām* und *-ān*, s. 7); s. gAw. *čašmǝ̄ng* »in dem Auge« neben *čašmąm;* — *haxmǝ̄ng* »Genossenschaften« neben †*haxᵊmąm*[1], AP.; — *kāϑə* »Rechenschaften«, *vīspǝ̄ng*[2] »alle« neben †*yąm*[2], APn.; — *ahmākǝ̄ng*[3] »nostrorum« neben *dāϑəm*[3], jAw. *gərᵊδąm*, GP.

[1] S. 7 No. 3. — [2] Studien 1, 73; KZ. 33, 199. — [3] KZ. 33, 200; TH. BAUNACK, Studien 1, 384. — jAw. *vīspə* als GPl. (Yt. 10, 120) ist wie die APn. auf *-ə* zu beurteilen; s. 4 No.

C. Consonantenverbindungen.

9. Die iranischen Consonantenverbindungen im Auslaut bleiben unverändert (s. § 93, 1; 85, 2a; 94, 1, 2), ausgenommen:

10. Ir. *-xt*, wofür gAw. und jAw. *-g̊t* auftritt: gAw. *yaog̊t* »er verband«: ai. *á-yōk*, aus ar. **i̯aukt*; — jAw. *parag̊t* »ausser«: ai. *párāk*, aus ar. **parākt*. Vgl. Bthl., IdgF. 4, 122 f.

Vgl. noch § 300 I, 1, 4, 5: Anaptyxe.

§ 304. *Inlaut.*

I. Die Verschmelzung der Wörter im »Satz« zu einer »geschlossenen phonetischen Einheit« (§ 82, 1) ist, sofern es sich um »selbständig accentuirte Wörter« (S. 32) handelt, in der Schrift nur selten zum Ausdruck gekommen. Die Regel ist, dass alle Wörter die Lautform des Satzan- und auslauts aufweisen. Ausnahmen sind:

1. *y* (d. i. *i̯y*, § 268, 11) für *-i*: jAw. *uⁱty-aoǰanō* »also sprechend« neben *uⁱti aoǰ°*; — gAw. *čy-aŋhaṯ* »qui fit?« für *čī a°*[1]. S. § 95, 4.

2. *s* für *-ṯ*, § 84, 1; 93, 1: jAw. *yasᵊ.tava*[2] »damit dir«. S. § 37 a; 39, 1.

3. *as* für *-ō*, § 303, 5: jAw. *kasᵊ.ϑwąm*[2 3] »wer dich?«. S. § 39, 3 a.

4. *ås* für *-å*[3], § 93, 2: jAw. *havayåsᵊ.tanvō*[2 3], *xᵛaēpaⁱϑyåsᵊ.tanvō*[4 3] »des eigenen Leibes«. S. § 39, 3 a.

5. Anaptyxe in: gAw. *yə̄mᵊ spašuϑā*, *huzə̄ntušᵊ° spəntō* u. s. w.; § 300, 4, 5.

[1] KZ. 33, 206 No. — [2] Vgl. *yasᵊ.ϑwā*, *aⁱŋhåsᵊ.tanvō* — *ϑwā*, *aⁱŋhå* sind en-, bzw. proclitisch —; die obigen Verbindungen sind solchen Mustern nachgebildet. — [3] Wegen *ϑ* und *å* s. unten II d.

II. Bei der Verbindung mit einem »nicht selbständig accentuirten« Wort — also bei der Enclise, Proclise und Composition[1] — treffen wir an der Fuge häufig, aber durchaus nicht etwa regelmässig[2], die nach den Inlautsgesetzen zu erwartenden Lautformen.

[1] Es kommen natürlich nur jene Composita in Betracht, die als solche deutlich erkennbar waren und jederzeit neugebildet werden konnten. — [2] Die Verbindungen, darin das der Fall ist, sind unten besonders hervorgehoben.

Ich scheide fünf Abteilungen:

a. Der Schluss des ersten Worts zeigt eine von der Satz- — bzw. der sonst gebräuchlichen — Form abweichende Gestalt.

1. *-δ-* für *-ṯ* (§ 84, 1; 93, 1): jAw. *xšaϑrāδ-a* (§ 274) neben *xšaϑrāṯ*, AbS.

2. *-s-* für *-ṯ* (§ 84, 1; 93, 1): jAw. *yas-ča* n. *yaṯ* ASn.; — *ā.maⁱδyą-nas-čiṯ* n. *nmānaṯ* AbS.; — jAw. *raēvas-čiϑrayå* n. *raēvaṯ.č°*. S. § 3, 4; 23.

3. *-as-* für *-ō* (*-ə̄*; § 303, 5)[1]: jAw. *yasnas-ča* n. *yasnō*; — gAw. *kas-tē*, *kas-čiṯ*, *kas-nā*, *yas-tē* (§ 298, 2) n. *kə̄*, *yə̄*; — jAw. *raočas.paⁱrištəm*, *raočas-čaēšmanō* n. *ṯbaēšō.taᵘrvå* (*s*-Stämme, § 174 a, γ). S. § 39, 3 a. Vgl. noch 43.

[1] Der Sandhi *-as-ča*, *-as-čiṯ* tritt regelmässig auf. Zu gAw. *kə̄-čā* »und er« s. 15.

4. *-ah-* für *-ō* (*-ə̄*; § 303, 5): gAw. *miϑah-vačå* n. jAw. *miϑōvaršta°*. S. § 39, 3 c; 286.

5. *-az-* für *-ō* (*-ə̄*; § 303, 5): jAw. *xᵛarᵊnaz-då*; *aogaz-dastəma* n. *xᵛarᵊnō.då* (*s*-Stämme, § 174 a, γ). S. § 23; 39, 3 a.

6. *-ås-* für *-å* (§ 93, 2): jAw. *yås-kərᵊtō* n. *yå* (*s*-Stamm, § 174 b). S. § 39, 3 a. Vgl. noch 41.

7. *-åz-* für *-å* (§ 93, 2): jAw. *māz-drāǰahīm* n. *må* (*s*-Stamm, § 174 b). S. § 23; 39, 3 a.

8. *-ąs-* für *-ą*, *-ə̄ng* (§ 94, 2; 303, 4): jAw., gAw. *yąs-čā* n. jAw. *yą*, gAw. *yə̄ng*: gr. ὅνς, APm. S. § 39, 3 a. Vgl. noch 42.

9. *-ž-* für *-š*: jAw. *duž-bərᵊtəe*, *duž-då* n. *duš-kərᵊtəm*; vgl. ai. *dur-bṛtáyē*, *dū-ḍī́ṣ*, *duṣ-kṛtám*. S. § 23.

Bemerkenswert ist das Auftreten von *duž* »miss-, übel-« vor Sonanten, *y v* und *m*: jAw. *duž-āpəm*, *duž-itəm*, *duž-yāⁱrya*, *duž-vačaŋhō*, gAw. †*duž-manaŋhō* (= jAw.

dušman°, § 278 No. 3). Entsprechend ai. *dur-āpam*, *dur-itám*, *dur-yújas*, *dur-vāčas*, *dur-matiš*. Ich vermute, dass die Anfänge zu dem indischen, zweifellos auf umfassender Analogiebildung beruhenden Satzsandhi, Auftreten der zunächst nur vor tönenden Geräuschlauten berechtigten Form der Geräuschlaute (§ 23) vor allen tönenden Lauten (s. unter e), in vorindische Zeit zurückreichen, und dass die Neuerung bei den Zischlauten begonnen hat; vgl. noch jAw. *ərᵊž.uxδō* neben gAw. *ərᵊš. ərᵊš.vačā* (so!; doch s. auch jAw. *aršuxδō*); ferner jAw. *uz-ayeni*, *uz-ira*, *uz-rātiš*, *uz-varᵊzəm* neben *us* aus **us* (J. SCHMIDT, Pluralbildungen 220 No.) Vgl. dazu HÜBSCHMANN, KZ. 24, 352; BTHL., Gaϑa's 91. S. übrigens ap. *dušiyāram* (d. i. *dušy°*, § 270 c) geg. jAw. *dužyāⁱryāi*.

10. *-n-* für *-m*: jAw. *vaēsmən-da* »οἶκόνδε« (KZ. 29, 543), *vīrən-janahe* n. *nmān]əm*, AS.; gAw. *vərᵊzᵊrəm.jā*; — jAw. *han-draxtō*, *han-jamanəm* n. gAw. *həm.parštōiš*; ai. *sám°*. S. § 61, 1.

11. *-n-* (d. i. *ŋ*) für *-m*: jAw. †*han-kərᵊtiš*: ai. *sáŋkṛtiṣ*. S. § 61, 1 und Nu. 10.

12. *-y-* (d. i. *y* oder *ĭy*; § 268, 11) für *-ĭ*: jAw. *vīsya* n. *vīsi*, LS.; — *tižy-arštiš* n. *tiži.arštīm*; — *paⁱtyāpəm* n. *paⁱti.āpəm*; — *aⁱwyāiti* (aus *aⁱwi* + *aēⁱti*; § 268, 3). S. § 95, 3 f.

13. *-v-* (d. i. *v* oder *ŭv*; § 268, 12) für *ŭ*: jAw. *yāhva* n. *yāhu* (§ 286, No. 1); — *hvaspō* n. *huaⁱwitačinąm*. S. § 95, 3 f.

14. *-ay-*, *-aē-* für *-ē* (§ 303, 2)[1]: jAw. *xᵛāšay-a* n. *axᵛāše*, LS. (BB. 17, 343); — *anumatayaē-ča* n. *anumatəe*, DS. (§ 268, 26); — *dvaē-ča* n. *duyē* NDn. (§ 268, 19); — *dūraē-pārąm* n. *dūⁱre*, LS. S. § 95, 4; 297, 1.

[1] Stets. — jAw. *aēte* »diese«, NPm.: *aētaē-ča*, aber *ahe* »dessen«: *ahe-ča*. Das *e* in *ahe* hat andern Wert als dort, s. § 268, 32.

15. *-av-* für *-ō* (oder *-ə*; § 303, 3): jAw. *daⁱŋhav-a* n. *daⁱŋhō*, LS. S. § 69, 1a; 297, 2. Vgl. dagegen gAw. *hə-čā* »und er«; § 303, 3; 417.

16. *-ā-* für *-āu*: jAw. *tā-ča* n. *tå* (statt *tāu*, § 268, 34), NDm. S. § 80; IdgF. 5, 219 No.

17. *-hr-* für *-r*: jAw. *stəhr-paēsaŋhəm* (vgl. *stərᵊbyō*), aber *ātərᵊ.pātahe*. S. § 289, 4, 5; 300, 1 und WHITNEY, Grammar[2] § 1296, 1273, wonach der Wortaccent in beiden Fällen auf der ersten Silbe lag.

Vgl. noch jAw. *hamiδ-patōiš*, § 268, 50; — *avž-dātəm*, § 43.

b. Der Anfang des zweiten Worts zeigt eine von der Satz- — bzw. der sonst üblichen — Form abweichende Lautgestalt.

18. *-ŋh-*, *-š-* für *h-* (§ 286 a): jAw. *upa-ŋhačaⁱti*, *gaⁱri-šāčō* n. *upa.haxtō*; — jAw. *yezi.šē* n. *ā.hīm*: ai. *á sīm*[1]. S. § 38 a; 39, 2, 3 c; 286. Vgl. noch § 268, 48.

[1] Im gAw. ist die *š*-Form des Pron. refl. überall durch die *h*-Form ersetzt; gAw. *yezī hōi*: jAw. *yezi.šē*. Vgl. CALAND, Zur Syntax der Pron. 61 No., und unter § 305 C 9. Beim Pron. dem. idg. **si-* (§ 244, 11) hat auch das jAw. nur die *h*-Form: *vazaēša.mē.hīm*.

19. *-š-* für *s-*: jAw. *paⁱri-štayeⁱti* n. *paⁱri stāŋhaⁱti*; — *daⁱŋhu-šānō*; — *vaŋharᵊ-štasčit̰*. S. § 38 a.

20. *-ŋuh-* (d. i. *ŋhv*, § 268, 27) für *xᵛ-* (§ 89): jAw. *ava-ŋuhabdəmnō* (auch *ava-ŋhabdaēta*, § 268, 30) n. *xᵛabdayeⁱti*. S. § 39, 3 c; 286. Vgl. noch 45.

21. *-ŋr-* (d. i. *ŋhr*, § 268, 46) für *r-* (§ 87): jAw. *ava-ŋrāsayāt̰* (CALAND, KZ. 33, 464) n. gAw. *rāŋhayən*. S. § 39, 3 c; 286.

22. *-hm-*, *-šm-* für *m-* (§ 87): jAw. *paⁱti-šmarənte* n. *marəmna*; — *a-hmarštanąm*. S. § 38 a; 39, 3 c.

23. *-š-* für *xš-*: jAw. *uxδa-šna* n. ap. *xšnāsātiy*. Weitres § 86.

24. *-xt-* für *t-* (§ 83, 1): jAw. *āxtūⁱrīm* n. *tūⁱryō*.

S. noch jAw. *han-kanayən*, § 13.

c. Aus- und Anlaut der zusammentreffenden Wörter sind contrahirt oder assimilirt (vgl. § 268, 58 und § 307).

25. *-ā-* für *-ā ā-*: jAw. *yūxtāspahe* n. *yuxta.aspąm*. Statt *ā* auch *a*: jAw. *frapayemi* (aus *fra* + *a°*); § 268, 3.

26. *-ī-* für *-ĭ ĭ-*: gAw. *zīt* (für *zī īt*). Statt *ī* auch *i*: jAw. *paⁱriϑwō* (aus *paⁱri* + *i°*); § 268, 1.

27. *-ū-* für *-ŭ ŭ-*: jAw. *hūxtəm* (aus *hu* + *u°*). Statt *ū* auch *u*: jAw. *anuxtəe* (aus *anu* + *u°*); § 268, 1.

28. *-ə-* für *-ă ə-*: jAw. *frərᵊtōit* (aus *fra* + *ər°*). Statt *ə* auch *ō*: gAw. *frōrᵊtōiš*; § 268, 4.

29. *-ą-* (statt *ą̄*, § 268, 54) für *-ă ą-*: gAw. *frąštā*.

30. *-aē-*, *-ōi-* für *-a ĭ-*: jAw. *anupaēta*, *anupōiϑwahe* (aus *an-upa* + *i°*). S. § 297, 1.

31. *-ao-* für *-a ŭ-*: jAw. *fraoxtō* (aus *fra* + *u°*). S. § 297, 2. — Vgl. auch gAw. *apō* (= ai. *ápō*) aus *apa* + *u*; § 303, 3.

32. *-āi-* für *-a aē-*: jAw. *upāiti* (aus *upa* + *aēti*).

33. *-s-* für *-t s-*: jAw. *fraϑasvō*, *bujasravaŋhō* n. *vindat.spāδəm*.

34. *-s-* für *-s s-*: jAw. *usnāⁱtīm*, *ustryamnō*.

35. *-z-* für *-t z-*: jAw. *yezi*, gAw. *yezī* (*e* nach § 298, 2) für *yat zī*; vgl. ZDMG. 48, 154.[1]

[1] Die Zusammenrückung ist ebensowenig alt wie ai. *yádd i*. Aus ar. **i̯ádž'i* wäre ai. **yájj'i* (BB. 15, 28 No.), jAw. (vermutlich) **yaji* geworden.

36. *-z-* für *-s z-*: jAw. *uzbātå*, *uzuᵗtyåsča*.

37. *-š-* für *-š š-* (= ar. *-š xš-*): gAw. *dušitā* »in schlechter Behausung«; Bthl., Gaϑa's 88; oben § 34; 37 b.

38. *-š-* für *-š h-*: jAw. *vīšāpahe* (§ 264).[1]

[1] Dazu wohl auch jAw. *vīšānō* »Haus verdienende« = *vīš* Nom. Sg. + *h°*. Oder gibt *vīš°* ar. **u̯ix-s°* wieder?; s. § 264 A, 1. Vgl. noch 45 No.

39. *-ž-* für *-š z-*: jAw. *nižbaēm*, vgl. ai. *nirhvayati*.

40. *-m-* für *-mm-*: jAw. *hamistō*, *ašəmaoγō*, gAw. *həmiϑyāt* n. jAw. *ahūm.mərᵊnčō*, gAw. *həmᵊmyāsaⁱtē*.

d. Die in der Fuge erscheinende Lautverbindung beruht auf einem Compromiss zwischen der Inlauts- und der Satzform.

41. *-ås-č-*, *-ås-t-* statt *-ās°* für *-å*[1]; s. § 264 A, 1 und Nu. 6 f: gAw. *dås-tū*, jAw. *vīspåsᵊ.tā*, *aⁱwihåsᵊ.tanvō*[2]; *gāϑås-ča* n. *då*, *vīspå*, *aⁱwihå*, *gāϑā*.

[1] Und zwar regelmässig in der Enclise. — [2] S. noch I 4; wegen *ə* s. § 300, 5.

42. *-əŋgs-t-*, *-əs-č-* statt *-ąs°* für *-əŋg*, *-ə*; vgl. 8: gAw. *yəŋgs-tū*, jAw. *vīspəs-ča*. Vgl. IdgF. 1, 486.

43. *-əs-t-*, *-ōs-k-*, *-ōs-t-* statt *-as°* für *-ə*, *-ō*; vgl. 3, 5: gAw. *vəs-tā*, *rānyō.skərᵊtīm*, jAw. *ϑraotō.stāčō*.

44. *ϑ* statt *d δ* oder *t* für *-t*: gAw. *paⁱričiϑ-īt*, *aⁱpi.čiϑ-īt*; *čiϑ-ᵊnā* n. *°čīt*; — gAw. *zaraϑ-uštrō*[1] n. jAw. *ranjat.aspąm*[2].

[1] Wörtlich »alte Kamele habend«; s. § 93, 1; 264 A, 2. — [2] In jAw. *kudaδaēm* »woher dieser« ist *δ* wohl fälschlich für *ϑ* geschrieben; s. § 268, 50 f.

45. *-šh-*, *-š.h-* statt *-š-* für *h-* und *-šxᵛ-*, *-š.xᵛ-* statt *-šv-* für *xᵛ-*: jAw. *nišhiδōiš*, gAw. *huš.haxā*, jAw. *paⁱtiš.xᵛarənəm* n. *hadiš*, *haxā*, *xᵛaraⁱti*. Vgl. § 287[1].

[1] jAw. *viš.hauruvō* »Haus hütend« (Haushund) wird aus dem Nom. Sing. *viš* gebildet sein; s. 38 No.

46. *-ąm-* statt *-ą-* für *-əm-* vor Spiranten: jAw. *hąm.stātəe*, *hąm.hištənti*; s. 40. Vgl. § 62, 67.

Vgl. noch jAw. *yasᵊ.ϑwā* (statt *yō* und *yat* + *ϑwā*; s. 2, 3); *paras.xraϑwəm* (statt *parō* + *xr°*; s. 3). Die Anlautsgruppe des zweiten Worts ist beibehalten.

e. Die Ausgangsform des ersten oder die Eingangsform des zweiten Worts beruht auf Verallgemeinerung einer in bestimmter Stellung entstandenen Inlautsform.

47. **jAw.** *hąm*, nach 46 entstanden, findet sich in jeder Stellung: *hąm, hąm.bārayən, hąm.tāšaṯ, hąm.čarəiuha, hąm.yanta, hąm.vaintīm, hąm.raēϑwayeni, hąm.ᵘrvīsvārəhō.* Das **gAw.** hat statt *hąm hə̄m*, das für **hə̨m* genommen werden kann (§ 268, 54): *hə̄m, hə̄m.parštōiš, hə̄myantū*[1].

[1] gAw. *hə̄bvaintīš* (TH. BAUNACK, Studien I, 378) enthält die vor *vh* correcte Form des Praefixes; s. § 299, 2.

48. *š*- statt *h*-: jAw. *fra-šāčkəm;* s. § 49.

Vgl. noch 9 No.

§ 305. 2. Altpersische Satzphonetik.

A. *Anlaut.*

a. Ir. *xᵘ*- wird satzanlautend zu *f*-: ap. *viᵘdaʰfarnā* (*f* aus dem Simplex) EN., eig. »Majestät gewinnend«: jAw. *vindixᵛarᵊnə;* Litteratur in § 89.

b. Ir. *dm*- wird zu *m*-: ap. *māniyam* »Haus« (Phlv., np. *mān* »Haus«): gAw. *dᵊmānəm* (§ 302, 2)[1].

[1] Nicht sicher; vgl. ai. *mā́na-s* »Bau, Wohnung«, dessen Herleitung aus **dmān°* trotz der bestechenden Zusammenstellung von *mā́nasya pā́tnīm* mit jAw. *nmānō.paϑni* — s. dazu VON BRADKE, GGA. 1890, 911 — bedenklich bleibt. Die ZDMG. 43, 528 aufgestellte Erklärung von ap. *māniyam* hat BANG in der NA. zurückgezogen.

B. *Auslaut.* Vgl. die Übersicht in § 303.

a. Ir. *-ă* wird durch die antesonantische Inlautsform *-aʰ* (§ 270 c, 1) ersetzt, welche idg. *-aʳs* in jeder Stellung vertritt; s. ap. *martiyaʰ*: ai. *mártyas*, jAw. *mašyō*.

b. Ir. *-ā* wird *-ā*[1]; s. ap. *martiyā*[1] »Männer«: ai. *mártyās*.

[1] Es könnte allerdings auch *martiyāʰ* — antesonantische Inlautsform — transscribirt werden; s. a.

c. Ir. *-ṯ* ist[1] zu *-h* geworden; vgl. § 93, 1 und 270 c, 1; s. ap. *frābaraʰ* »er übertrug«: jAw. *baraṯ*, ai. *ábharat*.

[1] Nach *a* und *ā*; nach *r* ist es nicht nachweislich.

d. Von ir. Geräuschlautsverbindungen ist im Auslaut nur *-št* nachweislich, das *t* verloren hat; s. ap. *āiš* »er ging«, *akunauš* »er machte«, s. § 309.

C. *Inlaut.* Vgl. § 304.

I. »Selbständig betonte« Wörter werden durchweg für sich und ohne Rücksicht auf die Nachbarschaft nach den § 270 gegebenen Regeln geschrieben.

II. Bei der Enclise, Proclise und Composition finden wir öfters die nach den Inlautsgesetzen zu erwartenden Lautformen.

Vgl. die § 304 II getroffene Teilung.

a. 1. *-š-* für *-ʰ* (aus ar. *-s* und *-t;* § 305 B, a, c): ap. *kaš-čiy* »irgendwer« = jAw. *kasčiṯ;* — ap. *čiš-čiy* »irgendwas« = lat. *quidquid*. S. § 3, 4; 23; 282.

2. *-as-* für *-aʰ* (aus ar. *-as;* § 305 B, a): ap. *vayas-pāraʰ* EN. n. *zuraʰ-karaʰ*. S. § 39, 3 a.

3. *-az-* für *-aʰ* (§ 305 B, a): ap. *vahyaz-dātaʰ* EN. (*s*-Stamm, § 174 a, α) n. *taraʰdrayaʰ*. S. § 23; 39, 3 a und 304 II, 5.

4. *-av-* für *-auv:* ap. *gāϑavā*, LS. n. *dahyauvā*. S. § 95, 4.

b. 5. *-š-* für *h-*: *āpi-šim, tyai-šaiy, hau-šaiy*. S. § 38 a; 39, 2; ferner 9.

c. 6. *-ā-* für *-ă ă-*: ap. *pasāvaʰ* (aus *pasā + avaʰ*); *xšayāršā* EN. (aus *xšaya + ar°*).

7. *-āi* für *-a ai-*: ap. *frāišayam*.

d. 8. *-z-* für *-s z-*: ap. *uzmayā*.

e. 9. *š*- statt *h*-: ap. *niya-šādayam*; s. § 49; — *utā-šim*, *adam-šim*, *kārah-šim*[1].

[1] Die *š*-Form des Pron. refl. und des Pron. dem. idg. **si*- hat die *h*-Form ganz verdrängt. S. § 304 II, 18.

Anhang zu I.

§ 306. »*Syllabische Dissimilation*«.

Vgl. oben § 100 a; ferner Spiegel, Vgl. Grammatik 81 f.; Bthl., Handbuch 31 f.; Jackson, Grammar 60 (, wozu ZDMG. 48, 148).

I. Awestische Beispiele.

1. jAw. *haurvata amərətāta*, gAw. *haurvātā*[1] *amərətātā* »Vollkommenheit und Unsterblichkeit« (auch personif.), ND. neben *haurvatātəm*, *amərətatātəm*, AS. S. noch § 393.

2. jAw. *parō.katarštəməm* »den in der Ferne gefürchtetsten«, statt *°*tarštatəməm*; s. KZ. 28, 50; oben § 268, 57.

3. jAw. *maiδyāiryāi* »dem Genius des Mittjahrfestes«, statt **maiδyayāiryāi*.

4. jAw. *avaiti* »tanta«[2] neben *avavaiti*; s. KZ. 29, 498.

[1] Gereimt auf *amərətātā*, daher das innere *ā*! — [2] Unter Mitwirkung des Correlativs *yavaiti* »quanta«.

II. Altpersische Beispiele.

5. Ap. *asbāraibiš* »mit Reitern«, statt **aspabār°*; s. S. 29.

§ 307. *Zur Betonung.*

Die Betonung ist in beiden altiranischen Dialekten unbezeichnet geblieben.

I. Für das Altpersische ist nichts zu ermitteln.

II. Für das Awestische haben wir wenigstens einige Anhaltspunkte, die dafür zeugen, dass die Sprache im Wesentlichen auf dem arischen Betonungsstandpunkt verharrte, wenigstens noch zu der Zeit, da gewisse Lautveränderungen stattfanden. Vgl. § 272 und 289, 4—7 mit No. 1, ferner § 297, 2 No. 1.

Ein im Aind. nicht nachweisbares, aber vielleicht indogermanisches Betonungsgesetz ist die Verschiebung des Worttons auf die letzte Silbe beim Antritt von Enclitiken; s. § 294 mit No. 1, § 289 No. 1.

Die an sich wahrscheinliche Annahme, dass in Compositen bei der Vereinigung zusammenstossender Vocale sich der Schleifton einstellte, scheint mir durch die Unsicherheit in der Schreibung des Contractionsvocals (s. § 304 II, 25 ff.) eine gewisse Bestätigung zu erhalten. Die Metrik weist auch für andre Vocale auf schleifende Betonung hin; s. S. 57 No. 1. Soll etwa auch die Schreibung *ašāaṱa* (neben *ašāṱ*, AbS.) den Schleifton ausdrücken? S. § 215; 268, 5.

Übersicht zu I.

Das gesetzliche Verhältnis der awestischen und altpersischen Laute zu den uriranischen[1]; vgl. dazu oben S. 45 ff.

[1] Abgesehen von den satzphonetischen Änderungen im Auslaut (§ 303 ff.), der Anaptyxe und Epenthese (§ 300 f.) und den nur graphischen Abweichungen (§ 268, 270).

I. Die awestischen Laute.

Die Awestasprache hatte folgenden Lautbestand:

A. Geräuschlaute.

A a. Verschlusslaute:

Tenues: *p t k*;
Mediae: *b d g*;

A b. Spiranten:
labiale: *f w;*
gutturale: *x γ, x^v, h h́;*
Zischlaute: *ϑ δ, ṯ ḏ* (nur jAw.)[1];
s z;
š[2] *ž;*
š́[2] *ž́* (nur jAw.)[3];
ṣ̌[2].

A c. Affricaten:
Tenuis: *č;*
Media: *ǰ.*

[Davon tonlos: *p t k; f x x^v h h́ s š š́ ṣ̌; č.*]

B. Sonorlaute:
B a. Liquidae: *r* *r̥*[4] *r̥*[4].
B b. Nasale: *m*[5] *n*[5] *ŋ*[5] *ŋ́*.
B c. Vocale[6]: *i ī i̯*[7], *u ū u̯*[7]; *a e ə o, ā ē ə̄ ō å;* [9]*ą̄ ę̄* (nur gAw.) *į ų.* | *ae*[8] *oi*[8] *ao əu*[8]; *āi āu;*

[1] In der Schrift von *ṯ* nicht geschieden; S. 153. — [2] In den Texten nicht auseinandergehalten; s. § 271 No. 1. — [3] In der Schrift von *ž* nicht geschieden; s. aber S. 153. — [4] Zur graphischen Darstellung dieser Laute s. § 268, 54 f. — [5] Vor den homorganen Verschlusslauten nicht immer auseinandergehalten; s. § 268, 53. — [6] Zur Quantitätsbezeichnung der sonantischen Vocale s. § 268, 1 ff. — [7] In der Transscription *y v.* — [8] Geschrieben *aē ōi ə̄u;* § 268, 2. — [9] Zur Darstellung der nasalirten Vocale s. § 268, 54.

Von diesen 56 Lauten entsprechen folgende 20 ausschliesslich den gleichen uriranischen Lauten: *t k b d g*[1] *f ṯ x x^v š́ z ž́ h č ǰ m ī i̯ ū u̯.* [Dazu noch *āi āu.*]

[1] Wegen *g* vor schliessendem *ṯ* s. § 303, 10.

Die übrigen 36 haben nachverzeichneten etymologischen Wert:

	Aw. aus	urir.	Vgl. §[1]		Beispiele[1]:

[1] Wo Paragraphenzahlen und Beispiele fehlen, ist S. 45 ff. unter dem betreffenden Laut zu vergleichen.

	Aw.	urir.	Vgl. §		Beispiele
1.	*p*	*p*			
		f	279	jAw.	*hapta* »sieben«;
2.	*ϑ*	*ϑ*			
		s	282		*aⁱwiϑūrō* »mächtig«;
3.	*w*	*w*			
		f	279		*āϑwyō* EN.;
	jAw.	*b*	273		*aⁱwi* »hinzu«;
4.	*δ*	*ϑ*	280		*vavaxδa* »dixisti«;
	jAw.	*d*	274		*vaēδa* »er weiss«;
5.	*ḏ* jAw.	*d*	302, 4		*ṯbištō* »gehasst«;
6.	*γ*	*γ*			
	jAw.	*g*	275		*darᵉγəm* »lang«;
7.	*s*	*s*			
	jAw.	*z*	284		*xrūždisme* »in harter Erde«;
8.	*š*	*š*			
	jAw.	*ž*	278 No. 3		*dušmanaŋhe* »dem übeldenkenden«;

	Aw.	aus urir.	Vgl. §		Beispiele:
9.	*š̌*	*rt*	272; 289, 6	jAw.	*mašyō* »Mensch«;
	əš̌	*r̥t*	272; 289, 7		*aməšəm* »unsterblich«;
10.	*ž* jAw.	*j*	276		*daža*^{i}*ti* »brennt«;
11.	*h̄*	*h*	286 e		*dah̄yunąm* »der Gaue«;
12.	*r*	*r*			
	ər	*r̥*	289, 2		*mər*^{ə}*ϑyuš* »Tod«;
13.	*r̥*	*r*	289, 4		*mahrkō* »Tod«;
	ər̥	*r̥*	289, 5		*vəhrkō* »Wolf«;
14.	*ər̥*	*r̥̄*	289, 3	gAw.	*nər*^{ə}*š*, jAw. *nər*^{əu}*š* »viros«;
15.	*n*	*n*			
		m	292, 1; 296, 2	jAw.	*a*^{i}*pi.dvąnarayå* »obscurae«;
	jAw.	*ṇ*	292, 3		*ϑanvar*^{ə} »Bogen«;
	jAw.	*d*	302, 2		*nmānəm* »Haus«;
16.	*ṇ*	*ṇ*			
	ṇh	*h*	286 b ff.		*aṇhat̰* »erit«;
[17.	*ṇ́h*	*hi̯*	268, 28		*vaṇ́hō* »melius«;]
18.	*i*	*i*			
		ī	294, 1		*pivas-ča* »und Fett«;
		a	298, 4		*yim* »welchen«;
19.	*u*	*u*			
		ū	294, 2		*āzu*^{i}*tīm-ča* »und Speise«;
20.	*a*	*a*			
		ā	294, 3		*čaϑwaras-ča* »und vier«;
	jAw.	? *ą*	299, 2		? *maṇhānō* »denkend«;
	ae	*ai*	297, 1		*vaēδa* »er weiss«;
	ao	*au*	297, 2		*zaošō* »Gefallen«;
21.	*ā*	*ā*			
		a	295, 1		*x*^{v}*āšārəm* »den Esser«;
22.	*e*	*a*	298, 2		*yesnyō* »verehrenswert«;
23.	*ē*	*ā*	298, 5		*zbayemi* »ich rufe«;
24.	*ə*	*a*	298, 1		*vazənti* »sie fahren«;
	ər	*r̥*	289, 2		s. 12;
	ər̥	*r̥*	289, 5		s. 13;
	ər̥	*r̥̄*	289, 3		s. 14;
	əš̌	*r̥t*	272; 289, 7		s. 9;
	əu	*au*	297, 2		*gəuš* »des Rindes«;
25.	*ə̄*	? *ā*	298, 8		? *nāmə̄ni* »nomina«;
26.	*o*	*a*	298, 3		*mošu* »bald«; gAw. *čōr*^{ə}*t̰* »fecit«;
	oi	*ai*	297, 1		*šōiϑrahe* »der Wohnung«;
27.	*ō*	*ā*	298, 6	gAw.	*jyōtūm* »vitam«; *dōr*^{ə}*št* »er hielt«;
28.	*å*	*ā*	298, 7	jAw.	*yåṇhąm* »quarum«; *mazåntəm* »magnum«;
29.	*ą*	*ą*			
		a	296, 1	gAw.	*xšąnmə̄nē* »sich zu gedulden«;
30.	*ą̄*	*ą̄*			
		ā	296, 2 ff.	jAw.	*nąma* »Name«; *ϑwąm* »dich«; *a*^{i}*pi.dvąn*^{a}*rayå* (15);
31.	*ə̨* gAw.	*ą*	299, 2	gAw.	*sə̨nghamahī* »wir verkünden«;
32.	*ə̨̄* gAw.	*ą̄*	299, 3		*vīvə̨nghatū* »cupiat superare«;
33.	*į*	*į*	299, 1	jAw.	*ga*^{i}*riš* »Berge«, AP.;
		i	296, 1		*činma* »Streben«;
34.	*į̄*				[nicht nachweisbar]

	Aw.	aus urir.	Vgl. §	Beispiele:
35.	*u̯*	*u̯*	299, 1	jAw. *baršnūš* »Höhen«, AP.;
		u	296, 1	*dunman* »Wolken«;
36.	*ū̯*	*ū*	296, 2	gAw. *xrūnᵊram* »sanguinea«.

Vgl. noch § 271 No. 5; 278 I, 6; 291 zu langem *w s n m*.
Ausgefallen ist urir. *g* vor *u̯* im jAw.: *ϑanvarᵊ* »Bogen«, § 275.
Umgestellt wurden von urir. Gruppen: anl. *u̯r* und anl. *mn* (?): gAw. *ᵘrvātā* »Glaubenslehren«; jAw. *nmānaya* »warte«; § 302, 1, 3.

II. Die altpersischen Laute.

Die altpersische Sprache hatte folgenden nachweislichen Lautbestand:

A. Geräuschlaute:
- A a. Verschlusslaute:
  - Tenues: *p t k*;
  - Mediae: *b d g*.
- A b. Spiranten:
  - labiale: *f* [*w*?][1],
  - gutturale: *x* [*γ*?][1]; *h*;
  - Zischlaute: *ϑ* [*ð*?][1]; *ϑʳ*;
    - *s z*;
    - *š* [*ž*?][1].
- A c. Affricaten:
  - Tenuis: *č*.
  - Media: *ǰ*.

B. Sonorlaute:
- B a. Liquidae: *r l*.
- B b. Nasale[2]: *m n ŋ*.
- B c. Vocale[4]: *i ī i̯*[3], *u ū u̯*[3]; *a, ā*; *ą*[5] *į*[5]. — *ai au*; *āi āu*;

[1] Wegen *w γ ð ž* s. S. 159. — [2] Vgl. § 291 II. — [3] In der Transcription *y v*; zur Wiedergabe der Laute hinter Consonanten s. § 270 c, 2. — [4] Zur Quantitätsbezeichnung der Vocale s. S. 160. — [5] In der Schrift von *a, i* nicht geschieden.

Von diesen 31 Lauten — die eingeklammerten lasse ich bei Seite — entsprechen folgende 22 ausschliesslich den gleichen uriranischen Lauten: *p t k b g x h s z č ǰ m n ŋ i ī i̯ ū u̯ ā ą į*. [Dazu noch *ai āi au āu*.] *l* kommt nur in nichtiranischen Wörtern vor. — Die übrigen 8 haben nachstehenden etymologischen Wert:

	Ap.	aus urir.	Vgl. §	Beispiele:
1.	*d*	*d*	15	*dargam* »lang«; *yadiy* »wenn«;
		z	284	*adam* »ich«;
2.	*f*	*f*	9; 4	*kaufaʰ* »Berg«; *fraᵒ* »vor«;
		xᵛ	305 A	*viⁿdaʰfarnā* EN.;
3.	*ϑ*	*ϑ*	10; 5	*yaϑā* »wie«; *ϑuvām* »dich«;
		s	282	*viϑam* »Haus«;
4.	*ϑʳ*	*ϑr*	281	*puϑʳaʰ* »Sohn«;
5.	*š*	*š*	S. 46, 18;	*gaušā* »Ohren«; *nipištam* »geschrieben« u. s. w.;
		š	7 283	*ašiyavam* »ich marschirte«;

	Ap.	aus urir.	Vgl. §	Beispiele:
	š	*s*	282	*kaščiy* »irgendwer«; *čiščiy* »irgendwas«;
		ϑ	280	°*maršiyuš* »Tod«;
6.	*r*	*r*	58	$martiya^h$ »Mensch«;
	ar	*r̥*	290, 3	°*maršiyuš* »Tod«;
7.	*u*	*u*	74	$pu\vartheta^r a^h$ »Sohn«;
		r̥	290, 4	*akunavam* »ich machte«;
8.	*a*	*a*	77	*abaram* »ich trug«;
	ar	*r̥*	290, 3	s. 6.

Ausgefallen sind von uriranischen Lauten: *h* vor *m*: *amiy* »ich bin«, § 285; — *d* im Anl. vor *m* (?): *māniyam* »Haus«, § 305 A.

II. GESCHICHTE DER WÖRTER.

Vgl. oben S. 48 ff.

EINTEILUNG.

II A. Das Verbum.

§ 308. Augment. — § 309. Zu den Personalsuffixen.

II A a. DER ÜBERLIEFERTE FORMENBESTAND.

II A a 1. Zur Stammbildung.

II Aa 1α. Praesensgruppe.

I. Im Awestischen. — § 310. Zur 1. Kl. — § 311. Zur 3. Kl. — § 312. Zur 5. und 6. Kl. — § 313. Zur 7. Kl. — § 314. Zur 8. und 9. Kl. — § 315. Zur 10. Kl. — § 316. Zur 11. Kl. — § 317. Zur 12. Kl. — § 318. Anhang zur 8.—13. Kl. — § 319. Zur 14. Kl. — § 320. Zur 16. Kl. — § 321. Zur 20. Kl. — § 322. Zur 22. Kl. — § 323. Zur 24. Kl. — § 324. Zur 25. Kl. — § 325. Zur 26. und 27. Kl. — § 326. Zur 30. Kl.

II. Im Altpersischen. § 327. Zu den belegbaren Kl.

II Aa 1β. *s*-Aoristgruppe.

§ 328. I. Im Awestischen. — § 329. II. Im Altpersischen.

II Aa 1γ. Perfectgruppe.

§ 330—332. Im Awestischen.

II A a 2. Flexion.

II Aa 2α. Thematische Flexion.

§ 333. Praes. Praes. Act. — § 334. Praes. Praes. Med. — § 335. Praet. Act. — § 336. Praet. Med. — § 337. Imp. Act. — § 338. Imp. Med. — § 339. Conj. Act. — § 340. Conj. Med. — § 341. Opt. Act. — § 342. Opt. Med.

II Aa 2β. Unthematische Flexion.

§ 343—353. *A. Praes. Praes.* § 343—344. a. Praes. 1. Kl. — § 345—346. b. Praes. 5. und 7. Kl. — § 347—348. c. Praes. 8. Kl. — § 349—350. d. Praes. 10. Kl. — § 351—352. e. Praes. 11. Kl. — § 353. f. Die übrigen Praesensklassen.

§ 354—355. *B. Praes. Perf.*

§ 356—364. *C. Praet.* § 356—357. a. Praes. 1. Kl. und Perf. 3. Kl. — § 358—359. b. Red. Praes. (5. und 7. Kl.) und Perf. (1. und 2. Kl.) — § 360—361. c. *s*-Aorist. — § 362. d. Praes. 10. Kl. — § 363. e. Praes.

11. Kl. — § 364. f. Die übrigen Praesensklassen. — § 365. Anhang. 3 Sing. Pass. auf *-i*.

§ 366—369. *D. Imperativ.* § 366—367. a. Praes. 1. Kl. und Perf. 3. Kl. — § 368. b. Red. Praes. (5. und 7. Kl.) und Perf. (1. und 2. Kl.) — § 369. c. Die übrigen Tempusstämme.

§ 370—374. *E. Conjunctiv.* § 370—371. a. Praes. 1. Kl. und Perf. 3. Kl. — § 372. b. Red. Praes. (5. und 7. Kl.) und Perf. (1. und 2. Kl.) — § 373. c. *s*-Aorist. — § 374. d. Die übrigen Praesensklassen.

§ 375—377. *F. Optativ.* § 375. α. Act. — § 376. β. Med. — § 377. Zu § 375 f.

II B. Das Nomen.

II B I. **Die Nomina** (κατ. ἐξ.).

§ 378. Zur Casusbildung und den Casussuffixen.

II B I a. Die Flexion der einzelnen Stammklassen.

§ 379—382. ***1.*** Kl. Stämme auf *s*-. (§ 379. 1 a α. Auf *i̯as*-, Comp. — § 380. 1 a β. Auf *u̯as*-, PPA. — § 381. 1 a γ. Auf *as*-. — § 382. 1 b. Rad. auf *s*-.) — § 383—384. ***2.*** Kl. Stämme auf *š*-. (§ 383. 2 a. Auf *iš*- und *uš*-. — § 384. Rad. auf *š*-.) — § 385—386. ***3.*** Kl. Stämme auf *ś*-, *ź*-, *ẑ*-. (§ 385. 3 a. Auf *ś*-. — § 386. 3 b. Auf *ź*-, *ẑ*-.) — § 387. ***4.*** Kl. Stämme auf *p*-, *b*-. — § 388—390. ***5.*** Kl. Stämme auf *k*-, *g*-, *ĝ*-. (§ 388. 5 a α. Auf *k*-, Typus **u̯āk*-. — § 389. 5 a β. Auf *k*-, Typus **prati̯aṇk*-. — § 390. 5 b. Auf *g*-, *ĝ*-.) — § 391—392. ***6.*** Kl. Stämme auf *t*-, *d*-, *dʰ*-. (§ 391. 6 a. Auf *t*-. — § 392. 6 b. Auf *d*-, *dʰ*-.) — § 393. ***7.*** Kl. Stämme auf *tāt*- und *tūt*-. — § 394—396. ***8.*** Kl. Stämme auf *nt*-. (§ 394. 8 a. Abgel. auf *u̯/mant*-. — § 395. 8 b. St. *maẑ'ant*-. — § 396. 8 c, d. Prim. Adject. und Part. Praes. Act.) — § 397. ***9.*** Kl. Stämme auf *at*-, *āt*-, *t*- (*it*-). — § 398. ***10.*** Kl. Wurzelstämme auf *r*-. — § 399. ***11.*** Kl. Abgel. Neutr.-Stämme auf *ar*-. — § 400. ***12.*** Kl. Abgel. masc. u. fem. St. auf *ar*-, *tar*-. — § 401. ***13.*** Kl. Zahlwörter auf *r*-. — § 402. ***14.*** Kl. Stämme auf *m*-. — § 403—405. ***15.*** Kl. Stämme auf *n*-. (§ 403. 15 a α. Abgel. auf *an*-. — § 404. 15 a β. Abgel. auf *in*-. — § 405. 15 b. Rad. auf *n*-.) — § 406. ***16.*** Kl. Abgel. Stämme auf *i̯*-. — § 407. ***17.*** Kl. Abgel. Stämme auf *u̯*-. — § 408. ***18.*** Kl. Abgel. Stämme auf *ī*-. — § 409. ***19.*** Kl. Abgel. Stämme auf *ū*-. — § 410. ***20.*** Kl. Rad. Stämme auf *i̯*-. — § 411. ***21.*** Kl. Rad. Stämme auf *u̯*-. — § 412. ***22.*** Kl. Abgel. Stämme auf *a*-. — § 413. ***23.*** Kl. Abgel. Stämme auf *ā*-. — § 414. ***24.*** Kl. Rad. Stämme auf *ā*-.

II B II. **Die Pronomina.**

II B II A. Die geschlechtigen Pronomina.

§ 415. a. Pron. interrog. — § 416. b. Pron. relat. — § 417—422. c. Pron. demonstr. (§ 417. α. Die Formen aus idg. 1. **to*-, **tā*-; **so*-, **sā*-; 2. **eiᵗ*, **eisᵒ*. — § 418. β. Die Formen aus idg. **o*-, **ā*-, **ī*-. — § 419. γ. Die Formen aus ar. 1. **ană*-, 2. **imă*-. — § 420. δ. Die Formen aus idg. **oi̯o*-, **oi̯ā*-. — § 421. ε. Die Formen aus 1. idg. *i*-, 2. idg. *si*-, 3. ir. *di*-. — § 422. ζ. Sonstige Formen.)

II B II B. Die ungeschlechtigen Pronomina.

§ 423. 1. Pers. — § 424. 2. Pers. — § 425. 3. Pers. (Refl.) — § 426. Anhang. Die Derivata der Pron. pers.

II A. DAS VERBUM.

§ 308. *Augment.*

1. Im **Awestischen** ist der Gebrauch des Augments stark eingeschränkt. Auf etwa 20 Praeteritalformen mit sicher praeteritaler Bedeutung trifft eine

augmentirte[1]; vgl. gAw. *asrūždūm* »ihr wurdet gehört«, jAw. *pa^iri.abavat* »er wurde habhaft«; ferner jAw. *uzāŋhat* (statt °*ŋh*°; § 268, 30) »er schickte aus«: ai. *ásyat* u. s. w.[2]; die Contraction des Augments mit dem wurzelanlautenden Vocal stammt aus voriranischer Zeit; s. auch 2.

[1] Vom Augment-*a* ist das Verbalpraefix *a* (AF. 2, 169) zu trennen; aber die Scheidung ist gar oft unsicher. — [2] Beispiele — aber nicht alle richtig! — bei Bthl., Air. Verbum 62. S. noch unten § 324, 356 u. ö.

2. Im **Altpersischen** zeigen alle Praeteritalformen das Augment, sofern sie praeteritale Bedeutung haben, d. h. in Wirklichkeit stets ausser hinter der Prohibitivpartikel *mā* (wozu Bthl., Studien 2, 158)[1]: *abaram* »ich trug«; *frābara^h* (aus *fra*+*aḃ*, § 305 C) »er übertrug«: ai. *prā́barat; frāišayam* »ich entsendete« (aus *fra*+*aiš*°=*a*+*iš*°; s. 1).

[1] Gegenüber Geldner, KZ. 30, 322 s. Bthl., IdgF. 4, 327. — Das Ap. steht also auf dem Standpunkt der classisch-indischen Sprache. Die Regelmässigkeit des Augmentgebrauchs halte ich für ein Zeichen der Schulung.

§ 309. *Zu den Personalsuffixen.*

Vgl. § 105 ff., 164 ff., wo fast alles, was zur Bildung der Personalformen zu bemerken ist, bereits gegeben wurde.

I. **Aw.**

1. Das **jAw.** hat die dem ar. *-madʰi*, 1PPrM. (§ 117, 2) entsprechende Suffixform zu Gunsten der des Praesens *-ma^iδe* (*-ma^ide*, § 277) aufgegeben; vgl. jAw. *bū^iδyōima^iδe* »wir möchten bemerken« gegen gAw. *vāurōima^idī* »wir möchten überzeugen«, Opt.

2. Das **jAw.** braucht die medialen Dualformen auf *-ϑe* (§ 120, 1e) auch als Praeterita; cf. *us.zayōiϑe* »die beiden wurden geboren« neben *us.zayaŋha* 2S., *us.zayata* 3S. Die Verwirrung in der Dualbildung hat also weitere Fortschritte gemacht[1].

[1] Im Zusammenhang damit steht die allmähliche Ersetzung der dualischen Verbalformen durch die pluralischen; z. B. V. 2, 41: *dva nara us.zayeⁱnte* »zwei Leute werden geboren«; s. noch V. 8, 13; Yt. 19, 44 u. a. m. Die Gathas bieten dafür kein Beispiel.

II. **Ap.**

Die Ausgänge *-š* (aus urir. *-št*, § 305 B) und *-šaʰ* (oder *-šaⁿ*, § 170) des sigmatischen Aorists dringen in unsigmatische Tempora; vgl. ap. *akunauš* »er machte«: jAw. *akǝrᵊnaot*; ap. *adaršnauš* »er wagte«; *adurujiyašaʰ*[1] »sie logen«: ai. *ádruhyan*. Vgl. J. Schmidt, KZ. 27, 326 f.

[1] Fr. Müller's Einwendung gegen diese Lesung des Worts, WZKM. 7, 253 ist gar nicht stichhaltig; vgl. § 49.

II A a. DER ÜBERLIEFERTE FORMENBESTAND.

II A a 1. Zur Stammbildung.

Den oben gegebenen Beispielen und Bemerkungen, die ich jeweils zu den nachstehenden Paragraphen zu vergleichen bitte, füge ich noch eine Anzahl fürs Awestische und Altpersische hinzu. Vgl. ferner § 333 ff., wo alle wichtigeren Einzelformen verzeichnet sind.

Die Stämme sind im Folgenden, sofern nichts andres bemerkt ist, in (ur)iranischer Lautform angesetzt.

II A a 1α. Praesensgruppe.

I. Im Awestischen.

Das Awesta bietet Belege für alle in § 122 ff. aufgeführten Praesensformationen mit Ausnahme der 19. Klasse (§ 140; Typus gr. τύπτω).

§ 310. *Zur 1. Klasse* (§ 122).

a. Ablaut ist sicher erweislich[1] bei:

1) *čaį-: šį-* (§ 7) (*čiį-*) »fügen«: gAw. *vīčayaδā: vīšyātā* 3PPrM. Vgl. ai. *acēt: ciyántu.*

2) *šaį-: šį-* (*šiį-*) »wohnen«: jAw. *šaēⁱti: šyeⁱnti.* Vgl. ai. *kṣēti: kṣiyánti.*

3) *čaiδ-: čiδ-* »lehren«: gAw. *čōiδaⁱtē: ačistā* 3SPrM.

4) *čaiš-: čiš-* »versprechen«: gAw. *čōišt: čīždī.*

5) *maiδ-: miδ-* »vertere«: gAw. *mōist: miδyāṯ.*

6) *taų-: tų-* (*tuų-*) »aushalten«: gAw. *tavā:* jAw. *tūⁱte, tuyā.* Vgl. ai. *tavīti,* Kl. 22; s. 7.

7) *mraų-: mrų-* (*mruų-*) »sagen«: jAw. *mraoⁱti, mraom* (§ 268, 22): *mrūⁱδi.* Vgl. ai. *ábravam: brūhi;* dazu *brávīti,* Kl. 22; s. 6.

8) *sraų-: srų-* (*sruų-*) »hören«: gAw. *sraotū: asrvātəm.* Vgl. ai. *śrōtu: śruvantu.*

9) *įaug-: įug-* »anschirren«: gAw. *yaojā:* jAw. *yūxtā.* Vgl. ai. *yōjā: ayukta.*

10) *ar-: r-* »sich bewegen«: gAw. *arəntē* 3PCM.: *ərᵉtē.* Vgl. ai. *áram: ranta.*

11) *ųarz-: ųrz-* »wirken«: gAw. *varᵉš* 2SPrA.: *vərᵉzimādā* (§ 294).

12) *grab-: grb-* »ergreifen«: gAw. *grabəm:* jAw. *grᵉwənti* (§ 268, 39). Vgl. ai. *agrabam: grbānás.*

[1] Man beachte, dass ir. *ar, an* und *am* doppelwertig sind (§ 57 ff.). Es kann somit gAw. *vaⁱrī-maⁱdī,* Opt. (neben *varānī,* Conj.: ai. *várat*) dem ai. *vurī-ta* entsprechen, also ar. *ṛr* enthalten; ebenso kann gAw. *maⁱnimadi-čā,* Opt. (neben *mantā*) auf idg. **mṇn°* zurückgehen.

b. Der starke Stamm erscheint ausschliesslich bei:

13) *aug-* »sagen«: gAw. *aojāi: aojī, aoγžā, aogᵉdā* (§ 53 I).

c. Besonders erwähne ich noch

14) gAw. *xš-əntā* »sie herrschten« (§ 119, 2), jAw. them. *xšaēša* »du mögest herrschen«[1].

[1] gAw. *xš-əntā* verhält sich zu ap. *xšāy-aδiyaʰ* »König«, zu ai. *kṣay-ati* »er herrscht«, jAw. *xšay-ete* (s. § 148, 11) und zu gr. *ἰ-φθῖ-μος* (Collitz, BB. 18, 216 f.) wie ai. *da-dʰ-ur* »sie haben gesogen« zu *dʰāy-as,* zu *dʰáy-ati* und zu lett. *dī-le* »Saugkalb«. Die idg. Basis ist *kⁱᵖāⁱi-* (§ 46; Studien 1, 121). Vgl. dazu Bthl., ZDMG. 43, 665.

15) jAw. *a-škarᵉ* »sie vergingen«, zu *sačāⁱte;* s. AF. 2, 51.

§ 311. *Zur 3. Klasse* (§ 124).

Beachtung verdient: *za-* »festhalten an« (aus idg. **zγʹe/e-;* § 51, 2): gAw. *zaēmā.* Vgl. gr. *σχοῖμεν.* S. noch § 312, 9.

§ 312. *Zur 5. und 6. Klasse* (§ 126, 127).

a. 1) *iįaį-* »gehen«: them. jAw. †*yeyenti, yeyą*[1] (für *iyey°*); s. S. 54 unten. Der schw. St. dazu ist in ai. *īmahē* u. s. w. enthalten; s. Bthl., AF. 2, 72 f.

[1] So die NA. Besser *yeyąn* oder *yeyąm;* s. § 303, 7.

2) *zizuš-* »geniessen«: jAw. *zīzušte.* Vgl. ai. *jujuṣṭana.*

3) *bibar-* »tragen«: them. jAw. *bībarāmi.* Vgl. ai. *bibarti.*

4) *titar-* »überwinden«: them. jAw. *titaraṯ, titarəntəm.* Vgl. ai. *titarti* und *átītaras.* Dazu jAw. *titārayeⁱti,* Kl. 30; § 326 II.

5) *didar-* »auffassen«: them. jAw. *diδārəmnō*[1]. S. dazu ai. *didṛtá* und *ádīdarat.*

6) *zizan-* »erzeugen«: jAw. *zīzənti* 3SPA. Vgl. ai. *jajánti;* s. von Schroeder, MS. 1, XVII. S. auch § 127, 1.

7) *jagn-* »schlagen«: them. jAw. *jaγnənte.* Vgl. ai. *jíghnantē.* S. noch § 332.

8) *įaiš-* (aus **įe-is-*) »sieden«: jAw. *yaēšənta,* Part. Vgl. ai. *yḗṣati.* S. auch jAw. *yaēšyantīm,* Kl. 29.

9) *zaz-* (statt *haz-,* aus idg. **se-zγʹ-,* S. 55) »festhalten an«: them. gAw. *zazəntī.* Vgl. ai. *sahānás* (wozu Studien 2, 40), gr. *ἴσχω.* S. noch § 311; 330, I b.

10) *zazā-: zazai̯-: zaz-* (*ā, ai̯* aus uridg. *dʰi̯, əi̯;* s. § 310, 14 No.) »ablassen von; entlassen«: jAw. *zazāhi:* gAw. *zazat̰* 3PPrA.; them. jAw. *zazayąn*. Vgl. ai. *jáhāti: jahati, jihatē.*

11) *sispi̯-, sisp-* (idg. Grundlage: **xixu̯āxi̯-;* s. § 310, 14 No.) »schwellen, schw. machen«: them. jAw. *sispata* 3SPrM.; *sispimnō* (für *°i̯əmnō,* § 268, 21). Vgl. ai. *aśiśvayat* (bei Gramm.).

b. Ohne indische Gegenstücke: jAw. *jīyaēša* »du lebtest«, 2SPrM.; — jAw. *kuxšnvąnō* »befriedigend« (s. S. 55); — jAw. *hišmarəntō*[2], *mimarō* »gedenkend« (s. S. 55); — jAw. *hišārō*[1] »Acht habend auf«; — gAw. *jīgər°zat̰* »sie wehklagten« (§ 111, 2 b); — gAw. *didąs* »er lernte kennen« (§ 94, 1): *didaⁱŋhē* »ich lernte k.«, them. (idg. **didn̥s-;* s. gr. δεδάασθαι; IdgF. 3, 109, ZDMG. 48, 150); — jAw. †*hispō.səmna* »spähend«, them. (s. § 49, 1; 268, 57); — jAw. *išā̊əhaēta* 3SOM., them. (aus ar. **iš-ās-aita;* s. S. 55).

[1] Auffällig ist das *ā* der Wurzelsilbe. — [2] Dazu *hišmāⁱrīm* (d. i. *°ryəm*) »memorandum«, Part. Fut. Pass.

§ 313. *Zur 7. Klasse* (§ 128).

a. 1) *nainig-* »spülen«: them. jAw. *naēnižaⁱti.* Vgl. ai. *nēnijē.*

2) *zauzau̯-* »rufen«: gAw. *zaozaomī.* Vgl. ai. *jóhavīmi* (zu Kl. 22), *jóhuvat.* S. auch jAw. *saozīzuyē,* S. 56.

3) *dardar-* »zerren«: jAw. *dar°daⁱryāt̰* (*ar* aus ar. *ar* oder *r̥r*). Vgl. ai. *dardirat.*

4) jAw. *rąrəmå*[1] »erfreuende«, NPf. Vgl. ai. *rąramīti* (bei Gramm.).

b. Ohne indische Parallelen: jAw. *γžar°.γžarəntīš* »hin und her fliessende«; — jAw. *dąδrąxti*[1] »er hält fest« (*xt* gegen § 53 I), *dādrājōiš* »du mögest festh.«, them. (auffällig das innere *ā*); — jAw. *pāpər°tāne* »kämpfende«, NDf.; — jAw. *vāvō* »wehend«; — gAw. †*rārišō* »abfallend« (vgl. § 150, 4).

Zu dem S. 55 unter II 1 angeführten offenbar verderbten gAw. *ąsašutā* s. jetzt auch Caland, KZ. 33, 465, der aber Bthl., Studien 2, 35 übersehen zu haben scheint.

[1] Zur Herkunft des *ą* in der Reduplikationssilbe s. § 296 No. 2.

§ 314. *Zur 8. und 9. Klasse* (§ 129, 130).

Vgl. noch: jAw. *činaδāmaⁱde* »wir sollen lehren«; — gAw. *mōr°ndat̰* »er unterdrückte«, them. (wegen *ō* statt *ə* s. § 268, 4)[1]; — jAw. *bunjaⁱnti* »sie nützen«; dazu auch *bunjayāt̰,* Kl. 24.

[1] Vgl. ai. *mr̥ṇāti,* Kl. 11; s. § 318.

§ 315. *Zur 10. Klasse* (§ 131).

a 1) *činu̯-* »es absehen auf«: jAw. *činvat̰.uštānəm* »den, der's auf das Leben abgesehen hat« (Geldner, BB. 13, 289 f.). Vgl. skr. *vičinōṣi* (PW. 2, 1005).

2) *pinau̯-* »fett machen«: jAw. *pinaoⁱti.* Vgl. ai. *pinvātē.*

3) *r̥nau̯-: r̥nu̯-* »schenken; verdienen«: jAw. *frər°naot̰: frər°nvaⁱnti* (§ 304 II, 28). Vgl. ai. *r̥ṇōṣ: r̥ṇutá.*

4) *u̯r̥nau̯-: u̯r̥nu̯-* »verhüllen«: jAw. *vər°nūⁱδi: vər°navaⁱti* (them.). Vgl. ai. *vr̥ṇōti: vr̥ṇutē.*

5) *u̯r̥nu̯-* »wählen, glauben«: gAw. *vər°nvaⁱtē* 3DPM. Vgl. ai. *vr̥ṇutē.*

6) *str̥nu̯-* »breiten, streuen«: jAw. *stər°nuyå.* Vgl. ai. *str̥ṇutē.*

7) *u̯anu̯-* »verschaffen«: jAw. *vanuyå.* Vgl. ai. *vanuyāma.*

8) *γžanu̯-* »verletzen«: gAw. †*ayžō.nvamnəm* »unverletzlich«. Vgl. ai. *kṣaṇutē.* S. AF. 3, 33; § 268, 57.

b. Ohne indische Gegenstücke: *ni-srinau̯-: °srinu̯-*[1] »deponiren«: jAw. *nisrinaota* (§ 166): *nisrinuyāt̰;* vgl. gr. κλίνω, Kl. 13, lat. *inclīnāre,* as. *hlinōn,* Kl. 11; — jAw. *pinvata* »er entwich«, them.; — jAw. *gūnaoⁱti*[1] »er vermehrt«; — *fra-pər°naoⁱti* »er schliesst aus«; — jAw. †*stər°naoⁱti* »er versündigt sich«; — jAw. *upadarƶnvaiṇti*[2] »sie vermögen« (*ar* vielleicht aus ar. *r̥*; s. ai. *ūrṇōti* und Brugmann, Grundriss 2, 1008)[3]; — jAw. *spašnaot̰* »er spähte«; — jAw. *āsnaoiti* »er setzt sich«. — Ferner mit *anau-, anu-* (§ 131 b): jAw. *spanvanti* »proficiunt«[4]; — jAw. *fra-stanvaiṇti* »sie kommen vorwärts«; vgl. gr. στανύω; — jAw. *xᵛranumanō* »zürnend« (*u* wohl für *va* nach § 268, 22; also them.).

c. Man beachte die Umgestaltung des ir. **sr̥nauti* »er hört« — vgl. bal. *sunant* = ai. *śr̥ṇvánti* — zu jAw. *sᵘrunaoiti*; s. § 131, 2 No. — — jAw., gAw. *kər³nāun* vertritt °*naon* und weiters °*navən* (§ 268, 38, 22); mit ai. *ūrṇāuti* (Brugmann, a. O. 2, 1009) besteht kein Zusammenhang.

[1] Die Quantität des Wurzelvocals ist zweifelhaft; vgl. § 268, 1. Zu jAw. *gūnaoiti* vgl. lit. *pa-gausinti* »vermehren«; Leskien, Ablaut 297. — [2] S. § 33, 1. — [3] S. aber § 289, 2 No. — [4] Brugmann, Grundriss 2, 1015 vergleicht ahd. *spinnu*.

§ 316. *Zur 11. Klasse* (§ 132).

a. 1) *jinā-* »altern, sich erschöpfen«: jAw. *jināiti* »he exhausts«. Vgl. ai. *jināti* »er altert«[1].

2) *brīn-* »schneiden«: jAw. *brīnənti*. Vgl. ai. *brīṇánti*.

3) *u̯rīn-* »zerdrücken«: jAw. *ᵘrvīnaitīš*[2], Part. Vgl. ai. *vlīnāti*.

4) *pr̥n-* »füllen«: them. gAw. *pər³nā* 2SIA. Vgl. ai. *pr̥ṇāti* und (them.) *pr̥ṇáti*.

5) *str̥n-* »streuen, breiten«: them. jAw. *fra-stər³nata*. Vgl. ai. *str̥ṇāti*. Dazu noch jAw. †*fra-stər³naēta* 3SPrM., zu § 146, 324.

6) *gr̥bnā-* »ergreifen«: jAw. *gər³wnāiti*. Vgl. ai. *gr̥bhṇāti*.

b. Ohne indische Gegenstücke: jAw. *vī-čināēta* »er möge auslesen«, them.; — *miϑnāiti* »er wohnt«; — *paiti miϑnāiti* »er bereut«; — *hunyāt̰* »er möge keltern«; — *mąnayən* »sie möchten dafür halten«[3], them.; — jAw. †*dąnmahi* »wir geben« (§ 296; aus ar. **dā-n-m°* oder **d-an-m°*; s. auch Geldner, KZ. 28, 408). Über weitre, wahrscheinlich hierher gehörige Formen aus *n*-Wurzeln s. Bthl., Studien 2, 103; IdgF. 6; oben S. 79[4].

[1] Im ai. *jināti* sind ar. **ǰin°* (§ 132, 1) und **ǵin°* zusammengefallen. Ebenso haben sich im ai. *jyā́yān* 1) »mächtiger«, 2) »älter« — sowie im Superlativ dazu — zwei arische Wörter, mit *ǰ* und *ǵ*, zusammengefunden. — [2] Vgl. § 302, 1. — [3] *ą* für ar. *ā* aus idg. *n̥̄*, § 97, 8. Daneben afy. *manī* »er beachtete«, mit *a* aus *n̥*; s. dazu got. *ufar-munnōnds*. Vgl. S. 79 unten. — [4] Dafür, dass jAw. *vanāmi*, gAw. *hanānī* u. s. w. hierher und nicht zur 2. Klasse zu ziehen sind, lässt sich noch kret. ἄναμαι neben hom. ἤνυτο geltend machen. S. auch Brugmann, KZ. 24, 273, zu dessen weitren Ausführungen noch zu bemerken ist, dass im gr. ἄνυμαι u. s. w. zwei indogermanische Verben, ai. *sanṓti* und *vanṓti* zusammengeflossen sind.

§ 317. *Zur 12. Klasse* (§ 133).

Praesensstämme mit infigirtem und affigirtem Nasal. Zur 10. Klasse habe ich kein zweites sicheres Beispiel; vielleicht jAw. *vīnaoiti*[1] aus ar. **u̯inᵈnauti*, zu ai. *vidyati*[1]. Zur 11. Klasse noch: jAw. *sanat̰* »videbatur«, them., aus ar. **sᵛanᵈn°*; vgl. jAw. *saδayeiti*, ai. *čᵛandayati*; — jAw. *pər³nāne* »ich will bekämpfen«, aus ar. **pr̥ṭn°*; vgl. jAw. *pər³tata*; — jAw. *ar³nat̰°* »zu Stande bringend«, aus ar. **r̥nᵈnat* (*r̥̄*?); vgl. ai. *r̥dnóti*, *r̥ndán*.

[1] Nr. 58: *yō pasūm avāi vīnaoiti* nach Darmesteter, »celui que égorge une tête de bétail«; die Pahlaviübersetzung hat er leider nicht mitgeteilt.

§ 318. *Anhang zur 8. bis 13. Klasse* (§ 129—134).

I. Das Auftreten von zwei oder mehr Nasalpraesentien verschiedener Bildung ist im Awesta in folgenden Fällen nachweislich:

1) gAw. *vī-činaot̰* »er unterschied«, Kl. 10 — jAw. *vī-čināēta*, Kl. 11 a.

2) gAw. *vīnastī* »er findet«, Kl. 8 — jAw. *vindat̰*, Kl. 9.

3) jAw. *hunūta* »er kelterte«, Kl. 10 a — jAw. *hunyāt̰*, Kl. 11 a.

4) jAw. *apa-xᵛanvaiṇti* »sie treiben weg«, Kl. 10 b — gAw. *hunāitī*, Kl. 11 a; *hvąnmahi-čā*, Kl. 11 b.

5) jAw. *kərᵊntaⁱti* »er schneidet«, Kl. 9 — *kərᵊnuyāt̰*, Kl. 12a — *ākərᵊnəm* Kl. 12b.

6) jAw. *pərᵊnāne* »ich will bekämpfen«, Kl. 12b — *pəšanaⁱti*, Kl. 11b.

7) gAw. *mərᵊnčaⁱtē* »sie gefährden«, Kl. 8 — jAw. *mərᵊnčaⁱnīš*, Kl. 11b.

8) gAw. *vərᵊnvaⁱtē* »beide wählen«, Kl. 10a — *vərᵊntē*, Kl. 11a.

9) jAw. *stərᵊnuyå* »du mögest breiten«, Kl. 10a — *stərᵊnata*, Kl. 11a.

10) gAw. *zᵃranaēmā* »wir möchten erzürnen«, Kl. 11b — jAw. *zᵃranumanō*, Kl. 10b — *zaranimnəm*, Kl. 13.

Vgl. noch jAw. *gərᵊwnāⁱti* »er ergreift«, Kl. 11a — *gərᵊmbayāt̰*, Kl. 24; s. II.

II. Ein nasalirter Praesensstamm liegt einigen Praesentien der Kl. 22 und 24 zu Grunde; vgl. jAw. *mərᵊnčaⁱnīš* »du gefährdetest»; s. § 143; — *kərᵊntayeⁱti* »er zerschneidet«; s. § 130, 145; — *gərᵊmbayāt̰* »er soll ergreifen«; s. I a. E.; — *bunjayāt̰* »er soll erhalten«; s. § 314; — †*mərᵊnčayąs-təma* die gefährdendsten«; s. § 129. Vgl. Bthl., Studien 2, 104.

III. Zur Litteratur über die Nasalpraesentien (S. 71) füge man noch hinzu: Thurneysen, IdgF. 4, 78 ff.; Flensburg, Zur Stammabstufung der mit Nasalsuffix gebildeten Praesentia, Lund 1894.

§ 319. *Zur* **14.** *Klasse* (§ 135).

Ich erwähne noch zu b: jAw. *ϑanǰ-asånte* »sie sollen ziehen« (IdgF. 2, 163 f.); — jAw. *a-fr-asāni* »ich will schenken« (Geldner, Studien 1, 155)[1]; — gAw. *hīš-asat̰* »er verfügte über« (KZ. 29, 281). — Ferner zu a die Neubildungen: gAw. *nərᵊfsaⁱtī* »er (der Mond) nimmt ab« (§ 30); — jAw. *xšufsąn* »sie sollen zittern« (§ 30; 53 II; s. ai. *čukṣubē*); — jAw. *xᵛīsat̰* »er fing an zu schwitzen« (s. ai. *svídyati*)[2] und jAw. *ᵘrvāsən* »sie behagten, erholten sich« (s. gAw. *ᵘrvādaŋhā* »mit dem Behagen«); *s* steht für *ϑ-s*. — Zu jAw. *tusən* »sie entleerten sich« s. Studien 2, 52; zu jAw. *fra-γrisəmnō* »erwachend« s. § 142, S. 80. — Auf einem Inchoativstamm baut sich das Praesens 24. Kl. jAw. *ava-ŋrasayāt̰* »er soll herabfallen« auf; s. Caland, KZ. 33, 464.

1 Anders, aber schwerlich richtig KZ. 30, 523. — 2 Doch s. Fick, Wb.⁴ 2, 325.

§ 320. *Zur* **16.** *Klasse* (§ 137).

Zu den oben gegebenen noch folgende Formen: jAw. *ⁱrīrixšaⁱte* »er soll preisgeben«; s. ai. *ririkṣati* bei Gramm.; — jAw. *mimarᵊxšaŋuha* »suche zu gefährden«; — gAw. *vīvarᵊšō* »sich bekennen wollend zu«; s. ai. *vivariṣati* bei Gramm.; — jAw. †*hixšaēša*[1] »du mögest hinter her sein«, zu *hačaⁱti*, s. § 137, 8, 9; — jAw. †*ǰihāt̰* »er soll zu gelangen suchen«[2], zu *ǰamyāt̰*, aus ar. **ǵinsāt;* s. ebd. und § 268, 54; 299.

1 V. 7, 50. NA. *haxš°*; s. die Varianten; ferner V. 19, 26. — Ein gleicher Fehler findet sich Y. 19, 11, wo gegen die NA. *sixšaēm* zu lesen ist, d. i. **sixšiyəm* (§ 268, 23) »discendum«, Part. Fut. Pass. des Desiderativs (§ 137, 9); vgl. ai. *śikṣēṇyam*. S. noch No. 2. — 2 N. 1, 1; vgl. zur Bildung ai. *hiṣati*. Geldner hat die weit weniger gut beglaubigte Lesart *ǰahāt̰* aufgenommen, wohl nur, weil ihm *ǰihāt̰* unverständlich war.

§ 321. *Zur* **20.** *Klasse* (§ 141).

Eine unthematische Form dieser Klasse ist wohl jAw. *inaoⁱti* »er vergewaltigt, versündigt sich an«, = ai. *inóti*, das trotz ai. *inīmasi* des SV. **in-au-ti* zu teilen sein wird; vgl. gAw. *aēnaŋhē*, Inf. (§ 258), und jAw. *inti* (?)[1].

Zu jAw. *taᵘrvayeⁱti* »er überwindet«, Kl. 20 + 24, s. § 145.

1 Zu gAw. *ąsašutā* s. § 313 b; auch gAw. *spašuϑā* Y. 53, 6 ist verderbt; s. Geldner, KZ. 30, 527; Bthl., Studien 2, 35.

§ 322. *Zur* **22.** *Klasse* (§ 143).

Den oben angeführten praeteritalen Formen füge ich noch eine praesentische hinzu: jAw. *bayente* »sie sind, sie werden«, Yt. 17, 12 f., d. i. **bīy°* (§ 268, 11), eine thematische Form, gebildet wie lat. *fīunt*.

jAw. *raēxšīša* (Caland, KZ. 33, 464) und *vindita* (*i* statt *ī*) nehme ich für Optative; s. § 129, 5; 170, 1; 328[1].

[1] Der Optativ hinter *mā* »μή« ist im jüngern Awesta nichts ungewöhnliches.

§ 323. *Zur* **24.** *Klasse* (§ 145).

Zu den auf Praesensstämmen verschiedener Art aufgebauten *a̯ia*-Formen s. ausser § 145 a. E. noch § 151 a. E., § 318 II und § 326 No. 1.

§ 324. *Zur* **25.** *Klasse* (§ 146).

Ich gebe hier eine Aufzählung aller awestischen Praeteritalformen mit *ai* vor dem Personalsuffix; alle sind jungawestisch: *gərᵊzaēta* (s. gAw. *gərᵊždā*, 1. Kl.); *xšayōit̰* (s. *xšayeⁱte*, 27. Kl.); *fra-čaraēta* (s. *āčaraⁱti*, 2. Kl.); *frā-yazaēta* (s. *yazaⁱte*, 2. Kl.); *fra-orᵊnaēta* (für **fra-vərᵊn°*, § 268, 41; s. gAw. *vərᵊntē*, 11. Kl.); *avarōit̰* (Yt. 10, 73; für **awar°*, § 268, 37; s. *baraⁱti*, 2. Kl.); *avaēnōiš* (s. *vaēnaⁱte*, 11. Kl.); *†fra-stərᵊnaēta* (Nīr. 89; s. *stərᵊnata*, 11. Kl.); *ni-šhiδōiš* (s. *†nišhiδaⁱti*, 3. Kl.); *ni-šāδayōiš* (s. *nišādayat̰*, 30. Kl.). S. im übrigen Studien 2, 127 No. *avarōit̰* und *avaēnōiš* sind augmentirt.

§ 325. *Zur* **26.** *und* **27.** *Klasse* (§ 147 f.).

Ich erwähne noch folgende Formen, die anders als im Indischen gebildet sind: jAw. *frā-yezyāt̰* »es soll verehrt werden«[1] geg. ai. *ijyatē* (Epos); — gAw. *vazyamnābyō* »denen die geheirat werden« gegen ai. *uhyátē*. Wegen jAw. *zayeⁱnte* »nascuntur« geg. ai. *jāyantē* s. § 148, 9.

[1] Passivum mit activem Personalsuffix. Das Awesta bietet solcher Formen die folgenden — alle jAw. —: *†aⁱwyeⁱti* Yt. 10, 20 f. »wird geworfen«; *kiryeti* Yt. 10, 111 »wird gemacht«; *ā-yaⁱryāt̰* Yt. 13, 50, 73 »soll gepriesen werden«; *ni-δayat̰* Yt. 12, 17 »wurde niedergelegt«; *disyāt̰* A. 3, 7 »soll in Aussicht gestellt werden«; *čisyāt̰* A. 3, 6 »es soll zugesichert werden«; *maⁱryāt̰* V. 3, 33 »es soll daran gedacht werden«; *frā-yezyāt̰* Yt. 13, 50, 73, *frā-yazyāt̰* SBE. 37, 474 »es soll verehrt, geopfert werden«. Wohl auch *dayāt̰* V. 3, 33, s. v. a. ai. *dīyátē*. S. noch § 327 a. E.

§ 326. *Zur* **30.** *Klasse* (§ 151).

I. Von Causativen mit unregelmässig gestalteter Wurzelsilbe ist noch anzuführen: jAw. *gūšayat̰.uxδō* »der sein Wort zu Gehör zu bringen weiss«, vgl. gAw. *gūšatā* »er hörte«; daneben jAw. *apa gaošayeⁱti*; — gAw. *ᵘrūdōyatā* »er machte jammern« (wegen *ō* s. § 298, 3c), vgl. *raostā* »er jammerte«; — gAw. *ᵘrūpayeⁱntī* »sie machen krank«, vgl. ai. *rúpyati* »er wird krank«; vgl. KZ. 30, 530[1].

[1] Was man sonst noch dazu gestellt hat, ist falsch bestimmt. jAw. *yavayōiš* steht nach § 268, 12 für *yuvay°*, Kl. 24; vgl. ai. *yuvásva*. — Die Länge des *u* in den obigen Beispielen scheint mir wesentlich; gAw. *ᵘrūpayeⁱntī* neben ai. *rúpyati* wird Neubildung sein nach Mustern wie ai. *tápyati*: *tāpáyati*.

II. Zu den an reduplicirte Tempusstämme sich anschliessenden Causativbildungen: jAw. *titārayeⁱti*, *frāyrārayeⁱti*, *†frāyrāyrayeⁱti* s. § 312, 151. Unsicher ist jAw. *frātat̰čaya*; IdgF. 1, 490. — Zu jAw. *frašāupayeⁱti* s. § 151.

II. Im Altpersischen.

Die altpersischen Inschriften lassen die folgenden arischen Praesensbildungen unbelegt: Kl. 3, 4, 8, 9, 12, 13, 15, 16, 17, 18, 19, (21,) 25, 28, 29, 32; also 15 (16) von den 32 Klassen. Für die Mehrzahl der nachweislichen Formationen finden sich auch nur ein oder ein paar Beispiele.

§ 327. *Zu den belegbaren Klassen.*

Zur **7.** Kl.: ap. *niy-aδᵘārayam* »ich gab zurück«; s. § 128, 7. Einzige Form.

Zur **10.** Kl.: ap. *adaršnauš* »er wagte«: ai. *dr̥ṣṇōti*.[1] — *akunavayaⁿtā* »sie taten«; zu Kl. 24; s. BB. 13, 68.

[1] *danauvatiy* »er fliesst«, wie Spiegel in Sz 3 schreibt, ist eine Unform. Ist der zweite Buchstabe *nᵃ*, so ist *danautiy*, ist er *nᵘ*, so ist *danutaiy* oder *danuvatiy* (d. i. **danvati*), them. zu schreiben. Vgl. ai. *dánvati*. Die NA. hat *danuvatiy*.

Zur **21.** Kl.: Vgl. ap. *af*^{a}*r*^{a}*iy*^{a}*ay*^{a} statt *ahapariyāya*^{h}, § 152 a. E. Unsicher.

Zur **22.** Kl.: Einzige Form ap. *bīyā*^{h}; s. § 143.

Zur **24.** Kl.: Beachte ap. *akunavaya*^{n}*tā*, zur 10. Kl.

Zur **27.** Kl.: Beachte ap. *ϑahyāmahy* »dicimur«, Passiv mit Activendung, vgl. § 325 No.[1].

[1] *aϑ*^{a}*h*^{a}*y*^{a} »dicebatur« kann *aϑahya*^{h}, Passiv mit Activendung, aber auch *aϑahy* (= ar. **asansi*, § 154, 4) gelesen werden.

II Aa 1,β. *s*-Aoristgruppe.

§ 328. I. Im Awestischen.

1. Das Awestische bietet nur für den *s*-Aorist eine grössere Anzahl von Beispielen; s. § 156. Für den *iš*-Aorist einige wenige, die § 157 aufgeführt sind. Für den *siš*-Aorist fehlt es an halbwegs sicheren Beispielen; s. § 158 und Caland, KZ. 33, 464.

2. Den § 156 gegebenen Belegen für die Stammbildung des *s*-Aorists füge ich noch folgende hinzu: gAw. *naēšaṯ* »er soll führen« = ai. *néṣat;* — jAw. *raēxša*^{i}*ti* »er lasse zurück«: ai. *arikṣi;* — gAw. *vōizdūm* »ihr verschafftet«: ai. *ávitsi*[1]; — jAw. *frao*^{i}*riša*^{i}*ti* (für *fra*+^{u}*rviš*-, § 268, 44) »er wende sich«[2]; — gAw. *xšnaošən* »sie sollen zufrieden stellen«[3]; — gAw., jAw. *ϑraoštā* »er erhielt«[4]; — jAw. *šaoša*^{i}*ti* »er soll gehen«: ai. *čyōṣṭās;* — gAw. *var*^{ə}*šānē* »ich will erwählen«: ai. *avr̥ṣi;* — jAw. *azar*^{ə}*šəntəm* »den nicht alternden«[5]; — gAw. †*sār*^{ə}*štā* »er verband«; — gAw. *dar*^{ə}*šaṯ* »er soll sehen«[6]: ai. *adrākṣur*[7], *adr̥kṣata;* — gAw. *ϑwar*^{ə}*ždūm* »ihr schuft«[8]; — gAw. *jənghati-čā* »veniat«, jAw. *jaŋhəntu* »veniunto«, them.[9]: ai. *agąsi*, *agasmahi;* — gAw. *sąs*, jAw. *asąsaṯ*, »perfecit«, them.[10]; — jAw. *važaṯ* »er führte«, *vašata* dss., Med., them.[11]: ai. *vakṣati;* — gAw. *frašī* »ich fragte«, *f*^{ə}*rašvā* »frage«: ai. *áprākṣam;* — gAw. ^{u}*rvāxšaṯ* »sie wandelten« geg. ai. *avrājiṣam* (zu § 157); — gAw. *niš nāšāmā* »wir wollen wegbringen«[12]: ksl. *něsŭ;* — jAw. *nāšā*^{i}*te* »er soll verschwinden«, them.; — jAw. *nāšīma* »wir möchten erlangen«; — jAw. *pašāṯ* »er soll fesseln«, them.: gr. ἔπηξα; — — gAw. †*maz-dåŋhō.dūm* »ihr sollt lernen« (§ 268, 57): ai. *dāsatu;* — jAw. *pårəhahe* »du sollst schützen»: ai. *pāsati;* — jAw. *rāhī* »ich schenkte«: ai. *árāsma;* — gAw. *sāzdūm* »ihr schnittet«[13]; — jAw. *spårəha*^{i}*te* »er soll wegnehmen«.

[1] Nicht sicher; s. zu jAw. *nista*, unter 3. Vgl. im Übrigen Geldner, BB. 15, 256. — [2] Zum Praesens jAw. ^{u}*rvisye*^{i}*ti*. — [3] § 86. — [4] Zum Perfect jAw. *tuϑruye;* vgl. Geldner, BB. 15, 253 (gegen Geldner, BB. 14, 20), Caland, KZ. 31, 260. — [5] Zweifelhafte Construction dazu bei J. Schmidt, Pluralbildungen 386. — [6] BB. 15, 249; KZ. 31, 321. — [7] Derartige »Metathesen« sind im Awesta weder beim *s*-Aorist noch sonst nachweislich. Ai. *ádrākṣīt* ist Neubildung nach *áprākṣīt*, hervorgerufen durch den Zusammenfall im PPP. *dr̥ṣṭás* — *pr̥ṣṭás* u. ähnl. S. dag. § 330, 1b. — [8] Zum Praesens jAw. *ϑwər*^{ə}*sa*^{i}*ti*. — [9] S. § 299 und unten 4. — [10] S. 86 f. — [11] *ž* nach § 53 I, *š* nach § 53 II. — [12] Dazu auch der Infinitiv gAw. *a-nāšē*, § 258, 1; IdgF. 2, 281. — [13] IdgF. 3, 53.

3. Wenn man das in den einschlägigen Formen bezeugte *ą* als Vertreter von ar. *ān* nimmt, wozu § 268, 54 berechtigt, so weisen alle 1. 2. 3. Sing. Praes. Act. die nach § 155 normale Dehnform der Wurzel auf: jAw. *nāist*, *tāšaṯ* (them.), *asąsaṯ* (them.), gAw. *dāiš*, *dār*^{ə}*št*, *dōr*^{ə}*št* (§ 298, 6), *vąs*, *sąs*, *tāšt;* die einzige Ausnahme bildet jAw. *važaṯ* (them.). — Sonst kommt von activen Praeteritalformen nur noch gAw. ^{u}*rvāxšaṯ*, 3P. vor, also ebenfalls aus dem Dst. gebildet wie im Aind. gAw. *sąstā*, 2P., mit *ą* aus ar. *an* oder *ān* kann auch zu § 122 gehören; s. S. 86 f. Ebenso unsicher ist die Bestimmung des jAw. *nista*, 2P., s. S. 92.

4. Ausser in den unter 3 verzeichneten Formen findet sich der Dehnstamm noch bezeugt in: gAw. †*sār*^{ə}*štā*, jAw. *zāviši* (?, § 157), Praet. Med.;

nāšāte (S. 92), gAw. *niš nāšāmā* (s. 2), Conj. und jAw. *nāšīma*, Opt. (S. 87, 92). Dem Schwachstamm begegnen wir in: gAw. *asrūždūm, mǝ̄hmaidī*, Praet. Med.; jAw. *fraðrišaiti*, Conj. (S. 92) und gAw. †*dīšǝ̄mnāi*, jAw. *mǝrǝxšānō*, Part. Das *a* in jAw. *manhānō, ǰanhǝntu* und *ǰanhōit* (them. Opt.)[1] kann ir. *a* und *ą* vertreten, § 299, 2. Ebenso unsicher sind die Formen mit *arǝš*; s. 2 No. 5 und § 57 f., 289, 2 No. Zu gAw. *nista* s. unter 3. Allen übrigen *s*-Aoristformen des Awesta liegt der starke Stamm zu Grunde.

[1] *ǰahāt* N. 1, 1 der NA. ist falsch; s. § 320.

§ 329. II. Im Altpersischen.

Das Material ist höchst kärglich: *āiš, āišaⁿ* (oder *āišaʰ*, § 170, 2) »er ging, sie gingen«; *apaišam* (oder *apišam*, ebd.) »ich schrieb«; *adaršiy* »ich nahm in Besitz«[1]; ferner thematisch: *avahaiy*[2]. Dazu vielleicht noch *avaǰam* (BB. 14, 251; oben § 269, 2 No.)[3] und *ayastā*[4].

[1] Mit *ar* = ir. *ar* oder *r̥*, § 290. — [2] In *patiy avahaiy* — der Worttrenner dazwischen ist in der Inschrift vergessen — »ich pries«; s. ZDMG. 48, 156; urir. *avah°* oder *avąh°*. — [3] S. jAw. *uzvažat*, § 328, 3. — [4] So nach Fr. Müller, WZKM. 7, 253, der es dem ai. *ayąsta* gleichsetzt; § 270 c, S. Ich lese *ayasatā*, § 135, 3.

II Aa 17. Perfectgruppe.

Im Awestischen.

Das Altpersische hat nur éine Form: *čaxriyāʰ*.

§ 330. *Weitre Belege der Perfectbildung.*

I. Zur 1. Klasse; § 160.

a. Abstufung ist nachweislich bei:

1) *babār-: babr-* »tragen«: jAw. *bavara* (§ 268, 37): *bawrarǝ, bawryąm*. Ai. *babāra: babrē*.

2) *u̯au̯ān-: u̯aun-* »übertreffen«: jAw. *vavanvå: vaonarǝ, vaonyāt*. Ai. *vavanvā́n: vavnē*.

3) *u̯au̯āz-: u̯auz-* »fahren«: jAw. *vavazānǝm: vaoze*. Dagegen ai. *uvāha: ūhúr*.

4) *didāi̯-: didi-* »sehen«: jAw. *diδaya*[1] 3S.: *diδvå* (statt °*δivå*, § 268, 17). Ai. *dīdaya*[1] 1S.: *dīdima*; zu § 161.

5) *čikait-: čičit-, čikit-* (§ 23) »wahrnehmen, bedacht sein auf«: gAw. *čikōitǝrǝš*: jAw. *čičiϑwå, čikiϑwå, čičiϑušīm* (§ 8). Ai. *čikéta: čikitē*.

Dazu noch 6) jAw. *ǰaγāra* »er hat gewacht«, *ǰaγaurvånhǝm, ǰaγāurvånhǝm, ǰaγāurūm, ǰiγāurum* »den wachen«; s. § 212, 2. Ai. *ǰāgā́ra: ǰāgr̥vā́sam*; zu § 161.

[1] Man erwartete nach § 99, 2; 126, 4 für 3. und 1. Sing. °*āya*; doch s. gr. δεάομαι.

b. Von andern Perfecta, bei denen Abstufung nicht nachzuweisen ist, erwähne ich noch: jAw. *vavarǝza* »fecit«: gr. ἔοργας; — jAw. *ǰayaurva* »cepit«, *ǰigaurva* »cepi«: ai. *ǰagrā́ba*; statt °*yarwa*; § 268, 37, 56;[1] — gAw. *vaorāzaϑā* »ihr sollt erfreuen«; — jAw. *irīraϑarǝ* »sie sind verbunden mit«[2]; — jAw. *ǰaγnvå* »der erschlagen hat«: ai. *ǰagnivā́n*; statt °*γniv°*, § 159, 2; — gAw. *hišāyā* »er bedrängt«: ai. *sišā́ya*; — jAw. *pipyūšīm* »die Milch hat«: ai. *pipyúšī*; ZDMG. 46, 466; — jAw. *zīzi.yūšat* »von dem bedrückenden«: ai. *ǰiǰyā́u*; statt *zīzy°*, § 268, 11; — jAw. *vīvaēδa* »er hat gefunden«: ai. *vivēda*; — jAw. *hisiδyāt* »er möchte spalten«: ai. *čičidē*; aus idg. **si-sx'id-i̯ēt*; vgl. § 102 I, 2; Studien 2, 47; — jAw. †*yaēše* »er hat gesucht«; aus idg. **i̯e-is-ai*, § 102 I, 1c No.; — jAw. *biwivånhǝha* »er hat erschreckt«; statt °*wyånhǝha*, § 268, 21; — jAw. *tuϑruye* »er hat erhalten«; statt °*uve*, § 268, 19; — jAw. †*susruma* »wir haben gehört«: ai. *šušruma*; — jAw. *šušuyąm* »ich möchte gehen«: ai. *čučyuvē*; vgl. § 102 I, 2; — jAw. *urūraoδa* »ich habe verhalten«: ai. *rurṓdha*; — jAw.

ᵘrūruδiša »du wuchsest«[3]: ai. *ruruhúr;* — jAw. *hušx̌ᵛafa* »dormivit«: ai. *suṣvapa;* s. § 8, 287 und Caland, GGA. 1893, 398; — jAw. *afra-taṯkušīš* »die nicht vorwärts laufenden«; statt °*taδkuš*°, § 268, 50; zu *tačaⁱti* »er läuft«; KZ. 24, 412; — jAw. *saškuš-təma* »der am besten gelernt hat«; zu *daēnō.sāča;* § 45; — jAw. *zazuš-təmō* »der am besten Stand hält«; für idg. **se·zγ'-us°;* § 102 I, 2 mit No.; § 311; 312, 9; — jAw. *hazdyāṯ* »er möge sich setzen«: ai. *sēdur;* aus idg. **se-zd-i̯ēt;* § 159, 3; — jAw. *čakše* »er hat gelehrt«: ai. *čakšē;* § 29 No. 2; — jAw. *čakuše* »dem verlangenden«: ai. *čakē;* — gAw. *ārᵊšvā* »erhebe dich«: ai. *ārúr.* Vgl. noch gAw. *mīmaδā,* § 354.

[1] Zur scheinbaren Metathese s. ai. *jagṛbhúr* und § 328, 2 No. 7. — [2] Zu gAw. *rāδᵊmō* »Anhänger«. — [3] Y. 10, 3. Die Hdss. haben °*δuša.* Wenn die Correctur das Richtige trifft, so haben wir ein weitres Beispiel zu § 159, 2.

II. Zur 2. Klasse; § 161.

Zu den oben gegebenen Beispielen kommen nur noch: gAw. *vāunuš* »verlangend«; s. ai. *vāvandí;* und jAw. *jāgər'buš-tarō* »der besser ergriffen hat«; s. jAw. *jaγaᵘrva* unter I.

III. Zur 3. Klasse; § 162.

Es kommen noch hinzu: gAw. *čagvå* »gewährend«, *čagᵊmā, čagᵊdō* (§ 110, 3); — jAw. *taršvåŋhəm* »der gezimmert hat«[1]; — jAw. *hąm.ᵘrvīsvåŋhō* »sich wendende«, *afraᵒᵘrvisvaṯ;* § 214, 2 b. Nimmt man *čagᵊmā* und *čagᵊdō* als Praesentien, so bleiben als Belege nur *u̯as*-Participien übrig.

[1] Vgl. afγ. *tarṣ̌aj* »Axt« bei Geiger, ABayrAW. 20. 1, 200. Das »rätselhafte« *r* beruht auf einer Verschränkung der bedeutungsähnlichen Verba u. s. w. ir. *taš*° und *θwars*°; vgl. Bthl., Wochenschr. f. kl. Phil. 1892, 397; Bloomfield, IdgF. 4, 66 ff.

§ 331. *Bemerkungen.*

1. Alle Perfectformen aus Wurzeln mit sonantischem Anlaut beginnen mit *ā* oder dessen Vertreter (§ 298); vgl. jAw. *åδa, åŋha* = ai. *áha, ása;* gAw. *ārōi, āyōi,* Med.; jAw. *āiδi,* gAw. *ārᵊšvā,* Imp.; jAw. *åŋhāṯ,* Opt. u. s. w. Ausgenommen: gAw. *isē* u. s. w. (reduplicationsloses Perfect, § 162) und jAw. *aŋhušąm* neben *åŋhušąm,* wo sich der Einfluss des Praesens geltend gemacht hat; IdgF. 3, 19 ff. Die S. 54 f. erwähnte Fassung von jAw. *yaēša* halte ich für unrichtig; zu lesen *yaēše,* § 330 I b.

2. Die 3. Sg. Praes. Act., die im gAw. wie im RV. noch streng nach der Regel gebildet wird, beginnt im jAw. sich mit der 1. Sg. auszugleichen, die bei allen Wurzeln auf Doppelconsonanz und mit vocalischem Anlaut, sowie im Medium mit der 3. Sg. zusammenfällt. Normales *ā* (Dehnung) finde ich im jAw. nur in *jaγāra, daδāra, diδāra, bvāva* und *biwivåŋha* (§ 298, 7; 330 I, b); s. dagegen *diδaya, tūtava, bavava, čakana, yayata, vavača, hušx̌ᵛafa.*

3. Im Übrigen erfolgt das Auftreten des starken und schwachen Stamms im finiten Verbum fast durchaus regelmässig. Ausser der Regel stehen nur: gAw. *čikōitərᵊš* (geg. ai. *čikitur*), jAw. *irīraθarᵊ* und *haŋhāna* »ihr habt verdient«, mit sehr auffälligem *ā*[1]; *an* in jAw. *mamanāⁱtē* nehme ich für idg. *m̥n;* § 160, 4. — Im Particip herrscht der schwache Stamm, ausgenommen: jAw. *vavanvå* (: ai. *vavanvān*) neben *vaonušąm;* jAw. *taršvåŋhəm* (§ 330 III); jAw. *vavazånəm. an, ar,* in jAw. *haŋhanušē, haŋhananāi, haŋhaᵘrušō* und *zazarānō* (Yt. 11, 5; ?; s. Var.) mögen idg. *m̥n, r̥r* wiedergeben.

[1] Y. 8, 2: *xᵛarata . . yōi dim haŋhāna.* Es ist wohl *yō* (Mf. 1) *dim* oder *yōⁱ.dim* zu lesen, d. i. »trinkt . . ., wer (von euch) ihn verdient hat«; 3. Sing.

§ 332. *Zum thematischen Perfectpraeteritum.*

Ausser den § 163 angeführten Formen jAw. *vaočaṯ, jaγmaṯ,* gAw. *nąsaṯ* sind noch jAw. *tatašaṯ* »er zimmerte«, *jaγnaṯ* »er erschlug« und gAw. *saškən* »sie lernten« zu nennen; vgl. *tataša, jaγnvå.* S. übrigens § 312, 7.

II A a 2. Flexion.

Die Conjunctivformen fallen vielfach mit denen des Praesens und Praeteritums zusammen, besonders in der thematischen Conjugation und, wegen der mangelhaften Quantitätsbezeichnung (§ 268, 2), im Awesta. Ich habe von mehrdeutigen Formen im Allgemeinen nur solche mit Praesensendungen (s. § 103 »Injunctiv«) unter Conjunctiv eingestellt, und zwar nur dann, wenn die Syntax ganz bestimmt eine Modusform verlangt; also nicht z. B. jAw. *jvāva, vindāma, zināt* (§ 132), die unter Praeteritum verzeichnet sind. — Wegen der unter »Imperativ« eingestellten Formen s. § 104, 3.

II A a 2 α. Thematische Conjugation.

Es kommen hier die thematisch gebildeten Formen aller Tempusstämme zur Anführung. Vgl. unten § 343 ff. unter »Bemerkungen«.

Zur Gestaltung der vor den Personalendungen stehenden Silbe und deren Vocal s. § 293 ff., 303, 305.

§ 333. *Praes. Praes. Act.*

	Aw. jAw.	**Aw.** gAw.	**Ap.**
S. 1.	*barāmi**), *zbayemi**); — *stāya*	*vaxšyā*	*dārayāmiy*
2.	*barahi*, *zbayehi*	*vaēnahī*, *xšayehi*	
3.	*bara^{i}ti*, *zbaye^{i}ti*	*bara^{i}ti*, *uxšye^{i}tī*	*tarsatiy*
P. 1.	*barāmahi*; — *zbayamahi*	*sənghāmahī*; — *vaēdayamahī*	*ϑahyāmahy*
2.		*išaϑā*	
3.	*barənti*, *zava^{i}nti*, *tačinti*, *ja^{i}sye^{i}nti*	*marəntī*, *buva^{i}ntī*, *pišye^{i}ntī*	*bara^{n}tiy*

Bemerkungen. Zur 1. Sing.: Die *a*-Form kommt im jAw. nur noch 2 Mal vor: *manya* Yt. 10, 106; *zbaya* Y. 15, 1. (Falsch KZ. 29, 272). Dagegen kennt das gAw. nur diese Form[1]. — Zur 1. Plur.: Wegen des *a* vor dem Suffix im jAw. und in der Gatha hapt. s. S. 89 f., § 334 f. — Zur 3. Plur.: Beachte jAw. *vər^{ə}zinti* statt *°yənti*, § 268, 21.

[1] gAw. *avāmī* Y. 44, 7 ist nicht klar. Vielleicht *avāimī?*, vgl. Y. 57, 23 und RV. 7, 86, 4.

§ 334. *Praes. Praes. Med.*

	Aw. jAw.	**Aw.** gAw.	**Ap.**
S. 1.	*yeze*	*yesē*	
2.	*raoδahe*, *jšaonayehe*; — *vašarəhe*	*rårəharəhōi*	
3.	*bara^{i}te*, *xšaye^{i}te*	*hača^{i}tē*, *ma^{i}nyetē*	*gaubataiy*
D. 3.	*čara^{i}te*[1]; — †*vīsaēte*; — *vaēnōiϑe*	†*pər^{ə}saētē*[2]; — *myāsa^{i}tē*	
P. 1.	*ma^{i}nyāma^{i}de*; — *yazama^{i}de*	*jāsāma^{i}dē*; — *yazama^{i}dē*	
2.	*čaraϑwe*	*daduyē*	
3.	*barənte*, *hačinte*, *zaye^{i}nte*	*vīsəntē*, *hača^{i}ntē*, *hačintē*	

Bemerkungen: Zur 2. Sing.: jAw. *vašarəhe* steht allein; sonst *°ahe* mit dem *h* des Activs; § 286 No. 1. — Zur 3. Du.: Zu der S. 66 verzeichneten Litteratur s. noch Jackson, JAOS. 14, CLXV und Bthl., IdgF. 6. — Zur 1. Plur.: S. § 333. — Zur 2. Plur.: Zu den obigen Formen nur noch gAw. †*dūdrayžō.duyē* (§ 298, 3a No.); s. im Übrigen oben S. 64 f. Vgl. noch IdgF. 1,

*) Die in Kleindruck gegebenen Formen unterscheiden sich von der zuvor in gewöhnlichem Satz angeführten nur lautlich. Der Bildung nach verschiedene Formen sind durch ; — getrennt; die häufiger vorkommende steht jeweils voran.

495 No. — Zur 3. Plur.: Beachte jAw. *fra-zinte* statt °*zyənte* (ZDMG. 48, 148) und *fyaŋhuntaēča* statt °*aŋhvənt*°; § 268, 21 f.

[1] Fr. Tahm. 122. — [2] Y. 31, 13.

§ 335. *Praet. Act.*

	Aw.		
	jAw.	gAw.	Ap.
S. 1.	*barəm*, *vaočim*	*dar*^{ə}*səm*	*abaram*
2.	*pər*^{ə}*sō*, *vaočas-čā*	*dārayō*	*gaudaya*^{h}
3.	*pər*^{ə}*saṯ*	*dārayaṯ*	*agarbāya*^{h}
D. 1.	*jvāva*		
3.	^{u}*rvisyatəm*		
P. 1.	*bavāma*; — *ta*^{u}*rvayama*	*ta*^{u}*rvayāmā*	*atarayāma*^{h}
2.	*jasata*	*vaēnatā*	
3.	*barən*, *tačin*	*mōr*^{ə}*ndən*	*abara*^{n}; — *aduru-jiyaša*^{h}

Bemerkungen. Zur 1. Sing.: Beachte die Schreibungen jAw. *daēsaēm*, *abaom* statt °*ayəm*, °*avəm*; § 268, 21 f. — Zur 2. Sing.: In jAw. *apər*^{ə}*sə* V. 2, 2 könnte *ə* für *ō* stehen, § 268, 4; aber man erwartet das Medium. — gAw. *azō* Y. 43, 14 ist ebenso wie *jasō* Y. 43, 12 als Infinitiv (zu § 260, 2 a α) zu nehmen, beide Male abhängig von *uzir*$^{ə i}$*dyāi* »auf!«. S. übrigens GELDNER, KZ. 30, 320, 331 f. und ai. 1 *hā-* 2); ferner § 370 No. 7. — Zur 1. Plur.: S. zu § 333 und zum ap. Beleg § 109, 1. — Zur 3. Plur.: Zu ap. *aduru-jiyaša*^{h} (oder °*ša*^{n}) s. § 309 II. — Beachte die Schreibungen jAw. *uxšin*, *gə*^{u}*rvāin* statt °*yən*, °*āyən*, § 268, 21; und *baon*, *bāun* statt *bavən*, § 268, 22, 33.

§ 336. *Praet. Med.*

	Aw.		
	jAw.	gAw.	Ap.
S. 1.	*aguze*		*avahaiy*[1]
2.	*zayaŋha*		
3.	*zayata*	*gūšatī*	*agaubatā*
D. 3.	*apər*^{ə}*saētəm*; — *zayōiθe*	*jasaētəm*	
P. 2.	*zəmbayaδwəm*	*syōdūm*	
3.	*yazənta*, *guzayanta*, *fraor*^{ə}*činta*[2]	*dvārəntā*	*abara*^{n}*tā*

Bemerkungen. Zur 3. Dual.: Wegen jAw. *zayōiθe* s. § 309 I. — Zur 2. Plur.: Wegen des *ō* in gAw. *syōdūm* s. § 268, 57. — Zur 3. Plur.: Beachte die Schreibungen: jAw. *fra-zinta* statt °*zyənta* (ZDMG. 48, 148); *adāunta* statt °*avənta*, § 268, 21 f., 33; gAw. *vīsəntā*, § 268, 2; 298, 1.

[1] § 329. — [2] D. i. *fra vər*^{ə}*čin*, § 268, 41.

§ 337. *Imp. Act.*

	Aw.		
	jAw.	gAw.	Ap.
S. 2.	*bara*	*vaēnā*; — *baranā*	
3.	*baratu*	*vīvəŋghatū*, †*vər*^{ə}*zyōδū*	*baratuv*
P. 3.	*barəntu*, *pārayantu*	*sčantū*	

Bemerkungen. Zur 2. Sing. beachte die Schreibung jAw. ^{u}*rvise* statt °*sya*; § 268, 32. — Zur 3. Sing.: Wegen des *ō* s. § 298, 3a No.

§ 338. *Imp. Med.*

	Aw.		
	jAw.	gAw.	Ap.
S. 2.	*baranuha*	*gūšahvā*, †*baxšō.hvā*	*paya*^{h}*uvā*
3.	†*vər*^{ə}*zyatąm*		*varnavatām*
P. 3.		*xraosəntąm*	

Bemerkungen. Zur 2. Sing. †*baxšō.hvā* s. § 298, 3a No.

§ 339. *Conj. Act.*

	jAw.	Aw. gAw.	Ap.
S. 1.		*xšayā*	
	barāni, *nayeni*	*ufyānī*	
2.	*barāhi*		*vaināhy*
	payā		*jīvā*[1]
3.	*jasāiti*, *zayeiti*	*vīdāitī*, *dābayeitī*	*parsātiy*
	barāt̰	*vīdāt̰*	
D. 3.	*barātō*		
P. 3.	*bavånti*	*išāntī*	
	bavąn, *åŋhəm*[2]	*vərəzyąn*	

Bemerkungen. Zur 1. Sing.: Die *a*-Form fehlt hier im jüngern Awesta; s. aber bei der unthematischen Conjugation. — Zur 2. Sing.: Zu den angeblichen jAw. 2. Sing. Conj. auf *-āi* s. BB. 15, 234 No.; ZDMG. 46, 300 No.; 48, 149 und oben § 258, 2 e; 286. — Beachte ap. *xšnāsāhidiš;* § 270 c, 7. — Zur 3. Sing.: Beachte die Schreibung jAw. *baxšayāntča;* § 268, 5.

[1] ZDMG. 46, 295. — [2] § 303, 7.

§ 340. *Conj. Med.*

	jAw.	Aw. gAw.	Ap.
S. 1.	*yazāi*	*isyāi*	
	yazāne, *hāčayene*		
2.	*pərəsāŋhe*		
3.	*yazāite*	*pərəsāitē*	*gaubātaiy*
		maiňyātā	
P. 3.	*zayånte*	*hačāntē*	

Bemerkungen. Zur 1. Sing.: Das gAw. hat hier keine *n*-Form; s. aber die unthematische Conjugation. — Zur 3. Sing.: gAw. *maiňyātā* mit Praeteritalendung steht allein.

§ 341. *Opt. Act.*

	jAw.	Aw. gAw.	Ap.
S. 2.	*barōiš*	*rapōiš*	fehlt
3.	*barōit̰*	*jasōit̰*	
P. 1.	*jasaēma*	*srāvayaēmā*	
2.	*ϑwərəsaēta*		
3.	*barayən*		

§ 342. *Opt. Med.*

	jAw.	Aw. gAw.	Ap.
S. 1.	*haxšaya*	*vāurayā*	fehlt
2.	*yazaēša*		
3.	*yazaēta*	*varədayaētā*	
P. 1.	*būiδyōimaiδe*	*vāurōimaidī*	
2.	*rāmōiδwəm*		
3.	*yazayanta*		

Bemerkungen. Zur 1. Sing. s. § 165 No., wo auch das *ōy* des angeblich thematischen Optativs gAw. *isōyā* besprochen ist; § 376.

II A a 2 β. Unthematische Conjugation.

§ 343—353. **A. Praes. Praes.**

§ 343—344. a. *Praesens 1. Klasse.*

Typus ai. *ásti;* s. § 122, 310.

§ 343. α. *Activum.*

	jAw. (Aw.)	gAw.	Ap.
S. 1.	*mraomi*, *ahmi*[1]	*staomī*[2], *vasəmī*[3], *ahmī*[1], *θaxmī*[4]	*amiy*[1]
2.	*vaši*[3], *ahi*[1], *pāhi*	*vašī*[3], *ahī*[1], *hafšī*	*ahy*[1]
3.	*ae^{i}ti*, *stao^{i}ti*, *ja^{i}nti*, *asti*[1], *pā^{i}ti*, *yāsti*[5]	*šaē^{i}tī*, *vaštī*[3], *astī*[1], *haptī*, *sāstī*	*aitiy*, *astiy*[1]
D. 1.		*usvahī*[3]	
3.	*mrūtō*, *stō*[1]		
P. 1.	*gərəōmahi*, *mahi*[1]	*čīšmahī*, *usəmahī*[3]	*amahy*[1]
2.		*pišā*[6], *stā*[1], *uštā*[3] [7]	
3.	*ye^{i}nti*, *grəwənti*[8], *hənti*[1], *vånti*; — *šye^{i}ti*	*šye^{i}ntī*, *da^{i}bišəntī*, *həntī*[1]	*ha^{n}tiy*[3]

Bemerkungen. Der starke Praesensstamm an Stelle des schwachen erscheint in jAw. *vånti* = ai. *vánti* und in ap. *amahy* »wir sind« (§ 285) gegenüber jAw. *mahi* = ai. *smási*; vgl. § 356. — Zur 3. Plur. jAw. *šye^{i}ti*, d. i. **šiye^{i}ti*, s. § 167, 2 a. — Thematisch: jAw. *mrava^{i}ti*, *jana^{i}ti* u. a.

[1] Vgl. der Reihe nach ai. *ásmi, ási, ásti, stás, smási, stʻá, sánti;* § 285 f. — [2] NA. hat die minder gute Lesung *stāumī*; s. IdgF. 1, Anz. 101; 3, 48 f. und oben § 268, 33. — [3] Vgl. ai. *vášmi, vákši, vášti, ušmási, *ušṭa.* — [4] ZDMG. 48, 156, unten § 356, No. 7. — [5] »Er gürtet«; s. lit. *júsmi.* — [6] Unsicher; KZ. 28, 410. — [7] § 166 fälschlich als Praet. genommen. — [8] Statt *gərəw°*; § 268, 39.

§ 344. β. *Medium.*

	jAw. (Aw.)	gAw.	Ap.
S. 1.	*stuye*[1], *ni-γne*	*mruyē*[1], *gərəzōi*	
2.		*pårəhē*[2]	
3.	*ište*[3], *mrū^{i}te*, *saēte*, *aoxte*[4], *vaste*, *āste*, *pā^{i}te*[2]; — *mruye*[1], *ni-γne*[5]	*ərəṭē*, *vastē*	fehlt
P. 1.	*čīšma^{i}de*, *mrūma^{i}de*, *staoma^{i}de*	*aogəmadaē-čā*	
3.	†*traēza^{i}te*[6], *aoja^{i}te*; — *sōire*	*šava^{i}tē*	

Bemerkungen. Zur angeblichen 2. Sing. jAw. *raose* s. § 258, 1. — Zur Bildung der 3. Plur. s. § 167, 2. — Thematisch: jAw. *mrava^{i}te* neb. *mrū^{i}te*; *åŋhənte* »sie sitzen« geg. ai. *ásatē*, gr. ἥαται. — Zu den Formen aus dem starken Stamm kommen noch hinzu: jAw. *stao^{i}te* (?, Y. 10, 19), *yaoxma^{i}de*.

[1] Statt *°uvē*, § 268, 19; = ai. *stuvē, bruvē.* — [2] Zu ai. *pāti* »er schützt«. — [3] S. ai. *īṣṭē* »er hat in der Macht«. Wahrscheinlich junge Formen; s. Osthoff, MU. 4, 206. — [4] § 53 II, 3. — [5] Hübschmann, Zur Casusl. 246; Geldner, KZ. 30, 517. — [6] Nir. 68; s. IdgF. 5, 369.

§ 345—346. b. *Praesens* 5. *und* 7. *Klasse.*

Typen: ai. *juhóti, čárkarti;* s. § 126, 128, 312, 313.

§ 345. α. *Activum.*

	jAw. (Aw.)	gAw.	Ap.
S. 1.	*zazāmi*, *daδąmi*[1]	*zaozaomī*	
2.	*daδāhi*[1]		
3.	*zīzənti*, *hišhaxti*, *diδā^{i}ti*[2], *daδā^{i}ti*[1]; *dadraxti*	*dadā^{i}tī*[1]	fehlt
P. 1.	*čarəkərəmahī*; †*daδəmahi*[1]	*dadəmahī*[1]	
2.	*dasta*[2]		
3.		*dada^{i}tī*[1]	

Bemerkungen. Zur Bildung der 3. Plur. s. § 168. Zur angeblichen jAw. 3. Plur. *daδāiti* s. GGA. 1893, 402. — Thematisch: jAw. †*yeyenti* (§ 312, 1), gAw. *zazəntī.*

[1] Die Formen aus ar. *dadā- »geben« und *dhadhā- »setzen« fallen vor allen tönenden Lauten lautgesetzlich zusammen; s. No. 3. — [2] »Er sieht«; § 126, 4. — [3] Entspricht lautgesetzlich ar. *datthá »ihr gebt«; kann aber nach § 53 II auch zu ar. *dhadhāti gehören, = ai. dhatthá.

§ 346. β. *Medium.*

	jAw.	Aw.	gAw.	Ap.
S. 1.	*daiδe*[1], *daiϑe*		*dadē; vōivīdē*	fehlt
3.	*zīzuš̌te, daste; — daiϑe*[2]		*dastē, dazdē*	
P. 1.	†*daδəmaide*		*dadəmaidē; — hiščamaidē*	

Bemerkungen. Zur Bildung der 1. Plur. gAw. *hiščamaidē* s. § 117, 1. — Die 3. Plur. kommt nur thematisch vor: jAw. *jaγnənte* (§ 312, 7), *daϑənte,* gAw. *dadəntē.* — — Das im ZPGl. überlieferte *vaoxte* »er spricht« kann — wenn überhaupt richtig — nicht als reduplicirte Praesensform angesehen werden, sondern müsste als Compromissbildung zwischen *aoxte* (§ 344) und *vaočaṯ, vaoče* u. s. w. (§ 160, 163) gelten.

[1] S. zu den Formen mit *da°* § 345 No. 1, 3. gAw. *dastē* ist = ai. *dhattē,* gAw. *dazdē* dagegen führt auf ar. *dhaždhai, gegenüber ai. *dhattē.* — [2] V. 5, 60.

§ 347—348. c. *Praesens 8. Klasse.*

Typus: ai. *yunákti;* s. § 129, 314.

§ 347. α. *Activum.*

	jAw.	Aw.	gAw.	Ap.
S. 1.			*činahmī*	fehlt
3.	*ϑrinaxti, činasti, vīnasti*		*vīnastī*	
P. 3.	*mərənčinti*			

§ 348. β. *Medium.*

	jAw.	Aw.	gAw.	Ap.
S. 3.	*mərəγnte*[1]			fehlt
P. 2.			*mərəngəduyē*[2]	
3.			*mərənčaitē*	

Bemerkungen. Zur 3. Plur.: Das jAw. hat die thematische Form *mərənčante.*

[1] Missschreibung statt *mərəngəte,* s. No. 2 und Geldner, KZ. 27, 232. — [2] S. § 268, 47.

§ 349—350. d. *Praesens 10. Klasse.*

Typus: ai. *sunóti;* s. § 131, 315. Dazu auch Kl. 20 (§ 321) und Kl. 12 a (§ 133, 317).

§ 349. α. *Activum.*

	jAw.	Aw.	gAw.	Ap.
S. 1.	*kərənaomi*		fehlt	fehlt
2.	*kərənūši*			
3.	*kərənaoiti*			
P. 3.	*sᵘrunvanti*			

Bemerkungen. Beachte 2. Sing. jAw. *kərənūši,* aus dem schwachen Stamm, geg. ai. *kṛṇóṣi;* zum *ū* s. § 268, 1. — S. noch jAw. *inaoiti,* Kl. 20 und *vīnaoiti,* Kl. 12 a.

§ 350. β. *Medium.*

	jAw.	Aw. gAw.	Ap.
S. 3.	*vər³nū̆ite*[1]		fehlt
D. 3.		*vər³nvaitē*	

Bemerkungen. Beachte die 3. Plur. jAw. *vər³nvaⁱnte*, thematisch.

[1] Zum *ū* s. § 268, 1.

§ 351—352. e. *Praesens 11. Klasse.*

Typus: ai. *punā́ti;* s. § 132, 316.

§ 351. α. *Activum.*

	jAw.	Aw. gAw.	Ap.
S. 1.	*hunāmi*		fehlt
3.	*gər³wnāⁱti*	*hunāⁱtī*	
P. 1.	†*dąnmahi*	†*fryąnmahī*, *hvąnmahičā*	
3.	*zānənti*		

Bemerkungen. Zu den 1. Plur. s. § 132 No., 316 b. Daneben die them. Form jAw. *frīnāmahi* geg. ai. *prīṇīmási.* — 2. Sing.: jAw. *hunahi,* them. — 3. Sing.: jAw. *frīnaⁱti,* them.

§ 352. β. *Medium.*

	jAw.	Aw. gAw.	Ap.
S. 1.	*vər³nē*	*vər³nē*	fehlt
3.		*vər³ntē*	

§ 353. f. *Die übrigen Praesensklassen.*

Nur awestische Formen.

1) *4.* Kl., § 125: jAw., gAw. *aiti* »er geht«. IdgF. 3, 33.

2) *15.* Kl., § 136: jAw. *nāismī* »ich schmähe«; — *tāšti* »er zimmert«; — *ϑwaršti* »er schneidet«; — *čašte* »er teilt mit«.

3) *21.* Kl., § 142: jAw. *ni-γrāⁱre* »sie werden geworfen«; — jAw. *mravāⁱre* »sie sagen«; — jAw. *åŋhāⁱre* »sie sitzen«. Also nur 3. Plur. des Mediums mit *r*-Suffix.

4) *22.* Kl., § 143, 322: Die einzige Praesensform der Klasse ist thematisch: jAw. *bayente* (d. i. *bīy°*, § 268, 11) »fiunt«.

§ 354—355. **B. Praes. Perf.**

S. § 159 ff., 330 f. Die Formen aus Stämmen auf *-ā* stehen jeweils am Schluss, durch ; getrennt.

§ 354. α. *Activum.*

	jAw.	Aw. gAw.	Ap.
S. 1.	*didvaēša*, *ᵘrūraoδa*, *dādar³sa*, *jiγaᵘrva*; *hišta*	*vaēdā*	fehlt
2.	*vavaxδa*; *dadāϑa*	*vōistā*; *dadāϑā*	
3.	*vīvaēδa*, *vaēδa*, *vavar³za*, *jaγaᵘrva*, *tataša*, *āδa*, *åŋha*, *jaγāra*, *dadāra*, *bvāva*[1], *bīwivåŋha*[2], *dīδaya*[3], *tūtava*, *bavara*[4], *čakana*, *yayata*, *vavača*, *hušx^vafa*; *daδa*, *hišta*	*vaēdā*, *tatašā*, *nənāsā*, *hišāyā*	
D. 3.	*yaētatar³*; — *vāvər³zātar³*, *vaočātar³*		

	Aw.		
	jAw.	gAw.	Ap.
P. 1.	*didvīšma*, †*susruma*, *yaēϑma*	*yōiϑᵊmā*, *vaoxᵊmā*, *čagᵊmā*[5]	fehlt
2.	?*haŋhāna*		
3.	[i]*rīriϑarᵊ*, †*vīdarᵊ*, *bābvarᵊ*, *bawrarᵊ*, *vaonarᵊ*, *åŋharᵊ*, [i]*rīraϑarᵊ*; *dāδarᵊ*, *vi-šastarᵊ*	*čāxnarᵊ*, *vaonarᵊ*, *åŋharᵊ*; — *čikōitərᵊš*	

Bemerkungen. Zur 3. Sing.: Wegen der Behandlung der Wurzelsilbe im jAw. s. § 331, 2. Zur angeblichen 3. Sing. jAw. *daδō* s. ZDMG. 48, 153. Zu jAw. **yaēša* § 331, 1. — Zur 3. Dual.: Vgl. § 113, 3. — Zur 2. Plur.: Der einzige oben angeführte Beleg (vgl. Bthl., Air. Verbum 30; Jackson, Grammar 172, 174; Brugmann, Grundriss 2, 1223, 1357) scheint mir jetzt sehr zweifelhaft, s. § 331, 3 No. Dadurch wird es überhaupt fraglich, ob die Bildung der 2. Plur. Perf. Act. im Iranischen in gleicher Weise erfolgt ist wie im Indischen. Die iranische Bildung ist vielleicht durch gAw. *framīmaϑā* »ihr habt bestimmt« vertreten (zu ai. *mamáu*); zur Suffixgestalt *-aϑa* vergleiche man einerseits *-atar* der 3. Du. Perf., anderseits *-ϑa* der 2. Plur. Praes. Dann mag gr. ἐγρήγορϑε doch anders zu fassen sein, als z. B. bei Brugmann, a. O. 2, 1358. — Zur 3. Plur.: S. § 121, 1. — Vgl. ferner § 331, 3: Starke Stammform im Dual und Plur.

[1] D. i. **buwāva*; § 268, 12, 37. — [2] D. i. *buwråŋha*; § 268, 11. — [3] S. § 330 I, 4 No. — [4] D. i. *bawara*; § 268, 37. — [5] Allenfalls Praesens-Praeteritum; § 330 III.

§ 355. β. *Medium.*

	Aw.		
	jAw.	gAw.	Ap.
S. 1.	*susruye*[1]	*āyōi*[2], *ārōi*[3]	fehlt
3.	*tuϑruye*[1], *mamne*, †*yaēše*[4], *vaoče*, *vaoze*, *āraēča*[3]; *čaxse*, *daiδe*	*dādrē*, *vāvərᵊzōi*, *ārōi*[3]	
D. 3.	*mamanāitē*	*dazdē*	
P. 3.	*čāxrare*		

Bemerkungen. Zur 3. Dual.: S. § 120 a, c. Eine thematische Bildung scheint jAw. *isōiϑe* »die beiden sind im Stand« zu sein, V. 8, 10. — Zur 3. Plur.: S. § 121 f.

[1] D. i. °*uve*; § 268, 19; s. ai. *śuśruvé*. — [2] IdgF. 3, 63. — [3] Geldner, KZ. 28, 409; BB. 15, 258. — [4] § 331, 1.

§ 356—364. **C. Praeteritum.**

Die Formen aus Stämmen auf *-ā* stehen jeweils am Schluss, hinter ;.

§ 356—357. a. *Praesens 1. Kl. und Perfect 3. Kl.*

Typen: ai. *ásti; ádāt;* — *véda*. S. § 122, 310; 162, 330 III.

Ein sicherer Beleg einer Praeteritalbildung des nichtreduplicirten Perfects ist mir nicht bekannt; zu gAw. *fra-vōizdūm* s. § 328, 2 mit No. 1.

§ 356. α. *Activum.*

	Aw.		
	jAw.	gAw.	Ap.
S. 1.	*mraom*[1]	*čōišəm*, *grabəm*	*āyam*, *ajanam*, *āham*
2.		*čōiš*, *mraoš*, *varᵊš*[2], *mə̄ng*[3], *jə̄n*[3]; *då*	
3.	*staot*, *āit*, *vaxšt*, *as*, *ās*; *xštāt*	*čōišt*, *mōist*[4], *mraot*, *yaogᵊt*[5], *čōrᵊt*[6], *vaxšt*, *as*; *dāt*	*aja*[n]
D. 1.		*ahvā*	
3.	*āitəm*		

	Aw.		Ap.
	jAw.	gAw.	
P. 1.	*haxma*[7]	*əhmā*[8]*; dāmā*	*akumā*[9]
2.	*nista*[10], *šaēta*, *staota; pāta*	*sraotā; dātā*	*itā*, *jatā*[11]
3.	*usən*, *hən*[12], *āin*[13]*; — aškarᵊ*[14]	†*dᵃbin*[15], *bun*[16], *yūjən*[17], *gᵊmən*[18]*; — darᵊ*	*āhaⁿ*

Bemerkungen. Den starken Praesensstamm an Stelle des schwachen zeigen 1) aus *ā*-Stämmen jAw. *pāta*, gAw. *dāmā, dātā;* s. § 167, 1; 2) die 2. Plur. jAw. *šaēta, staota, pāta*, gAw. *sraotā, dātā;* § 166; 3) jAw. *haxma*, gAw. *ahvā, əhmā* (vgl. ap. *amahy* »sumus«, § 343; beide mit nichtpraeteritaler Bedeutung). jAw. *āitəm* = ai. *áitam* und jAw. *āin* = ai. *áyan* sind aus den Zusammensetzungen *avāitəm, avāin* herausgelöst, mit der Annahme, dass das im Singular durch Verbindung des starken Stammes *ei-* mit dem Augment *e* entstandene *ēi-* schon frühzeitig in den Dual und Plural übergegangen ist; s. gr. ᾖτον, ᾖτε. jAw. *avāitəm, avāin* würden sich aber auch in *ava* + *aētəm, aēn* auflösen lassen. Und endlich besteht auch die Möglichkeit, dass jAw. *āitəm* zusammen mit ai. *áitam* und gr. ᾖτον zum Perfect gehören, § 358. Das Nämliche gilt für jAw. *āiṯ* »er ging«, *ās* »er war« = ai. *ás* und für ap. *āham;* s. J. Schmidt, KZ. 27, 316, Brugmann, MU. 4, 411, Bthl., IdgF. 3, 32 f. jAw., gAw. *as* »er war« ist sicher praesentisch. — Zur 2. und 3. Sing.: Zu den lautlichen Veränderungen der idg. Consonantengruppen mit wortschliessendem *s* und *t* s. § 84, 2; 85, 2; 93; 94; 299; 303, 4, 10. — Zur 2. Plur.: Zur Bildung s. § 166. — — Thematische Bildungen: jAw. *aŋhaṯ* neben *ās;* jAw. *axštaṯ* n. *xštāṯ;* jAw. *frā-ɣmaṯ;* gAw. *mravaṯ* u. a.

[1] D. i. *mravəm;* § 268, 22. — [2] Zu gAw. *vərᵊzimā-čā; -š* aus idg. *-x-s;* § 34. — [3] Zu gAw. *mantā, jamaⁱtī;* vgl. ai. *ágan* »du kamst«; s. KZ. 30, 529 f.; 31, 320. — [4] Zu gAw. *mōiϑaṯ.* — [5] Zu gAw. *yaojantē.* — [6] S. ai. *ákar* »fecit«; wegen *ō* § 298, 3. — [7] Y. 60, 12; vgl. § 343 No. 4. — [8] ZDMG. 48, 150 f.; § 298, 1. — [9] *u* aus ar. *r̥;* § 290. — [10] Mehrdeutige Form; § 170, 1; 360. — [11] Oder *jaⁿtā;* § 166. — [12] = ai. *san;* normale augmentlose Form. — [13] ai. *āyan;* § 268, 21. — [14] § 310, 15. — [15] Y. 53, 1; so J3, Mf2; °*in* für °*iyən*, § 268, 21; s. dazu Geldner, KZ. 30, 528. — [16] S. ai. *áb'ūvan;* § 268, 22. — [17] S. ai. *yujata;* § 268, 1, 2. — [18] ai. *gmán.*

§ 357. β. *Medium.*

	Aw.		Ap.
	jAw.	gAw.	
S. 1.		*aojī*	
2.		*aojžā*[1], *mə̄nghā*[2]	*dauštā*[3]
3.	*dišta*[4], *gūšta*, *saēta*, *raosta*[5], *aoxta*[6], *kanta*	*ačistā*[7], *yūxtā*, *gərᵊzdā*[8], *aogᵊdā*[9], *varᵊtā*[10], *mantā*[11], *yantā*	*akutā*[12], *ajatā*[13]
D. 1.		*dvaⁱdī*[14]	
3.		*asrvātəm*	
P. 1.		*varᵊmaⁱdī*	
3.	ᵘ*ruϑənta*[15]	*xšə̄ntā*[16]*; — varatā; — vī-šyātā*[17]*; dātā*	*āhatā*[18]

Bemerkungen. Der starke Stamm anstatt des schwachen findet sich noch, ausser in den angeführten leicht erkennbaren Formen, in jAw. *staota* und gAw. *raostā*[5]. — Zur 3. Plur.: Vgl. § 119, 2; 167, 2. Das ap. *ahᵃtᵃa* könnte ausser *āhatā* auch *āhaⁿtā* (thematische Form) und *ahaⁿtā* (d. i. *a-haⁿtā*, gebildet wie gAw. *xšə̄ntā*[16]) gelesen werden. — Zur 2. Sing.: Ap. *dauštā* ist unsicher; § 115, 2. — Thematisch: jAw. *mravanta* »sie sagten«; ap. *agmatā*, gAw. *āgᵊmaṯ.tā* (statt °*atā*, § 268, 49) »er kam«; jAw. *fra-xštata* u. a.

[1] § 53 I, 4. — [2] = ar. **man-sa;* § 299, 2. — [3] Unsicher; s. oben. — [4] § 53 II, 5. — [5] Zu ai. *róditi* »er jammert«. — [6] § 53 II, 3. — [7] § 310, 3. — [8] § 53 I, 5. — [9] § 53 I, 3. — [10] Geg. ai. *ar̥ta.* — [11] Geg. ai. *amata.* — [12] = ai. *akr̥ta*, § 290.

— 13 = ai. *akata;* KZ. 23, 397 No. — 14 § 120. — 15 Zur 3. Sing. *raosta;* wegen ϑ s. § 274 No. — 16 § 310, 14. — 17 § 310, 1. — 18 Lesung unsicher; s. oben.

§ 358—359. b. *Red. Praesens* (**5.** *und* **7.** *Kl.*) *und Perfect* (**1.** *und* **2.** *Kl.*).

Typen: ai. *juhṓti, čárkarti; — jajā́na, dadā́ra;* s. § 126, 128; 312, 313; — 160 f., 330 f.

§ 358. α. *Activum.*

	jAw.	**Aw.**	gAw.	**Ap.**
S. 1.	*diδaēm*[1]; *daδąm*[2]			
2.			*dadâ*	
3.	*daδāṯ*		*daēdōišt*, ^{u}*rūraost*, *didąs*3; *dadāṯ*	*adadā*^{h}
P. 2.	*dasta*			
3.			*da*^{i}*dyaṯ*, *jīgər*^{ə}*zaṯ*; *zazaṯ*, *dadaṯ*	

Bemerkungen. Aus dem Perfectstamm gebildet ist gAw. ^{u}*rūraost* »er verhinderte«: jAw. ^{u}*rūraoδa* »ich habe v.«. Alle übrigen Formen, mit Ausnahme von gAw. *daēdōišt* (§ 128), *didąs* und *jīgər*^{ə}*zaṯ* (§ 312 b) können ebensowohl dem Praesens als dem Perfect zugerechnet werden. Vgl. noch § 356 zu jAw. *āiṯ, āitəm, ās,* ap. *āham.* — Zur 3. Plur.: Vgl. zur Bildung § 111, 2 b; 168. Thematisch: jAw. *daϑən*[2], gAw. *dadən;* s. § 104, 1. — Andere them. Formen: jAw. *daϑəm, daϑō, daϑaṯ*[2]; gAw. *dadaṯ.*

1 D. i. *diδayəm;* wegen des *a* s. § 330 I, 4 No. — 2 Auch *daϑąm;* zum ϑ s. § 274 No. — 3 Aus ar. **didaust;* § 312 b.

§ 359. β. *Medium.*

	jAw.	**Aw.**	gAw.	**Ap.**
S. 2.	*jiyaēša;* — †^{u}*rūruδiša*			fehlt
3.	*dasta*			
D. 3.	*da*^{i}*δītəm*			
P. 2.			*āidūm,* [*mąz*]*dazdūm*	
3.	*vaozirəm*			

Bemerkungen. Sichere Perfectformen sind jAw. *vaozirəm* und gAw. *āidūm* »ihr ginget«. †^{u}*rūruδiša* ist Correctur; s. § 330 I b No. 3. — Unregelmässig aus dem starken Stamm jAw. *jiyaēša* »du lebtest«. — Die 1. Sing. kenne ich nur thematisch: gAw. *dīda*^{i}*γhē* »ich lernte kennen«, § 312 b. — Zur 3. Dual.: S. § 120 g und gAw. *dazdē,* § 355. — Zur 3. Plur.: S. § 121 g.

§ 360—361. c. *s-Aorist.*

S. § 156 ff., 328 f.

§ 360. α. *Activum.*

	jAw.	**Aw.**	gAw.	**Ap.**
S. 1.				*apaišam*[1]
2.			*dāiš*[2], *sąs*3	
3.	*nāist*		*dār*^{ə}*št*[4], *vąs*5, *sąs*3, *tāšt*	*āiš*
P. 2.	*nista*[6]		*sąstā*[3]	
3.			^{u}*rvāxšaṯ*[7]	*āiša*^{h}[8]

Bemerkungen. Zur Stammform s. § 328, 3; 329. — Thematisch: jAw. *asąsaṯ* neben gAw. *sąs;* jAw. *važaṯ* »er fuhr«; *tāšaṯ* »er zimmerte«.

1 Oder *apišam;* § 329. — 2 § 156, 7. — 3 S. 86 f.; BB. 14, 28; 15, 260. — 4 Daneben *dōr*^{ə}*št;* § 298, 6. — 5 JAOS. 15, LXII. — 6 Mehrdeutige Form; s. § 356. — 7 Y. 34, 13: »auf welchem wohlbereiteten (†*hū.kər*^{ə}*tā*) [Weg] die Daina's der Saushyant's hingelangen zu dem Lohn, welcher . . «. — 8 Oder *āiša*^{h}, dann thematisch; § 170, 329.

§ 361. β. *Medium.*

Hier auch drei Formen des *iš*-Aorists, hinter ; — eingestellt.

	jAw.	Aw. gAw.	Ap.
S. 1.	*rāhī*[1]; — *zāvišī*[2]	*mə̄nghī*, *frašī*; — †*čə̄vīšī*	*adaršiy*
2.		*dōišā*[2]	
3.	*xšnaošta*, *Ꞩraošta*, *varšta*	*Ꞩraoštā*, *mąstā*, *fraštā*, *baxštā*; †*sār*ᵊ*štā*; — †*čəvištā*	
P. 1.		*mə̄hmaⁱdī*	
2.		*asrūždūm*; *vōizdūm*, *Ꞩwarᵊ̄zdūm*, *Ꞩrāzdūm*, *sāzdūm*	

Bemerkungen. Alle awestischen Formen sind aus dem starken Stamm gebildet, ausser jAw. *zāvišī* (§ 157, 2), gAw. †*sār*ᵊ*štā*; und gAw. *mə̄hmaⁱdī* (§ 156, 5; 298, 1), *asrūždūm*. Wegen ap. *adaršiy* s. § 329. — Thematisch: ap. *avahaiy*, jAw. *vašata* »er führte«.

[1] Y. 11, 18: »Jetzt habe ich euch dargebracht«; s. Delbrück, Ai. Syntax 280 f. — [2] Nicht sicher.

§ 362. d. *Praesens 10. Klasse.*

Typus: Ai. *sunōti*; § 131, 315. Dazu Kl. 12 a (§ 133, 317).

	jAw.	Aw. gAw.	Ap.
α. Act. S. 1.			*akunavam*
3.	*kər*ᵊ*naoṯ*	*činaoṯ*	*akunauš*
P. 2.	*srinaota*	*dᵊbənaotā*	
3.	*kər*ᵊ*nāun*		*akunavaⁿ*
β. Med. S. 3.	*hunūta*[1]		
P. 3.			*akunavatā*[2]

Bemerkungen. Den starken Stamm zeigen gegen die Regel, ausser den 2. Plur. Act. (§ 166): ap. *akunavaⁿ*, *akunavatā* und jAw. *kər*ᵊ*nāun* (§ 315 c; s. noch § 374). — Die 2. Sing. Act. ist nur thematisch bezeugt: jAw. †*kər*ᵊ*nvō*. — Zur 3. Sing. Act.: Zum ap. Ausgang *-auš* s. § 309 II. — Thematisch ferner: gAw. *spə̄nvaṯ*, *xᵛə̄nvaṯ*. — Zur 3. Plur. Med.: Vgl. BB. 13, 68. Wenn man die ap. Form °*vaⁿtā* liest, ist sie thematisch zu nehmen. — Zu Kl. 12 a jAw. *frā-kər*ᵊ*naoṯ*.

[1] = ai. *á-sunuta*; wegen des *ū* s. § 268, 1. — [2] S. oben.

§ 363. e. *Praesens 11. Klasse.*

Typus: Ai. *punā́ti*; s. § 132, 316. Dazu Kl. 12 b (§ 133, 317).

	jAw.	Aw. gAw.	Ap.
α. Act. S. 3.	*frīnāṯ*		*adānāʰ*
β. Med. S. 3.	*fraor*ᵊ*nta*[1]		
P. 3.		*vər*ᵊ*nātā*[2]	

Bemerkungen. Thematische Formen: Act. ap. *adinam*, jAw. *kər*ᵊ*nəm* (Kl. 12 b); — jAw. *sanaṯ* (Kl. 12 b); — gAw. *zānatā*; — Med. jAw. *brīnaṇha*, *fraor*ᵊ*nata*[1].

[1] D. i. *fra-vər*ᵊ*nta*, bz. *vər*ᵊ*nata*; § 268, 41. — [2] Geg. ai. *vṛṇata*; § 119, 2 b.

§ 364. f. *Die übrigen Praesensklassen.*

Nur awestische Formen.

1) 8. Kl.; § 129, 314. Nur gAw. Formen: 2SA. *minaš* »du vereintest« (§ 129, 4); — 3SA. *činas* »er versprach« (§ 129, 2); — 3SM. *čistā* (*i* für *į*) »er versprach« (§ 129, 2).

2) **22.** Kl.; § 143, 321: 2SA. jAw. *mərənčainīš;* — 3SA. jAw. *zahīṯ, vainīṯ, daiδīṯ*, gAw. *sāhīṯ, daidīṯ;* — 3SM. jAw. *vy-āmrvītā*. S. § 143.

3) **25.** Kl.; § 146, 324. Nur jAw. Formen. 2SA. *ni-šhiδōiš;* — 3SA. *avarōiṯ;* — 3SM. *fra-čaraēta*. S. § 324.

§ 365. *Anhang zu C. Praeteritum. 3. Sing. Pass. auf -i.*

S. § 154. Es sind folgende Formen bezeugt:

I. **Awestisch:** gAw. *mraoī* »es wurde gesagt«[1], *srāvī, avāčī*, jAw. *āiδi* »es wurde gesagt«[2]; ferner gAw. *api-vaitī* »er wurde kennen gelernt«, jAw. *jaini;* — jAw. *ərənāvi*.

II. **Altpersisch:** *adārij; aδahy*[3].

[1] D. i. *mravī*, § 268, 20. — [2] Geldner, KZ. 30, 323. — [3] § 327 No.

§ 366—369. **D. Imperativ.**

§ 366—367. a. *Praesens* **1.** *Kl. und Perfect* **3.** *Kl.*
S. S. 205.

§ 366. α. *Activum.*

	jAw. **Aw.**	gAw.	**Ap.**
S. 2.	*iδi, stūiδi*[1], *mrūiδi*[1], *jaiδi*[2]	*idī, čīždī, gaidī*[3], *zdī*[4]; *dāidī*	*idiy, dīdiy, jadiy*[2]; *pādiy*
3.	*jantu*[5], *astu; pātū*	*sraotū, barətū, jantū*[6], *astū; dātū, sāstū*	*kaⁿtuv*, [*astuv*[7]]; *pātuv*
P. 2.		*čagədō*	
3.	*yantu*	*yantū, həntū*	

Bemerkungen. Keine sichere Perfectform; vielleicht gAw. *čagədō;* s. § 330 III. — Zur 2. Sing.: Wegen gAw. *dāidī*, ap. *pādiy* s. § 167, 1. — jAw. *fra-mru* scheint Y. 65, 10 als 2SImp. zu fungiren; s. Pahl.-V. und ZPGl. 9. Die Form wäre gegenüber *mrūiδi* wie ai. *kṛṇú* neben *kṛṇuhí* zu erklären; § 107, 4 No. 2. — Thematische Bildungen: jAw. *fraya* »geh weiter« (für *fra + aya*, § 268, 3b), *mrava* »sprich«, *stava* »preise« u. a.

[1] = ai. *stuhi, brūhi;* § 268, 1. — [2] = ai. *jahí* »schlage«. — [3] = ai. *gahi* »komm«. — [4] Geg. ai. *édʰi* »sei«, aus urind. **azdʰi*. — [5] = ai. *hántu*. — [6]: ai. *gantu* »er komme«. — [7] »esto«. Aus der susischen Übersetzung zu Bh. 4, 39 *duruvā akatiy* zu erschliessen; s. J. Oppert, Le peuple et la langue des Mèdes 258; Weissbach, Die Achaemenideninschriften zweiter Art 72, 100.

§ 367. β. *Medium.*

	jAw. **Aw.**	gAw.	**Ap.**
S. 2.		*kərəšvā*[1]	fehlt
3.	*bərətąm*[2]	*ūčąm; vī-dąm*	
P. 3.		*xšəntąm*[3]	

Bemerkungen. Perfectformen fehlen. — Zur Bildung der gAw. 3. Sing. s. § 116, 4. — Thematisch: jAw. *stavanuha* »preise« (neben *stūiδi*, 2SA.).

[1] = ai. *kṛṣvá*. — [2] Unsicher; so Geiger zu Aog. 16; s. Yt. 22, 18, 36 bei Westergaard und Haug. — [3] § 310, 14.

§ 368. b. *Red. Praesens* (**5.** *und* **7.** *Kl.*) *und Perfect* (**1.** *und* **2.** *Kl.*).
S. S. 207.

	jAw. **Aw.**	gAw.	**Ap.**
α. Act. S. 2.	*āiδi; dazdi*[1]		
3.			*dadātuv*
P. 3.		*dadātū*[2]	
β. Med. S. 2.	*dasva*[3]	*ārəšvā; dasvā*[3]	

Bemerkungen. Sichere Perfectformen sind jAw. *āiδi* und gAw. *ārəšvā*[4]; s. IdgF. 3, 33. — Thematische Bildungen: 2SA. jAw. *daiδya* »sieh«, *uzayara*[5] (d. i. *iyara*, § 268, 11), *uzīra*[5] »erhebe dich«; 3SA. gAw. *īratū*[5].

[1] = ai. *dēhí.* — [2] Geg. ai. *dádʿatu;* s. § 111, 3 b. — [3] = ai. *datsvá, dʿatsvá.* — [4] Geg. praesentischem ai. *īrṣva.* — [5] § 126, 2.

§ 368. c. *Die übrigen Tempusstämme.*

Ausser unter 1 (Praes. 10. Kl.) nur awestische Formen.

1) Praes. *10.* Kl.: 2SA. jAw. *kərənūiδi*[1]; — 3SA. ap. *kunautuv* »er mache«. — Them.: jAw. *kərənava, hunvanuha;* ap. *varnavatām.*

2) Praes. *11.* Kl.: 3PA. jAw. *frīnəntu.* — Them.: gAw. *pərənā*, jAw. *miϑnatu.*

3) Praes. *21.* Kl.: 3SM. gAw. *nī dyātąm* »er soll gebunden werden«[2].

4) *s*-Aorist: 2SM. gAw. †*varəšvā* »wirke«, *fərašvā* »frage«. — Them.: jAw. *jaṅhəntu* »sie sollen kommen«.

[1] = ai. *kṛṇuhí*, § 268, 1. — [2] Wohl zu ai. *dyáti* »er bindet«; anders Geldner, KZ. 30, 531, aber ich vermisse eine Erklärung der Form.

§ 370—374. **E. Conjunctiv.**

Im jüngern Awesta sind die Conjunctivformen mit kurzem Vocal vor dem Personalsuffix (unthematische Bildungen aus consonantischen Tempusstämmen) im Verschwinden begriffen; solche mit Praesensendungen kommen nur im Praesens 10. Kl. und im *s*-Aorist vor; vgl. jAw. *aṅhāiti* »er soll sein« geg. gAw. *aṅhaitī*, ap. *ahatiy;* jAw. *janāṯ, ava-γnāṯ* n. *janaṯ; stavāṯ, janāite; kərənavāṯ* u. s. w.; vgl. § 104, 1.

§ 370—371. a. *Praesens 1. Kl. und Perfect 3. Kl.*
S. S. 205.

§ 370. α. *Activum.*

	Aw.		Ap.
	jAw.	gAw.	
S. 1.	*mrava*[1], †*taṅha*[2], *bva*[3]; *xštā*	*yaojā*, *jimā*[4], *aṅhā*	
	ayeni[5], *mravāni*[1]	*ayenī*, *varānī*	
2.		*dāhī*	
3.		*mravaitī*, *čaraitī*[6], *jamaitī*[4], *aṅhaitī; dāitī*	*ahatiy*
	mravaṯ, janaṯ, aṅhaṯ, bvaṯ	*mōiϑaṯ*, †*čaraṯ*[6], *jimaṯ*[4], *vasaṯ, aṅhaṯ*	
P. 1.	*janāma*		
2.		*čayaϑā; a-zāϑā*[7]	
3.		*bvainti-čā; rādəntī*	
	vasən, aṅhən	*jimən*[4], *aṅhən; dąn*[8]	

Bemerkungen. Keine Perfectform. — Zur 1. Sing.: jAw. *aēni* »eam« neben *ayeni* ist Neubildung zu *aēmi* »eo«, nach dem Musterverhältnis *barāni: barāmi* u. ähnl.; ZDMG. 48, 509. — Zur 3. Plur.: Zu den Formen auf °*nti* s. KZ. 29, 276; ZDMG. 46, 291. — Thematisch: jAw. *aṅhāiti, janāṯ, ava-γnāṯ, stavāṯ, stavąn.*

[1] = ai. *bravā, brávāṇi.* — [2] Nir. 7. — [3] D. i. *buva*, § 268, 8, 12; s. ai. *bʰuvāni.* — [4] Zu ai. *gamāni, gamat, gaman.* — [5] Dan. jAw. *aēni*, s. Bemerk. — [6] Zu ai. *karati, kárat.* — [7] Zu gAw. *aeϑ;* s. § 335 Bem. — [8] § 167, 2 b.

§ 371. β. *Medium.*

	Aw.		Ap.
	jAw.	gAw.	
S. 1.		*aojāi, mənāi*[1]; *isāi; xsāi*[2]	fehlt
	stavāne, varāne; xštāne	*dānē*	
2.		*dåṅhē*	
3.	*xštāite*	*čōiϑaitē, yamaitē; dāitē*	

	jAw.	Aw.	gAw.	Ap.
D. 3.			*jamaētē*	fehlt
P. 3.	*vī-δånte*		*yaojantē, frārəntē*[3], *vaxšəntē*[4]; *dåntē*	

Bemerkungen. Perfectform: gAw. *isāi.* — Zur 1. Sing.: Das jAw. bietet hier keine *āi*-Form, anderseits das gAw. nur éine Form mit *-nē;* s. aber § 373. — Zur 2. Sing.: gAw. *dåŋhā* ist nicht 2SM., wie S. 63 angegeben, sondern 1SA., § 373; s. IdgF. 5, 363.

[1] Zu gAw. *mantā;* § 298, 1. — [2] § 29. — [3] § 119, 1 No. — [4] Y. 32, 4: »sie sollen gross werden«.

§ 372. b. *Red. Praesens* (**5.** *und* **7.** *Kl.*) *und Perfect* (**1.** *und* **2.** *Kl.*). S. S. 207.

	jAw.	Aw.	gAw.	Ap.
α. Act. S. 1.	*daδāni*			fehlt
3.			†*vōiviδāitī*	
	čikayat		*āyat*	
P. 1.	*åŋhāma; daδāma*		*åŋhāmā*	
2.			*vaorāzaδā*[1]	
3.	*čikaēn*[2]			
β. Med. S. 1.	*daδāne*			

Bemerkungen. Perfectformen sind: jAw. *åŋhāma*, gAw. *åŋhāmā, āyat, vaorāzaδā;* ferner in thematischer Flexion: jAw. *åŋhāt, åŋhąm* (3PA.), gAw. *āyāt;* s. IdgF. 3, 18 f., 33. — Thematisch auch gAw. *vāurāitē*, Int. — Die Bestimmung von jAw. *vavačata* als 3SM. (§ 160, 7) ist ganz unsicher; s. § 116, 2.

[1] § 302, 1. — [2] D. i. °*ayən;* § 268, 21.

§ 373. c. *s-Aorist.* S. S. 207.

	jAw.	Aw.	gAw.	Ap.
α. Act. S. 1.			*varəšā*[1]; *dåŋhā;* — *xšnəvīšā*	fehlt
3.	*raēxšaiti, fraoirišaiti*[2]; *ståŋhaiti*		*varəšaitī*[1], *jə̄nghati-čā, və̄nəŋhaitī*	
			naēšat, darəšat, və̄nghat; ståŋhat	
P. 1.			*nāšāmā*	
3.			*varəšəntī*[1]	
	(*vəŋhən*[3])		*xšnaošən, və̄nghən*	
β. Med. S. 1.			*xšnaošāi, mə̄nghāi*	
			sraošānē, varəšānē	
2.	*påŋhahe*			
3.	*spåŋhaite*		*marəxšaitē, varəšaitē*[1]	
P. 2.			†*maz-dåŋhō.dūm*[4]	

Bemerkungen. Vom *iš*-Aorist: gAw. *xšnəvīšā.* — Thematisch: jAw. *vašånte, pašāt, nāšāite;* s. § 328, 1.

[1] Zu jAw. *varəzyeiti;* zu *varəšā* s. Caland, Syntax der Pron. 32. — [2] D. i. *fra* + *ᵘrviš*°, § 328, 1. — [3] In einem Citat einer gathischen Stelle. — [4] § 268, 57.

§ 374. d. *Die übrigen Praesensklassen.*

Nur awestische Formen; doch s. unter 2.

1) **8.** Kl.: jAw. *činaδāmaide* »wir sollen lehren«[1].

2) **10.** Kl.: Act. jAw. *tanava, kərənavāni; kərənavaiṇti*, gAw. *kərənaun*[2]; — Med. *kərənavāne; ərənavataēča, ərənavaiṇte.* — Dazu thematisch: jAw. *kərənavāhi, kərənavāt, kərənavąn, frāšnvāt;* — ap. *kunavāhy, varnavātaiy.*

3) *11.* Kl. (mit 12 b): Act. jAw. *frīnāni*; *gər^{ə}wnąn*; — Med. gAw. *frīnāi*, jAw. *pər^{ə}nāne* (12 b); *zānāte*; *vər^{ə}nāte*.

[1] Die Form ist (gegen Jackson, Grammar 161) durchaus correct unthematisch. — [2] Kann auch als unregelmässige Praeteritalform genommen werden; s. § 362.

§ 375—377. **F. Optativ.**

Die Optative aller Stämme können hier zusammengenommen werden; ihre Flexion ist überall die nämliche. — Sogenannte »Precativ«formen fehlen; s. KZ. 29, 561 No.

§ 375. *α. Activum.*

	jAw.	gAw.	Ap.
S. 1.	*daⁱδ-yąm*	*d-yąm*, *h-yə̄m*[1]	
2.	*daⁱδ-yå*	*h-yå*	
3.	*daⁱδ-yāt̰*	*h-yāt̰*	*jan-iyā^{h}*
D. 3.	†*åŋhāt̰təm*[2]		
P. 1.	*jam-yama*; — *nāš-īma*	*h-yāmā*; — *bu-yamā*; — *vər^{ə}z-imā-čā*	
2.	*bu-yata*	*h-yātā*	
3.	*daⁱδ-yąn*; — *daⁱδ-yār^{ə}š*; — *h-yār^{ə}*	*h-yə̄n*[1]	

Bemerkungen. Zur 1. Plur.: Wegen jAw. *jamyama*, *nāsīma* und gAw. *buyamā*, *vər^{ə}zimā-čā* s. § 172, 1. — Zur 3. Plur. vgl. § 172, 2. Die übrigen Formen auf *-yār^{ə}š* sind: jAw. *sačyār^{ə}š*, *jamyār^{ə}š*, *buyār^{ə}š*, *huyār^{ə}š*. — Zur 2. Plur.: jAw. *buyata* wird zu *buyama* nach dem Muster der thematischen Conjugation gebildet sein. Allerdings könnte es auch für **būvata* geschrieben sein; § 268, 12 d.

[1] § 296, 4. — [2] Für urir. **āh-yātam*; s. § 268, 28, 49; 113, 2.

§ 376. *β. Medium.*

	jAw.	gAw.	Ap.
S. 1.	*tanu-ya*[1]	*d-yā*[2], *is^{ə}-yā*[2]	
2.	*raēxš-īša*, *mrv-iša*[3]	*d-īšā*[4]	
3.	*yn-īta*, *vind-ita*[3]	*dr-ītā*	fehlt
P. 1.		*vaⁱr-īmaⁱdī*, *maⁱn-imaⁱdī-čā*[3]	

[1] D. i. *tanvīya*; ai. *tanvīyá*; § 268, 13. — [2] D. i. *dīya*, *isīya*; § 268, 11 und § 165 No. — [3] *i* für *ī*, § 268, 1. — [4] KZ. 30, 326.

§ 377. *Zu* § 374 *f.*

I. Im Awesta kommen Optativformen aus den meisten (unthematischen) Tempusstämmen vor; vgl.:

a. Praesens. *1.* Kl.: jAw. *mruyāt̰*, *janyāt̰*, *jamyāt̰*, *hyāt̰*, gAw. *miδyāt̰*, *sañyāt̰*, *usyāt̰*, *dyāt̰*; — *5.* Kl.: gAw. *daⁱdītā*; — *7.* Kl.: jAw. *dar^{ə}daⁱryāt̰*; — *8.* Kl.: gAw. *mər^{ə}šyāt̰*[1], jAw. *vindita*; — *10.* Kl.: jAw. *s^{u}runuyå*, *vanuyāt̰*; — *11.* Kl.: jAw. *hunyāt̰*[2]; — *12.* Kl. a.: jAw. *kər^{ə}nuyå*.

b. *s*-Aorist: *raēxšīša*[3], *nāšīma*; die einzigen Formen.

c. Perfect. *1.* Kl.: jAw. *ⁱriraⁱδyāt̰*[4], *hisiδyāt̰*, *tūtuyå*, *šušuyąm*, *bawryąm*, *jaγmyąm*, *vaonyāt̰*, *hazdyāt̰*, †*åŋhāt̰təm*[5]; — *3.* Kl.: gAw. *vīdyāt̰*, *is^{ə}yā*[5].

Thematische statt der unthematischen Bildung liegt vor in: *janaēta*, *janayən*, *stavōiš* (Praes. 1. Kl.), jAw. *dādrājōiš*, gAw. *vāurayā*, *vāurōimaⁱdī* (Praes. 7. Kl.); gAw. *z^{ə}ranaēmā*, jAw. *činaēta* (Praes. 11. Kl.) u. a. m.

II. Das Altpersische hat folgende unthem. Optativformen: Praes. *1.* Kl.: *janiyā^{h}*, *jamiyā^{h}*, *hyā^{h}*[6]; — *22.* Kl.: *biyā^{h}*[7]; — Perf. *1.* Kl.: *čaxriyā^{h}*.

[1] Urir. **mr̥nšįāt̰*; § 67. — [2] Nr. 68; in § 169 hinzuzufügen. — [3] § 322. — [4] SBE. 37, 471; § 268, 9. — [5] S. oben. — [6] Unsicher; AF. 2, 101. — [7] § 143.

II B. DAS NOMEN.

II B 1. Die Nomina (κατ' ἐξ.).

§ 378. *Zur Casusbildung und den Casussuffixen.*

[Einzelheiten werden unten zur Sprache kommen; hier nur einige für alle Stammklassen giltige Bemerkungen.]

I. **Aw.**

1. Das **jAw.** hat die Bildung des Abl. Sing., die noch im Urawestischen auf die masc.-neutr. *a*-Klasse (**22**) beschränkt war, auf alle übrigen Stammklassen ausgedehnt. Zunächst wohl auf die *ā*-Klasse (**23**), indem nach dem Verhältnis von *zasta* IS., *zastāi* DS. zu *zastāṯ* AbS.: zu *zaoϑraya* IS., *zaoϑrayāi* DS. der AbS. *zaoϑrayāṯ* geschaffen wurde. Das Verhältnis von *zastāi-ča* DS. zu *zastāṯ* AbS. wird weiters zu *manaŋhaē-ča* (**1**) den AbS. *manaŋhaṯ* hervorgerufen haben. Die AbS. auf *-ōiṯ, -aoṯ* der Kl. **16, 17** schlossen sich an die GS.-Formen auf *-ōiš, -aoš* an, als die Ablativbildung bereits in weiterem Umfang üblich geworden war. So auch *nər'ṯ*, § 400.

2. Die ir. *b*-Suffixe sollten im **jAw.** ausser nach *u* (*bər'zanbya*) und hinter Zischlauten (*snaiϑižbya, azdⁱbīš*) durchweg den Anlaut *w* zeigen, § 273. Aber *b* überwiegt weitaus: *dāmabyō, nər'bya, zastaēⁱbya* u. s. w. Die *b*-Form gewann die Oberhand, weil sie sich mit allen vorausgehenden Lauten vertrug[1].

[1] Für ir. *-biš* hat das Awesta immer *-biš* oder gewöhnlicher *-būš* (§ 268, 1); ir. *-bi̯a* ist gAw. *-byā*, jAw. *-bya, -we, -ve* (§ 268, 32, 37); ir. *-bi̯ō* ist gAw. *-byō*, jAw. *-byō, -wyō, -vayō, -uyō, -oyō* (§ 268, 37); ir. *-bi̯ām* findet sich nur in jAw. *brvaṯbyąm* (§ 296, 4).

3. Die *a*-Stämme gewinnen auf die Flexion der übrigen breiteren Einfluss, insbesondre im jüngern Awesta. So findet sich im Nom. Plur. statt *-ō* (= gr. -ες) im jAw. fast überall auch *-a*[1]. Der Wechsel zwischen *-ō* und *-a* im Nom. Plur. geht später auch auf den Acc. Plur. der selben Stämme über[1].

[1] Ich habe auf die der *a*-Declination nachgebildeten Formen, die ich kurzweg als »thematische« bezeichne, im Folgenden unter den »Bemerkungen« hingewiesen. Nur die Nom. und Acc. Plur. auf *-a* habe ich, wo es nötig schien, der Formenübersicht einverleibt.

4. Der Zusammenfall der Nom. und Acc. Plur. auf *-ō* (oder *-a*, s. 3) bei den abstufungslos flectirten consonantischen Nominalstämmen gab den Anlass, auch bei den abstufenden die Formen promiscue zu brauchen. Die Verwendung des Nom. als Acc. ist häufiger als die umgekehrte. Im gAw. ist die Verwechslung noch selten; z. B. *ašāunō* AP. als NP., Y. 47, 4; s. § 403.

II. **Ap.**

5. Das Ap. hat den Dativ durchaus aufgegeben und seine Function dem Genetiv übertragen; s. Hübschmann, Zur Casuslehre 294 f.

6. Der iran. AbS.-Ausgang *-āṯ* der *a*-Stämme fällt im Ap. in der Schrift mit dem des IS. zusammen. Da nun die Präposition *hačā*, ohne welche ein Abl. nicht vorkommt, auch mit dem Instr. verbunden werden konnte — s. *hačā aniyanā* (§ 237) und die awestischen Beispiele bei Hübschmann, a. O. 242 —, so ist die Existenz des ir. *āṯ*-Abl. im Ap. nicht streng erweislich.

II B 1 a. Die Flexion der einzelnen Stammklassen.

S. oben S. 113 f. Fürs Altpersische kommen nur folgende Klassen in Betracht: 1 a γ (§ 381), 1 b (382), 2 a (383), 3 a (385), 4 (387), 6 b (392), 9 (397), 10 (398), 12 (400), 14 (402), 15 a α (403), 16 (406), 17 (407), 18 (408), 19 (409), 22 (412), 23 (413), 24 (414).

Ich mache darauf aufmerksam, dass in den folgenden Zusammenstellungen solche Casusbildungen, die nur als Adverbien oder Infinitive vorkommen, nicht mit angeführt sind, oder doch nur in besonderen Fällen. — Die in [ ] eingeschlossenen

Casus gehören der Form nach zu einer andern Declinationsklasse. Einschliessung in ( ) bedeutet, dass das Wort die Function, aber nicht die Form des betreffenden Casus hat.

§ 379—382. *1. Klasse; Stämme auf s-.*

§ 379. *1* a α. *Abgeleitete auf ịas-, Comparative.*

Vgl. § 174 a α; Whitney, Grammar § 463 ff.; Lanman, JAOS. 10, 514 f. — Nur im **Awesta**.

1. **jAw.** *masc.**) *Sg.* N. *spanyå* — A. *spa'nyaŋhəm* — D. *kasyaŋhe* — G. *nāδyaŋhō*.
Du. N. *āsyaŋha*.
Pl. N. *frāyaŋhō*[1] — I. *staoyəbīš*[2] — G. *kasyaŋhąm*.
*neutr.**) *Sg.* A. *masyō*. — *Pl.* A. †*va'ŋhås-ča*[3].

2. **gAw.** *masc.* *Sg.* N. *vańyå* — A. *nā'dyåŋhəm*.
neutr. *Sg.* A. *ašyō*, *ašyas-čā*.

Bemerkungen. Im **jAw.** ist die Dehnform auf NSm. und APn. beschränkt; Kl. *1* a α ist dem Einfluss der Kl. *1* a γ somit völlig erlegen. Der ASm. *nā'dyåŋhəm* Y. 57, 10 ist aus Y. 34, 8 herübergenommen.

1 jAw. *a'wi.vanyå* Yt. 5, 58 lässt sich zwar zur Not erklären, ist aber jedenfalls gedankenlose Wiederholung aus Yt. 5, 34, 38, 54, wo der NSm. am Platz ist. — 2 jAw. *frāyebīš* Vp. 8, 2 ist falsch; ZDMG. 48, 149. — 3 § 229, 1 No. 1.

§ 380. *1* a β. *Abgeleitete auf ụas-, Part. Perf. Act.*

Vgl. § 174 a β; Whitney § 458 ff.; Lanman 511 ff. — Nur im **Awesta**.

1. **jAw.** *masc.* *Sg.* N. *vīδvå*, *zazva*;[1] *mamnūš*[2] — A. °*vīδvåŋhəm* — I. *vīduša* — D. *vaokuše* — G. *daϑušō* [; *vīvaŋuhatō*] — Ab. *zizi.yūšat̰*[2] [3]
Pl. N. *vīδvåŋhō* — A. *daδušō*[4] — I. *dadūžbīš*[2] — G. *vaonušąm* — L. *zazušu*.
neutr. *Sg.* A. [*afraᵘrvisvat̰*].

2. **gAw.** *masc.* *Sg.* N. *vīdvå*, *čikiϑwā*; *vīduš* — D. *vīduše* — G. *vīdušō*.

Bemerkungen. *Sing.* Nom.: Zu den Formen auf *-vå* und *-ūš* s. S. 115 f. — Voc. fehlt; s. aber jAw. *drvō*, § 394. — Neubildungen zum Nom. Sing. auf *-uš* nach Kl. *17* sind jAw. *jayāᵘrūm*, *hikūš* APm. und *hiku* (V. 8, 38) APn.; s. *jayāᵘrvåŋhəm*, *hikvåŋhəm*[5]; vgl. dagegen jAw. *ər'zvō*, § 407. — — Der GS. jAw. *vīvaŋuhatō* (neben gAw. *vīvaŋhušō*) und der ASneutr. jAw. *afraᵘrvisvat̰* gehören der Form nach zu § 394; s. S. 119 f. — Thematisch: jAw. *yaētušāδa* AbS., *zazvåŋha* NPm.

1 Schwerlich richtig überliefert ist jAw. *didrᵊzvō* Fr. Tahm. 90 f. — 2 § 268, 1b. — 3 § 268, 11. — 4 ?, Y. 58, 6. — 5 Wenn nicht vielmehr dies eine Neubildung ist.

§ 381. *1* a γ. *Abgeleitete auf as-.*

Vgl. § 174 a γ; Whitney § 414 ff.; Lanman 545 ff. — Zur Gestaltung des *s* im Aw. und Ap. s. § 185 f.; ferner § 93, 2; 303, 305.

	jAw.	gAw.	Ap.
masc. Sg. N.	*haosravå*, °*srava*	*miϑahvačå*	*viᵐdaʰfarnā*
A.	*ašaojaŋhəm*	*čiϑrā.avaŋhəm*	
fem.	*ušåŋhəm*		
I.	*aojaŋha*	*dvaēšaŋhā*	
D.	*vačaŋhe*, *ava'ŋhe*[1]	†*avaŋhē*	fehlt
G.	*vačaŋhō*	*avaŋhō*	

*) Unter »neutr.« sind hier und im Folgenden nur die ausschliesslich neutralen Formen eingestellt; die fürs Masc. und Neutr. oder fürs Masc. und Fem. oder auch für alle drei Geschlechter geltenden Formen sind unter »masc.« aufgeführt.

	jAw. Aw.	gAw.	Ap.
Ab.	*zrayaəhat̰, zraya-əhaδa*	fehlt	fehlt
L.	*vačahi*	*sravahī*	*drayahyā*[2]
V.	*ašavāzō*		
Du. N.	*aⁱϑyajaəha*	*anaočaəhā*	
D.	*vaγžⁱbyā-ča*		
G.	*ašanəmaəhå*		
Pl. N.-A.	*humanaəhō*	*dužvačaəhō*	
I.	*vaγžⁱbiš; vačə̄bīš*[3]	*garōbīš*, *raočə̄bīš*[3]	*raučabiš*
D.	*vaγžⁱbyō; raočə̄byō*[3]		
G.	*vačaəhąm*	*savaəhąm*	
L.	*ązahu*, *ravōhu*[4], *uša-hva*, *təmōhva*[4]		
neutr. Sg. A.	*manō*, *°as-ča*	*hazō*, *hazə̄*[3]	
Pl. A.	*ašå*, *asås-ča*	*sravå*, *sravås-čā*, *savā*; †*var°čāhī*	

Bemerkungen. *Sing.* Nom.: jAw. *°å* und *°a* führen beide auf idg. *-āˣs*; s. S. 115 unten. — Acc.: Dst. nur im femininen jAw. *ušåəhəm*. Daneben *ušąm*, S. 118. Gleicher Bildung ist noch jAw. *hvāpąm* (fem.!) zu *hvāpå*. — Loc.: Wegen jAw. *zrayā*, *zrayāi* »im See« s. S. 154 oben. — Acc. ntr.: jAw. *kər°fš* neben lat. *corpus* dürfte durch Decomposition zu erklären sein; ebenso, wenn richtig, jAw. *ϑrafs-ča*; s. Bthl., Studien 1, 79. — *Plur.* Instr.: ap. *raučabiš* ist mit gAw. *raočə̄bīš* nicht zu identificiren, sondern als Neubildung zum Loc. Plur. **raučaʰuv* anzusehen, etwa nach dem Muster der *n*-Stämme (*15* a α). — Dat.: Wegen jAw. *vāγžⁱbyō* (mit *ā!*) s. S. 134. — Auffällig ist *ązaəhibyō* Yt. 10, 23; ich nehme das *i* für epenthetisch und sehe in *ązaəhⁱbyō* eine »Augenblicks«bildung zu dem vorangehenden AbS. *ązaəhat̰*; s. § 396 zu jAw. †*saošyantⁱbyō*. — Acc. ntr.: *-a* in gAw. *savā*, *mayā*, *sava-čā* neben *sravå* beruht wie im Nom. Sg. auf Sandhi; s. S. 133; ebd. über gAw. †*var°čāhī*. — — Neubildungen nach der *a*-Declination sind: jAw. *ayaəhahe* GS., *təmaəhāδa* AbS., *vaējahe* LS., *pōᵘru.xᵛar°naəha* VS., *ər°zu.-stavaəhəm* ASn., *aⁱϑyajaəhaēⁱbya* DD., gAw. *hvapaəhāiš* IP. u. a.; ferner, veranlasst durch den Zusammenfall der APn. (auf *-a*): gAw. *savāiš* IP., jAw. *hvapō* NSm., *xᵛar°na* IS. u. a.; nach der *ā*-Declination, veranlasst durch den Zusammenfall der N.-A. Pl. (auf *-å*): jAw. *mayābyō*; vgl. oben S. 133.

[1] § 268, 29. — [2] ZDMG. 46, 298. — [3] Wegen *ə̄* s. § 268, 4. — [4] § 298, 3.

§ 382. *1* b. *Radicale auf s-.*

Vgl. § 174 b; Lanman 492 ff.

1. **jAw.** *masc.* *Sg.* N. *må*, *mås-ča* — A. *måəhəm* [; *hvāva-yaəhəm*] — D. *hu-δåəhe* — G. *måəhō* — Ab. *hu-δåəhat̰* — L. *yāhi*.
Du. N. *nåəha*[1] — [D. *nåəhābya*].
Pl. N. *måəhō* — A. *hu-δåəhō* — D. †*hu-δåbyō* — G. *hu-δåəhąm*.
neutr. *Sg.* A. *yå*.

2. **gAw.** *masc.* *Sg.* N. *må* — I. *ᵘᵛåəhā*[2] — D. †*hu-dåəhē* — G. *yåəhō* — L. *yāhī*.
Pl. N. *duž-dåəhō* — D. †*hu-dåbyō* — G. *yåəhąm*.

3. **Ap.** *masc.* *Sg.* N. *maz-dā* — A. *nāham* — G. *maz-dāhaʰ* — L. *māhyā*.

Bemerkungen. *Sing.* Acc.: jAw. *hvāvayarəhəm* ist Neubildung nach § 381; s. S. 117. Daneben jAw. *avayąm*. Ebenso Aw. *mazdąm*, ap. *mazdām* = ai. *mēdām*; s. S. 116. — *Plur.* Dat.: Zur Bildung von jAw. *hudåbyō* s. S. 134. — — Zahlreich sind die Berührungen der Kl. *1* b mit Kl. *24* (rad. *a*-Stämme), hervorgerufen durch den Zusammenfall der Nom. und Acc. Sing. (S. 116) und wohl auch dadurch, dass *ā*[1]- und *ā*[1]-*s*-Stämme gleicher Wurzel und Bedeutung neben einander bestanden; Aw. *mazdāh*- hat die *s*-Casus völlig aufgegeben, daher: Sg.N. °*då*, A. °*dąm*, D. °*dāi*, G. °*då*, V. °*dā*; Pl. N. °*dås-čā*. — Thematische Formen: jAw. *mårəhāi* DS., *mårəhahe* GS., *mårəha* NP. u. a. — Wegen des IS. jAw. *nårəhaya*, nach der *ā*-Kl. (*23*), und wegen jAw. *nårəhābya* (: ai. *násābyām*) s. S. 128 f.

[1] Im ZPGl.; die Bestimmung ist unsicher. — [2] § 268, 6.

§ 383—384. *2. Klasse; Stämme auf š-.*

§ 383. *2* a. *Abgeleitete auf iš- und uš-.*

Vgl. § 175 a; Whitney § 411 ff.; Lanman 568 ff.

1. **jAw.** *masc.* *Sg.* A. *nitā.snaiϑišəm* — I. *arədušā* — G. *hadišas-ča* — L. *vīϑiši*.
Du. D. *snaiϑižbya*.
Pl. G. *arədušąm*.
neutr. *Sg.* A. *snaiϑiš*, *arəduš*.
2. **gAw.** *neutr.* *Sg.* A. *təviš*, *hanhuš* — I. *snaiϑišā*.
3. **Ap.** *masc.* *Sg.* N. *haxāmaniš*.
neutr. *Sg.* A. *hadiš*.

Bemerkungen. Neubildungen zu *uš*-Stämmen nach der *u*-Declination (*17*): jAw. *ayaoš* GS.; gAw. *darəgāyāu* LS., *darəgāyū* ASn.; s. S. 116. — Thematisch: jAw. *hadišahe* GS.

§ 384. *2* b. *Radicale auf š-.*

Vgl. § 175 b; Lanman 492 ff. — Nur im **Awesta**.

1. **jAw.** *masc.* *Sg.* N. *fra-vāxš*, *vīspa-taš*, *hu-biš*, †*zuš*[1]; *vīš* »Kleid« — A. *ātra-vaxšəm*, *aka-tašəm*, *fra-zušəm* — I. *īšā* — D. *ātra-vaxše*, *haši.ϑbiše* — Ab. *fra-vāxšat̰*.
Du. N. fem. *suši*.
Pl. A. *fra-vāxšas-ča*, *fra-zušō* — G. *ašava.ϑbaēšąm*, *sāsnō.gūšąm*.
neutr. *Sg.* A. *viš* »Gift«. — *Du.* A. *aši*, *uši* — [D. *ašibya*].
2. **gAw.** *masc.* *Sg.* N. *ahūm-biš*, *dərəš*[2] — A. *īšəm* — I. *īšā* — G. *īšō*.
neutr. *Sg.* A. *yaoš*.

Bemerkungen. *Sing.* Nom.: Zur Bildung von *vīš* »Kleid« s. S. 114; ZDMG. 48, 148. — Gen.: jAw. *mūš* Y. 16, 8 ist der Form nach NS.; s. Studien 1, 79. — Beachte jAw. *daēvō.ϑbiš*, zum NS. *°*ϑbiš* neugebildet nach Analogie der *i*-Klasse (*16*); s. jAw. *ayaoš*, § 383 und KZ. 29, 575. — — Thematisch: jAw. *ātərə-vaxšō* NS., *fra-vāxšə* AP., gAw. *īšanąm* GP. — Zu den Dat. Du. jAw. *ašibya*, *ušibya* s. S. 129 oben.

[1] S. 115 No. 5. — [2] Wegen gAw. Nom. Sg. *maš* s. § 397.

§ 385—386. *3. Klasse; Stämme auf š-, ž-, ž́-.*

§ 385. *3* a. *Radicale auf š-.*

Vgl. § 176 a; Lanman 489.

1. **jAw.** *masc.* *Sg.* N. *parō.darš*, *spaš* — A. *aša.nāsəm*, *spasəm*, *hvarə.darəsəm*, *vīsəm* — I. *vīsa*, *aša.nāsa* — D. *vīse* — G. *masō*, *vīsō* — Ab. *vīsat̰*, *vīsaδa* — L. *vīsi*, *vīsya*; †*vīse.vīse*.

Pl. N. *spasō, an-usō* — A. *zaranyō.pisō, vīsō* — G. *vīsąm.*
neutr. Du. A. *zaranyō.pisi.*
2. **gAw.** *masc. Sg.* A. *vīsəm.* — *Pl.* D. *vīžibyō* — L. *nāšū.*
3. **Ap.** *masc. Sg.* A. *viϑam* — I. *viϑā* — L. *viϑiyā.*
neutr. Sg. A. *vasiy.*

Bemerkungen. *Sing.* Loc.: Zu jAw. †*vīse.vīse* s. § 219, 2a No. — Acc. ntr.: Zu ap. *vasiy* s. § 214, 4. — *Dual.* Acc. neutr.: Wegen jAw. *zaranyō.pisi* s. § 222, 1. — — Thematisch: jAw. *hvarᵊ.darᵊsō* NS., *vīsāδa* AbS., *masa* APn.

§ 386. *3* b. *Stämme auf z- und ž-.*

Vgl. § 176 b; Lanman 461 f., 497 ff. — Nur im **A**westa. — Neutrale Formen fehlen.

1. **jAw.** *Sg.* N. *ayā-varᵊš, barš* — A. *haiϑyā-varᵊzəm, bərᵊzi.rāzəm, bərᵊzəm* — I. *ārštyō.barᵊza* — D. *sraošā-varᵊze* — G. *bərᵊzō, zərᵊdazō* — Ab. *ā.nərᵊ-bərᵊzas-čit*[1].
Du. G. *hvarᵊzå*[2].
Pl. N. *daēva-yāzō, karšnazō* — A. *vərᵊzō, zəmar-gūzō* — G. *vohvarᵊząm*[2].
2. **gAw.** *Sg.* I. *dərᵊzā, mązā* — D. *mazōi* — G. *mazō.*
Pl. I. *mazibīš*[3].

Bemerkungen. Alle Formen entstammen Wurzelthemen ausser jAw. *zərᵊdazō* und *karšnazō.* — Thematisch: jAw. *daēva-yāzō* NS., *zəmar-gūza* NP. (als Acc. gebraucht).

[1] °*as-c*° aus ar. °*aź-ć*°; § 3, 4. — [2] D. i. °*u-varᵊz*°, § 268, 12. — [3] Mit übertragenem *z* statt *ž*, § 49, 2; vgl. übrigens § 253, 7.

§ 387. *4. Klasse; Stämme auf p- und b-.*

Vgl. § 177; Lanman 481 ff. — Neutrale Formen fehlen.

1. **jAw.** *Sg.* *āfš, kərᵊfš,* †*hvərᵊfš*[1] — A. *āpəm, apəm-ča*[2], *kəhrpəm, kərᵊpəm-ča*[3], *asəngō.gāum*[4] — S. *apā-ča, kəhrpa* — D. *ape, xšape* — G. *apō, āpō, apas-ča*[2], *xšapō, kəhrpō* — Ab. *apat* — L. *kəhrpya, tači.apaya*[5].
Du. N. *āpa, gava, gavō,*
Pl. N. *āpō, apas-ča*[2] — A. *apō, apas-ča*[2], *āpō, kəhrpas-ča* — D. *aiwyō*[6] — G. *apąm, kəhrpąm.*
2. **gAw.** *Sg.* I. *xšapā.* — *Pl.* A. *apas-čā, āpō* — G. *kəhrpąm.*
3. **Ap.** *Sg.* I. *xšapa-vā* — L. *api-šim*[7], *apiyā*[7].

Bemerkungen. Alle Formen aus *p*-Stämmen, ausser jAw. *asəngō.gāum*[4], *gava, gavō* zu *gab-.* — LP. jAw. *varᵊfšva* ?; s. ZDMG. 46, 295. — Thematisch: jAw. *apaiti̯ta*, AbS. — *āp-* f. »Wasser« ist im jAw. in die Flexion der fem. *ā*-Stämme (*23*) geraten; so Sing. N. *āpa*[8], A. *tači.apąm*[9], I. *apaya*[10]; Du. N. *āpe*[11].

[1] Y. 9, 22; s. KZ. 29, 487; = *hu+vərᵊfš.* — [2] § 294. — [3] § 289, 4 No. — [4] Für °*gāvəm* oder auch °*gaṷəm*; § 268, 37, 33. — [5] V. 6, 26. — [6] § 271 No. 5. — [7] BB. 14, 244 f. — [8] V. 7, 16. — [9] V. 14, 12. — [10] Yt. 8, 43: »mit sprühendem Wasser spült«. — [11] BB. 10, 267.

§ 388—390. *5. Klasse; Stämme auf k-, g-, ǵ-.*

§ 388. *5* a α. *Radicale auf k-, α. Typus *u̯āk-.*

Vgl. § 178 a α; Lanman 459 ff. — Nur im **A**westa.

1. **jAw.** *masc. Sg.* N. *vāxš, aša-nhāxš, ahu-mərᵊxš* — A. *vāčim, vačim-ča*[1], *aiwi-šāčim, afraka-tačim* — I. *vača, aša-nhāčā, druča* — G. *ahūm.mərᵊnčō.*

Du. N. fem. *arᵊna-vāči.*
Pl. N. *vāčō, gaⁱri-šāčō, ϑraotō.stāčō*[2], *vača, zantuⁱričō* — A. *vacō, vāčō, vačas-ča, čaϑra-ϑhāčas-ča* — G. *vačąm, čaϑra-ϑhāčąm, daēnō.sāčąm* — L. *tūtuxšva.*
neutr. *Sg.* A. *ārmaⁱtiš.hāgᵊt*[3].
2. **gAw.** *masc.* *Sg.* N. *vāxš, ānuš.haxš*[4] — A. †*vāčim* — G. *vačō.*

Bemerkungen. Zur Herkunft des *n* in GS. °*mərᵊnčō* s. § 178 a α No. 2. — Zu jAw. *vāxš* als angeblichen GS. s. Studien 1, 79. — Thematisch: *vāča* NPl.

[1] § 294. — [2] § 304 II, 43. — [3] Aus ar. *-ākt*, § 303, 10. — [4] Gegenüber Pischel, Ved. Stud. 2, 129 verweise ich auf Geldner, BB. 15, 257.

§ 389. 5 a β. *Radicale auf k-, β. Typus *pratiaək-.*

Vgl. § 178 a β; Whitney § 407 ff.; Lanman 454 ff. — Nur im jüngern Awesta.

masc. *Sg.* N. *apąš, parąš, frąš, paⁱti.yąš*[1] — A. *vīrō.nyånčim, hunaⁱryånčim* — G. *hunaⁱryånčō.*
Pl. N. *haϑrånčō, nyånčō, vīžvanča.*

Bemerkungen. Dazu noch Sg. I.: *tarasča, frača*[2], *dašinača, parāča,* †*hamča*[3] und Sg.A.ntr.: *paragᵊt*[4], die aber alle nur als Adverbien vorkommen. S. noch *paᵘrvąnča* (Studien 2, 51) und *fraša, paⁱtiša* (IdgF. 2, 266 f.). — Man beachte zur Vocalquantität der awestischen Wörter, dass *å* = ar. *ā*, *ą* = ar. *a* und *ā* ist. — jAw. †*zaⁱryąš*[5] ist der Form nach NS., nicht etwa GS.; s. Studien 1, 79. — Thematisch: *vīžvanča* NP.; *frakəm* ASn.

[1] § 268, 11. — [2] IdgF. 2, 266; Caland, GGA. 1893, 400 hat Yt. 14, 37 nicht berücksichtigt. — [3] V. 5, 59; s. ai. *samyák.* — [4] § 303, 10. — [5] S. § 264 A, 2 No. 14.

§ 390. 5 b. *Stämme auf g- und ǵ-.*

Vgl. § 179 b; Lanman 454, 461, 497. — Nur im Awesta.

1. **jAw.** *masc.* *Sg.* N. *druxš* — A. *drujəm, ązō.būjim, vohuna-zgəm* — I. *stija* — G. *drujō, ązō.būjō* — Ab. *drujaṯ.*
Pl. N. *miϑrō.drujō* — G. *a-druž̌ąm*[1], *vohuna-zgąm.*
neutr. *Sg.* A. *bərᵊzy-aogᵊt*[2].
2. **gAw.** *masc.* *Sg.* N. *druxš, usixš* — A. *drujəm, būjəm* — G. *drūjō, drūjas-čā.*
neutr. *Sg.* A. *paⁱty-aogᵊt*[3].

Bemerkungen. Alle Formen gehören zu Radicalstämmen ausser gAw. *usixš.* — Thematisch: jAw. *vohuna-zgō* NS., *miϑō.aojånəhō* NPm.

[1] § 276. — [2] Zu *aug'-* »sprechend«; IdgF. 4, 123; § 303, 10. — [3] Zu *aug'-* »schiebend«; s. ebd.

§ 391—392. 6. *Klasse; Stämme auf t-, d-, ϑ-.*

§ 391. 6 a. *Radicale auf t-.*

Vgl. § 179 a; Lanman 470. — Nur im Awesta.

1. **jAw.** *masc.* *Sg.* I. *paϑa, paϑąm* — G. *paϑō, astō* — Ab. *pantaṯ*[1].
Pl. A. *paϑō* — I. *azdⁱbīš* — G. *paϑąm, astąm.*
neutr. *Sg.* A. †*as-ča*[2]. — *Du.* N. *haxti*[3]. — *Pl.* A. *asti.*
2. **gAw.** *masc.* *Sg.* I. *paϑąm* — G. *paϑō* — L. *paⁱϑī.*
Pl. A. *paϑō* — I. *azdⁱbīš.*

Bemerkungen. Aus *paϑ-* m. »Weg« werden nur oblique Casus mit vocalisch anlautendem Suffix geformt; die andern gehören zur *i-* oder *n-*Klasse (vgl. S. 115, 118): jAw. *panta, pantå* NS.; *pantąm, pantānəm* AS.; *pantānō* NP.; ferner ap. *paϑim* AS. — Auf einem Compromiss der *paϑ-* und *pant-*Formen beruhen AbS. jAw. *pantaṯ* (statt *paϑaṯ*), und AS. *paϑąm* (statt *pantąm*). Letzterem wieder haben sich die Neubildungen jAw. *paϑayå* GS.

und *paϑå* AP., nach Kl. **23**, angeschlossen. — Thematische Formen: jAw. *astəm* ASn., *astəsča* APm. (mit Geschlechtswechsel).

[1] S. die Bem. — [2] § 214, 2 No. 2. — [3] Gegen ai. *sakt'i*; wegen des *t* (statt *ϑ*) s. § 52, 2.

§ 392. **6** b. *Radicale auf d- und δ-.*

Vgl. § 179 b; Lanman 470 ff. und 497 ff. — Neutralformen fehlen.

1. **jAw.** *Sg.* A. *pāδəm, maiδyōi-šāδəm, paδəm, sarᵊδəm, astō.biδəm, šuδəm* — I. *pāδa*[1] — L. *armaē-šāiδe* — G. *fra-vəhāδō, jaγrūδō* — L. *pāiδi*[2], *upa.bdi, ᵘrūiδi.*
   Du. N. *pāδa, paδō* — [D. *pāδave*].
   Pl. N. *tušni-šāδō, drime.avəhaδō*[3], *vīspō.sarᵊδō, asəmnō.viδō* — D. *paṯbyas-ča*[4] — G. *sarᵊδąm.*
2. **gAw.** *Sg.* A. *išudəm* — I. *vərᵊdā, zərᵊdā* — G. *frādō*[5].
   Pl. N. *frādō*[5], *vīdō*[5], *išudō* — I. *padᵊbīš.*
3. **Ap.** *Sg.* A. *pati-padam*[6] — G. *ϑardaʰ* — L. *avahya-rādiy*[6], *nipadiy*[6].

Bemerkungen. Ein direkt zum consonantischen Stamm gehöriger Nom. Sing. — auf *-s* für ar. *-ts* — fehlt; dafür nach der *a*-Declination: jAw. *šuδō*, mit Geschlechtswechsel (S. 118) — aber skr. *kṣudū́*, fem. nach Kl. **23** —, *vīra-vəhāδō;* der AS. *paδəm* dient V. 2, 24 als Nom. ntr. — Thematische Formen sind auch sonst zahlreich: jAw. *sarᵊδahe* GS., *pāδaēibya* DD., *pāδayå* GD., *zaranyapaxšta.pāδåŋhō* NP., *sarᵊδaēibyō* DP., *sarᵊδanąm* GP. u. a. — Wegen DD. jAw. *pāδave* s. § 223.

[1] V. 6, 26; nicht ganz sicher; ob *pāδayantəm?* — [2] Unsicher; V. 7, 44 Gl. — [3] § 268, 48. — [4] § 268, 51; s. übrigens die Varianten zu Vp. 14, 1. — [5] KZ. 33, 178 No. — [6] Als Adverb gebraucht.

§ 393. **7.** *Klasse; Stämme auf tāt- und tūt-.*

Vgl. § 180; Lanman 466 ff. — Nur im **Awesta**.

1. **jAw.** *Sg.* N. *poᵘrutås;* †*gaδō.tūs* — A. *amərᵊtatātəm* — D. *yavaētāite* — G. *rasąstātō* — Ab. *ⁱriϑyąstātaṯ* — L. *uštatāitya.*
   Du. N. *amərᵊtāta*[1] — D. *amərᵊtaṯbya*[1 2] — G. *amərᵊtātå*[1].
   Pl. N. *nərᵊfsąstātō* — A. *fratəmatātō* — G. *vaŋhutātąm.*
2. **gAw.** *Sg.* N. *haᵘrvatās*[1], *amərᵊtatås-ča*[1] — A. *paᵘrvatātəm* — I. *paᵘrvatātā* — D. *yavaētāitē* — G. *haᵘrvatātō*[1] — L. *amərᵊtāitī*[1].
   Du. N. *amərᵊtātā*[1].

Bemerkungen. Die einzige *tūt*-Form ist jAw. †*gaδōtūs*, NS.; s. § 180. — *Sing.* Nom.: Die gAw. Form °*tås-čā* statt °*tās-ča* ist vielleicht Nachbildung zu *napås-čā* neben *napātəm*, jedenfalls aber ebenso zu erklären; s. KZ. 29, 572 No. und oben S. 115. — Instr.: Vgl. oben S. 123 zu Kl. 23.

[1] »Haplologische« Formen; s. § 306. — [2] Wegen *ṯ* § 268, 51.

§ 394—396. **8.** *Klasse; Stämme auf nt-.*

§ 394. **8** a. *Abgeleitete auf u̯/mant-.*

Vgl. § 181 a; Whitney § 452 ff.; Lanman 515 ff. — Nur im **Awesta** zu belegen[1]. Zum Wechsel *ant-: ənt-:* s. § 298, 1; zu *unt-* statt *vənt-* in jAw. *parᵊnavəhuntəm* u. ein. and. s. § 268, 22.

[1] Zu Fr. Müller's ap. **ahuvantam* »den belebten« (WZKM. 1, 60) s. KZ. 29, 543.

		jAw.	gAw.	jAw.	gAw.
		Sing.		Plur.	
masc.	N.	*čvąs* [*amavå*, °*va*]	*ϑwāvąs* [*drəgvå*]	*āfəntō*	*drəgvantō*
	A.	*raēvantəm*	*drəgvantəm*		*drəgvatō*

	jAw.	gAw.	jAw.	gAw.
	Sing.		Plur.	
I.	*gaomata*	*drəgvātā*	*daēvavatbīš*[1]	†*drəgvō.d^{ə}bīš*[2]
D.	*vohuma^{i}te*	*astva^{i}tē, drəgvā^{i}tē*	*amavatbyō*[1]	*čazdōnrəhva-d^{ə}byō*[3]
G.	*astvatō*	*drəgvatō*	*yātumatąm*	*drəgvatąm*
Ab.	*astvatat*	fehlt	fehlt	fehlt
L.	*astva^{i}nti, ava-va^{i}tya*			*drəgvasū*
V.	[*drvō*]		fehlt	
neutr. A.	*ar^{ə}zamat*	*sastavat*	†*afsma^{i}nivąn*	*mīždavąn*

Du. masc. N. jAw. †*anusavanta*[4] — D. jAw. *čvatbya*[1].

Bemerkungen. Die Formen des NS. auf *-å* und *-a*, des VS. auf *-ō* gehören formell zu § 380; ebenso der vereinzelte ASm. *pąsnvåŋhəm;* s. KZ. 29, 527. — Abweichungen von der § 181 a angegebenen Verteilung der Stammformen kommen im gAw. gar nicht vor, im jAw. selten; so: jAw. *po^{u}ruma^{i}ti, avava^{i}tya* LS., *raēvantō* GS. — Zu den gAw. Formen mit *āt: drəgvātā, x^{v}ənvātā* (aber jAw. *x^{v}anvata*), *drəgvā^{i}tē* (woneben *drəgvataēčā*, § 294; aber jAw. *drva^{i}te*) s. § 97, 14 mit No. — Thematisch: *raēvantahe* GS., *yaoxštivantəm* ASn. u. a.; s. KZ. 29, 544. — — *Sing.* Nom.: *astavō* und *par^{ə}navō* führe ich auf einen *u̯a*-Stamm zurück, gegen Geldner, KZ. 30, 515; s. § 200 und Whitney § 1228, Lindner, Nominalbildung 145. Vgl. auch den GS. *raēvahe.* — *Plur.* I. jAw. *savaŋha^{i}tiš* V. 19, 37 zu § 231, 2 ist unsicher. — Acc. ntr. °*ąn* für urar. *-*ānt;* § 85, 1; 296, 4.

[1] Wegen *t* statt *δ* s. § 268, 51. — [2] Statt °*vad^{ə}bīš;* s. auch DP. †*drəgvō.d^{ə}byō;* vgl. § 268, 57. — [3] § 298, 3 No. — [4] Nir. 107; IdgF. 5, 370.

§ 395. *8* b. *Stamm maz^{i}ant-* »*gross*«.

Vgl. § 182 b; Whitney § 450 b. — Die überlieferten Formen sind: **jAw.** [*maza*[1]] NS., *mazåntəm*[2] ASm. und *mazat* ASn.

[1] S. § 394 zu jAw. *amava.* — [2] *å* = ar. *ā*, § 298, 7 b.

§ 396. *8* c, d. *Prim. Adjectiva und Part. Praes. Act. auf nt-.*

Vgl. § 182 c, d; Whitney § 442 f.; Lanman 504 ff. — Nur im **Awesta**, vielleicht mit Ausnahme von ap. *ha^{u}gama^{u}tā;* s. die Bem. a. E. — Zur Gestaltung des ir. *ă* vor *nt* im Aw. (*a, ə, e, i; å*) s. § 298; beachte auch die Schreibung *int-* statt *yənt-* in jAw. *^{i}rišintō* u. a. (§ 268, 21).

Die den einzelnen Formen vorgesetzten Ziffern 1—4 beziehen sich: 1 auf die Abteilung d α (Typus *b^{h}árant-*), 2 auf c und d γ, die ausser im APn. zusammenfallen, (T. *b^{h}r̥̄žánt-, sánt-*), 3 auf d β (T. *stáu̯at-*), 4 auf d δ (T. (*b^{h}ánt-*).

		jAw.	**gAw.**
masc. Sg.	N.	1 †*sašąs*[1]; 2 *vyąs;* [1 *barō;* 2 *bər^{ə}zō*]	1 *ǰvąs;* 2 *hąs;* 3 *stavas*
	A.	1 *bavantəm, družintəm;* 2 *həntəm;* 4 *a-våntəm*[2]	1 *fšuyantəm;* 2 *a-yantəm*
	I.	1 *rąxšayantā;* 2 *bər^{ə}zata*	
	D.	1 *fšuyante;* 2 *bər^{ə}za^{i}te*	1 *fšuyentē*
	G.	1 *fšuyantō;* 2 *hatō*	1 *a-druǰyantō*
	Ab.	1 *tbišyantat*	fehlt
	L.	2 †*bər^{ə}za^{i}ntaya*[2]	
	V.	[1 *fšuya;* 2 *bər^{ə}za*]	
Du.	N.	2 *bər^{ə}zanta*	
	D.	2 *bər^{ə}zanbya*[2]	
	G.		1 *ašaoxšayantå*
Pl.	N.	1 *vazəntō;* 2 *həntō;* 3 *mrvatō*[2]; 4 *påntō*	1 *nasyantō;* 2 *dantō*

	jAw.	gAw.
A.	1 *fšuyantō*; 2 *hatō*	1 *ǰvantō*; 2 *sᵘrunvatas-čā*
I.	2 *haōbīš*	
D.	1 *θbišyanbyō*² ; *γžārayaθbyō*³	
G.	1 *θbišyantąm*; 2 *bər³zatąm*, *hātąm*²	1 *saošyantąm*; 2 *hātąm*²
L.		2 *fšuyasū*
neutr. Sg. A.	2 *ər³γaṯ*	2 *haṯ*
Pl. A.	[2 †*hąm*]	

Bemerkungen. Zur arischen Flexion s. S. 98. Das gAw. ist durchaus auf diesem Standpunkt stehen geblieben, während im jAw. der Ausgleich weitere, aber doch nur geringfügige Fortschritte gemacht hat; vgl. zu Abt. 2 nach Abt. 1: jAw. †*bər³zaⁱntaya* LS., *bər³zanbya* DD., *bər³zantō* AP., *bər³zantąm* GP.; umgekehrt: *xrvīšyatō*, *xšayatō* GS., *θbišyatąm* GP., *γžārayaθbyō* DP. Wegen *hąm* APn. s. unten. — Zu Abt. 3 habe ich nur gAw. *stavas*, *vasas*, *hišas* NS. und jAw. *mrvatō* (d. i. *mruv°*) NP.; zu Abt. 4 nur jAw. *avåntəm* (§ 268, 37; KZ. 29, 499) und *påntō*; wegen *vyāvantəm* s. Geldner, KZ. 30, 532. Zum *ā* in Aw. *hātąm* s. § 394. — — *Sing.* N. und V. Die *ąs*-Nominative sind im jAw. selten; so nur noch *fšuyąs* und *saošyąs*; die *ō*-Form stammt aus der *a*-Declination; s. § 209, 5 und KZ. 29, 558 f. Hand in Hand damit gehen die Vocative auf *-a*; solche, die jene auf ar. *-an[t* fortsetzen, fehlen gänzlich. Andre Nom. Sing. als solche auf *-ąs*, *-as* und *-ō* giebt es nicht; s. KZ. 29, 562 und unten § 403. — L.: †*bər³zaⁱntaya* (d. i. *°tiya*, § 268, 11; Yt. 5, 54, 57) ist der einzige Beleg. — *Du.* D. *bər³zanbya*; vgl. dazu *Plur.* D. *θbišyanbyō*; so noch jAw. †*əvər³ziniᵗbyō* V. 3, 40 mit *in* für *yən* (§ 268, 21); vgl. dazu § 24. Eine Neubildung ganz wie jAw. *ązarəhⁱbyō* (§ 381) ist jAw. †*saošyantⁱbyō* Y. 20, 3. — *Plur.* A. ntr.: jAw. †*hąm* Yt. 13, 129 steht, wenn richtig bestimmt, für ir. **hān* (§ 296, 4; 303, 7) und stellt sich zu ai. *sánti*; s. § 229, 2 a; das *ā* stammt von den Adjectiven. jAw. *xᵛaⁱryąn* bei J. Schmidt, Pluralbildungen 162 ff. ist Infinitiv; s. § 255, 2 mit No. 8. — jAw. *srasčintīš* V. 3, 29, als APl. dienend braucht nicht notwendig als IPl. zu § 131, 2 gestellt zu werden; es kann auch APl. zu *°ntī-*, fem. sein. — — Thematische Formen: jAw. *jaⁱδyantō* NS., *jaⁱδyantāi* DS., *xrvīšyantahe* GS., *saošyantaṯ* AbS., *bər³zanta* NPm. u. a. So vielleicht auch ap. *haᵘgamaᵘtā* NPm.; IdgF. 4, 127.

¹ Y. 19, 10; s. gAw. *sašaδā* Y. 30, 11. — ² S. oben in den Bemerk. — ³ § 268, 51.

§ 397. **9.** *Klasse; Stämme auf at-, āt-, t- (, it-).*

Vgl. § 182; Lanman 466 ff.

1. **jAw.** *masc.* *Sg.* N. [*napå*;] *θri-sąs*¹; *ā-bər³s*¹, *ašava-xšnus*¹ — A. *napātəm*; †*hanhar³-stātəm*²; *θri-satəm*; *ā-bər³təm*, *zavanō.srūtəm* — D. *frātaṯ.čar³te*³, *ā-bər³te* — G. *naptō*⁴; *ā-bər³tō*, *ahūm.stūtō* — L. *fra-spāiti*, *čaⁱti*, *a-δaⁱtya*, *išar³.štaⁱtya* — V. [*napō*].
Du. N. fem. *vīsaⁱti* — D. *brvaṯbyąm*⁵.
Pl. N. *frātaṯ.čaratas-ča*³ ⁶; *frātaṯ.čar³tō*³; *aš-bər³tō*, *xšnūtō*, *dunmō.frutō* — A. *ravas-čarātō*; *masitō*; *fratəma-δātō*, *θraotō.stātas-ča*; *hu-zāmitō*; *yās-kər³tō* — I. *panča-saṯbīš*⁵ — G. *ravas-čarātąm*; *fraptər³-jātąm*.
neutr. *Sg.* A. *fraor³ṯ*⁷.
Pl. A. [*ravas-čarąn*; *fraptər³-jąn*].

2. **gAw.** *masc.* *Sg.* N. [*maš*] — A. *xšnūtəm* — G. *čaratas-čā*; *stūtō*.
Pl. A. *ā-vər³tō*, *stūtō* — D. *vayū.bər³dᵘbyō* — G. *stūtąm* — L. *nafšu-čā*⁸.
neutr. *Sg.* A. *fraor³ṯ*⁷.

3. **Ap.** *masc.* *Sg.* N. [*napā*].

Bemerkungen. Flexionsablaut, nur im Awesta nachweisbar, zeigen folgende Casus: jAw. *napātəm* AS.: gAw. *nafšu-čā*[8] LS.; — jAw. *ϑri-sąs* NS.: *pančasatbīš* IP.; — *ravasčarātō* AP.: *frātat̰.čaratas-ča*[6] NP.: *frātat̰.čar*ᵉ*te* DS. — — *Sing.* N.: jAw. *napå* (*napåsᵉ.tå*) und ap. *napā* weisen auf eine urir. Neubildung mit *-å*; s. § 93, 2 und S. 115. Der jAw. Voc. *napō* ist Neubildung zum Nom. nach der *s*-Declination. *napō* als Nom., V. 12, 9, scheint mir sehr unsicher, s. KZ. 29, 572. Der gAw. Nom. *mas̆* ist Neubildung zum Acc. **mas̆əm* = ar. **mártam*; BB. 9, 302. — A.: Zu jAw. *ϑrisatəm* s. S. 117. — *Plur.* A. ntr.: Der Ausgang *-ąn* in *ravas-čarąn* stammt von den *nt*-Adjectiven (s. gAw. *mīždavąn*, § 394), mit denen die *ăt*-Stämme in mehreren Casusausgängen zusammenstimmten; jAw. *fraptərᵉjąn* hat den Ausgang wieder von *ravasčarąn* bezogen; vgl. BB. 16, 275 f. — — Thematisch: jAw. *ā-stūtō* NS.; *gūϑō.varᵉtanąm* GP. u. a.

[1] *-s* aus *-ts*; § 85, 2 a. — [2] IdgF. 5, 368. — 3 Ob für **frāt̰.č*° = **frāč*° nach § 268, 52? *frātat̰.čarat-* ist der Gegensatz zu *armaēštā-*; vgl. dazu *frāčarᵉϑwā armaēšāⁱδe* V. 62, 8. — 4 V. 12, 11. — 5 § 268, 51. — [6] *čaratasča* kann aus °*āt*° gekürzt sein, § 294. — 7 = *fra-vərᵉt̰*, § 268, 41. — [8] § 25, 1.

§ 398. ***10.*** *Klasse; Wurzelstämme auf r-.*

Vgl. § 183; Lanman 485 ff.

1. **jAw.** *masc.* *Sg.* A. *dvarəm*, *raēϑwiš-karəm*, *nərᵉ.garəm*; *zaⁱrimyaŋurəm*[1] — *aša-sara* — D. *raēϑwiš-kare* — G. *ātarᵉ-čarᵉš*; *garō*; *hūrō* — L. *dvarᵉ*; *a-sūⁱri*.
   Pl. N. *a-xᵛarō* — G. *kərᵉfšxᵛārąm*.
   neutr. *Sg.* A. *hvarᵉ*; *yārᵉ* — *Du.* A. *saⁱri*.
2. **gAw.** *masc.* *Sg.* A. *sarəm* — D. *sarōi* — G. *garō*, *sarə* — L. *saⁱrī*.
   Pl. A. *garō*.
   neutr. *Sg.* A. *hvarᵉ*.
3. **Ap.** *masc.* *Sg.* L. *duvarayā*.

Bemerkungen. *Sing.* N.: S. § 400 zu jAw. *ātarš*. — G.: Statt *hūrō* wird auch *hū* geschrieben, § 268, 45. Zum GS. gAw. *xᵛə̄ng* s. § 405. — Thematisch: jAw. *raēϑwiš-karahe* GS.

[1] Fehlerhafte Schreibung für °*a-ŋhurəm* = ar. *°*suram*.

§ 399. ***11.*** *Klasse; abgel. Neutralstämme auf ar-.*

Vgl. § 184; Lanman 485 ff. — Nur im **Awesta**.

1. **jAw.** *Sg.* A. *ayarᵉ* — L. *išarᵉ*[1]; *vanri*[2].
   Pl. I. *baēvarᵉbīš* — *zaranyō.zafrąm*.
2. **gAw.** *Sg.* A. *vadarə* — G. *aodərᵉš*.
   Pl. A. *ayārə*.

Bemerkungen. Man hat den Eindruck, als ob in älterer Zeit aus den neutralen *ar*-Themen nur ASg. und Pl. und LSg. gebildet worden seien. jAw. *baēvarᵉbīš* ist jedenfalls jung. Die obliquen Casus werden sonst der *n*-Declination entnommen; s. S. 99 f. Wie gAw. *ayārə* AP. ist noch gAw. *saxᵛārə* gebildet, völlig correcte Formen, entgegen J. Schmidt, Pluralbildungen 316 ff.; s. § 229, 2. — Auffällig ist die jAw. Verbindung *hača karšvarᵉ* Yt. 10, 67, wozu sich *hača barᵉsmən* (*frastaⁱryāt̰*) V. 3, 16 (s. § 403) vergleicht; man erwartet den Abl. oder Instr.; aber der Bildung nach muss ich die Formen als Loc. bezeichnen; s. § 218, 3 f., 407. — Thematisch: jAw. *baēvarāi* DS., *baēvaranąm* GP.

[1] Vgl. § 254, 2 mit No. 4. — [2] § 214, 4 No.

§ 400. ***12.*** *Klasse; abgel. masc. und fem. Stämme auf ar-, tar-.*

Vgl. § 185; Whitney § 369 ff.; Lanman 419 ff.; Bthl., AF. 2, 25 ff.

Von den Ziffern, die den einzelnen Formen vorgesetzt sind, bezeichnet 1 Abt. a (*pitar-* und Gen.), 2 Abt. b (*dātar-* und Gen.).

		jAw.	gAw.	Ap.
Sg.	N.	1 *brāta, nā;* 2 *sāsta* [1 *ātarš*]	1 *brātā, nā;* 2 *zaotā*	1 *brātā;* 2 *dauštā*
	A.	1 *narəm; ātrəm*[1]; 2 *sāstārəm*	1 *pᵃtarəm; ātrə̄m*[1]; 2 *dātārəm*	2 *fra-mātāram*
	I.	1 *nara;* 2 *zaoϑra*	1 *āϑrā*	
	D.	1 *piϑre; naⁱre;* 2 *zaoϑre*	1 *fᵊδrōi*[2]; *narōi*	fehlt
	G.	1 *brāϑrō;* 2 *dāϑrō; stārō* 1 *naršˇ;* 2 *sāstaršˇ*	1 *āϑrō* 1 *narᵊšˇ*	
	Ab.	1 *āϑrat̰* 1 *narᵊt̰*[3]	fehlt	fehlt
	L.	1 *duγδaⁱri, naⁱri*		
	V.	1 *narᵊ;* 2 *zaotarᵊ*	1 *ātarᵊ*	
Du.	N.	1 *zāmātara; pitarə*[4]; *brāϑra;* 2 *ϑrātāra*		
	D.	1 *narᵊbya*		
	G.	1 *narā*		
Pl.	N.	1 *pᵃtarō;* 2 *stārō*	1 *narō;* 2 *sāstārō*	
	A.	1 *fᵊδrō*[2]; *nara* 1 *narə̄ᵘšˇ*[5]; 2 †*paⁱry-aētrə̄ᵘšˇ*[5]	1 *mātərᵊšˇ*[5]	
	D.	1 *ptərᵊbyō;* 2 *stərᵊbyō*	1 *narᵊbyas-čā*	
	G.	1 *āϑrąm; narąm;* 2 *strąm; stārąm*	1 *dugᵊdrąm;* 2 *starə̄m-čā*	

Bemerkungen. *Sing.* N.: jAw. *ātarš*[6], das sich als gelehrtes Wort im np. *ātaš* (= bal. *āč;* BB. 9, 133) erhalten hat, ist sicher junge Bildung. Ich vermute, dass sie einer etymologischen Deutung des Worts (wozu IdgF. 5, 220 ff.) zu verdanken ist; die Zerlegung in *ā-tar°* »Überwinder« musste zum sigmatischen NS. *ātarš* führen; vgl. ai. *rajas-túr.* — A.[7]: Schw. St. bei Abt. a zeigt noch jAw. *brāϑrəm* und, nach deren Muster, *nafᵊδrəm* neben *naptārəm* = ai. *náptāram;* s. noch *brāϑra*, ND. Zu jAw. *xᵛaŋharəm* geg. ai. *svásāram* s. S. 100. Wegen jAw. *akatarəm* und ap. *framātaram* zu Abt. b siehe S. 117 unten. — G.: Vgl. dazu oben S. 119 f. jAw. *stārō* aus dem Dst. steht ebenso wie der GP. *stārąm* allein; s. d. — Ab.: jAw. *narᵊt̰* stellt sich zu gAw. *narᵊšˇ* wie *āϑrat̰* zu *āϑrō, āϑras-ča.* — *Plur.* N.: Daneben zur Abt. b gAw. *staotaras-čā*, nach § 294. Nach der pronominalen Flexion jAw. *naraē-ča*, § 245. — D.: Beachte die Schreibung jAw. *nəruyō, nuruyō* statt **narᵊwyō*, § 268, 42. — G.: Zu jAw. *stārąm* s. GS.; gAw. *starə̄mčā* ist nach § 294 zu beurteilen. — Thematisch: jAw. *narō, raϑaēštārō* NS., *sāstrahe, narahe, raϑaēštārahe* GS., *nara, raϑaēštāra* VS., *sāstranąm, brāϑranąm* GP.[8], gAw. *važdrə̄ŋg* AP.

[1] Zu *tr* s. § 8. — [2] Aus ar. **ptr°*, § 280. — [3] Citat der Phlv.-Version zu V. 3, 42. — [4] *-ə* für *-ō*, § 268, 4. — [5] D. i. *°ər̥šˇ;* § 268, 54 d. — [6] Dient Y. 0, 11 auch als Voc. — [7] Beachte jAw. *bāšārəm*, § 272. — [8] Falsch Geldner, 3 Yasht 77.

§ 401. **13.** *Klasse; Zahlwörter auf r-.*

Vgl. § 186; Whitney, § 482 e ff. Nur im jüngern Awesta.

Zahlw. 3; *fem.* N.-A. *tišrō* — G. *tišrąm.* — Them.: *tišranąm*, GP.

Zahlw. 4; *masc.* N. *čaϑwārō* — A. *čatura*[1] — G. *čaturąm*[2].
fem. N.-A. *čatarərō.*

[1] V. 19, 22. — [2] Nir. 65.

§ 402. *14. Klasse; Stämme auf m-.*

Vgl. § 187; Lanman 485 ff. — Keine Neutralformen.

1. **jAw.** *Sg.* N. *zå, zyå* — A. *ząm, zyąm; ma^{i}δyōi-šəməm;* [*x^{v}ā^{i}ri-zəm*] — I. *zəmā, hama* — G. *zəmō, hamō, zimō* — Ab. *zəmaṯ* — L. *dąm; zəmi, dąmi; zəme, xrūždi-sme*[1].
Pl. N. *zəmō, hama, zima* — A. *zəmō* — G. *zəmąm.*

2. **gAw.** *Sg.* N. *ā-kå, frō.gå* — A. *ząm* — G. †*zimō; dəng;* [*ā-kā*] — L. *dąm, kąm; ha-d^{ə}mōi;* [*a-kōyā*].
Pl. L. [*dāhvā*].

3. **Ap.** *Sg.* L. *uzmayā.*

Bemerkungen. *Sing.* N. und A.: Zur Formation der Casus auf *-å* und *-ąm* (= ar. *-ās, -ām*) s. S. 114, 116; jAw. *ma^{i}δyōi-šəməm* (oder °*š^{ə}məm*) ist junge Neubildung zum GS. *°*šəmō* (oder *°*š^{ə}mō*) u. a., ebenso wie lat. *hiemem* gegenüber jAw. *zyąm.* — L: Für jAw. *zəmā* erwartete man *zəma* (§ 92) oder *smā* (§ 284); ist *zəmā* eine Contaminationsform? — L.: Vgl. § 219; neben *dąm* auch gAw. *dąn*, § 303, 7. — gAw. *ākå* GS. und *dāhvā* LS. nach der *ā*-, jAw. *x^{v}ā^{i}rizəm* AS.[2] und gAw. *akōyā* nach der *a*-Declination; s. S. 116 f., 125. — Thematisch: jAw. *zəmāδa* AbS.; *zimahe* GS.; *hama, zima* NP.; *huškō.zəmanąm* GP. u. a.

[1] *s* nach § 284. — [2] Das ap. *^{h}uvārazmiš*, °*zmiya^{h}* ist wohl aus dem Loc. Sing., ir. *°*zmi* entstanden, einfach durch Anhängung eines Nom.-Sing.-Ausgangs.

§ 403—405. *15. Klasse; Stämme auf n-.*

§ 403. *15* a α. *Abgeleitete auf an-.*

Vgl. § 188 a α; Whitney § 420 ff.; Lanman 522 ff.; Bthl., AF. 2, 25 ff.

		Aw.		
		jAw.	gAw.	Ap.
masc. Sg.	N.	*a^{i}ryama*	*ašavā*	*xšaϑ̂ra-pāvā*
	A.	*aršānəm; a^{i}ryamanəm; aršnəm*	*advānəm*, †*^{u}rvąnəm*[1]; *ašavanəm*	*asmānam*
	I.	*bar^{ə}šna; maēsmana; nəmaŋhāna*	*a^{i}ryamnā; mazənā*	*xšapa-vā*
	D.	*tašne; bar^{ə}sma^{i}ne; havanāne*	*ašāunē; haxma^{i}nē; mąϑrānē*	fehlt
	G.	*ašnō; aδwanō; hāvanānō* *ayąn*	*ašāunō; a^{i}ryamanas-čā; mąϑrānō* *rāzəng*	
	Ab.	*yūnaṯ; čašmanaṯ*	fehlt	fehlt
	L.	*asni; nāmənī, ašavanaya*[2] *bar^{ə}smən; ayąn*	*čašma^{i}nī, ąnmənī* *čašmąm, čašməng*	
	V.	*ϑrizafəm*		
Du.	N.	*spāna; ašavana*		
	G.	*ašaonå; čašmanå*		
Pl.	N.	*aršānō; ašavanō; (sūnō)*	*uxšānō*, *^{u}rvąnō*[1]; *kar^{ə}panō; (asāunō)*	
	A.	*xšafnō; rasmanō; (asānō)*	*^{u}runas-čā; asənō*	
	I. I.	[*dāməbīš*]		
	I. II.	*nāmənīš; ašaonīš*	*nāmənīš*	
	D.	*dāmabyō;* [*^{u}rvō^{i}byō*[1], *draoməbyō*]	*ašavabyō*	
	G.	*xšafnąm; dāmanąm*	*asnąm; nāmanąm*	
	L.	*dāmahva, dāmōhu*		

		Aw.		Ap.
		jAw.	gAw.	
neutr. Sg.	A.	*nąma*	*hax^{ə}mā*	*n^{a}am^{a}, n^{a}am^{a}a* 3
Du.	A.	(*dąma*)		
Pl.	A.	*činmānī; nāmə̄ni*, *baē-vani; ašaoni*	*afšmānī; sāx^{v}ə̄nī*	
		nāmąn, nąma	*dāmąm*, *haxmə̄ng*	

Bemerkungen. I. Zu den awestischen Formen. Die Verteilung der verschiedenen Stammformen auf die einzelnen Casus weicht von der ursprünglichen vielfach ab. Die zunächst nur dem NS., ND., NP., LS., ASm., und APn. zukommende Dehnform *-ān-* (*-ąn-*, § 296, 3) zeigt sich — von den APm. abgesehen, die als accusativisch gebrauchte NP. genommen werden können, § 378, 4 — noch im IS., DS. und GS.; hervorzuheben ist, dass die Secundärstämme zu § 188 a *α* 2 unter 1) vor Sonanz, ausser in jAw. *hvåraoxšnō*[4] GS. und *hazasnąm* GP., immer *ān* aufweisen: jAw. *nəmaŋhāna, vīsānē, hāvanāne, puϑrāne, hāvanāno*, gAw. *mąϑrānē, mąϑrānō*, ferner jAw. *hāvanānəm*; wegen gAw. *mąϑranasčā* NP. und jAw. *hazaŋhanəmča* AS., *mąϑranača* VS. (them.) s. § 294. S. noch jAw. *aršānō, åŋhānō, uxšānō, činmāne* u. a. Umgekehrt dringt auch der schwache in das Gebiet des Dehnstamms, sowie in den LS. ein; es ist das seltener; cf. jAw. *aršnəm, aϑa^{u}runəm, pa^{i}rijaϑnəm*; ferner *asni, zruni, axšafni*; zu den NP. wie gAw. *ašāunō* s. § 378, 4. Der gewöhnlichste Stammausgang vor sonantisch anlautendem Suffix, besonders der obliquen Casus, ist *an* (*ən*, § 298, 1, 8); zu seiner Verbreitung haben beigetragen 1) ND., NP. und ASm. der durch *a^{i}ryaman-* vertretenen Stammklasse, 2) ND., NP. und ASm. der Adjectivcomposita mit Neutralstämmen am Ende wie *aoxtō.nāman-*, 3) die obliquen Casus aus den Stämmen auf Consonanz +*u̯an-*, *man-* wie *čašman-*, 4) der LS.; s. S. 101, 118 oben. — *Sing.* N.: Beachte jAw. *franrase*, § 268, 32. Zu gAw. *advå* neben *advānəm* s. S. 118. jAw. °*ta^{u}rvå* statt **ta^{u}rva* ist dem Wechsel von *amavå* mit *amava* (§ 394) zu danken. — I.: Zu gAw. *mazə̄nā*, ferner jAw. *srayana, vaŋhana* s. S. 123. — G.: Beachte jAw. *zrū* statt **zrunō* (§ 268, 45) und jAw. *karšvanə̄* (Vp. 10, 1; § 268, 4). Zu den mit *-s* gebildeten Gen. Sing. s. S. 119 f.; dazu noch *bar^{ə}smąn* Nīr. 79. — L.: jAw. *bar^{ə}smən* findet sich nur in der Verbindung *hača b° frasta^{i}ryāṯ*, dient also als Abl.; s. § 399. Ein weitrer Beleg für diese Bildung — ausser dem Infinitiv gAw. *rōiϑwən* — fehlt; jAw. *ain* »am Tage« Nīr. 81 kann nicht richtig sein; s. § 268, 21 e. Zu dem als Instr. gebrauchten jAw. *nāmə̄ni* s. § 218, 4. Zu den Ausgängen *-ąn, -ąm, -ə̄ng* der Dehnbildung s. § 296, 4; 303, 7, 8. — V.: Beachte jAw. *yum* = ai. *yuvan*, § 268, 22; Weitres § 303, 7. — *Du.* A. ntr.: jAw. *dąma* ist Singularform; s. § 222; so noch *daēma* »ὄσσε«. — *Plur.* I., D., L.: Der *n*-Declination sind nur die Formen mit *a* vor dem Suffix entsprungen: jAw. *dāmabyō* (*,rasmaoyō*, § 268, 37), *dāmahva*; die mit *ə* und *ō*: jAw. *dāməbīš, dāmōhu, yavō.hu* — im gAw. nicht bezeugt — sind von der *s*-Klasse (§ 381) bezogen; der Anlass war der Zusammenfall der Loc.-Pl.-Ausgänge: jAw. *ązahu, ušahva* — *dāmahva*; s. übrigens § 298, 3. — I.: jAw. *nāmə̄nīš* fungirt als Nom. und Acc.; s. Y. 1, 11, 15 f.; *ašaonīš* Y. 16, 3 könnte auch Femininalform (zu § 408) sein; s. *srasčintīš*, § 396. — A. ntr.: S. § 229 und 303, 7. — Ich verweise noch auf: jAw. *spā* »Hund«: *spānəm, sūnō; yvānəm* »Jüngling«: *yūnō*; *^{u}rva* »Seele«: *^{u}rvānō, ^{u}runasča; za^{u}rva* »Zeit«: *zrvānəm, zrūne, zruni; ašava* »gerecht«: *ašaonō; āϑrava* »Priester«: *aϑa^{u}rune*. — Thematisch: jAw. *baēvar^{ə}.čašmanō* NS., *a^{i}ryamanāi* DS., *zrvānahe, sūnahe* GS., *xšafnā^{a}ṯča* AbS., *ašavanaē^{i}bya* DD., *aϑa^{u}runąsča* AP.; s. noch *ϑraētaonō*, IdgF. 1, 180. — Andre Metaplasmen sind: jAw. *za^{u}rvąm* AS. (ob zu NS. *za^{u}rva* nach § 413?);

duždāmō NS., *asməm*, *čaϑru.čašməm* AS.: Formen, die an ai. *drāǵmā*, *raśmā* statt °*mānā* erinnern; Lanman 533.

II. Zu den altpersischen Formen. *Sing.* A. ntr.: Die verzeichneten Formen finden sich nur hinter Eigennamen in der Bedeutung »namens«, § 253, 1. Das ar. **nāma* sollte *n^a am^a a* geschrieben sein; das ist aber nur der Fall, wenn ein femininer EN. vorangeht; hinter masculinen und neutralen steht *n^a am^a*, das nur *nāma^n* oder *nāma^h* gelesen werden kann. Liegen verschiedene Casus: AS. (*nāmā*) und LS. (*nāma^n*) vor? Thumb's Erklärung (KZ. 32, 130 ff.) halte ich für nicht richtig; idg. *n̥* ist im Arischen nur *a*. — Thematisch: *ariyārāmna^h* NS., °*rāmnahyā* GS.; IdgF. 1, 180 No.

[1] D. i. *^u ruv^e*, § 268, 12. — [2] D. i. °*vaniya*, § 268, 11. — [3] S. Bemerk. — [4] IdgF. 5, 360.

§ 404. ***15*** a β. *Abgeleitete auf in-.*

Vgl. § 188 a β; Whitney § 438 ff.; Lanman 542 ff. Nur im jüngern **Awesta**[1]; auch hier nur wenige Formen:

Sing. D. *pər^ə nine.* — — *Plur.* N. *par^ə nīnō* — G. *drujinąm, myezdinąm.*

Vgl. Jackson, JAOS. 14, CXXVI; Caland, KZ. 31, 266. — *raoxšni* ASn. (NA. hat °*ne*) und *raoxšnibyō* DP. (Yt. 8, 2; s. Var.) sind unsicher; *afštačinō* Y. 42, 2 hat *i* nach § 298, 4; s. Var. Wegen jAw. *ka^i nīnō*, gAw. *ka^i nibyō* u. s. w. s. § 408.

[1] Das ap. *v^i iϑ^a ib^a iš^a* (H14) ist *viϑaibiš* zu lesen; *hadā viϑaibiš bagaibiš* ist »mit allen Göttern« (*viϑ^c* = *viś^c*), wie aus der susischen Inschrift H bei Weissbach, Achaemenideninschriften 76 f., *^an nap marpepta-iiaka* mit Evidenz hervorgeht, und wie schon J. Oppert, Le peuple . . des Mèdes 199 erkannt hat; s. auch Darmesteter, Traduction 2, 365. Unrichtig neuerdings Weissbach-Bang in der NA. und Foy, KZ. 33, 431. — *viϑaibiščā* Bh. 1, 65 (so!) ist wohl »und überhaupt«.

§ 405. ***15*** b. *Radicale auf n-.*

Vgl. § 188 b; Lanman 478 ff. — Nur im **Awesta**. Neutralformen fehlen.

1. **jAw.** *Sg.* N. *vər^ə ϑra-jå, xå; vər^ə ϑra-ja* — A. *vər^ə ϑrā-janəm* — I. *vər^ə ϑrā-jana* — D. *vər^ə ϑra-γne* — G. *vər^ə ϑra-γnō*, °*janō* — Ab. *vər^ə ϑra-γnaṯ*.

Du. N.: *pəšu.pāna.*

Pl. N. *šōiϑra.pānō; ašəmnō.janō* — A. *ašava-janō; zantu-šānō* — G. *ašava-γnąm, vanąm.*

2. **gAw.** *Sg.* N. *vər^ə ϑrəm.jā* — G. *x^v ə̄ng.*

Bemerkungen. *Sing.* N.: Ar. *-ās* und, im Sandhi, *-ā*; s. § 112, 1 a. Neubildung zum ar. NS. **ǩās* = jAw. *xå* und AS. **ǩām* = ai. *ǩām* ist jAw. N.-AP. *xå*. Neubildungen nach Kl. ***24*** (und ***22***) sind: jAw. NS. *aēza-xas-ča* (§ 53 I), GS. *fšū-šō*, AP. *fšū-šə*; s. § 414. — *Du.*, *Plur.* N.: jAw. *pəšu.pāna* und *šōiϑra.pānō* sind Neubildungen nach dem Muster von ***15*** b (*zantu.šānō*) zu ***24***, veranlasst durch den gleichen Ausgang der NS.; umgekehrt jAw. *fšū-šō* zu ***15*** b nach ***24***; s. § 414. — Thematisch: jAw. *vāra-γnahe, vārən-jinahe* (§ 298, 4) GS.

§ 406. ***16.*** *Klasse; abgel. Stämme auf i̯-.*

Vgl. § 189; Whitney § 335 ff.; Lanman 365 ff.; AF. 2, 25 ff.

		jAw.	gAw.	Ap.
masc. Sg.	N.	*ga^i riš*[1]	*čistiš*	*dādaršiš*
		haxa; pantå	*huš.haxā*	*xšayāršā*
	A.	*ga^i rīm*[1]	*čistīm*	*dādaršim*
		kavaēm[1]	†*huš.haxāim*[1]	
	I.	*čisti*	*čistī*	
		haša[2]		
	D.	*anumatōe*[3], °*tayaē-ča*	*axtōyōi*[3]	fehlt
		haše[2]	*pa^i ϑyaē-čā*	

	jAw.	gAw.	Ap.
G.	*garōiš*[4]; [fem. *hąm.va^{i}ntyå*]	*čistōiš*[4]	*fravartaiš*
Ab.	*garōiṯ*[4], *āxštaṱ̄δa*[4]	fehlt	fehlt
L.	*gara*; [*hvīδātâ*[1]; *garō*]	*vīdātā*	*ahifraštā*[1]
V.	*aše*; [fem. *aši*]	*ārma^{i}tē*	
Du. N.	{ *ga^{i}ri* / *haša*[2]	*utayū^{i}tī*	
D.	*āxštibyā-ča*	*ašibyā*	fehlt
G.	*parǻntyå*	*ašivå*[1]	
Pl. N.	*garayō*; *ϑrāyō*	*jōnayō*	
A.	*ga^{i}rīš*; (*garayō*, *ϑrāyō*)	*ašīš*	
D.	*ga^{i}ribyō*		fehlt
G.	{ *ga^{i}rinąm* / *hašąm*[2]; *ϑrayąm*		
neutr. *Sg.* A.	*āhū^{i}ri*	*bū^{i}ri-čā*	
Pl. A.	*zaraϑuštri*		

Bemerkungen. *Sing.* N.: Zu den nicht auf *-iš* (auch *-īš*, § 268, 1; z. B. gAw. *a^{i}ϑīš-čīṯ*) ausgehenden NS. s. S. 115 f.; wie jAw. *haxa* noch jAw., gAw. *kavǎ*. — A.: Zu den gewöhnlichen Formen auf *-īm* (§ 268, 1; s. jAw. *ažim-ča*) beachte jAw. *raēm* = ai. *rayím* (§ 268, 21). Wie jAw. *kavaēm* (= °*ayəm*, § 268, 21) noch *sāvaŋhaēm*[5]. Zu den Neubildungen jAw. *pantąm*, ap. *xšayāršām* s. S. 118. — G.: jAw. *hąm.va^{i}ntyå* nach § 408; so noch *ašayå*[6], *āhityå*, *tušnāma^{i}tyå*, *pū^{i}tyå*, *vāvaršyås-ča*. Das Ap. hat statt *-aiš* (= Aw. *-ōiš*) auch *-āiš*: *čaispāiš*; kaum richtig. — L.: Ein zweiter ap. LS. auf *-ā* wie *ahifraštā* (in °*tādiy*; Studien 2, 24 No.) ist *ϑakatā* (Foy, KZ. 33, 427); *āxštā* ist unsicher (AF. 2, 100). Die von § 407 bezogenen Aw. Formen auf *-å* (statt *-āu*, § 268, 34) und *-ō* dienen vorzugsweise als Infinitive, § 260 d; gAw. hat nur den Inf. *aštō*. Die den *i̯*-Stämmen angehörigen LS. auf jAw. *-te*, gAw. *-tē*, *-tōi* u. s. w. sind ausschliesslich als Infinitive im Gebrauch; s. ebd. Zu den als IS. verwendeten jAw. LS. auf *-a* wie (*haϑra na^{i}rya*) *hąm.var^{ə}ta* s. § 218, 4. — V.: jAw. *aši* von § 408 her. — *Du.* N.: jAw. *haša*, s. S. 128. — D.: gAw. *ašibyā*, jAw. *ašibya*, *ušibya*, s. S. 129. — G.: Zu jAw. *parǻntyå* s. IdgF. 6; gAw. *ašivå* Y. 51, 5 für **ašiyå* (nach § 268, 11), abhängig von *xšayąs*; s. Y. 43, 4; 51, 6 u. ö.[7] — *Plur.* N.: Wie jAw. *ϑrāyō* noch *staomāyō*; s. S. 131. Umgekehrt jAw. *haxayō*, *haxaya* (auch als AP.) geg. ai. *sákhāyas* nach *garayō* u. s. w. jAw. *kave* Yt. 19, 72, mit *-e* statt *-ya* (§ 268, 32; 378, 3), könnte als Bildung wie ai. *aryás* aufgefasst werden, ist aber wohl falsch überliefert; s. jedoch AP. — A.: Zu *-īš* s. § 228, 2a; 268, 54; 299, 1. Die eingeschlossenen Formen sind als Acc. gebrauchte Nom. Zu Y. 2, 14; 10, 3 scheint *ga^{i}ryō*, Bildung wie ai. *aryás*, besser bezeugt als *garayō*, wie die NA. hat. jAw. *raēš* vertritt urir. **rai̯š* oder auch **raīš* (§ 408); s. § 297, 3 und AS. Fürs Altpersische s. § 421. — G.: s. S. 135.

[1] S. in den Bemerk. — [2] § 90. — [3] *-ϑe* statt *-ōye*, s. gAw. *axtōyōi*; s. § 268, 26 und 298, 3 Anh. — [4] § 297, 1. — [5] jAw. *dar^{ə}ya.arštaēm* Yt. 10, 102 geg. °*ăr^{ə}štaēm* (wozu § 268, 23) Yt. 17, 12 ist kaum richtig. *karšāim* Yt. 4, 4 ist nicht viel wert. — [6] D. i. *ašiyå* (§ 268, 11), Fragm. Tahm. 100; s. IdgF. 6. — [7] S. zur Stelle § 299, 1.

§ 407. **17.** *Klasse; abgel. Stämme auf u̯-.*

Vgl. § 190; Whitney § 335 ff.; Lanman 400 ff.; AF. 2, 25 ff.

	jAw.	gAw.	Ap.
masc. *Sg.* N.	{ *vaŋhuš* / *uzbāzāuš* / *nasu*	*aŋhuš* / *hiϑāuš*	*maguš* / *dahyāuš*

		jAw.	gAw.	Ap.
	A.	*vohūm*; *†frādat̰.fšaom*[1]; *xraθwəm*[2]; *nasāum*[1]	*ahūm*; [*hiθąm*]	*magum*; *dahyāum*
	I.	*vohu*; *xraθwa*[2]	*xratū*; *xraθwā*[2]	
	D.	*vaŋhave*; *raθwe*[2]	*x^{v}aētavē*; *ahuyē*[1]	fehlt
	G.	*vaŋhə̄uš*, *driγaoš*; *xraθwō*[2]; *nasāvō*	*vaŋhə̄uš*, *paraoš*; *f^{ə}š^{ə}ratvō*	*kurauš*
	Ab.	*vaŋhaot̰*	fehlt	fehlt
	L.	[*hvīδātå*;] *da^{i}ŋhō*, *da^{i}ŋhava*; *da^{i}ŋhvō*; *vaŋuhi*, *vaŋhuya*	*vaŋhāu*; *pər^{ə}tō*	*bābirauv*, *gāθavā*
	V.	*ma^{i}nyō*; *ər^{ə}zvō*		
Du.	N.	*ma^{i}nyu*; *bāzava*	*ma^{i}nyū*	
	D.	*bāzubya*, *bāzuwe*	*ahubyā*	fehlt
	G.	*bāzvå*	*ahvå*	
	L.	*bāzvō*	*aŋhvō*	
Pl.	N.	*vaŋhavō*; *da^{i}ŋhāvō*; *ər^{ə}zvō*	*xratavō*	*dahyāva^{h}*
	A.	*pasūš*; *pasvō*; (*bar^{ə}šnavō*, *da^{i}ŋhāvō*); *dušma^{i}nyū*	*po^{u}rūš*	(*dahyāva^{h}*)
	I.n.	*†avaŋhīš*		
	D.	*vaŋhubyō*, *hinū^{i}wyō*	*drigubyō*	fehlt
	G.	*yātunąm*; *pasvąm*	*vohunąm*	*dahyunām*
	L.	*vaŋhušu*, *°ušva*	*po^{u}rušū*	*dahyušuva*
neutr. Sg.	A.	*maδu*	*vohū*	
Pl.	A.	*po^{u}ru*		

Bemerkungen. *Sing.* N.: Beachte jAw. *vaδa^{i}riš* u. a., § 268, 14. Zu den gewöhnlichen NS. auf *-uš* (auch *-ūš*, § 268, 1: jAw. *†driyūš-čit̰* Yt. 10, 84), den seltenen auf *-āuš* kommen noch einige wenige jAw. auf *u*: *nasu* V. 9, 47; *daēnu* V. 7, 41; beide fem.; es sind jedenfalls Nachbildungen zu § 408; *pər^{ə}nāyu* und *ap°* Yt. 19, 43 lassen sich allenfalls nach J. Schmidt, Pluralbildungen 77 f. erklären; s. aber § 411. — A.: Beachte jAw. *vaēm*, § 268, 14. Gewöhnlich *-um* (Aw. *-ūm*, § 268, 1). jAw. *†frādat̰.fšaom* steht wohl für *°fšuvəm* (§ 268, 23), nach dem Muster von § 409; ebenso vielleicht jAw. *da^{i}ŋhaom* und *frazdānaom*. Wie jAw. *nasāum* (d. i. *°āvəm*, § 268, 22) noch jAw. *ar^{ə}nāum*, *gar^{ə}māum* und *pər^{ə}sāum*. Wie jAw. *xraθwəm*[2] noch jAw. *mo^{u}rum* und *raom*; s. § 275 mit No. 2. Vereinzelt: gAw. *hiθąm*; s. S. 118 und § 411. Ganz auffällig ist ap. *dahyāum* neben *dahyum*, Neubildung zum NS. *dahyāuš*; das einzige altarische Wort mit einem consonantischen Vocal vor schliessendem *m*. — I.: s. S. 123. — D.: Neben Aw. *-avē* (wofür auch *-aovē*: gAw. *drigaovē*, § 268, 35) seltenere Bildungen auf *-(u)vē*: jAw. *xraθwe* (= ai. *krátvē*), *raθwe*, *raθwaē-ča*, *rašnvaē-ča*, *°ha^{u}rve*, *aŋhve* = *aŋuhe* = gAw. *ahuyē* (§ 268, 27, 19). — G.: Zur Differenz jAw. *-ə̄uš*: *-aoš* s. § 297, 2. Statt *-aoš* findet sich auch *-āuš*; § 268, 33. Die Formen auf *-ō*: jAw. *xraθwō* = ai. *krátvas* sind viel seltener: jAw. *raθwō*; diese masc.; ferner *a^{u}rušabāzvō*, gAw. *f^{ə}š^{ə}ratvō*, fem.; jAw. *nasāvō*, fem. steht isolirt. — L.: Formen auf *-āu* (wofür auch *-å*: gAw. *xratå* § 268, 34) sind hier nur im gAw. bezeugt; s. aber

§ 406. Die jAw.-Formen auf *-vō: daᶦᵭhvō, zantvō, hindvō* u. a. sind aus denen auf *-ō* (= ai. *vást-ō*, ap. *bābir-auv*) in der selben Weise hervorgegangen wie ai. *pátyāu* aus **patāu;* IdgF. 1, 191. Die *vō*-Locative dienen auch als Instrumentale: *haċa gātvō, haδa rašnvō, haca †barᵊšnvō;* s. § 218, 3 f, 399, 409, 411; vgl. 378, 6. Die jAw. Formen *vaŋuhi* (d. i. **vaŋhvi*, § 268, 27) — nur Yt. 13, 134 bezeugt — und *vaŋhuya* (d. i. **vaŋhviya*, § 268, 13) — nur in der Verbindung *ašaya v°* — sind nicht sicher; vielleicht *vaŋuhe* DS. und *vaŋhuya* als Adverb, § 253, 3. — V.: jAw. *ərᵊzvō* zu NS. *ərᵊzuš* — *huxratvō, rašnvō* u. a. — ist wohl nach **vīδvō* zu *vīδuš*, § 380 gebildet; AF. 1, 57. — A. ntr.: jAw. *vohūm* ASm. dient nach dem Muster der *a*-Declination als ASn., Yt. 17, 6. S. noch unten. — — *Du.* G.: Beachte jAw. *maᶦnivå* für *°yuvå;* § 268, 15. — — *Plur.* N.: Wie jAw. *daᶦᵭhāvō* und ap. *dahyāvaᵘ* noch jAw. *nasāvō;* wie jAw. *ərᵊzvō* noch *pasvō*. — Acc.: Zu *-ūš* s. § 228, 2 a; 268, 54; 299, 1. *-vō* noch in jAw. *pərᵊϑwō, pasvō; vībāzva.* In jAw. *dušmaᶦnyū* A. 1, 11 sehe ich eine Neubildung zu den APl. der **22.** Kl. auf *-ą*, nehme also *-ū* für *-u̯* (§ 268, 54); so vielleicht noch jAw. *hindu* V. 1, 19. Ap. *dahyāvaᵘ* ist accusativisch gebrauchter NP. wie die eingeschlossenen Formen des jAw. — I.[1]: Zu jAw. *†avaŋhīš* (d. i. *°ŋuhīš* für *°ŋhvīš*) s. § 231; so vielleicht auch *†vaŋhīš* Y. 15, 1; s. aber Vp. 6, 1. Eine entsprechende Form verlangte man statt des überlieferten *yātuš* Y. 12, 4. — G.: Gewöhnlich mit *nąm;* wie jAw. *pasvąm* noch *°xraϑwąm, vaŋhvąm, yāϑwąm, °haᵘrvąm.* — — Thematisch: jAw. *vīspōxraϑwō, pasuš.haᵘrvō* NSm., *gātvahe* GS., *mat.fšūm* (d. i. *°uvəm*, § 268, 22) ASn.

[1] S. in den Bemerk. — [2] *w* für *v;* § 268, 38.

§ 408. *18. Klasse; abgel. Stämme auf ī-.*

Vgl. § 191; Whitney § 355 ff., 362 ff.; Lanman 365 ff. — Feminina.

		jAw.	**Aw.** gAw.	**Ap.**
Sing.	N.	*bərᵊzaᶦti; [dāϑriš]* *kaᶦne*[1]	*vāstravaᶦtī*	*[haraᵘuvatiš]*
	A.	*daēvīm* *tąϑryąm*	*vāstravaᶦtīm*	*[haraᵘuvatim]*
	I.	*xraoždyehya* *[aošaŋuhaᶦti]*	*vahehyā* *[vaŋuhī]*[2]	
	D.	*astvaᶦϑyāi*	*vaŋhuyāi*[2]	fehlt
	G.	*patąᶦϑyå* *tąϑryas-ċit̰*	*vaŋhuyå*[2]	*būmiyā*[3]
	Ab.	*haraᶦϑyāt̰*	fehlt	fehlt
	L.			*haraᵘuvatiyā*[1]
	V.	*ašaoni; [dāϑre]*		
Du.	N.	*hamōistri*	*azī*	
	D.	*[aspanibya]*		fehlt
Plur.	N.	*ašaonīš* *daēvayō*	*nəmaxᵛaᶦtīš*	
	A.	*ašaonīš* *tištryaēnyō*	*aršnavaᶦtīš*	
	I.	*[āzīzanāᶦtibīš]*		
	D.	*[ašaonibyō]*	*[nāᶦribyas-ċā]*[4]	fehlt
	G.	*[ašaoninąm]*	*[nāᶦrinąm-ċā]*[4]	
	L.	*[xšāϑrišu, °išva]*		

Bemerkungen. Vgl. im Allgemeinen § 409. — Vor den consonantisch anlautenden Casusendungen erscheint der Stammauslaut im Awesta — ausser im A.Sing. und N.-A.Plur. — fast ausnahmslos kurz: *i*, das von § 406 herübergenommen ist; s. S. 116[4]. Ich sehe alle oben in [ ] eingeschlossenen Formen für Neubildungen nach den abgeleiteten *i̯*-Stämmen an, die in der Mehrzahl erst innerhalb des Iranischen vollzogen worden sind. — Die Ausgänge von jAw. *tąϑryąm* AS., *zaranaēnya* IS., *astvaiϑyāi* DS., *patąiϑyå* GS. und ap. *harahuvatiyā* LS. (S. 125 f.) gehören sicher der zweiten, *i̯ā*-Abteilung unserer Klasse an, während die von jAw. *tąϑryasčit̰* GS., *daēvayō* (für °*vyō*, § 268, 13) NP. und *tištryaēnyō* AP. sicher der ersten entsprungen sind; die letztern kommen wesentlich seltener vor; das Gathische hat keinen Beleg dafür. — — *Sing.* N.: jAw. *kaine* wird dem ai. *kanyā̀* (d. i. **kaniyā*) gleichzusetzen sein; § 268, 32. Dazu der AS. jAw. *kanyąm* und der GS. jAw. *kainyå*. Daneben auch NS. *kaini*, wozu GP. ai. *kanīnām* neben *kanyā̀nām* zu vergleichen ist; s. noch unten. — I.: Die zweite, im Aind. unbelegte Bildungsweise finde ich noch in jAw. *uxšyeiti* Yt. 8, 43[5]. — D.: Neben jAw. *haiϑyāi*, *būšyąϑyāi* (mit *ϑy*) haben wir *yātumaityāi*, *drvaityāi* (mit *ty*); der Bildung nach sind die Formen nicht verschieden; vgl. § 8. — G.: Wegen jAw. *srasčintyå* neben *davąiϑyå* s. unter DS. S. noch *daēvayå*, †*drīvayås-ča*; § 268, 13. — L.: Ap. *harahuvatiyā* für °*tyā*; s. § 270 c 2 und DS. — — *Plur.* N.-A.: Im jAw. auch *-iš*, § 268, 1; so *pərəϑwiš*, *paoiriš* = ai. *pr̥thvī̀ṣ*, *pūrvī̀ṣ* (§ 268, 44). — — Die neben jAw. *kaine* »Mädchen« NS., *kainyō* AP., gAw. *kainibyō* u. s. w. auftretenden Casus mit *n*: jAw. *kainīnəm* AS., *kainīnō* GS. u. s. w. sind Neubildungen zu dem bedeutungsverwandten Wort für »Jüngling«; urir. **i̯ūu̯a* NS.: **i̯ūnō* GS. (ai. *yúvā*, *yū́nas*; § 403) = **kani̯a*: **kanīnō* (ai. *kanyā̀*, jAw. *kainīnō*); s. IdgF. 1, 193.

[1] S. in den Bemerk. — [2] Für **vaŋhvī*, **vaŋhviyāi*, °*ā*; § 268, 13, 27. — [3] = gAw. *būmyå*; § 270 c, 2. — [4] Auf die wenigen Schreibungen mit *ī*: †*vaŋhībyō* Y. 3, 3, *vaŋuhīnąm* Y. 3, 3 (s. auch ZPGl.) ist kein Verlass; s. noch jAw. *arədhī*. In den angeführten gAw. DP. und GP. könnte allerdings *i* nach § 294 erklärt werden; aber dem DP. *nāiribyasčā* stellt auch das Aind. *nā́rībʹyas* neben *nā́ribʹyas* gegenüber; s. noch gAw. *kainibyō*, *šyeitibyō*. — [5] S. § 387 No. 10.

§ 409. **19.** *Klasse; abgel. Stämme auf ū-.*

Vgl. § 192; Whitney § 362 ff.; Lanman 400 ff.; Bthl., BB. 13, 89 f. — Feminina. Im **Awesta**. Im Altpersischen ohne sichern Beleg; vielleicht *hizuvam* AS.; s. BB. 14, 245.

1. **jAw.** *Sg.* N. [*tanuš*]; *hizva* — A. *tanūm*[1]; *hizvąm* — I. *tanva* — D. *tanuye*[1] — G. *tanvō* , *saŋuhas-ča*[2] — Ab. *tanvat̰*; [*tanaot̰*] — L. *tanvi*; [†*hizvō*[3]].
   Pl. N. *aγrvō* — A. *tanvō* — D. [*tanubyō*] — G. [*tanunąm*] — L. [*tanušu*].
2. **gAw.** *Sg.* A. *tanvəm*[1], *tanūm*[1] — I. *hizvā*; [*ušəurū*[4]] — D. *ušuruye*[1] — G. *tanvō*; *hizvå*.
   Pl. N. *pəšō.tanvō* — A. [*sənghūš*] — I. *hizubīš*.

Bemerkungen. Vgl. zur Flexion § 408. — Die in [ ] eingeschlossenen Casusformen stammen aus der *u̯*-Klasse, § 407. Ebendaher vielleicht jAw., gAw. *tanūm*, das aber auch für °*uvəm* stehen kann, § 268, 22. Von den übrigen Casus gehören zu Abt. a: AS. auf ir. *-uu̯am* (gAw. *tanvəm*, ap.? *hizuvam*), IS. (jAw. *tanva*), DS. (jAw. *tanuye*), GS. auf *-vō* (jAw. *tanvō*), LS. (jAw. *tanvi*); dazu auch AbS. *tanvat̰*); NP. und AP. (jAw. *tanvō*). *v* vertritt überall *uv*, § 268, 12; *-uye* nach § 268, 19 *-uve*. Zur Abt. b stellen sich: NS. (jAw. *hizva*); AS. auf *-vąm* (jAw. *hizvąm*) und GS. auf *-vå* (gAw. *hizvå*). Zu *hizva*, *hizvąm*, *hizvå* neben *hizubīš* ist *kaine* (für *kainya*), *kanyąm*, *kainyå* neben *kainibyō* zu vergleichen. — — gAw. *pəšō.tanvō* dient als NPmasc.; jAw. *vīspō.tanūm* (wohl °*uvəm*) als ASneutr.

[1] S. Bemerk. — [2] D. i. *saŋhuvas-ča*, § 268, 27. — [3] Statt Instr., § 407. — [4] 268, 10.

§ 410. *20. Klasse; rad. Stämme auf i-.*

Vgl. § 193; Whitney § 348 ff., 361 b; Lanman 365 ff., 431. — Nur im **Awesta** belegbar. Keine Neutralformen.

1. **jAw.** *Sg.* N. *bər°za^i-δiš, ratu-frīš, vīš* »Vogel« — A. *xšīm*[1], *bər°za^i-δīm*[1], *yavaē-ǰīm*[1]; — I. *raya; sraya*[2] — D. †*ratu-frye*[3 4] — G. *xšayas-ča*[2].
   Du. N. *ratu-frya*[4].
   Pl. N. *fryō*[4], *a^{i}wi-δyō*[4 5] — A. *varša-ǰīš* — D. *yavaē-ǰibyō* — G. *rayąm, vayąm* — L. *ratu-frišu.*
2. **gAw.** *Sg.* N. *hu-dā* — I. *mązā.rayā* — D. *ər°ẓ̌-ǰyōi*[4], *vayōi*[2] — G. *xšyō*[4].
   Pl. A. *rāyō; yavaē-ǰyō*[4]; *ər°ẓ̌-ǰīš.*

Bemerkungen. *Sing.* N.: Die Bildungsdifferenz wie bei ai. *rā́s* und *āpriš;* die *īš*-Formen können aber auch *i*, nach dem Muster der *i*-Stämme (§ 406), haben; S. 116 und § 268, 1. — A.: jAw. *xšīm* für °*iyəm*, § 268, 21; die mehrsilbigen vielleicht mit *-im* nach § 406. — I., D. und G.: S. 123, 120 und § 193 No. — *Plur.* A.: S. 131. — D., L.: Der Vocal vor dem Suffix wohl kurz, nach § 406; s. S. 134. — — Thematisch: jAw. *vayanąm* »avium« neben *vayąm*, S. 135. — Zu gAw. †*hudåŋhē* und andern der Klasse *1* b (§ 382) nachgeformten Casus s. S. 117.

1 = *-im* oder *-iyəm*, s. Bemerk. — 2 Für **sriya, xšiyas-ča, viyōi*, s. Bemerk. — 3 Nir. 31; Darmesteter bietet allerdings °*fryōe*. — 4 *y* für *iy*. — 5 Jackson, Grammar 29, No. 2.

§ 411. *21. Klasse; rad. Stämme auf u-.*

Vgl. § 194; Whitney § 348 ff., 360 f.; Lanman 365 ff., 431 f. — Nur im **Awesta** belegt. Keine Neutralformen.

1. **jAw.** *Sg.* N. *gāuš; gəuš*[1] »Rind«, *gaoš* »schreiend«; *sūš*[2]; *a-hu, fra-mrū* — A. *gąm; gaom*[3]; *zavanō.sum*[1] — I. *gava; ǰva*[5] — D. *gave, yave* — G. *gəuš, dyaoš; aša-stvō*[5] — Ab. *gaot̰* — L. *yava; xrvīm.drvō*[5].
   Du. G. *paršat̰.gavå.*
   Pl. N. *gavō* — I. *gaobīš* — D. *yavaē-subyō* — G. *gavąm.*
2. **gAw.** *Sg.* N. *gāuš, xšnāuš; yaoš; a-hū* — A. *gąm, yąm; xšnūm*[4] — I. *ʰᵛādū* — D. *gavōi, yavē, savōi; suyē*[6] — G. *gəuš, yaoš* — L. *yavā.*
   Du. N. *gāvā.*
   Pl. A. *gå; yavaē-svō*[5]; *a^{i}dyūš*[7] — G. *a^{i}dyūnąm*[7].

Bemerkungen. *Sing.* N.: Zu den anscheinend suffixlosen Bildungen jAw. *a-hu, fra-mrū,* gAw. *a-hū* vgl. jAw. *nasu* und *daēnu* in § 407; aber diese sind fem., jene masc., was der Übertragung der dort gegebenen Erklärung Schwierigkeit bereitet; J. Schmidt's Erklärung, die *ahū* aus *ahuš* im Satz vor *r* hervorgehen lässt, halte ich für verfehlt. — A.: Zu *-ūm* s. S. 117. Zu gAw. *gąm, yąm* s. S. 116. — I.: S. noch das adverbiale gAw. *fra^{i}divā,* § 258, 2. gAw. *ʰᵛādū* ist jüngere Bildung nach § 407. — L.: *yavā*, s. S. 124. °*drvō* dient als IS., § 407. — *Plur.* A.: Zu gAw. *gå* s. S. 131.

1 V. 2, 23; vgl. dazu Lindner, Roth'sche Festschrift 214. — 2 Darmesteter, Trad. 3, 150. — 3 D. i. **gavəm.* — 4 S. die Bem. — 5 *v* für *uv.* — 6 D. i. *suve,* § 268, 19. — 7 So nach Th. Baunack, Studien 1, 385 f.

§ 412. *22. Klasse; abgel. Stämme auf a-.*

Vgl. S. 105 ff.; Whitney § 326 ff.; Lanman 329 ff. — Masculina und Neutra. — Zu den metaplastischen Formen (s. die Casus mit [2]) vgl. die Bemerkungen unter 3.

		Aw.		Ap.
		jAw.	gAw.	
masc. Sg.	N.[1]	*haomō*, *°məs-ča*	*akō*, *akas-ča*	*kāra^{h}*
	A.	*haoməm*[1]	*akəm*[1]	*kāram*
	I.	*haoma*[1]	*akā*	*kārā*
	D.	*haomāi*	*akāi*, *vasnā*[1]	fehlt
	Ab.[2]	*haomāt̰*[1], *miϑrāδa*	*akāt̰*	*kārā^{h}*
	G.[1]	*haomahe*[1], *gayehe*[3]	*ahurahyā*, *gayehyā*[3]	*kārahyā*[1]
	L.[2]	*hame*, *ma^{i}δyōi*, *hamaya*	*mīždē*, *bunōi*	*pārsaiy*, *dastayā*
	V.	*haoma*	*ahurā*[1]	*martiyā*[1]
Du.	N.[2]	*puϑra*[1]; *ar^{ə}ϑnå*[1]	*spādā*; *āvar^{ə}nå*[1]	*gaušā*
	D.[2]	*zastaē^{i}bya* ntr. *dōiϑrābya*	*zastōibyā*	fehlt
	G.[2]	*vīrayå*	*ąsayå*	
	L.	*zastayō*	*zastayō*	
Pl.	N.[2]	*haoma*; *aməšā̊* *aspåŋhō*	*guzrā* *səṇghåŋhō*	*martiyā* *bagāha^{h}*
	A.	*haomą*[1], *aməšə*[1], *°šąsča*	*mašyəng*, *°yąs-čā*	*martiyā*
	I. I.[1]			*bagaibiš*
	II.	*daēvāiš*	*akāiš*	
	D.[2]	*daēvaē^{i}byō*	*dāϑaē^{i}byō*, *miϑrōibyō*	fehlt
	G.	*haomanąm*; *mašyā-nąm* *staorąm*, *vīspə*	*šyaoϑ^{a}nanąm* *dāϑəm*	*bagānām*
	L.[2]	*aspaēšu*, *raoδaēšva*	*šyaoϑ^{a}naēšū*	*mādaišuvā*
neutr. Sg.	A.	= Sg. A. masc.		
Du.	A.	*sa^{i}te*; (*va*)		
Pl.	A.	*xšaϑra*	*akā*	*hamaranā*

Bemerkungen. *1.* Zu den masculinen Formen. *Sing.* N.: Im jAw. gelegentlich *-ə* statt *-ō*: *fračarə*, *vavanə*; § 268, 2 e, 4. — A.: Aw. *-əm* (im gAw. auch *-ə̄m*: *a^{i}nyə̄m* u. a.; § 268, 2 b) nach § 298, 1. Beachte dazu § 268, 21—25: jAw. *a^{i}nim*, *aēvō.gāim*, *frīm*, *ha^{u}rum*, *drūm*, *gaēm*, *yaom*, *vīdōyūm*, *ōim*, *jum*, †*sixšaēm* = **a^{i}nyəm*, **°gayəm*, **friyəm*, **ha^{u}rvəm*, **druvəm*, **gayəm*, **yavəm*, **vīdōivəm*, **ōivəm*, **jīvəm*, **sixšiyəm*. — I.: Beachte jAw. *x^{v}aēpa^{i}ϑe* für *°ϑya*, § 268, 32. — D.: Wie gAw. *vasnā* (abhängig von *frašəm*, wozu Geldner, KZ. 30, 518) noch *ašā* (abhängig von *^{u}rvaϑō*; BB. 15, 221 No.)[4]; s. S. 122. Das Verhältnis von jAw. *haomāi* zu ai. *sṓmāya* entspricht meiner Ansicht nach, trotz Johansson's Aufstellungen BB. 20, 81 ff., dem von ai. *mitrā́d* AbS. zu jAw. *miϑrāδa*, von ai. *hástē* LS. zu jAw. *zastaya*, ap. *dastayā*; und wie sich gAw. *ašāt̰ ā* (Y. 33, 5; BB. 15, 255) zu jAw. *xšaϑrāδa*, gAw. *xšaϑrōi ā* zu jAw. *zastaya* (‚ai. *váram ā́* zu jAw. *vārəma*, S. 122) verhält, ebenso auch gAw. *ahurāi ā* zu ai. *ásurāya*; einzuräumen ist aber, dass das gAw. ein altüberkommenes **-āi̯a* des Dativs nach dem Muster der Locative und Ablative in **-āi ā* aufgelöst haben könnte. — Ab.: Beachte jAw. *asnā^{a}t̰ča*, gAw. *ašā^{a}t̰ča*; § 268, 5. — G.: Beachte gAw. *spəntahyāčā* neben *spəntahyā*; § 286 No. 3. *-ē* in jAw. *haomahe*, gAw. *zaraϑuštrahē* ist nur graphischer Vertreter von *-ya* (§ 268, 32); das jAw. hat *-he* regelmässig, das gAw. nur zwei Mal in *zaraϑuštrahē*. Die als GS. fungirenden *āi*-Formen (Horn, BB. 17, 152 ff.) können schon deshalb nicht aus *°ahe* hervorgegangen sein, ganz abgesehen davon, dass intervocalisches *h* nicht ausfällt (s. auch § 372 zur 2. Sg. Conj. Act.); es sind Dative; vgl. jAw. *jahikayāi* (zu § 415) und *yātuma^{i}tyāi* (zu § 408) Y. 9, 32. — Im Ap. erscheint an Stelle von *-h^{a}y^{a}a*, d. i. *-hyā* = ar. *-si̯a*, oft *-hʸa*; so besonders, wenn das den Gen. regirende Nomen unmittelbar folgt: *nabunaitahya puϑ'a*[1], *anāmakahya māhyā;* man könnte darin allenfalls Composita sehen; s. S. 148. — L.: Dazu jAw. *aspaē-ča*, gAw. *mar'kaē-čā*. S. § 297, 1; 303, 2 und unter DS. — V.: Zu gAw. *ahurā*, ap. *martiyā* sei gegenüber Bezzenberger, BB. 15, 296 f. auf § 92, 1 verwiesen. — — *Du.* N.: *-å* für *-āu;* s. übrigens S. 127. — D.: S. § 297, 1. — G.: Wegen jAw. *zastayas-ča*(?) s. § 225 No. — — *Plur.* N.: Beachte jAw. *a're* u. a., mit *-e* für *-ya*, § 268, 32. Formen auf *-å:* jAw. *u'tyaoǰanå, amdås-ča, kar'nås-ča* (u. a.; Yt. 5, 93); im gAw. unbelegt. Im Altpers. sind die urir. Formen auf *-å* und *-a* zusammengefallen; s. § 305 B, b. Die den arischen Formen auf *-āsas* entsprechenden sind nirgend häufig. Pronominale Flexion zeigt gAw. *po'ruyē*, § 245; s. auch AP. Im jAw. dienen die NP. auf *-a* häufig, viel seltener die auf *-å* (*anyås-čit* Yt. 19, 89; *vīspå, ašax'āϑrå* Y. 2, 14) und *-åŋhō* (*yazatåŋhō* Yt. 10, 54) auch als APl.; es hängt dies mit dem Zusammenfall der beiden Casus bei andern Declinationsklassen zusammen; vgl. § 378, 4; s. noch unter 3. — A.: S. § 303, 4. Statt jAw. *-ą* auch *-ąu* und *-ąm*, § 268, 54. S. im Übrigen, auch wegen jAw. *aməšə̄, spəntə̄* u. ähnl., § 303, 4; wegen gAw. *yə̄ŋgs-tū*, jAw. *vīspə̄s-ča* § 304 II, 42. Nach der pronominalen Flexion: jAw. *puϑre, pa'ti.vər'te* Y. 23, 1; NP. als AP. gebraucht; s. § 240. — I.: Als Beleg für die durch ap. *bagaibiš* bezeugte Bildung hat das Awesta nur das recht unsichere jAw. *āfrivanaē'biš* Fragm. 8, 1 (bei Westd.); s. aber § 418. Umgekehrt fehlen im Ap. die *āiš*-Formen. — D.: S. § 297, 1. jAw. *ma'nyaoibyasča* für °*yavōibyo*, § 268, 36. — G.: Wegen Aw. *-ānąm: -anąm* S. 135 f. Beachte jAw. *a'rīričinąm*, wozu § 298, 4. Weitere Belege für die seltenere *n*-lose Bildung: jAw. *anyąm, gər'δąm, mūϑrąm, var'sąm, vātąm* (s. aber unter 3), *suxrąm; vīspə̄* (Yt. 10, 120); gAw. *ahmākəŋg*, †*vīspə̄* (Y. 33, 5); vgl. dazu § 303, 8 mit No. — — — 2. Zu den neutralen Formen. *Du.* A.: Neben jAw. *dvaēča sa'te, duye hazaŋre, uye* (d. i. *uwe* § 268, 37), *hamuharəne* u. a. findet sich auch *va* (d. i. *uwa*, ebd.) als ADn. gebraucht; Yt. 9, 10; 15, 43. Es ist die masc. Form, die darum auch neutral verwendet wurde, weil bei der *i*- (wohl auch *u*-)Declination (§ 406 f.) NDn. und ADn. zusammen fielen. S. auch § 413. — D.: Wegen der nur neutral gebrauchten jAw. Form auf *-ābya* s. S. 129; ferner unter 3. — — — 3. Metaplastische Formen. a. »Nicht«-thematische; s. S. 118. *Sing.* Ab.: jAw. *nmānat, ā.ma'δyąnas-čit* (§ 303 II, 2); s. IdgF. 5, 220 No.; — L.: jAw. †*nmānya, ra'ϑya;* beide mit *-iya*; s. IdgF. 5, 220 und unten § 413; — *Du.* N.: *ačištō, vasō.xšaϑrō, zastō, zastə̄;* s. § 221, 3; 303, 3; — D.: jAw. *kaša'bya, va'bya* (d. i. *uv*° für *uv*°, § 268, 37), *gaoša'we;* alle gebildet wie *pāδave;* § 224, 1; — G.: jAw. *srūtō.spāδå, fraturå, asrutå* (Yt. 13, 115, 125), *dvå* (Nīr. 65); — *Plur.* N.-A.: jAw. *vātō* NP. (Yt. 13, 14), *daēvō* AP. (Y. 12, 1; †Yt. 6, 1; V. 18, 16, 24). — — b. Neutrale nach der *n*-Klasse (§ 403): jAw. *aməšyąn*, gAw. †*jə̄narąm* (§ 292 No. 2), *kāϑə̄, vīspə̄ŋg* u. a.; s. S. 133; KZ. 33, 199 No. 8 und unten § 415 f. — — c. Neutrale nach der *s*-Klasse (§ 381): gAw. *mąϑrå* (AF. 3, 51 f.)[5], jAw. *vīspås'.tå* (Yt. 8, 43), *šōiϑrås-ča* (Y. 2, 16), *anyås-čit* (*asås-ča*, *s*-Stamm) *šōiϑrås-ča srīrås-ča* . . . (V. 1, 20), AP. — — d. Neutrale nach der *ā*-Klasse, zugleich mit Geschlechtswechsel (§ 413): jAw. *dōiϑrābyō* (§ 224 No.), *daxštābyō* DP.; jAw. *nmānāhu, vastrāhva* LP. Vgl. zu c und d § 229, 1, 2; ferner § 413.

1 S. in den Bemerkungen. — 2 S. noch unter »Metaplast. Formen«. — 3 § 298, 2. — 4 Johansson, BB. 20, 86 hätte sich doch wohl wirksamer auf Geldner, KZ. 31, 322 berufen statt auf Mills und Darmesteter. Geldner construirt wie ich (KZ. 28, 84; BB. 15, 221); wie er aber durch Y. 31, 21 beweisen will, dass *ašā* Instr. sei, begreife ich nicht; *ᵘrvaϑō ašā* steht doch vielmehr mit *hōi ᵘrvaϑō* »who is faithful to Him« (Jackson) gleich. Warum übrigens ist Johansson, BB. 20, 84 ff. auf ZDMG. 43, 664 f. und Bollensen, ZDMG. 45, 218; 47, 585 f. gar nicht ein-

gegangen? — 5 gAw. *maϑrā* als accusativisch gebrauchten NPmasc. zu nehmen geht nicht an, weil im gAw. Nominative auf -*ā* fehlen.

§ 413. **23.** *Klasse; abgeleitete Stämme auf ā-.*

Vgl. § 107; Whitney § 362 ff.; Lanman 355 ff. — Feminina.

		jAw.	gAw.	Ap.
Sg.	N.	*haēna*[1] / *pər³ne*	*daēnā* / *bər³xδē*	*hainā*
	A.	*haēnąm*	*daēnąm, f³rasəm*	*hainām*
	I.	*daēnaya; suwrya*[1] / *daēna*	*sāsnayā; manyā* / *daēnā*	
	D.	*daēnayāi; gaēϑyāi*	*f³rasayāi*	fehlt
	G.	*haēnayå; haēnyås-ča* / *čiϑå*	*daēnayå* / *vaⁱryå*	*hainā̆yā*
	Ab.	*zaoϑrayāt̰*	fehlt	fehlt
	L.	*grīvaya; gaēϑe*[1]	*frasayā*	*arbirāyā*
	V.	*daēne* / *sūra*	*poᵘručistā*	
Du.	N.	*urvaⁱre; [vąϑwa]*	*ubē*	
	D.	*vąϑwābya*		fehlt
	G.	*naⁱrikayå*		
Pl.	N.	*zaoϑrå*	*daēnå*	*aniyā*
	A.	*zaoϑrå; haēnayå*	*urvarå*	*aniyā*
	I.	*tiⁱryābīš*	*daēnābīš*	
	D.	*vīspābyō*[1]; *[haēnəbyō]*	*daēnābyō*	fehlt
	G.	*zaoϑranąm, γ³nąnąm*	*sāsnanąm*	*paruvzanānām*
	L.	*anyāhu, gaēϑāhva*	*gaēϑāhū*	*aniyāʰuvā*

Bemerkungen. *Sing.* N.: jAw. *naⁱre* für °*riya*, § 268, 32. Zu den oben verzeichneten Formen auf -*ē* s. S. 116. — A.: § 296, 4. — I.: s. S. 123. Wie jAw. *suwrya*, gAw. *manyā*, ᵘ*rvāzyā* auch jAw. *vīdīše* (§ 268, 32); s. Geldner, KZ. 28, 403. Zur Herkunft der Aw. Formen auf -*ya* (IS.), -*yāi* (DS.), -*yå* (GS.) und -*ya* (jAw. *gaēϑe* für °*ϑya*, § 268, 32) neben denen mit *ay* (und ap. *āy*) s. S. 121. Für DS. und GS. habe ich keinen weitern Beleg. — D.: s. unter I. — G.: Zu jAw. *haēnyåsča* s. unter I. Zu den Formen auf -*å* wie *čiϑå* s. S. 120 f.; im gAw. nur *vaⁱryå;* wegen *daēnå* (KZ. 33, 202) s. § 360 No. 7. — Ab.: jAw. *urvarayāᵃt̰ča*, § 268, 5. — L.: jAw. *gaēϑe* für *gaēϑya*, s. I.; ebenso *zaoϑre* Vp. 2, 1 u. ö. In beiden Fällen liegt Geschlechtswechsel vor: *ahmi g°, ahmya z°.* Er mag auf folgende Weise zu Stande gekommen sein: *āhu nmānāhu* (§ 412, 3 d): *āhu gaēϑāhu* = *ahmi nmānya: ahmi gaēϑya.* Es besteht übrigens sonach auch die Möglichkeit, *gaēϑe* mit *nmāne* gleichzusetzen, also -*e* für urir. -*ai* zu nehmen, s. noch § 416 zu jAw. *yā* NPf. — V.: S. 126 f. — — *Du.*: jAw. *vąϑwa* statt °*we* erklärt sich wie das neutrale *va*, § 412. — — *Plur.* A.: Das auffällige jAw. *haēnayå* Yt. 10, 8 u. ö. statt **haēnå* kann nur durch den Wechsel von *daēna* mit *daēnaya* im IS., **daēnå* (*čiϑå*) mit *daēnayå* im GS. u. s. w. hervorgerufen sein; s. übrigens § 420. — D.: Beachte jAw. *vōiγnāuyō*, †*gaēϑāvayō*, § 268, 13. jAw. *haēnəbyō* und *pər³nəbyō* nach der *s*-Declination (§ 381), zugleich mit Geschlechtswechsel, S. 133. — G.: Zur Quantität der Vorletzten s. S. 135 f.

1 S. noch in den Bemerkungen.

§ 414. **24.** *Klasse; Wurzelstämme auf ā-.*

Vgl. S. 107 f.; Whitney § 348 ff.; Lanman 434 ff. — Die Formen gelten für alle Geschlechter. Zu andern Declinationsklassen gehörige, aber der *ā*-Declination nachgebildete Formen (s. S. 114, 116) sind durch ꞁ markirt. In [ ] eingeschlossene Formen sind Neubildungen nach § 412 und 413.

1. **jAw.** *Sg.* N. *raϑaē-štā* m., *šā* f.; [*vanəhar³-štas-čiṯ* m., *upa-sta* f.] — A. *raϑaē-štąm* m., *armaē-štąm* f.; [*duš-dəm* m.] — D. *raϑōi-štē* m.; [*raϑaē-štāi* m.] — G. ꞁ*fšū-šō*[1] m.; [*raϑaē-štā* m.[2]; *armaē-štayā* f.] — V. [ꞁ*maz-da* m.]

Pl. N. *vanəhaz-dā* m., *armaē-štā* f. — A. [*duš-dą* m., *fšū-šō* m., *armaē-štā* f., *antar³-stā* n.] — I. *akō.dābīš*.

2. **gAw.** *Sg.* N. *duš-a-z³bā* m.; [*ā-dā* f.] — I. *ā-dā* f. — D. [*maz-dāi* m., *ā-dāi* f.] — G. [*maz-dā* m.[2], ꞁ*ā-kā* f.] — L. ꞁ*a-kōyā*[3] f. — V. [*maz-dā* m.].

Pl. N. †*zraz-dā* m. — A. [*ākā-stə̄ng* m.] — I. [*a-dāiš* m.] — L. *a-dāhū* f., ꞁ*dāhvā* m.

3. **Ap.** *Sg.* A. *upa-stām* f.

Bemerkungen. *Sing.* D.: Wie jAw. *raϑaēštāi* noch *azrazdāi* und ꞁ*mazdāi*. — *Plur.* N.: jAw. *raϑaēštā* NPm. wird nach dem Muster der *a*-Stämme (§ 412) auch als AP. gebraucht. — Zu jAw. *pəšu.pāna* ND. und *šōiϑra.pānō* NP. s. § 405; ähnlich ai. *pr̥ṯúpra-gāṇam*.

[1] § 216, 3 a. — [2] S. 121. — [3] § 219, 2 a.

II B II. Die Pronomina.

II B II A. Die geschlechtigen Pronomina.

§ 415. a. *Pron. interrog.*

α. Die Formen aus idg. **ko-*, **kā-*, **kei̯-*, **ku-*.

Vgl. § 242, 406 f., 412 f.; Whitney § 504 ff. — Die masculinen Formen aus **kei̯-* (und **ku-*) gelten auch fürs Femininum.

1. Im **jAw.**

masc. *Sg.* N. *kō*, *kas-ča*; *čiš* — A. *kəm*; *čīm* — I. *kā*, *kana*, *kąm*; °*čina*; *ču* — D. *kahmāi*, *čahmāi* — Ab. *kahmāṯ* — G. *kahe*, *kahyā-čiṯ* — L. *kahmi*, *čahmi*.

Pl. N. *kōi*; *čayō*, *kaya* — I. *kāiš* — D. *kaē¹byō* — G. ntr. *kaəṅhąm*.

neutr. *Sg.* A. *kaṯ*, *čaṯ-ča*[1], *kəm*[2]; *čiṯ*, *čīm*. — — *Pl.* A. *kə*[3]; *či-ča*.

fem. *Sg.* N. *kā*; *čiš* — A. *kąm* — D. *kahyāi-čiṯ* — G. *kaṅhās-čiṯ* — L. *kaṅhe*.

2. Im **gAw.**

masc. *Sg.* N. *kə̄*, *kas-čīṯ*; *čiš* — A. *kə̄m*; °*čīm* — I. *kā*; *čy*[*anhaṯ*, °*činā* — D. *kahmāi* — G. *kahyā*, *čahyā*.

Pl. N. *kōi*; *čayas-čā* — A. *kə̄ng* — D. *kaē¹byō*.

neutr. *Sg.* A. *kaṯ*; °*čīṯ*. — — *Pl.* A. *kā-čīṯ*; *čī-čā*.

fem. *Sg.* N. *kā* — A. †*kąm*[4] — D. *kahyāi*.

3. Im **Ap.**

masc. *Sg.* N. *kaš-čiy*[5]. — — *neutr.* *Sg.* A. *čiš-čiy*[5].

Bemerkungen. Nominale statt pronominaler Flexion bei: jAw. *kā*, *kąm*, *čū* ISm.; *kəm*, *čīm* ASn.; gAw. *kā*, **čī* ISm. — *Sing.* I.: Zu jAw. *kąm* s. § 218, 1. Aw. *činā* kann ebensowohl auf ir. **čana* (= ai. *caná*) wie auf **čina* zurückgehen, wie gegenüber Brugmann Grundriss 2, 782 zu bemerken ist; s. § 298, 4. Zu gAw. *čyanhaṯ* »qui fit?« s. KZ. 33, 206 No.; **čī* zu ai. °*kīm*, s. § 218, 3 No.[6] — Lf.: jAw. *kaṅhe* s. § 268, 29, 32. — Der angebliche ap. Vm. *kā* ist wohl Partikel; s. KL. 1, 17[7]. — — *Plur.* G.: Nir. 37; s. § 417.

[1] ZPGl. — [2] Yt. 5, 94: »wozu werden . .«. — [3] Y. 68, 15; s. § 412 Bem. 3 b. — [4] § 296, 4 No. 3. — [5] § 282 Abs. 1. — [6] Statt *kąm.či* V. 5, 59 lese ich *hamča*; s. § 389. — [7] Kern-Caland's Fassung (Caland, Pronomina 47) scheitert an der Schreibung *kᵃa*, es wäre *kᵃ* zu erwarten.

β. Sonstige Formen.

1. Im **jAw.**: *činəm* ASm., n.[1] »quem, quid?« — *ča^{i}ti* »quot?«[2] — **čvant-*, f. **čva^{i}tī-*[3] »qualis, quantus?«, § 181 a — *čyāvantō*[4] »quanti?«, †*čyāva^{i}tīš*[4] »quantae?« — **katāra-*[5] »uter?« (*katārō, katarasčiṯ*[6] ASn.).

2. Im **gAw.**: **katāra-* »uter?« (*katārəm* ASm., n.)

[1] Aus dem Instr. Sg. *čina* gefolgert; *nōiṯ .. ava.spašti-čina* — *nōiṯ ōim činəm* (Nīr. 14). — [2] Wegen jAw. *katayō* Y. 9, 22 s. CALAND, KZ. 31, 265. — [3] Nīr. 17, ZPGl. (wo *čav°*, § 268, 17). — [4] Nīr. 108, 90; s. CALAND, KZ. 33, 463. — [5] ZDMG. 48, 143. — [6] § 245, 2; 294.

§ 416. b. *Pron. relat.*

α. Die Formen aus idg. 1. **i̯o-, *i̯ā-;* 2. **ti̯o-, *ti̯ā-, *si̯o-, *si̯ā-*. Vgl. § 243; 244, 13, 14; 412 f.; WHITNEY § 508 f. Das Aw. hat nur Formen zu 1, das Ap. nur zu 2 (ir. **hi̯a-, *ti̯a-*[1]).

1. Im **jAw.**

masc. *Sg.* N. *yō*, *yas-ča* — A. *yim* — I. *yā* — D. *yahmāi* — Ab. *yahmāṯ; yahmaṯ* — G. *yehe*, *yeᵊhe*[2] — L. *yahmi, yahmya.*

Du. N. *yā; yō* — G. *yayå.*

Pl. N. *yōi*, *yaē-ča; yā* — A. *yą*, *yąm*[3]*; yōi*[4] — I. *yāiš* — D. *yaē^{i}byō* — G. *yaēšąm; yąm.*

neutr. *Sg.* A. *yaṯ*, *yas-ča; yim.* — — *Pl.* A: *yā;* †*yąm*[5]*; yå.*

fem. *Sg.* N. *yā* — A. *yąm* — G. *yeᵊhå* — Ab. *yeᵊhāṯ, yeᵊhāδa* — L. *yeᵊhe*[2].

Du. N. *yōi.*

Pl. N.-A. *yå*, *yås-ča; yā* — D. *yābyō* — G. *yåᵊhąm* — L. *yāhu, yāhva.*

2. Im **gAw.**

masc. *Sg.* N. *yə̄*, *yas-ča, yes-tē*[6] — A. *yə̄m*, *yim* — I. *yā* — D. *yahmāi* — Ab. *yāṯ* — G. *yehyā* — L. *yahmī.*

Du. N. *yå* — G. *yayå.*

Pl. N. *yōi*, *yaē-čā* — A. *yə̄ng*, *yąs-čā, yə̄ngs-tū*[7] — I. *yāiš* — D. *yaē^{i}byō* — G. *yaēšąm* — L. *yaēšū.*

neutr. *Sg.* A. *yaṯ*[8]. — — *Pl.* A. *yā;* †*yąm*[5].

3. Im **Ap.**

masc. *Sg.* N. *hya^{h}* — A.[1] *tyam* — I. *tyanā* (?).

Pl. N.-A.[4] *tyaiy* — G. *tyaišām.*

neutr. *Sg.* A. *tya^{h}.*

fem. *Sg.* N. *hyā* — A. *tyām.*

Pl. N.-A. *tyā.*

Bemerkungen. Nominale statt pronominaler Flexion zeigen: jAw. *yā* ISm.; *yā* NPm.; *yąm* GPm.; *yim* ASn.; gAw. *yā* ISm.; *yāṯ* AbSm. — Zu jAw. *yō* NDm.; jAw., gAw. *yąm* APn.; jAw. *yå* APn. s. § 412, 3 a, b, c. — AbSm., n.: *yahmaṯ* neben *yahmāṯ* ist durch den Wechsel von *-āṯ* mit *-aṯ* beim Nomen hervorgerufen, § 412; s. auch § 418. — jAw. *yā* NPf., Yt. 10, 78 scheint die femininal verwendete Neutralform zu sein; s. § 413 zu IS. und jAw. *tā*, § 417. — jAw. *yōi* NPm. wird V. 2, 28 erst auf ein Fem. (*urvaranąm*), dann auf ein Neutr. (*x^{v}ar^{ə}ϑanąm*) bezogen; man beachte dabei, dass der GP.-Ausgang *-anąm* allen drei Geschlechtern gemeinsam eignet. — Zu ap. *tyanā*, das keinesfalls sicher steht, s. BTHL., Studien 2, 67 ff.

[1] *ti̯a-* statt **ϑi̯a-* (das ap. **šiya-* wäre) unter dem Einfluss des demonstrativen *ta-*, s. § 8. Zur Schreibung *tya-* statt *tiya-* im Apers. s. Studien 2, 68. — [2] § 268, 29, 32. — [3] Yt. 8, 33; 13, 60 u. ö. — [4] § 240. — [5] KZ. 33, 205 No. — [6] § 304 II, 3. — [7] § 304 II, 42. — [8] Oft *hyaṯ* geschrieben; s. S. 154 oben.

β. Sonstige Formen.

1. Im **jAw.**: *ye^{i}ti*[1] »quot« — **yavant-*, f. **yava^{i}tī-* »qualis, quantus« — **yatāra-*[2] »uter« (*yatārō, yatāra* IS. als Adv.).

2. Im **gAw.**: *yavaṯ* »quantum« (quamdiu).

3. Im **Ap.**: *yanaiy*[3] LSm. — *yāvā*[4] »quanto« (quamdiu).

[1] *yeⁱti čati-ča* Fr. Tahm. 64. — [2] § 415 β No. 6. — [3] »ubi« Van (K) 22. Aus dem IS. *yanā gefolgert, wie jAw. *činəm* aus *čina*. Dass wir den Anlaut *y*, nicht *ty* haben, mag sich aus dem Umstand erklären, dass das Wort zeitig zum Adverb geworden war. Fr. Müller's Erklärung, WZKM. 7, 112 ist falsch; s. § 291 II No. — [4] Falsch Bthl., KZ. 29, 544; J. Schmidt, Pluralbild. 172; Thumb, KZ. 32, 126. Ap. *yāvā*: ai. *yā́vatā* = ai. *kēšavā́m*: *kēsavantam*.

§ 417—422. c. *Pron. demonstr.*

§ 417. α. *Die Formen aus idg.* 1. **to-, *tā-; *so-, *sā-;* 2. **eit°, *eis°.*

Vgl. § 244, 1, 2, 7, 8; 412 f.; Whitney § 495. Das gAw. hat nur Formen zu 1.

1. Im **jAw.**

masc. Sg. N. *hā*[1]; *hō, hə-ča; has-čiṯ; hāu – aēša; aēšō* — A. *təm – aētəm* — I. *tā – aēta* — D. *aētahmāi* — Ab. *aētahmāṯ* — G. *aētahe* — L. *aētahmi.*

Du. N. *tā̊, tā-ča*[2] — G. *aētayå.*

Pl. N. *tē, taē-ča; tā – aēte* — A. *tą; tē*[3] — D. *aētaēibyō* — G. *aētaēšąm;* ntr. *aētaŋhąm* — L. *aētaēšu.*

neutr. Sg. A. *taṯ – aētaṯ; aētəm*[4]. — — *Du.* N. *tē.* — — *Pl.* A. *tā; tā̊ – aēta, aētā̊.*

fem. Sg. N. *hā; hāu – aēša* — A. *tąm – aētąm* — I. *aētaya* — G. *aētaŋhå; aētayå.*

Pl. N.-A. *tā̊; tā*[5] *– aētā̊* — D. *aētāibyō.*

2. Im **gAw.**

masc. Sg. N. *hə-čā* — A. *təm* — I. *tā.* — — *Du.* N. *tā.* — — *Pl.* N. *tōi, taē-čā* — A. *təng; tą*[6] — I. *tāiš.*

neutr. Sg. A. *taṯ.* — — *Pl.* A. *tā; təng, tə*[7].

fem. Sg. N. *hā* — A. *tąm, təm.* — — *Pl.* A.-N. *tā̊, tā̊s-čā.*

3. Im **Ap.**

masc. (-fem.) *Sg.* N. *hauv.* — — *neutr. Sg.* A. *aitaʰ.*

Bemerkungen. Nach nominaler statt nach pronominaler Weise sind gebildet: jAw. *tā, aēta* ISm.; *tā* NPm.; *tā̊* APn.; *aētəm* ASn.; *aētayå* GSf.; gAw. *tā* ISm. — Zu jAw. *tā̊, tāča* NDm. s. § 303 II, 16; zu jAw. *tā̊, aētā̊*, gAw. *təng, tə* APn. s. § 412, 3 b, c. — Zu den NSm., f.[8] vgl. § 234, 2. jAw. *hō, hə* und gAw. *həčā* können ebensowohl auf ar. **sau* (= ap. *hauv*) wie auf ar. **sō* (*sas*) zurückgeführt werden. — jAw. *aētaŋhąm* als neutr. GP. (V. 6, 7 f.; 13, 1; Nīr. 63) ist jedenfalls Neubildung zum fem. **aētā̊ŋhąm*, und zwar nach dem Muster der Acc. Plur.; *aētā̊* APf.: *aēta* APn. = **aētā̊ŋhąm*: *aētaŋhąm*. S. noch § 415 α und § 420 zu jAw. *avabyō.*

[1] Vp. 12, 1 (ZDMG. 38, 125 = JAOS. 14, CXXVI), Nīr. 105 (, wo es auf die 2. Sg. geht: *hā mē bara*, s. ai. *sá na .. ā́ bara* RV. 1, 12, 11). — [2] Yt. 8, 22; 13, 78; § 303 II, 16. — [3] § 240. — [4] V. 13, 28. — [5] Yt. 10, 78; s. § 416 a. — [6] jAw. Form; § 303, 4 No. — [7] Th. Baunack, Studien 1, 353. — [8] Eine dem ahd. *sī* entsprechende fem. Nom.-Sing.-Form gAw. *hī* ist vielleicht für Y. 31, 10 anzunehmen; anders freilich Jackson, A hymn 37 f.

§ 418. β. *Die Formen aus idg. *o-, *ā-, *ī-.*

Vgl. § 244, 3, 4; 212 f.; Whitney § 501 f.

1. Im **jAw.**

masc. Sg. N. *aēm*[1] — D. *ahmāi* — Ab. *ahmāṯ, ahmaṯ*[2] — G. *ahe, aⁱŋhe* — L. *ahmi, ahmya.*

Du. D. *ābya*[3] — G. *ayå.*

Pl. I. *aēibiš* — D. *aēibyō* — G. *aēšąm* — L. *aēšu, aēšva.*

fem. *Sg.* N. *īm*[4] — I. *aya* — D. *aⁱŋhāi* — Ab. *aⁱŋhāṯ*, *aⁱŋhaṯ*[2] — G. *aⁱŋhå* — L. *aⁱŋhe*.
Pl. D. *ābyō*, *aⁱwyas-čā*[5] — G. *åŋhąm* — L. *āhva*.

2. Im **gAw.**

masc. *Sg.* N. *ayəm*, *aēm*[1] — D. *ahmāi* — Ab. *ahmāṯ* — G. *ahyā* — L. *ahmī*.
Du. G. *ayå*; *ås-čā*.
Pl. I. *āiš* — D. *aēⁱbyō* — G. *aēšąm*.
fem. *Sg.* I. *ōyā* — D. *ahyāi*.
Du. D. *ābyā*.
Pl. I. *ābīš* — D. *ābyō* — L. *āhū*.

3. Im **Ap.**

masc. *Sg.* N. *iyam*[6].
fem. *Sg.* N. *iyam*[6] — G. *ahyāyā* — L. *ahyāyā*.

Bemerkungen. Dazu noch Aw. *aṯ* ASn. und *āṯ* AbSm. nach dem Nomen, beide als Partikeln gebraucht. — ISm.: Aw. *anā*, ap. *anā* s. § 419. — ISf.: Statt *aya* wird im jAw. *āya* geschrieben in der Verbindung *paⁱti āya zəmā*, vgl. dazu § 268, 3a Abs. 2. Zu gAw. *ōyā* s. § 298, 3c. — GDm.: Ob gAw. *ås-čā* correct überliefert ist, sei dahingestellt; vgl. § 412, 3a. — GSf. und LSf.: Zu ap. *ahyāyā* s. § 239, 2.

1 § 268, 21. — 2 S. § 416a. — 3 Nur in einem Citat aus den Gathas, V. 3, 29. — 4 D. i. *iyəm*, § 268, 21. — 5 Vgl. § 294. — 6 Eigentlich nur fem.; § 236, 1.

§ 419. γ. *Die Formen aus ar.* 1. **anā-*, 2. **imā-*.

Vgl. § 244, 5, 6; Whitney § 501.

1. Im **jAw.**

masc. *Sg.* A. *iməm* — I. *anā*. — — *Du.* N. *ima* — G. †*anayå*[1]. — —
Pl. N. *ime* — A. *imą*; *ime*[2].
neutr. *Sg.* A. *imaṯ*. — — *Pl.* A. *ima*; *imå*.
fem. *Sg.* A. *imąm*. — — *Pl.* N.-A. *imå* — G. *ananąm* (?).

2. Im **gAw.**

masc. *Sg.* I. *anā*. — — *Pl.* I. *anāiš*.
neutr. *Pl.* A. *imā*.
fem. *Sg.* A. *imąm*.

3. Im **Ap.**

masc. *Sg.* A. *imam* — I. *anā*. — — *Pl.* N.-A. *imaiy*[2].
neutr. *Sg.* A. *imaʰ*. — — *Pl.* A. *imā*.
fem. *Sg.* A. *imām*. — — *Pl.* N.-A. *imā*.

Bemerkungen. ISm. *anā* gehört eigentlich zu § 418; s. im Übrigen S. 139 oben No. 2. — GPf.: *ananąm* Nir. 51 wäre nominal gebildet; es ist wohl statt *aⁱwisrūϑrəm ananąm* (Haug, ZPGl. 126) vielmehr *aⁱwisrūϑrimananąm* zu lesen.

1 V. 4, 48; so Ml. 3 u. a.; lectio difficilior. — 2 S. § 240.

§ 420. δ. *Die Formen aus idg.* **o̯uo-*, **o̯uā-*.

Vgl. § 242, 9; s. dazu Caland, Pronomina 13.

1. Im **jAw.**

masc. *Sg.* N. *avå*; *aom*[1] — A. *aom*[1] — I. *ava* — G. *avahe*[2].
Pl. N. *ave* — A. *ave*[3] — I. *avāiš* — D. *avabyō*; *avaṯbyō*[4] — G. *avaēšąm*.
neutr. *Sg.* A. *avaṯ*. — — *Pl.* A. *ava*; *avå*.
fem. *Sg.* N. †*avå*[5] — A. *avąm* — D. *avaⁱŋhāi* — G. *avaⁱŋhå* — Ab. *avaⁱŋhāṯ*.
Pl. N.-A. *avå* — A. *avaŋhå*.

2. Im **gAw.**

masc. Sg. I. *avā.* — — *Pl.* I. *avāiš* — G. *avaēšąm.*
neutr. Sg. A. *avaṯ.*
fem. Sg. A. *avąm.* — — *Pl.* A. *avå.*

3. Im **Ap.**

masc. Sg. A. *avam* — G. *avahyā.* — — *Pl.* N.-A.[3] *avaiy* — G. *avaišām.*
neutr. Sg. A. *ava^h, avaš-čiy*[6].

Bemerkungen. jAw. *avå* NSm., f. steht nach § 268, 34 für *avāu*, das seinen Ausgang von jAw. *hāu* bezogen hat; es ist durch eine Vermischung von *hāu* »jener« und **avəm* »jenen« zu Stande gekommen[7]. — Zu jAw. NSm. *aom*[1] s. KZ. 29, 498; vgl. aber auch Caland, a. O. — jAw. *avaṯbyō* DPm. scheint Neubildung nach dem Muster der auf *ṷant-* ausgehenden Pronominalstämme zu sein (§ 415 β, 416 β, 422), veranlasst durch den Zusammenfall im Ausgang des ASntr. — jAw. *avabyō* als neutr. DP. (*daxštābyō* V. 13, 22; vgl. § 412, 3 d) ist wohl erst wieder auf einem wie *aētaŋhąm* geformten Gen. Plur. (§ 417) **avaŋhąm* aufgepfropft. — jAw. *avaŋhå* APf., Y. 23, 1. Zur Bildung verweise ich auf *haēnayå*, das auch GS. und AP. ist, § 413.

[1] D. i. **avəm*, § 268, 22. — [2] Auch *avaŋhe, ava'ŋhe.* — [3] § 240. — [4] Auch *avaēbyō*, § 268, 51. — [5] So wohl Yt. 8, 54 zu lesen; s. Geldner in der NA. — [6] § 282, Abs. 2. — [7] Jackson, Grammar § 441 führt *avā̊* auf einen Stamm **aṷant-* zurück; daraus aber würde der NS. **avąs* lauten; s. § 212, 1 b; 394. Wegen *avaṯbyō* s. oben; zu *avåntem* s. § 396.

§ 421. ε. *Die Formen aus* 1. *idg.* **i-*, 2. *idg.* **si-*, 3. *ir.* **di-*.

Vgl. § 244, 10, 11, 12; 406. Alle Formen — sämtlich Accusative — sind enclitisch. Die masc. Formen gelten auch fürs Fem. Im gAw. fehlt **di-*.

1. Im **jAw.**

masc. Sg. A. *īm;* — *hīm;* — *dim*[1]. — — *Pl.* A. *hīš;* — *diš.*
neutr. Sg. A. *iṯ;* — *hīm*[2]; — *diṯ; dim*[3]. — — *Pl.* A. *ī;* — *dī.*

2. Im **gAw.**

masc. Sg. A. *īm;* — *hīm.* — — *Du.* A. *ī;* — *hī.* — — A. *hīš.*
neutr. Sg. A. *iṯ;* — *hīm*[4]. — — *Pl.* A. *ī.*

3. Im **Ap.**

masc. Sg. A. *šim;* — *dim.* — — *Pl.* A. *šiš;* — *diš.*

Bemerkungen. Zur Anlautsdifferenz *h-* : *š-* im Aw. und Ap. beim Pron. idg. **si-* s. § 304 II, 18 und 305 C, 5, 9. — Aw. *hīm* und *dim* als ASneutr. sind der nominalen Flexion gefolgt. Ich bemerke übrigens, dass *hīm* auch als Partikel vorkommt, in welchem Fall das Wort für den Instr. Sing. (§ 244, 10 No.) anzusehen ist; so Yt. 5, 120, V. 2, 8. — Ap. *šiš* und *diš*, APmasc., entsprechen ihrer Bildung nach jedenfalls den gleichen awestischen Formen, welche wieder von denen der nominalen *i̯*-Stämme (§ 406) nicht zu trennen sind; also geht ap. °*iš* mit jAw. °*īš* auf ar. **°inš*; s. § 270 c, 8.

[1] NA. hat immer *dim*. Warum? weiss ich nicht. S. Yt. 5, 90; 8, 23; 10, 1. — [2] Vp. 4, 2. — [3] Yt. 3, 3. — [4] Y. 29, 2. — [5] Bh. 1, 62 geht *šim* auf *taumāyā*, nicht aufs Neutrum *xšaϑ'am*, wie Wackernagel, KZ. 24, 608 meint. Auch Weissbach-Bang übersetzen noch unrichtig.

§ 422. ζ. *Sonstige Formen.*

1. Im **jAw.** *atārō* »dieser von beiden« — **avavant-*[1], **aētavant-;* fem. °*va'tī-* »talis, tantus« — *hvō* »er, selbst«. — *ite* Y. 68, 14 ist nicht klar.

2. Im **gAw.** *avaṯ*[1] »tamdiu« — *hvō* »er, selbst« — *ϑwaṯ*[2].

[1] Dazu mit »Haplologie« (§ 306) *ava'ti* neben *avava'ti* u. ähnl. Fest geworden scheint die Kürzung in *avaṯ* »tamdiu«, als Gegenstück zu *yavaṯ*, zu sein. — [2] Als Adverb; § 244, 16.

II B II b. Die ungeschlechtigen Pronomina.

Vgl. § 246 ff.; Whitney § 491 ff. Die nur enclitisch vorkömmlichen Formen sind durch ° markirt.

§ 423. *Pron. 1. Person.*

		Aw. jAw.	Aw. gAw.	Ap.
Sing.	N.	*azəm*	*azə̌m; as-čīṯ*	*adam*
	A.	*mąm;* °*mā*	*məm*[1]*;* °*mā*	*mām*
	D.	*māvōya*[2]*, māvaya-ča*[2]*;* °*mē*	*maⁱbyā; maⁱbyō;* °*mōi*	
	Ab.		*maṯ*	°*mah*
	G.	*mana;* °*mē*	°*mōi*	*manā;* °*maiy*
Du.	A.		³°*āvā*[3]	
Plur.	N.	*vaēm*[4]	*vaēm*[4]	*vayam*
	A.	*ahma;* °*nō*	*əhmā;* °*nå*	
	D.	°*nō*	*ahmaⁱbyā; ahmāi;* °*nə*	
	Ab.		*ahmaṯ*	
	G.	*ahmākəm;* °*nō*	°*nə*	*amāxam*

Bemerkungen. Zu NS. gAw. *asčīṯ*, AD. gAw. ³°*āvā*, AP. jAw. *ahma*, gAw. *əhmā* und GP. ap. *amāxam* s. S. 140 f. — °*nå*, das im gAw. nur als AP. gilt, ist im jAw. aufgegeben; es wird durch °*nō* ersetzt, dessen gathischer Repräsentant °*nə* nur als Gen.-Dat. fungirt. Ebenso in der 2. Pers. Vgl. Caland, Pronomina 57. Auf jAw. *nā* Yt. 15, 32 als AP. ist nicht viel Verlass. — Geldner's Deutungen von gAw. *mayā* als IS., *mahyā* als GS., *mahmī* als LS. und *əhmā* als GP. des Pron. pers. (KZ. 28, 408, 259; 30, 328 f.) halte ich nicht für zutreffend (s. auch Caland, a. O. 58); die des ersten Worts ist BB. 15, 250 aufgegeben; zu *əhmā* s. ZDMG. 48, 150.

1 § 296, 4. — 2 D. i. **mawya*; § 268, 3. — 3 § 268, 6. — 4 D. i. *vayəm*; § 268, 21.

§ 424. *Pron. 2. Person.*

		Aw. jAw.	Aw. gAw.	Ap.
Sing.	N.	*tūm*[1]*; tū*	*tvəm*[1]*; tū*	*tuvam*
	A.	*ϑwąm;* °*ϑwā*	*ϑwąm;* °*ϑwā*	*ϑuvām*
	I.	*ϑwā*	*ϑwā*	
	D.	°*tē*	*taⁱbyā; taⁱbyō;* °*tōi,* °*tē*[2]	
	Ab.	*ϑwaṯ*	*ϑwaṯ; ϑwāṯ; (taⁱbyō*[2]*)*	
	G.	*tava;* °*tē*	*tavā;* °*tōi,* °*tē*[3]	°*taiy*
Du.	G.	*yavākəm*[4]		
Plur.	N.	*yūžəm*	*yūžəm;* °*yūš*	
	A.	°*vō*	°*vå*	
	I.		*xšmā*	
	D.	*yūšmaoyō*[5]*; xšmāvōya*[5]*;* °*vō*	*yūšmaⁱbyā; xšmaⁱbyā;* °*və*	
	Ab.	*yūšmaṯ*	*yūšmaṯ; xšmaṯ*	
	G.	*yūšmākəm;* °*vō*	*xšmākəm;* °*və*[6]	

Bemerkungen. Zu jAw., gAw. *yūžəm* neben gAw. *yūš* s. § 249, 1 und § 304 II, 9; zu gAw. *ϑwāṯ* s. § 247, 6; zu *xšmā* § 249, 7. Wegen gAw. *vå* — *və* und jAw. *vō* s. § 423. — Kern's Fassung von gAw. *ϑwahyā* als GS. des pers. Pron. (bei Caland, a. O. 58) ist nicht richtig; *ϑw*° gehört mit *vīdušō* (»die seitens deines Kenners geschätzte«) zusammen.

1 D. i. **tuvəm*, § 268, 2, 12, 22. — 2 IdgF. 5, 365. — 3 So nur, wenn mit dem vorhergehenden Wort zusammengeschrieben; sonst *tōi*. — 4 D. i. *yuvāk*°; § 268, 12. — 5 D. i. °*mawyō*, °*mawya*; § 268, 3. — 6 S. noch *vəs-tā*; IdgF. 1, 487; § 304 II, 43.

§ 425. *Pron. 3. Person (Reflexivum).*

1. Im **jAw.**: *Sg.* D. *hvāvōya*[1]; °*hē, šē* — G. °*hē, šē*.

2. Im **gAw.**: *Sg.* D.-G. °*hōi*.

3. Im **Ap.**: *Sg.* Ab. °*šah* — G. °*šaiy*. — — *Pl.* G. °*šām*.

Bemerkungen. Zum Anlaut der enclitischen Formen s. § 304 II, 18; 305 C 5, 9. — Etymologisch gehören dazu noch: jAw., gAw. *hvō* »er«, »selbst« und jAw. *xvatō*, § 252, 3; nicht aber die gewöhnlich dazu gestellten Formen jAw. *hīm, hīš* u. s. w. (§ 421, zu 2.)

[1] D. i. **hvawya*, § 268, 3.

§ 426. *Anhang. Die Derivata der Pron. pers.*

Nur im **Aw**esta nachweislich; solche der 1. und 2. Person nur im gAw.; vgl. LICHTERBECK, KZ. 33, 209 f., 179.

Pron. *1.* Pers.: gAw. *ma-* »meinig«; *ahma-, ahmāka-, na-* »unsrig«; *mavant-* »so wie ich beschaffen«; —

2. „ gAw. *ϑwa-* »deinig«; *yūšmāka-, xšmāka-* »eurig«; *yūšmāvant-, xšmāvant-* »so wie ihr besch.«; —

3. „ jAw. *hva-, hava-*, gAw. *xva-* »seinig«; jAw. *hăvant-* »so wie er (oder sie, Plur.) besch.«[1].

[1] *havant-: hē, hōi* = *mavant-: mē, mōi.*

ANHANG. SPRACHPROBEN.

I. Awestische.

1. Yasna 10, 1—7. [An Hauma.] jAw.

1

2

3

4

5

Umschreibung: 1 *viš apąm iδa patəntu vī daēvåŋhō vī daēvayō; vaŋhuš sraošō mitayatu ašiš vaŋuhi iδa miϑnatu ašiš vaŋuhi rāmyat̰ iδa upa imat̰ nmānəm yat̰ āhūiri yat̰ haomahe ašavazaŋhō.* 2 *fratarəmčit̰ tē havanəm vača upa.staomi huxratvō yō ąsuš hangəurvayeiti; uparəmčit̰ tē havanəm vača upa.staomi huxratvō yahmi niγne narš aojaŋha.* 3 *staomi maēγəmča vārəmča yā.tē kəhrpəm vaxšayatō baršnuš paiti gairinąm; staomi garayō bərəzantō yaϑra haoma urūruδiša.* 4 *staomi ząm pərəϑwīm paϑanąm vərəzyaŋhvąm x^vāparąm barəϑrīm tē haoma ašāum; staomi zəmō yaϑa raoδahe hubaoiδiš aurvō čarānəm uta mazdå huruϑma; haoma raose gara paiti uta frāδaēša vīspaϑa haiϑīmča ašahe xå ahi.* 5 *varəδayaŋuha mana vača vīspəsča paiti varšajīš vīspəsča paiti frasparəγə vīspəsča paiti fravāxšə.* 6 *haomō uxšyeiti stavanō; aϑa nā yō dim staoiti vərəϑrająstarō bavaiti; nitəmačit̰ haoma.hūitiš nitəmačit̰ haoma.stūitiš nitəmačit̰ haoma. x^varəitiš hazaŋrayγnyāi asti daēvanąm.* 7 *nasyeiti haϑra frākərəsta ahmat̰ hača nmānāt̰ āhitiš yaϑra bāδa upāzaiti yaϑra bāδa upastaoiti haomahe baēšazyehe čiϑrəm dasvarə.baēšazəm.*

Die Durchschüsse geben das Ende der Verszeilen an; Metrum: Gayatri; s. Geldner, Metrik 142.

Übersetzung. 1 Weg, fort sollen hier stürzen, weg die Teufel, weg die Teufelinnen, der gute Srauša soll (hier) wohnen, die gute Aši soll hier wohnen, die gute Aši weile hier bei diesem Haus, dem gottgeweihten, das dem Hauma (zugetan ist), dem Verbündeten des Aša. 2 Dein ersteres (unteres) Kelterstück preise ich mit Spruch, o kluger, welches die (Hauma-) Zweige aufnimmt; dein oberes Kelterstück auch preise ich mit Spruch, o kluger, auf welches ich mich stemme mit Manneskraft. 3 Ich preise Wolke und Regen, die deinen Leib gedeihen lassen auf den Höhen der Berge; ich preise die hohen Berge, wo du, o Hauma, aufwuchsest. 4 Ich preise die Erde, die breite, weite, mit thätigem Trieb, die freundliche, deine Mutter, o gerechter Hauma. Ich preise der Erde Gefild, da du wächst als der duftige Gebieter (der Pflanzen) und als des Mazdah schönes Gewächs. O Hauma, wachse auf dem Berg und breite dich aus auf dem Pfade der Vögel; und wahrlich der Gerechtigkeit Brunnen bist du. 5 Mehre dich durch meinen Spruch an allen Trieben, an allen Zweigen, an allen Stengeln. 6 Hauma gedeiht, wenn er gepriesen wird; so wird auch ein Mann siegreicher, der ihn preist. Auch die geringfügigste Haumakelterung, auch die geringfügigste Haumapreisung, auch der geringfügigste Haumagenuss dient zum Tausendtöten von Teufeln. 7 Es verschwindet gleich bei der Hervorbringung (wieder) aus dém Hause die Ansteckung, wo man recht hinzubringt, wo man recht preist des heilkräftigen Hauma lichte Gesundheitsarzenei.

Anmerkungen: *1 viš: vī* (= ai. *vi;* § 268, 8) = gr. *ἀμφίς: ἀμφί;* BRUGMANN, Grundriss 2, 591 f. *apąm:* § 253, 2. *iδa* ff. = ai. *iha patantu vi dēvāsō vi dēvyō* (§ 268, 11). *mitayatu:* § 145. *ašiš:* § 272. *vaŋuhi* = ai. *vásvī;* § 268, 27. *miϑnatu:* § 316. *rāmyat:* § 149. *nmānəm:* § 302, 2. *āhūiri:* § 100 a. *aša-vazaŋhō:* § 272; BB. 17, 340.

2 frat°: Die Haumakelter besteht aus zwei Teilen (*havana-*); vgl. ai. *adhiṣávaṇa-*. *čit . . čit:* »sowohl« . . »als auch«. *huxratvō:* § 407. *ąsuš:* AP.; § 407. *hangəurv°:* § 145. *ni-γne:* § 344. *narš:* § 216, 2; 401.

3 yā.tē: »welche beiden dir«. *baršnuš:* AP.; § 407. *garayō bərəzantō:* NP. als AP.; § 378, 4; doch s. S. 227. *urūruδiša:* Hdss. °*δuša;* § 330 I b; 359.

4 pərəϑwīm: = ai. *pṛthvīm;* § 268, 38. *vərəzy-aŋhvąm:* s. KZ. 28, 207; ar. **ur̥zi-* + **a-su̯ā-*. *ašāum:* § 403; ai. *r̥tāvan;* § 272. *aurvō:* KZ. 28, 189; Bund. 24, 18; 27, 4. *huruϑma — raoδahe:* § 23; 274 No. 2. *raose:* § 258, 1. *gara:* LS.; § 406. *višpaϑa:* BB. 16, 233; vgl. S. 153 zu 42—44. *haiϑīm:* § 253, 1. *xå:* NS.; § 405; vgl. ai. *kā́m r̥tásya;* § 272.

5 varəδ°: = ai. *vardháyasva;* § 286 No. 1. °*əs-ča*, °*ə:* § 304 II, 43; 412.

6 vərəϑrająstarō: KZ. 29, 560. °*xᵛarəitiš:* § 268, 56. °*γnyāi:* § 258, 2 eδ.

7 frākərəsta: LS.; § 406; zu *frā-kərəntat*. *upāzaiti:* *upa* + *az°;* § 304 II, 25.

2. Yasna 9, 11. [Kərsaspa's Kampf mit dem Drachen.] jAw.

kərəsāspasča . . . yō janat ažīm srvarəm yim aspō.garəm nərə.garəm yim vīšavantəm zairitəm, yim upairi viš raoδat āršt̰yō.barəza zairitəm; yim upairi kərəsāspō ayaŋha pitūm pačata ā rapiϑwinəm zrvānəm; tafsatča hō mairyō xᵛīsatča; frąš ayaŋhō frasparat yaēšyantīm āpəm parāŋhāt, parąš tarštō apatačat naire.manå kərəsāspō.

Zur Bedeutung der Durchschüsse s. S. 242 No.; vgl. GELDNER, Metrik 124.

Übersetzung: Und Kərsaspa . ., der den hörnernen Drachen erschlug, den Rosse verschlingenden, Männer verschlingenden, auf dem das Gift floss klafterhoch, das gelbliche; auf dem sich Kərsaspa in eisernem Kessel Essen kochte um die Mittagszeit; und der tückische wurde heiss und er schwitzte; hervor unter dem Kessel schnellte er, das siedende Wasser goss er um; fort eilte erschrocken der mannmutige Kərsaspa.

Anmerkungen: *janat:* § 101, 3. *srvarəm:* zu *srva-* (*sruva-;* § 268, 12) »Horn«; vgl. zur Bildung ai. *muṣkará-*. °*garəm:* § 183. *viš:* § 214, 2 No. 1. *āršt̰yō.barəza:* § 218, 2 a; BB. 10, 274. *zrvānəm:* § 188 a, α 2; 268, 12. *tafsat:* § 135. *xᵛīsat:* § 319. *frąš, apąš:* = ai. *prā́ṅ, ápāṅ;* § 178 a, β; 212, 1 a. *frasparat:* s. ai. *sphuráti;* § 59. *yaēšyantīm:* § 150. *parāŋhāt:* § 104 No. 2. *tarštō:* statt *tərᵊštō;* § 289, 2 No.; aber ai. *trastás;* s. § 209, 7 No. 10. *naire.manå:* § 268, 32.

3. Yašt 19, 43 f. [Der Renommist Snaviϑka.] jAw.

kərəsāspō . . yō janat snāviδkəm yim srvō.zanəm asəngō.gāum; hō avaϑa vyāxmanyata: apərənāyu ahmi nōit pərənāyu yezi bavāni pərənāyu ząm čaxrəm kərənavāne asmanəm raϑəm kərənavāne; ąvanayeni spəntəm mainyūm hača raoxšna garō.nmāna uspatayeni aŋrəm mainyūm ərəγata hača dužaŋha; tē mē vāšəm ϑanjayånte. spəntasča mainyuš aŋrasča.

Das Stück ist nur z. T. metrisch gebaut; s. im Übrigen S. 242 No.

Übersetzung: Kərsaspa . ., der den Snaviϑka erschlug, dessen Backen von Horn, dessen Hände von Stein waren. Der überlegte sich's also: »Minderjährig bin ich, noch nicht volljährig; wenn ich volljährig werde, will ich die

Erde mir zum Rade, den Himmel mir zum Wagen machen; herabholen will ich den heiligen Geist aus dem lichten Paradies, heraufschaffen den argen Geist aus der finstern Hölle; die sollen mein Gefährt ziehen, der heilige und der arge Geist«.

Anmerkungen: *snāviδkəm:* § 268, 50. *srvō.zanəm:* s. lat. *gena.* *asəngō.gāum:* § 213, 1 a; 387. *vyāxmanyata:* § 152, 7. *apərənāyu, pərən°:* § 407. *ząm:* § 213, 1 a; 402. *kərənavāne:* § 374. *spəntəm:* § 76. *garō.nmāna-:* »Haus des Loblieds«; § 302, 2; 183; 216, 3 a; 398. *us-patayeni:* § 151. *aŋrəm:* § 286 b. *ərəγata:* § 181 c. *dužaŋha:* § 174 a, 7. *tē..ϑanjayånte:* correct wäre der Dual; § 309 I No. *vāšəm:* § 295.

4. Yasna 44, 3—5. [Fragen über die Schöpfung.] **gAw.**

3 *taṯ ϑwā pərəsā ərəš.mōi vaočā ahurā kasnā ząϑā patā ašahyā paouruyō kasnā x ͮəng starəmčā dāṯ advānəm kə yā må uxšyeitī nərəfsaitī ϑwaṯ tāčīṯ mazdā vasəmī anyāčā vīduyē.*

4 *taṯ ϑwā pərəsā ərəš.mōi vaočā ahurā kasnā dərətā ząmčā adō nabåsčā avapastōiš kə apō urvaråsčā kə vātāi dvąnmaibyasčā yaogəṯ āsū kasnā vaŋhəuš mazdā dąmiš manaŋhō.*

5 *taṯ ϑwā pərəsā ərəš.mōi vaočā ahurā kə hvāpå raočåsčā dāṯ təmåsčā kə hvāpå x ͮafnəmčā dāṯ zaēmāčā kə yā ušå arəm.piϑwā xšapāčā yå manaoϑrīš čazdōnghvantəm arəϑahyā.*

Die grösseren Durchschüsse geben das Ende der Verszeile, die kleineren die Cäsur an; Metrum, Trišṭubh.

Übersetzung: 3 Das frag ich dich: thu es mir recht kund, o Ahura: Wer ist der Erzeuger, der Urvater des Aša? wer bestimmte den Pfad der Sonne und der Sterne? wer (ist's), durch den der Mond wächst, dann wieder abnimmt? Das will ich wissen, o Mazdah, und noch andres. 4 Das frag ich dich: thu es mir recht kund, o Ahura: Wer hielt die Erde unten und den Luftraum zurück vom Fall? Wer die Wasser und die Pflanzen? Wer verband dem Wind und den Wolken die Schnelle? Wer, o Mazdah, ist der Schöpfer des Vohumanah? 5 Das frag ich dich: thu es mir recht kund, o Ahura: Wer schuf kunstreich das Licht und die Finsternis? Wer schuf kunstreich Schlaf und Wachen? Wer den Morgen sammt dem Mittag und der Nacht, welche den verständigen an seine Pflicht gemahnen?

Anmerkungen. Vgl. für die Schreibung der Auslautsvocale § 268, 8.

3 *vaočā:* § 163. *kasnā:* wörtlich »welcher Mann«; § 304 II, 3; BB. 14, 14. *ząϑā:* § 8. *patā:* d. i. *p ͣtā;* § 83, 1. *paouruyō:* = ai. *pūrvyás;* § 60; 298, 3; 268, 13. *x ͮəng:* GS., § 216, 2 a; 405. *starəmčā:* GP., § 400. *nərəfsaitī:* § 319. *ϑwaṯ:* § 244, 16. *vasəmī:* § 300, 3; 122, 6. *vīduyē:* § 260, 2 e.

4 *ząm:* § 402. *nabåsčā:* § 304 II, 41; 381. *avapastōiš:* § 257. *dvąnmaibyasčā:* § 296, 1. *yaogəṯ:* § 303, 10; 356.

5 *hvāpå:* s. ai. *sv-ápās.* *raočåsčā, təmåsčā:* § 304 II, 41; 381. *kə yā ušå:* »wer, welcher Morgen ..« statt »wer den Morgen, welcher ..«. *xšapāčā:* § 387. *manaoϑrīš:* NP. zu °*ϑrī-* (§ 408), fem. zu °*tar-* = ai. *manṓtar-, manōtár-*, d. i. ar. **manautar-*, das zum Praesens **manauti* nach dem Muster **stautar-* zu **stauti* gebildet ist. *čazdōnghvantəm:* § 298, 3 a No. 1.

II. Altpersische.

Inschrift des Darius von Behistan; 1, 26—43. [Ende des Kambyses.]

27

Umschreibung: *ϑa*27*^{h}atiy dāraya^{h}va^{h}uš xšāyaϑiya^h: ima^h tya^h manā kartam pasāva^h yaϑā xš*28*āyaϑiya^h abavam. ka^{m}bujiya^h nāma^h kurauš puϑ^{r}a^h amāxam taumā*29*yā hauv parnvam idā xšāyaϑiya^h āha^h; avahyā ka^{m}bujiyahyā brā*30*tā bardiya^h nāma^h āha^h hamātā hamapitā ka^{m}bujiyahyā. pasāva^h ka*31*^{m}-bujiya^h avam bardiyam avāja^h. yaϑā ka^{m}bujiya^h bardiyam avāja^h kārahy*32*ā naiy azdā abava^h tya^h bardiya^h avajata^h. pasāva^h ka^{m}bujiya^h mudrāyam*33* ašiyava^h. yaϑā ka^{m}bujiya^h mudrāyam ašiyava^h *34* pasāva^h kāra^h arika^h abava^h; pasāva^h drauga^h dahyauvā vasiy abava^h utā pārsaiy utā mādaiy ut*35*ā aniya^{h}uvā dahyušuvā.*

[Fortsetzung] *ϑa^{h}atiy dāraya^{h}va^{h}uš xšāyaϑiya^h: pa*36*sāva^h 1 martiya^h maguš āha^h gaumāta^h nāma^h hauv udapatatā hačā paiši*37*yā^{h}uvādāyā arkadriš nāma^h kaufa^h hačā avadaša^h viyaxnahya māh*38*yā 14. raučabiš ϑakatā āha^h yadiy udapatatā. hauv kārahyā avaϑā *39* adurujiya^h: adam bardiya^h amiy hya^h kurauš puϑ^{r}a^h ka^{m}bujiyahyā br*40*ātā. pasāva^h kāra^h haruva^h hamiϑ^{r}iya^h abava^h hačā ka^{m}bujiyā^h, abiy avam *41* ašiyava^h utā pārsa^h utā māda^h utā aniyā dahyāva^h; xšaϑ^{r}am hauv *42* agarbāyatā garmapadahya māhyā 9. raučabiš ϑakatā āha^h avaϑā xša*43*ϑ^{r}am agarbāyatā. pasāva^h ka^{m}bujiya^h ^{h}uvāmaršiyuš amariyatā.*

Übersetzung: Es spricht Darajavahu (Darius) der König: Dies ists was von mir gethan ward, nachdem ich König geworden war. Kambudžja (Kambyses) mit Namen, des Kuru (Kyros) Sohn, aus unsrer Familie, der war zuvor hier König. Dieser Kambudžja hatte einen Bruder, Bardja (Smerdes) mit Namen, gleicher Mutter und gleichen Vaters mit Kambudžja. Darauf tötete Kambudžja jenen Bardja. Als Kambudžja den Bardja getötet hatte, da wurde es dem Volk nicht kund, dass Bardja getötet sei. Dann zog Kambudžja nach Mudraja (Ägypten). Als Kambudžja nach Mudraja gezogen war, da wurde [ihm] das Volk feindlich. Darauf wurde die Lüge gross im Land, in Parsa (Persien), in Mada (Medien) und in den anderen Ländern. Es spricht Darajavahu der König: Da war ein Mann, ein Mager namens Gaumata, der lehnte sich auf von Paišyahvada aus, ein Berg namens Arkadri, von da aus. Mit dem 14. Tage im Vjachna-Monat, in [dessen] Verlauf war es, als er sich auflehnte. Der log dem Volk so vor: »Ich bin Bardja, des Kuru Sohn, des Kambudžja Bruder«. Darauf wurde das ganze Volk von Kambudžja abtrünnig, zu jenem gingen sie über, Parsa und Mada und die andern Länder; er ergriff die Herrschaft; mit dem 9. Tage im Garmapada-Monat, in [dessen] Verlauf war es, da ergriff er die Herrschaft. Darauf starb Kambudžja durch Selbstmord.

Anmerkungen: *ϑa^{h}atiy:* § 270 c, 6, 8. *dāraya^{h}va^{h}uš:* § 264, 2 zu 8 d. *xšāyaϑiya^h:* § 310, 14 No. *pasāva^h:* § 305 II, 6. *nāma^n:* § 403. *hamātā:* ob für **hamamātā* nach § 306?, s. gr. ὁμομήτωρ. *avāja^n: ava + aja^n* (= ai. *áhan*). *azdā:* § 253, 3; Delbrück, Aind. Syntax 202 f. *ašiyava^h:* § 7. *vasiy:* wörtlich »satis«; § 214, 4. *avadaša^h:* § 425; BB. 14, 247 ff. *viyaxnahya, garmapadahya māhyā:* § 219, 2 b, α; § 412. *14. (9.) raučabiš ϑakatā:* vgl. KZ. 33, 427, wo weitre Litt.-Angaben. *adurujiya^h:* § 300, 6. *agarbāyatā:* § 144. *^{h}uvāmaršiyuš:* »eigenen Tod habend«; § 280.

[Im Satz vollendet
am 24. April 1895.]

Verbesserungen und Nachträge.

Die erste Ziffer bezeichnet die Seite, die zweite die Zeile (von oben an gezählt). l. bedeutet lies, str. streiche, fz. füge zu. [NA.] zeigt an, dass die Änderung durch das inzwischen erfolgte Erscheinen des 8. Heftes der Awesta-Neuausgabe veranlasst wurde. Änderungen (u. s. w.) von grösserer Wichtigkeit sind durch Fettdruck der Seitenziffer hervorgehoben.

Auf die Litteratur der Jahre 1895 und 1896 Bezug zu nehmen verbietet schon der mir gewährte Raum. Ebendarum habe ich es mir auch versagen müssen, auf die Besprechungen des ersten Heftes einzugehen. Auf deren ausführlichste sei wenigstens verwiesen: IdgF. 6, Anz. 31 ff.

Münster-Westf., September 1896.

7, 35 l.: oss. *čalx.* — 7, 46 l.: oss. *čaun.* — 9, 6 l.: ar. *žantam.* — 9, 11; 45, 21 l.: bal. *bij.* — 11, 46 l.: IdgF. 5, 367. — 14, 13 l.: *upadaržnvaⁱnti.* — 14, 27 l.: ar. **u̯ayžat.* — 16, 36 l.: Phlv. *ōpastan.* — 17, 43 l.: *saškuštəma.* — 22, 8 l.: IdgF. 5, 215 ff. — 23, 11 l.: ksl. *drŭžati.* — 23, 50 l.: IdgF. 5, 369. — 25, 43 l.: *nš* für *əx.* — 26, 54 l.: jAw. *pąsnūm.* — 27, 15 l.: *nāⁱri.činaŋhō.* — 28, 46 l.: IdgF. 7, 51 ff. — 29, 51 l.: *asparəz.* — 31, 21 l.: IdgF. 5, 220 f. — 35, 40 l.: jAw. *ažōiš.* — 36, 2: Die Note gehört zu ai. *yō(rā)* in Z. 3. — 36, 23 l.: *ašavaxšnus . . . snus.* — 37, 14 l.: jAw. *aδbitīm . .* (*ōb* aus urir. *db.* [NA.] — 37, 50 l.: arm. *čin.* — 41, 23 l.: *a³,a⁴ n,a³n.* — 42, 17; 55, 16; 60, 31 l.: †*susruma.* — 42, 28; 148, 36; 149, 19; 166, 21; 183, 44 l.: jAw. *zūrō.jatahe* und ap. *zūr°.* — 42, 48 l.: gAw. *jamyāt̰.* — 43, 25 l.: gAw. *drəgvāⁱtē.* — **43**, 34: Zu gAw. *dīšā* s. § 122, 9; 376. — **48**, 2 fz., 48, 6 str.: *z̤.* — 50, 42 l.: § 226. Du. Gen. — 54, 14 l.: jAw. *vi-šastarᵓ.* — 55, 48 l.: *γžarᵓ.γžarəntīš.* — 56, 8 l.: aus **u̯ā + u̯r.* — 56, 11 l.: *pāpiϑwąm.* — **56**, 12 fz.: gAw. *mąnᵃrōiš,* s. § 292, 1. — 59, 23 l.: auf *-e* = ar. *-a.* — 60, 25 l.: *viyatarayămaᵏ.* — **61**, 10; **88**, 24: Zu jAw. *haŋhāna* und zur Bildung der 2. Pl. Act. des Perfekts s. § 354. — 61, 53 l.: *āfrīnəntu.* — **63**, 31 l.: Zu gAw. *dāŋhā* s. § 371. — 68, 42 l.: *čarᵃtī.* — **71**, 44 str.: *mərᵓnčante* »sie gef.« [NA.]. — 72, 43 l.: sie wählen aus. — **73**, 23 l.: *nə* mit *n* s. IdgF. 7, 61 ff. — 73, 26; 91, 43 l.: †*fryąnmahī,* †*hvąnmahī,* †*dąnmahi.* — **75**, 21: Zu ap. *ayasatā* s. noch § 329 No. 4. — 75, 27 l.: *šināsad.* — 76, 46 l.: 5) *mimayžá- . . . gž* aus *ǵ + s.* — 77, 11 l.: 11) *didragžá-.* — **78**, § 141: Beachte jAw.: *inaoⁱti,* § 321. — 79, 41 l.: afγ. *pē-žanam.* — 82, 42 l.: 2) *druǵⁱiá-.* — **82**, 48 fz.: ar. **dr̥štás: *dr̥šiátai* = **kr̥tás: *kr̥i̯átai* (mit *r̥* vor *i̯* gegen § 56, 4 No.). — 83, 35, 37, 39 l.: jAw. *rāmyat̰* »er ruhte«. — 86, 22; 90, 42; 92, 4; 196, 33, 51; 197, 6; 206, 3; 207, 44 l.: jAw. †*nista.* [NA.] — 87, 16 l.: †*čəvištā.* — **88**, 35: Zu jAw. *vavačata* s. § 372. — **90**, 40 str.: gAw. *uštā.* (S. § 343 mit No. 7.) — **91**, 44 fz.: jAw. *hunyāt* (§ 377). — 96, 8 l.: IdgF. 6, Anz. 47. — **96**, 16 fz.: jAw. *nās-* »erlangend«; *nās-* zu *nas-* (mit *a* aus *n̥*) nach *vāčim* neben *vača* u. dgl. — **96**, 41 fz.: *°sk* (in jAw. *drujaskanąm;* § 96, 2). — 96, 52 l.: Phlv. *paty*]*āk.* — 97, 23 l.: *šard-* f.» Jahr«. — 99, 9 l.: Aw. *snu-t-.* — 99, 29 l.: *su̯ar-, sur-.* — 100, 6; 145, 53 l.: IdgF. 6, Anz. 46. — 101, 29 l.: *kšapan-.* — 101, 34 l.: *kaxšman-.* — 104, 5 l.: ap. *gāϑum.* — 105, 15 l.: Aw. *xšnāu̯-.* — 106, 29 l.: jAw. *brātruya-* [NA.]. — **113**, 35 l.: bei 6. und 15. auf *ī-.* — 117, 3; 178, 44 l.: jAw. *raϑōišti.* [NA.] — 120, 13 l.: Ausgangs *-əng.* — **121**, 38 str.: jAw. *raϑōište.* [NA.] — **125**, 16 l.: *āu*-Locative bei Fem. der Kl. 16 nur zu *tai̯*-Stämmen. — 128, 50 l.: s. § 224 ff. — 130, 5 l.: IdgF. 6, Anz. 46. — 130, 12 l.: (= ai. *ubá°;* § 268, 12). — 132, 16 l.: mit nasalirtem *r;* § 268, 54. — 133, 21 l.: gAw. *afšmānī* = ai. *nām-āni.* — 134, 10; 163, 26 str.: (IdgF. 5). — 137, 4; 138, 42 l.: jAw. *īm* (d. i. *iyəm;* § 268, 21). — 138, 47; 139, 5 l.: jAw. †*anayā̊* (s. § 419 No.). — 139, 10 fz.: np. *ēšān* »diese«. — 139, 26 l.: Aw. *hīš,* ap. *šīš* »sie«. — 144, 21; 180, 53 l.: †*dužāp-əm.* [NA.] — 146, 28 l.: *dōišī* »zu zeigen«.

— 146, 33 l.: †*pa^i ri.tačahi.* — 150, 52 l.: †*gaδō.tūs.* — 155, 10 l.: *yeyą* (s. § 312, 1). — 155, 22 str.: *xšuiš.* [NA.] — 156, 9 l.: IdgF. 5, 357. — 157, 6 l.: IdgF. 5, 368. — 157, 26 l.: j. *vīδvå* (: ai. *vidvā́n*). — ***157***, 36 l.: *ǝruy, uruy, ruy* (s. 39) und *ūiry* . . .; — c. j. *brātruyō* (= ai. *bhrā́tr̥vyas*); — d. j. *tūiryō* (: ai. *pitr̥vyas*, § 83) [NA.]. — 157, 37 str.: j. *brātūire* . . . 32 [NA.] — 158, 33 l.: (z. B. . . .). — 163, 47 l.: LC. 1894, 151. — ***165***, 7 l.: vor Medien und *m*, während es sonst . . . — 145, 19 l.: Y. 49, 11. — 166, 6 l.: *sraxtim.* — 168, 18 l.: jAw. *nǝr^ǝ u š.* — 170, 17 l.: *-ē* aus *-ai.* — 170, 27, 33; 176, 54 l.: *-ē* (aus *-ai*). — 171, 8 l.: im gAw. auch *ǝ̄.* — ***171***, 23 fz.: jAw. *afrasaŋhąmča* neben *afrasåŋhå* (§ 298, 7). — 172, 32 l.: *pa^i tišām* Y. 17, 10. — 176, 8 l.: IdgF. 5, 368. — ***177***, 54 str.: *āṯbitīm* . . . *duritīyam* (vgl. zu S. 37, 14). [NA.] — 178, 6 l.: *a^i piδbaoγǝ.* — 178, 38 l.: beides IS. (§ 218, 3). — 180, 36 l.: *kas-nā, yes-te.* — 180, 36 l.: *raočas.pa^i rīštǝm.* [NA.] — 181, 11 l.: *vārǝn-jinahe.* — ***182***, 3 fz.: jAw. *åntyå* (aus *ā + a°*; § 298, 7b). — 182, 41 l.: *pa^i ri.čiϑ-iṯ, a^i pi.čiϑ-iṯ.* — 186, 12 l.: *a^i pi.-dvąn^a rayå.* — ***191***, 13 l. (an Stelle von *yūxtā*): gAw. *yūjǝn.* — ***192***, 46: Streiche Beispiel 7). [NA.] — 193, 3 l.: *ås^ǝ naoiti* [NA.]. — 193, 15 l.: »he exhausts« (transitiv?). — 193, 28 l.: IdgF. 7, 79 ff. — ***193***, 40: Zu jAw. *vīnao^i ti* gehört auch *frāvinuyāṯ* V. 18, 70. [NA.] — 194, 9, 12 l.: *gǝr^ǝ mbayąn* »sie sollen ergr.« — 195, 27 l.: V. 3, 32. — ***195***, § 125 No. fz.: jAw. *zayeiti* »er wird geboren w.« Yt. 13, 16. — ***195***, 31 str.: daneben jAw. *apa gaoš°.* — 198, 7 l.: jAw. *čaxse.* — 198, 20; 214, 28, 35 l.: †*afrō.urvisvaṯ* (§ 268, 44). — 198, 24 l.: *ϑwars-.* — 199, 39: Die Note gehört zu *vīsaēte.* — 199, 47 l.: BTHL., IdgF. 7, Arica 43. — ***203***, § 348 str. die Bem.. [NA.] — ***203***, § 349 zu S. 3 fz.: jAw. *vǝr^ǝ nū^i ti.* [NA.] — ***203***, § 349 Bem. fz.: Them.: jAw. *srunva^i ti, vǝr^ǝ nava^i ti; vǝr^ǝ nava^i nti.* [NA.] — ***204***, § 350 str. S. 3 *vǝr^ǝ nū^i te,* die Bem. und die No. [NA.] — 206, 37 str.: *yūxtā.* — ***208***, § 361 str., ***212***, § 376 fz.: gAw. *dōišā* 2. Sg. Med.; s. IdgF. 7, 75. — ***209***, § 368 fz.: Eine 2. Sg. Imp. Act. scheint jAw. *čiči* (ZPGl.) zu sein, »büsse«; vgl. § 366 zu jAw. *framru.* — ***211***, § 372 fz.: Act. Du. 3. jAw. *čikayatō.* — 212, 20 l.: *nāšīma.* — 212, 47 l.: *stvōiš.* — 214, 9 l.: †*nā^i δyaŋhō.* — 214, 20 l.: Vp. 8, 1. — ***215***, 20 fz.: jAw. *karšō.rāząm, uzbaoδąm;* beide ebenfalls fem.; daneben masc. *karšō.rāzaŋhǝm.* — 217, 1 fz.: D. *vīž^i byō.* — 217, 30 l.: I. *apā-ča.* — ***217***, § 387 fz.: jAw. *āpe* DS., *xšapaṯ* AbS.; Nir. 48, 50. — 218, 9 fz.: jAw. *drujaskanąm;* § 96, 2. — ***218***, 25 fz. (zu No. 3): Das *m* von *hamča* stammt aus den starken Formen. — ***219***, § 392 fz.: Sg. Nom. jAw. *xšvis,* was zu den Bem. zu beachten ist. [NA.] — ***219***, 22 str.: *sar^ǝ δaē^i byō* DP., *sar^ǝ-δanąm,* GP. — 219, 33 l.: *amǝr^ǝ tatås-čā.* — ***220***, § 396 fz. unter jAw. Sg. L.: 1 *jasǝnti;* fz. unter jAw. Du. N.: 1 *amaršanta.* — ***221***, 22: Belege des Loc. Sing. zu 1 s. IdgF. 1, 178; danach zu ändern. — 222, 8 l.: BB. 13, 88. — 222, 15 l.: *frātaṯ.čarat-.* — 222, 21 l.: I *aša-sara.* — ***223***, 24, 29 l.: gAw. *strǝ̄mčā,* wonach zu ändern. [NA.] — 224, 6, 18 l.: *°zima.* — 225, 16 str.: *hazaŋhanǝmča.* — ***225***, 48 str.: *zruni.* [NA.] — 226, 39; 235, 17 l.: *šōiϑrō.pānō.* — ***226***, § 406 fz.: Sg. N. jAw. *frasasti.* Vgl. dazu § 407 Bem. — 227, 12 l.: *ga^i rīš.* — ***227***, 43 fz.: Them. jAw. *va^i ryanąm* GP. — 227, 47 l.: IdgF. 7, Arica 44. — 228, 36 l.: V. 7, 42. — ***229***, 12 (zum Pl. Nom.) fz.: Auffällig sind die als NPl. gebrauchten Formen jAw. *pō^u rūš* Y. 65, 11, *duš.ma^i nyuš* Yt. 14, 38, gAw. *x^v aētūš* Y. 40, 4. Ich setze ihren Ausgang mit urir. *-ūš* an. Etwa ir. *-as-ča* NS.: *-ās-ča* NP. = *-uš: -ūš?* — ***229***, 23 fz.: jAw. †*dušma^i nyavanąm* GP. — ***230***, § 409 unter jAw. Sg. V. fz.: [*tanvō*]. — ***235***, § 414 unter jAw. str.: Sg. D. *raϑōi-šte;* fz.: Sg. L. *rāϑōi-šti;* Du. N. [*rāna-pō*], Pl. I. [*stāiš*]. [NA.] — 235, 7 l.: †*duždą.* — 237, 8 l.: *kēšavantam.* — 238, 25 l.: I. *ana.* — 240, 14, 19 unter jAw. AP. l.: †*ahma.*

III. MITTELPERSISCH.

VON

C. SALEMANN.

I. EINLEITUNG.

1. Unter dem Terminus »Mittelpersisch« versteht man im weitesten Sinne die Sprache Irans zur Zeit der Arsaciden (Parther) und Sasaniden (226—642 n. Chr.). Von der Sprache der älteren Zeit besitzen wir, ausser einigen Eigennamen und Titeln[1], keine schriftlichen Aufzeichnungen; erst von den Sasaniden haben sich Inschriften[2] auf Denkmälern und Aufschriften auf Münzen, Gemmen, Gefässen[3] erhalten, deren Entzifferung aber noch nicht weit gediehen ist. Dasselbe gilt von den Papyrusfragmenten[4], welche in letzter Zeit in grösseren Mengen in Ägypten gefunden und nach Europa gebracht worden sind; diese scheinen nach-sasanidisch zu sein und stammen etwa aus dem VIII. Jahrhundert n. Chr.

[1] FERD. JUSTI, Iranisches Namenbuch. Marburg 1895. P. DE LAGARDE, Gesammelte Abhandlungen. Leipzig 1866, pp. 148 ff. Über die Namen auf indoskythischen Münzen der beiden ersten Jahrh. p. Chr. s. WEST, Grundriss II, 75, § 2. — [2] s. WEST l. c. 76, § 4 ff. u. § 12. — [3] s. den III. Abschnitt des GR. 5). — [4] s. WEST l. c. 79, § 11.

2. Die Sprache all dieser Denkmäler ist wesentlich identisch mit der Sprache der reichen Litteratur, welche sicheren Nachrichten zufolge im nationalen Reiche der Sasaniden blühte und auch nach dem Zusammenbruche desselben von den dem alten Glauben treu gebliebenen Zoroastriern (Parsen) in Persien und Indien gepflegt wurde. Bei der Mannigfaltigkeit dieser Litteratur, von welcher unsere — zum Teil arabischen — Quellen berichten, ist es überaus bedauerlich, dass nur ein geringer Teil, vorherrschend Werke theologischen Inhalts, erhalten geblieben ist; überdies ist keine der bekannten Handschriften älter als aus dem Anfange des XIV. Jahrhunderts.

3. Die Sprache dieser Schriften ist nun das »Mittelpersische« im engern Sinne, auch Bücher-Pahlavi genannt, im Gegensatze zum ältern Pahlavi[1] der andern Denkmäler. Dieses Bücher-Pahlavi bildet den Gegenstand der folgenden Darstellung. Doch muss hier gleich im Voraus bemerkt werden, dass es dem Forscher wohl für immer versagt bleiben wird, sich eine absolut sichere Anschauung vom Bau dieser Sprache zu bilden. Der Grund hierfür liegt teils in der Überlieferung, teils in der Schrift. Abgesehen vom geringen Alter der Handschriften, die meistens nicht allzu sorgfältig geschrieben sind, unter-

liegt es keinem Zweifel, dass die Abschreiber sowohl als auch die Verfasser jüngerer Schriften sich vom Einflusse des Neupersischen nicht immer haben frei halten können, weder in lautlicher, noch in grammatischer Beziehung. Ferner ist die Schreibung des Pahlavi keine phonetische, sondern zu einem nicht geringen Teile eine historische, und dann wird eine gewisse Anzahl von Ideogrammen verwendet, so dass sich die lautliche Geltung der geschriebenen Wörter nur annähernd bestimmen lässt. Die Entscheidung wird sich in den Grenzen halten müssen, welche durch die Pahlavi-Schrift einerseits — deren buchstäblicher Lesung die zahlreichen Lehnwörter des Armenischen[2] aus arsacidischer Zeit im grossen Ganzen genau entsprechen — und andrerseits durch das älteste Neupersisch gegeben sind[3].

[1] Pahlavi heisst eigtl. Parthisch, s. J. Olshausen, Parthava und Pahlav, Māda und Māh: Monatsber. Berl. Ak. d. W. 1876, p. 727 ff., und West l. c. § 107 [1]). — [2] H. Hübschmann, Armenische Grammatik I, 1. Die persischen u. arabischen Lehnwörter im Altarmenischen. Leipzig 1895. — [3] Für ganz verfehlt muss man den Versuch von Cl. Huart erachten, zur Bezeichnung verschiedener neuerer Dialekte den Terminus »pehlevi-musulman« aufzubringen (JAs[8] VI, 502. XIV, 238; vgl. E. G. Browne, A catalogue of the Persian mss. in the library of the University of Cambridge. 1896, p. 69, no. xxvii). Solch unmotivirte Namengebung kann nur zu argen Missverständnissen Anlass geben.

4. Für den Verfasser dieser Skizze steht es ausser Zweifel, dass das sog. Pahlavi keine Mischsprache ist, wie man früher anzunehmen pflegte[1]. Alle fremden Elemente sind lediglich Ideogramme, welche sich zum geringern Teile als altertümliche oder bloss graphisch modificirte iranische, zum grössern Teile als semitische (aramäische) Wörter erweisen[2] — ein Verhältnis, das schon im VIII. Jahrh. den Arabern bewusst war[3], dann aber erst von Westergaard[4], bedingungsweise Haug, und Nöldeke[5] wiedererkannt worden ist. Ein näheres Eingehn auf die Streitfrage wäre hier zwecklos: es genügt, auf die — in keiner einzigen der bekannten Mischsprachen beobachtete — rein mechanische Behandlung des fremdsprachlichen Stoffes hinzuweisen[6], und auf den Umstand, dass weder im Neupersischen und seinen Dialekten, noch im Armenischen, noch in syrischen, jüdischen und griechischen Schriften sich eine Spur dieses fremden Elementes als aus dem Mittelpersischen entlehnt oder angeführt nachweisen lässt. Das müsste doch unbedingt der Fall sein, wenn das Mittelpersische je so wäre gesprochen worden, wie man es schrieb.

[1] Die Geschichte der Pahlaviforschung bis 1870 schildert Haug in seinem Essay on Pahlavi, welches die Einleitung bildet zu: An old Pahlavi-Pazand Glossary, ed. by Destur Hoshangji Jamaspji Asa. Bombay u. London 1870; vgl. die Anzeige von Ed. Sachau, ZDMG. XXIV (1870), p. 713 ff. — [2] Eine solche Mischung semitischer Ideogramme mit iranischen Elementen tritt schon auf Münzen des IV. u. III. Jahrh. v. Chr. auf; s. West l. c. p. 75, § 1. — [3] Clermont-Ganneau, Lettre à Mr. Mohl sur un passage du Kitab-al-Fihrist: JA.[6] VII (1866), p. 429 ff. — [4] Zendavesta or the religious books of the Zoroastrians ed. by N. L. Westergaard, I, p. 20 [2]). — [5] Th. Nöldeke, Geschichte des Artachšîr i Pâpakân, aus dem Pehlevî übersetzt: Beitr. z. Kunde d. idg. Spr. IV (1878), p. 33. Ders.: Aufsätze zur persischen Geschichte. Leipzig 1887, p. 150 ff. »Pehlevi« (vgl. Encyclopaedia Britannica, 9th ed., s. v.); vgl. auch Gött. Gel. Anz. 1882, St. 31, p. 961 ff. — [6] Sem. אב׳ = mp. *piδ* Vater, aber ideogr. אביתר׳ = mp. *piδar;* מעם שתרי = *Awaršahr* npr.; אל חח = *ma agar* dass nicht, np. *magar,* איֿ (inschr. איך) = *ku* dass, np. *ki* und *kū* wo, np. *kū, ku-gā* u. s. w.

5. Auch das Verhalten der Parsen selbst darf zur Bestätigung des neuerkannten wirklichen Sachverhaltes angerufen werden. Sie besitzen, wohl aus recht alter Zeit, ein fast vollständiges Verzeichnis dieser Ideogramme: es ist das *Frahang i Pahlavīk*[1] oder »Pahlavi-Pazand Glossary«, ein nach Stoffen geordnetes Wörterbuch, in welchem für jedes Ideogramm[2] die iranische Aus-

sprache angegeben ist. Es verdient Beachtung, dass ein Teil des in diesem Buche verzeichneten mittelpersischen Sprachstoffes in der Litteratur gar nicht nachzuweisen wäre, da alle Pronomina, Conjunctionen und auch manche Nomina und Verba lediglich durch Ideogramme ausgedrückt werden. In neueren Handschriften wechseln die iranischen Wörter unterschiedslos mit den entsprechenden Ideogrammen, und diese letzteren finden sich auch häufig durch die entsprechenden iranischen Ausdrücke glossiert, gewöhnlich in neupersischem Gewande.

[1] WEST l. c. p. 120, § 106, wo nachzutragen: J. OLSHAUSEN, Zur würdigung der Pahlavi-glossare und ihrer erklärung durch die Parsen: ZVgldSprf. N. F. VI (1883), p. 521 ff. FRDR. MÜLLER, Bemerkungen zum Pahlavi-Pazand Glossary von Hoshangji-Haug: WZKM. VI (1892), p. 76 ff., VII (1893), p. 141 ff. Eine Bearbeitung desselben Glossares, in arabischer Schrift und alphabetischer Anordnung, bietet der 4. Anhang des persischen Wörterbuches *Farhang-i-Jihāngīrī* (verf. 1608/9 p. C.), dessen Verfasser Injū einen bejahrten Parsen zu Rate gezogen hat, wie er s. v. *āδur* mitteilt. Ein ähnliches, aber viel moderneres Glossar hat E. SACHAU abgedruckt: Neue Beiträge zur Kenntniss der zoroastrischen Litteratur: Wien. hist.-ph. Sitzgsber. LXVII (1871), pp. 837 ff. — [2] Phl. *uzvārišn*, pa. *uzvāriš*, worüber s. WEST, l. c. p. 120, § 107; das Wort wird schon an der oben genannten Stelle des Fihrist genannt (IV. Jahrh. d. H.).

6. Endlich haben die Parsen selbst schon des leichteren Verständnisses wegen den Versuch gemacht, Pahlavi-Texte in rein iranischen Wörtern zu umschreiben, wobei die durch das eben erwähnte Glossar festgestellte Tradition massgebend war. Das ist das sog. Pāzend (in Awestaschrift) oder Pārsī (in arabischer Schrift)[1]. Einige Denkmäler sind nur in dieser Form erhalten oder gar abgefasst. Für sprachgeschichtliche Zwecke darf das Pāzend[2] keine selbständige Autorität beanspruchen: diese Transcriptionsversuche sind zeitlich zu jung, zu oberflächlich und schablonenhaft, als dass sich aus ihnen irgend etwas über den ursprünglichen Lautzustand entnehmen liesse. Dagegen sind sie nicht ohne Wert für die kritische Herstellung der ursprünglichen Textgestalt des umschriebenen Werkes.

[1] Das sog. Pārsī nähert sich in Lautform und Grammatik noch mehr dem Neupersischen. In neuerer Zeit wird auch das Gujerātīalphabet zur Transcription benutzt. — [2] Die wichtigsten Übertragungen ins Pāzend verfasste Nēriōsang, Sohn des Dhaval, gegen Ende des XII. Jahrh., so das *Dāδistān ē Mēnōk ē Xraδ* (Minokhirad) und das *Škandgumānīk Vižār*, s. WEST l. c. § 55, 53.

7. Da wir es hier nur mit dem iranischen Sprachstoffe des Pahlavi zu thun haben, so bin ich eines näheren Eingehns auf die semitischen Elemente überhoben. Die Lösung der Aufgabe liegt der semitischen Philologie ob, da die im »Uzvārišn« erhaltene Sprachform einem noch nicht näher bestimmbaren aramäischen Dialekte angehört[1]. Ausserdem bedarf die Lesung der vieldeutigen Bücherschrift bei so manchen Ideogrammen noch der Berichtigung und Bestätigung durch in den Inschriften u. dgl. erhaltene ältere deutlichere Schreibungen[2].

Hier sei nur folgendes bemerkt:

a) Mehrere Nomina stehn im Status emphaticus, d. h. ihnen ist der Artikel -*ā* angehängt, welcher bald durch א bald durch ה bezeichnet wird, z. B. תורא Stier (mp. *gāw*), רבא gross (*vazurg*); ברה Sohn (*pus*), גדה Herrlichkeit (*farr*).

b) Die Verba, mit Ausnahme von הוה sein (*ast*), erscheinen sämtlich in der 3. Pl. Perf. oder Imperf., mit der Endung ון- (inschr. auch bloss ן-), z. B. רמיתן werfen (*awgandan*); הנחתון legen (*nihāδan*), חויתון sehen (*dīδan*) sind Perfecta, dagegen יהוון werden, sein (*būδan*), יכתיבון schreiben (*niwištan*), יכוימון (√קום) stehn (*ēstāδan*), ושמהון (für ישמעון) hören (*āšnūδan*) Imperfecta.

c) Einige Wörter, hauptsächlich Pronomina und Partikeln, zeigen vor sich eine Praeposition, z. B. ל (inschr. לי) mir (*man*), לנה uns (*ēmā*); לוינ' (inschr.

לויני für לעי »vor den Augen«) vor (*pēš*), לצת' (inschr. לצדי; das ת des bphl. ist vielleicht aus der Ligatur די verderbt) hinüber zu (*tar*); so auch נפשה eigen (*xvēš*) neben בנפשה selbst (*xvaδ*), דנה dieser (*ē*) neben לדנה dieser (*im*); und das Subst. בירח (eig. »im Monate«) Monat, Mond (*māh*). Zum Teil scheint die Praeposition den iranischen Casus obliquus ausdrücken zu sollen.

d) An solche Ideogramme werden nun die iranischen Flexionsendungen einfach angehängt — was aber in dem Inschriften-Pahlavi auch oft unterbleibt — während die richtige Bildung der von der Grammatik geforderten Form dem Leser überlassen wird; z. B. מלכא-אן מלכא König der Könige (*šāhān šāh*), מנ-ש von ihm (*ažaš*), ימללונ-ד sie sagen (*gōvēnd*) u. s. w.

[1] Die Verwandtschaft vieler Pahlavi-Wörter mit semitischen erkannte schon P. A Bohlen, Symbolae ad interpretationem S. Codicis ex lingua Persica. Lips. 1822, wo eine ganze Reihe von Wörtern aus Anquetil's Vocabularien (Zend-Avesta II [1771], p. 423 ff.; Kleuker, Zend-Avesta III [1777], p. 137 ff.) richtig gedeutet ist. Ausser den spätern Grammatikern und Lexikographen s. noch Justi, ZDMG. XXII (1868), p. 349 ff.; Sachau, ibid. XXIII (1869), p. 509 ff., XXIV (1870), p. 714 ff.; P. de Lagarde, GGA. 1870, St. 37, p. 1441 ff. = Symmicta (I, 1877), p. 24 ff. und Frdr. Müller's Kleine Mitteilungen in verschiedenen Bänden der Wiener ZKM. — [2] E. W. West, Sassanian inscriptions explained by the Pahlavî of the Pârsîs, JRAS. N. S. IV, 357 (1869); M. Haug, Über den Charakter der Pehlewisprache mit besonderer Rücksicht auf die Inschriften, Sitzgsber. d. hist. u. ph.-ph. Cl. d. k. bayr. Ak. 1869, I, p. 86 ff.

8. Für den Iranisten genügt es, die iranischen Äquivalente der Ideogramme zu kennen, um sie beim Lesen von Texten richtig einsetzen zu können[1]. Zu diesem Zwecke sind im Appendix die wichtigsten Verba, Pronomina und Partikeln zusammengestellt. Das übrige Uzvārišn findet man in den Glossarien von Haug und West.

[1] Den Versuch, einen zusammenhängenden Text nach diesen Grundsätzen zu umschreiben, machte C. Salemann, Mittelpersische Studien: Bull. de l'Acad. St. P. XXXI (1887), p. 417 ff. = Mélanges Asiatiques IX, p. 207 ff.

9. In früheren Zeiten besassen die Parsen auch noch eine traditionelle Aussprache der Ideogramme, unter welche zudem eine Anzahl verlesener und verschriebener iranischer Wörter[1] geraten ist. Allerdings wich diese Lesung von der wissenschaftlich allein zulässigen bedeutend ab, sie muss aber allgemein verbreitet gewesen sein, da sie in allen Handschriften[2] des oben genannten Frahang i Pahlavīk überliefert ist und durch die arabische Transcription des Farhang i J̌ihāngīrī bestätigt wird. Ja, in manchen Handschriften[3] finden sich längere Texte auf diese Weise in arabische Schrift umschrieben. Noch Anquetil wandte diese Aussprache des Pahlavi an, seit aber die Forschungen seiner Nachfolger durch Haug in Indien eingeführt wurden, sind die parsischen Gelehrten von der alten Lesung abgegangen und es herrschen in den Transcriptionen, welche unnötiger Weise fast jeder Edition beigegeben werden, Inconsequenz und Willkür. Auch West's neueste Umschreibungsmethode, die ja recht praktisch sein mag, erschwert alle sprachliche und textkritische Forschung. In Ermangelung der Originalschrift wäre es daher am geratensten, zu der schon von M. J. Müller[4], Spiegel und anfänglich auch Haug[5] angewandten Transcription mit hebräischer Quadratschrift zurückzukehren.

[1] So z. B. lesen sie für אוחרמזד (inschr. אוחרמזדי) *Ōhrmazd*, dessen Zeichen ebensogut אנהומא umschrieben werden können, »*Anhōmā*«, für יזדאן (inschr. יזתן) *yazdān* aber יהאן »*yahān*«, beide Male also mit Verwechslung der identischen Zeichen א und זד; ferner für אתינך (np. *āyīnah*) ארודנך »*adōdena*« (es ist ארו für die Ligatur את verschrieben) u. s. w. — [2] Aber nicht in der englischen Ausgabe von Hoshangji-Haug, An old Pahlavi-Pazand Glossary. Bomb. & Ld. 1870, wo die traditionelle Transcription »verbessert« ist. — [3] So z. B. das Dschāmāsp-nāmah im Cod. Monac. (Haug) Zend. 52, fol. 133 v. ff. Wenn man die Leichtigkeit in Betracht zieht, mit welcher

die arabische Schrift Verderbnissen unterliegt, so möchte die Behauptung nicht zu kühn erscheinen, dass auch die vom iranischen Standpunkte aus ganz unverständliche Sprachform des Desātīr (The Desātīr or sacred writings of the ancient Persian prophets ... publ. by Mulla Firuz Bin Kaus. Bombay 1818. 4°. Neue Ausgg. Bby. 1848. 4°. und 1888. 8°.) und ähnlicher Schriften (ed. Mānukǵī, s. Mél. As. IX, p. 571 m) sich als Pahlavi in arabischer Schreibung herausstellen wird, wie einige Stichproben gezeigt haben. — 4 Essai sur la langue pehlvie: JAS. 3 VII (1839), p. 289; vgl. auch seine, ein tiefes Verständnis des Pahlavi erweisenden Untersuchungen über den Anfang des Bundehesch: Abhh. d. philos.-philol. Cl. d. k. bayr. Ak. d. W. III (1840), Abt. 3, p. 613 ff. — 5 Über die Pehlewi-Sprache und den Bundehesh. Aus den Götting. gel. Anzeigen. Vollständigerer Abdruck. Göttg. 1854.

10. Da das Pārsī oder Pāzend, wie wir gesehen haben, nur einen Versuch darstellt, das Mittelpersische lautlich zu fixieren, so verbinden wir in der folgenden Übersicht der Grammatiken und Wörterbücher dasselbe mit dem Pahlavi.

Fr. Spiegel, Grammatik der Pârsisprache nebst Sprachproben. Leipzig 1851.
— Einleitung in die traditionellen Schriften der Parsen. T. I. Grammatik der Huzvâresch-Sprache. 1856. II. Die traditionelle Litteratur der Parsen. 1860 (mit Texten und einem Glossar, p. 349 ff.). Wien.
F. Justi, Der Bundehesh. Zum ersten Male herausg., transcribirt, übersetzt und mit Glossar versehen. Leipzig 1868.
Peshotan Dustoor Behramjee Sunjana, A Grammar of the Pahlvi language with quotations and examples from original works and a Glossary of words bearing affinity with the Semitic languages. Bombay 1871.
The Book of Mainyo-i-Khard. The Pazand and Sanskrit texts, as arranged by Neriosengh Dhaval. With an English translation, a Glossary of the Pazand text, a sketch of Pazand Grammar, and an introduction by E. W. West. Stuttgart & London 1871.
E. W. West, Glossary and Index to the Pahlavi texts of the Book of Arda Viraf, the Tale of Gosht-i Fryano, &c. with notes on Pahlavi Grammar. Revised by M. Haug. Bombay & London 1874.
Jamaspji Dastur Minocheherji Jamasp Asana. Pahlavi, Gujarâti, and English Dictionary. I ff. 1877 ff. Bombay.
C. de Harlez, Manuel du Pehlevi des livres religieux et historiques de la Perse. Grammaire, Anthologie, Lexique. Paris 1880.
Ferner enthalten Glossare die Textausgaben der von West in seiner Pahlavi-Literature (GR. Bd. II) unter den §§ 30, 35, 53, 61, 72, 73, 77, 103 und 106 besprochenen Werke.
Als wichtige Hilfsmittel sind noch zu nennen: Darmesteter, Études iraniennes I. II. Paris 1883. P. Horn, Grundriss der neupersischen Etymologie. Strassburg 1893. H. Hübschmann, Persische Studien. ib. 1895. Ders., Armenische Grammatik I. ib. 1897.

II. SCHRIFTWESEN.

11. Die Sasaniden bedienten sich anfangs zweier Alphabete gemeinsamen aramäischen Ursprungs, welche als chaldäisches und sasanidisches Pahlavi bezeichnet werden. Das erstere erscheint nur in ein paar der ältesten Inschriften, deren Sprache überdies einige Eigentümlichkeiten zeigt, und wurde sehr bald gänzlich von dem anderen verdrängt. Dieses letztere nahm mit der Zeit immer cursivere Formen an, deren Entwickelung sich auf Münzen, Gemmen und Gefässen verfolgen lässt, bis zu den aus dem XIV. Jahrhundert stammenden Handschriften, deren Schriftcharakter jedenfalls ein gut Stück älter ist, fortan aber stabil blieb. Aus dieser Bücherschrift erst hat sich die Awesta-Schrift herausgebildet und kann daher auf ein hohes Alter keinen Anspruch erheben. Noch viel cursiveren Charakters sind die Schriftzüge der etwa aus dem VIII. Jahrh. stammenden Papyri, deren Entzifferung noch in den ersten Anfängen liegt.

Die Bücherschrift besitzt folgende einzelne Zeichen[1]:

	Inschr.	Hdss.	Transcr.			Inschr.	Hdss.	Transcr.	
1	𐭠	[illegible]	א	*a*	12	—	[illegible]	כ̄	γ
2	𐭡	[illegible]	ב	*b*	13	𐭫	[illegible]	ל	*l*, *r*
3	𐭢	[illegible]	ג	*g*	14	𐭬	[illegible]	מ	*m*
4	𐭣	[illegible]	ד	*d*	15	𐭭	[illegible]	נ	*n*
5	𐭤	[illegible]	ה	—	16	𐭮	[illegible]	ס	*s*
6	𐭥	[illegible]	ו	*v*	17	𐭥	[illegible]	ע	—
7	𐭦	[illegible]	ז	*z*	18	𐭯	[illegible]	פ	*p*, *f*
8	𐭧	[illegible]	ח	*h*, *x*	19	𐭰	[illegible]	צ	*č*
9	𐭨	—	ט	—	20	𐭥	[illegible]	ר	*r*, *l*
10	𐭩	[illegible]	י	*i*, *y*	21	𐭱	[illegible]	ש	*š*
11	𐭪	[illegible]	כ	*k*	22	𐭲	[illegible]	ת	*t*

Von diesen Zeichen kommen 5, 9 und 17 nur in semitischen Wörtern vor, während 12 eine Neubildung aus 11 ist, vermittelst des sog. Aspirationsstriches, welcher bei der Bildung der Awestaschrift so häufig in Anwendung gebracht worden ist. Oder ist das Zeichen aus dieser zurück entlehnt? — Zeichen 9 hat zuerst Dr. Andreas bestimmt, in den Handschriften steht dafür 22, z. B. תב (für טב) mp. *nēv* gut, tüchtig.

Die Behauptung, die beiden ס-Zeichen — wohlgemerkt — der Bücherschrift bezeichneten ursprünglich zwei verschiedene Laute *s* und ϑ — zuletzt bei Hübschmann, Pers. Stud. 203, § 95, 210, § 100 — lässt sich nicht aufrecht erhalten. Die Lapidarschrift besitzt nur ein Zeichen (vgl. das zweifelhafte אכסי, nach West, Sass. Inscrs. p. 36 = آگاهی, bphl. *ākāsīh* — eher = bphl. אכאס), in der Transcription awestischer Wörter mit ϑ wechseln beide ס, ebenso in mittelpersischen: das einzige, was sich feststellen lässt, ist, dass das zweite am Wortende und in Ligaturen vorgezogen wird. Der Unterschied ist also rein graphisch, und weder lautlich noch etymologisch zu verwerten. Doch will ich jetzt zugeben, dass das awestische Zeichen für ϑ nicht aus *d* oder *t*, wie man früher meinte, sondern aus diesem zweiten ס abgeleitet sein dürfte.

Wie man sieht, sind in der Bücherschrift je zwei oder mehrere Zeichen zusammengefallen: 1 und 8; 3, 4 und 10; 2 und 10; 6, 15, 17 und 20. Ferner entsprechen einfache Zeichen zwei zusammengeflossenen; so ist א = וי, ס = יי; ש = יא, יח; ה = נמ. Die diakritischen Punkte sind dem arabischen Alphabete entnommen, vgl. 3 ق 4 ڤ 10 ج.

Diese Vieldeutigkeit der Zeichen, besonders der combinierten, ist es, was die Lesung des Pahlavi auf den ersten Blick schwieriger erscheinen lässt, als sie es in der That ist. Da hier keine Liste aller Ligaturen und ihrer möglichen Lesungen gegeben werden kann, so sei auf West[2] verwiesen.

[1] Olshausen, Erläuterungen zur Geschichte der Pahlavî-Schrift: Monatsber. Berl. Ak. d. W. 1880, p. 897 ff. — [2] Glossary to the Book of Ardâ Vîrâf p. 311 ff.

12. Zur Darstellung aller iranischen Consonanten reichte überdies diese Schrift nicht aus, und so musste von Anfang an ein und dasselbe Zeichen für mehrere verwandte Laute gesetzt werden, ein Princip, dessen Anwendung in der aramäischen Consonantenerweichung schon vorgezeichnet war. So gilt פ für *p f w*; ת für *t* (ϑ) *d* δ; צ für *č ǰ* (*ž*); ש für *š ž*; ח für *h x* (dagegen aram. כ). Durch spätere Lauterweichungen bei Beibehaltung der alten Schreibung wuchs natürlicher Weise die Anzahl der Fälle, wo die Laute mit der Schrift nicht mehr übereinstimmten, während die Zeichen selbst für den Schreibenden an Individualität einbüssen mussten; daher die zügellose Orthographie in jüngeren Handschriften.

13. Als weitere Eigentümlichkeiten der Schrift mögen noch angeführt werden, dass

a) auslautenden Consonanten ein ו nachgesetzt wird, in guten Handschriften nur nach בפתצכנ und ג, in schlechten ohne Regel und manchmal doppelt. Die Inschriften zeigen für dieses Zeichen ein י als Auslautvocal; ob aber unser Zeichen graphisch aus altem י (von Andreas *ē* gelesen) entstanden ist oder dem auslautenden *ŏ* der indoskythischen Münzen entspricht, oder aber nur als Worttrenner functionieren soll, wage ich nicht zu entscheiden. In meinen hebr. Transcriptionen schreibe ich dafür ', sonst lasse ich es unberücksichtigt, da sein Vorkommen von der Willkür der Abschreiber abhängt. Auch im Innern des Wortes wird נ manchmal fälschlich doppelt geschrieben: בננדך *bandak*, ארגננד *argand;* die Lesungen *bundak*, *argund* sind nicht zu billigen.

b) Die langen Vocale werden im Inlaute durch die entsprechenden Halbvocale ויא ausgedrückt, doch bezeichnen die beiden letzteren auch kurzes *i* und *u*; *ă* wird fast nur vor ח geschrieben: אח *ah*, *ax*. In den Inschriften ist die Setzung der *matres lectionis* noch spärlicher.

c) Ein Versuch, die Spirans *w* von dem Halbvocale *v* zu unterscheiden, liegt in den Schreibungen ופ und וב vor, aus welchen die Awestazeichen ως und ʋ entstanden sind.

d) Die Gemination der Consonanten wird in der Schrift nicht bezeichnet.

III. GESCHICHTE DER LAUTE.

14. Die Entstehung des Mittelpersischen aus der alten Sprache, wie wir sie in voller Entwickelung in den altpersischen Keilinschriften kennen lernen, stellt sich als ein Process dar, der wesentlich durch zwei Erscheinungen bedingt ist: die eine ist der Abfall der Endsilben (Vocal oder Vocal + Consonant), die andere das Aufgeben aller Formen des Verbi finiti, ausser den vom Präsensstamm abgeleiteten, und der Ersatz der Formen für die Ver-

gangenheit durch periphrastische Bildungen mit Hilfe des Participii praeteriti auf *-ta;* doch gehört der letztere Vorgang eher in die Syntax. Was die lautlichen Verhältnisse betrifft, so scheint das älteste (parthische) Mittelpersisch im allgemeinen auf der Lautstufe des Altpersischen stehn geblieben zu sein, wenigstens lässt sich ein solcher Thatbestand aus der älteren Pahlaviorthographie und den arsacidischen Lehnwörtern im Armenischen mit genügender Sicherheit erschliessen. Nun setzt aber die Phonetik des Neupersischen eine ununterbrochene Fortbildung der Laute voraus, von den Arsaciden an bis zum Ende der Sasanidenzeit, und eine solche wird auch äusserlich bezeugt durch jüngere Schreibungen im Buch-Pahlavi, durch sasanidische Lehnwörter im Armenischen, durch die in griechischen, syrischen und jüdischen Schriften erhaltenen persischen Wörter aus der genannten Periode. Die Schreibung des Pahlavi bringt aber diese Veränderungen nur in den seltensten Fällen zum Ausdruck, sie ist eine historische Schreibweise, in welcher arsacidische, sasanidische und noch neuere Formen neben einander stehn, die ganz verschiedenen Perioden der Sprachgeschichte angehören.

Wie man es unter diesen Umständen anzustellen habe, um den toten Buchstaben für die Lautgeschichte lebendig zu machen, ist eine Frage, die sich nur von Fall zu Fall einigermassen lösen lässt. Und die folgenden Ausführungen sollen auch weiter nichts bezwecken, als das Material gruppirt vorzulegen, wobei ich das Pahlavi der Inschriften (ip.), der Münzen u. dgl. (mzp.), des Glossars (gp.) und der Bücher (bp.) zu sondern bestrebt war.

Es darf hier nicht verschwiegen bleiben, dass das in den folgenden Paragraphen Gebotene zum grössten Teile auf den Zusammenstellungen und Untersuchungen in Hübschmann's Persischen Studien beruht, dessen reiche Sammlungen, besonders aus dem mir fern liegenden Armenischen und den oben genannten fremden Litteraturen mein eigenes Betriebsmaterial fast wertlos gemacht haben. Wäre dieses Capitel nicht im Programm vorgesehen, so hätte ich am liebsten einfach auf Hübschmann's massgebendes Werk verwiesen.

GERÄUSCHLAUTE.

15. Die altiranischen Tenues *p t k č* blieben in der ältesten Zeit in allen Stellungen unverändert. Dieser Zustand erhält sich für einfache Consonanten im Anlaute, und bei allen Consonantengruppen, mit Ausnahme derer im Inlaute, welche mit Nasalen oder *r* beginnen; bei einfacher Consonanz im Inlaute tritt dagegen schon zu sehr früher Zeit Übergang in die Media oder Spirans ein (*w ȏ g ǰ* oder *ž*).

16. Beispiele für den Anlaut:

p = air. *p*: פארס *pārs* — ap. *pārsa-*; gp. פית *pit* — ap. *pitā;* פת *pat-* — aw. *pa'ti;* פוס *pus* — aw. *puϑra-*.

t = air. *t*: תן' *tan* — aw. *tanu-*, תאר *tār* — aw. *tąϑra-*, תצית' *tačēt* — aw. *tača'ti;* תיר *tīr* — aw. *tiγri-;* Suffixe *-tar*, *-tār*, *-tan* — ap. *-tara-*, *-tār-am*, *-tanaiy*.

k = air. *k*: כאר *kār* That — air. **kāra-;* כין *kēn* — aw. *kaena-;* כוף *kōf* — ap. *kaufa-;* Suffixe *-k*, *-kār*, *-kar*.

č = air. *č*: צאה *čāh* (neuere Form) — aw. *čāt-;* צרמין' *čarm-ēn* ledern — aw. *čar'man-* Fell; צשם *čašm* — aw. *časma*.

17. Beispiele für unveränderliche Consonantengruppen:

אסף' *asp* — aw. *aspa-;* גוספנד *gōspand* — aw. *gāuš spəntō; spāh* (neuer) — aw. *spāδa-*, *spēt* — aw. *spaeta-*.

star, *stārak* — aw. *star-*, *start* — aw. *star'ta-; bast* — aw. *basta-*, *dast* — ap. *dasta-*, aw. *zasta-;* mp. *haštdah* — **ašta-dasa-; baxt* — aw. *baxta-; yuxt*

— aw. *yuxta-*, np. *juft; duxt* — aw. *dug'dā* (beide setzen einen alten Stamm **duxtar-* voraus); *viptak* — aw. *vipta-; hapt* (*haftī*) — aw. *hapta.*
hušk (*xuškī*) — aw. *huška-*.

Für *č* kein Beispiel.

18. Beispiele für den Inlaut. Nach Vocalen und *r* werden die Tenues geschrieben und sind in älterer Zeit gewiss auch gesprochen worden; später trat die Erweichung auch hier ein, am spätesten vielleicht beim *k*.

a) *p* nach Vocalen: אף *āp* (später *āw*) — ap. *āpi-;* אפאתאן' *āpātān* (sp. *āwāδān*) arm. *an-apat* np. *ābāδ*, *°δān* — **ā-pāta-;* gp. אפר *apar* (sp. *awar*) arm. *apar-*, *apr-* np. *abar*, *bar* — aw. *upa'ri;* ip. נפי *napē* np. *nabīrah*, *navāδah* — aw. *napāt-; čap* np. *čab* (wohl mit Doppelconsonanz) —?

p nach *r*: כרף *karp* arm. *kerp* — aw. *kəhrp-;* צרף *čarp* np. *čarb* —?

Anm. Der »Übergang von *p* in *w* war im 6. Jahrh. vollzogen . . . und mag etwa zwei Jahrh. früher begonnen haben.« HÜBSCHMANN l. c. 180.

b) *t* nach Vocalen: gp. פית *pit*, פיתר *pitar* (sp. *piδ*, *piδar*) np. *piδar* — *pitā*, **pitaram;* פת-*pat* (sp. *paδ*) arm. *-pet* np. *-baδ* — aw. *pa'ti-* (Subst.); *pat-*, arm. *pat-* np. *paδ-*, *pay-* — aw. *pa'ti* (Präp.).

t nach *r*: *kart* (sp. *kard*) np. *kard* — aw. *kər'ta-; sart* np. *sard* — aw. *sar'ta-; nipart* np. *nabard*, *nāvard* — $\sqrt{}$*part* + *ni.*

Anm. Der Übergang von intervocalischem *t* in *δ* war im 5. Jahrh. vollzogen; der Übergang von *t* nach *r* in *d* fällt wohl ins 4. Jahrh.: HÜBSCHMANN l. c. 189—190.

c) *k* nach Vocalen: *ākās* arm. *akah* np. *āgāh*, vgl. *nikās* np. *nigāh*, *gukās* np. *guvāh* — $\sqrt{}$*kās;* gp. הכרץ *hakarč* np. *hagirz*, *hargiz* (volksetymologische Lautumstellung im Anschluss an *har*) — **hakara* + *cit;* Suffixe *-kār*, *-kar*, *-k* (*-ak*, *-āk*, *-īk*, *-ūk*, *-ōk*).

Anm. Bei den Suffixen auf *-k* wird im Plural *-kīn*, *-gān* und gar *-kgān* geschrieben, wohl unter dem Einflusse des np. *-gān*, *-yān*. Ebenso vor dem Abstractsuffix *-īh: bandagīh* neben *dānākīh*, vgl. np. *bandagī* und *dānāyī*.

k nach *r*: phl. np. *kark* — aw. **kahrka-*, *ark-pat* ἀργαπέτης np. *arg* —?; mp.? arm. *parkēn* np. *pārgīn* —? Doch ebenso häufig findet sich *g*: mp. np. *gurg* — aw. *vəhrka-*, aber vgl. arm. *V'rkan* np. *Gurgān* — ap. *Vrkāna-; varg* np. *barg* — aw. *var'ka-*.

Anm. Der Übergang von *k* nach Vocalen und *r* in *g* reicht bis ins 4.—5. Jahrh. zurück; bei den *-k*-Suffixen weisen einige arm. Formen auf Abfall des *-k* schon im 5. Jahrh.: HÜBSCHMANN l. c. 239, 241.

d) *č* nach Vocalen: *ač* (später *aǰ*, *až*), np. *az* — aw. *hača; āvāč* (sp. *°ǰ*, *°ž*), arm. *avač*, *avaǰ*, np. *āvāz* — $\sqrt{}$*vač; rōč* (sp. *°ǰ*, *°ž*) np. *rōz* vgl. arm. *ročik* — ap. *rauca(h)-;* arm. *tačar*, jüd.-pers. *tajar* — ap. *tačara-; vačak*, *bačak*, np. *baččah*, *bačah*, also wohl mit Verdoppelung —?

č nach *r*: *varč*, np. *varǰ* — aw. *var'čah; hakarč-* s. o.

Anm. Bei diesem Laute lassen uns die fremdsprachlichen Quellen im Stiche, da er ihnen fremd ist, und auch im Armenischen verbietet der Wechsel von *č č ǰ* jeden Schluss. Dass das Zeichen צ auch für *ǰ*, *ž* oder gar *z* geschrieben wurde, beweist ip. וצלך bp. וצרג, ווזורג, arm. *vzurk*, *vzruk*, np. *buzurg* — ap. *vazrka.*

19. Nach *n*, *m* ist die Erweichung der Tenues schon in sehr früher Zeit eingetreten, da sie in der Schrift ausgedrückt wird: *anbār* (sprich *ambār*), arm. *ambar* — $\sqrt{}$*par* + *ham*, Καμβαδηνή — ap. *Ka^m pada-; frazand* — aw. *fraza'nti-*, *dandān* — aw. *dantan-*, Suffixe *-vand*, *-ōmand*, 3 pl. *-nd;* Infinitive *māndan*, *kandan*[1]; *angārtan*, arm. *angarel* — aw. *hankārayēmi.* Nur für *č* lässt sich die Erweichung nicht beweisen, da die Schrift kein besonderes Zeichen für *ǰ* besitzt, sie muss aber der Analogie nach angenommen werden: פנצאה *panǰāh* — aw. *pančāsata*, פשנציתן' *pašinǰīδan* — aw. **pa'tiš(h)inča'ti.*

[1] An Ideogrammen wird aber stets תן' geschrieben, wieder ein Beweis dafür,

dass das auslautende *n* derselben in der Aussprache nicht in Betracht kam, denn dem הפיונתן entspricht בנדן.

20. Die uriranischen Mediae sind im jüngern Awestischen, ausser im Anlaute, nur nach Zischlauten und Nasalen erhalten geblieben, sonst wurden sie zu tönenden Spiranten[1]; im Gāthādialekte sowie im Altpersischen[2] bleiben die Mediae unverändert, jedoch weisen das Mittel- und Neupersische auf eine dem Awestischen analoge Mittelstufe (mit nachvocalischen Spiranten) zurück, über welche indessen keine directen Zeugnisse vorliegen. Wir haben es daher hier nur mit dem erstern Falle zu thun.

a) ap. aw. *b* im Anlaute und nach *m* = mp. *b*: *bāž* — ap. *bāji-*, בראת *brāō* — *brāta; xumb* — aw. *xumba-*, סונב oder סומב, arm. *s*ᵊ*mbak* — ap. **sumba-?* vgl. aw. *safa-*.

b) ap. aw. *d* im Anlaute und nach *n*, *z*, *ž* = mp. *d*: *dāt* — aw. *dāta-*, *dār* — aw. *dāᵘru-*, דראץ *drāš* — vgl. aw. *drājah-*, *drafš* — aw. *drafša-; bandak* — ap. *bandaka-; nazdīk*, *nazdist* — aw. *nazda-*, מזד oder מוזד *mizd, muzd* — aw. *mīžda-;* דוצת *dužd*, np. *duzd* — aw. *duždå*.

Anm. Ebenso im Inlaut ודרך *udrak* — aw. *udra-*, wenns nicht einfach Umschreibung ist, wie der Anlaut ו anstatt או zu zeigen scheint.

ap. *d* ir. aw. *z*³ = mp. *d*: *dāmāō* — aw. *zāmātar-; dānistan* — ap. *adānā* gaw. *paᵗti-zānatā; dast* — ap. *dasta-*, aw. *zasta-; dil* — aw. *zərᵊd-*, *zarᵊδaya-; dōst, dōstār* — ap. *dauštar-* vgl. aw. *zaoša-; dahān* — aw. *zafan-; dīk* — skr. *hyas; drayāk, drayāw* (ob im Anschluss an *āw* Wasser?) — ap. *drayah-*, aw. *zrayah-*. Die traditionellen Lesungen דמסתאן, דמיך, דמאן st. זמ° beruhen auf falscher Auflösung der Ligatur.

Über ap. *rd* = ir. *rz* = mp. *l* s. u. § 30.

c) Für ir. *ǰ* im Anlaute = mp. *ǰ* wird als einziges Beispiel der Eigenname mzp. np. *ǰāmāsp* — aw. *ǰāmāspa-* angeführt; doch ist das sehr fraglich, da die Schrift kein Zeichen für diesen Laut besitzt, und auf den Münzen eher זאמאספ zu lesen steht, vgl. syr. *Zāmāsp*, Ζαμάσπης, arm. *Zamasp* (neben *Jamasp*). Vielleicht könnte man noch mp. np. *ǰastan, ǰahēō* (im mp. darf jedoch auch *ya*° gelesen werden) zu aw. *ǰaᵊhenti, ǰahika* stellen?

ir. *ǰ* = mp. *z*: *zaōan* — ap. aw. *ǰan; zan* — gaw. *ǰə̄ni-; zīvistan* np. *zīstan* — ap. aw. *ǰīv*.

Es muss bemerkt werden, dass in den Dialekten mp. np. *z* = ir. *ǰ* von mp. np. *z* = ir. *z* geschieden wird; so entspricht ersterem im Balūtschī *ǰ*, im Afghānischen *ǰ*, *ž*, im Armenischen *ž*, während das audere auch in diesen Sprachen als *z* erscheint, vgl. *ǰə̄ni-, ǰaᵊni-* — bal. *ǰan*, afgh. *ǰinaī*, mp. np. *zan;* **ǰaδra-* — arm. *žahr*, kurd. *žahr*, mp. np. *zahr; ǰyā-* — np. *zih*, aber bal. *ǰīy*, afgh. *žaī*, kurd. *žih*. Im Np. findet sich im Anlaute auch *ž* (zum Teil neben *z* und *ǰ*), z. B. *žang*, *zang; žangār, z°; žālah; žarf* (aw. *ǰafra-*); *žīvah, ǰīvah* arm. *žipak*, aber arab. *zaibaq* von √*ǰīv*. Wollten wir das Balūtschī und das Armenische, wie es ja öfter der Fall ist, auch hier für die Lautverhältnisse des Mittelpersischen massgebend sein lassen, so müssten wir in all diesen Fällen das phl. ז als Bezeichnung für den Laut *ž* auffassen. Für die Arsakidenzeit mag das zutreffen, für das spätere Pahlavi aber scheint es ratsamer sich an die Schreibung zu halten; dann wären die np. *ž*-Formen dialektisch.

ir. *nǰ* = mp. *nǰ*: אהנגציתן *āhanǰīōan* — aw. √*ϑanǰ*, wenn nicht ap. √*hanǰ; hanǰaman* (viell. wie np. *anǰuman* zu lesen) — aw. *hanǰamana-*. Im Armenischen entspricht *nǰ*; nur in den vier Wörtern mp. np. *ganǰ*, np. *Ganǰa(k)*, *birinǰ* oder *gurinǰ* »Reis« (arm. *brinǰ*) und *birinǰ* »Kupfer« (arm. *plinǰ*) steht arm. *nj*, arab. *nz*, hbr. syr. *zz*, gr. ζ für pers. *nǰ* (oder etwa urspr. *nz?*). Nach

HÜBSCHMANN § 123 wiese die Lautverbindung *nz* auf medischen Ursprung dieser Wörter hin.

ir. *rǰ* = mp. *rž*: ארץ *arž, aržīδan, aržān*, arm. *aržan*, np. *arǰ, arz, arzān* — aw. *arᵊǰah-, arᵊǰaⁱti*. Man könnte im Mittelpersischen auch *arǰ* lesen.

ir. *ǰ* (*ž*) nach Vocalen = mp. *ž*, np. *ž, ǰ, z*, arm. *ž*: פתיץ *stēž*, np. *sitēz* — aw. *stiǰ-*; אגצנד *a-guzand* (als np. Aussprache wird neben *gazand* auch schlechter bezeugt *guz*³ gelehrt) — **vi-ǰanti; fražām*, np. *farǰām* — **fra-ǰāma-*, aber *druǰ* — aw. *druǰ-* (wohl nur Umschrift, wie *yuǰēst* — aw. *yuǰyešti-*). S. unten § 21 c) und 23 b).

d) ir. *g* im Anlaut und nach *n* = mp. *g*: *gām* — aw. *gāma-*, *garm* — aw. *garᵊma-*, ap. *garma-*, *gōš* — aw. *gaoša-*; *griftan* — aw. *āgərᵊpta-*; *angust*, np. *angušt* — aw. *angušta-*, *rang* — skr. *ranga-*.

¹ BARTHOLOMAE § 271. — ² Fürs Ap. schliesse ich mich FOY's Ausführungen an, KZ. XXXV, p. 12 ff. — gegen HÜBSCHMANN und BARTHOLOMAE. — ³ Vgl. HÜBSCHMANN § 110, 111 Ende. BARTH. § 284.

DIE SPIRANTEN.

21. Die tönenden Spiranten des Altiranischen[1] *w δ ž γ* sind ihrer leichten Natur wegen manchfachen Veränderungen, ja selbst dem Schwunde unterlegen. Im Einzelnen stellen sich die Entsprechungen wie folgt:

a) ir. *w* nach Vocalen und bei *r* = mp. *w* (geschrieben פ *w*, וב und ו *v*[2]), np. *b* und *v*, arm. *v*: לף *law*, np. *lab* — vgl. lat. *labium*; גובשן *gōvišn*, *gōvēδ*, np. *gōyaδ* — ap. *gaubataiy*; ניוך *nēvak*, np. *nēk* — ap. *naiba-*; גרוב *grav*, np. *girau* — √*grab*; אסובאר *asᵘvār*, np. *suvār* — ap. *asabāra-*; פתוסתן *paδvastan*, arm. *patvast*, np. *paivastan* — *paiti* + √*band*; פרורתן *parvardan*, np. *parvardan* — *para* + √*bar*; אפורתן *āwurdan*, אורית *āvarēδ*, jüd.-pers. אבֿורדן, np. *āvurdan* — *ā* + √*bar*; סתפר *stawr*, np. *sitabr* — aw. *stawra-*; בפרך *bawrak*, np. *babr* — aw. *bawri-*; aber אבר *abr* pāz. »*awar*«, np. *abr* — aw. *awra-*.

¹ Eig. Vor-Mittelpersischen, s. § 20. — ² Es frägt sich, ob die verschiedene Schreibweise פ und וב, ו nicht auch verschiedene Laute (etwa *w* und *v*) bezeichnen soll; vgl. im Jüdisch-persischen בֿ und וו.

ir. *w* ist geschwunden im Zeitworte *griftan*, Präsensstamm *gīr* — ap. *agarbāyam*; *paδīraftan* Prsst. *paδīr* — *pati* + √*grab*.

b) ir. *δ* nach Vocalen = mp. *h*: *dahēδ* — **daδāti*; *spāh*, arm. *spah* — *spāδa-*; זרח (זריח?) *zrah*, *zrih?* np. *zirih*, arm. *zrah-k* — aw. *zrāδa-*.

ir. *δ* vor *r* = mp. *h*: מוחר *muhr* (aber auch מודר *mudr*, *muδr*), arm. *murhak*, np. *muhr* — skr. *mudrā* (aus welchem das pers. Wort wohl entlehnt ist).

ir. *δ* nach Vocalen = mp. *y*: *may* — aw. *maδu-*, *kay* — aw. *kaδa*, *pāy* — aw. *pāδa-*, *rāy* — ap. *rādiy*; מייאן *mēyān* (*mi*°*l*), np. *miyān* — aw. *maⁱδyąna-*; *suy*, *šuy* — aw. *šuδa-*; *bōy* — aw. *baoⁱδi-*; *rōy* »Gesicht« — aw. *raoδa-*.

Anm. Das auf ו folgende Zeichen wird im Bphl. meist als ד kenntlich gemacht; danach müsste man *šuδ, bōδ, rōδ*, auch *mōδ* (np. *mōy*) d. h. °δ lesen, wie es ja in allen Fällen die Schrift gestatten würde. Doch beruht diese Schreibweise, wie ich glaube, auf einer Tradition aus arsacidischer Zeit. Dass im ältesten Phl. *δ* noch erhalten war, beweisen das Armenische, wo *r*, und das Balūtschī, wo *d* dafür steht: *boyr, aroyr* (np. *rōy* »Kupfer«, finnisch entlehnt *rauta*), *xoyr* (ap. *xauda-*, aw. *xaoδa-*) u. s. f. = bal. *bōd, rōd*, oss. *xōdä*. — Phl. גת ist wohl nur Umschreibung des aw. *gaδa-*, und daher *gaδ* zu lesen. — Im Neupersischen giebt es einige Fälle, wo *y* und *δ* neben einander vorkommen. HÜBSCHMANN führt sie S. 202—3 an; es muss sich auch hier um dialektische Verschiedenheiten handeln.

Zur Chronologie all dieser Wandlungen des ir. *δ* hat derselbe § 93 alle Daten zusammengestellt und besprochen: seine Ergebnisse schwanken zwischen dem

1. Jahrh. a. Chr. oder der Zeit nach dem 2. p. Chr. als oberer Grenze, während als Grenze nach unten sich das 5. (oder gar 4.) p. Chr. ergiebt.

c) ir. *ž* = mp. *ž* und *z*: מזד, מוזד *muzd*, np. *muzd*, *muždah* — aw. *mīžda-*; wie im np. *duž-* (*diž-*) neben *duš-*, so unterschied sich die Aussprache wohl auch im Mp. (vgl. arm. *dəž-* neben *təš-*), in der Schrift erscheint aber nur *š*, *č*: דושאחו *dōžaxv*, np. *dōzax* — aw. *daožaiⁿha-*, דוצת (sic) *dužd*, np. *duzd* — aw. *duždāh-*; *bōžēō* — **baužayati* von der √*buj*, die man auch im ap. *Kaᵐbujiya-* finden will: arm. *boyž*, *boužel*; *tēž*, np. *tēz* — vgl. aw. *tiži-*, *-taēža-*.

d) ir. *γ* nach Vocalen und *r* = mp. *γ*: *maγ* — aw. *maγa-*, *mēγ* — aw. *maēγa-*, *drōγ* — ap. *drauga-*; *baγ* ip. mzp. בג — ap. *baga-*, *rōγan* — aw. *raoγna-*; **marγ*, np. *marγ* — aw. *mərᵊγa-*; aber mit ג geschrieben »*agrē*« — aw. *aγrya*, ארגנגד »*argand*«, np. *arγand* — aw. *ərᵊγant-*, מג »*mag*«, arm. *mog*, np. *muγ* — aw. *moγu-*, ap. *magu-*, ersteres ist wohl nur Transcription. מגופת »*magupat*«, arm. *mogpet*, np. *mōbað* — **magupati-*. Im Armenischen steht hier stets *g*.

ir. *γ* = mp. *v*: מרוו arm. *Marvirot*, np. *Marv(i rōð)* — ap. *Margu-*, aw. *Mouru-*, vgl. aber arm. *Margrot* und das Gentilicium np. *Marγazī* neben *Marvazī*; מורוו *murv* (pāz. *murū*), np. *murγ* — aw. *mərᵊγa-*; מאופת (vielleicht verschrieben für מגו° und verwechselt mit מאנפת, aw. *nmānōpaᵊti-*), arm. *mowpet*, np. *mōbað* — **magupati-*; מרוארית *marvārīð*, np. ebenso — *μαργαρίτης*.

ir. *γ* = mp. *y*: *Ray*, arm. *Rē* — aw. *Raγa-*, ap. *Raga-* (das arab. Gentilicium *Rāzī*); ניו(ח)שיתן *niyō(x)šīðan*, np. *niyōšīðan* (ob hierzu *naγōšā(k)* »eine Secte der Magier«, eig. »der Hörer«?) — denominativ von *gaoša* + *ni*, aber der bal. Inf. *nigōšag*, *niγōšaγ* weist auf älteres *niγ°*, wie ja auch gelesen werden könnte (נגו°); דריוש np. *daryōš* u. s. w. — aw. *driγu-* (nicht ganz klar).

ir. *γr* = mp. *yr*, wobei der Halbvocal mit dem vorhergehenden Vocale verschmilzt: *tīr* — aw. *tiγri-*, mp. np. *anērān* — aw. *anaγranąm* (*raočaᵊhąm*); *dēr* (aus **daγr*) — aw. *darᵊγa-*, ap. *darga-*.

Anm. Auch in all diesen Fällen gestattet die Schrift für י ein ג zu lesen, doch fehlen Belege aus den älteren Denkmälern.

Geschwunden ist *γ* vor *m* in *maðan*, np. *āmaðan* — aw. *frāγmat*, ap. *parāgmatā* (wenn richtig gelesen; np. *Hamaðān*, arm. *Ahmatan* — ap. *Hagmatāna*, Ἀγβάτανα wird anders erklärt, Hübschm. 249; Foy l. c. 63); vor *n* in *nān*, arm. *nkan*, bal. *nagan*; *Varahrān*, np. *Bahrām* — aw. *verᵊϑraγna-*; und in פתירפתן *paðīraftan* (viell. פתגרי° *paðgriftan?*), np. *paðīruftan*, Impt. mp. np. *paðīr* — *pati* + √*grab*, nach Hübschmann 38 durch Contamination mit *paðīrak*, np. *paðīrah* »entgegen« (aus *pati* + √*ar*).

22. Die tonlosen Spiranten des Altiranischen *f* *ϑ* *x* scheinen zunächst unverändert geblieben zu sein, späterhin erlitt hauptsächlich das *ϑ* wesentliche Modificationen.

a) ir. *f* im Anlaut = mp. *f*: פרנ-בג *Farn-bag*, *farraxv*, arm. *paṛ-k* (*ṛ* weist auf doppeltes *r*), np. *farr*, *farrux* (Hübschm. 83) — ap. *Viⁿda-farnah-*, Φαρνάβαζος.

ir. *f* nach Vocalen = mp. *f*: *kaf* — aw. *kafa-*, *zafar* — aw. *zafarᵊ*, *nāfak* — aw. *nāfa-*, *kōf*, np. *kōh* — ap. *kaufa-*. Nur in *dahān* — aw. *zafan-* erscheint wie im Np. *h* für *f* zwischen Vocalen.

ir. *f* vor Consonanten = mp. *f*: *fra-* — ap. aw. *fra-*, פר(י)ה *frēh*, *frih*, pāz. *freh*, np. *firih* — aw. *frayah-*, *frāxv*, np. *firāx* — aw. *fraϑah* + *vant*; *zafr*, *zufr*, np. *žarf* — aw. *jafra-*, *vafr*, np. *barf* — aw. *vafra-*.

drafš, np. *dirafš* — aw. *drafša-*; *xvafsēð*, np. *xufsað*, *xuspað*, *xusbað* — aw. *xᵛafsa-*.

ir. *fš* im Anlaut = mp. *š*: *šarm* — aw. *fšarᵊma-*, שו(ו)פאן *šuwān*, np. *šubān* — *fšu-pāna-* (von *pasu*).

Anm. 1. Das Verhältnis des mp. פ(י)סתאן, np. *pistān* zu aw. *fštāna-* ist unklar.

Anm. 2. Im Armenischen wird mp. *f* nach Vocalen und vor *r* durch *h* (einmal sicher *p'*), vor den übrigen Consonanten durch *v* ausgedrückt, in einigen Fällen vielleicht durch *x*; vgl. HÜBSCHM. § 82.

b) ir. ϑ nach Vocalen = mp. *h*: *āhanjīδan* — √*ϑanj*, *mēhan* — aw. *maēϑana-* (in ostiranischen Städtenamen *-mētan*, *-mēϑan*, *-mēhan*), *čahār* — aw. *čaϑwārō*, *gūh* — aw. *gūϑa-*, סנחש *snahiš* — aw. *sna'ϑiš*. Mit Abfall des *h*: *kū* — aw. *kuϑra*. Ausnahmsweise wird *s* geschrieben in den Wörtern *gās* »Thron« — ap. *gāϑu-*, aw. *gātu*, *gāsvārak* »Wiege« —?, *rās* »Weg« — vgl. aw. *raϑa-* »Wagen«, wo im Arm. u. Np. *h* erscheint: *gah* — *gāh*, *gahavorak* — *gāhvārah*, *rah* — *rāh*. Wohl kaum historische Schreibung, sondern beeinflusst durch אכאס, np. *āgāh* u. dgl., wo *s* etymologisch berechtigt ist.

Anm. 3. *Rasīk*, np. *rahī* »Knecht« ist etymologisch dunkel; ob etwa **raϑyaka-* »Wagenlenker, Geschirrknecht«? Aber es könnte auch mit dem Verbum *rasīδan* in Zusammenhang stehn, denn das Ideogramm dafür לפמה (Glossar 9, 8) ist vom Verbum 'לפמהנתן (ib. 16, 2) nicht zu trennen, dieses aber muss »anlangen« bedeuten: vgl. KārNA. 12, 4; AVN. 10, 7 beim Grusse = np. خوش آمديد. Das iranische Aequivalent darf daher nicht 'אפריתן »bringen« (sic! vgl. § 21 a), sondern muss 'אצריתן *ācarīδan* — *ā*+ √*čar* gelesen werden; zudem stehts zwischen *āmaδan* und *šudan*, während die Verba des Bringens erst 16, 6. 7 aufgeführt werden.

ir. ϑ*r* = mp. *s*: *pus* — aw. *puϑra-*; אפוס *āwus*, *āwustan* — aw. *āpuϑra-* (*-tanu*); *pās* — aw. *pāϑra*; *dās* — **dāϑra-*; mp. *sīh*, np. *sī* — aw. ϑ*risat-*.

Anm. 4. Mp. *dās*, np. *dahrah* wird auf **dāϑra-*, skr. *dātra-* »Sichel« zurückgeführt. Diese heisst aber im schughnī *δērv* (im yaghn. *darāš*), gewiss verwandt mit np. *dirau*, *durūδan* »ernten«: darum möchte ich als Grundform **dar ϑra-* ansetzen. Ebenso *s* = *r*ϑ*r* in *ās-y-āw*, np. *āsyā(b)* »Wassermühle« — **arϑra-* von der √*ar* »mahlen«, vgl. aw. *aša-*, mp. ארתך (Vd. 5, 153sp 52w), np. *ārd*, schughnī *yāž* (aus **ārtaka*), *yānum* »ich mahle« (aus **arnāmi*), mp. Inf. 'ארתן; aw. *yāvarəna*, mp. גורתאג ארד »Getreidemühle« mit der Glosse *āsyā ī pa dast* »Handmühle«.

ir. ϑ*r* = mp. *hr*: ip. שחפוחרי *puhr*, np. *pūr* — *puϑra-*; **pahrak*, syr. *pahragbān*, arm. *pahak*, np. *pahrah* — aw. *pāϑra-*; *zōhr*, arm. *zoh*, np. *zōr* — aw. *zaoϑra-*; mzp. ורהראן, bp. ואהראם *Vahrām*, np. *Bahrām* — aw. *vər'-ϑrayna-*; *čihr* — aw. *čiϑra-*; daneben die historische Schreibweise mit תר (d. h. ϑ*r*): ip. צתרי *čiϑrē*, bp. ציתר; stets bp. 'מתר — aw. *miϑra-*, 'שתר — aw. *xšaϑra-* für np. *mihr* (schon bei Tacitus *Meherdates*), *šahr*; nur im Namen ap. *Arta-xšaϑ'a-* steht neben mzp. ארתחשתר bp. ארתחשיר, np. *Ardašīr*, arm. ars. *Artašēs*, sās. *šir*; ip. איהרפת *ēhrpat*, bp. אירפת oder 'הי (*h*)*ērwaδ*, np. *hērbaδ* — aw. *aēϑrapa'ti-*.

ir. ϑ*r* = mp. *r* (d. h. Ausfall des ϑ über *h*) in mehreren Beispielen: *xvār* — aw. *x'āϑra-*, wovon *duš-xvār*, arm. *džouar*, np. *dušvār* — vgl. aw. *dužāϑra-*; *tār*, *tārīk* — aw. *tąϑra-*; *Mārspand* — aw. *mąϑrō spəntō* u. s. w.

Anm. 5. Entlehnung aus dem Awestischen liegt vor in *gētīk*, pāz. *gēϑī*, np. *gētī* — aw. *gaēϑya-*, und *Zartu(x)št*, np. *Zardahušt*, *Zardahišt*, *Zardušt* — aw. *Zaraϑuštra-*.

Anm. 6. Aus den aw. *hāϑra-*, *yaoždāϑra-*, *aiwiϑrūϑrəma-*, ϑ*rišva-* sind einfach transcribirt האסר יושדאסר איפסרוסרים פרשותך u. dgl., wo mp. *sr* für aw. ϑ*r* steht.

Anm. 7. Für ϑ*r* erscheint Labialisierung in 'פריתון *Frēδūn*, arm. *Hretoun* (vulg. — aber spät — *Yetoum*?), np. *Firēdūn* — aw. ϑ*raētaona-*.

Anm. 8. Über ϑ als Vertreter von ir. *s* im Ap., seltner Aw., s. § 23 c.

aw. ϑ + Consonant im Anlaute, nur vereinzelte Beispiele: *srāyīδan* — aw. ϑ*rāyentī*; *sēž* — aw. *'ϑjejah-*, aber auch *tuxšāk* (*tō°*?) — vgl. aw. ϑ*waxša-*.

c) ir. *x* = mp. *x*: *xar* — aw. *xara-*; *hax* — aw. *haxa-*; *xraδ* — aw. *xratu-*; *suxr*, np. *surx* — aw. *suxra-*; *baxt* — aw. *baxta-*; *duxt* — gaw. *dug'dā*, aw. *duγδa*[1]; *yuxt* np. *juft* — aw. *yuxta-*; und mit Ausfall eines Dentales: *Bāxr*, auch — wie np. — *Balx*, arm. *Bahl*, *Balx* — ap. *Bâxtri-*[2]; באחר *baxr* oder, wie np., *bahr* (vgl. np. *barx*) — aw. *baxδra-*.

[1] Bthlm. p. 22, § 53 zu 3 N. — [2] Die Herkunft von תאחר *taxr* u. dgl., np. *talx* (Hbschm.) kennen wir nicht.

Anm. 9. Für *x* wird *k* geschrieben in שאך np. *šāx* — skr. *śākʻā-*, צרך np. *čarx* — aw. *čaxra-*; auch כו־אך oder כול np. *sūrāx*, *sūlāx*, dessen Etymologie dunkel ist.

ir. *xm* = mp. *xm*: *daxm* — aw. *daxma-*, *tōxm*, np. *tuxm* — aw. *taoxman-*, ap. *tauʰmā*. Für die spätere Zeit darf man auch die Vertretung durch *hm*, wie meist im Np., zugeben, die Schrift ist hier nicht ausschlaggebend: *taxm* oder *tahm*, np. *tah(a)m* — ap. *taxma-*, *staxm*, pāz. *stahm*, np. *sitam* — aw. *staxma-*.

ir. *xš* nach kurzen Vocalen = mp. *xš*: *baxšēδ* — aw. *baxšaiti*; *tuxšāk* — vgl. aw. *θwaxša-*; *vaxš-var*, np. *vaxšūr* »Prophet« — aw. *vaxša-* Wort; *vaxšīδan* — aw. $\sqrt{}$*vaxš*.

Anm. 10. Über parasitisches *x* vor *š* s. u. § 26.

ir. *xš* in allen übrigen Fällen = mp. *š*: *šaw*, np. *šab* — ap. aw. *xšapan-*, *šaš* — aw. *xšvaš*, *rōšan* — aw. *raoxšna-*, *āštīh*[1] — vgl. aw. *āxšti-*, *daštān* — vgl. aw. *daxštavaiti-*.

[1] Mit dem Abstractsuffix *-īh* gebildet von einem Adj. **āšt*, vgl. arm. *hašt* »versöhnt« (Hbschm.).

Anm. 11. In den Inschriften erscheinen neben שחפוחרי, שתרדראן mit Beibehaltung des *x* chald.-p. חשתרדרין, sās.-p. פאתחשתרי und ארתחשתר, doch wohl nur als historische Schreibungen. Denn nur die ältesten arm. Lehnwörter zeigen für anlautendes *xš-* noch *ašx-*, sonst erscheint überall *š*, ausgenommen wenn *xš* zwischen Vocalen stand, wo es in *šx* umgestellt wird. Der Guttural war also schon in der jüngern Arsacidenzeit geschwunden. Hübschmann l. c. p. 234.

Anm. 12. Über *x* als Verhärtung des vorgeschlagenen *h* s. u. § 25.

ir. *xv* (*hv*), aw. *xᵛ*, *hv*, ap. *ʰuv* = mp. *xv* im An- und Inlaut: *xvah* — aw. *xᵛaŋha*; חוף *xvaw*, np. *xūb* — aw. *hvapah-*; *xvafsēδ*, np. *xufsaδ*, *xuspaδ* aw. *xᵛafsa-*; *xvardīk*, arm. *xortik-k* — aw. vgl. *xᵛarəti-*, *xᵛarəθa-*, np. *xᵛardī* und *xᵛālī*; *saxvan*, arm. *-sohun*, np. *saxun*, *suxun*, *suxan* — aw. pl. n. *sāxᵛənī*; אחו (von den Parsen *xqn* transcribirt) *axv* — aw. Sg. N. *ahu*, Loc. *aŋhvō*, *aŋhva*, L. Pl. *ahvāhū*; ip. דושחוי, bp. דושחו *dōšaxv*, arm. *džox-k*, np. *dōzax* — aw. *daožaŋᵘha-*; פרחו *farraxv*, arm. *xorox-*, np. *farrux* — *farnah-vant-*, aw. Sg. N. *xᵛarənaŋᵘhâ*.

Anm. 13. Sowohl ap. *-farnah-* als aw. *xᵛarənah-* haben ihre Vertreter im Mp., neben mp. *Farn-bag*, np. *farr* stehen חורה, pāz. *xᵛarəh(ə)*, np. *xvarrah*, *xurrah*. — Unter den jetzigen Dialekten bietet nur der des Dorfes Sīvend bei Schīrāz den Laut *f* für np. *xᵛ*: *fetîn* — *xuftan*, *fôrdên* — *xᵛardan*, *fîn* — *xūn*, *fei* — *xᵛaδ* (nach Žukovskij).

DIE ZISCHLAUTE UND *h*.

23. a) ir. *š* = mp. *š*: *nišastan* — *ni* + $\sqrt{}$*had*; *suš* — aw. *suši-*; *mēš* — aw. *maēša-*; *gōš* — ap. *gauša-*; *kaš* — aw. *kaša-*; *tašt* — aw. *tašta-*; *čašm* — aw. *čašman-*; *frašn* — aw. *frašna-*; *yašn* — aw. *yasna-* (Bthl. § 83); *xišt* — aw. *ištya-*; *niwištan* — ap. *nipištanaiy*; *šāδ* — ap. *šiyāti-* (vgl. Παρύσατις »die viele Freude Gewährende«); *šuδan*, *šavēδ* — ap. *ašiyavam*.

ir. *št* = mp. *st*: *must*, np. *mušt* — aw. *mušti-*, *angust*, np. *angušt* — aw. *angušta-*; Superlativendung *-ist* — aw. *-išta-*, aber *vahišt*, np. *bihišt* »Paradies« — aw. *vahištō* (*aŋhuš*). Derselbe Übergang zugleich im Np. in *dōst* — ap. *dauštar-*, *šast* — aw. *xšvašti*.

Unklar sind folgende Fälle, wo ebenfalls *s* für *š* eintritt: חרס, np. *xirs* = aw. *arəša-*; מכס, מגס, np. *magas* — vgl. aw. *maxši-*; *kas* — ap. *kaščiy*, und *suy* — aw. *šuδa-*.

Anm. 1. ציש (idgr. מנרום) »etwas«, pāz. *ϑīš*, np. *čīz*, ist jedenfalls das ap. *čiščiy* (= *čit* + *čit*); sollte hier ש für *ž* (als Erweichung von *čč*) stehen? Dann spreche man *čīž*. Vgl. דושאחו arm. *džoxk'*, דושחואר arm. *džuar*.

Anm. 2. Über die Gruppen *fš*, *xš*, *rš* s. die erstern Laute; über mp. *šxv*, *šh* für *šv*, *š* s. s. u. u.

b) ap. aw. *z* = mp. *z*: *zūr* — ap. aw. *zurah-* (wohl mit *ū*, wenn von $\sqrt{}$*zbar* skr. *hvar*); חוזואן oder °אז (*h*)*uzvān*, זובאן np. *zuvān*, auch *zubān*, *zabān* — aw. *hizva-*, זרת *zard* — aw. *zar'ta-*, זם *zim* — aw. *zimō* (Gen.); אוזיתן *uzīδan* — *uz* + $\sqrt{}$*i*.

ir. *z* = mp. *ž* (*z*?). Neben ז wird nämlich viel häufiger צ geschrieben, was den Laut *ž* bezeichnen könnte, der ja auch im Np. und den neuen Dialekten mit *z* wechselt; doch lässt sich die Annahme, צ bezeichne hier lediglich den Laut *z*, nicht als falsch erweisen, da das Armenische stets *z* umschreibt: *yažišn* — $\sqrt{}$*yaz*, *buž* — aw. *buza-*, *važēδ* — aw. *vazaiti*, *āž* — aw. *āzi-*, *varāž* — aw. *varāza-*. Im Np. auch nur *z*: *buz* (aber doch auch *buǰ*), *vazaδ*, *āz*, *gurāz*.

ir. *z* vor Consonanten = mp. *z*: ip. אוחרמזדי, bp. אוחרמזד pāz. *Hōrmezd*, np. *Ōrmazd* — ap. *Ahuramazdā*; *azd* — ap. *azdā*; *mazg*, np. *maγz* — aw. *mazga-*; *spazg* — aw. *spazga-*; *zrāh* (oder *zrah*?), arm. *zrah-k*, np. *zirih* — aw. *zrāδa-*; *vazr*, np. *gurz* — aw. *vazra-*.

ir. *zm*, aw. *sm* = mp. *zm*: *razm u patrazm* (Yādhk. i Zar. 66, aber wie geschrieben ז oder צ?), arm. *razm*, *paterazm*, np. *razm* — aw. *rasman-*, vgl. np. »*Gurazm*« — aw. *kavārasmō*; (*h*)*ēzm*, np. *hēzum* — aw. *aēsma-* (wofür im bp. meist das transcribierte איסם).

c) Uriranisches *s* geht sowohl auf ar. *s* und Dentale vor Consonanten, wie auf ar. *k*, *k'* und *sk'* zurück. Im Altpersischen tritt regelmässig[1] für *k*, *k'* im Anlaute vor Vocalen und im Inlaute zwischen Vocalen ϑ ein, wozu es auch einige Beispiele aus dem jüngern Awesta gibt. Im Np. entspricht diesem ap. ϑ aw. *s* zwischen Vocalen *h*, während im Mp. meist *s* geschrieben wird, das aber zum Teil (oder dialektisch) schon vor dem 5. Jahrhundert den Laut *h* gehabt haben muss, wie einige armenische Lehnwörter lehren.

[1] FOY l. c. 24; HÜBSCHMANN 209 ff.

ir. *s* (ap. *s*) vor Consonanten = mp. *s*: *sparz*, np. *supurz*, — aw. *spərəza-*, skr. *plīhán*; *spar*, np. *sipar* — aw. σπαρα-βάραι »Schildträger«, skr. Lw. *para-*, *spara-*; *stārak*, np. *sitārah* — vgl. aw. *star-*; *stūn*, np. *sutūn* — aw. *stūnā-*; *bast*, np. *bast* - ap. *basta-*, $\sqrt{}$*band*; אופסתן *ōwastan* »fallen«, np. *past* »niedrig« — aw. *ava-pasti-*, $\sqrt{}$*pat*.

ir. *sk* = mp. *šk*: *arašk*, np. *rašk* — aw. *araska-*; *škastan*, *škand-*, np. *šikastan*, *šikan-* — aw. *sčindayeiti*, $\sqrt{}$*skand*; np. *sirišk* — aw. *sraska-*; ebenso wohl auch *škar*, np. *šikardan*, *šikār*; *škaft*, np. *šikāftan*.

ir. *s* (ap. *s*) aus idg. *k* vor Consonanten und zwischen Vocalen = mp. np. *s*: *asp* — ap. *aspa-*, *as*(*s*)*a-*; *harvisp* — ap. *vispa-*, *vis*(*s*)*a-*; *spēδ*, np. *sipēδ*, *supēδ* — aw. *spaēta-*; *spihr*, np. *sipihr* — ap. Σπιϑρα-δάτας; *āsmān* — aw. *asman-*; *vas*, np. *bas* — ap. *vasaiy*[2]. Wegen des np. *s* (nicht *h*) ist ap. *s* anzunehmen noch in einigen andern Wörtern, wie *gēs* — aw. *gaēsa-*, *vīst*, np. *bīst* — aw. *vīsaiti-*, s. HÜBSCHMANN § 101.

[2] FOY l. c. 24.

Zu bemerken ist der Lautwechsel in *xrōs*, np. *xurōs*, *xurōh* »Hahn« und *xrōsīδan*, np. *xurōšīδan* — vgl. aw. *xraosyōiti*.

ir. *s* (ap. ϑ) im Anlaute = mp. np. *s*: סחון *saxvan*, np. *saxun* — vgl. gaw. *saxvārə*, ap. $\sqrt{}$ϑ*ah*; *sahēδ* (fehlt im Np.) — aw. *saδayeiti*, ap. ϑ*adaya-*;

suxr, np. *surx* — aw. *suxra-*, ap. *ϑuxra-*; סרתך *sartak*, np. *sardah* — aw. *sarᵉδa-*, ap. *ϑard-*; wohl auch סנ, סנג *sang* — ap. *aϑangaina-*.

Anm. 1. Da so wenige anlautende ϑ aus dem Ap. überliefert sind, so lassen sich die im Aw., Mp. und Np. mit *s*+Vocal beginnenden Wörter nur mit Reserve hier unterbringen; man findet sie bei Horn, Etym. nr. 688 ff. und p. 291 ff.

Ebenso ist es fraglich, ob den aw. Lautgruppen *sr*, *sy* im Ap. solche mit *s* oder mit ϑ gegenüberstanden, im Mp. findet sich, wie zu erwarten, *s*: *srūδan*, *srāyēδ*, np. *sirāyaδ* — **srāvayati*; *srōš*, np. *surōš* — aw. *sraoša-*; *syāk*, *syāh*, np. *siyāh* — aw. *syāva-*.

Für anlautendes ir. *s* erscheint *š*, ausser in der Gruppe *sk*, noch in *šāk*, np. *šāx* — skr. *śākā-*; אשנות, np. *šunūδan* — aw. *sᵘrunaoᵗti* (über die lautlichen Schwierigkeiten s. Hübschmann p. 82), und im Np. *šuš* — mp. *suš*, aw. *suši-*; *šupuš*, *supuš* — mp. aw. *spiš*. Für den Inlaut vgl. np. *kašaf* — aw. *kasyapa-*.

ir. *s* zwischen Vocalen = mp. *s*, np. *h*: מס *mēs* [oder *mas*?], pāz. *məh*, np. *mih* — aw. *mas-yā*[1]; *kēs* [*kas*], pāz. *kəh*, np. *kih* — aw. *kas-yā*; נכאס *nikās*, np. *nigāh*, *ākās* (arm. *akah*), np. *āgāh*, *gukās*, np. *guvā* — √*kās*+*ni*, *ā*, *vi*; ונאס *vināš* (arm. *vnas*), np. *gunāh* — √*nas*; פאתיפראס *pāδᵒfrās* (arm. *patuhas*), np. *bāδafrāh* — aw. *paᵗtifrasa-*; *gās* (arm. *gah*), np. *gāh* — ap. *gāϑu-*, aw. aber *gātu-*; רופאס *rōwās*, np. *rōbāh* — skr. *lōpāśa-*; *āsin*, np. *āhan* — kd. *(h)āsin*.

1 Aber *mahist*, pāz. *məhast*, np. im Namen der Dichterin *Mihistī* — ap. *maϑišta*.

ir. *s* (ap. ϑ?) zwischen Vocalen = mp. np. *h*: *dah* (arm. *dahekan* δηνάριον) — aw. *dasan-*; mp. סיה *sīh*, np. *sī* (mit Abfall des ausl. *h*, wie im Abstractsuffixe, *pī* u. s. w.) — aw. *ϑrisata-*; *panjāh* — aw. *pančāsata-*; *pah* (fehlt im Np.) — aw. *pasu-*; mp. np. *šāh*, *šah* — ap. *xšāyaϑiya-*; *tuhīk*, np. *tuhī*, *tihī* »leer« — vgl. bal. *tusag* »erlöschen« (? vgl. eher sl. *toušiti*), skr. *tučča-*; *māhīk*, np. *māhī* — aw. *masya-*, skr. *mátsya-*.

Anm. 2. Über ir. *rs* s. unten.

24. ir. *h* = mp. *h*, im Anlaute: *hēn*, arm. *hēn* — ap. *hainā*; *har* — aw. *haᵘrva-*, ap. *haruva-*; mp. np. *hunar*, pāz. (wohl falsch) *xunar*, *qunar* — vgl. aw. *hunara-*; *hāvan*, arm. *havan* — aw. *hāvana-*.

Ebenso im Inlaute: *māh* — ap. *māha-*; *vēh*, np. *bih* — aw. *vahyå*; *dēh*, arm. *deh*, np. *dīh*, *dih* — ap. *dahyu-*.

ir. *hu* = mp. *xu* (ausser in dem Präfixe *hu-*, skr. *su-*, so lange es noch als solches lebendig ist): חוסרובו *xusrov*, arm. *xosrow*, np. *xusrau* — aw. *husravah-*[1]; חוצסתאן mzp. abgekürzt חוצ *xūžistān*, arm. *xužastan* — ap. *ʰuvža-* (oder *ʰuvaža-*, syr. *hᵉvāz*?). In den übrigen Fällen sind wir auf die Analogie des Np. angewiesen, da die Pahlavischrift der Bücher beide Laute nicht unterscheidet; darnach ist wohl *xušk* — aw. *huška-*, ap. *ʰuška-*, *xušnūδ* — aw. **huxšnūta-*, *xūk* (np. nach den Ferhengen *xōk*) — aw. *hū* zu lesen; dazu noch *xursand*[2], חורם *xurram* (die Verdoppelung hat etymologischen Wert), deren Ableitung dunkel[3].

1 oder *hao°*; die auf den Münzen erscheinende Schreibung חוסרוי kann ich nicht erklären, ebensowenig wie mzp. כוי »Fürst«, vgl. aw. *kavi-* bp. np. *kay*. — 2 Pāz. *qarsand*, *xarsand*; ob mit *pasand* verwandt? Die Ableitung von *hurasant-* ist schon der Bedeutung wegen abzuweisen. — 3 Np. *xūn*, mp. חון — aw. *vohuni* scheint durch eine Umstellung der beiden Anfangssilben, welche *hv*, *xv* ergab, erklärt werden zu müssen; ostir. erhielt sich die ältere Form: schughni *wixin*, afgh. *vīnē*.

ir. *hr* = mp. *r* nur in *hažār*, np. *hazār*, arm. *hazar* — aw. *hazaŋʰra-* und *vahār*, ap. *-vāhara-*; über die Eigennamen אהרמן, arm. *Arhmn*, np. *Āhar-*

man u. s. w. — aw. *aiᵭʰrō maⁱnyuš*, *Frāsyāk*, np. *Afrāsiyāb* — aw. Acc. *fraiᵭʰrasyānəm* s. Hübschmann, PSt. 219.

Anm. *hr* in aw. *mahrka-*, *kahrkatās-* u. dgl. gilt etymologisch als *r*.

Es ist anzunehmen, dass gleichwie im Np. auch schon im Mp. das anlautende *h* in Compositis mit der Präposition *ham-* abgefallen war, wie es schon in jüngeren arm. Lehnwörtern der Fall ist, während die älteren Schriften und das Syrische das *h* noch aufweisen. Das Bücherpahlavi und das Pāzand helfen hier nichts, und als einziges Beispiel für die Erhaltung des *h* lässt sich nur mp. הנגאם (oder אג°, pāz. falsch umschrieben *ōgąm*), np. *hangām*, aber arm. *angam*, anführen. Sonst arm. *hambar*, *ambar*, np. *ambār* — mp. אמבאר, arm. *andam*, np. *andām*, aber syr. *haddām* — mp. אנדאם, u. s. w., wo mp. überall auch °ה gelesen werden könnte. — Derselbe Schwund noch in mp. *až*, np. *az* — aw. *hača*, mp. np. *agar*[4] — **hakaram*, mp. *Ahmaδān* (auf den Münzen abgekürzt אחמ), arm. *Ahmatan*, aber np. *Hamaδān* — ap. *Hagmatāna-*.

[4] Aber in np. *hargiz*, *hagirz* ist der Anlaut geblieben, daher auch mp. חכרץ *hakarč* zu lesen = altem **hakaram-čit*.

Im Inlaut ist endlich *h* geschwunden im Vb. subst. *am* — aw. *ahmi*, wenn hier nicht *ham* zu lesen ist, mit Vorschlag von *h*, das dann gewissermassen als Stamm aufgefasst wurde, vgl. pāz. *hom*, und den Wechsel der Partikel חם, np. *ham* mit dem Ideogramme des Zeitwortes הוהם.

25. Wir schliessen hier einige Bemerkungen an über den Vorschlag des Hauchlautes bei ursprünglich vocalischem Anlaute, wobei die Bücherschrift wiederum nicht gestattet, א von *h* oder *x* zu unterscheiden. Sicher belegt sind nur mzp. חשת חשתרח חשתאר (sic), np. *hašt* u. s. w. aus altem *ašta*; für die übrigen Wörter muss die Analogie des Np. aushelfen, also חיצם *hēzm*, np. *hēzum* — aw. *aēsma-*, *hast* (ideogr. אית) — *asti* wegen des Pl. *hand* — **hanti*, aber wohl eher *ēč*, np. *hēč* (neben *ēč*) aus **aiva-čit*.

Vorschlag des stärkeren Hauchlautes ist durchs Armenische bestätigt in חאם, mp. np. *xām*, arm. *xam* — skr. *āma-*, und wohl auch zuzugeben in *xāyak*, np. *xāyah* »Ei«; חרס, mp. np. *xirs* — aw. *areša-*; חישם *xēšm* — aw. *aēšma-*; mp. np. *xišt* — aw. *ištya-*; *xurmā* (PPGl. 4, 4; man erwartete **xurmāk*), np. ebenso, aber arm. *armav*.

Anm. Dunkel ist חוסתוך »bekennend«, vgl. arm. *xost* »Bekenntnis«, np. *xastū*, *xustū*, vgl. Hübschmann, Arm. Gr. I, p. 161; ebenso mp. *duš-xēm*, arm. *dž-xem* — np. *duž-xīm* »schlechten Charakters«, vgl. Hübschmann, PSt. 59; AGr. I, p. 142. Über *xūn* s. o.

26. Im Inlaute findet sich ein *x* eingeschoben vor *š* in אתחש, np. *ātaš* — aw. Sg. N. *ātarš*, *Syāvaxš*, np. ebenso und *Siyāvuš*, arm. *Šavarš* — aw. *Syāvaršānəm*: beide Male für *r*? Ferner ohne ersichtlichen Grund in *kōxšiδan*, ap. *kōšiδan*, *niyōxšiδan*, np. *niyōšiδan* — **ni+gaušaya*, und *Zartuxšt* — aw. *Zaraϑuštra-*.

DIE NASALE.

27. ir. *n* = mp. *n*: *nām* — *nāman-*, *hēn* — ap. *haina-*; *bandak* — ap. *bandaka-*; *panǰ* — *panča-* (*n* lautete vor Palatalen wohl etwas modificirt); *gušn* — aw. *varšni-*, *māzdyasn* oder °*dēsn*, arm. *mazdesn* — aw. *māzdayasni-*.

ir. *fn* = mp. *ff* nur in dem Beispiele תף *taff* — aw. *tafnu-* (Vd.[sp] 7, 145; 20, 13. 19), dessen Gemination durch das np. *taff* (Žukovskij, Anvarī, Text 32, 8) bezeugt wird. Die Beispiele חואף, np. *xᵛāb* — aw. *xᵛafna-* und np. *tab* — aw. *tafnu-* kann ich nicht anerkennen.

ir. *fn* = mp. *m* auch nur in dem einen Beispiele *šām* »Abendkost« — aw. *xšafnya-* (Ys.SP 61. 19).

ir. *n* = mp. *m*: *Vahrām*, arm. *Wahram*, aw. *vərəϑrayna-*; אפסתאם, pāz. *avastąm*, aber ip. אפסתאן — **upastāna-*; פדאם, pāz. *panąm* (jetzt *penōm* gesprochen), arm. *pandam*, arab. *faddām* — aw. *paitidāna-*.

Anm. Über *mn*, *rn* s. die erstern Laute.

28. ir. *ŋ* = mp. *ŋ* (durch das gewöhnliche נ ausgedrückt), nur vor Gutturalen: *bang* (West, PT. I, 162), *mang* (AV.), np. ebenso — aw. *banga-*, *baŋha-*; סנג, סנ, np. *sang* — vgl. ap. *aϑaⁿgaina-*; *angārēm*, arm. *angarem*, np. *angāram* — aw. *hankārayēmi*.

Anm. In den Übersetzungen entspricht dem aw. *aŋʰrō mainyuš* מינוי »גנגאך«, pāz. *Ganāmainyō*; ich sehe im ersteren Worte einfach eine graphisch entstellte Transcription und lese אנראך mit נ für *ŋ*, während letzteres sonst durch נ umschrieben wird: ויונהאן für *vīvaŋhant-*, ארנ neben ארנג, aw. *raŋha-*.

29. ir. *m* = mp. *m*: *may*, np. *mayāk* — aw. *maya-*; *bāmīk*, np. *bāmī* — aw. *bāmya-*; *ham* — aw. *hama-*; ebenso vor Labialen: אנבאר, mp. np. *ambār* arm. *ambar* — *ham*+*bar*; *xumbak* — aw. *xumba-*; סונב סומב *sumb*, np. *sumb* *summ*, arm. *smbak* — vgl. aw. *safa-*.

ir. *m* = mp. *m*, *mb*: דונב דומב neben דום, np. *dum*, *dumb* — aw. *duma-*; *stahmbak*, *stahmak*, arm. *stambak*, np. *sitambah* — vgl. die Eigennamen *Vistahm*, np. *Gustahm*, *Bistahm*, arm. *Wstam* — ap. **Vistaxma-*. Derselbe Zusatz eines *b* findet sich noch in *aškamb* (nur PPGl. 7, 10 שכם), *aškumb*, *aškam*, np. *iškam*, *šikam* unklarer Herkunft; דמבאאונד דמאונד, arm. *Dəmbavənd*, np. *Damāvand* — wohl aw. **dunmavant-*.

Anm. 1. Für *m* vor Labial wird auch נ *n* geschrieben, wie im Np. regelmässig, weil für letzteres die Orthographie des Arabischen massgebend war, und diese Sprache kennt die Lautverbindung *mb* nicht. Aus dieser rein äusserlichen Erscheinung Schlüsse auf die »bilabiale« Natur des *b* in der älteren Sprache zu ziehen, wie es Hübschmann, PSt. 17 thut, ist ebenso unmotivirt, wie zu behaupten, das ältere Np. habe den Laut *ŋ* nicht besessen, weil *ng* geschrieben wird. Das arm. *mb* genügt mir fürs Mp., denn diese Sprache kennt auch die Lautverbindung *nb*, z. B. *an-ban* »unvernünftig, sprachlos, Tier«, hätte also mp. *nb* — wenn es vorhanden gewesen wäre — sehr wohl ausdrücken können.

ir. *mn* = mp. *m*: *nam* (daneben 'נמב), np. *nam* — **namna-*; mp. np. *kam* — ap. *kamna-*, aw. Superl. *kambištəm*.

ir. *m* = mp. *f* vor *t* in Neubildungen; nach Analogie von *sumb* — *suft*, *nihumb* — *nihuft* scheinen gebildet zu sein: פרצפת »ist vollendet« zu *fražām*, np. *farjām*, mp. *frazāmēnīδan* »zu Ende bringen«; אנצאפתך »beendet«, jüd.-pers. אנג׳אפתן zu np. *anjām* »Ende«, mp. *anjāmēnīδan* »vollenden«, beide zu √*gam*; פרנפת »sich wenden«, caus. פרנאפת und *franāmišn* leite ich von √*nam* ab, vgl. Ys.SP 45, 1 *ō kaδār zamīk ō nāmom*, wofür AV. 17, 7 *ō kaδām z. šavom* = aw. *kąm nemōi ząm*.

Anm. 2. Die früheren Lesungen *fravaft*, *fraraft* (Horn, Etym. 275) sind etymologisch unbefriedigend.

DIE ZITTERLAUTE.

30. ir. *r* = mp. *r* alleinstehend und in den meisten Consonantengruppen; nur bei *n*, Zischlauten und Dentalen ergeben sich neue Combinationen. Beispiele: *rōš*, np. *rōz* — ap. *raučah-*, mp. np. *zūr* »Lüge« — ap. aw. *zurah-* (ob mit *ū*?). Für die unveränderlichen Gruppen *xr*, *gr*, *γr*, *dr*, *δr*, *fr*, *br*, *vr*, *sr*, *zr* s. u. dem ersteren Laute; ebenso für *xδr*, *xtr* — mp. *xr* u. dgl., *ϑr* — mp. *s*, *hr*, *r*, *hr* — mp. *r*.

Die im Np. so beliebte Umstellung zeigen nur die Wörter: *ars*, np. *ars*, *ašk* — aw. *asru-*, *narm* — aw. *namra-* und צרך, np. *čarx* — aw. *čaxra-*.

Anm. 1. פחריחתן *pahrēxtan*, np. *parhēxtan* ist etymologisch noch nicht klar gestellt, ich möchte aber doch (mit Fr. Müller) an aw. *paitiričya daiδē* denken.

Nach *r*[1] als erstem Consonanten einer Gruppe bleiben *m*, *ǰ* unverändert: *čarm* — aw. *carəman-*, *arǰ*, arm. *arž*, np. *arǰ*, *arz* — aw. *arəǰah-*, während die Tenues wohl geschrieben werden, aber als erweicht aufzufassen sind, denn neben כרך, np. *kark*, *karg* — aw. *kahrkatās-*, ip. וצרך stehen bp. וצורג, np. *buzurg* — ap. *vazrka-*, *marg* — aw. *mahrka-*, *gurg* — aw. *vəhrka-*; neben ורץ, np. *varǰ* — aw. *varəčah-*[2], steht das eben angeführte ארץ; neben סרת, np. *sard* — aw. *sarəta-* steht סרתך, np. *sardah* — aw. *sarəδa-*, ap. *θarda* (Gen.): also

ir. *rk*, *rč*, *rt* = mp. *rg*, *rǰ* (*rž*), *rd*; daneben aber auch

ir. *rt* (aw. *š*) = mp. *hr* oder *hl*, speciell in religiösen, aus dem Awesta entnommenen, Ausdrücken: אחלוב'[3] — aw. *ašavan-*, אחלמוך — aw. *ašəmaoγa-*, פלואחל, pars. *firōhar* — aw. *fravaši-*, ap. *fravarti-* (neben פלולתין, np. *farvardīn* — aw. *fravašinąm*, als Monatsname); פוחל *puhr*, np. *pul* — aw. *pərətu-* (speciell die Tschinwadhbrücke); das Beispiel ist nicht ganz einwandfrei. Sonst

ir. *rθ* = mp. *hr*, *hl*: פחלויך, arm. *pahlavik* — zu ap. *parθava-*; פאחלום, pāz. *pahalum*, *°im* u. dgl. — παρθαμα- in parthischen Eigennamen; תנאפוחל, pars. *tanāfūr* — aw. *tanupərəθa-*, אנאפוחלך — aw. *anāpərəθa-*. Ebenso

✓ir. *rs* (über ap. *rθ*?) = mp. *hl*: פאחלוך, np. *pahlū* — aw. *pərəsu-*, skr. *párśu*; mzp. צחל, np. *čihil* (aus **čahihl*) — aw. *čaθwarəsat-*.

ir. *rs* = mp. *rs*: *pārs* — ap. *pārsa-*, *vars* — aw. *varəsa-*.

ir. *rd* = mp. *l* (mit Ersatzdehnung): *sāl*, arm. *nava-sard* — aw. *sarəδa-*, *sālār* neben *sardār*, *vālīδan*, np. *bālīδan* neben *vālā* — aw. √*varəδ*. Ebenso

ir. *rz* (über ap. *rd*) = mp. *l* (mit Ersatzdehnung): *bālist* — aw. *barəzišta-*, *xvālist* — aw. *xvarəzišta-*, *mālīδan* — aw. √*marz*. Daneben findet sich aber auch

ir. *rz* = mp. *rz* (geschrieben רץ, weshalb hier *rž* transcribirt wird): *marž*, *maržvān*, arm. *marz*, *marzpan*, np. *marz*, *marz(u)bān* — aw. *marəza-*; *garžīδan* — aw. √*garz*; *āmuržīδan* — aw. √*marz*+*ā*; *varžīδan*, np. *barzīδan* »serere«, *varzīδan* »schaffen« — aw. √*varz*.

ir. *rš* = mp. *š* vor Vocalen: *kašīδan*, arm. *karšel* — aw. √*karš*; *buš*, arm. *barš*, später *baš* — aw. *barəša-*; *vēšak*, np. *bēšah* — aw. *varəša-*(?).

Anm. 2. Das Arm. zeigt, dass im älteren Mp. *rš* noch erhalten blieb.

Über *xš* = *rš* s. o. § 26.

In der Gruppe *rš*+Consonant war *r* schon in ältester Zeit geschwunden: *aštāδ* — aw. *arštāδ*, die übrigen Beispiele fallen unter *rš*, s. u.

Anm. 3. Wie diese *št* auf älteres *ršt* zurückgehen, so erklären sich auch die Participia mancher Verbalstämme auf *r* nach der Analogie derer auf *rd*, deren Dental vor dem *t* in *s* übergehen musste: *rst*, *ršt*, *št*. Wie im oss. *kärdịn* »schneiden« — *karst* (aw. √*kart*), *sardịn* »salben« — *sarst*, oder schughnī *gārδ* »sich wenden« — *gašt* Pf. *gāšč*, *šārd* »cacare« — *šušt* Pf. *šušč*, neben oss. *apparịn* »werfen« — *apparst*, *ambarịn* »begreifen« — *ambarst*, schu. *nišpār* »auftreten« — *nišpūd* Pf. *nišpūγǰ* (aw. √*spar*), *δēr* »halten für« — *δūd*, *δūzǰ* (√*dar*) stehen, so verhalten sich np. *navard* — *navašt*, *gard*, mp. ורת — *gašt*, mp. *vašt* zu mp. np. *ambār* »füllen« — *ambāšt*, *dār* »halten« — *dāšt*. Bartholomae's oben (I, p. 64, § 116, 2; p. 86, § 156, 3) versuchte Ableitung des neuiran. Participialstammes aus dem *s*-Aorist muss ich mit Hübschmann, PSt. 198 N. abweisen, da sie die syntaktische Geltung des mp. Präteritums gänzlich ausser Acht lässt.

ir. *rn* = mp. *rr* (wofür selbstredend nur éin *r* geschrieben wird): זרין *zarrēn*, np. *zarrīn* — aw. *zaranaēna-*, vgl. arm. *zarnavuxt* »seiden«, eigentlich **zarrvaft*, »golddurchwebt«, np. *zarbaft*; *purr* — aw. *pərəna-*; *parr* — aw. *parəna-*; *tarr* — aw. *tauruna-*; *farr*, *farraxv*, arm *parkʿ*, np. *farrux* — ap. **farnah-*.

Ausnahmen ip. פרנבג, mp. ebenso, aber *Frōbā* gelesen; אפורנאין u. ä. np. *burnā* — aw. *afr̥nāyuka-*; מרנצינידתן, pāz. *marōčinīdan* — aw. *mr̥nčaiti*, wiederum nur religiöse Termini.

[1] In einigen dieser Beispiele arisches *r*, s. u. — [2] Hierher ist wohl arm. *varz* (HÜBSCHMANN nr. 611) »Übung, Studium« zu stellen. — [3] Mit ל bezeichne ich hier nicht den Laut, der ja in mehreren Beispielen sicher *r* ist, sondern nur das Zeichen der Bücherschrift (Nr. 13).

31. *l*. Dieser Laut fehlt den beiden air. Sprachen und auch fürs Mp. haben wir an der Schrift kein sicheres Kennzeichen, wo *l* und wo *r* zu lesen sei; der Wechsel beider Zeichen ל und ר schon in den ältesten Inschriften weist aber darauf hin, dass der Laut schon damals vorhanden gewesen sein muss. Das älteste bezeugte *l* findet sich im Namen *Vologeses* (Tacitus) ΟΛΑΓΑσου ולגשי (Parthermünzen), sās. ולכאש, arm. *Valarš* Οὐαλάρσης, syr. יולגש[1] (vgl. oben in *rt*, *rš*, *rd*), und dieser Laut ist nach dem Np. auch anzunehmen in: לף, np. *lab*; *ālūdan*, *pālūdan* und vielleicht auch לותן (AV. 17, 12) »schmutzig«. Ferner in Lehnwörtern: *šagāl*, *palang*, *kālwud*, np. *kālbud*.

Anm. Das Verbum *lištan* »lecken« kommt AV. 63, 2 als לסת vor, aber 35, 2 ist פן כבא לייה np. *ba dandān līyīd* zu lesen: »kaute mit den Zähnen«, denn ליסת passt dazu nicht.

[1] s. NÖLDEKE, ZDMG. XXVIII, 93 ff.

DIE HALBVOCALE.

32. ir. *y* = mp. *y*, im Anlaute, wo np. *j* erscheint: *yašn*, np. *jašn* — aw. *yasna-*, *yuxt*, np. *juft*, arm. *juxtak* — aw. *yuxta-*, *yovān* (geschr. יודאן mit verbundenem ב), arm. *yavanak*, *yowanak*, np. *javān* — aw. *yuvan-*, *yādūk*, arm. *jatuk*, np. *jādū* — aw. *yātu-*, *yāvēdān*, arm. *yavēt* neben *javitean-* — aw. *yavaētāt-*. Da das Arm. schon in alter Zeit auch *j* zeigt, so muss der Lautübergang in *j* schon früh eingetreten sein, in der Schrift aber blieb in Ermangelung eines andern Zeichens י.

Anm. 1. Wie יותן Ps. 3 Sg. יויה (Ys. 19, 12 »kaut«, nämlich die Worte), Pl. יוינגד (AV. 18, 13; 19, 3; 24, 3), wozu דראיאן יושניה (MCh. 2, 33), zu lesen und mit np. *jāvīdan* zu combiniren ist, bleibt noch unklar; jedenfalls ist es ein *u*-Stamm.

Anm. 2. Bisher nur im BpbI. nachweisbar ist die dem np. *judā*, *juz* entsprechende Partikel יויה, pāz. *jud*, *jad*, יותאך, pāz. *judā*, deren sonderbare Schreibung wohl nur auf graphischer Entstellung beruht; vgl. aw. *yuta-* »getrennt«.

Anm. 3. In יאתכב°יאתונוב, pāz. *jādangō*, arm. *jatagov* »Fürsprecher« steckt wohl dasselbe alte **yāta* »gekommen«, wie in *frayād*, np. *faryād* »Succurs«, *ō f. rasēd* (MCh. 2, 96. 166; 22, 6), np. (*ba*) *f. rasad* »kommt zu Hilfe«, mp. *frayādīdan* »helfen«.

Auch im Np. ist *y* erhalten in Fremdwörtern, wie יאכנת, np. *yākand* — ὑάκινθος, und dem religiösen Ausdrucke ip. יותאן, ip. bp. יזדאן, np. *yazdān* — aw. *yazatanąm*.

Anm. 4. Der Sg. יזיה (so der Schrift nach, aber die Gemmen bieten יזדתי HORN, Siegelsteine p. 38, trad. יאתן *yātan* gelesen) entspricht dem np. *īzad*; die arm. *yzat-*, *yizt-* in Eigennamen (neben sonst bestätigtem *yazt-*, z. B. mp. *Yazdkart*) weisen auf die Zweisilbigkeit des Wortes; aber die Lautentwickelung macht Schwierigkeiten. Ganz analog ist die Lesung des np. מיזד — aw. *myazda-* als *mīzad*, während die ältesten Dichter *miyazd* scandiren.

Inlautend bleibt *y* erhalten, ausser wo es, auch epenthetisch, mit dem vorangehenden Vocale verschmilzt, s. u.: *syāk* (*syāh*), np. *siyāh* — aw. *syāva-*, *Syāvaxš* — aw. *syāvaršan-*, נייאך *nyāk* oder *niyāk*, np. *niyā* — aw. *nyāka-*, und in den Präsensstämmen auf *-āy-*, wo *y* Überbleibsel des Classencharakters ist. In מייאן *mēyān*, np. *miyān* — aw. *maidyana-*, und פיאתך *payādak* »Läufer im Schachspiel«, np. *piyāδa* »Fussgänger, Fusssoldat, Läufer« — von **pada-*, ist *d, t* dem *y* assimilirt oder geschwunden.

Ausfall eines alten *y* findet sich im Titel שאה שח *šāh*, np. *šāh* (die Verkürzung *šah* ist neueren Datums), ip. שחפוחרי, aber chaldäop. שחיפוחר und auf den indoskyth. Münzen ÞAOHANOÞAO, was *šāhiānō šāh* zu lesen ist (die Zeichen für η und ν variiren verschiedentlich) — ap. *xšāyaϑiya-*, und im Eigennamen דאראב דאי° — ap. *Dārayava^hu-*.

Anm. 5. Aus δ entstandenes *y* ist mit vorangehendem *a* contrahirt in *ēr* — aw. *aδa^iri*, und der Präp. *ē-* — skr. *adhi*; s. u.

33. ir. *v* = mp. *v* (np. *b* und *g*): *vāδ*, np. *bāδ* — aw. *vāta-*; *var*, np. *bar* — aw. *vara-*; *vazr*, np. *gurz* — aw. *vazra-*; *vi-*, np. *gu-* — aw. *vi-* bei Verben. Dieses anlautende *v* wird auch vom Arm. bestätigt: *vāng*, np. *bāng* — arm. *wang*; *vēh*, np. *bih*, aw. *vahyah-* — arm. *weh*; *vinās*, np. *gunāh* — arm. *wnas* u. s. w. Die späteren arm. Lehnwörter zeigen *g* wie das Np. und einige mp., von welchen die folgenden keine Nebenformen mit *v* besitzen:

ir. *v* = mp. *g*: *gurg* — aw. *v^ərka-*; arm. *Gurgān*, arm. *Wrkan* — aw. *V^ərkāna-*; *gurṯak*, np. *gurdah* — aw. *v^ər^əṯka-*; *gušn* — aw. *varšni-*; גוכאס (*gugāh*?), arm. *wkay*, np. *guvāh* — *vi* + √*kās*; *gumān*, arm. vgl. *an-guman* — aw. **vīmanah-*; *gumāštan*, arm. *gumarel* — *vi* + √?; *gumēxtan* — *vi* + √*mič*? u. a., welche HÜBSCHMANN, PSt. 160 aufzählt. Er fasst die Regel so, dass ir. *vr̥-*, *vim-* schon mp. zu *gur-*, *gum-* werden mussten.

Anm. 1. Unklar ist גרת, np. *gird*, welches nicht zur √*vart* zu gehören scheint. נצפתך »verflucht«, jüd.-pers. בוֹ ווסתה ist Gegensatz zu np. *xujasta* (aw. **hu-jasta-*) und darum doch am ehesten als aw. **vi-jašta-* zu erklären.

Inlautend: *bēvar* — aw. *baēvar^ə*; *āvāž*, arm. *āvāč*, np. *āvāz* — vgl. *vač*; ואפר, arm. *waver-akan*, np. *bāvar* »Glaube«, vgl. איור *ēvar* »gewisslich« und np. *āvar* — zu √*var* »glauben«?; רובאן *rovān*, np. *ravān* — aw. *urvan-*. Mit vorangehendem *a* verschmilzt es zu *ō*, s. u. § 42.

Auslautend bei mehrsilbigen Wörtern[1]: אחלוב' *ahlov* oder *ahrov* — aw. *ašavan-*; *Xusrov*, arm. *Xosrow*, np. *Xusrau* — aw. *husravah-*; *srov* (wohl nur transcribirt) — aw. *sravah-*.

[1] Sonst wird *-ava-* zu *ō* s. u. § 42.

Schwund im Auslaute: *ē* »einer«, np. *-ē* (unaccentuirt), *ēč*, np. *ēč*, *hēč* — *aiva-*, **aiva-čiṯ*; חריו, arm. *Hrev*, np. *Harē* — ap. *Haraiva-*; *har* — ap. *haruva*, aw. *ha^urva-*; — im Inlaute nach Consonanten: *dar* — aw. *dvar-*; *duδīgar*, np. *dīgar* — aus **dvitiya-kara-*; *čand* — aw. *čvant-*; *šēwāk*, np. *ni-šēb* — aw. *xšvaēwa-*. Ferner zwischen Vocalen: *kay*, np. *kai* — aw. *kavya-* u. a.

ir. *dv* = mp. *b* ist sicher in *bēš* — aw. *δbaēšah-*, vgl. noch arm. *barapan*, *darapan* »Thürhüter«.

Anm. 2. Neben ip. בילוני bp. *bērōn*, np. *bērūn*, welches man von **dvarya* + *rōn* »Seite« (nicht Suffix *-ūn*, wie HORN will, vgl. *andarōn*) ableiten möchte, steht *vērōnak* (wie neben np. *bīmār* mp. *vīmār*), was diese Etymologie zu verwehren scheint.

CONSONANTENUMSTELLUNG.

34. Die im Np., besonders bei *r*, so beliebte Umstellung von Consonanten ist im Mp. — ausser bei altem *ϑr*, *rt* — nur in vereinzelten Fällen nachweisbar: *ars* — aw. *asru-*; *narm* — aw. *namra-*; *kanārak* — aw. *karana-*; *bēšaž*, *bēšāž* neben *bēžišk*, arm. *bžišk*, np. *bizišk* — aw. *baēšaza-*; *pēδāk*, np. *pēδā* neben ip. פתיאך — alt **patyāka-* vgl. skr. *pratyañč-*.

Anm. Die Schreibung פגתאם (trad. *paitam*), arm. *patgam*, np. *paiγām* scheint semitischer Entstellung ihren Ursprung zu verdanken, vgl. mand. פוגדאמא, während im Bibelaram. פַּתְגָם, syr. פתגמא erscheinen. Als Aussprache des Ideogramms wird im PPGl. פינאם (var. פיאנם) angegeben.

DIE VOCALE.

35. Zur Bezeichnung der Vocale dienen in der phlv. Schrift א, י, ו; ersteres ist im Inlaute meist *ā* (ausser vor ח, s. o.), die beiden anderen können gleichmässig *i*, *ī*, *ē* und *u*, *ū*, *ō* bezeichnen, nach Massgabe innerer Gründe; darum muss in gewissen Fällen die Lesung zweifelhaft bleiben. Im Anlaute wird א, אי, או geschrieben, ausnahmsweise 'יסתאתן, pāz. *əstādan*, np. *ēstāδan*, *ist*°; 'יסתתן, pāz. *istadan*, np. *istaδan*, *sit*°; י *ī*, np. Iẓāfat-*i* — aus **yahya*; ו *u* — ap. *utā* (wohl unter Einfluss des sem. ו).

Anm. In den Inschriften werden, nach aramäischer Weise, die inlautenden langen Vocale häufig ohne Bezeichnung gelassen, z. B. יזתן, np. *yazdān* — aw. *yazatanąm*, אזאתן, np. *āzāδān* — aw. **āzātanąm*, ap. *°*ānām*. Ebenso wohl auch מס כס *mēs*, *kēs* (später *mēh*, *kēh*), np. *mih*, *kih*, vgl. ויה *vēh*, arm. *weh-*, np. *bih* — aus aw. *masyah-*, *kasyah-*, *vahyah-*.

36. Im Allgemeinen entsprechen *a*, *ā*, *i*, *ī*, *u*, *ū* den alten Lauten, *ē*, *ō* den Diphthongen *ai*, *au* (aw. *aē*, *ao*): *ast* »Knochen« — aw. *asta-*, חאן *han*[1] »ein anderer« — aw. *anya-*, *sar* — aw. *sara-*; *āw* — ap. *āpi-*, *nām* — *nāma*; *im* — *ima-*, *xišt* — *ištya-* (Vd. 8, 20/8), *ristāxēz* »Auferstehung« — aw. *'rista-* »gestorben«; *šīr* — aw. *xšīra-*, *vīr* »Einsicht« — aw. (Adj.) *hvīra-*; אושתר *ušt^ur*, np. *uštur* — aw. *uštra-*, skr. *úṣṭra-*, ודרך *udrak*[2] — aw. *udra-*, skr. *udrá-*, *u* — ap. *utā*, *pus* — aw. *puϑra-*, ap. *puϑ^ra-*; *dūr* — aw. *dūra-*, *būm* — aw. *būmi-*; *ēv*, *ēvak*, np. *yak* — aw. *aēva-*, אשם אישם oder ח° *ēšm* (? oder *xēšm*) — aw. *aēšma-*, *nēv* — ap. *naiba-*, *nēm* — aw. *naēma-*; אוץ *ōž*, arm. *oyž* — aw. *aojah-*, אוש oder חוש, np. *hōš* — aw. *aošah-*[3], *rōž* — ap. *raučah-*, גובית *gōvēδ*, arm. *gowel* — ap. *gaubataiy*.

[1] Über die Aspiration des vocalischen Anlautes s. o. § 25. — [2] Könnte auch *vadrak* gelesen werden. — [3] Sowohl das mp. als das np. Wort, letzteres mit *ō*, entsprechen auch noch aw. *uši-* »Verstand«.

Anm. 1. In mehreren arm. Lehnwörtern steht altem *a* ein *e* gegenüber, während sonst regelmässig arm. *a* entspricht, z. B. *patker* — ip. פתכלי, bp. *patkar*, np. *paikar*, *-pet* — mp. *-pat* (*-wað*) u. s. w. (s. Hübschmann, PSt. 130, zuerst ZDMG. XXXV, 174 ff.). Das Material genügt aber keineswegs, um dem Mp. einen etymologisch irgend bedeutsamen Laut *e* zuzusprechen.

Anm. 2. Im Np. sind *ē* und *ō* vor Nasalen zu *ī* und *ū* geworden, dass aber das Mp. noch auf der älteren Lautstufe stand, wird durchs Arm. bestätigt: mp. arm. *hēn* — ap. *haina*, mp. *dēn*, arm. *den*, np. *dīn*, — aw. *daēna-*, np. *dīm*, arm. *dēm-k'* — aw. *daēman-*; mp. *gōn*, arm. *goyn*, np. *gūn* — aw. *gaona-*, np. *mūm*, arm. *mom* »Wachs« — unbekannter Herkunft.

Anm. 3. Die vor *h* und in einzelnen anderen Fällen (Hübschmann, PSt. 134. 140) erscheinende Verkürzung langer Vocale lässt sich fürs Mp. nicht nachweisen (über שח *šāh* s. o. § 32). Auch die arabische Transcription بُزُرجفرمَذار (Nöldeke, Tabari 9 N) erklärt sich durch die ältere scriptio defectiva, da derselbe Titel in den Büchern plene geschrieben wird (Hübschmann, Arm. Gr. I, 182). Jüngeren Datums ist noch die arab. Form إِسْبَهْبَذ, arm. *spayapet*, älter *sparapet*, bp. ספאחפת — vom ap. *spāda-*, aw. *spāδa-*. Ob ורזאח *zrāh*, arm. *zrah* — aw. *zrāδa-* zu lesen ist oder eine dem pāz. *zrəh*, np. *zirih* näher stehende Form, mag fraglich bleiben. In älterer Zeit war der Vocal gewiss gedehnt, wie ja auch für באחל — ap. *Bāxtri-* die ursprüngliche Länge durch skr. *bāhlīka-* (aus einem mp. Adj. **bāhlīk*) erwiesen ist.

37. Differenzen von dem alten Vocalbestande bietet das Mp. in folgenden Fällen:

ir. *a* = mp. *ā*: 1) durch Ersatzdehnung: *tār* — aw. *tąϑra-*, *hazār* — aw. *hazaŋ^hra-*, *šām* — aw. *xšafnya-*, *māhīk* — aw. *masya-*, skr. *mátsya-*, und in allen Fällen, wo mp. *āl* altem *ard* entspricht.

2) vielleicht durch den Accent (auch Vorton) bedingt: *ān* — *ana-*, *yāvēδān*, np. *jāvēδān* — zu aw. *yavaētāt-*, *xvāhar* neben *xvah* — aw. *xᵛaŋhar-*, *nāxun* — skr. *nakhá-*, *šāyēδ* — aw. *xšayete*, *gumān-* — aw. *vīmanah-*, *kaδār*, *kaδām*, np. *kuδām* — aw. *katara-*, *katama-*, skr. *katará-*, °*má-*, *kārt* — aw. *karᵊta-*, *ārt* — aw. *aša-*, und so wohl in allen mit -פאת — ap. *pati-*[1] beginnenden Wörtern[2].

[1] Hübschmann, PSt. 133 will eine Nebenform ap. **pāti* annehmen, aber dazu genügt die Berufung auf das alleinstehende aw. *pāᵊtivāka-* »Antwort« nicht, da dieses ebenso wie *pāᵊrivāza-* »herumfahrend« durch Vṛddhirung gebildet sein kann. Es ist doch gewagt, wie ers thut, für verschiedene der obigen Beispiele alte Parallelformen zu postuliren. — [2] Auffallend ist der Quantitätstausch in *vahār*, np. *bahār* — ap. *-vāhara-*; wäre nicht die np. Form, so liesse sich ja auch **vāhar* lesen.

3) Endlich gehen viele mp. *ā* auf eine Contraction zurück:

ir. *āva* = mp. *ā*: *pāk* — skr. *pāvaka-*; *sāk*, arm. *sak*, np. *sā*, *sāv* — **sāvaka-*; *syāk*, np. *siyāh* — aw. *syāva-*, und im Präsensstamme vor *u*-Wurzeln, wo *-āy* = altem *-āvaya-*.

Anm. 1. Auch np. *yār* »Freund«, mp. איבאר (ב ist das langgezogene י) *ayyār* (ob aus **adi-āra* »Herankommer, Helfer«, vgl. np. *faryāδ-ras* βοηθοος?) hält Hübschmann für contrahirt aus *yāvar*. Das mand. *adyaurā* scheint diese Ableitung stützen zu können. Sonst liesse sichs denken, dass *yāvar* ebenso entstanden sein dürfte wie *dāvar*, mp. דאחובר *dāδᵊvar*, also aus **yāδ-var* — **yāta-bara*, worin **yāta-* dasselbe Wort wäre, mit dem die oben besprochenen mp. *frayāδ*, *yāδᵊgōv* componirt sind.

ir. *avā-* = mp. *ā*: ראנינד *rānēnd* (Vd. 13, 163/49), np. *rānand* »sie treiben« — aus *ravān-* Caus. von *raftan*; *bāδ* »er sei« — aw. *bavāᵊti* (Conj.).

ir. *āvi* = mp. *ā*: *āškārak*, np. *āškār(ah)* — skr. *āviškāra-*; *bāšēδ*, np. *bāšaδ* — aus **bāvis-ati* (Bartholomae I, 87, § 157).

Qualitativè Modificationen dieses Vocales sind:

ir. *a* = mp. *i*: *bižišk* — aw. *baēšaza-*; צחל, np. *čihil* — aw. *čaϑwarᵊsata-* (wenn so, und nicht etwa *čahal* zu lesen); *visyār* (MCh. 44, 22 steht aber ויסכאר, ob für וסידאר? s. u.), np. *bisyār* — zu ap. *vasiy*; auch diese zweifelhaft.

ir. *a* = mp. *u*, bei Labialen: *-um* Suffix der Ordinalien, *dahum* — aw. *dasəma-*; *-tum* Suffix des Superlativs — ap. *-tama-*, aw. *-təma-*, *fratum* — ap. *fratama-*, aw. *fratema-*; *tum* — aw. *təmah-*; מוג *mug*, arm. *mog*, np. *muγ* — ap. *magu-*;

Anm. 2. אפוחשאישניך, pāz. *awaxšaišnī* »voller Vergebung« gehört zu np. *baxšāy*, *baxšūδ*, jüd.-pers. בוכשאיד »vergeben«, und ist von mp. np. *baxsišan*, arm. *bašxel* — — aw. *baxš-* zu trennen, denn אפו ist gewiss Präfix.

Über ir. *ay*, *aē* = mp. *ē* s. unter letzterem, über mp. *ar* im Wechsel mit *ir*, *ur* s. u.

38. ir. *ā* = mp. *a* ist vielleicht in איאפת, np. *yāftan* — aw. *āyapta-*, sowie in dem etymologisch unklaren אפאם, np. *avām*, *vām*, *fām* (d. h. *wām*) anzunehmen, da der nach allgemeiner Regel im Np. abfallende anlautende Vocal meistens kurz war. Die Kürzung ist jedenfalls jung.

ir. *ā* = mp. *ū* in Verben, deren Stammbildung der Analogie der *u*-Wurzeln folgt: *framāyem*, *framūδ* — √*mā*, wie *stāyēm*, *stūδ* — **stāvayāmi*, *stuta*. Dieser Lautübergang ist neueren Datums, denn es findet sich neben bp. פרמות ip. פרמאת und im Np. *gušūδ* neben dem älteren *gušāδ*, mp. *višāδ*.

Anm. In entgegengesetzter Richtung wirkte die Analogie bei dem np. *sitā* »Lobpreis« (für **sitāδ*, der Präsensstamm scheint mir hier nicht zu passen). Die vollere Form glaube ich bei Daqīqī 1526, 522 nachweisen zu können. Nachdem im Kampfe schon manche Helden erschlagen, wirft sich Nastūr (aw. *Bastavairi-*) ins Getümmel, tötet viele Feinde und kehrt heil zurück. Während der Dichter dem Tode eines jeden der vorher gefallenen Kämpen einen Vers mit *dirēγ* u. dgl. weiht, heisst es hier: *saranjāmə bar gašt pērōz u šāδ: ba pēš i pidar bāzə šuδ, ē sitāδ* »o Preis!«, *ēstāδ* »blieb stehen, hielt an« gibt keinen vernünftigen Sinn.

39. ir. *i* = mp. *u*: *muzd* (auch מזד geschrieben) — aw. *mīžda-*; *uzvān*, np. *zabān*, *zuvān* — ap. (Acc.) *hizuvam*, aw. *hizu-* (wenn hier nicht Vocalvorschlag anzunehmen, wie in זורואן neben זרופאן — aw. *zrvan-*); und in *gum-* — ir. *vim-*, s. o. § 33.

ir. *i* = mp. *ī* ist verschieden entstanden: 1) durch Ersatzdehnung: *tīr* — aw. *tiγri-*, *čiš*, pāz. *ϑiš* (sic!), np. *čīz* — ap. *čiščiy*.

2) durch Dehnung vor dem Suffixe *-ka*: *nāirīk* — aw. *nāiri-*, *čarā(i)tīk* — aw. *carāiti-*, *ainīk* — aw. *aⁱnika-*, *parīk*, arm. *parik*, np. *parī* — aw. *paⁱrika-*; nach Analogie der übrigen Infinitive: *čīδan*, np. poetisch auch *čiδan* (wohl nachträgliche Verkürzung), *vižīδan* — √*ci*; unerklärt *vižīr*, arm. *včir* — aw. *vīčira-* (das arm. *r* scheint auf *rn* zu deuten).

3) durch Contraction: *diwīr*, arm. *dpir*, np. *dabīr* — aus **dipibara-*, *zarīr* — aw. *Zaⁱrivaⁱri-*.

Anm. Über mp. *īr* aus *γy* s. u. § 43.

ir. *ya*, *iya* = mp. *ī*: *duδīgar* — **dvitiyakara-*; *dīk* — skr. *hyas*; *gētīk* — aw. *gaēϑya-*, und so überhaupt das Adjectivsuffix *-īk*.

40. ir. *u* = mp. *ū*, vor dem Suffix *-ka*: *zānūk* — aw. *zānu-*, *yāδūk*, arm. *jatuk* — aw. *yātu-*, arm. *bazuk* — aw. *bāzu-*, *pahlūk* — aw. *pᵉrᵉsu-*; und in dem Adjectivsuffixe *-ūk*.

ir. *u* = mp. *āy* (oder wie sonst zu lesen): *nasāy* »Leichnam«, pars. *nasā* — aw. *nasu-*, während das entlehnte mp. *nasuš* den Dämon bezeichnet; *bāzāy* »Arm« — aw. *bāzu-*. Wie diese Endung zu erklären — ob aus *-āvya-*? — bleibt dahingestellt.

ir. *u* = mp. *ō*: in *hōš* »Verstand« — aw. *uši*, wenn die np. Aussprache massgebend sein soll. Die Parsen lesen auch noch so für das dem aw. *ušah-* entsprechende אוש, also *hōšastar* — aw. *ušastara-*, *hōšbām* — aw. *ušah-* + *bāmya-*.

41. Ausser aus den alten Diphthongen sind *ē* und *ō* auch noch auf andere Weise entstanden.

ir. *aya-* = mp. *ē*: *sē*, arm. *Se-buxt* — aw. *ϑrāyo*, *ϑrayąm*; *māzdēsn*, ip. מזדיכני, arm. *mazdezn* — aw. *māzdayasni-*; *parēr* »vorgestern«, aw. **parō ayarᵉ* (Horn); und der thematische Vocal in der Conjugation: *kunēnd*, np. älter *kunind*, später *kunand* — **kunayanti*; endlich bei den Comparativen פריי *frē*, pāz. *frəh*, np. *firih* — aw. *frayo*, np. *sirih* (mp. also *srē*) aw. *srayō*.

Anm. Der Superlativ פראיכת, pāz. *frəhəst* müsste eigentlich **frēst* lauten — aw. *fraēšta*; doch scheint die Schreibung auf *frēhist* hinzuweisen, und dann ist auch dem Comp. ein Schluss-*h* zuzuerkennen.

ir. *ahya* = mp. *ē* (im Auslaut, nach Abfall des *a*): *kē* »wer« — *kahya*, *čē* »was« — **čahya*, und gleichfalls in der Genetivendung der *a*-Stämme, welche nach Andreas zu *ē* wurde und so den Casus obliquus im ältesten Mp. bildete. Damit ist das auslautende י der Inschriften u. s. w. erklärt: בוחתכי »erlöst«, צתרי »Geschlecht«, אתרי »Feuer« u. dgl., das im Bph. als ו (in meiner Transcription ') erscheint. Näheres s. u. § 48.

ir. *aδy* = mp. *ē* (nach Horn, KZ. XXXII, 581): מייאן *mēyān*, np. *miyān* — aw. *maⁱδyąna*, איור »sicherlich« — **adi-vara-* (√*var* »glauben«), np. *ēvān* »Vorhalle« — zu mp. np. *bān* »Haus«, **ēwārak* (MCh. 53, 5 'אייפארך), pāz. *ēvāra*, jüd.-pers. איבאר, np. *ēvār*, yaghn. *viāra* — vgl. aw. *pārayēⁱti* »hinübergehen« (also »gegen Sonnenuntergang«).

Anm. 1. Hierher zöge ich auch gern die in ihrer Anfangssilbe so dunkeln אדייאר, mand. *adyaurā?*, pāz. *ayār*, np. *yār*, und אדייאת, pāz. *ayād*, np. *yād* (beide geschrieben wie 'אסב) — *adi*+√*yā* »kommen«, das erstere »zu Hilfe«, das andere »ins Gedächtnis«. Es wäre also zunächst **ēyār*, *ēyāt* zu lesen, die darauf zu *ayār*, *ayāδ* wurden.

Altes *δ* — über *y* — ist auch verschliffen in: *ēr*, np. *zēr* — aw. *aδaⁱri*, *ērtan* »unterwürfig«, *ērīkān* »niedere Leute«.

Durch Contraction entstand mp. *ē* ferner in: *dilēr* »herzhaft«, das wohl aus neuerer Zeit stammt, da in **dilē-var* das Äquivalent des alten *-ahya* steckt. Umgekehrt *bēt*, np. *bēδ* »estis« — aus *bavēt*.

Epenthese des *y* liegt vor nach *n* und *r*: *mēnōk*, np. *mīnō* — aw. *maⁱnyava-*; *mēnīδan*, pāz. *minīdan* — aw. *maⁱnyete*, und wohl im Causativcharakter *-ēn-* — vgl. das Part. F. pass. aw. *mᵊrᵊnčanya-*; *ērān* — aw. *aⁱryana, sēr* »satt« — **sarya-* (FR. MÜLLER, WZKM. VII, 376), *čēr* — aw. *čaⁱrya*? (HÜBSCHMANN). Mit Ausstoss eines dritten Consonanten: *dēr* — **daryya-*, np. *tērah* — aw. *tąϑrya-* (var.), *šēr* »Löwe« — *xšaϑrya* (ANDREAS), *awēr* »sehr« — **uparya-*.

Auch bei anderen Consonanten schlägt *y* in die vorangehende Silbe um: *dēh*, arm. *dehpet*, np. *dīh*, *dih* — ap. *dahyu-*, und in den Comparativen *vēh*, arm. *weh-*, np. *bih* — ap. *vahyah-*, מס *mēs*, *mēh*, np. *mih* — aw. *masyah-*, כס *kēs*, *kēh*, np. *kih* — aw. *kasyah-*, *kēm*, np. *kam* (die Türken schreiben *kīm*) — **kamyah-*, vielleicht auch *vēš*, np. *bēš* — **vasyah-* zu ap. *vasiy* (obgleich das *š* Schwierigkeiten macht).

Anm. 2. Diese Erklärung der Comparative gehört Dr. ANDREAS und wird durch das Np. vollauf bestätigt, wo *bih, mih, kih, bēš* trotz der Neubildungen ausschliesslich comparative Bedeutung haben, wie öfters auch *kam*. Daneben müssen einst auch die alten Positive *vah, mas, kas, kam* bestanden haben und erst späterhin sind beide Formen zusammengefallen. Als Titel findet sich auf Gemmen והודין für bp. וחרין, ob nur Transcription für **vohudēna*?

42. ir. *ava* — mp. *ō* in einsilbigen Wörtern und im (mp.) Inlaute: *tō* — *tava*, *nōk*, np. *nau* — *nava-*, *nōh*, np. *nuh* (mit dem *h* von *dah*) — *navan-*, *mēnōk* — aw. *maⁱnyava-*, *nērōk* — **naryava*.

Anm. 1. Die Endung der 1. Sg. Praes. wird stets pāz. *-ōm* geschrieben, im Bp. aber ם ום und selten ום. Da in den Texten die Endungen der ersten zwei Personen für den Sg. und Pl. beständig verwechselt werden, und in der That die Themata auf *-a-* und *-aya-* durcheinander gehen, so ist es unmöglich, eine Entscheidung zu treffen. Wo nötig, schreibe ich daher für die 1. Sg. *-om*, ohne damit dem Mp. diesen kurzen Vocal aufoctroyiren zu wollen.

Anm. 2. Das alte Suffix *-mant-* tritt im Bphl. stets mit vorangehendem *ō* (אומנר geschrieben, gleichsam als selbständiges Wort) auf, was durch np. *barōmand*, *tanōmand*, *dānišōmand* als alter Brauch bestätigt wird. Die Herkunft dieses »Bindevocales« ist dunkel, denn an den Themavocal des indosk. MIIPO — aw. *miϑra-*, OAΔO — aw. *vāta-*, ÞAOPHOPO — aw. *xšaϑro vaⁱryo*, u. s. w. ist wohl kaum zu denken.

Anm. 3. Ob oben *tō* richtig angesetzt ist, bleibt zweifelhaft. Denn das Np. kennt nur *tū, tu*, welches ebensogut auf den Nom. **tūvam* zurückgeführt werden kann, wie דו, ap. *dū*, *du* auf **dūva*. Vielleicht gab es ursprünglich einen Casus rectus *tū* und einen Casus obliquus *tō*?

43. Die arische Liquida sonans *r̥* erscheint im Aw. als *ərᵊ*, im Ap. als *r*, und aus dieser Schreibung lässt sich nicht feststellen, ob wir es hier mit den Silben *er*, *ar* oder mit einem Selbstlauter zu thun haben. In den neueren Dialekten aber findet sich noch die Unterscheidung zwischen altem *ar* und *r̥*, so dass eine Verschiedenheit beider Laute auch dem Iranischen zugestanden werden muss[1]. Im Mp. liegen die Verhältnisse schon fast ganz wie im Np., für welches HÜBSCHMANN, PSt. 143 ff. das Material zusammengestellt hat. Nach seinen Ausführungen lautet die Regel:

r̥ wird nach Labialen und *t z ž -ur* (wobei *vr̥* — *gur*), sonst zu *ir*; *r̥d* (aw. *rz*), *r̥š* werden nur nach Labialen *-ul*, *uš*, sonst *-il*, *iš*; *r̥y* wird *īr*. Beispiele: *purr* (mit Assimilation des *n*) — aw. *pᵊrᵊna-*; *burt* Präs. *barēδ* — aw. *bᵊrᵊta-*, ap. *ʰubᵃrta-*, Prsst. *bara-*; *murt* Präs. *mīrēδ* — aw. *mᵊrᵊta-* Prs. pass. aw. *miryeⁱte* ap. *amᵃriyata* u. a. Verba; *āδur* arm. *atr-* — vgl. aw. *ātarᵊ* *zᵘžurg* arm. *vzurk*, *vzruk* np. *buzurg* — ap. *vazᵃrka-*; *gušn* vgl. גוי ושנאסף arm.

Wˇšnasp, np. *Gušasb* — aw. *varšni-*; *gurg* — aw. *vəhrka*, *Gurgān*, arm. *Wrkan* — ap. *Vᵃrkāna-*, aw. *Vəhrkāna*; *gul*, arm. *ward* (ob iranisch?); *buland* — aw. *bərəzant-*; *pušt*, arm. *p'ušṭipan* — aw. *paršti*; כרם, np. *kirm* — aw. *kərəma*; דיל *dil* — aw. **zərəd-*; גילך *gilak*, np. *gilah* »Klage« — aw. *√garz*; *hilēδ*, Part. *hišt* — aw. *√harz*, Part. *haršta-*; *tišn* — aw. *taršna-*; *kišvar* — aw. *karəšvarə-*[2].

Unregelmässig ist *tarsīδan* — aw. *tərəsənti*, aber bal. *tursag*; אשנותן (kann verschieden gelesen werden), np. *šunūδan* — aw. *sᵘrᵘnu-*, welches wie *kunēδ* — ap. *akunavaᵘ*, aw. *kərənāun* für *r̥* einfaches *u* hat. Auch das Part. dieses Verbs ist unregelmässig *kart* — aw. *kərəta-*, ap. *kᵃrta-*, man erwartete **kirt* wie in den Städtenamen np. *-gird*, wo aber auch die Armenier *-kert* schreiben, vgl. *Tigranocerta.*

[1] Bartholomae I, 24 § 57 N., p. 168 § 289 N.; Hübschmann, KZ. XXVII, 108—112; Horn, KZ. XXXII, 572—578. — [2] Hübschmann citirt öfters Vd. 1, 68, 17 für כירמאן arm. *Kirman*, np. *Kirmān*; es ist aber mit Darmesteter דילמאן, np. *Dailamān (Dēlᵉ)* zu lesen, ausserdem steht ja auf der bekannten Gemme bei Thomas, Early Sassanian Inscriptions p. 110 ולחלאן כלמאן מלכא die richtige Schreibung des Namens.

jvy, *jby* (*jwy*) = mp. *īr*: *pīr* — ap. *hačā pᵃruviyata*, *gīrēδ* Inf. *griftan* — vgl. ap. *agᵃrbāya*, aw. *gəᵘrvayeiti* Part. *gərəpta*, und dessen Comp. *paδīriftan* (oder wie) np. *°aftan*, *°uftan* Prs. *paδīrēδ*.

44. Ersatzdehnung. Die einzelnen Fälle wurden schon besprochen, s. §§ 21 a) d). 22 b). 24. 27. 30. 37. 43.

45. Vocalschwund. Innerhalb selbständiger Wörter in *vīst* — aw. *vīsaiti*, *yazdān* — aw. *yazatanąm*, *zart* — aw. *zairita-* (viell. ap. **zarta-*?). In Compositis in *sālār*, arm. *salar*, ap. **saradāra-*[1], np. *Mīlāδgird*, syr. מהלדגרד — aw. *Miϑradāta-* neben dem oben besprochenen mp. *mihr*, vielleicht auch מגופת (die Schreibung מאופת scheint ein alter Fehler zu sein, ob Contamination mit מאגפת, aw. *nmānopaiti*?), arm. *mogpet*, später *movpet*, np. *mōbaδ* — ap. **magupati-*.

Sonst wird in den alten Compositis (Zusammenrückungen) bald ein ו eingeschoben, bald nicht: *Ohrmazd*, arm. *Ormizd* — ap. *Aʰuramazdā*; *Narsahē*, aw. *Nairyosaŋha-*; מרזפאן arm. *marzpan* — **marzapāna-*; דאתובר vgl. σπαδαδουαρ, arm. *datavor*, np. *dāvar* — **dātabara-*; דחיופת, pāz. *dehvaδ*, arm. *dehpet* — aw. *daŋhupaiti*. Bei letzterem Beispiele wie bei סתווס u. dgl. — aw. **satōzima* liegen vielleicht Transcriptionen vor. Andererseits ist in Betracht zu ziehen, dass im Np. noch jetzt nach langer erster Silbe der sogen. metrische Vocal hörbar ist, und vor Doppelconsonanz ein *i*: *pādišāh-*, mp. פאתחשת, *dādistān* — mp. דאתסתאן, und dass in einzelnen Fällen der thematische Vocal *-ē* seinen Einfluss geäussert hat: ip. שתרדרן (d. i. *šaϑrēdārān*), bp. שתרודאר oder °יאר, sprich *šahrēyār*, np. *šahriyār*, ebenso ספנדיאת, arm. *Spandiat*, älter *Spandarat*, np. *Isfandiyār* — aw. *spəntōdāta-*, wohl auch *vasyār*, np. *bisyār* aus **vasēdāra*, ferner *dilēr* aus **dilēvar* (*-bar*). Für das Mittelpersische ist also nach und vor Position ein Bindevocal in Compositis zuzugeben; wie er gelautet habe, lässt sich nicht entscheiden.

[1] Da dieses Wort im PPGl. 9, 1 die Nebenform סרדאר erklärt, so muss letztere — np. *sardār* — für die ältere gegolten haben. — [2] Über die alten Präpositionen in der Composition s. u.

46. Der im Np. so beliebte Vocaleinschub bei Doppelconsonanz im Anlaute ist im Mp. nicht nachzuweisen, z. B. *spēδ*, arm. *spitak* — np. *sipēδ* (auch *ispēδ*), *framān*, arm. *hraman* — np. *farmān*, u. s. w.; aber auch שומא שמא, np. *šuma* aus **šmāk* — aw. *xšmākəm*. Im Auslaute dagegen ist er bei Consonantenhäufung doch wohl anzunehmen, obgleich er in der Schrift

unbezeichnet bleibt, z. B. רושן, np. *rōšan* — aw. *raoxšna-*; רוגן, np. *rōyan* — aw. *raoγna-*; חרפסתר *xrafstar*?, pāz. *xarawastar* (ANQUETIL: *kharfester*) — aw. *xrafstra-*; תור אושתר ית°, np. *uštur*, *šutur* — aw. *uštra-*; צאתור *čāδur*, np. *čāδar*, *čādir*, russ. *šat'ór* (geschr. *šater*); aber neben ברסם auch ברסום *barsum*, pāz. *baresum*, *barsum* (ANQ.: *barsom*), arm. *barsəmunk* Pl., Gen. *barsəmanc* — aw. *bar*ᵊ*sman-*; איסום איסם איצם, np. *hēzum* — aw. *aēsma-*; פאתופראס *pāδufrās*, arm. *patuhas*, np. *bāδafrāh* — **pātifrāsa-* u. dgl.

[1] Ob das eingeschaltete ו in פאתחשה u. dgl. stets als *u* (*ō*) aufzufassen ist, muss fraglich bleiben; graphisch kann es ja auch ein ׳ sein.

47. Das Auslautsgesetz: »der Vocal der letzten Silbe fällt ab, nebst dem dieselbe schliessenden Consonanten« fordert in manchen Fällen die Voraussetzung einer Accentverschiebung vor Beginn der mp. Periode; denn es hätte (die altindische Accentuation vorausgesetzt) aus **puϑráhya* sich wohl eine Form **puhrē* entwickeln können, nicht aber aus **puϑrá*ʰ — *pus*, oder **pitarānām* zu **pitarān* werden, nicht aber **pitā* zu *pit*: darum müssen wir in solchen Fällen ein Zurückweichen des Accentes annehmen, also **púϑrahya*, **púϑra*, **pítā* u. s. w. Bestätigt wird diese Annahme weiter noch durch den später eintretenden Abfall des genetivischen *-ē* (aus *ai*, *ay*, *ahy*, *ahya*), da z. B. ein **bágē* (aus *bágahya*), **ātúrē* aus **ātúrahya* zu *bág*, *āδúr* sich abgeschliffen haben.

Fernere Beispiele: *nḗv* — ap. **naibahyā*; *farráxv* — ap. **farnahvā*ʰ; *saδ* — aw. *satəm*, aind. *śatám*; *vīst* — aw. *vīsaⁱti*, aind. *viśati*; *ōy* — ap. *avahyā*; *tō* — ir. *tava*; *ō* — aw. *ava*; *ávaš* (geschrieben אובש) — aw. *ava-šē*; *až* — ap. *hačā*; *āžaš* — ir. *hača-šē*; bei Verbis: *bárānd* — aw. *baranti*; *barēδ* — ir. **bárayati* und °*ta*; *burd* (aw. *b*ᵊ*r*ᵊ*ta-*, aind. *bhṛtá-*) geht auf **bṛtahya-* zurück, ebenso wie *burtāk* auf **bṛtákahya*, *āvardán* auf **ābartanai*.

Bei einsilbigen Wörtern auf *-t* ist nur dieses abgefallen, tritt aber im alten Satzsandhi noch teilweise hervor: *nē* — aw. *nōiṭ*, ap. *naiy* (= *nait*); ץ *čī* (auch יץ *-ič*) — aw. *čiṭ*, ap. *čiy*; *ā* — aw. *āaṭ* (HORN, ZDMG. XLIII, 45, Anm.); פון *pa* — ir. **pati*, aind. *práti*, aber *páδaš* (jüd.-pers. inschr. פדיש *pádiš*) — ir. *pati-šē*, vgl. np. *baδ-ō*, *baδ-ān*.

Anm. Ebenso liesse sich auch die Partikel *u* »und« auf **ut* aus ap. *utā* zurückführen, vgl. im schughnī *ət*, yaghn. *'t* (nach Vocalen).

IV. WORTBILDUNG.

A. DAS NOMEN.

a. DIE STAMMBILDUNG.

48. In Folge des Auslautgesetzes mussten die meisten Casusendungen abfallen und dadurch wurde die Unterscheidung sowohl der Genera, wie der Casus, zum Teil selbst der Numeri, aufgehoben. Da nun schon das Ap. den Dativ ganz aufgegeben hat, während im Sg. der Instr. und Abl., wenigstens in der Schrift, zusammenfallen mussten, so fragt es sich, welche Form der alten Sprache dem mp. Nominalstamme zu Grunde liegt. Die Frage lässt sich allein vom lautgesetzlichen Standpunkte aus nicht entscheiden, denn sie steht im innigsten Zusammenhange mit dem Baue des mp. Satzes, je nachdem das Verbum intransitiv oder transitiv ist. Im ersteren Falle musste das Subject im Nom. stehn, im andern aber das Object, da das transitive Verbum passivisch construirt wurde. Schon Darius sagt Beh. I, 27: *ima*ᵈ *tya*ᵈ *manā k*ᵃ*rtam pasāva*ᵈ *yaϑā xšāyaϑiya*ʰ *abavam*, was im Mp. lauten würde: *im* (oder *ēn*) *ī man* (oder *ī am*) *kart*(*ē*) *pas ač ān ku šāhy*(*ē*) *būt*(*ē*) *am*, bp. דנה זים כרת אחר מן זך איש שה יחוונת הוהם »das (ist's) was von mir gethan wurde,

nachdem ich König geworden bin«. Dieses Beispiel zeigt, dass die passive Construction bis ins hohe Altertum hinaufreicht, und ferner, dass an Stelle des zu erwartenden Instrumentales der Genetiv gesetzt wurde[1]. Wenn es nun ferner feststeht, dass die Pronomina *man*, *amā*; *tō*, *šumā*; *ōy*, *kē*, *čē* auf die alten Genetive, und ebenso die Pl.-Endung *-ān* auf den alten Gen. Pl. *-ānām* zurückgehen[2], so wird es klar, dass dieser Casus in Folge seines beständigen Vorkommens in der Function des alten Gen. Dat. Instr. und bei Präpositionen alle übrigen zurückdrängen musste, bis auf den Nom., der ja für alle Sätze mit intr. Verb unerlässlich blieb. Es muss also im ältesten Mp. eine Zeit gegeben haben, wo sich die Flexion — wenigstens im Sg. — auf zwei Casus beschränkte: den rectus oder Nom., und den obliquus oder alten Genetiv, wie es jetzt noch im Māzandarānī der Fall ist. Dann trat sehr bald eine Ausgleichung ein, welche zuletzt zum Abfalle der alten Gen.-Endung *-ē* beim Nomen führte.

[1] Hübschmann, Zur Casuslehre (Mnch. 1875) p. 258, vgl. für den Abl. p. 235; allerdings erscheinen beide Constructionen im Awesta seltener. — [2] Der alte Pl. *gēhān*, np. *gēhān*, *jihān* — aw. *gaēϑanąm* hat die Sg.-Bedeutung »Welt« angenommen; ebenso *yazdān* — aw. *yazatanąm* in der Bedeutung »Gott«, sonst auch »die Yazata's« als Pl. zu *īzaδ*.

Das Bücherpehlevi besitzt nur noch eine Stammform für beide Casus, während in den Inschriften *-ē* ebenfalls beim Casus rectus erscheint; im Pl. bieten auch die letzteren nur אן, so dass aus der im Bphl. vorherrschenden Schreibung אן' nicht auf älteres "אני geschlossen werden darf.

Nur von einigen wenigen Wörtern haben sich noch die beiden Stammformen erhalten, allerdings ohne den alten syntaktischen Eigenwert. So findet sich das Pronomen 1. Sg. sehr selten durch das Ideogramm אנא wiedergegeben, welches als Cas. rectus *az* (vgl. die neueren Dialekte) aus *aδ* — ap. *adam* zu sprechen ist, während der Cas. obl. ל, inschr. לי, *man* gelesen wird — aw. *mana*, ap. *manā*. Ferner findet sich der alte Nom. sicher nur noch bei Stämmen auf *-r* und *-n*, und beim Suffix *-ϑra*:

piδ — ap. *pitā*, *piδar* aus **pitárahya* — ap. *pitar-*; ebenso *māδ* : *māδar*, *brāδ* : *brāδar*, *xvah* : *xvāhar*, *duxt* : *duxtar*; Neutra: *yakar* — aw. *yākarə-* (sic), aind. *yákr̥t-*, *zafar* — aw. *zafarə*, *kišvar* — aw. *karəšvarə*; Nomina actoris: *dōst* — ap. *dauštā* : *dōstār* (np. fälschlich auch *dōstdār* geschrieben) — aus **dauštárahya*, *zōt* (Terminus) — aw. *zaotā*, neben dem noch lebendigen Suffix *-tār* — aw. ap. *-tar-*, starke Form *-tār-*.

pand »Rat« — aw. *pañta*; *dandān* — aw. *vīmito*]*dantānō* Npl.; *šaw* — ap. *xšapa-vā*, יום שפאן *rōž-šawān*, viell. **raučah-xšapánam* (?); Neutra: *nām*, *tōxm*, *dām*, *čarm*, *čašm*, *ražm*, *barsum*, פסחו' *passaxv*, פאסחו' *pāsaxv*, np. *pāsux*, arm. *patasxani* — ap. **patisahvan-* (Hübschmann, Arm. Gr. I, 222).

pus — ap. *puϑrah*, vgl. *āwustan* — aw. **āpuϑratanu-*; *puhr(ē)* — ap. aw. *puϑrahē*; *dās* — **dāϑram*: *dahrak(ē)* Dkd. VIII, 20, 143 — **dāϑrakahya*; *pās*, arm. *pah* — aw. **pāϑrəm*; np. *pahrah*, arm. *pahak* — **pāϑrakahya*; *dēs* — aw. *dōiϑrəm*.

Hierher gehören endlich noch: *yāvēδ*, np. *jāvēδ*, arm. *yavēt* — aw. **yavaētās*[3], und mit erhaltenem Nom.-Suffix *ātaxš*, np. *ātiš*, *ātaš* — aw. *ātarš*, *xvaš* — aw. *hvarəš* (St. *hu-varz*, vgl. oss. *xorz*)[4].

[3] Vgl. unten § 50, 5. — [4] Als N. Pl. sind aufzufassen: *sē* — aw. *ϑrāyō*, *ϑrayas-ča*, *čahār* — aw. *čaϑwāro*. Der im Np. noch erhaltene N. Du. *duvēst* — aw. **duyē saitē* ist im Mp. noch nicht nachgewiesen.

Alle übrigen Stämme sind schon früh in die *a*-Declination übergeführt worden, wobei vor *-r*, *-n* die stärkste Stammform eintrat: ip. אוחרמזדי — ap. *ahuramazdā*, נפי — aw. *napå*; אתרי sogar אתשי Pl. אתשאן (West); אהרמני — aw. *aŋrō mainyuš*, דושחוי, bp. *dōšaχv* — aw. **daožaŋhahē*; Suffix *-tār*

s. o.; bp. יודאן (sic) *yovān* — aw. *yavān-*, *āsmān*, *rovān*, aber ntr. *saxvan* — vgl. gaw. *sāxᵛənī*.

Andere Casus liegen nur noch als Adverbia und Partikeln vor: Sg. Acc. in *agar* »wenn« — **hakaram* »einmal«, חכרץ *hakarč*, np. *hagirz*, neuer *hargiz* — **hakaram*+*ciδ*; vielleicht auch *bērōn* »hinaus, draussen«, *andarōn* »hinein, drinnen«, welche mit *rōn* »Seite« componirt sind. Sg. Instr. in *avāž* »zurück« — **apāčā*, »mit« — **upāčā*, *frāž* »vorwärts« — aw. *fraca*, *frōδ* — — aind. *pravátā* (Horn), Gen. Pl. *fravartīn* ein Monat — aw. *fravašinąm*[5].

5 Ich kann nach allem Gesagten Fr. Müller's Bemerkungen über den Ursprung des Nominalstammes im Neupersischen: Stzber. d. Wiener Ak., ph.-hist. Cl. LXXXVIII (1878), 223 ff., welche nach der Analogie der romanischen Sprachen beim Nomen den alten Acc. Sg. zu Grunde legen wollen, nicht beistimmen. Leider haben auch Bartholomae § 188, 3 und Horn im folgenden Abschnitte dieses Grundrisses § 18. 49 dieselbe Ableitung angenommen. Vgl. noch Marquart, ZDMG. XLIX (1895), 670 ff.

b. Nominalbildung.

α. Ableitung durch Suffixe.

49. Da in Folge des Auslautgesetzes die alten meist einsilbigen Ableitungssuffixe reducirt und mit dem Wortstamm verschmolzen sind[1], so kommen für das Mp. lediglich diejenigen wortbildenden Elemente in Betracht, welche als solche noch lebendig sind, darunter zum grösseren Teile Neubildungen. Sie werden im Folgenden aufgeführt.

1 Verzeichnet bei Horn, GR. § 103.

50. Pronominale. 1) *-k*, ip. כי- — ir. *-ka* (Bartholomae 106 § 201) st nur in wenigen Fällen schon in den alten Sprachen nachweisbar: *bandak* — ap. *bandaka-*, *parīk* — aw. *paᶦrika*; *kanīk* — aw. *kaᶦnika* (oder von **kaᶦnyā*); *nāirīk* (wie die Epenthese zeigt, blosse Transscription); *avurnāyīk*, °*nāk*, °*nāg* — aw. *apᵊrᵊnāyūka*.

In allen neuiranischen Sprachen ist dieses Suffix weit verbreitet und tritt an alle vocalischen Stämme, wodurch sie in die *a*-Declination übergeführt werden. Der alte Stammauslaut *a-* bleibt dabei erhalten, *i-*[1](?) *u-* werden gedehnt, *ya-* verschmilzt zu *ī-* und *ava-* zu *ō*: *kaδak* — aw. *kata-*, *bastak* — aw. *basta-*, *tarunak* (Ys. 10, 21/8; Vd. 5, 98/30; 13, 45/15) — aw. *taᵘruna-*; *yāδūk* — aw. *yātu-*, *zānūk* — aw. *zānu-*, *hindūk* — ap. *hindu-*, *pahlūk* — aw. *pᵊrᵊsu-*, *dārūk* »Heilpflanze, Arznei« — aw. *dāᵘru-* »Baum«(?); *bāmīk* — aw. *bāmya-*, *dātīk* n. pr. — aw. *dāᶦtya-*, *gētīk* — aw. *gaēϑya-*, *tārīk* — aw. *tąϑrya-*, *māhīk* — aw. *masya-*; *nōk* — aw. *nava-*, *āsrōk* — aw. *āϑrava* Nsg., מינוג *mēnōk* — aw. *maᶦnyava-*[2].

1 Wohl spätere Bildungen sind *bawrak* — aw. *bawri-*, *xištak* »Ziegelstein« — aw. *išti*[*masō*. — 2 Sehr häufig erscheint dieses *-k* in Verbindung mit anderen Suffixen, z. B. *-ānak*, *-ēnak*; *-kān*, *-kēn* u. dgl.

Das Suffix *-k* hat in all diesen Fällen rein formale Function und modificirt in nichts die Grundbedeutung des Stammwortes. Anders steht es mit dem folgenden Suffixe.

2) *-ak* bildet a) Deminutive: ורדכי *Vardakē* n. pr. »Röschen« — arm. *vard* »Rose«, דינכי *Dēnakē* n. pr. nach Justi's Namenbuch Koseform von *Dēn-āzāδ*[1], *čašmak* »Quelle« — *cašm* »Auge«, *kōfak* »Sattel« — *kōf* »Berg«, *dastak yāmak* (vgl. Kārn. Ard. I, 18 ידה י יאמך) »ein Satz Kleider«, vgl. np. *dastah* »eine Handvoll Blumen, ein Buch Papier«, russ. *dest' bumági*.

1 Andere Beispiele s. bei Nöldeke, Pers. Studien (Wien. Stzber.) I, 31 und bei Justi.

b) Adjectiva von zusammengesetzten Wörtern (das zweite Glied darf auch ein Präsensstamm sein): איוך בירחך *ēvak-māhak* u. s. w. (Vd. 5, 136/45) »einmonatlich«, *sē-tōxmak* = aw. *ϑrizantu-* (Vd. I, 60/16), *duš-ayārak* »the sin of assisting a thief« DK. 8, 21, 8[1]; ferner mit dem Abstractsuffixe *-īh*: *nāmpērāyakīh* »Ruhmbereitung« Pdn. 128/129, *uzdēsparistakīh* »Götzenverehrung«, *hampursakīh* »Unterredung«, *dēwyažakīh* »Teufelanbetung«, *bē-āyāwakīh* »Erstrebung« Ys. 19, 20/8. Syntaktisch nicht ganz klar ist *gumēžak* »confused« DK. 9, 21, 16 und *gumēžakīh* »contamination« ib. 12, 2. Vgl. np. *šab-parah* »Fledermaus«.

[1] Bei West, Pahl. Texts, vol. IV. Da ich meistens den Text nicht einsehen konnte, so bitte ich, Citate aus dieser Quelle nur als Material zu betrachten, für das ich keine absolute Garantie übernehmen kann.

c) Nomina instrumenti von Präsensstämmen: *hēžak* »Eimer« KN. XII, 7, vgl. Nöldeke zur Stelle BB. IV, 65[2]); np. *dōšah* »Melkeimer«, *mālah* »Maurerkelle«[1].

[1] In Bildung und Bedeutung unklar ist דאתך AVN. 15, 10. Nach dem Ferheng i Dschihāngīrī ist np. *dādik* aus *dādīk* verkürzt; das wäre mp. **dāδīk* »Mann des Gesetzes«; *dādbīk* bei Vullers ist ein Fehler aus späteren Quellen.

3) *-g* erscheint nur in *vistarg* »Bettzeug« neben *vistar*, np. *bistar* — zu *vistartan* »ausbreiten, aufbetten«; *viδarg* »Furt, Durchgang«, np. *guδar* — zu *viδartan* »hinübergehen«, und *andarg* »zwischen, innerhalb«, neben mp. np. *andar* — aw. *antar*³. Nach der Analogie von *marg* — aw. *mahrka-* u. dgl. müsste dieses *-g* auf ein altes *-ka-* zurückgehen, vielleicht dasselbe uralte Suffix wie im urir. **marka* »Tod«.

4) *-āk* (wohl aus *-āvaka*, vgl. *pāk* — aind. *pāvaká-*, *-pān* — ap. *xšaϑ^r a]pāvan-*, *sāk* »Tribut« — np. *sāv*[1]) bildet das Participium Praesentis[2]: *tarsāk* »sich fürchtend«; *šēwāk* »sich schlängelnd«[3]; פתדהאך *paδdahāk* »recompensing« DK. 9, 51, 16; *humānāk* »ähnlich«; *asažāk* »unpassend«. Hierher gehört auch *zahā(k)* »gross, dick« (vgl. np. *zahīδan* »aufquellen«), welches Ys. 19, 15/7; 70, 69. 70/71, 15 dem aw. *bązō*, Vd. 6, 13. 16. 41/16. 18. 20 aber *-stavah-* entspricht, und auch sonst bei Massbestimmungen häufig vorkommt[4].

[1] *-āk* aus *āyaka* dagegen liegt nach Darmesteter, Ét. I, 268, wohl vor in *zarmāk* »Frühling« (unbelegt), ip. פתיאך, bp. *peδāk*, np. *bāk* »Furcht« aus aw. *zarᵊmaya-*, *pa^i tidaya-*, **bāyaka-*. Zu *rōδastāk* s. Marr, Zapiski Arch. Ges. IX, 191 ff. — [2] Ohne die entsprechenden Verba stehen da *spēnāk* = aw. *spənta-*, *āšnāk* »schwimmend« — $\sqrt{}$*snā*, »bekannt« — $\sqrt{}$*xšnā* (*zan*). Ob פישופאך 'אי°, arm. *pēsopay* np. *pēšᵊvāy* hierher gehört, ist fraglich; eher könnte es auf *-pāδa* zurückgehen. Schwierigkeiten macht das im AVN. so häufige בראציאך »glänzend«, ריכ° »Glanz« wegen des *y*, vgl. mp. *brāžišn* »Glanz« DK. gloss. I, 33, np. *barāziš* (sic), *burāzīδan* aw. *barāza-*. — 3 Darmesteter, Études éraniennes II, 221; Le Zend-Avesta II, 415 N.; Nöldeke, ZDMG. XXXV (1881), 445 ff. — 4 Im Np. bildet *-āk* auch Nomina instrumenti: *x^v arāk* »Nahrung«, *pōšāk* »Kleidung«, und im Yaghnābī *-ak*, im Balūtschī *-ag* Infinitive. Dieser Gebrauch ist im Mp. nicht nachzuweisen.

5) *-ād* (fälschlich auch אך, א geschrieben) bildet Substantiva der Eigenschaft: *garmād* »Wärme«, *sarmād* »Kälte« (Analogiebildung, Darmesteter), *rōšnād* »Helle«, *pahnād* »Breite«, זרפאך *zurfād* (zu *zufr* — aw. *jafra-*) »Tiefe«, *masād* »Grösse«. Dieses Suffix wird von den Parsen *-āč* umschrieben und wurde bisher *-āk* gelesen. Vergleicht man aber bal. *bālād*, ndbal. *bālāδ* »Höhe«, *drāžād* »Länge« mit np. *bālā(y)*, *dirāžā(y)*, mp. *bālād*, *drāžād* (geschrieben דראזא, die richtige Lesung fand Horn, Etym. § 547), und dazu das oss. Suffix *-ād*, dug. *-(i)ādä* (Hübschmann, ZDMG. XLI (1887), 339) — so wird die hier vorgeschlagene Lesung wohl keinen Zweifeln weiter begegnen[1]. Lautgesetzlich kann es auf das alte *-tāt* (Bartholomae § 180) zurückgeführt werden mit der oben besprochenen Vocaldehnung, denn **jafrātās* z. B. musste zu **jafrāt*, bp.

zurfāδ werden, wie aw. *drvatāt-* zum arm. *drovat* (aber mp. *drōδ*, np. *durōδ*!).

[1] Allerdings gibt es auch ein bal. *garmāg* »Wärme«, vielleicht ist es aus dem Np. entlehnt und mit bal. Suffix versehen?

6) *-āy* (wohl aus *-āvya-*) bekannt nur in *bāzāy* — aw. *bāzu-*, *nasāy* — *nasu-*[1]; s. o. § 40.

[1] Mp. נכיראנ, pāz. *nigarāē* »Verächter« wird als Adj. oder Ptc. construirt; mit *nikīrīδan* »blicken« kann es der Bedeutung wegen aber nichts zu thun haben. Die Schwierigkeit könnte vielleicht durch die Lesung **vikirāk*(?) behoben werden.

7) *-īk* (np. *yā i nisbat*, aus altem *-yaka*, vgl. § 51, 1)[1]: *pārsīk* »persisch«, *hrūmāyīk* »griechisch«, *xraδīk* »verständig«, ליונך *pēšīk* »früher«, אפארין *awārīk* »später, anderer« — aw. *apara-*, *uždēhīk* = aw. *uzdaŋyu-*, *frēwānīk* »betrügerisch«, *aržānīk* »würdig«, *tovānīk* »mächtig, reich«[2].

[1] In neueren, aber auch schon älteren besseren Hss. wird dieses Suffix sehr oft mit dem Abstractsuffixe יה verwechselt. — [2] In dem Awesta entnommenen Terminis wird aw. *-ya* durch die Ligatur בי (oder auch גי, אי) wiedergegeben, welche vielleicht lediglich Transcription ist: *ayrē* — aw. *agrya-*, *asnē* — *asnya-*, *ahrē* (auch ארי) — *ašya-*, *nmānē* — *nmānya-*; daneben auch אנראי Vd. 7, 106/41; 8, 277/98. Dagegen wird der Flussname *dāitya* im Vd. ראיתה geschrieben, im Bdh. aber ראיתיך.

8) *-čīk* (wohl in *-č-īk* zu trennen) bildet Ethnica: *rāžīk* Ep. Man. 2, 1, 13, arm. *ražik*, np. *rāzī* »aus Rai«, ap. *Ragā*; *tāžīk*, np. *tāzī* »Araber«; arm. *sakčik*, np. *sagzī* »aus Segestan«. Weitere Beispiele aus dem Np. und die Litteratur s. bei Horn, GR. § 104.

9) *-ōk* oder *-ūk* (vgl. Horn, KZ. XXXV, 176) scheint auf ein altes **-avaka-* (**-vaka-*?) zurückgeführt werden zu können und hatte ursprünglich wohl deminutive Bedeutung, vgl. die Namen *Mihrōq* (syr.), *Bardōq*, *Dāδōk* in syrischen Quellen[1], und in arm. *Warduk*, *Tiruk*. Im Folgenden sind die mir bekannt gewordenen Substantiva und Adjectiva allgemeinerer Bedeutung mit diesem Suffixe aufgeführt: *nēvakōk*, np. *nēkō* zu *nēvak* »gut«; *nīrōk* »Männlichkeit, Kraft« — ir. **naryava-*; †*āhōk* »Sünde, Fehler«; †*āržōk* »Sehnsucht«; *xvastōk* »bekennend« (s. Horn und Hübschmann); *paδōk(ē)* »capable« DK. 8, 43, 5, *paδōkīh* »force, energy« ib. 33. 9, 55, 10 (eher zu *pati-* »Herr«, als aus **upatavaka-*, wie Horn, Et. 288 will); *parrastūk* »Schwalbe« (*rr* nach Abū Manṣūr's Pharmakopoee 114, 2, also zu *parrīδan* »fliegen«); †*takōk*, arm. *t'akoyk* »Krug«; †*kaδōk i raz* »Weinbeere«? Bdh. p. 28, 10, vgl. np. *kaδō* »Kürbis«; *mazūk*? pāz. *mazū* »mighty« SchGV.; arm. *makoyk* »Nachen«, np. *makōk* »Weberschiffchen«; †*mižūk*, np. *mižū*, *mījū* »Linse«[2]; *mastōk* »trunken« zu *mast*; *garmōk(ē)* »zealous« DK. 9, 50, 23, »Hitze« BDH.; *garōk* oder *galōk* »Kehle«, np. *gulōy* = aw. *garᵊmōhva* Vd. 15, 11/43. Über *hamōk* s. § 77 c).

[1] Nöldeke, Pers. Stud. 400 N.; das l. c. besprochene Deminutivsuffix *-ōy*, *-ōyah* lässt sich auf **-avya-ka-* zurückführen. — [2] Das gleichgeschriebene Wort AVN. 71, 2 kann ich weder lesen, noch erklären. — [3] Unerklärt bleiben: *atūk* »restricted«, *anatūk* »unrestricted« SchGV.; פירוך »illumination« Phl. T. IV, xxxi (np. *furōγ* müsste doch anders lauten); כירוך »soul, spirit« Pdn. 136, 142, vgl. כירוכיה »records« PPGl. 151 § 5; נשוך »dwarfish, scanty« DK. 9, 19, 5; 42, 6.

10) *-uk* Adjectiva bildend ist vom vorigen zu trennen, da es im Np. erhalten bleibt: *čāwuk*, arm. *čapuk*, np. *čābuk* (vgl. KN. 1, 21); *sawuk*, np. *sabuk* (DK. 9, 21, 21); *nāžuk*, np. *nāzuk* (Dād. Dīn. 28, 2).

11) *-ān* ist verschiedener Herkunft und bildet a) Participia (besser Gerundia) Praesentis (eigtl. Medii, Bartholomae § 209, 3): *vazān* »fahrend«, *niyāžān* »bedürftig«, *drāyān* »plappernd«; Subst. *vārān* »Regen«.

b) Adjectiva: *yāvēδān* »ewig«, *daštān* = aw. *daxštavaiti*; Patronymica (aw. *-āna-* s. Justi, Hdb. 374 § 323): *Artašēr i Pāwakān*, *Spitāmān Zar-*

tuxšt, und Volks- und Ländernamen: *Dēlamān* (Vd. 1, 17 Glosse), *Spāhān* »die Heeresstadt« u. s. w.[1].

[1] Der aw. Formen *Vīvanhana-*, *Māzaⁱnya-*, *Vəhrkāna-* wegen dürfen die Patronymica und Ländernamen nicht als alte Gen. Pl. angesehen werden.

12) *-ānak* (aus *-āna + ka*): *martānak* »mannhaft« (Peshotan).

13) *-kān*, *-kānak* (aus *-k-āna-ka*): דחגאן' *dēhkān*, arm. *dehkan[out'iun*; *vāšārkān*, np. *bāzārgān*; *grōkān* »Pfand«, np. *giraugān* = aw. *ᵛrvaⁱtya* Vd. 4, 15. 116/3. 43; *šayakān* »königlich« (wenn es nicht zu *šāyistan* »sich ziemen« gehört). — *ēvkānak, dōkānak* »ein-, zweifältig«.

14) *-nd*, *-ndak* bilden das Participium Praesentis (altes *-nt-*, BARTHOLOMAE § 181, d) mit vorangehendem *-a-* oder *-ē-*, je nach Conjugationsthema: *tanand* »Spinne«, np. *tanandō* (WEST zu DK. 8, 44, 33; andere Beispiele kenne ich nicht); *bavandak*, arm. *bcwandak*, pāz. *bundaa* »vollkommen« (eigtl. »seiend, werdend«); *zīvandak*, *zīvēndak*, np. *zindah*; *šāyēndak* »passend«.

15) *-āvand* (*-vant-* BARTHOLOMAE § 181 a, das *-ā-* erklärt sich aus der durch den Accent bedingten Dehnung der ursprünglichen Stammvocale) zeigt den Besitz an: *amāvand* — aw. *amavant-*, *Damāvand*, arm. *Dəmbavənd*, *xᵛēšāvand* »Verwandter«, *varšāvand* = aw. *var'čōhvant-*; *hunarāvandīh* »Trefflichkeit« KN. 8, 7.

[1] Die in PESHOTAN's Grammar p. 359 angeführten Formen ביסיונר und כהמיונר wären wegen des erhaltenen *-ē-* höchst interessant, wenn sie besser bezeugt wären. So kann ich sie nur ins Suffiz גן- und die Izāfat auflösen :י גן°.

16) *-ōmand* (אומנד geschrieben, mit selbständigem Anlaut; altes *-mant-* BARTHOLOMAE § 181, a; das *-ō-* muss gleichfalls dem alten Stammvocale entsprechen): *tanōmand* »mit einem Leibe versehen«; *dušōmand* »filthy« DK. 9, 21, 19; *syākōmand* »schwärzlich« Bdh. Viel seltener sind die Formen

-ēmand: *sūδēmand* »nutzbringend« (Gandsch ī Schāy. § 77. 86. 105; Vadscharkard bei SPIEGEL, Einltg. II, 238, 5).

-mand: *šōymand* »einen Gatten habend«[1] (YZ. § 27, p. 72; AV. 60, 6).

[1] Die Schreibung ארצומנדיה Bdh. p. 28, 19 kann mit oder ohne *-ō-* gemeint sein, während זרינומנד Bdh. als einfache Transcription des aw. *zar'numant-* mit JUSTI *zarinumand*, nicht *zarrēnmand* zu lesen wäre. Für die Gāthā *ušt̰avaⁱti* lesen die Hss. Vd. 19, 128/38 תמת°יתופת אושתות°.

17) *-ēn*, *-ēnak* (*-aina* BARTHOLOMAE § 196) bildet Adjectiva des Stoffes: *zarrēn* — aw. *zaranaēna-*, vgl. noch Vd. 7, 186/74 ff.; *pōšēnak* »reuig?« *dārēnak* (PESHOTAN p. 359) — und von Partikeln: *pasēn*, *pēšēnak*, *pēšēn-īk*.

[1] Über die Suffixe ריך ריך s. unten bei den Zahlwörtern.

18) *-kēn* (*-k-aina-*) bildet Adjectiva: *bīmkēn* »furchtbar«, *šarmkēn* »beschämt«, חמוגין' *hamōgēn* »alle«, vgl. np. *hamginān* Pl. Dieselbe Verkürzung (oder defective Schreibung?) sehe ich in den Suffixen גן כן גן' כן', welche bisher *-kūn*, *-gūn* gelesen wurden (vielleicht mit Beziehung auf *gōn* »Art«, np. *gūn*): *sahmkīn*, *sahmgīn* »schrecklich«, *rēškīn* »voller Wunden« u. dgl.[1]

[1] Das Suffix in מארכן' חרפסתרכן' entspricht dem aw. Verbale *-yna-* »tötend« — aw. *xrafstrayna-* Vd. 14, 21; 18, 5.

19) *-nāk* (alt *na-ka*? BARTHOLOMAE § 196) ist schlecht bezeugt, PESHOTAN p. 352 führt folgende Beispiele an: *tarsnāk* »furchtsam«, *xēšmnāk* »zornig«, zu welchen DARMESTETER I, 287 noch weitere fügt, welche zwar im Np. vorhanden, in mp. Texten mir aber nicht begegnet sind.

20) *-īh*, ip. יה' *īhē*, bildet Abstracta von Nominibus: ip. ראסתיהי, bp. *rāstīh* »Richtigkeit«, *diwīrīh* »Schreibekunst« (von NÖLDEKE, KN. 38[3]) im Fihrist 13, 11; 14, 1 als *dibīrīh* nachgewiesen), *šāδīh* »Freude«, *yuδ-(juδ-) rastakīh* »Religionsverschiedenheit«, *dāštārīh* »das Tragen«, *awāž-rovišnīh* »das

Zurückgehen« u. s. w. Es könnte auf **-ya-ϑwahya* zurückgeführt werden, wenn es sicher wäre, dass *-īhē* (dafür spricht np. *-ī*) nicht *-ēhē* zu lesen ist; in letzterem Falle wäre *-ē* der Ausgang des Cas. obl., und als Suffix bliebe *-ϑwa-* (Bartholomae § 200) übrig; vgl. *fraδumīh* — aw. *fratəmaϑwa-*, *vēhīh* — aw. *vanhuϑwa-*.

21) *-īhā* ist Adverbialsuffix, das auch an Substantiva treten kann: *rāstīhā* »rechter Weise«, *dōstīhā* »freundlicher Weise«, *tanīhā* »allein«, np. *tanhā*. Es macht den Eindruck, als ob wir es hier mit einem Instr. oder Abl. des Abstracti zu thun haben, und da könnte die Frage erlaubt sein, ob diese Bildung nicht auf den Abl. *-ya-ϑwāδa* (dessen *a* abfallen musste, während das schwache *-δ* leicht schwinden konnte) zurückzuführen sei?

Anm. 1. Die vereinzelten arm. *kamay* »freiwillig«, *akamay* »unfreiwillig«, *aškaray* »offenbar« dürften vielleicht mp. **kāmihā*, **ak°*, *āškārihā* entsprechen.

Anm. 2. Bei Steigerung solcher Adverbia werden die Suffixe häufig nicht an das Stammwort, sondern an das fertige Adverb gefügt: *nāmištīkīhātar* (Spiegel, Einl. II, 315, 14) »ganz besonders«, *har čē awurnākīhātar* (Mād. Tschatr. 19) »aufs allertrefflichste«.

22) *-čak*, *-īčak* (np. *-čah*, *-īzah*) bildet Denominativa: *saⁿgčak* »Steinchen« Vd. 9, 132/30 Gl. (p. 104, 16 der Neuausgabe), *xōkčak* »Ferkel« ZDMG. XLIII, 51 (beide Beispiele nach Horn), *kanīčak* »Mädchen« np. *kanīzah*, *nāvīčak* »Kanal« Bdh., *giyāhīčak* »Gräschen« Vd. 3, 149/42; 5, 72/24; MCh. 52, 19.

Anm. 1. Nicht hierher gehört wohl das von West *nahičak* gelesene und hypothetisch zu np. *nāyīžah* gestellte Wort AVN. 1, 39 ff., welches »Loos« bedeutet und zum arm. *wičak* gehört (Fr. Müller, WZKM. X, 175). Ein ähnlich geschriebenes Wort, dessen Bedeutung noch nicht ganz fest steht, kommt in Bdh. (s. West, PT. I, 92 N.) und MCh. 49, 27 (Neriosengh *navaroja* d. i. np. *nauroz*) vor; es entspricht dem np. *bihīzak* (ʿAbdul Qādir 10, 12. 213, 16) »Schaltmonat im Parsenjahr«, das schon Hyde kennt und wofür die Ferhenge *bihtarak* u. dgl. bieten.

Anm. 2. Das einfache Suffix *-ič* findet sich nur in Kosenamen, z. B. arm. *Wahrič*, *Waxrič*, *Manēč* (?), vgl. Justi, und in der gewiss älteren Bildung mp. arm. *dahlič*, np. *dihlīz*, wenn Fr. Müller's Ableitung vom ap. *aⁿvarϑi-* (WZKM. IX, 171) richtig ist. Im np. *naxīz* »Baumschule« scheint mir nur der erste Teil klar, vgl. *nux-ust*, arm. *naxni*.

Anm. 3. Die Suffixe, welche zur Comparation und zu Bildungen von Numeralien dienen, s. an den betr. Stellen.

Die folgenden Suffixe bilden Nomina averbalia:

23) *-išn* (unerklärter Herkunft, jüd.-pers. und dial. *-išt*, np. *-išn*, *-iš*) bildet a) Nomina actionis, vom Präsensstamme: *rāmišn* »Erfreuung«, *mānišn* »Wohnung«, *urvāxmēnišn* »Frohsinn«; *duš-mēnišn* »übeldenkend«, *rāst-gōvišn* »wahr redend«. Doch auch *čarwišn* »Fettigkeit« Vd. 5, 14/4 gl. von *čarw*.

b) Participia necessitatis: *barišn* »es muss gebracht werden, man muss bringen«, *bavišn* »man soll sein«.

Davon werden abgeleitet auf

c) *-išnīk* Adjectiva: *awuxšāyišnīk* »vergebungsvoll«, *vartišnīk* »veränderlich«, *urvāzišnīkīh* »luxury« Dād. Dēn. 31, 12.

d) *-išnīh* Substantiva von Compositis mit a): *gōšt-xwarišnīh* »das Fleischessen«, *rāst-govišnīh* »Wahrhaftigkeit«.

Anm. 1. Nach Spiegel, Einl. I, § 120 soll diese Form auch für das Adj. verbale = Part. necess. stehen, z. B. Vd. 9, 24/11 פראץ זריתונשנית, wie in seiner Ausgabe für aw. *frakārayoiš* steht; die Neuausgabe liest besser זריתוניש oder ניח׳, s. u. beim Verbum.

Anm. 2. *rovišnīh* »das Gehen« ist insofern selbst zum Suffix geworden, als es in den Übersetzungen das aw. *-tāt-* wiedergibt, wie Neriosengh durch *pravṛtti-*: aw. *aᵛaētāt-* Ys. 20, 1 — *aᵛēš-r°*, *uštatāt* Ys. 20, 2 — *nēvak-r°*; *yavaētāt-* — Ys. 28, 11/12 a; 61, 16/62, 6 *hamē-r°*, Vd. 7, 184/75 *tāk ō hamē u hamē-r°*, vgl. 3, 48/14.

Anm. 3. In einigen seltenen Fällen tritt das Suffix an den Participialstamm: *āmōxtišn* Ys. 19, 41/15 u. s. w., Bdh.; *burtišnīh* Vd. 6, 83/41.

Bei den folgenden Bildungen, welche alle den Participialstamm aufweisen, müssen wir diejenigen, wo das Suffix unmittelbar an die Wurzel tritt, von den mit vorangehendem *-ī-* unterscheiden. Erstere sind ursprachlich und folgen den alten Lautgesetzen, ausgenommen, dass der Vocal nach Analogie modificirt erscheint, letztere dagegen Neubildungen vom *-aya*-Stamme mit Beibehaltung der alten Suffixe.

24) *-t*, *-īt*, auch °*tak* (Bartholomae § 209, 7) bildet Participia praesentis: *bast* »gebunden«, *kart* »gemacht«, *būδ* »gewesen«; *rovākēnīδ* »gang und gäbe gemacht«; *āmōxtak* »gelehrt«, *bōxtakīh* »Erlösung«.

25) *-tār*, *-ītār* (Bartholomae § 185) bildet a) Nomina agentis, welche jedoch auch adjectivisch gebraucht und gesteigert werden können: *frēftār* »Betrüger«, *zaδār* »der welcher schlägt«, *vānīδār* — aw. *vanant-*, *bēšažēnīδārtum* — aw. *baēšazyōtema-*; *frēftārīh* »Trughaftigkeit«, *frēftārīhā* »trügerischer Weise«.

b) Substantiva mit passivischer Bedeutung: *griftār* »Gefangener«, *yaštār* »der gepriesen wird«.

Anm. Der Gebrauch solcher Bildungen als Nomina actionis, wie im Np. ist im Mp. mit Sicherheit nicht nachzuweisen.

51. Nominale Suffixe, ursprünglich zweite Glieder von Compositis:

1) *-ovar*, *-var* (altes *-bara* »tragend«, np. *-var*, *-ūr*): גנזובר *ganjovar*, arm. *ganjavor*, np. *ganjūr* »Schatzmeister«; *dāδovar*, arm. *datavor*, np. *dāvar* »Richter«; וחשור *vaxšvar*, np. *vaxšūr* »Prophet«; *kēnvar*, arm. *kinavor*, np. *kēnᵊvar* »rachsüchtig, feindselig«; *gaδvar* — aw. *gaδavara-*; ip. דפיור contrahirt *diwir*, arm. *dpir*.

Anm. In *dilēr* aus **dilē-var* hat sich der alte Stammauslaut erhalten, während im np. *kaδīvar* »Hausherr«, wenn es nicht auf **katīk-* zurückzuleiten ist, auch die Verschmelzung unterblieb. — Neuere Composita mit dem Nomen verbale: *xᵛarišnbar* »Speise bringen«, *paiγāmbar* »Bote«.

2) *-vār* a) altes *-vāra-* »schützend«: *sārvār* (= *targ*) »Helm« — aw. *sāravāra*, *gōšvār* — aw. *gaošāvara-*; — b) wohl aus *-bāra-* »tragend«: *ōmēδvār* »hoffnungsvoll«.

Anm. 1. In *hamvār* »beständig, immer«, *sālvār* »perennirend«, vgl. np. *māhvār(ah)* »Monatslohn«, scheint das sonst als *-bār* »Mal« (*ēv-bār*, *ēvīk-bār* »einmal, einst«) erscheinende Wort zu stecken. Wie stimmt das mp. *b* aber zu aind. *vāra?*

Anm. 2. Wenn Justi's Conjectur Bdh. 58, 5 richtig ist, so wäre wohl eher רותפאראן רת zu lesen, denn np. *roδbār* u. s. w. hat Darmesteter I, 289 gewiss richtig aus aw. *pāra-* erklärt.

3) *-kar* (altes *-kara-*): *bažakkar* »Sünder«, *kirfakkar* »der gute Werke thut«, *pērōžkar* »siegreich«.

4) *-kār* (altes *-kāra-*): *vināskār* »Übelthäter«, *ziyānkār* »schädlich« *kāmkār* »der nach seinem Willen handelt, unbeschränkt«, *xᵛēškār* »thätig eifrig«; *ēyāδkār* »Erinnerungszeichen, Memorial«.

Anm. Als neueres Compositum ist *rōžkār* »Tagesarbeit, Zubereitung (Bdh.), employment« (DK. 8, 29, 20) aufzufassen; im np. *rōzgār* »Zeitabschnitt, Zeit« hat sich die Bedeutung verallgemeinert.

5) *-dār*, *-yār* (altes *-dāra-* »haltend«) kenne ich nur in ip. שְׁתְּלְדָּלָאן Pl. bp. שתרידאר oder יאר°, np. *šahriyār*, und vielleicht *vasyār* aus **vasidāra*, np. *bisyār*.

Anm. Darmesteter's Ableitung des np. Suffixes *-yār* von ap. *-dāta-* stimmt nur für *Isfandiyār*, in allen übrigen Fällen gibt *-dāra* einen viel besseren Sinn; s. Justi.

6) *-dān* (altes *-dāna-*, arm. *-ran*) bezeichnet »Behälter«: *barsumdān*, *astᵘdān* »Grabplatz«, *zēndān* (ob zu aw. ²*zaēnah-*?) »Gefängnis«, *pāδiyāwdān* »Waschgeschirr«.

7) *-stān* (aw. *-stāna-*) bildet Nomina des Ortes: *aspstān* — aw. *aspōstāna-*, *ušt^urstān* — aw. *uštrōstāna-*, *gōstān* — aw. *gavōstāna*; *šawistān* »Nachtplatz, *dāδistān* »Ort des Gerichts, dann aber: Richterspruch, Meinung überhaupt« (Spiegel)[1]; Ländernamen: *Guršistān* »Grusien«, *Tapuristān*; Büchertitel: *Nīrangistān* »Buch der rituellen Formeln«, *Zaϑmistān* »das Capitel von den Schlägen« (np. *zaxm* aus **zqϑma-*).

[1] Vgl. *hamdāδistān*, np. *hamdāstān* »übereinstimmend«, np. *dāstān* heisst schon »Erzählung«.

8) *-pān* (altes *-pāna-* oder *-pāvan-* »schützend«): *rānwān* »Beinschienen« — aw. *rānopāno* (mit Var.), *grēvwān* »Halsberge«, np. *girēbān* »Kragen«, *stōrwān* »Viehhüter«, *s^uwān* »Schafhirt« — aw. **fšu-pāna-*, *maržwān*, arm. *marzpan*, *marzavan*, np. *marzubān* »Markgraf« u. s. w.

9) *-pat* (aw. *-pa^iti* »Herr«): *mānwaδ* — aw. *nmānopa^iti-*, id. מתאפת, ir. דחיופת, pāz. *dəhavad*, arm. *dehpet* — aw. *daiŋhupa^iti-*, und in einer ganzen Reihe von Titeln sāsānidischer Würdenträger.

10) *-čār* (von Horn[1] zu np. *čarā* »Weide« gestellt): **uzdēsčār* (AVN. 68, 11 verschrieben אוזדיסתאר »Götzentempel, Götzenbild«, *kārēzār*, np. *kār^əzār* »Kampfplatz, Kampf«, mit Erhaltung des Stammauslautes.

[1] Er liest Vd. 2, 41/19 »*gōspand-čār*«; Sp. נוספנדי זאר, aber die Neuausgabe hat נוספנדי גזאר.

11) *-rōn* (als Simplex »Seite, Richtung« — aw. *ravan-*) bildet Adverbia des Ortes: *andarōn* »innen«, *bērōn*, ip. בילוני »aussen«, — **dvaya-* oder **dvarya-ravan-ahya* (vgl. Vd. 8, 62/21 ed. Sp. אפאחתרון, Neuausg. °רו° wie Bdh. 36, 12). Fraglich bleibt, ob hierher auch *avārōn* »schlecht«, *frārōn* »gut« zu stellen sind, von air. *apa* und *fra*.

Anm. 1. Es liesse sich auch denken, dass *andar-ūn*, *bēr-ūn* zu trennen ist, vgl. *nikūn* »kopfüber« von **nik*, dem schwachen Stamme zu aw. *nyānc-*, und *pērāmūn*, in dessen Anfang sicherlich *pari* steckt. Aber vgl. *andarmūnih* Dādh. Dēn. 37, 15: also *-mūn*?

Anm. 2. Ein Suffix *-mān* lässt sich im Mp. nicht nachweisen. Das dafür angeführte *dūδak-mān* AVN. 15, 10 ist in zwei Worte zu zerlegen, »Geschlecht (eigtl. Rauchloch) und Haus«, welche erst im Np. zusammengeflossen sind: *dūδ^əmān*, vgl. *xān^əmān*, *xān-u-mān*.

Anm. 3. Andere Nomina, welche nur zur Bildung von Eigennamen verwandt werden, wie *-āw* (an die Urbedeutung »Glanz« glaube ich nicht), *-kart*, arm. *-kert*, *-κερτα* u. dgl. sehe man in Justi's Namenbuch.

β. Ableitung durch Präfixe.

52. Bei der Nominalbildung kommen die folgenden Präfixe in Betracht:

1) *a-*, *-an* (Alpha privativum) erscheint in beiden Formen ganz nach der alten Regel: *a-marg*; *an-ōšak* »unsterblich«, neben *ahōšīh* »Unsterblichkeit«; *axvarsand* »unzufrieden«, *ahambunīk* Sh. nē Sh. 2, 12. 70 »not originating with itself«. Vor Ideogrammen, deren iranisches Äquivalent vocalisch anlautet, wird selbstredend *an-* geschrieben: אן מרם חורשן Vd. 6, 67/31 neben *an-awarxvarišn* Vd. 6, 104/50 »nicht essbar« u. dgl. Selten erscheint *an-* vor Consonanten: אן'גוכאייה DK. 8, 16, 6 »Mangel an Zeugen«, אנספוריך, pāz. *anaspurī* »unvollendet« neben *spurīk*, np. *isparī*, *siparī* »vollendet«; vgl. auch אנאיתיה *an-(h?)astīh* »Nichtexistenz«.

Anm. Hin und wieder wird das Präfix sogar mit dem Verbum finitum verbunden: *a-šayēδ* Vd. 5, 150/51 »ist nicht nötig«. Aber איכוימונית ZPGl. 20, 3 = aw. *astāto* ist Part., vgl. Vd. 15, 31/9, wo *astāto-ratu* durch *anēstāyēnīδ-radān* (°אנאס) wiedergegeben wird.

2 u. 3) *hu* und *duš-*: *hu-xēm* »von gutem Charakter«, *duš-xēm* »von schlechtem Charakter«, arm. *džxem*, np. *dižxīm*. Man beachte die Schreibungen

דושחותת דושתורשת דושתיאר für np. *dušvār*, arm. *džouar*, aw. *dužāϑra-*, *dušvaršta-*, *dušūxta-*, np. *dižhūxt* (n. pr.), in welchen gleichsam auch noch als anderes Präfix *hu-* steckt.

4) *apē-* (arm. *ape-*, *api-*, np. *(a)bē*, lautgesetzlich aus altem **apa-it?*) bildet Adjective der Ermangelung: *awēniyāš* »unbedürftig«, *awēžār*, np. *bēzār* »überdrüssig«, eigtl. »ohne Kummer (mehr)«.

Anm. Unklar ist *awēžak*, np. *(a)vēžah* »unvermischt, rein«. Nicht hierher gehören np. *bīmār*, mp. *vīmār* »krank« und np. *bēgānah*, mp. *bēgānak* »fremd«, in dessen *bē-* dasselbe Element (**dvaya-* »zweite, andere«?) stecken muss wie in *bērōn* »aussen«.

5) *yut-* (geschrieben גוית, pāz. *jud*, *jud*, *jid*, *vad*, np. *juz*; altes Part. *yuta-* »getrennt« s. Böhtlingk-Roth *yu*) gibt das negative aw. *vī-* wieder: *judbēš* = aw. *vīdvaēša*, *dād jud-dēv-dād* = aw. *dātem yim vīdoyūm* Vd. 19, 57/16; *jud-āw* (מיא)*-tum jud-urvartum* = aw. *vīāpōtəməmca vīurvarōtəməmča* Vd. 3, 51/15; 10, 31/17; *jud-patkār* »ohne Kampf«.

Anm. In anderen Compositis (possessivis) bleibt die ursprüngliche Bedeutung »verschieden« erhalten: *judkēš* »andersgläubig, Sectirer«, *juddādistānīh* »Verschiedenheit in den Gesetzen«, *judsardakīhā* Adv. »in Bezug auf verschiedene Arten«.

6) *ham-* (altes *hāma-* in neueren Compositis, während bei Verbis und alten Nominalbildungen die Präp. *ham-* zu Grunde liegt): *hamtōxmak* »von gleicher Herkunft«, *hamrāš* »der das gleiche Geheimnis hat, Vertrauter«, *hamdēs* (so ist Bdh. 33, 12 zu lesen) »von gleichem Aussehen«.

Anm. In Wendungen wie *pa ham zamān* »zur selben Zeit, alsbald«, *až ham kōf i Harparsēn* Bdh. 23, 7 »von demselben Berge H.« ist *ham* noch volles Adjectiv.

7) Jede lebendige Präposition bildet mit einem Subst. zusammengesetzt Adjective des Besitzes: לותה ביש *awāk-bēš* »voller Kränkung«, *awāk-ramak* Hād. N. 1, 31 = aw. *mat-fšum*, פון ר° *pa-rāmišntar* »erfreulicher«.

Anm. Die alten Präpositionen, welche vorherrschend mit Verben verbunden erhalten sind, s. u.

53. Auf eine nähere Behandlung der Nominalcomposition unterlassen wir es hier einzugehen, da sie der im Np. gebräuchlichen vollständig analog ist.

c. Die Flexion.

54. Wir sahen oben, dass zu einer noch hinter der Überlieferung zurückliegenden Zeit alle Flexionsendungen des Altiranischen auf drei Casus: Nom. Sg., Gen. Sg. msc. und Gen. Pl. reducirt waren, und dass auch im Sg. der Casus obliquus mit dem rectus, wenigstens syntaktisch, zusammengefallen ist. Damit war auch aller Genusunterschied aufgehoben, und zur Bezeichnung des natürlichen Geschlechts mussten besondere Ausdrücke, oder die Umschreibung mit זכר *nar* und וכד *mādak* dienen.

Zum selbständigen Pluralzeichen wurde der Rest der alten Gen. Pl.-Endung *-ānām*, welcher in den Inschriften als ן–, אן–, im Bphl. nur in letzterer Form erscheint: ip. וצלכאן ואואתן, bp. *vazurgān u āzādān* »die Grossen und Edelleute«; und zwar so selbständig, dass in einzelnen Fällen das Suffix an den Stamm des Casus obl. tritt: *māhiyān* KN. 9, 19 »Monate«, vgl. np. *māhiyān*, *sāliyān*. Dieselbe Bildung zeigt der auf den indoskythischen Münzen erscheinende Titel ÞAOHANO ÞAO *šāhiānō šāh*, np. *šāhinšāh*, und nach Andreas die Endung der armenischen Familiennamen *-ean*, *-eanç*.

Anm. Bei Wörtern auf *-k* wird, neben dem regelmässigen *-kān*, auch נאן-, ja sogar כנאן- geschrieben.

55. Noch nicht in den ältesten Denkmälern, später aber verhältnismässig häufiger, tritt die dem np. *-hā* (*-ihā*) entsprechende Pluralendung *-ēhā* (oder *-īhā*) auf, deren Ursprung, trotz mancher Erklärungsversuche, noch dunkel bleibt. Man dürfte im »Bindevocale« den alten Cas. obl. vermuten, anderer-

seits aber ist die Möglichkeit doch nicht ausgeschlossen, dass diese Endung mit dem oben besprochenen Adverbialsuffixe identisch sei. In einzelnen Fällen tritt sie zum alten Pluralsuffixe auch pleonastisch hinzu. Beispiele: *xrafstarēhā, pōstēhā; kōfānēhā* Bdh. 18, 14; *Hindūkānēhā* Madh. Tschatr. 1.

56. Zur Bezeichnung des Genetivs dienen verschiedene Wendungen:

Von der ältesten Weise, den Genetiv dem regierenden Worte nachzusetzen, haben sich wenige Beispiele erhalten: ip. פַּתְכַלִי זנה מַזְדֵיסְן בַּגִי שַׁחְפּוּחְרַי מלכאַן מלכא אַירָאן ואַנְאַירָאן מנו צִתְרֵי מן יַזְתָאן effigies haecce Mazdae cultoris divi Saporis regum regis Arianorum et Anarianorum cuius genus a Deis. Aber wie schon der Titel *šāhān šāh* zeigt, wird der Genetiv auch vorangestellt, und das ist eine im Bphl. sehr beliebte Weise: *u har haft xvah ō brāδ zanīh hēm* AV. 2, 10 »und alle sieben Schwestern sind wir in des Bruders Ehe«.

Nicht minder häufig als diese in der np. Grammatik *iẓāfat i maqlūb* genannte Construction ist die Verbindung mit dem folgenden Genetiv durch das Relativum 'ו *ī* (aus *yahya*, urspr. wohl **yē* gesprochen) vgl. ap. *kāra hya Nadi^n tābirahyā* Bartholomae I, 85 »das Heer des N.«, aw. *aēvō pantå yō ašahē* »einer ist der Weg der Reinheit«, bp. *dāδār ī gēhān ī astōmandān* = aw. *dātar^ə gaēϑanąm astva^itinąm.*

Endlich kann das Genetivverhältnis auch durch 'זן *ān ī* umschrieben werden, vgl. np. *ān i, az ān i,* nur dass im Mp. das regierende Wort stets folgen muss: *ān ī ōhrmazd dām* Bdh. 3, 7 »des Ormuzd Geschöpfe«.

57. Der Dativ wird durch die Präpositionen ול ir. *ō* אוו (aw. *ava, avi;* öfters tritt dafür das gleichlautende Pronomen ולה, selten ען geschrieben, ein) und פון *pa* (aw. *pa^iti*) umschrieben: *namāž ō* (אוו) *Hōm* Ys. 9, 9; *pas ō ātaxš maδ* Bdh. 11, 9; die *Druj ī Nasuš* wird Vd. 7, 4/2; AVN. 17, 12 beschrieben als *akanārak drim* (? = aw. *akaranəm driwyå*) *ē drim ō* (V. ען, A. ול) *drim paδvast ēstēd* (A. °*āδ*) »unendlich fleckig, d. i. ein Fleck ist mit dem andern verbunden«.

Die Postposition *rāy* (ap. *rādiy* c. Gen., np. *rā*) hat meistens die Bedeutung »von wegen« beibehalten, nur selten drückt sie den Dativ aus: *u ōi Vīrāf rāy haft xvah būδ* AVN. 2, 1 »und diesem V. waren (er hatte) sieben Schwestern; *āδōn amā haft xvah rāy brāδ ēn ēvak hast* ib. 13 »so ist uns sieben Schwestern (als) Bruder dieser der einzige«; *šumā rāy drōδ* ib. 3, 8 »euch sei Gruss«.

Noch viel seltener findet sich diese Partikel zur Bezeichnung des Accusativs, z. B. *u pas Axt ī yāδūk framūδ brāδ ī xvēš rāy āwurtan ōzaδan* GFr. 3, 9 »darauf befahl der Zauberer A. seinen Bruder zu holen und zu erschlagen«.

Sonst wird der Accusativ weiter nicht bezeichnet.

Anm. 1. Von der np. Partikel *mar* ist im Mp. noch keine Spur nachzuweisen.

Die übrigen alten Casus werden durch entsprechende Präpositionen ausgedrückt, der Vocativ hie und da durch die Interjection *ē*.

Anm. 2. Über das *yā i vahdat* und *išārat* des Np. s. beim Pronomen.

d. DAS ADJECTIV UND DIE COMPARATION.

58. Das Adjectiv kann dem Substantiv, zu welchem es gehört, entweder vorausgeschickt oder durch das Relativum verbunden nachgesetzt werden; auch die Anknüpfung durch *ān ī* (ganz wie beim Genetiv) ist nicht selten. Dabei darf auch das Adjectiv in den Plural gesetzt werden: *vat mihr u dušārm ī awāk ōšān mustōmandān brāδarān, kē pa hažār saxtīh u bīm u sahm u anāžarmīh pa uždahīkīh u šahr i kāvulān griftār, u ān dō vaδbaxt brāδarān ī tō, kē ēn mihr-druj pa band u zēndān pāδafrās dārēδ* (l. 'יחסוניה),

ku marg pa ayāft hamē x̌āhēnd — vat hamogin až daxšak bē hišt KN. 9, 5 (mit einigen Correcturen) »aber du hast die Liebe und Sorge um diese kummervollen Brüder, welche von tausend Beschwerden und Furcht und Angst und Verachtung in der Verbannung und dem Lande Kābul erfasst sind, und (um) jene deine zwei unseligen Brüder, welche dieser Vertragsbrüchige in Banden- und Kerker-Strafe hält, so dass sie den Tod für einen Gewinn heranwünschen — du hast alles ausser Acht gelassen?« *zan i pa-gōhar vižīn* MCh. 2, 31 »wähle dir eine wohlgeborne Frau«; *ān i nitum hangām* Bhm. Yt. 2, 24 »zur letzten Zeit«; *hamāk ān i buland kōf* Bdh. 46, 10 »alle die hohen Berge«.

59. Von der alten Comparativbildung mit dem Suffixe *-yah-* haben sich einige Reste erhalten, mit Epenthese des *y*, und diese Formen sind entweder in der Schrift mit dem Positiv zusammengefallen oder haben diesen verdrängt. Die Superlativendung *-išta-* hat sich etwas lebendiger erhalten, in der Form *-ist*, oder, da sie fast immer plene geschrieben wird, *-ēst*, paz. *ə̄st*. Diese scheint zum Teil an den Comparativ angetreten zu sein.

vahu-* »gut« — Pos. [vah*]; Comp. ויה *vēh*, arm. *weh-*, np. *bih*; Sup. ip. והישתי, bp. *vahišt*, np. *bihišt*, alle drei nur als Subst. »Paradies«.

mažant-* »gross« — [mas*]; C. מס *mēs*, später *mēh*, np. *mih*; S. מחיסת Vd. 19, 19/5 מחסת *mahēst* (oder *mēhēst?*), vgl. die np. Dichterin *Mīhistī*.

kasu- »gering, klein« — [**kas*]; C. כס *kēs*, später *kēh*, np. *kih*; S. כסיסת (bei Sp. כחיסת) Vd. 6, 16/10; 19, 19/5; בססת Bdh. 14, 7, כיחיסת (Sp.), vgl. *kāhistan* »geringer werden, abnehmen«, *kastakīh* DK. I Gl. »deficiency«, *kastārīh* DK. 9, 36, 3 »perversion«, *kastār dahm* ib. 8, 17, 4.

kamna- »wenig« — כם *kam*; C. כים *kēm*, np. *kam* (selten, bei den Türken, *kīm*); S. במסת *kamēst*.

nazda- »nah« — np. *nazd* Adv.; C. — (aw. *nazdyō*, vielleicht davon *nazdīk*); S. נזדסת *nazdēst*.

x̌ar'zu- »süss« — S. *x̌ālēst* Vd. 2 77/28 (alle Hss. חואלאסת).

b'r'zant- »hoch« — *buland* S. באליסת באלסת *bālēst*, neben באלשתיניתן *bālištēnīδan* DK. 9, 57, 18 »to elevate«.

srīra- »schön« — C. aw. *srayō*, np. *sirih*; S. aw. *sraēšta-*. —

fra Präp. — C. aw. *frāyō*, mp. *frēh* (geschrieben פרייב פריב, in Compositis פרח פריח), pāz. *frəh*, np. *firih*; S. פרחיסת Vd. 3, 13/4, פרחסת pāz. *frəhəst*.

ap. *vasiy* »viel« — *vas*, np. *bas*; C. *vēš*, np. *bēš* (stimmt lautgesetzlich nicht zum vorauszusetzenden **vasyah-*).

Noch dazu mit den anderen Suffixen verbunden: pāz. *kamtar* MCh. 18, 2 (im verlorenen phlv. vielleicht בימתר), מחיסתום *mahēstum* Vd. 3, 38/12 (so alle Hss.).

Anm. *naxust*, np. *nuxust* »der erste« gehört zu arm. *nax-*, Hbschm., Arm. Gr. I, 200.

60. Die gebräuchlicheren Suffixe für beide Steigerungsgrade sind *-tar* und *-tum* (alt *-tara-* und *-tama-* Bartholomae § 208). Als Beispiele seien angeführt die Ausdrücke für die Himmelsgegenden: *ušastar* »östlich«, *dōšastar* »westlich«, *rapiδwīntar* (Transcr.) »südlich«, *awāxtar* »nördlich«; von Präpositionen sind abgeleitet: *awadum* »letzter« — **apatama-* (unregelmässig *d* für *t*), *awartar* »höher«, *-tum* — von aw. *upara-*, *frōtum* = aw. *fratara-* Ys. 10, 4/2, vgl. np. *furōtar, fratum* »erst« — aw. *fratəma-*, ניתום *nitum* »unterst, gering« — aw. *nitəma-*, *frāštum* »ganz voraus«; und aus mit Präpositionen zusammengesetzten Ausdrücken: *ažērtar* »mehr unten«, *až kōstaktar* »mehr an den Rand« = aw. *ava ništarəm* Vd. 9, 32/12, vgl. np. *zāš'tar* aus *az-ān-sō+tar* »mehr nach jenseits«; vielleicht auch (nach Darmesteter) *ēδar* »hier« — **aētara-* »mehr zu diesem«.

Anm. 1. Auch in *vattar*, *vattum* von *vaδ* »schlecht« wird meist nur das eine *t* geschrieben; die pāz. Form *jalar* verdankt ihr Dasein der Verwechselung der Zeichen für *j* und *v*.

Anm. 2. Alte Superlative stecken auch in פאחלום *pahlum* »vortrefflich« (Hübschmann, PSt. 208) und in *rāmišn* (*ī*)*x*ᵛ*ārum* = aw. *rāma x*ᵛ*āstrəm*.

61. Construirt wird der Comparativ mit *čēgōn*, *ku* und *až*: *hōšx*ᵛ*āstārtar* … *čēgōn ān i ān ē sag* Vd. 13, 123/43 »mordlustiger als die übrigen Hunde«; *awārūnīh vēš varžēnd ku frārūnīh* Bdh. 4, 9 »Böses thun sie mehr als Gutes«; *tō kē hē*, *kē am hakarči až* .. *tō zišttar* … *nē dīδ* AVN. 17, 13 »wer bist du, als welche ich nimmer eine scheusslichere gesehen«. Ähnlich beim Superlativ: *gandaktum vāδ až ān ī aš pa gētīk nē dīδ* AVN. 17, 10 »ein stinkendster Wind, wie er ihn auf Erden nicht empfunden«.

Beliebt ist der Comp. absolutus: *čand škufttar* Bdh. 17, 6 »um so wunderbarer«, *har čē awurnākīhātar* »aufs trefflichste«, *kē avināstar* »wer ist am schuldlosesten?«

B. DAS ZAHLWORT.

62. Die Numeralien werden auf verschiedene Weise bezeichnet, entweder durch Zahlzeichen (auf Schalen und sehr häufig in Handschriften), oder durch Zahlwörter, wobei für die ersten zehn Zahlen auf den Münzen ausschliesslich die aramäischen Ideogramme, in den Handschriften daneben auch, wenngleich seltener, die iranischen Wörter, von elf an aber nur die letzteren angewandt werden[1].

[1] Spiegel, Einleitung I, 71 ff.; West, Gloss. and Index p. 334 ff. (beide geben auch die verschiedenen Formen der Ziffern); für die Münzen s. Mordtmann's Arbeiten ZDMG. VIII, mit Taf. III, und XII. XIX; Markoff, Collections scientifiques V, St. P. 1889, p. 90 ff.; für Bphl. PZGloss. p. 1, PPGloss. p. 20, und Vd. I, V, XIV u. s. w. — Zum folgenden vgl. Bartholomae § 210. 211.

In der folgenden Zusammenstellung sind die iranischen Formen für 2—10 auf den Münzen den zusammengesetzten Zahlen entnommen:

	Iranisch			Aramäisch	
	Münzen	Bücher		Münzen	Bücher
1	איוכי		*ēvak*	חדוכי חדי	חדוך חדו
2	-דו		*dō*	תלין	»
3	-ס	סי(ח)	*sē*	תלתא	»
4	-צח(א)ל	צחאל	*čahār*	אלבא	»
5	-פנצ		*panǰ*	חומשא	חומשא
6	-שש		*šaš*	שתא	»
7	-חפת		*haft*	שבא	»
8	-חשת		*hašt*	ת(ו)מנא	תומניא
9	-נו(ח)	נחו'	*nuh*?	תשא	ת(י)שיא
10	-דח		*dah*	אסלא	אסליא

11 יאצדח *yāždah*, 12 דואצדח bp. auch דובא° *duvāždah*, 13 סיצדח *sēždah*, 14 צחרדח bp. auch צחאר° *čahārdah*, 15 פנצדח bp. auch פאנ° *pānždah*, 16 ששדח mz. bp. שאצדח *šāždah*, 17 חפדח mz. bp. חפתדח *haftdah*, 18 חשדח mz. bp. חשתדח *haštdah*, 19 נוצדח bp. נחו° *nōždah*.

20 ויסת(י) *vīst*, 30 סי(ח) *sī*(*h*), 40 צחל bp. צאחל *čahil*, 50 פנצא bp. אח° *panǰāh*, 60 שסת *šast*, 70 חפתאת *haftāδ*, 80 חשתאת *haštāδ*, 90 נות' *navaδ* 100 סת' *saδ*, 1000 bp. חצאר *hažar*, 10000 bp. ביור *bēvar*.

Bemerkungen. 1: Ob im Bphl. das iran. oder das aram. Wort geschrieben wird, lässt sich aus den Schriftzeichen nicht ersehen, da sie beide Lesungen zulassen. Ebenso steht es mit der *k*-losen Form in Zusammensetzungen, wie איובאר oder חדו° *ēv-bār* »einmal«, *ēv*(חדו)-*x*ᵛ*adāyīh* »Alleinherrschaft« u. dgl. Das PPGloss. lehrt dieses Zahlwort יך aussprechen, np. *yak*.

Dem np. *yā i vahdat* entsprechend wird den Substantiven zur Bezeichnung der Unbestimmtheit das Zahlzeichen *I* nachgesetzt, z. B. *I*-גברא *mart-ē*, np. *mārdē*; dass hier die aus *ēv* gekürzte Form zu lesen ist, beweisen phonetische Schreibungen, wie: *u čiš-ē-ē* (מנדומיץ) *rāmišn ī ān nēst* GFr. 3, 58 »und ein Ding irgend, Freude daran ist nicht« d. h. »und an nichts anderem finden (die Weiber) Vergnügen«; *ka až būšāsp bē bavēnd čiš-ē-ē čiš ānōy nēst* GSchāy. 58 »wenn man vom Traume erwacht, ist gar nichts mehr da«. Dieses *ē-ē* entspricht altem **aiva-čiδ*, np. *ēč, hēč* »irgend ein«, und kann auch voranstehen: *ēč kas* »irgend jemand«, *pa ēč āyēnak* »auf irgend welche Weise«, meist mit der Negation. Ferner: *martum* איצנר AVN. 42, 1, vgl. אי צנר 65, 1; צנר *I* 82, 1, wo *ē-čand* »einige« zu lesen ist.

Eine dritte Form dieses Zahlwortes (-אכ *ak*- oder *ēk*-?) steckt in אכברית »Strecke von einer Station« (Olshausen, KZ. XXVI, 551) und dem § 65 zu besprechenden 'אכוין (?).

2. 4. 10: Die aramäischen Wörter sind mit *r* für ל zu lesen.

Anm. Das in aw. Compositis erscheinende *bi*- für *dva*- wird mit *dō II*, wiedergegeben; nur für *bixvəra* Vd. 19, 70,21 steht בוחתרך.

9. 19: Die Aussprache musste nach dem np. *nuh*, *nōzdah* bestimmt werden.

Die zusammengesetzten Zahlen über 20 werden in den Handschriften nur durch Ziffern ausgedrückt, z. B. דו ו *XX* — 22, *IV* ו *L D* — 554. Darnach wäre wie im Np. *vīst u dō, panǰ saδ panǰāh u čahār* zu lesen; die Münzenaufschriften zeigen aber ein anderes System, bei welchem die kleinere Zahl voraufgeht, wie bei 11 ff. Beispiele: יאצויסת 21, יאצסי(ת) 31, יא(צ)צחל 41, יאצשסת 61, דו(א)צויסת 22, דוא(צ)צחל 42, aber auch דוסית 32, הופנצא 52, סיצויכת 23, סיצסי und ססי(ת) 33, סצחל 43, ששסת 63, סי הפתאת 73; von 4—8 erleiden die Grundformen keine Veränderung, aber נוצויסת 29, נוצסי(ת) und נואצסי 39, נו(צ)צחל 49. Das hier erscheinende ץ(א) kann ich nicht mit Horn aus der Analogie mit *pānǰdah* erklären, sondern möchte darin die Präp. *hača* sehen, vgl. die Bildung der Zehner im Slavischen mit *nadŭ* »über«; somit wäre **navačsīh* = **nava haca θrīsat(i)* »neun von den Dreissigen«. Auch bei den Hunderten geht auf den (allerdings nachislamischen) Münzen die kleinere Zahl voran: 'דוסת 102, 'ססת 103, צחאר ויסת סת 124, חשת כיח סת 138.

Die Hunderte kommen ausgeschrieben nur im PPGloss. vor: *dōsaδ* (cod. Petrop. pāz. *dvīst*), *sēsaδ* u. s. w.

63. Die gezählte Sache sowie das Prädicat dürfen sowohl im Sg. stehen — was das gebräuchlichere ist —, als auch im Pl.; ebenso in den Übersetzungen aus dem Awestischen, ohne Rücksicht auf die Construction des Originals, wo bei höheren Zahlen ja auch der Gen. Pl. statt hat. Beispiele: *II C u XL kartak-xvaδāy būδ* KN. 1, 1 »es waren 240 Teilkönige«; *ōšān haft mart bē nišast hand* AV. 1, 33 »diese 7 Männer setzten sich«; *im rōž VII māhiyān hast* KN. 9, 19 »heute sind es 7 Monate«; *ān i dō vaδ-baxt brāδarān* KN. 9, 5 »jene beiden unseligen Brüder«; *u ōy Vīrāf rāy VII xvah būδ, u ōšān har VII xvahān Vīrāf čēgōn zan būδ hand* AV. 2, 1. 2 »und dieser V. hatte 7 Schwestern, und alle diese 7 Schwestern waren für V. wie Frauen«; *pa XL zimistān* (Glosse: *sālān*) *až dō martān dō mart var zāyēδ* Vd. 2, 134/41 »alle 40 Winter werden von zwei Menschen zwei Menschen geboren«, wo im Aw. der Pl. und Du. stehen. Selten wird das Zahlwort nachgesetzt: *andar šaw ō xānak ī brāδar dō, ēvak Buržak u ēvak Buržāδur nām būδ, maδ* KN. 7, 2 »in der Nacht kam er zum Hause zweier Brüder, des einen Name war B., des andern BA.« — vielleicht weil die Aufzählung folgt.

Anm. 1. Zur Bezeichnung von Dingen, die in bestimmter Anzahl ein Ganzes ausmachen, wird das blosse Zahlwort im Pl. angewandt, z. B. *haftān u dvāždahān*

KN. 2, 14 »die Sieben (Planeten) und die Zwölf (Tierkreisbilder)«; *Haftānbōxt* KN. 6, 1 Name eines mythischen, dem Ardaschīr feindlichen Königs (s. dazu NÖLDEKE p. 49 N.).

Anm. 2. Substantivbildungen von Zahlwörtern sind: *haštīh* GF. 2, 74 ὀκτάς (so WEST, aber sehr zweifelhaft); *hažārak* »das Millenium«, s. JUSTI im Bdh.-Glossar 269; ביירחך-*II dō-māhak* Vd. 5, 136/45 »die Zeit von 2 Monaten«, *II-šawak* Vd. 5, 41/11. »die Zeit von 2 Nächten«. Sonst sind diese Bildungen auch Adjectiva: *dāδ i XV-sālak* KN. 1, 24 »das Alter von 15 Jahren«; *haft-sālak* AV. 10, 9 »siebenjährig« u. dgl.

64. Die höheren Ordnungszahlen werden durch die Ziffern mit angehängtem *-um* (alt **-ama* BARTHOLOMAE § 197. 211) ausgedrückt, die niederen finden sich auch ausgeschrieben, für 1 und 2 gibt es noch Ideogramme:

1	אולא	*fraδum* (*ēvakum*)	7	*haftum*
2	תני	*duδīgar* (*II-um*)	8	*haštum*
3		*siδīgar* (*III-um*)	9	*nahum* (נחום)
4	תסום	*čahārum*	10	*dahum*
5		*panǰum*	11	*yāždahum* u. s. w.
6		*šašum*	20	*vīstum*.

Neben *fraδum*, air. *fratama-* werden auch נח(ו)וסת *naxust* oder *nazdēst* (Bdh.) gebraucht, s. § 59. — Die Ableitung von *duδīgar*, *siδīgar* aus **dvitiya-*, *δritiya-kara* (vgl. die Partikeln *agar*, *hakar-č*) hat DARMESTETER, Études I, 150, gefunden; das np. *dīgar* ist aus ersterem verkürzt. Die zusammengesetzten Zahlen nehmen auch bei 1, 2, 3 das Suffix *-um* an: *XXX u ēvakum* GFr. 3, 89 var., u. ff. איותום Vd. 5, 146/44 Gl. ist nicht klar. — Das etymologisch dunkle *tasum* scheint iranisch zu sein, und hängt jedenfalls mit ar. *ṭassūǰ* (auch *tassūǰ*) »1. la moitié du poids d'un grain de carouge, 2. le quart d'un *dānaq*, 3. plage«, »Amtsbezirk« (NÖLDEKE, Tab. 16 N.), np. *tasū* (s. VULLERS), arm. *tasou* (HÜBSCHMANN 266, n. 49) zusammen; vgl. *tasūbarīδ* »Strecke von vier Stationen«, und תסומין' Vd. 5, 99/30 (wo die Neuausg. צתאר וין' schreibt).

65. In ihrer Entstehung und Function unklar sind die mit dem Suffixe וין' (oder wie sonst zu lesen) gebildeten Zahladjectiva, denen weder in der alten Sprache noch im Np. etwas Analoges zur Seite steht. Vd. 5, 87/28 ff. steht für die aw. Ordinalia die ganze Reihe von 11 bis 2, und zwar: *II-*, *III-*, *IV-*, *VI-*, *X-*, *XI-vīn*; *panǰ-*, *haft-*, *hašt-vīn*; ת(י)שיאוין' (für *nāuma-*), und sogar תסומין' und ויגם-*VI* (ed. SP.). Daneben steht für *paoʾrīm* noch כבדוין' (כבד ist aber mp. *vas*, np. *bas* »viel«) und in der Glosse איוכוין' oder חדוכוין' neben den gewöhnlichen Formen auf *-um*. Vgl. סיוינן' חמאך פרתום Vsp. 15, 6/13, 2 = *tišranąm haʷrva paoʾrya*. Im PZGl. 1, 5 erscheinen *II-vīn* und *III-vīn*, nicht als Ordinalia, sondern als Übersetzung von *dvayå*, *δrayąm*; und 2, 9 zur Erklärung von *vayåsčiṯ*; *awar har II-vīn*, *nēvak u vaδ* (AVN. 52, 7; Yt. 10, 2), wo es »alle beide« bedeutet und dem np. *har duvān* entspricht.

Sicherlich hierher gehört auch אכוין' (viell. אבֿ?), welches »zusammen« bedeuten muss, vgl. GSchāy. 56: *baxt u kunišn akvīn āδδn humānāk*, *čēgōn tan u yān* »Glück und Leistung sind zusammen dem ähnlich, wie Körper und Seele« (d. h. eins ist vom andern nicht zu trennen), und die Stellen im MCh., AVN., Bdh. Häufig ist *pa akvīn*, das in den Übersetzungen die aw. Partikeln *haδa*, *hadā*, *haδra*, *hakaṯ* wiedergibt (öfters ist dafür אית' verschrieben). Der Bedeutung wegen vgl. *haδranivāʾti-* Ys. 56, 10, 10/57, 28 = *pa akvīn vānīδārīh*, *haδrajata-* Vd. 9, 193/34 = *pa akvīn zanišnīh*, aber 13, 173/55 = *pa ham z.*, und *haδrā* Ys. 28, 4/5[c] = *pa awākīh* »in Gemeinschaft«. Vgl. auch noch *III* לותה אכוין Vd. 7, 27/9 Gl. »mit allen dreien« (?).

Anm. Vgl. SPIEGEL, Einl. I, § 151; DARMESTETER, Ét. ir. II, 151; Bdh. Gl. 274; AVN. Gl. 31. Vielleicht darf hierbei an das bei HORN's Asadī vorkommende np. *yakūn*, *yakūnah* s. v. a. *yaksān* erinnert werden. — Als Ideogramm (SPIEGEL-JUSTI lesen חכנון) kann ich das Wort nicht anerkennen, da das aram. הָכֵן die Bedeutung »auf solche Weise« hat, welche für das Phl. nicht passt.

66. Numeralia distributiva werden meist durch Wiederholung des Zahlwortes oder des Substantivs ausgedrückt, z. B. *čē rāy, ka gāvān u gōspandān u murvān u vāyandakān u māhīkān ēvak ēvak pa ān i xvēš dāništn sažākīhā dānišnōmand hand* MCh. 13, 2 »wie kommt es, dass alle einzelnen von den Rindern, Schafen, Vögeln, Geflügelten und Fischen durch ihren eignen Instinkt genügend vernünftig sind«; *wašguft Ōhrmazd ku: mān mān vīs vīs (xānak xānak dastkard dastkard) III kaδak var ē dahēnd ī ōy rist* Vd. 5, 36/10.

Daneben ist das Suffix *-kānak* im Gebrauche, d. h. eigtl. *-ānak*, welches an eine alte (im Altindischen erhaltene) Substantivbildung mit *-ka-* angetreten ist, z. B. *ēvkānak*, np. *yagānah* »einfach«; *ka har dō tōxm rāst, II-kānak, III-kānak ažaš bavēδ* Bdh. 38, 17 (XVI, 2) »wenn aller beider (Eltern) Same gleich (kräftig) ist, so entstehen davon Zwillinge und Drillinge (verschiedenen Geschlechtes)«.

67. Numeralia multiplicativa werden durch Nachsetzung von *tāk* »Stück« gebildet: *ēvak-tāk* Vd. 3, 44/14, *ēv-tāk* AVN. 46, 7 »einzeln, allein«, *mōy ē tāk* Bdh. 48, 13; Vd. 6, 9/5 »ein einzelnes Haar«.

Anm. 1. Ebenso *čand-tāk* »wie viele« BYt. 2, 7, »mehrere« MTschatr. 7 (wo צנד וד geschrieben ist). Hierher gehört wohl auch ניותאך *yuδāk* (aus *yuδ*+*tāk*?), np. *juδā* »einzeln, getrennt«.

Anm. 2. Eine andere Bildung mit ריך, welche Neriosengh mit *dviguṇam* u. s. w. wiedergibt, kommt allein Ys. XI, 24/9 vor, vgl. Darmesteter l. c.: דריך זריך צתאריך פנצריך zur Übersetzung ebenso dunkler aw. Formen (vgl. Spiegel und Darmesteter zur Stelle). Wenn man לרך lesen dürfte, — vgl. das Pron. לדנה = *im* —, so hätten wir eine Parallele zum np. *dah-vay* »zehnfach«, *saδ-vay* »hundertfach« (*vay* ist hier Gen.), mp. *čand-ān* »ebenso vielfach«.

68. Numeralia partitiva. Die »Hälfte« heisst *nēm, nēmak* — aw. *naēma-*, und von $^1/_3$ an erscheinen die »gelehrten« Formen סרוישי · סרישותך *srišūδak* — aw. *ϑrišva-*, צתרישי · °רוישי° · צסרושותך *časrušūδak* — aw. *čaϑrušva-*, פנצ(ו)תך *panǰūδak* — aw. *pantaŋhva-* (Ys. 19, 13/7; Vd. 6, 69/32; 16, 7).

Ebenso häufig ist die im Np. erhaltene Bezeichnung der Brüche: *III-ēvak* Bhm. Yt. 2, 53; GSchāy. 126; np. *si-yak*, eigtl. »von dreien (Gen.) eines«, *čahār-ēvak* Vd. 9, 52/16, *IV-ēvak* Vd. 8, 36/13 u. s. w.

69. Adverbia numeralia bildet *bār* »Mal«, dessen *b* die Zusammenstellung mit ai. *vāra-* verbietet: *ēvāk-bār, ēv-bār* »einmal«.

Ein anderes Wort für »Mal, Weile« ist יאור, neuer יאר (traditionelle Lesung *ǰāvar, ǰār* PPGl. 18, 8), das mit dem kurd. *ǰār* identisch sein muss: *yāvar ē* »ein Weilchen« KN. 6, 19; wiederholt: »einmal — das andere Mal« Bdh. 62, 8; *III y°* »dreimal« Bdh. 80, 7 *har y°* »jedesmal« Bdh. 80, 8.

C. DAS PRONOMEN.

70. Die Fürwörter werden fast ausschliesslich durch Ideogramme wiedergegeben, die iranischen Lesungen finden sich aber meist im PPGl. p. 18 (Cap. XXIV p. 82 meines Abdruckes).

71. Pronomen personale (Bartholomae § 246ff., 423ff.; Horn § 63). Für die 1. Person hat es ursprünglich zwei Formen gegeben, eine für den Casus rectus (N. aw. *azəm*, ap. *adam*, neuere Dialekte *az*), die andere für den obliquus (G. aw. *mana*, ap. *manā*, np. *man*). Die erstere findet sich in den älteren Übersetzungen in der Form אנהם אנה' אנה ausser den von West, AVGl. 55 N. angeführten Stellen auch Ys. 29, 10[c]. 43/44, 7[d], ja sogar אנהי Vd. 22, 21[sp.]: ich möchte sie **az* lesen, aus **aδ* (vgl. np. *ǰuz*, mp. יוית *yuδ*). Späterhin wurde sie durch das auch im Np. allein erhaltene ל, ip. לי, ir. מן

man verdrängt. — Der Pl. lautet לנה, ir. אמא, pāz. *əmā* اما (jüd.-pers. אִימָא) aus altem G. aw. *ahmākəm*, ap. *amāχam*.

Anm. 1. אז geschrieben und streng vom obl. ל unterschieden findet sich das Wort in dem von Blochet veröffentlichten Wettstreit zwischen dem Baume und der Ziege, dessen Sprache manches Interessante bietet, s. Rev. de l'hist. des religions XXXII (1895), p. 233 ff. und die autogr. Beilage p. 18—23.

Für die 2. Person Sg. sind die vorauszusetzenden beiden Formen *tu* (ap. *tuvm*, d. h. *túvam*, aw. *tūm* aus **tuvəm*) und *tō* (G. aw. *tava*) zu לך, ir. תו, pāz. *ϑō*, *ϑo*, *ϑu*, *tō* zusammengeflossen, welches wohl *tō* zu lesen ist. Der Pl. heisst לכום, ir. שמא שומא, pāz. *šumā* aus G. gaw. *xšmākəm*, jaw. *yūšmākəm*.

Anm. 2. Die sem. Ideogramme bestehen aus der Präp. ל »zu« und den Personalsuffixen, dienten also zunächst zur Wiedergabe des Cas. obl. Ebenso die gleich aufzuführenden ל-דנה und ולה (eigtl. עָלָה mit der Präp. על, welche noch als ען ור erscheint).

72. Pronomen encliticum (Horn p. 118). Der Casus obl. wird meistens durch die Pronominalsuffixe *-m -t -š* (aus aw. *mē tē šē*, ap. *maiy taiy šaiy*), Pl. *-mān -tān -šān* (Neubildungen mit dem Pl.-Suffixe der Nomina) ausgedrückt, welche an die Präpositionen מן »von« (מנש, ir. אזש *ažaš*), פון »bei« (פתש *paδaš*, jüd.-pers. im 8. Jahrh. פדיש *padiš*) und ול (nur ir. אובש[1] *avaš*), die Relativa, Partikeln, und manchmal ans Verbum treten, z. B. *guft-aš Ōhrmazd*, aw. *mraot̰ A. M.* Die Verwendung dieser Enclitica zur Bezeichnung des Acc. oder Gen. poss. ist im Mp. noch nicht gebräuchlich; ins Np. scheint sie erst aus dem Arabischen eingeführt zu sein[2].

[1] In K25 und dem St. P. Codex des Glossars wird אויש *aviš* zu lesen gelehrt; der Destur hat es weggelassen. Hienach und nach dem jüd.-pers. *padiš* war der Bindevocal vielleicht *i*, und nicht *a*, wie wir nach dem Np. aussprechen. — [2] Kellgren, Om Affix-Pronomen i Arabiskan, Persiskan och Turkiskan, Helsingfors 1854; vgl. Brockhaus, ZDMG. VIII, 610.

Anm. Die Form אפן »und von uns« in der Hādschīābād-Inschrift, welche im Bphl. אפ-מנ-אן lauten würde, zerlegt Dr. Andreas in die bekannte Partikel אף und das iranische, nicht semitische, Suffix der 1. Pl. ן *-n* aus aw. *nō*, aind. *nas*. Sehr ansprechend, denn in diesem aram. Dialekte lautete das Suffix nicht, wie im Syrischen ܢ—, sondern נָה, wie לנא »uns« zeigt.

73. Pronomen reflexivum (Bartholomae 244, nr. 18. 425; Horn § 64). Die beiden, ganz wie im Np. syntaktisch geschiedenen Formen: substantivisch בנפשה, ir. חות *xvaδ*, pāz. *xᵛaδ*, *xuδ*, *xaδ*, *xᵛad-* »selbst«, aus aw. *xᵛatō*, und adjectivisch נפשה, ir. חויש, pāz. *xᵛēš* »eigen« — vielleicht aus **xvaišya-* d. i. **xvai-ϑya* (vgl. ap. *ᵘvaipašiya-*: aw. *xᵛaēpaᶦϑya-* und Bartholomae § 280) gehen auf den air. Stamm *hva-* zurück. Construirt wird letzteres wie alle Adjectiva: *xvēš tan*, wie im Np., »selbst«; *xvēšān dāmān* Ys. 8, 10/5 »die eignen Geschöpfe«; *kaδak ī xvēš* Bdh. 61, 14 »sein Haus«; *ān i xvēš dēn* HdN. 2, 22 »der eigne Glaube«.

74. Pronomina demonstrativa (Bartholomae § 244. 417 ff.; Horn § 65). Sie gehen auf folgende alte Stämme zurück:

ava- (Bartholomae § 244, n. 9) — ולה (ול, ir. אוו, eigtl. die Präp.), auch ען geschrieben (= sem. עֲלָה), ir. אוי *ōy*, pāz. *ōi*, *ō*, np. *ōy*, *ō* und *vay* mit Abfall des Anlautsvocales, aus dem G. ap. *avahyā*, aw. *avahē*, vertritt das Pron. der 3. Sg., steht aber auch oft adjectivisch. Der Pl. ולהשאן *ōšān* (wofür im Pāz. *ēšqn*) ist eine Neubildung. — Zu diesem Stamme gehören noch die Partikeln אנד *and*, np. *and* »soviel«, u. s. w. — aw. *avant-*, und חאונד *hāvand*, pāz. *hawand* »ebensoviel« — aw. *avavant-*.

Anm. 1. Vielleicht unterschieden sich anfänglich ען und עלה wie Cas. rectus (*ō*) und obl. (*ōy*)? Vgl. np. *dah-vay*, oben § 67, Anm. 2.

ai. *ēna-* (Bartholomae n. 15) — דנה, ip. זנה, ir. *ēn*, später u. np. *īn* »dieser«; ein Pl. kommt nicht vor.

ima- (Bartholomae n. 5) — לרנה Pl. לדנהשאן, ir. אם Pl. אמשאן (der Pl. ist in den Texten noch nicht nachgewiesen) *im* »dieser« ist recht selten, meist in denselben Verbindungen wie im Np. (Horn p. 126).

ap. *aita-*, aw. *aēta-* (Bartholomae n. 7) — הנה, ir. אי (graphisch auch = כ יב אב) Pl. pāz. *əšąn*, np. *ēšān* ist eine Neubildung. Man beachte die Verbindungen: *ē rāy* »deswegen«, np. *zērā* »denn«, *pa ē dāštan*, np. *pindāštan* (mit anderem Pron.) »dafür halten«. — Zu dem Grundstamme **ai-* gehört die Partikel mp. np. *ēδar*, id. לתמה »hier«, und mit dem Pronomen identisch ist wohl das mit איע wechselnde *ē* »das heisst«, welches noch in der altertümlichen Sprache des Cambridger Qur'āncommentars häufig vorkommt. Das *t* von *aēta-* ist nur in איתון *ēδōn*, np. *ēδūn* »so« — vgl. aw. *aētavant-* — erhalten.

Anm. 2. Ob in den Wendungen *ōy ē i*, *im ē i* (vgl. DK. in PT. IV, 415 N.) *aēta* oder das Zahlwort *aēva-* steckt, lasse ich unentschieden. Keinem Zweifel aber scheint es mir zu unterliegen, dass das np. *yā-i ištirat* mit ersterem identisch ist; sonst würde es nicht an den Pl. antreten, wie z. B. *kasānē ki ....* — Dies gegen Horn.

a- (Bartholomae n. 3) — nur im np. *āδūn* »auf jene Weise« (fälschlich auch *āndūn*), welches ich im Ideogramme »אנדו אנגון« (so lesen die Parsen) wiederzufinden meine; also **āδōn*.

Der nur Yt. 14, 44 erhaltene Comparativ *atāra-* »jener von beiden« lässt sich auch Vd. 18, 55. 56[sp.] belegen, wo *yatārō* durch אתאר-*I* מון *aδār ē kē* »der von beiden, welcher« wiedergegeben wird. Diese Construction gestattet es nicht, das Wort als Relativ aufzufassen, wie Spiegel, Gr. § 84 vorschlägt.

Anm. 3. Ohne Zweifel steckt dieselbe Partikel in dem Compositum »אנגוןשיתך«, pāz. *ańgušiδa* »derartig«, dessen richtige Lesung noch zu ermitteln ist.

Anm. 4. Über die Partikel *ā* s. u.

ana- (Bartholomae n. 6) — דך זנ זך, ir. *ān*, ohne Pl. — Zu demselben Stamme gehört das Adverb תמה, ir. אנוי *ānōy*, pāz. *ānō*, *ąnō* »dort«.

Anm. 5. Die von Spiegel, Huzv.-Gr. § 88 angeführten drei Beispiele des Pl. זכאן müssen anders erklärt werden; s. u. § 77, d).

Anm. 6. Andere Verbindungen: זך אנד *ān and* »so viel«, *dō ān and* Vd. 13, 83[sp.] »zweimal so viel«, צנד זך *cand ān* »so viel wie jenes«.

75. Pronomina interrogativa (Bartholomae § 242. 415; Horn § 66). Für Personen steht מנו, ir. כי *kē*, pāz. *kə*, *kə* aus *kahya*, sowie dessen Steigerungsformen כתאר *kaδār* aus **katárahya* und כתאם *kaδām*, pāz. *kadām*, °*qm*, np. *kuδām* aus **katámahya*, aber mit abgeschwächter Geltung: *kaδār ōy hast tōžišn* Vd. 3, 124/36 = *kā hē asti čiϑa*; *xvaδāy kaδām vattar* MCh. 33, 2 »welcher König ist schlechter?«

Das Simplex מנו[1] wird auch schon als Relativum gebraucht, z. B. im Titel der Sāsāniden: מנו צתרי מן יזתאן *kē čiϑrē ač yazatān* »dessen Geschlecht von den Göttern ist«; *man kē Ōhrmazd ham* Vd. 1, 5/2 = *azəm yō A. M.* — Aus dem Comparativ gebildet ist das zur Wiedergabe des aw. *kasčiṯ* und seiner Casus dienende[2] כתארצאי *kaδār-ič-ē*, pāz. *kadārcihə* »irgend welcher, jeder«: *ē* ist wohl das Zahlwort, und *č* die Partikel, aw. *čiṯ*, ap. *ciy*. — Substantivischem aw. *kasčiṯ*, ap. *kaščiy* entspricht איש, ir. כס *kas* »jemand« Pl. *kasān* »fremde Leute«.

Von demselben Stamme abgeleitet sind die Partikeln: אמת, mp. pāz. *ka* »wenn, da«; איע, ir. כו, mp. pāz. *ku* »dass« und »wo« — gaw. *kudā*; אימת, ir. כי *kay*, pāz. *kaē* »wann« — aw. *kaδa*.

[1] Wechselt durch Schuld der Abschreiber (np. *ke*) mit אמת und איע (np. auch *ke*). — [2] Sonst habe ich es nur noch einmal gefunden (GSchāy. § 157).

Für Sachen gilt in der Frage מה, ir. ציה *čē*, pāz. *či* — aus gaw. *čahyā*, welches auch relativ gebraucht wird, und als Conjunction, wie im Np., die Bedeutung »denn« hat. — Damit zusammengesetzt ist die Partikel ציגון *čēgōn*, neuer צון *čūn*, pāz. *čuñ* »wie« — aus **čahya gaonahya*, und die indefiniten: צאנץ »irgend etwas«, welches in *čē-ān-ič* »was jenes immer« zu zerlegen ist und in den Glossen zu Vd. 6, 1; 18, 72/30; 5, 14/4[3] stets mit לוית *nēst* zusammen erscheint; und ציכאמצאי »was es auch sei«, das schon Jos. Müller und Spiegel zum Teil richtig erklärt haben. Es ist צדכחמצאי zu lesen und in *čē-ān-ham-ič-ē* »was jenes auch immer« zu zerlegen. — Das alte **čit-čit*, ap. *čiščiy* »quidcunque« hat sich als Subst. מנדום, ir. ציש, pāz. *čis*, *čiš* »Ding, Etwas« erhalten, und ist in Anbetracht des np. *čīz* (aus **čiž*, *čič* mit Ersatzdehnung aus *čičči*) wohl *čiž* zu sprechen (§ 23, a, Anm. 1).

3 An letzterer Stelle steht mehrmals אצאנץ, worin das א vielleicht die Consecutivpartikel ist.

Anm. Sowohl *čiš* als *kas* können, mit dem unbestimmten Artikel versehen, doppelt gesetzt werden: מנדומיץ מנדום *čiž ē-č čiž*, אישיץ איש *kas ē-č kas* Pdn. 41. 89 »etwas, was es auch sei; jemand, wer es auch sei«.

Von demselben Stamme abgeleitet ist צנד *čand* — aw. *čvant-* mit der Bedeutung »wieviel (interrog. u. relat.), soviel als, einige«, vgl. die Verbindungen: *and — čand, ān and — čand; čand ān; ē čand.*

76. Pronomen relativum (Bartholomae § 243. 416; Horn § 53, b). Das alte *ya-* hat sich in seinem Werte erhalten, wenn auch schon מון dafür eintreten darf. Geschrieben wird in den Büchern meist י, ip. זי — aus *yahya*, das wir *ī* lesen (aus **ē*, **yē*); in Verbindung mit den Encliticis steht in den Büchern stets זיש זית זים[1], pāz. *yam yat yaš* u. s. w. Das י hat überall die Function der np. *iẓāfat*, wie oben § 56. 58 zu ersehen; ebenso das Ideogramm, z. B. auf dem Siegel des Britischen Museums[2]: וחודין שחפוהרי זי איראן אנברכפתי *vahudēn šāhpuhrē ē ērān ambārakpatē* »der rechtgläubige Schahpuhr, Feldzeugmeister von Ērān«. Für die rein relative Bedeutung vgl.: *in čē vāδ hast yam hakarž pa gētīk vāδ ī ēδōn hubōy ō mālišn nē maδ* MCh. II, 142 »was ist das für ein Wind, wie (eigtl. welcher, Cas. rect.) mir nimmer auf Erden solch ein wohlriechender Wind zur Wahrnehmung kam«, vgl. HādhN. 2, 21; *bē nišēn u frašn yat pursam rāst bē vižār* GFry. I, 23 »setze dich und die Frage, welche (Cas. obl.) ich dich fragen werde, löse richtig«.

1 Nicht zu verwechseln mit dem fast gleich geschriebenen זגם etc. für זכם *ān-am*. — 2 Thomas, Early Sass. Inscrs. p. 117.

Anm. Die Iẓāfat wird in den Hss. und Drucken häufig weggelassen oder falsch gesetzt, was noch genauerer Untersuchungen bedarf.

77. Pronomina indefinita (Horn § 68) gibt es mehr, als im Np.

a) aw. *haurva-*, ap. *haruva-* — חר *har* »all, jeder« erscheint in den Texten nur als Ideogramm כלא (geschrieben כנא). Es steht auch vor Pronomen, Zahlwörtern und Partikeln, ganz wie im Np.: כ° מה, כ° מנו, כ° זך; *I*-Subst. כ°; כ° אי; כ° איך; כ° איש; כ° איובאר; כ° צנד; כ° אמת; כ° ציגון u. dgl.

b) aw. *vīspa-*, ap. *vispa-*, *vis(s)a-* — וסף oder ויסף *visp* »all« meist im DK. und in Compositis, wie *visp-ākās* »allwissend«; der Pl. lautet nach Harlez *vīspān*. Meist steht dafür das zusammengesetzte חרויסף' חרוסף' *harvisp* (häufig סת° geschrieben durch Verschmelzung von פ' zu ת) und das weitergebildete חרו(י)ספין' (Var. auch mit ת) *harvispēn* »all, jeder«.

c) aw. ap. *hama-* — חם *ham* »derselbe, gleiche, ganze«, z. B. *pa ham zamān* »zur selben Zeit«, *ham čim rāy* »ebendeswegen«, חמאן, חאמאן *hamān* »eben jeder«, *ham čēgōn* »ganz wie«, *ō ham* »zusammen«, u. dgl., wo es sich durchaus nicht als Partikel auffassen lässt. Davon abgeleitet ist חמאך (plene geschrieben; auch חמא, z. B. Ys. 19, 47), arm. *hamak-*, np. *hamah* — **hamákahya* »all«, und weiter noch חימונין', ir. חמגן' *hamōgēn*, pāz. *hamōīn* (falsch transcribirt), welches sich im np. Pl. *hamgināv* »alle« erhalten hat; letzteres von der im DK. (z. B. PPGl.[1] 150, 5. 12) erhaltenen Form חמוך' *hamōk* »gesamt«.

Anm. 1. Bisher ἅ. λ. ist das Adverb חמכיחא *hamakihā* Bdh. 7, 19 (II, 10) »gänzlich«, wofür im Pāz. *hamēšak* steht. Noch schlechter bezeugt ist das im Bdh. dreimal erscheinende חאמיםת, welches Spiegel und Justi für den Superl. von *hamāk* erklären, während der Verfasser des Pāz. ארמונםת las und *garōist* (mp. *varavist*) umschreibt; West übersetzt »confederate« (d. h. wohl **ham-ēst* oder **ham-dast?*).

Von demselben Stamme abgeleitet sind die Adverbia חמאי (fälschlich auch חמא und חמאך) *hamāy* oder *hamē*, wie im Np.; und חמישך *hamēšak*, np. *hamēšah* »immer«. Ersteres lässt sich lautlich nicht mit aw. *hamaϑa* »immer« vereinigen, und wird von Fr. Müller auf **hama-īt* (vgl. **na-īt* = mp. np. *nē*) zurückgeführt; ich meine, es könnte auch der ap. Gen. Sg. fem. zu Grunde liegen, in einer dem *hamahyāyā ϑarda* Bh. IV, 4 »auf jegliche Weise« analogen Redensart. Das andere Wort, der Bildung nach ein Adjectiv, möchte ich aus **hamaišya-ka* = **hamai-ϑya-ka* (vgl. oben *xvēš*) entstanden sein lassen.

d) aw. *anya-*, ap. *aniya-* — חאן' *han*, pāz. *han* »der andere« Ys. 10, 18/8; doch findet sich auch die vollere Form חאנאי' *hanē* — aus *anyahya* (über **anyē*, **anē*), z. B. Ys. 19, 7. 8/5. Dann wäre das gebräuchlichere זכאי', *I*-זכ, זך חנא (Vd. 18, $7^{sp.}$; Hādh. N. 2, 28), זכי (Vd. 5, 157/54. 18, 144/73) das Ideogramm für *anē* (yaghn. *ani*, oss. *innä*), und nicht = »jener eine«. Übrigens kommt זך allein auch in dieser Bedeutung vor, z. B. Vd. 1, 81/20 (Var. זכץ). 18, 2. $5^{sp.}$; Pl. זכאן Vd. 2, 86/29. 9, 120/29. 19, 84/25. 121/36; Ys. 22, 27/22; vgl. noch זך מן Vd. 2, 3/1. 6/2. 13, 48/16 für *anya-* mit dem Abl. »ausser«, während an den übrigen Stellen זכאי מן (z. B. Ys. 34, 7^{c}, aber 57, 15/58, 6 חאנאי מן לך) steht. Doppelsetzung tritt öfters ein, wo das eine זך wohl nur zur Verbindung dient: זך זכאי Vd. 5, 69/22. 9, 16/9. 18, 77/32. זכו זכאי 5, 70/23. זך זכאי 7, 6/5. זכץ זכאי 13, 120/42. 19, 87/26; Ys. 4, 3/4, 3^{e} (+*ca*). I-זכ זכי ib. 11^{e}; vgl. noch אפאריך .... זכאי Vd. 5, 68/21. Aw. *anyō* : *anyō* Ys. 9, 32. 33/10 זכאי זכאי : I-זכ »der eine : der andere«; *anyō ainīm* Ys. 52/53, 5^{d} זכאי מן ולהי זכאי »einer vom andern«; *hača anyō anyaēibyō* Vd. 9, 14/8 מן זך זכאי »von einander«.

Anm. 2. Unklar ist זך אי Vd. 9, 120/29 = aw. *ava-tē*.

e) In den übrigen Texten gebräuchlicher ist אפאריך *awārīk*, pāz. *awārə* — vgl. aw. ap. *apara-* »der hintere, spätere«, das auch in den Glossen zu Vd. 3, 69/21; Ys. 7, 4/3 vorkommt; der Pl. lautet אפאריכאן' »die übrigen«.

f) Die übrigen Indefinita *and* »soviel«, *čand* »wieviel«, *ēč* »kein«, *kaδārčē* »was auch immer« u. dgl., substantivisch *kas* »jemand«, *čiž* »etwas« sind schon besprochen worden. Zu erwähnen bleibt nur der Ausdruck »ein gewisser וחמאן' ואחמאן' *vahmān* (PPGl. 9, 11), pāz. *vahmqn* (SchGV.), np. *bihmān* — wohl auf **vahu-manah-* »ein Wohlwollender, jener Brave« zurückzuführen. Das Ideogramm dafür lesen die Parsen וון, es könnte aber auch als Siglum נג' (etwa *nām niwišt*) aufgefasst werden, und entspräche dann unserem NN.

78. Ein **Pronomen possessivum** besitzt das Mp. nicht, sondern drückt es durch die verschiedenen Genetivconstructionen aus, welche oben § 56 besprochen wurden; also: *man zay* Vd. 19, 31/9 »meine Waffe«, *tō Vīrāf ī amā māzdēsnān pagtāmbar* AVN. 3, 13 »du V., der (du bist) unser, der Mazdaverehrer, Bote«; *kunišn ī tō* 4, 23 »dein Thun«; *ān ī man dast* 4, 6 »meine Hand«; absolut *ān ī tō* 4, 22 »der deinige«; *īn rovān ān ī kē* 67, 2 »wessen ist diese Seele«. Auch חנא ir. *ē* kommt so vor, z. B. *ē ī tō* HādhN. 2, 27; MCh. 2, 136. 178.

Anm. Der alten Sprache fremd ist der possessive Gebrauch der Enclitica, wie er ja auch in viele neuere Dialekte nicht eingedrungen ist; vgl. oben § 72. In Blochet's § 71 Anm. genanntem Texte kommen aber Beispiele vor.

79. Was die Construction der Pronomina in adjectivischer Stellung betrifft, so unterscheidet sie sich dadurch von der des Np., dass beim Substantiv im Pl. auch das Pronomen in der Mehrzahl stehen darf, z. B. *ōšān har haft xvahān* AVN. 2, 2 »alle diese 7 Schwestern«; *ōšān māzdēsnān* 1, 42 »diese Mazdaverehrer«. Es kommt aber auch das Pronomen allein im Pl. vor, z. B. *ōšān mard* Vd. 8, 111/35, vgl. AVN. 1, 3.

D. DAS VERBUM.

80. Vorbemerkung. Von der Fülle mannichfaltiger Tempus- und Modusbildungen des altiranischen Verbs haben sich ins Mittelpersische nur geringe Trümmer hinübergerettet, da infolge der Auslautgesetze so manche ursprünglich verschiedene Formen lautlich zusammenfallen mussten. Und wie beim Nomen die *a*-Stämme fast alle übrigen in ihre Flexion gezogen haben, so sind auch beim Verbum sie es, besonders die *-aya*-Stämme [1], welche zur Alleinherrschaft gelangten. Endlich wurde, durch den gänzlichen Verlust des schon im Awestischen seltenen Augmentes [2] und die Verwischung des Genus- und Tempus-Unterschiedes bei den Personalendungen, die Bildung präteritaler Formen zur Unmöglichkeit, und es musste dafür eine neue Ausdrucksweise gefunden werden. Dieselbe besteht in einer tiefeingreifenden Veränderung des Satzbaues — Periphrase vermittels des Participium praeteriti (oder passivi) —, welche als solche zuerst im Mittelpersischen auftritt und allen neueren iranischen Sprachen eigen ist, deren Anfänge aber schon sehr früh angesetzt werden müssen. Denn schon ap. *ima^{d} tya^{d} manā kartam* kann mit »das ist, was ich gethan habe« übersetzt werden.

Trotz aller dieser Verluste und Veränderungen lassen sich in den gewissermassen erstarrten Formen und den Neubildungen, bei deren Entstehung die Analogie selbstverständlich eine nicht zu unterschätzende Rolle gespielt hat, noch geringe Überbleibsel des alten Systemes nachweisen, denen nachzuspüren in den folgenden Auseinandersetzungen unsere Aufgabe sein soll. Dieser Gesichtspunkt war auch bei der Gruppirung des Stoffes massgebend.

[1] Schon im Aw. ist der Übertritt in die thematische Flexion nicht selten, vgl. Bthl. § 122, Anh. — [2] Bthl. § 308.

81. Das mp. Verbum besitzt als flexivische Bildungen nur: Präsens, Imperativ und Conjunctiv, deren ursprüngliche Bedeutung durch vorgesetzte Partikeln modificirt werden kann, aber, wie es scheint, weniger stark als im Neupersischen. Während diese Formen auf den alten Präsensstamm zurückgeführt werden müssen, da sich noch Spuren der Classenzeichen erhalten haben, dient zum Ausdrucke der Vergangenheit in verschiedenen periphrastischen Bildungen das alte Partic. Praet., das in derselben Form im Neupersischen als Präteritalstamm auftritt. Von beiden Stämmen wird eine Reihe nominaler Bildungen abgeleitet: Nomen actionis und actoris, Participia, Infinitiv.

Anm. Als flexivisch zu betrachten sind auch die verschiedenen Bildungen des Causativs.

a. STAMMBILDUNG.

α. Der Präsensstamm.

82. Obgleich die mp. Präsensstämme noch manche Charaktere der ursprünglichen Stammbildung erhalten haben, so fordern die Formen des Verbi finiti doch gebieterisch die Annahme, dass es eine Zeit gegeben habe,

da alle Verba thematisch flectirten. Eine Ausnahme macht allein das Verbum subst. in einigen alten Formen. Da ferner die Personalendungen, sowie die Suffixe zur Bildung nominaler Formen teilweise mit dem neuen Stammauslaut verschmolzen sind, so lässt sich keine ganz strenge Abgrenzung der einzelnen Classen mehr durchführen, besonders in den Fällen, wo uns die altiranischen Sprachdenkmäler die betreffende Form nicht überliefert haben. Die Flexion ist bei allen Verben ein und dieselbe.

Anm. 1. Hier soll gleich angemerkt werden, dass an den Ideogrammen die thematischen und lautlichen Modificationen der mp. Äquivalente nicht bezeichnet werden. Sie alle, mit Ausnahme des Vertreters fürs Vb. subst., endigen auf ן- (eigtl. die 3. Pl. Perfecti oder Imperfecti, vgl. o. § 7, b) und die iranischen Endungen werden dieser unveränderlichen Grundform einfach angehängt. So ist sie Präs.-Stamm in ואדון (eigtl. עבדון) = *kun*, ידרונית' = *barēδ*, ימלונגד = *gōvēnδ*, Ptc.-St. in ואדונת = *kard*, ידרונת = *burd*, ימלונחש = *guft-aš*. In den Inschriften werden auch noch diese Zusätze weggelassen und es steht das blosse Ideogramm für alle Formen: אפן חתיא לצדי זך ציתאך בלא למיתן = bphl. אפמאן ח' לצת זך *צ' בלא למיתונת *v-an* (bphl. *v-amān*) *tīr tar ān čēčāk awgand* »da schossen wir den Pfeil auf jenes Ziel(?) ab.«

Anm. 2. Da Horn weiter unten dasselbe Thema mit dankenswerter Ausführlichkeit behandelt hat, so kann ich mich kürzer fassen, und bitte seine Darstellung § 70 ff. im Folgenden im Auge behalten zu wollen. — Die Infinitive werden hier nur dann aufgeführt, wenn sie anders als durch Antritt der Endung *-īδan* an den Präsensstamm gebildet sind.

83. Von **Wurzelstämmen** (Bthl. § 122. 310) haben sich nur die Formen *(h)am*, *(h)ast* und *(hand)*; ap. *a^{h}miy*, *astiy*, *ha^{n}tiy*, aw. *ahmi*, *asti*, *heñti* erhalten. Die übrigen Bildungen von der √*ah* folgen der allgemeinen Regel, indem als Stamm *h(a)* gilt.

Ebenso sind *āy* (*ā* + √*yā* oder *i*), Inf. *maδan*, *āmaδan* »kommen«, und *zan* (√*jan*) Inf. *zaδan* »schlagen«, *ōzan* Inf. *ōzaδan* »totschlagen« — aw. *ja^{i}nti*, *jata-*, in die thematische Flexion übergetreten.

Anm. 1. *awāyēδ* (meist impersonal construirt) mit dem neugebildeten Inf. *āwāyistan*, np. *bāyaδ*, *bāyistan* »müssen«, fasse ich als **upa-āyati* »es kommt heran, il convient«.

Anm. 2. Das von den Gestirnen gebrauchte *uzēδ* (אוצ אח) »geht auf«, Nom. actionis *uzišnīh*, ist wohl auf die √*i* + *uz* (vgl. Vd. 7, 3/2. 22, 4/2) zurückzuführen, deren starke Form *ay* als Präsensstammcharakter aufgefasst wurde, so dass eigentlich nur das Präfix übrig blieb.

84. Bei den **thematischen** Stämmen sind die Bildungen auf *-a-* und *-aya-* (abgesehen von den seltenen Fällen, wo *y* nach Vocalen oder durch Epenthese erhalten blieb, unten § 93) nicht mehr auseinander zu halten, und müssen zusammen besprochen werden.

Die Gruppe mit **ungesteigertem Vocale** (Bthl. § 124, 311) hat im Mp. noch folgende Vertreter:

√*ri*: np. *riy*, mp. *rīδan* »cacare« — ai. *riyáti*, *^{i}rita*.

√*hrd*, *hrz*: *hil*, *hištan* »loslassen« — aw. *hər^{ə}zāna*, *-haršta-*.

√*mrd*, *mrz*: *āmurž* »vergeben, sich erbarmen«, Ptc. *frāmōšt* »vergessen« — **ā-mər^{ə}zati* (nach Bthl. § 139 vielleicht besser von aw. *mər^{ə}ždā-*), **fra-ā-maršta*; daneben mit Steigerung *marž* »wischen«, *māl* (echt persisch) »reiben«. Das Ptc. *must* für **mušt* steht Bdh. 16, 11 (vgl. § 23 a).

Anm. 1. Zu dem np. *gusil*, *gusistan* und *gusīxtan* »zerbrechen« ist im Mp. bisher nur das Ptc. וססת nachzuweisen, vgl. dug. *sattun*, *sast*: wohl zu einer √**srd*, ai. *śr*, s. Horn, Etym. nr. 922.

√*krš*: *kiš* »ziehen« — aw. *pa^{i}ri*]*karšōiδ*, *karšta-* aber ai. neben *kárṣati* auch *kṛṣáti*.

Anm. 2. Da das *a* des np. *kasīδan* auf *ē* zurückgehen kann, so liesse sich

כיש auch *kēš* lesen, für altes *karš*-, vgl. *kēšvar*, aw. *kar*ᵊ*švar*ᵊ, *vēšak*, aw. *var*ᵊ*ša*, gegen ai. *vṛkšá*.

√*druǰ*: *druž*, *druxtan* (> np.) »betrügen« — aw. *aiwi*]*družaⁱti*, -*druxta*-.

Anm. 3. Unsicher, denn lesen wir *drō*°, so gehört das Verb unter § 88.

√*kuš*: *kuš*, *kuštan* »töten« — aw. *kušaⁱti*.

Hierher stellen wir auch, trotz des langen Vocales und der Accentuation im Altindischen

√*ǰīv*: *zīv*, *zīvistan*, np. *ziy*, *zīstan* »leben« — ai. *ǰīváti*.

85. Daran schliessen sich die *a*-Wurzeln der sog. I. und X. Classe mit unverändertem Vocale, einschliesslich der auf *r* ausgehenden Wurzeln (zu Bthl. § 123. 151, 326).

√*tač*: *taž* Inf. תאחתן (was auch *taxtan* gelesen werden kann, gegen) *tāxtan* (§ 87 und np.) »laufen« — aw. *tačat*, -*taxta*-.

√*pač*: *paž*, *puxtan*, np. *paz* »kochen, backen« — aw. *pačata*.

√*sač*: *sažēδ*, np. *sazaδ* »es passt, ziemt« — aw. *sačaⁱti*, -*saxta*-; hierher doch wohl arm. *patšač* »passend« und mp. פסצך *passažak*, wenn letzteres nicht zum np. *basēǰ* u. s. w. gehört; vgl. unten *sāxtan* § 87.

Anm. 1. Np. *sazāyaδ* ist wohl nach der Analogie von *bāyaδ*, *šāyaδ* gebildet, unter dem Einflusse des Ptc. *sazā*; oder wie *rubāyaδ*.

√ *dağ*: *daž* (*daz*) Inf.? (> np.) »brennen« — aw. *dažaⁱti*.

√*yaz*: *yaž* (*yaz*), *yaštan* (> np.) »opfern, anbeten«, arm. *yazem* — aw. *yazaⁱtē*, *yašta*-.

√*vaz*: *vaz* (*važ*) Inf. ? (np. *vazīδan* »wehen«) »führen, fahren, fliegen« — aw. *vazaⁱti*, °*tē*.

Anm. 2. In transitiver Bedeutung steht in den Übersetzungen auch *vazēnīδan*.

√*pat*: *pat*, *patīδan* (> np.) »fliegen, laufen« — aw. *patənti*. Das alte Ptc. *past* ist Adj. »niedrig« geworden.

Anm. 3. Ich lese *pat*, nicht *paδ*, weil ich das Wort für aus dem Awesta entlehnt halte. Bei Horn, Et.², nr. 155 ist als Inf. fälschlich **pastan* angegeben, aber vgl. das Perf. פתיח חתהד Ys. 9, 46/15.

√*sad*: *sah*, *sahistan* (> np.) »erscheinen« — aw. *saδayeⁱti* (Bthl. § 145), ap. *θadaya*-.

√*rap*: רוב *rov* רפ *raw*, *raftan*, np. *rav* »gehen« — fehlt in der alten Sprache, ob ai. √*srp*?

√*kan*: *kan*, *kandan* »graben« u. s. w. — aw. *ava*]*kanδiš*; aber mit Steigerung *ō ham nikānēnd* Vd. 7, 35/15 aw. *hankanayən*. Ob hierher *awgan*, *awgandan*, np. *afg*° »werfen«; *pargandan*, np. *parāgandan* »zerstreuen«, und das kaum davon zu trennende np. *āgandan* »füllen« (Präs. allerdings *āgīn*), mp. אגנגד פשמאכנד° »mit Wolle gefütterte Decke«?.

√*dav*: דוב, np. *davīδan* »laufen« — ai. *dhávati*, *dhāvati*.

√*ǰah*? *yah*? : *ǰah*, *ǰastan* »aufspringen«, will Horn zur ai. √*yas* »sprudeln, sich abmühen« stellen; wie erklärt sich aber dann der Unterschied von np. *ǰastan* »aufspringen« und *zahīδan* »entsprudeln«, und das Wort פתנפתיה *paδǰastih* Dād. D. 37, 21 »assaults«? Und ferner scheinen aw. *jahāt*, *ǰaŋhəntu* nebst *ǰahi*, -*ka*- hierher zu gehören.

√*rah*: *rah*, *rasten* »entkommen, frei werden«; in der alten Sprache nicht nachzuweisen, viell. Dentalstamm (Horn).

√*star*: *vistar*, *vistardan*, np. *gust*° »ausbreiten« — aw. (Nasalclassen) *stər*ᵊ*naēta*, *frastar*ᵊ*nuyā*, *frastar*ᵊ*ta*-.

√*spar*: *bē ōspar* Vd. 2, 95/31 = aw. *vīspara*, np. *sipar* »auf etwas treten« (Justi's **spartan*, Hdb. d. Zdspr., kann ich nicht belegen).

Anm. 4. Wohl schwerlich hierher gehört das von Gewässern gebrauchte *spurd*

(§ 101, Anm. 2), während Ys. 9, 38/11 פראץ ספרתונת = *frasparat* wohl verschieden ist: das Ideogramm entspricht mp. *xvāstan.*

√*bar*: *bar, burdan* »tragen« — aw. *baraiti, bərəta-*; dazu *āvar, āvardan* »bringen«;

parvar, parvardan »nähren, pflegen«, Caus. *parvārdan* MKh. 2, 190; np. *parvār* »Mästung« (nicht »Stall«, wie Horn nr. 304), *parvārah, parvārī* »gemästet«.

Anm. 5. *parvar-* u. s. w. könnte auch zur √*var* »bedecken, beschützen« gestellt werden.

√*hmar*: *ōšmar, °ur, ōsmurdan* »sich erinnern, recitiren, zählen«, np. *šumur, šumār, šumurdan* — aw. *marāt, paitišmarənti, aiwišmarəta-.*

√*xvar*: *xvar, xvardan* »essen« — aw. *xᵛaratu, fra]əᵘharəta-.*

√*sar*: *awsar, awsardan* »(ge)frieren«, np. *afsurdan*; *sard*, np. *sard* »kalt« — aw. *sarəta-.* Vgl. Vd. 19, 12/4, wo *asarəto aka manaəha* fälschlich mit *az awsarišnīh* (ī) *akōman, ka-š akōman pa tan awsard ēstēδ* übersetzt ist.

√*band*: *band, bastan* »binden« — aw. *bandāmi*; dazu *paδvand, paδvastan*, np. *payvastan* »verbinden, vereinigen«, arm. *patvast*; *parvastan* (> np.) »umzingeln, belagern« KN. 6, 9 — aw. *bandayeiti, basta-.*

√*baxš*: *baxš, baxtan* (> np.) »geniessen« (Vd. 5, 173/61), »schenken« — aw. *baxšaiti*, und *baxta-.*

√*θwaxš*: *tōxš* »streben«, np. Ptc. *tuxšā* »eifrig« — aw. *θwaxšəntē*; wegen der lautlichen Form ist das mp. Wort wohl nur entlehnt.

√*vaxš*: *frōš, frōxtan*, np. *fur°* »verkaufen«, wenn es, nach Justi's ansprechender Etymologie auf **fra-vaxš* »ausbieten« (*vač*) zurückzuführen ist.

86. Ursprünglich langen Wurzelvocal weisen auf:

√*rād*: *-rāy, -rāst* mit den Präverbien *ā-, paδ-, vī-*, np. *ārāstan, pērāstan* »ordnen, schmücken« — aw. *rāzayeinti, vīrāzaiti.* Das alte Ptc. des Simplex *rāst* — aw. *rāsta-*, ist Adj. »gerade« geworden.

Anm. Hierher könnte auch *awrāst-drafš* = *ərəδwōdrafša* Vd. 1, 22/7; *awrāstak-drafš* Bhm. Yt. gehören, wenn nicht das Np. *afrāštan, afrāxtan, afrāz* »erheben« böte (Horn nr. 93); für Darmesteter's Caus. *afrāsēnīδan* kenne ich keinen Beleg.

√*xvād*: *xvāh, xvāstan* »wünschen« — ai. *svādatē* »schmackhaft machen«.

√*āp*: *āyāw, āyāftan*, np. *yāb, yāftan* »erlangen« — ai. *āpnōti*, aw. *apayeiti, āyapta.*

Ein altes Denominativ liegt vor in

√*vār*: *vār* »regnen« — aw. *vārənti.*

87. Bei den folgenden *a*-Wurzeln lässt sich nicht für jeden Fall ausmachen, ob die Dehnung auf causative und denominative Bildungen, oder auf secundäre lautliche, vielleicht selbst nur orthographische, Gründe zurückzuführen ist (Bthl. § 151, 326).

√*tač*: *tāž, tāxtan*, np. *tāz* »laufen; fliessen lassen«; *andāž, andāxtan* »zusammenrechnen« (np. »werfen«); *viδāž, viδāxtan*, np. *guδ°* »schmelzen« (transitiv und intr.) — **tāčayati*, aw. *vitaxti vafrahē*; s. o. *taž.*

Anm. 1. Hierher gehört auch np. *pardāxtan* »zu Ende bringen« u. s. w., das ich im Mp. nicht nachweisen kann; denn an der einzigen Stelle AVN. 89, 6 ist np. *parhēxt* gemeint.

√*vac*: *paδvāž* Inf. > »antworten« — vgl. aw. *paitivač*, np. *payvāz* »Antwort«; hierher wohl auch *nivāxtan* DK. VIII, 21, 10 »schmeicheln«, np. *nuvāz, nuvāxtan* auch »singen«.

√*sac*: *sāž*, *sāxtan* »anpassen, zurecht machen«; פסאז *passāž* »zubereiten«, פסאחת *passāxt* »Ordeal«, Caus. zu *saž* § 85.

Anm. 2. Das np. *kāf*, *kāv*, *kāftan* »spalten, graben, vulg. suchen« ist Caus. zu *kaftan* »sich spalten, platzen« und *šikāftan* = **viš-kāpaya* oder *vi-škāpaya* (s. HORN, nr. 787 und dazu HÜBSCHMANN); phl. *paškāft* (nur AVN. 29, 5) ist gewiss verschrieben für פתכופת.

√*tap*: *tāw*, *tāftan* »leuchten, wärmen, verbrennen« — aw. *tāpayeiti*, *tafta-*?; hierher wohl auch *ōštāw*, *ōštāftan* »sich ereifern, eilen«, np. *šitāftan* — (oder √*stap*?).

√*jam*: in den Sbst. *anjām*, *frajām* »Ende« und den davon abgeleiteten Causs. *anjāmēnīδan*, *fraj°*; das Präsens selbst kann ich noch nicht nachweisen, wohl aber den Inf. *anjāftan* DK. 9, 15, 4 »eine Bitte erfüllen« (vgl. Dād. D. 37, 20). Der ungesteigerte Stamm findet sich in der Büchernachrift *frajaft* »ist zu Ende« häufig, und wohl auch in *anjaftak* AVGl. 47.

√*nam*: *ānām* Ys. 56, 7, 9/57, 18, auch *ōnām* Ys. 45/46, 1ᵃ (wofür Hādh. N. 3, 4 fälschlich אנאומית steht) Inf.? »sich hinwenden«; *franām*, *franāftan* »gehen lassen, gehen«, Causs. von *franaftan* »hingehen« — **nāmaya*.

Anm. 3. Über die anderen Bedeutungen von *franāftan* s. SPIEGEL, Einl. II, 418. — Zu *ft* vgl. § 29 Ende.

√*vam*: *vāmēδ* Vd. 5, 6/1 »ausspeien« = aw. *vañta*.

√*man*: 1) *mānāk*, *humānāk* »ähnlich«, np. *mānistan* »ähneln«, *hamānā* »wahrscheinlich« — vgl. aw. *mąnayən ahē yaθa*.

2) *mān*, *māndan* »bleiben, wohnen« — ap. *amānayaᵈ* »erwartete«, aw. *upamąnayən*. Vielleicht liegt in der neueren Sprache eine Contamination mit einem Denom. von aw. *nmāna*, mp. np. *mān* »Haus, Wohnstätte« vor.

√*van*: *vān* »schlagen«, np. > — aw. *vanāṯ*.

√*xvan*: *xvān*, *xvāndan* »rufen« — vgl. aw. *hᵛanaṯ-čaxra-* »mit tönenden (rollenden) Rädern«, ai. *svánati*.

√*kar*: 1) *gukār*, np. *guvārīδan* »verdauen« — **vi-kārayati* FR. MÜLLER, WZ. 8, 189; HBSCHM. PSt. 95. 163.

2) *pargārdan* »umfurchen, rings herum abstecken« DK. VIII, 42, 4 (WEST anders), vgl. np. *pargār(ah)* »Zirkel, Umkreis«.

3) *angār* Inf. *angārdan* Dād. D. 5, 2 oder wie im Np. *angāštan* Dād. D. 17, 16 »erwähnen, zählen, meinen« — aw. *hankārayēmi*.

Anm. 4. Vgl. GELDNER, KZ. 27, 247 und BAUNACK, Studien I, 306: *kārayeiti* Ys. 19, 32; 20, 1 wird durch Wendungen mit *angardīkīh* wiedergegeben.

√*čar*: *vičār*, *vičārdan*, np. *guzārdan* »abfertigen, entscheiden, bestellen« — **vi-čārayati*; *vičīr* »Entscheidung«, np. *guzīr*.

Anm. 5. Über die Schreibung וינארתן, pāz. *vīnārdan*, *vīnārastan* »to arrange«, s. HORN, Et. 204 N.

√*zar*: *āzār* Inf. *āzārdan*, *āzurdan* Pdn. 93, np. *āz°* »kränken« — aw. *āzārayeinti*.

√*tar*: *viδār*, *viδārdan* »hinüberführen«, np. *guδāštan* — ap. intr. *viyatarayam*, aw. *vītarᵉta-*; vgl. unten *viδīr*, *viδurdan* § 93.

√*dar*: *dār*, *dāštan* »halten« — ap. *adārayaᵈ*.

√*par*: 1) אפארם Vd. 19, 40/12 = *apayasānē*, אפוריית PPGl., pāz. auch *apar*, Inf. אפורתן, pāz. *apurdan*, np. > »berauben« gehört wohl zu *ni-pāray-* (GELDNER, Stud. I, 6), aber wie es auszusprechen und zu erklären ist, bleibt dunkel. Nach arm. *apouṛ* »Beute« könnte man an **apa-par*:

*appar u. s. w. denken; wie aber stimmt dazu arm. *avar* und Verwandte (s. Hbschm., PSt. 9)?

Anm. 6. Ob zu dieser Wurzel אובארתן׳, np. *aubār, aubārīδan, aubāštan, auburdan* »verschlingen« zu stellen ist, bleibt unklar; die in den Wbb. angeführte fernere Bedeutung »werfen« könnte an oss. *apparin, apparst* erinnern.

2) אנבאר *ambār* Inf. np. *ambāštan* »sammeln, anfüllen«; *ambār* arm. *(h)ambar* »Speicher«, *hambarel* »aufspeichern« — **ham-pāraya-*; es liesse sich auch ganz wohl zur √*bar* ziehen; ungesteigert in *ambarišn* »hoard« DK. 9, 12, 16.

√**spar* : *awaspār*, °*ārdan*, °*urdan* Vd. 5, 77/25 »übergeben, anvertrauen«, np. *sipār, supārdan* und *supurdan*, arm. *apsparem*.

√*mar*? : *gumār, gumārdan*, np. *gumāštan* »überantworten, betrauen mit etwas«; arm. *goumarel* — **vi-mārayati*: eine √*mar* mit passender Bedeutung ist in der alten Sprache nicht überliefert, an √*hmar* zu denken, verbietet der Lautbestand.

√*hmar* : *ōšmār* Ys. 42/43, 14[e]; *ōšmar* Vd. 3, 111/33; 4, 122/144; *ōšmur* Ys. 19, 9/6; 31/32, 1[a], Inf. *ōšmurdan*, np. *šum*° »zählen, aufzählen« — aw. *a[i]wišmarǝta-* soll »beleidigt« heissen; hierher auch wohl mp. *mārdan* DK. 9, 16, 6 »recitiren«.

√*dvar* : דובאר *dovār*, °*ristan*, pārsī °*rīdan* »laufen« (von bösen Wesen) — aw. *dvara[i]te*.

√*kah* : *kāh, kāhistan*, np. *kāstan* »geringer werden, abnehmen«, Caus. *kāhēn-*, ist Denom. von aw. *kasu* »klein«.

√*čaxš*? : *čāš* »lehren«, np. > — vgl. aw. *xšāi, čaxše*.

Anm. 7. Das ungesteigerte np. *čašīδan* bedeutet dagegen »schmecken, trinken« vgl. mp. np. *čāšt* »Frühmahl«, arm. *čaš* u. dgl.; wohl nicht verwandt.

√*taxš* : *tāšīδan* (den Präsensstamm kann ich noch nicht belegen) »schneiden, schaffen« — aw. *tašat*.

√*mrd* : *māl* »reiben« — vgl. oben § 85.

√*vrd* : *vāl*, np. *bālīδan* »wachsen« — aw. *vǝr*[ǝ]*δa*[i]*ti*, ai. *várdhati*.

88. Hieran schliessen sich die Steigerungsstämme von *i*- und *u*-Wurzeln, darunter ebenfalls eine Reihe alter Causativa (Bthl. § 123. 151, 326).

√*ni* : ניים »ich führe«, pāz. *nīeδ* »er führt«, Inf. *nīδan*, np. >; es ist wohl *nayēδ* zu lesen, nach dem Caus. *nāyēnīδan*; dazu *ānīδan* »herbeiführen« — aw. *nayē*[i]*ti*.

√**kič* (?) : *angēž, angēxtan* »antreiben«, np. *angēz* (kann der lautlichen Verhältnisse wegen nicht zu **ham-vij* gestellt werden); dazu *nikēžīδan*, womit aw. *dis* übersetzt wird.

√**mič* (?) : *āmēž, āmēxtan*, np. *āmēz* und das im Np. nur in *gumēzah* »untermischt« erhaltene *gumēž, gumēxtan* »mischen« — vgl. Hbschm., PSt. 8.

√*rič* : *rēž, rēxtan*, np. *rēz* »giessen«; *virēž, virēxtan*, np. *gurēz* »fliehen« — aw. *raēčayat*.

Anm. 1. Das vielumstrittene *pahrēž, pahrēxtan*, np. *parh*° »meiden, sich enthalten« darf meinem Gefühle nach vom aw. *pa*[i]*tiričyā da*[i]*δe* nicht getrennt werden, so schwierig auch das *hr* zu erklären sein mag.

√**vič* : 1) **āvēž* im Namen מתראויצי *Miδrāvēče*, np. *āvēz* (nach Horn), Inf. אפיחתן *avēxtan* (aber mit ף!) »hängen«;

2) *vēž, vēxtan*, np. *bēz* »sieben« — beide fehlen im Altir.

√**hič* : **hēž, hēxtan* »schöpfen«, *hēžak* »Eimer« (> np.).

√**brij* : *brēž, brištan* »braten«; np. *bir*[i]*yān* setzt aber eine ältere Form **briδān* voraus (ob Wechsel von *z* [für *ž*] und *d*?).

√*xiz* : *āxēz*, np. *xēz* Inf. *xāstan* »aufstehen« — aw. *-xaēzan*[u]*ha*.

Anm. 2. Zu *ā* für *ē* erwarten wir voll Ungeduld die näheren Ausführungen von Andreas.

√*miz* : *mēž*, *mištan* Vd. 18, 98/44 Glosse (die Form *mēzīδan* ist unbelegt), np. *mēzīδan* »harnen« — aw. *maēzənti*, vgl. *mīštī*.

√*vid* : **uzvēh* »benachrichtigen«, wenn das Vd. 19, 16/5 'לאלא אוואסת = aw. *uzvaēδayat* stehende Wort mit Horn *uzvēhīδ* gelesen werden darf; 'נוידיניתן Vd. 17, 26/9 ist Denom. von np. *nuvēδ*, arm. *nouēr*.

√**rip* : *frēw*, *frēftan* (viell. *far°*) »betrügen« — nach Horn gekürzt aus **fra-raēpa-*, vgl. np. *rēv* »Trug«.

√*vip* : Präs.? (Caus. **vēwēnīδan*, geschr. °ווייפ, daneben ואפתיניתך, Sp. °ויפ Dastūr Vd. 8, 102/32), Ptc. ויפתך °ויי *vēftak* (oder *viptak* zu lesen als mot savant) — aw. *vaēpaya*, *vipta* (Horn's Nr. 229* bietet falsche Lesungen der Parsen).

√*xšvip* : Ptc. Präs. שיפאך (so zu lesen Vd. 18, 129/66. AV.), np. *šēbā*; *šēwišn*, MCh. *nišēwēnd* (oder *u š°*), Mād. Tsch. 17, Inf. np. *šēftan* »zittern« u. s. w. — aw. *xšvaēwa* »schnell«.

√*pis* : *niwēs*, *niwištan* »schreiben« — **ni-paēsaya*, ap. *nipaištanaiy*.

√*du* : דו *dav*, *davīδan*, np. > »lügen, reden« (von bösen Wesen) — aw. *davata*.

√*bu* : *bav*, *būδan* »werden, sein« — aw. *bava'ti*, *būta-*; hierzu das Ptc. *bavandak*, arm. *bowandak* »vollkommen«.

√**yu* (?) : *yav*, *yūδan* (oder *ǰ°*?) »kauen, essen« AV. 18, 13. 19; 24, 3. Vd. 7, 140/57; AVGl. 274, vgl. *drāyān-ǰavišnīh* »das redend Kauen, das Reden beim Speisen«; np. *ǰāvīδan* zeigt den gesteigerten Stamm.

√*šyu* : *šav*, *šuδan* (oder *šūδan*) »gehen« — ap. *ašⁱyavam*, aw. *šava'tē*, *-šūta-*.

√*ru* : *ravēδ* רפית (sic) Ys. 11, 3. 11 (7 steht fälschlich סאתונית) für aw. *zava'ti*, Ys. 11, 1. Vd. 18, 28/12 für *zava'nti*, Inf.? »rufen, fluchen« — ai. *rāuti* (nach Darmesteter).

√**tuč* : *tōž*, *tōxtan* »büssen, entgelten«, np. *tōz* auch »sammeln«; *andōž*, *andōxtan*, np. *andōz* »erwerben«.

√**duč* : *dōž*, *dōxtan*, np. *dōz* »heften, nähen«.

√**spuč* : *spōž*, *spōxtan* »wegstossen«, np. *sipōz* auch »hineinstossen«.

√*muč* : *paδmōž*, *paδmōxtan*, np. > »(ein Kleid) anlegen« — aw. vgl. *pa'tišmuxta*; dazu vielleicht in übertragener Bedeutung *āmōž*, np. *āmōz* »lernen, lehren«.

√*ruč* : *awrōž*, *awrōxtan*, np. *afrōz* »erleuchten« — aw. *a'wi-raočaye'ti*

√*suč* : *sōž*, *sōxtan*, np. *sōz* »brennen« — aw. *saočaya-*, *-suxta-*.

√*buǰ* : *bōž*, *bōxtan* »erlösen«, np. > — aw. *baoxtar-*.

√*yuǰ* : *āyōž*, *āyōxtar* Ys. 11, 8/2 aw. *yūxtar-* (sic) »vereinigen, anschirren«, np. > — aw. *yaoǰantē*, *yuxta-*.

√*yud* : *yōδ*, *yust*, np. *ǰōy*, *ǰust* »suchen« vgl. *viǰustār* DK. 9, 21, 18 »an inquisitor« — aw. bildet nur *yū'δye'ti* »kämpft«.

Anm. 3. Dazu stelle ich mit Fr. Müller np. *pižōhīδan*, *paž°* »nachsuchen, forschen«, das schon der Bedeutung nach nichts mit **patiš-vaēδaya-* zu thun haben kann, geschweige denn lautlich.

√*rud* : *rōδ*, *rustan*, np. *rōy* »wachsen« — aw. *raoδenti*; vgl. *ārōyišn* Spiegel, Einl. II, 466.

√*xšud* : *šōδ*, *šustan*, np. *šōy*, vulg. *šūr* »waschen«, eigtl. »stossen, klopfen« — (aw. vielleicht »fliessen«, vgl. *xšaoδah* »Wogenschwall«, *xšudra* »Same«, *xšusta* »flüssig(?)«), ai. *kšud* »zermalmen«.

√**kup* : *kōw*, *kōftan*, np. *kōb*, »klopfen«, *paδk°*, np. > »dranschlagen« — ai. *kup* heisst »zürnen«; dazu ושכופך Bdh. 64, 20 »aufgesprungene Blüte«, *škōwēδ*, np. *šukōfaδ* »erblüht«.

√*gub* : גוב *gōv*, *gōftan* oder *guftan*, np. *gōy* »sprechen« — ap. *gaubataiy*.

√*xšup : *āšōw, āšōftan oder āšuftan, np. āšōb »in Bewegung versetzen, aufregen«; višōw »vernichten« — aw. vgl. xšufsąn, frašāopaye^{i}ti?, ai. Nebenwurzel kṣubh.

√*rup : rōw Vd. 3, 138/40 Gl., Inf.? »fegen«, np. rōb, rōftan, ruftan.

√zuš, duš : dōš, np. > »wünschen, lieben«, viell. Denom. vom aw. zaoša; vgl. dōštār »Freund«, np. dōstār, neben dōst — ap. dauštar-, aw. frazušta-.

√duxš : dōš, dōxtan »melken« — ai. dōgdhi.

89. Von den reduplicirenden Präsensstämmen hat sich die Doppelung nur beim Simplex dā erhalten, bei den übrigen Beispielen ist sie nach dem Präverb ausgefallen (Bth. § 126—7).

√dā »geben; setzen, schaffen« : dah, dāδan, np. dih »geben« — daδā^{i}ti, dāta-; nih, nihāδan »setzen, legen« — nidaδāṯ, wohl Analogiebildung.

√stā : ēst, ēstāδan, np. auch ist° »stehen« — hišta^{i}ti, ništāta; das ē geht auf ein Präfix zurück (nach Horn adi), ebenso wie in ōst, ōstāδan (abdū bussedén), bal. ōštag »aufstehen« ava steckt.

Anm. Das Verb paristīδan (np. parast°, aber Dād. Dēn. 3, 6 steht פריסתשן paristišn) »verehren, dienen« ist denom. von einem N. actoris *parist (N. sg. *parištā), dessen starker Stamm in paristār, np. parastār erhalten blieb. Nicht hierher gehört aber fristīδan (eigtl. *frēst°), np. auch (nach Analogie) firistāδan »senden«, ein Denom. von *fraišta »gesandt«, vgl. frēstakān i dēn DD. 2, 10 »die Boten des Glaubens«; arm. hrēštak, np. firēšta, firišta »Engel« — zu ap. frāišayam, √iš.

90. Nasalpräsentia, und zwar a) mit Infigirung (Bthl. § 129. 130, 314):

α) √ϑaǰ : nihaxtan Ys. 11, 8/2 »anschirren« oder »zügeln« (Gl. awāž dāštan) — aw. ϑanǰaye^{i}nti, niϑaxtar-.

√haǰ : hanǰ, haxtan »ziehen«, āhanǰīδan »anziehen, befördern«, frahanǰ, frahaxtan »unterweisen«, frahang arm. hrahangk »Unterweisung u. s. w.« — ap. frāhanǰam Beh. 2, 78 »lehrte, d. h. bestrafte«.

Anm. 1. Vielleicht sind diese beiden Wurzeln in ihren Compositis zusammengeflossen.

√*saǰ (oder *sač?) : sanǰ, saxtan, np. id. »wägen«.

√*skad : škand, škastan »brechen«, vgl. oss. sattun (wo tt = nd), sast; s. u.

√hič : pašinǰīδan, np. pišanǰ°, biš° »besprengen«, āšinǰīδan, np. > id. — aw. frahixta-, pa^{i}tihinča^{i}ti, merkwürdiger Weise mit h statt des zu erwartenden š, dessen Auftreten nach a im Mp. ebenso unregelmässig ist; oder sollen wir pašš° lesen?

√vid : vindīδan »erlangen« — aw. vindənti.

√sup : sumb, suftan, np. id. »durchbohren« — vgl. aw. suwra? Ist sifaṯ Vd. 2, 33/8 ein alter Fehler, oder im Mp. Umlautung durch den Labial eingetreten?

√*hup, gup? : nihumb, nihuftan, np. nuh° »verbergen«; das Simplex פראץ חומבית Nir. 165, 8 ist zu corrigiren.

Die beiden Verba drnǰīδan »recitiren« und mrnǰēnīδan »töten« sind dem aw. drənǰa^{i}ti und mər^{ə}nča^{i}ti entlehnt.

β) Wurzelhaft scheint der Nasal in folgenden Stämmen zu sein, die sich in den alten Sprachquellen nicht nachweisen lassen: xand »lachen«, čand »wackeln«, rand »schaben«, ǰumb »sich bewegen«, aber ausser dem zweiten auch im Np. vorhanden sind.

b) mit Affigirung von na und nu (Bthl. § 131. 132, 315. 316), die nicht immer mehr zu scheiden sind: α) Der na-Classe sind zuzuweisen:

√zan, dan : dān, dānistan »wissen« — ap. adānā^{ḥ}, aw. pa^{i}tizānatā.

Anm. 2. Np. āfarīn, āfarīδan »erschaffen« kommt nur als Ideogramm בראין vor, päz. *brəhinīδan*; doch steht das Ptc. אפוריח *āfərīδ* »erschaffen« DD. 3, 4, wo auch der Prs.-St. אפור lautet.

Anm. 3. Dem aw. *sināṯ* (ap. *adinā^{d}*) entspricht Ys. 11, 17/5 זניניח »nahm weg«; ein **zinīδan*, wie SPIEGEL und nach ihm HORN anführen, ist nur aus dem ἁ. λ. זיניתאר ZPGl. 39, 2 zu erschliessen.

√*xrī* : *xrīn*, *xrīδan*, np. *xar°* »kaufen« — ai. *krīṇāti*.

√*stā* : *(i)stān*, *(i)stāδan*, np. *sit°* »wegnehmen«, vgl. HORN, Et. 709.

√*dru* : *drūn* MKh. 62, 21. PPGl., *drūδan* »ernten«, kurdisch ebenso, aber np. *dirav*, nach § 88.

Schon in der Ursprache nur Präsensstamm ist

√*vain* : *vēn* »sehen« np. *bīn* (BARTHOLOMAE § 132. HORN § 73 A), das sein Ptc. von der √*dī* bildet, *dīδ* — aw. *vaēna^{i}ti*, ap. *avaina^{d}*.

In den folgenden beiden Stämmen ist **-adn-* (oder etwa *-ad-nya-?*) zu *-ēn-* geworden:

√*had* : *nišēn*, *nišastan* »sitzen« — **ni(š)-had-na-*.

√*škad* : *škēn*, *škastan*, np. *šikan*, *šikastan* »brechen« — **vi-skad-na-*, mit Abfall des Präfixes; s. o. a α.

Übergang von *r̥n* (oder etwa *r̥ny-?*) in *rīn* weisen die folgenden Stämme auf, während im Np. *r̥n* zu **rr* wurde:

√*kar* : *krīn*, *krīnīδan* »schneiden, schaffen (von Ahriman) — aw. *ākər^{ə}nəm*, *kər^{ə}nuyāṯ*, und zugleich für *-kər^{ə}nta^{i}ti*, wohl aus *-*kr̥nt-n(ya-)*.

√*bar* : *brīn* Inf. ברינן, np. *burr* »schneiden« — aw. *bar^{ə}nənti*.

√*dar* : *drīn* Inf. דריתן, np. *dirr*, *darr* »reissen« — aw. aber *niždar^{ə}-da^{i}ryāṯ*, Ptc. *dər^{ə}ta*.

β) Die *nu*-Stämme zerfallen in zwei Gruppen, mit Verlust oder Bewahrung des *u*; zur ersteren gehören:

√*či* : *čīn*, *čīδan* »sammeln, pflücken«, np. ebenso. *vičīn*, *vičīδan* »auswählen«, np. *guzīn* — ai. *činóti*, aw- *činvant-*, *vīčinaēta*.

√*tan* : *tan* »spinnen«, Ps. 1 Sg. תנום oder תננם Ys. 19, 14/7 — aw. *tanva*; np. *tanīδan*, *tanandō* »Spinne«, mp. *tanand* DK. 8, 44, 33.

√*kr* : *kun*, *karδan* »machen« — ap. *akunava^{d}*, *krta-*, aw. *kər^{ə}nao^{i}ti*, *kər^{ə}ta-*.

Bei Übergang in die Guṇa-Classe blieb das ganze Suffix erhalten in:

√*sru* : *āšnov* אשנוב, *āšnūδan*, np. *šinav*, *šunūδan* »hören« — aw. *s^{u}runao^{i}ti*.

√*var* : *varrav* ולו, *varravistan*, np. *girav* »glauben« — aw. *vər^{ə}nva^{i}tē*, oss. *mä ūrnį* »ich glaube« (impers.).

91. Als ursprüngliche Inchoativa (BTHL. § 135, 319) erweisen sich:

√*zan* : *šnās*, *šnāxtan*, np. *šin°* »kennen« — ap. *xšnāsātiy*.

√*xvap* : *xvafs*, *xvaftan*, np. *xusb*, *xuftan* »schlafen« — aw. *x^{v}afsa*.

Die übrigen Verba dieser Bildung *ras* »kommen« — ap. *arasam*, *tars* »fürchten« — ap. *tarsatiy*, *purs* »fragen« — aw. *pər^{ə}sa^{i}tē*, wurden wohl schon im Altiranischen nicht mehr als Präsensstämme empfunden, ebenso wie *tāš* »zimmern«, > np. — aw. *tašaṯ*; *čāš*, > np. »lehren« — aw. √*čaš*, ai. *čakṣ* »ankündigen«; *baxš*, *baxtan* באחתן, np. *baxšīδan* »schenken« — *baxša^{i}ti*; *vaxš*, np. > »wachsen« — *vaxšentē* (s. o. § 85. 87).

92. Beide Wurzelformen *ptā* und *pat* zeigt das Verbum *ōft*, Inf. *ōwastan* neben *ōftāδan*, *ōftīδan* wie im Np., jüd.-pers. אופתידן »fallen« — **ava-ptati*, **avapasta-*, mit dem Präfix *avi* oder *ava*. BTHL. § 142 sieht in dieser Bildung eine besondere Präsensclasse.

93. Die Bildungen mit dem Elemente *ya*, wobei teilweise Spuren des Halbvocales erhalten sind, lassen sich folgendermassen gruppiren (Bthl. § 144 ff. 323 ff.)

a) mit *aya* und Steigerung (alte Causativa):

√*stu* : *stāy*, *stūδan*, np. *sit°* »preisen« — **stāvaya-*, *stūta-*.

√*sru* : *srāy*, *srūδan*, np. *sirāy*, *surūδan* »singen« — *srāvayeⁱti*, *srūta-*.

√*du*, *dav* : *pālāy* (vgl. *hōmān-p°* Vsp. 11, 2/10, 2 aw. *haomoanhar³zāna-*), *pālūδan* Bdh. »reinigen«, np. ebenso — **pati-dāvaya-*, vgl. np. *zidāy*, *zidūδan* »putzen« — **uz-dāvaya-*.

√europ. *lu* : *ālāy*, mp. *ālūδan* DK. 9, 12, 11 »verunreinigen«, vgl. *lūδak* AV.

Anm. 1. Wahrscheinlich gehört hierher auch np. *gušāy*, *gušūδan* und *gušāδan* »öffnen«, mp. *višāδ-rovišnīh* »das Umhergehen mit gelöstem, abgelegtem Kusti« — **visāvaya-*. PPGl. 80, 6 geben die St. Petersburger Handschrift und K 25 dem Ideogramm שריתונתן' das A verbo ושאתן · ושים · ושית, aus der Litteratur fehlen mir Belege für beide Wörter.

b) mit *āya*, *aya* (Bthl. § 145).

√*grb* : *gīr*, *griftan*, np. *gir°* »greifen«, *paδīr*, *paδīraftan* (es könnte zur Not auch פתגרפתן' gelesen werden, aber vgl.) np. *°ruftan* »empfangen« — ap. *agarbāyaᵈ*, aw. *gər³pta-*; vielleicht steckt im Präsensstamm die Nebenwurzel *grd*, s. Justi s. v.?

Anm. 2. Zu welcher dieser beiden Abteilungen אפוחשא' *awuxšāy* Inf. ?, jüd.-p. בוכשא', np. *baxšāy*, *baxšūδan* »verzeihen« gehört, ist unklar: es liesse sich sowohl an √*xši* denken, wie an das aus √*vac* entwickellte *vaxš*, also (Denom. ?) **apa-vaxšāya-*.

c) mit *ya* (unbetont und betont, Bthl. § 147. 148):

√*man* : *mēn*, np. > »meinen« — aw. *maⁱnyetē*.

√*kar* : *nikīr*, np. *nigar* »blicken« — aus **kṛya-*.

√*tar* : *viδīr*, *viδaštan* und *viδurdan*, np. *guδar*, *guδaštan* »vorübergehen; sterben« — **vi-tṛya-*, *vītar³ta-*.

√*mar* : *mīr*, *murdan* »sterben« — aw. *mᵃⁱryetē*, *mər³ta-*.

√*jad* : *zāyēm* זאים Ys. 9, 64/19 ff., aber auch זית' Vd. 3, 5/1, Ptc. זאסת' oder זאיית' Vd. 18, 81/34, זסת oder זיית Vd. 18, 86/37 »flehen« — ap. *žadiyāmiy*, aw. *jaiδyēmi*, *jasta-*.

√*zan* : *zāy*, *zāδan* »geboren werden« — aw. *zayata*, *zāta-*, ai. *jāyatē*.

Anm. 3. Hierher dürfte auch *awzāy*, *awzūδan* »zunehmen«, np. *afz°* gehören, dessen Ableitung von √*su* der Lautbestand verwehrt — **upa-zāyētē* »wird hinzu gezeugt«. Dagegen gehört zur √*su* np. *afsāyīδan* »incantare«, mp. *awsūδ* Bdh. »besprochen«, *awsūδak* YZ. »bezaubert«, np. *afsān* »Zauberspruch«, *°nah* »Spruch, Erzählung« — **upa-sāvayati* »schafft ihm Nutzen hinzu«.

√*gā* : *gāy*, *gāδan* »coire« — in den modernen Dialekten erhalten, s. HE. 883.

√*pā* : *pāy*, *pāδan*, np. *pāyīδan* »hüten, sich hüten, zögern« — aw. *nipayēmi*, *-pāta-*.

√*zbā* : nur im Nom. act. *āzbāyišn* »Anrufung« nachzuweisen — aw. *āzbaya*, *huzbāta-*.

√*mā* : *framāy*, *framūδan*, älter *framāδ* (פרמאת inschr.), np. *farm°* »befehlen«; *ōzmāy*, *ōzmūδan* (*ava*+*uz*), np. *āzm°* (*ā*+*uz*?) »versuchen«; *paδmāy*, *paδmūδan*, np. *paym°* »messen«; *nimāy*, *nimūδan*, np. *num°* »zeigen« — aw. *āmayante*, *āmāta-*.

Anm. 4. Das bei den Arabern vorkommende *buzurğframaδār*, arm. *vzrouk hramatar* heisst »Oberbefehlshaber« und ist einfach alte defective Schreibung für das im Bphl. belegbare *framāδār*, ap. *framātāram*.

√*θrā* : *srāy*, Inf.? »schützen, behüten« — aw. *θrāyeⁱnti*, *θrātar-*.

√*vā* : *vāy* Hadh. N. 2, 8 »wehen« — aw. *vā'ti*.

√*grd* : *griy*, *grīstan*, np. *gir°* »weinen« — gehört zu aw. *gər'za'ti*, geht aber auf eine unbelegte Bildung **grdyati* zurück.

d) Spurlos abgefallen ist *-ya-* in

√*sriš* : *srēš*, *srištan* oder *srē°* סרישתן, np. *sir°* »mischen« — aw. *sraešye'ti*.

√*xrus* : *xrōs* Ptc. *xrōstak*, np. *xurōšīδan* »schreien« — aw. *xraosyoiṭ*.

αα. Causativa und Denominativa.

94. Wir sahen, dass eine Reihe alter Causativa sich im Mp. formell erhalten hat, aber mit Aufgabe der causativen Function, da diese Verba dem Sprachgefühl als einfache Transitiva erscheinen. Indessen sind doch einige Fälle der alten Causativbildung bewahrt, nämlich: *anǰāftan* »beendigen« — *anǰaftak*, *fraǰaft* »zu Ende gegangen«; *franāftan* »eine Richtung geben« — *franaftan* »eine Richtung einschlagen«; *nišāstan* KN 8, 17. 10, 18 (Praes. unbekannt), auch np., »setzen« — *nišastan* »sitzen«; *viδārdan* »hinüberführen« Ys. 19, 10/6 — *viδurdan* »hinübergehen«; *gāštan* DK 9, 21, 17, auch np., »wenden« — np. *gaštan* »sich wenden«; vgl. auch *sāxtan* § 87.

95. Die erst im Mp. auftretende Bildung, welche in der Anfügung des Causativcharakters *-ēn-*, weitaus seltener *-ān-*, an den Präsensstamm besteht, ist ohne Zweifel denominativen Ursprungs. Im Pāz. schreibt Neriosengh *-in-*, im Np. haben wir *-ān-*, das bei Firdausi metrisch zu *-an-* (oder gar *-in-*?) gekürzt wird: alle diese Formen führe ich[1] auf ein altes *-anya-* zurück, aus einem nominalen *-ana-* + *-ya-*, wobei das erstere entweder als Nomen verbale (Bthl. § 209, 3), oder eher als Ptc. med. (eb. § 196) aufzufassen ist, welches ja als Ptc. praes. erhalten blieb. Dann stünde *awzāyēnēδ* »macht zunehmend, lässt zunehmen« parallel zu *framōšēδ* »macht vergessen« oder *passandēδ* »macht angenehm, genehmigt, lobt«, oder *niyāžānēδ* »macht bedürftig« (Ptc. *niyāžān*), während *niyāžēδ* als Vb. intr. »ist bedürftig« bedeutet. Dieses letztere Beispiel könnte auch als wirkliches Causale gedeutet werden, wie *tāžānīδan* »laufen lassen, antreiben« und *vārānīδan* »regnen lassen« im Bdh., *vāspuhrakānīδan* »adeln« ShGV., *yōšdāsrānēδ* (var. *°ēnēδ*) »reinigt« Vd. 5, 67/21.

Zu manchen Causativen fehlt das primitive Verb, z. B. *šnāyēnīδan* aw. *xšnāvaya-* »zufrieden stellen, preisen« (es kommen nur die Nomina *šnāyišn*, *šnāyīδārīh* vor); *rāyēnīδan* »ordnen« zu *vīrāstan* u. s. w. § 86; *xōšēnīδan* »trocknen«, u. dgl.

[1] Horn § 73 C will mir nicht zusagen.

Anm. Die Lesung *-ēn-* gegen *-in-* im Pāz. steht durch das bal. *-ain-*, *-ēn-* (Geiger § 26) fest. Ob *-ān-* nur dem Einflusse der np. Umgangssprache der Abschreiber sein Vorkommen verdankt, dürfte das Kurdische fraglich machen, wo der regelmässige Wechsel: Prs.-St. *ters-în-am* »ich schrecke«, Prt.-St. *ters-ân-d* (Socin § 167) auf ursprüngliches **-ányāmi* : **-ánta* hinweist.

96. a) Mit demselben Suffixe werden sehr häufig Denominativa von causaler Bedeutung gebildet: *nāmēnīδan* »benennen«, *vīmārēn-* »krank machen«, *xōkēn-* »an etwas gewöhnen«, *xvēšēn-* »zu eigen machen«, *puhlēn-* »über die Tschinvat-Brücke schreiten lassen«, und die oben § 95 angeführten auf *-ānīδan*.

b) Daneben gibts eine Anzahl Denominativa, die nichts weiter sind, als das flectirte Nomen, aber principiell auf alte Bildungen mit *-ati*, *-ayati* zurückgehen können: 1) intr. *parrīδan* »fliegen« von *parr* »Flügel«; *(h)ōšīδan* »sterben« von *(h)ōš* aw. *aošah-*; *sēžīδan* »der Vergänglichkeit anheim fallen« von *sēž* aw. *'δyējah-*; 2) transitiv *duždīδan* »stehlen«, *nihānīδan* »verbergen«, vgl. *pa nihān* np. *pinhān* »verborgen«, u. s. w.

αβ. Nominale Bildungen vom Präsensstamme.

97. Als zweites Glied eines Compositi hat der blosse Präsensstamm adjectivische Bedeutung: *ašō-kuš* »den Gerechten tötend«, *karf-xvār* »Aass fressend«, *axtar-mār* »Sterndeuter«, *a-dān* »unwissend«, *an-āmurž* »unbarmherzig«. In solchen Fällen ist eigentlich das Suffix *-a* abgefallen, das vor *-k* wiedererscheint: *dēv-yaža-k-īh* »Teufelsverehrung« u. dgl. (s. § 50, 2b). Nur selten entstehen dabei Substantiva, z. B. *rist-āxēž* »Totenauferstehung«. Als besondrer Fall sei noch *kāmak-varž-ēn* DK. aufgeführt, wenn wir es hier nicht mit dem Caus. zu thun haben. Dazu die Abstracta: *adānīh* »Unwissenheit«, u. s. w.

98. Ferner werden von ihm die Participia Praesentis abgeleitet durch

a) *-āk* (§ 50, 4): ואדונאך *kunāk* »machend«, *rovāk* »gehend, geläufig«;

b) *-ān* (§ 50, 11a) vom alten Ptc. med. auf *-ana-* (Bthl. § 209, 3): *kōxšān* »strebend«, *davān* KN 12, 13 »laufend, eilig«, *marg-aržān* »der des Todes wert ist«; diese Form kommt uncomponirt rein adjectivisch nicht vor, sie wäre eher als Gerundium zu bezeichnen.

c) *-nd*, *-ndak* (§ 50, 14) vom alten Ptc. Praes. auf *-nt-* (Bthl. § 181d), sowohl vom einfachen Stamme, als vom *-aya*-Stamme: *tanand* »Spinne«, *niyāžand* ShGV. »begging«; *parrandak* »Vogel«, *zīvandak* »lebend«; *āyēndak* »a reptile« PT. II, 169 N., *šāyēndak* »geziemend«.

Dazu die Abstracta *rovākīh* »Verbreitung«, *vēnākīh* DK. 8, 45, 10 »perspicacity«; *bavandakīh* »Vollkommenheit«, *zīvandakīh* »Lebendigkeit«, u. s. w.

99. Das Suffix *-išn*, seltner *-išt* (np. *-iš*, jüd.-pers. und dialektisch *-išt*) ist noch dunkler Herkunft, und bildet a) ein Participium necessitatis, von welchem ein Abstractum durch *-īh* abgeleitet werden kann; b) ein Nomen actionis, von welchem wiederum durch *-īk* (§ 50, 7) ein Adjectiv gebildet wird. Als Beispiel diene: *kaδār ōy hast tōžišn? v-aš guft Ōhrmazd ku: pa ān ī* (sic) *tanāwuhrakānīh CC pa awar-zanišnīh awar zanišn* Vd. 5, 133/43 ff. »was ist dafür der Entgelt? Da sprach Ormuzd: für jene Versündigung sind 200 Schläge zu schlagen«; ferner *buržišnīk* »was als herrlich anzusehen ist«, *awāyišnīk* »wie etwas sein muss, tauglich«. Für die andere Form kann ich nur *māništ* MKh. 44, 16. 48, 2. 10. 62, 25 anführen.

[1] Bildet aber die Form auf *-išnīh* das zweite Glied eines zusammengesetzten Wortes, so ist das Ganze Abstractum eines Adj. comp., also: *asazāk-kunišn-īh* »die Eigenschaft eines *asazāk-kunišn*, Unpassendes Thuenden«; ebenso *dēn-dānišn-īh* »Kennerschaft in der Lehre«, *frāž-rovišnīh* »das Vorwärtskommen«; *tāk hamē-hamē-ravišnīh* = aw. *yavaēca yavaētātaēca* (mit *ravišn* wird das Suffix *-tāt-* übersetzt).

β. Der Participialstamm.

100. Das Participium perfecti passivi oder praeteriti auf *-ta-* wurde in der alten Sprache vom schwächsten Stamme gebildet, während die Suffixe *-tana-* (Nom. actionis, als Loc. ap. Inf.), *-tar-* (Nom. actoris) die Hochstufe forderten. Im Mp. ist, wie das Np. und die Dialekte zeigen, eine Ausgleichung eingetreten, wobei in den meisten Fällen der vollere, dem Präsensstamm eigene, Vocal die Oberhand behalten hat. Demnach weisen im Mp. das Ptc. prt. auf *-t* oder *-tak* (§ 50, 24), der Inf. auf *-tan*, und das Nom. actoris auf *-tār* (§ 50, 25), — nach Sonoren *-d*, *-dak*, *-dan*, *-dār* — durchaus denselben Stammvocal auf.

Anm. 1. Nach Vocalen und *r* wird im Bphl. ת geschrieben, während in den wenigen Beispielen von *n*-Stämmen ד erscheint, z. B. בות *būδ*, כרת *kard*, aber מאנד *mānd*; vgl. § 19.

Anm. 2. Auch fernerhin dauert die Ausgleichung mit dem Präsensstamme fort, und zwar in dem Sinne, dass manche Ptc. u. s. w. direct von ihm gebildet werden, durch Antritt des unten zu besprechenden Suffixes *-ī-δ̄an*), eine im Np. sehr häufige Erscheinung. So steht z. B. *stāyīδār* DK. 2, 7 neben *stūδan*, u. dgl. Auch die umgekehrte Erscheinung, dass der Ptc.-Stamm für den Prs.-Stamm eingetreten ist, liegt in einigen Beispielen vor: *āmōxtišn* Ys., *spōxtīδan* Vd. 5, 33,9 (vgl. aber die Neuausgabe), *xvaftēnd* (Horn p. 138, wenn nicht *ōftēnd* zu lesen), und das zweifelhafte ספורתנגר AV. 52, 2, vgl. ספורת im Bdh.

101. Da die meisten Participia alter Bildung schon im vorigen Abschnitt bei ihren Präsentien aufgeführt wurden, so konnte hier von einer vollständigen Aufzählung mit Hinweis auf die alten Formen abgesehen werden. Es genügt für jede der mannichfaltigen lautlichen Veränderungen, welche zumeist den Auslaut des Stammes treffen, einige charakteristische Beispiele beizubringen. Alt bleibt dabei der Übergang des Wurzelauslautes in die tonlose Spirans, wobei ein vorangehender Nasal ausfällt; neu ist die eben erwähnte vollere Form des Wurzelvocales, oder dessen Trübung (§ 37. 38. 43).

102. a) Was zunächst die consonantisch auslautenden Wurzeln anlangt, so bleiben bei auslautendem Palatal, Dental, Labial und Zischlaute die nach uriranischem Lautgesetze (Bthl. § 3, 4. 39, 3a) entstandenen Gruppen *xt*, *št*, *st*, *ft*, *st*, *št*, bestehn: *sōxt* — aw. *upa*]*suxta-*, mit Umlaut *puxt* — aus **paxta-*[1], *yašt* — aw. *yašta-*; *δwast* — vgl. aw. *avapastoiš*, *rust* — √*rud*; *raft* — aw. *rapto* (Bthl. § 279), *grift* — aw. *a*]*gər*ᵉ*pta-*, *guft*[2] — √*gub*, *kaft* Ner. »*patita*, gefallen« (Horn Et.[2] 119); *kāst* — zu aw. *kasu-*, *ǰast* — √*ǰah*, nach andern Vocalen *niwištan*[2] — ap. *nipaištanaiy*, *rišt*[2] — Praes. *rēs*; *kušt* — √*kuš*.

[1] In *awrāst*, *awrāxt* np. *afrāšt*, *afrāxt* könnte man beide Wurzelformen vertreten sehen, allg. ir. *rāz*, pers. *rād*, s. § 86 Anm. Unklar ist *xāst* zum Prs. °*xēz*, s. § 88. — [2] Vielleicht ist nach dem Prs.-St. *gōft*, *niwēšt*, *rēšt* zu lesen, die späterhin wieder gekürzt wurden.

b) Wurzeln auf Nasal + Consonant stossen den ersteren aus: *nihaxt* — aw. *ϑaxta-* (Prs. *ϑanjay-*), *bast* — aw. *basta-*, Prs. *band*, *suft* — Prs. *sumb*. Dazu mag noch auf das altertümliche *zaδ* zum Prs. *zan* — aw. *ǰata-* hingewiesen werden, während die übrigen *-n*-Wurzeln den Nasal bewahren: *kand*, *mānd*, *xvānd*. Nicht hierher gehören die Nasalpraesentia, welche das Ptc. direct von der Wurzel bilden: *xrīδ*, *stāδ*, *čīδ*, *vižīδ* und *kard*.

c) Bei Wurzeln auf *r* + Dental ist für das lautgesetzliche air. *-ršt* die leichtere Gruppe *-št* eingetreten[1]: *vašt*, *framōšt*, *hišt*, *kišt* Praes. *kār* — aw. *karšta-* Praes. *-karšenti* neben *kārayeᶦti*. Dieser Analogie, d. h. der Erweiterung des Stammes durch *-s*, glaube ich, verdanken die von *-r*-Wurzeln abgeleiteten Ptc. auf *-št* ihre Entstehung, wie *dāšt* von *dār*, welche im Np. so häufig sind. Im Mp. kenne ich keine weiteren sicheren Beispiele, ausser *angāštan* DD. 17, 16 und *viδašt* KN. 3, 10, da überall die Gruppe *-rd* (רת) erscheint, z. B. *vižārd*, *gumārd*, mit Umlaut *viδurd*.

[1] Daher sind die von West angesetzten Formen *faldan* und *hōldan* MKh. (letztere auch von Horn p. 134 übernommen!) einfach unmöglich.

d) Auch sonst wird Doppelconsonanz erleichtert: *baxt* Prs. *baxš* — aw. *baxta-*, *baxšaᶦti*; *dōxt* Prs. *dōš*; *frōxt* Prs. *frōš*, und so wohl auch *šnāxt* (aus **šnāx-š-t*) Prs. *šnās*.

103. a) Bei vocalisch auslautenden Wurzeln scheinen *i* und *u* gedehnt worden zu sein: *čīδan*, *dīδan*, *āšnūδan*, *šūδan* (so auch manchmal im Np.), denn die np. *buδan*, *čiδan* (wie *šuδan*) verdanken vielleicht bloss den Dichtern ihr Aufkommen. Kurzes *a* vor dem Suffix (ausser in dem anders zu erklärenden *zaδan*) steht nur in *staδan* (neben *stāδan*) und *maδan*, *āmaδan*; wie es in letzterem zu deuten, ist unklar, man vgl. jedoch ap. *Ha*ⁿ*gmatāna-*.

b) Die Wurzeln auf *ā* bewahrten ursprünglich diesen Vocal: *dāδ*, *nihāδ*; *ōftāδ*, *frēstāδ* (neben °*īδ*), bei welchen allen das *ā* im Prs. schwindet; *zāδ*, *gāδ* wie *framāδ*, *numāδ* (DK. 8, 3, 2 als Sbst.). Als aber die Praesentia *zāyēδ*, *framāyēδ* (aus °*ā-ya-*) mit *stāyēδ* u. s. w. (aus °*āv-aya-*) zusammenfielen, stellten sich nach der Analogie von *stūδ* auch Ptc. wie *framūδ* ein (vgl. § 38).

104. Ohne Analogie in den alten Sprachen und der Bildung nach nicht aufgeklärt sind die Participialstämme mit der Endung *-ist*, die im Prs. wieder abfällt: *awāyist*, איויבארסת[1] KN. 13, 6 np. *yārastan* »wagen«, *kāmist*, *kāhist*, *zīvist* (contr. *zīstan* DK. 8, 41, 8), *tovānist*[2], *dānist*, *duvārist*, *framāyist* ShGV. *rāmist* Bdh., *varravist*, *sahist*, *šāyist* (ebenso die Ideogramme auf 'סתן° neben 'תן°, ja sogar 'ראתונסתן für *davīδan* »laufen«, 'יאבאונסתן für *xandīδan* »lachen); zum np. *mānistan* »ähnlich sein« gibts das mp. Ptc. prs. *humānāk*. Dass der »Bindevocal« *i* gesprochen werden muss, trotz des np. *yārastan*, scheint mir ohne Zweifel, und an den Antritt des nimmer nachzuweisenden Infinitivs von $\sqrt{}$*ah* »sein« kann ich nicht glauben. Auch *ist(āδan)* »stehn« scheint mir ausgeschlossen, da das *t* ja dem Suffix angehört, als antretendes Element also nur *-s-* übrig bliebe[3].

[1] § 41 Anm. 1. — [2] Denom. vom Ptc. Prs. *tovān* ($\sqrt{}$*tu*) »können«. — [3] In den kaspischen Dialekten ist dies Suffix sehr beliebt, s. Geiger p. 363 § 132, 2).

105. Weniger Schwierigkeiten bietet das andere Element *-ī-*, welches alle bisher noch nicht besprochenen Verba zwischen dem Präsensstamme und den *t*-Suffixen aufweisen: *ras-ī-δ*, *srāyēn-ī-δ* u. s. w. Trotz des *ī*, das im Np. niemals *majhūl* ist, glaube ich es auf altes *-aya-* zurückführen zu dürfen: es ist aus älterem *ē* entstanden, wie der Bindelaut *ā* in den centralen Dialekten[1].

[1] Bartholomae § 261 und Geiger p. 395 § 181, 6.

ββ. Nominale Bildungen zum Participialstamme.

106. Schon der Participialstamm an sich ist eine nominale Bildung: *kard* — ap. *k^arta-* »gemacht«, *šuδ* — **šyuta-* »gegangen«, welche wie alle übrigen durch das Suffix *-k* erweitert werden darf, was aber gegen das Np. höchst selten vorkommt: *ristak* »gestorben«, *zāδak* Ys. 9 14/4 »geboren«, *nišastak* Bdh. »sich gesetzt habend«; dazu *rastakīh* »Befreiung«, *māndakīh* KN. 12, 5 »Ermüdung«.

107. Die ebenfalls nominalen Bildungen des Infinitivs, welcher neben der activen auch passive Geltung haben kann[1], durch Suffix *-tan* — ap. *-tanaiy* (Bthl. § 258, 2 c), und des Nomen actoris durch Suffix *-tār* (§ 50, 25) forderten ursprünglich die Steigerungsstufe, weisen aber jetzt denselben Lautbestand auf, wie das Part. prt. Vom Nom. act. werden auch Abstracta und Adverbia gebildet: *šnāyēnīδārīh* »die Eigenschaft eines Zufriedenstellers«, *frēftārīhā* »betrügerischer Weise« (§ 50, 20. 21).

[1] Z. B. die Überschrift von Bdh. II: *awar frāž āfrīnīδan ī rōšanān* »über die Erschaffung der Gestirne«.

Anm. Wie es im Mp. mit dem »Infinitivus apocopatus« steht, ist schwer zu entscheiden, da in der Schrift 'ת° und 'תן° zusammenfallen und die Schreiber sehr geneigt sind, überflüssige »Wortschliesser« zu setzen; dadurch fallen wiederum 'ת° und 'תן° zusammen. Vgl. z. B. MKh. 2, 1 *šāyēt* 'בויחונסת Ner. *x^vāstan* und so fort; oder passiv *ōzaδ nē šāyēnd* Ys. 4, 8/4 »können nicht getötet werden«. Vgl. auch noch KN. 3, 10. 7, 11. 11, 7. Das Np. hilft hier so wenig, wie die Hdss., denn die volle Form gilt sowohl für archaistisch, als für vulgär. Sehr ansprechend ist übrigens Darmesteter's Hinweis auf das aw. °*tāē* (Horn p. 147 § 87 c).

b. VERBA COMPOSITA.

108. Schon in den beiden ältesten iranischen Sprachen war es gebräuchlich die Bedeutung eines Verbs durch den Zusatz von Partikeln (adverbialen Präpositionen) zu modificiren. Im Laufe der Zeit flossen beide Elemente un-

trennbar zusammen, je mehr die alten Partikeln ausser Gebrauch kamen oder durch vollere Formen und neue Wörter ersetzt wurden. Die lautlichen Veränderungen, denen die Präfixe dabei unterlegen sind, machen es schwierig, sie für jeden einzelnen Fall auf die alte Form zurückzuführen, da sich nur ein Teil der im Mp. auftretenden Composita in den älteren Denkmälern nachweisen lässt. Eine vollständige Aufzählung aller Beispiele würde hier zu weit führen; wir begnügen uns mit wenigen, wollen dabei aber auch auf ebenso gebildete Nomina Rücksicht nehmen.

א *ā* — ir. *ā*, sehr häufig: *āzārdan* »kränken« — aw. *ā + zar*, *āfrīn* »Segen« — aw. *āfrīnāmi*.

אפ *ap* — ir. *apa*, vielleicht in *a(p)purdan*, s. o. § 87.

aw — ir. *upa*, wohl in *awaspārdan*, s. o. § 87; *awastān* »Vertrauen (eigtl. Beistandsuchen)« — ap. *upastā* »Beistand«; + *ā* in *awāyēδ* § 83 Anm. 1.

— ir. *abi* : *awrōxtan* — aw. *aiwiraoċayeiti*, s. o. § 88.

או *ō* — ir. *ava* : *ōzaδan* — aw. *avaǰanaēta*, *ōstaδan* — aw. *avahištāt*. ir. *avi* : *ōftēδ* — aw. *avi . . . . patita*; wohl auch in *ōšmardan*, *ōšāftan*, wo das *š* durch *i* bedingt ist.

אוז *uz* — ir. *uz* : *uzēδ* § 83 Anm. 2, *uzvēhīδ*? § 88; auch אוץ geschrieben, z. B. *uždēhik* — aw. *uzdatiyu-*, 'אוץ סאתונאן Ys. 42/43, 14[d] = *usir°dyāi*. Mit vorgesetztem *ā* könnte es in *ōzmūδan* np. *āzm°* angesetzt werden(?).

אייב *ēy*? — ir. *adi* (nach HORN, vgl. § 41, Anm. 1) ist zweifelhaft in den den np. *yāδ* »Gedächtnis«, *yār* »Freund«, *yārastan* »wagen« entsprechenden Wörtern, wo Ner. *ay°* umschreibt. Sonst entspricht diese Ligatur dem aw. *aiwi*, z. B. in *aiwisrūϑrema*, wie auch das Ptc. *aiwiāsīd* Ner. (MKh. 2, 185. 7, 24, vgl. SPIEGEL, Einl. II, 363 und Bdh. Glossar) »angelangt« damit geschrieben wird.

Anm. 1. Ebenso dunkel ist das Präfix in ארואץ np. *āvāz* »Stimme«, אדור ארורץ np. *āvar* gewiss«, ארוף np. *ayā* »oder« (wo man *ē* = *ā* lesen könnte), איואדך GSh. 158, אייפארך MKh. 53, 5 »Abend«, den verschiedenen Formen für aw. *axti*: איויכת איוכיכית איוכית, und dem unerklärten איואם DK. 8, 20, 1.

נ *ni* — ir. *ni* : *niwištan* — ap. *nipaištanaiy*, *nihāδan* — aw. *nidaδāt*, *nišastan* — aw. *nišasta-*.

פת *paδ* — ir. *pati* : *paδmōxtān* — aw. *paitišmuxta-*, *paδīrak* »entgegen gehend« — √*ar*, *paδkar* ip. 'פתכלי »Bildnis« — ap. *patikara-* u. s. w. Mit Assimilation (aber ohne dass der Doppelconsonant geschrieben wird) erscheint das Präfix als

פ *pa* z. B. *passaxv* »Antwort«, arm. *patasxani* np. *pāsux*; *passāxtan* »anpassen, bereiten« np. *pāsāxt*; *passandīδan* »genehmigen« np. *pasand* »genehm« — vgl. aw. *paitizānenti*, *paitizanta-* (letzteres aber subjectiv; vgl. jedoch HÜBSCHMANN p. 41); *paċċēn* »Abschrift« arm. *patčēn*; *paššinǰīδan* § 90 α). Eine auf alte Vṛddhirung zurückgehende Nebenform ist

פאת *pāδ* oder 'פאת *pāδə* — ir. *pāti-*, wobei in letzterer der auslautende Vocal erhalten blieb: *pāδəxšāy*, *pāδxšāy* »vermögend, mächtig« — **pāti-xšaya-*, np. *pāδ°šā(h)* »Herrscher«; *pāδəfrās*, jünger *pāδfrāh* np. *bāδafrāh* »Vergeltung« — vgl. aw. *matpaitifrasa-*; *pāδ°mālišn* DK. 8, 20, 58 »rubbing up«, *pāδdahišn* np. *pādāš(n)* »Belohnung«.

Anm. 2. Ob das np. *pā* stets auf *pāδ* zurückgeht, ist zweifelhaft, da in *pāsux* u. dgl. auch Ersatzdehnung eingetreten sein könnte. Näheres über die ganze Materie s. bei HÜBSCHMANN p. 133. 192 f.

פר *par* — ir. *para* : *parvardan* »auferziehen« — aw. *parabara'ti*; *pargandan* (im np. + *ā*: *parāgandan*) »zerstreuen«.

— ir. *pari* : *pargārdan* »rings herum abstechen«, *parvastan* »umzingeln«; *parvāž* Bdh. np. *parvāz* »Flug«.

פר *fra* — ir. *fra* : *framūδan* »befehlen« — ap. *framātar*-; *framōšt* np. (+ *ā*) *farāmōš* »vergessen«; *frazand* (geschr. פנדנד) np. *farzand* »Nachkomme«.

ו *vi* — ir. *vi* : *vižīδan* »auswählen« — aw. *vīčinoit*-; *viδardan* np. *guδaštan* »vorbeigehen« — √*tar*. Vor *m* erscheint die im Np. durchgedrungene Nebenform

גו *gu* z. B. *gumēxtan* »mischen«; *gumārdan* »auftragen«; *gumān* »Zweifel« — aw. vgl. *vīmanohya*-.

Anm. 3. Plene geschrieben entspricht וי dem alten Präfix nur in *vīrāstan* »ordnen« — aw. *vīrāza'ti* und ויתארית (ob 3. Sg.?) Vd. 5, 39/11 — aw. *vītarəm*. Wie derselbe Lautcomplex in *vīmār* np. *bīmār* »krank«, *vīmand* (wenn richtig gelesen) »Grenze« und dem Npr. *Virāf* zu erklären ist, beibt dunkel; über °ויגאר s. § 87, Anm. 5.

אן *an* — ir. *ham* : *angārdan* »verkündigen« — aw. *hankārayēmi*, *andāxtan* »werfen«, arm. *andačem*; *anjaman* np. *anjuman* »Versammlung« — aw. *hanjamana*-; *andām* »Glied« — aw. *handāma*-; *angām* np. *ha°* »Zeit«, arm. *angam* »mal« — aw. *θrisatō zima henjasenti* Vd. 2, 20/8. Mit dem entsprechenden Nasal in אמבוכסינד Bdh. *ambūsēnd* »sie faulen«, vgl. np. *pūsīδan*.

Anm. 4. In parthischer Zeit war das anlautende *h* noch erhalten, s. Hübschmann p. 217, wie auch in der selbständigen Partikel חם *ham* § 109 und im Pron. indef. § 77 c).

109. Die selbständigen Verbalpräfixe erscheinen zum Teil in doppelter Form, als Ideogramme und in Lautschrift; Beispiele bei Spiegel § 96.

יבין — *andar* »in, ein-«; mit *šuδan* »eintreten«, *āmaδan* »hereinkommen«.

לאוחל אפאץ *awāž* »zurück«; mit *dāštan* »zurückhalten«, *dovārīδan* »zurücklaufen«.

לותה — *awāk* »mit«; mit *būδan* »beiwohnen« KN. 12, 22; אוסכארת ib. 8, 2 »beriet sich«, vgl. Vd. 3, 144/41 Gl.

מדם אפר *awar* »auf«; mit *družīδan* »belügen«, *burdan* »herzutragen«.

— יתר² *tar* »hinüber«; mit *mēnīδan* »verachten« AV., vgl. *tarmēnišnīh* »Nichtachtung, Hochmut« — aw. *tarō ma'nyetē*, *tarōma'ti*-; *kardan* »verächtlich behandeln« AV. MKh.

— פיראמון »rings um«; *pa p°-kārišnīh p° ē kārēδ* Vd. 19, 72/21 aw. *pa'rikarəšəm pa'rikaršoit*.

— פראץ *frāž* »vorwärts«; mit *raftan* »hervorkommen«, *dāδan* »hervorbringen«.

— פרות *frōδ* »vorwärts«, mit *vardēδ* Vd. 8, 301. 305/104. 106 aw. *frao'risye'ti*; *murdan* AV. »hinsterben«; כרינד (ob *krīnēnd*?) Vd. 4, 144/50 — aw. *avakər'θyāt*.

בלא — *bē* »weg«, entspricht verschiedenen aw. Partikeln, als *apa*-, *ava*-, *para*-, *vi*-, *a'pi*-; oft ist es schwer zu entscheiden, ob dieses Wörtchen Präfix, oder blosse Verbalpartikel (§ 110 a) sein soll; vgl. AV. 2, 12.

— בילון *bērūn* »heraus«; mit *āmaδan* »herauskommen«, *hištan* AV. 29, 2 »herausstrecken (die Zunge)«.

לאלא — *var* »hinauf«, entspricht in den Übersetzungen dem aw. *uz*; *mār...pa tan var šuδ u pa dahān bē āmaδ* AV. 86, 2 »eine

Schlange kroch durch (ihren) Körper hinauf, und kam aus dem Munde wieder heraus«.

— הם *ham* »zusammen«; mit *pursīδan* »sich unterreden«. Nicht hierher gehören *ō ham, pa ham* »zusammen«, womit das aw. *hąm-* manchmal wiedergegeben wird.

[1] So ist die Ligatur aufzulösen. — [2] Das Ideogramm לצת habe ich als Präfix nicht angetroffen.

c. DIE VERBALPARTIKELN.

110. Dieses Capitel fällt im Mp. etwas reichlicher aus, als im Np., bedarf aber noch eingehender Untersuchungen nach guten Texten (vgl. Spiegel § 97. 98).

a) Sehr häufig erscheint die Partikel בלא *bē*, päz. *bə*, np. *bi* (vor Vocalen *biy*, was auf alte Länge hinweist), welche wohl mit dem aw. *boit* identisch ist (vgl. *nē* § 47), und vor alle Verbalformen treten kann, ohne deren Bedeutung merklich zu modificiren. Was ihre Stellung betrifft, so muss erwähnt werden, dass sie vor alle anderen Verbalpartikeln tritt: *bē nē mīrēnd* Vd. 2, 137/42 »sie sterben nicht«, *bē nē šavom* Bdh. 3, 13 »ich gehe nicht«, *bē ō pēδākīh āmaδ* AV. 1, 15 »kam zur Erscheinung«.

b) Noch nicht ganz als Partikel lässt sich das Wort חמאי *hamē* (fälschlich חמאך חמא geschrieben) auffassen, np. *hamē, mē*, weil es fast an allen Stellen mit »immer, fortwährend« übersetzt werden kann, z. B. *Ōhrmazd būδ u hast u hamē bavēδ* Bdh. 1, 11 »Ormuzd war und ist und ist immer (wird immer sein)«; *vam dīδ rovān ī mard ē kē awurnāyīk ē čand andar pāy ōwast u hamē vāng kard; u dēvān čēgōn sag humānāk andar hamē ōftēnd u drīnēnd* AV. 43, 1—3 »ich sah die Seele eines Mannes, zu dessen Füssen einige Kindlein lagen und immerfort wimmerten; und Teufel, Hunden ähnlich, fallen ihn beständig an und zerfleischen ihn«.

c) Schwierig zu erklären ist die, um mit Spiegel zu reden, »dem Mp. eigentümliche Vorsetzung des demonstrativen Pronomens vor das Verbum zur Vermehrung des Nachdruckes, besonders wenn etwas geboten wird.« So vorgesetzt erscheinen nach ihm *ē* (אי חנא אב § 74) und seltener *ō* (ול ען, sogar ולה Vd. 19, 43[sp] Gl.). Da im Urtexte überall der Optativ steht, fasse man *ē* (= *hē*) als Conditionalpartikel, s. u. § 116.

d) Anders steht es mit *ō*, das an einigen Stellen zweifellos Pronomen ist, z. B. *har čē awāk zamīk ēvkardak, ka-š paδaš bē mīrēδ zamīk rīman ō kunēnd; ān ī juδkardak nē kunēnd* Vd. 6, 9/5 Gl. »alles was mit der Erde gleichartig ist, wenn etwas darauf stirbt, so verunreinigt gerade es (das Gleichartige) die Erde; was aber andersartig ist, thuts nicht« (vgl. Horn, ZDMG. 43, S. 42), ebenso Bdh. 42, 8. 57, 11. 64, 5; Hādh. N. 1, 2. Auch accusativisch scheint *ō* zu stehen: *har čē tan varžīδ ēsteδ rovān ō vēnēδ* Pdn. 147 »alles was der Leib gethan hat, das erblickt die Seele (an der Tschinvatbrücke)«; *ān (ī) šumāk yažišn . . . . ō kunom* Vsp. 13, 5/11, 20, wenn es nicht Paraphrase für *ō yažom* ist, da dieses Zeitwort sehr oft mit vorgesetztem *ō* anzutreffen ist, z. B. Vd. 3, 5/1. 19, 22/6. 43/13; Bdh. 10, 12. 61, 18. Absolute Präposition kann das Wörtchen sein in folgenden Sätzen: *šahristān ē ī Ardaxšēr-xvarr xvānēnd kard . . . . u ātaxš ō nišast* (lies *nišāst*) KN. 8, 17 (vgl. 8) »eine Stadt, die man A. nennt, erbaute er . . . . und errichtete dort (eigtl. dahin) ein Feuer«; *ē aš* (איעש) *mardum andar ō āmuržēnd* Vsp. 10, 24/9, 5 Gl. »d. h. mit ihm haben die Leute Mitleid«, vgl. Hādh. N. 2, 35; *ka-š īn and bē āmōxt, har kār ī kirfak frazand kunēnd, pīδ u māδ ō bavēδ, ka-š nē āmōžēδ* (sic) *u frazand pa mastvarīh vināš kunēnd, pīδ u māδ ō bavēδ* GSh. 143 »(die

Eltern sollen ihre Kinder belehren), wenn sie es soviel gelehrt haben, so kommen alle guten Werke, die die Kinder thun, den Eltern zu gute, lehren sie sie nicht und die Kinder begehen aus Thorheit eine Sünde, so ist das den Eltern (Cas. obl., abh. von *ō*) d. h. wird ihnen zugerechnet«.

111. Negationen besitzt das Mp. zwei: *nē* (לא), ap. *naiy*, aw. *noiṯ*, np. *nē*, *niy-*, *na*, und das prohibitive *ma* (אל), ir. *mā*, np. *ma* (vor Verben nach Analogie auch *may-*). Wir sahen schon oben, dass *nē* der Partikel *bē* nachgesetzt werden muss; für *ma* glaube ich Vsp. 25, 4/22, 2 ein Beispiel zu haben, wenn בלא ול אפינים in *bē ma āwēnēm* zu corrigiren ist, aw. *mā apaēma*.

Anm. Spiegel § 97 lehrt, dass das *a* privativum mit dem Verbum finitum verbunden werde, und § 52, 1) Anm. bin ich ihm leider gefolgt. Es erweist sich aber, dass die Beispiele bei ihm als Participia aufzufassen sind, während אשיאית in *ā šāyēδ* »so darf man es« zu zerlegen ist, vgl. *ā nē šāyēδ* Vd. 9, 132/32, und unten § 127.

d. Tempus- und Modusbildung.

112. Die ganze Flexion des mp. Verbums beschränkt sich auf drei Bildungen: Präsens, Imperativ und Conjunctiv; alle übrigen sind paraphrastisch. Dabei sind die alten Stammauslaute *-a-*, *-aya-*, und für den Conjunctiv *-ā-*, schon so fest mit den Personalsuffixen verschmolzen, dass nur noch von Personalendungen die Rede sein kann. Es muss vorausgesetzt werden, dass in der ältesten Periode des Mp. zwei Conjugationen bestanden haben, je nachdem der Verbalstamm auf *-a-* oder *-aya-* ausging, und dass beiderlei Formen späterhin durcheinander geflossen sind. Darauf weisen einerseits die Dialekte hin, andererseits lässt sich nur so das Schwanken der Endungen in den überlieferten Texten erklären. Es finden sich nämlich folgende Endungen:

	vom *a*-Stamme:				vom *aya*-Stamme:			
Praes. Sg. 1.	ום ם	*am*, *om*	päz. *am*, *ōm*, *um*	np. *am*	ים	*ēm*	päz. *əm*[1]	np. —
2.	׳ u.s.w.	*ē*[2]	*aē*	*ī*		*ē*	*aē*	*ī* (*ē*3)
3.	ד	*ad*[4]	—	*aδ*	ית	*ēδ*	*əḏ*, *ēḏ*	—
Pl. 1.		(wie im Singular?)		—	ים	*ēm*	*ēm*	*īm* (*ēm* 3)
2.		—	—	—	ית	*ēδ*	*ēḏ*	*ēδ* (*ēδ*3)
3.	[נ]ד	*and*	—	*and*	ינד	*ēnd*	*ənḏ*, *inḏ*	(*ind* 5)
Imp. Sg. 2.		—	—	—		—	—	—
Pl. 2.		—	—	—	ית	*ēδ*	*ēḏ*	*ēδ* (*ēδ*3)
Conj. Sg. 1.		—[6]	—	*ām*		—	—	—
3.	את	*āδ*	*āḏ*	*ād*		—	—	—
Pl. 3.	אנד	*ānd*	*aḏ*	*ānd*		—	—	—

[1] Das hier und in anderen Endungen erscheinende päz. *ə* beweist eigentlich nichts, so dass es ebenso wohl als *a* (*fatḥa*) gemeint sein kann. — [2] Geschrieben (so gut sich die Ligaturen wiedergeben lassen) א·אב·אי·איש·יש·אא·יא·יב·ב und entweder aus *-ahy* oder *-ayahy* entstanden. Spiegel § 112 will einige der volleren Formen als Conj. auffassen; dann wäre eine Neubildung (wie np. *-ām*) **-āy* anzusetzen, ich ersehe aber keinen zwingenden Grund dazu. Interessant, aber kaum zu verwerten, ist die päz. Form *yazīš* für aw. *yazaēša* Yt. 1, 9; eine Reihe dieser Formen auf יש· findet sich Vd. 19, 42/13 ff.; doch kann ja immer noch *-ē* oder conj. *-āy* gelesen werden; vgl. AVGl. 344, § 13. — [3] Jüdisch-persisch. — [4] Nicht selten im Vd., z. B. רפד »geht«, תוד »läuft«, יזד »preist«, aber wie die richtigen Formen יצית·תצית zeigen, wohl dem Np. nachgeahmt. — [5] In alten Hdss., so auch das Ptc. praes. auf *-indah*. — [6] Spiegel § 113 und seine Nachfolger erkennen noch ein 1. Sg. Imperat. auf יני·אני an, gleich aw. *-āni*, *-ēni*; das könnte doch nur als Entlehnung aus dem Av. erklärt werden, denn einem alten *barāni* dürfte **baran* (**baron*), höchstens **barān* entsprechen. Ich muss gestehen, dass mir die Durchsicht der Stellen, — trotz Neriosengh's 1. Pl. in Ys. 9, oder חורסנד חהאני *samtoṣayāmaśća* Ys. 7, 60/24 für *usəmahića* (Aog. 1 aber *xᵛarəsanḏ həm*) — den Eindruck hinterlässt, als ob die Übersetzer die 3. Pl. gemeint hätten (wie auch Ys. 31/32, 2 für *āyōi* סאחונד steht). Eine päz. Transcription solcher Formen kann ich nicht nachweisen, und muss bei meinem Bedenken verharren; in phl. Schrift sehen אני und אנד übrigens gleich aus. Ebenso

schwierig ist die Lesung und Deutung des anderen nicht seltenen Suffixes, das wie aw. *ą* oder das Ideogramm בין = *andar* aussieht (auch mit Modificationen), Spiegel, § 113 Anm. 2. Es läge am nächsten es *-ānd* zu lesen, aber da es nicht nur für die 3. Pl., sondern auch für die 2. Sg. Imper. und sogar fürs Ptc. praet. steht, so mag die Lösung dieser Crux späteren Untersuchungen überlassen bleiben. Ich will hier auch noch an den sog. Aspirationsstrich erinnern, der bei den Endungen ית ים vorkommt; sollte er auch bei diesen Ligaturen angebracht sein, — etwa um den Conjunctiv auszudrücken?

An die semitischen Verbalideogramme auf -ון und an חוה werden ganz dieselben Endungen angesetzt, nur dass in der 3. Pl. allein ד geschrieben wird, z. B. ימללונים = *gōvēm*, ימללונד = *gōvēnd*.

113. Bei den übrigen Tempora und Modi kommen die drei folgenden Hilfsverba in Betracht:

a) √*ah*, welche sich in einen Stamm *h-* verflüchtigt hat, an den die Endungen antreten; geschrieben wird stets das Ideogramm חוה oder חוה'. Die Flexion ist diese:

Ps. Sg. 1.	חוהם	*ham*[1]	päz.	*hōm, həm*	Pl. 1.	חוהים	*hēm*	päz.	—
2.	חוהי	*hē*	„	*haē*	2.	חוהית	*hēð*[2]	„	*həḏ*
3.	[3]חוה	*ast* (?)	„	*-ast*	3.	חוהד	*hand, and*[4]	„	*hənḏ*
Conj. Sg. 3.	חוהאת	*hāð*[5]	„	*hāḏ*	Pl. 3.	חוהאנד	*hānd*[8]	„	—
	חוהית	*hēð*[6]	„	*həḏ*					
	חוהי	*hē*[7]	„	*haē*					

[1] So ist zu lesen, denn es wechselt mit חם; über dieselbe Zeichengruppe für *az* (*az-am*?) s. § 71. — [2] Nach Art des Np. angehängt in אמשוספנדית Ys. 8, 5/3 *amšōspand-ēð*, אנשותאית Vd. 18, 37/16 *marḏum-ēð*. — [3] Das öfters vorkommende חוהת z. B. HN. 1, 35. 38, Ner. *kila* (Spiegel § 175) kann ich nicht als 3. Sg. auffassen; es muss »also, das heisst« bedeuten, wie es aber zu lesen und zu erklären ist, bleibt fraglich. — [4] Die zweite Lesung wegen ונה חוהד Mkh. 35, 4. 12 *ēn and* »so viel«. — [5] Aus *h-āð*; steht Mkh. 2, 128 als Variante für die 2. Sg. — [6] Die Bildung ist dunkel. — [7] Absolut GF. 3, 21 *pur hē* »wäre angefüllt«. Aus diesem Wörtchen, dessen Bildung unerklärt ist, entstand das np. *yā i šarṭ*. Alle drei Formen kommen fast nur in periphrastischen Bildungen vor, s. u. § 116. — [8] Spiegel kennt auch eine 1. Sg. Imper., s. o. § 112b.

aa) Für die 3. Sg. steht meist das Ideogramm אית päz. np. *hast*, welches gewöhnlich die prägnantere Bedeutung »ist vorhanden, ist da« hat. Mit der Negation heisst es לוית päz. *nəst*, np. *nēst* »ist nicht, existirt nicht«. Die im Np. vorhandenen anderen Personen und der Plural kommen noch nicht vor, wohl aber die Abstractbildungen איתיה *hastīh* np. *hastī* »das Sein« und לויתיה *nēstīh* np. *nēstī* »das Nichtsein, das Nichts«. Auch steht dieses Abstractum einfach für den Infinitiv, z. B. *agar-aš apassaxv būð hē, ku jāk hastīh ī Ādam anāgāh būð* ShGV. 13, 137 »wenn er ohne Antwort geblieben wäre, so war ihm das Wo-sich-befinden Adam's unbekannt«.

b) √*bū* : *bav, būð* »sein, werden«, wofür lieber יהוונתן' (sem. הוה) geschrieben wird; die nicht ganz regelmässige Flexion ist folgende:

Ps. Sg. 1.	יהוונם	—		päz. *bōm*[1]	Pl. 1.	יהוונים	בים	*bēm*	päz.	—
2.	יהווני	—		*baē* (*bāē*)	2.	יהוונית	בית	*bēð*		*bəḏ*
3.	יהוונית	בית	*bēð*[2]	*bahōḏ*	3.	יהוונד	בינד	*bēnd*		*bənḏ*
Conj. Sg. 3.	יהוונאת	באת	*bāð*	*bāḏ*	Pl. 3.	יהוונאנד	[3]באנד	*bānd* (?)		—
Imp. Sg. 2.	יהוונאש	באש	*bāš*[4]	*bāš*	Ger.	יהוונשן'	—	(*bavišn*)		*buəšn bvašni*

[1] Es ist kaum zweifelhaft, dass die contrahirten Formen auch die regelmässigen volleren *bavom* u. s. w. neben sich gehabt haben müssen, vgl. das Np. und das Ptc. prs. בונרך *bavandak* »vollkommen«, arm. *bowandak*. Vielleicht liegen hier zum Teil falsche Analogiebildungen vor; päz. *bahōḏ* hat jedenfalls nimmer existirt. — [2] Vd. 3, 105/30 Gl. בית' 3, 16/4 Gl. — [3] Nach West. — [4] Vgl. Horn § 91 a.

c) √*stā* : *ēst, ēstāð* »stehn«, wofür meist יכוימונ(א)תן' (sem. קום) eintritt, wird ganz regelmässig flectirt.

114. Die vergangenen Zeiten werden mit Hilfe des Ptc. prt. umschrieben, und zwar in passivischer Wendung bei transitiven Verben, wobei die Person durch den ursprünglichen Casus obliquus der Pronomina oder die enclitischen Pronomina ausgedrückt wird.

a) So haben wir zwei Formen des Praeteritum transitivum, z. B. von *karḏ* »gemacht«:

Sg.	*man, tō, ōy karḏ*	oder	*-am, -at, -aš karḏ*
Pl.	*ēmā, šumā, ōšān karḏ*		*-mān, -tān, -šān karḏ*

vgl. ai. *mayā kṛtam* (ap. *manā kartam* § 80). Erstere Wendung ist die seltnere, z. B. *man guft* AV. 4, 5; *tō srūδ* 4, 26; *kē gospand dāδ* Ys. 5, 1 *yə gąm .... dāṯ*. Bei der 3. Person tritt fürs Pronomen das Subject ein: *kanīzak guft* KN. 12, 5 »die Jungfrau sprach«. Mit der Enclitica: *ma agar-at xvarḏ* ShGV. 13, 33 »assest du etwa?«, *guft-aš Ōhrmazd* = *mraoṯ A. M.*, *kē-š pa gētīk yāδūkīh karḏ* AV. 35, 5 »der auf der Welt Zauberei trieb«.

Anm. 1. Ganz rein passivisch ist diese Construction, wenn Subject und Object durch Pronomina vertreten sind, z. B. *guft ku: kē ākāsēnīδ hē ku brahanak hē?* ShGV. 13, 22 »(Gott) sprach zu (Adam): wer that dir kund, dass du nackend bist?« *Ādam guft ku: īn zan ī-at ō man dāδ farēft ham* ib. 34 »A. sprach: dieses Weib, das du mir gabst, betrog mich«; vgl. AV. 4, 28. 68, 18. Der neuen Sprache ähnlicher: *Srōš ... dast ī man frāž grift u man .... burḏ* AV. 53, 12 »S. erfasste meine Hand und führte mich.«

b) Beim Praeteritum intransitivum genügt für die 3. Sg. das blosse Ptc.: *Virāf awar xāst* AV. 3, 3 »V. erhob sich«; *ō paδīrak bē maδ Srōš* 4, 2 »entgegen kam S.« Es findet sich aber auch die transitive Construction: *ōy drvand zan kē-š .... rūspīk būδ* 81, 6 »jenes arge Weib, das eine Hetäre war«, vgl. 78, 7. 85, 6. Die übrigen Personen werden durch Hinzufügung des Hilfszeitwortes הוום *ham* u. s. w. bezeichnet: *maδ ham* AV. 4, 7. *āmaδ hē* 4, 4. *šuδ hand* KN. 9, 6. Diese Construction findet sich aber auch gar nicht selten bei der 3. Pl. transitiver Verba, z. B. *ka-šān āšnūδ ... drāyīδ hand u vāng karḏ hand* AV. 2, 4 »da sie es hörten, weinten sie und jammerten«, vgl. KN. 1, 18; aber auch sonst.

Anm. 2. Das sind die Vorstadien der Entwickelung, wie sie im Np. und in den Pāmirdialekten nach verschiedener Richtung zum Stillstand gekommen ist.

115. Zum ferneren Ausdrucke der vergangenen Zeit, Perfectum und Plusquamperfectum, dienen die Hilfsverba *ēstāδan* und *būδan*, mit der eben besprochenen Construction, z. B.: *kē zrēh ē paδmōxt ēstēδ* Bdh. 15, 2 »welcher einen Panzer angelegt hat«; *aš kišt bavēδ* Vd. 3, 99/31 Gl. »er hat gesäet«; *āmaδ ēstēδ* MKh. 2, 151 »ist gekommen«; ferner *aš nē dīδ ēstāδ* ShGV. 13, 13 »er hatte nicht gesehen«; *aš karḏ ēstāδ* Vd. 2, 16/5 Gl. »er hatte gemacht«; *zāδ ēstāδ* KN. 1, 8 »war geboren«; *maδ būδ* AV. 68, 24 »war gekommen«; *am xvarḏ būδ* Bdh. 35, 6 »ich hatte getrunken«. Selten kommen weitere Combinationen vor: *maδ ēstāδ būδ* AV. 89, 8; *ka-šān pēm xvarḏ būδ hand* Bdh. 35, 4 »als sie die Milch getrunken hatten«[1].

[1] Vgl. bei Firdausi und auch später *āmaδastam* u. s. w., und im Tādjikī: *ūmada īstōda ai*, *būd* »ist, war gekommen«.

Sobald die Enclitica fehlt, tritt die ursprüngliche passivische Bedeutung der Wendung wieder klar zu Tage: *guft ēstēδ* MKh. 2, 10 »es ist gesagt worden«, *niwišt ēstāδ* KN. 16, 22 »es war (stand) geschrieben«; *dāδ bavēδ* Vd. 8, 51/19 Gl. »wird gegeben«; *stāyīδ bavēnd* HN. 1, 6 »werden gepriesen«; *zaδ bāδ* GF. 5, 6 »er sei geschlagen«; *dāδ ēstāδ hand* Vd. 2, 10/5 »waren erschaffen worden«.

116. Von allen diesen Formen kann ein Conditionalis gebildet werden, indem die in § 113a besprochenen חוהאי חוהית חוהאת hinzu treten: *ku-am kard hē* AV. 68, 20 »damit ich gethan hätte (eigtl. thäte)«; *ka-m* (lies אמתם) *tō bēšiō hē* Ys. 1, 56/21 aw. *yēzi* ϑ*wā didvaēša; aš burd hē* Vd. 3, 16/4 Gl. »er hätte getragen«; *bē ōzaō hē* KN. 6, 22 »wäre getötet worden«; vgl. ShGV. 11, 11.

Gewöhnlich erscheinen diese Formen in Bedingungssätzen, die mit *agar*, *ka* eingeleitet werden; es lassen sich folgende Combinationen belegen:

Vordersatz ohne Hilfsverb — Nachsatz *hāō*: Bdh. 12, 11. GF. 3, 71. ShGV. [11, 262.

do. — *hē*: ShGV. 4, 19.
hāō — *hāō*: MKh. 2, 95.
hāō — *hē*: Bdh. 14, 4.
hēō — *hāō*: Bdh. 45, 12.
hēō — Conjunctiv: Aog. 106.
hēō — Indicativ: Aog. 85.
hē — *hāō*: Bdh. 48, 19. ShGV. 4, 19. 20.
hē — *hēō*: MKh. 27, 35. 36.
hē — *hē*: MKh. 27, 35. 36. 53. Bdh. 32, 20. ShGV. 4, 86.
hē — Indicativ: Vd. 1, 3/1. 5, 13/4. ShGV. 13, 137.

[1] Bei Spiegel heissen diese Bildungen Conjunctiv des Perfects § 116 und Conditionalis § 117.

117. Anders wird der Optativ des Präsens gebildet, und zwar indem das Wörtchen (*h*)*ē* vor das Verb tritt. Es wird aber stets (אב)ִ חי חנא geschrieben (wie das Pronomen *ē* § 74), niemals חוהאי; doch ob es deshalb andern Ursprungs ist, möchte ich bezweifeln. Beispiele sind häufig im Vd., wo der befehlende Optativ so wiedergegeben wird, z. B. *īn zamīk bē* (*h*)*ē nikīrēnd* 6, 12/7 aw. *anhå z*'*mō pa*'*rišayanta; dast ān fratum frāž* (*h*)*ē šōyēō* 8, 127/40 aw. *zasta hē pao*'*rīm frasnāδayən; bē* (*h*)*ē dahēnd* 5, 41/11 aw. *nida*'ϑ*yąn*; vgl. noch 3, 66/20. Hādh. N. 2, 21. 3, 20. In Bedingungssätzen geht entweder der Conjunctiv voran, z. B. 8, 5/2. 8/3, oder das Ptc. prt. mit *hāō* (Cond. praeteriti), z. B. 3, 64/20. 4, 124/45. 5, 44/12 = 8, 23/10.

Anm. Dunkel ist mir *haē* MKh. 22, 5 (Ner. *šīghram*) und ShGV. 13, 91 (Ner. *tatkālam*), sowie יחוניתאב Vd. 13, 16/4 Gl. West AVGl. 350 führt freilich Präsensformen mit nachgesetztem *-ē* (vgl. np. *bīnam-ē, kunaδ-ē*) an, doch kenne ich keine Belege. Die sonderbaren Formen ידרונִגיב u. s. w. KN. 7, 11 (wofür in Peshotan's Grammar 165 ימיב° steht) sind 2. Sg., vielleicht auch Cond., — aber graphisch noch ganz unklar.

118. Neben der oben besprochenen periphrastischen gibt es noch eine besondere Bildung für das Praesens Passivi, welche meistens in der 3. Sg.[1] vorkommt, z. B. שויאית Vd. 19, 22/75 »wird gewaschen«; מכבלוניאית Ys. 8, 9/4 »wird angenommen«; auch denominativ: בלא אכאריאית MKh. 8, 13 »wird geschwächt (eigl. wirkungslos)«; 'ואפריאית DD. 7, 6 »wird geglaubt«; sogar *ka ō nyāyišn* וזלוניאית DK. (Peshotan § 133) »wenn zur Anbetung gegangen wird«. Seltner ist die 3. Pl., z. B. אושתאפיאינד DD. 32, 12 »werden angetrieben« und öfters im Glossar zum ShGV., und nur einmal belegt die 1. Sg.: »gepriesen sei Ormuzd u. s. w.« *ō rāy kē* יכתיבוניאים »für den (d. h. zum Wohle dessen), von welchem ich (das Buch) geschrieben werde« Bahm. Yt. 1, 1. Im DK. findet sich nach West auch die 3. Sg. auf אסת° (oder איית°) und der Infinitiv auf 'איתן° 'אסתן° (oder 'איתן°). Im Pāzand werden diese Endungen mit *-ihad*, *-ihənd* umschrieben, also חית° u. s. w. gelesen; aber eine Erklärung für diese Bildungen ist bisher noch nicht gefunden worden, und ich muss mich damit begnügen, sie anzuführen[2].

[1] Diese Form war Spiegel § 117, 2) noch nicht klar. — [2] Auf Eines nur mag

hier hingewiesen werden. Im älteren Np. wird das Passivum mit *āmaδan* gebildet (Horn § 92 d): *kardah āyaδ*, Prt. *guft āmaδ*. So liesse sich ja hier auch lesen, wenn nicht der Präsensstamm anstatt des Ptc. bezeugt wäre. Auch in den neueren Sprachen findet sich keine ähnliche Bildung, ausser Spuren im Dialekte von Kesche, wo Žukovskij (Materialy I, S. 244) zwei einzige Beispiele verzeichnet hat: *gūšt apičīyā* »das Fleisch wird gekocht« und *libās asōǰīyā* »das Kleid wird gemacht« (*a*- ist Präsenspräfix); vgl. *yā*, *īā* »kommt« von *emeimūn*, np. *āmaδan*. Da hätten wir den Präsenstamm, oder ein sonst nicht vorkommendes Abstractum von demselben, also: פציח אית **pačīh āyēt*, *sāčīh āyēt*, etwa wie *coctum iri*, *factum iri*? Doch leidet diese Erklärung an verschiedenen Bedenken.

119. Ein Futurum besitzt das Mp. nicht, es genügt das Präsens, meist mit *bē*. Doch führt Peshotan § 211 aus dem — neuern — Patet Beispiele der np. Umschreibung mit *xvāstan* an: *kas rāy guft bavēnd ku ǰāmak bē* (lies בלא für פון) *xvāhēm dāδ*, *bē* (sic) *ōy nē dahēnd* »jemandem haben sie gesagt: ein Kleid werden wir (dir) geben, aber gebens ihm nicht«.

e. VERBA IMPERSONALIA.

120. An unpersönlichen Verben zeigt sich das Mp. reicher als das Np. Der dabei stehende volle oder gekürzte[1] Infinitiv ist, wie es scheint, stets passivisch zu fassen, abgesehen natürlich von den Fällen, wo das Zeitwort selbst schon intransitiv ist. Hierher gehören:

[1] S. § 107, Anm.

a) *awāyistan*, *awāyēδ*[2] (kein Ideogramm), pāz. fälschlich *āw°*, np. *bāyaδ* »es gebührt, es ist nötig«: *ku-mān čārak xvāstan awāyēδ* AV. 1, 23 »wir müssen ein Mittel suchen«; *nūn īn rovān ēδōn grān pāδofrās aw° burd* AV. 39, 6 (aber 23, 9 *burdan*) »jetzt muss diese Seele so schwere Vergeltung tragen«; vgl. MKh. 2, 103. Ys. 9, 3/1 gl. Ohne Infinitiv: *ku-šān xvarišn nē aw°* Bdh. 43, 1 »denn sie brauchen keine Speise«; prolixer: *pa kār andar nē aw°* MKh. 16, 8 »es ist nicht nötig«; mit *andar* auch sonst im Bdh., MKh. 63, 8.[3] Persönlich construirt: *harvisp yēzaδ* .... (*ē pa frārūnīh ō awāyēnd yašt*) Ys. 1, 49/19 gl. »alle Yazata's ... (d. h. in Rechtschaffenheit sollen sie verehrt werden)«.

[2] § 83, Anm. 1; davon das Adj. verbale *awāyišnīk* »gebührlich, tauglich, tüchtig«. — [3] Mkh. 19, 5 ist *rāy* mit einigen Codices besser wegzulassen. — *nēvakīh awāyistan kas rāy* ib. 4, 7; 63, 4; ShGV. 1, 49 »jemanden das Beste wünschen, wohlwollen« ist wohl aus *n° kardan aw°* MKh. 37, 8 abgekürzt.

b) *šāyistan*, *šāyēδ*[4] (kein Ideogramm) np. *šāyaδ* »es ist möglich, zulässig, man darf« wird meist absolut gebraucht: *va-šān ē rāy ēvak awāk duδīgar čīš-ič āštīh u dōšārm būδ* (paz. *būdan*) *nē šāyēδ* MKh. 10, 10 »und darum kann bei ihnen mit einander in keinem Dinge Friede und Freundlichkeit sein«; *spāh ī kirm* .... *yāk ī duδīgar awar ōšān ēδōn bē grift*, *ku spāh ī Artaxšēr bē viδurdan nē šāyist* KN. 6, 24, das Heer des Wurmes hatte den anderen Weg ihnen so abgeschnitten, dass es dem Heere des A. unmöglich war durchzukommen«. Auch persönlich: *pa šīr vēh šayēnd zīvistan* Mkh. 16, 6 »von Milch können sie gut leben«, *kay šāyēm griftan* KN. 3, 5 »wann kann ich ihn fassen?«

[4] Vgl. *xšayete hē pascaēta aēša yo ratuš ϑrišūm aētahē šyaoϑnahe apaϑharštēe* Vd. 5, 78/26 שליתא ולה אחר זך מנו רת׳ פרישותך זך י׳ מנו ולה תוצשך בלא שדכונג. Die Lesung von שליתא (eigtl. °שרי) ist *pāδəxšāh* »im Stande«, welches auch mit dem Inf. construirt wird; vgl. z. B. Vd. 7, 168/67 und die Glossen zu 5, 47/14. 78/25. 145/48, wo die § 112, 6) Ende besprochenen seltsamen Verbalformen auftreten.

c) *sažīδan*, *sažēδ*[5] (סציח, aber auch סוד geschrieben; kein Ideogramm) np. *sazaδ* »es geziemt sich«: *pas sažēδ dānistan* MKh. 60, 11 »also muss man wissen«; meist mit einem Subject: *īn čē sažēδ būδan* KN. 10, 6 (3, 14)

»was soll das sein?«; *in juδ-rastakīh nē až dahišn ī yazdān sažēδ būδan* MKh. 1, 38 »diese Verschiedenheit der Secten darf nicht von der Einsetzung Gottes her sein«.

5 Vgl. *xᵛafsa darᵊyo mašyāka, noiṯ tē sačaⁱti* Vd. 18, 40/16 *xvafsēδ* דרניניה (kaum **dargēnīh*, vgl. *darg* Ys. 2, 53/13, sondern wohl דירנני = *dērang ī*) *mardum-ēδ, čē nē ān šumā sažaδ.*

d) *sahistan, sahēδ*[6] (Idgr. מרממונסתן), np. > »scheinen, erscheinen«: *čēgōn tō sahēδ* AV. 4, 25 »wie es dir scheint«; *šumā ēδōn vēh s°* GF. 2, 15 »euch scheints so gut«; *v-am buržišnīk sahist* AV. »und mir schien es herrlich«.

6 Übersetzt *saδayᵉⁱti* u. s. w. Vd. 19, 45/19; HN. 3, 17.

e) Hierher gehört auch תובאן *tovān*[7] np. *tuvān* »vermögend«: *u agar tāk sē rōž griftan nē šāyēδ pas až ān griftan nē tovān* KN. 3, 6 »und wenn es innerhalb dreier Tage nicht gelingt (ihn) zu ergreifen, so kann er darnach nicht ergriffen werden«; vgl. noch die Glossen zu Vd. 2, 10/3. 19/7 und Bdh. 13, 1.

7 Eigtl. Part. praes. med. von √*tu* »können«, welche im Awesta freilich nur activ flectirt wird. Davon das Denom. *tovānistan* np. *tuv°* »können«; *passaxv nē tovānom kardan* GF. 4, 14; *tovānist* Bdh. AV.

E. DIE PARTIKELN[1].

a. DIE PRÄPOSITIONEN.

121. Zwar haben sich im Mp. mehrere der alten Präpositionen erhalten, zum Teil aber sind sie durch Adverbien verdrängt worden, welche noch eine Präposition zu sich nehmen, oder, wenn sie nominalen Ursprungs sind, durchs Relativum *ī* verbunden werden müssen. Im folgenden wird nur die Grundbedeutung angegeben, und auch die Beispiele sind gespart, da genügende Kenntnis des Np. vorauszusetzen war. Alte Präpositionen sind:

1 Zu diesem Capitel vgl. das PPGl. p. 18 ff. (meiner Ausgabe 82 ff.) und Spiegel p. 132 ff.; die mit Sternchen bezeichneten Formen liessen sich in den Texten bisher noch nicht nachweisen.

aδari — איר *ēr*, pāz. np. > = > »unter«, nur Vd. 8, 219. 224/69. 70; *ēr ō ažawar* »von unten hinauf« Bdh. 72, 2.

antarə — *אנדרי, pāz. *andar* = ip.[2] בין, gp. *באין בהן (83, 4), bp. eine Ligatur [Ligatur], np. *andar, dar* »in«; dient zur Bezeichnung des Locativs und als Präfix; mit dem Adj. אנדרתום *andartum* Vd. 7, 27/11 = aw. *antəma*. Daneben erscheint in den Übersetzungen auch die vollere Form.

2 S. § 14 Ende.

— אנדרג *andarg*[3] = >, z. B. *ēmā a°* Ys. 33, 7ᶜ *nā antarə*, Vd. 5, 85/27. 9, 25/11 u. ö.

3 Gebildet wie ותרג np. *guδar* »Durchgang«, וסתרג aw. *vastra-* »Kleid«.

avi — או oder אוו, pāz. *ō, aō* = ip. mzp. bp. ול (wofür auch fälschlich ולה und ען geschrieben wird) np. > »zu«; dient auch zur Bezeichnung des Dativs § 57. und als Verbalpartikel § 110c). Mit der Enclitica der 3. Sg. entstand אובש (in PPGl. transcribirt אויש) *avaš* (*aviš*) pāz. *havaš* aus **avi-šē*, eigtl. »zu ihm«, doch auch schon freier verwandt: *spazgīh ma kun, ku-t duššrovīh avaš nē rasēδ* MKh. 2, 8. 9 »verleumde nicht, auf dass kein böser Leumund an dich heran komme«; *u pa nēvakīh avaš maδārīh spāsdārīh vēh* il. 72 »und damit einem Gutes widerfahre, ist Dankbarkeit das Beste«.

upari — אפר (nur im PPGl. und in Zusammensetzungen), arm. *apar-*, pāz. *awar*[4], jüd.-pers. בַּר אבַר, np. *abar*, *bar* = ip. bp. מדם »auf, über« (auch in Capitelüberschriften); dazu מדמתום Vd. 7, 27/11 = aw. *upama-*.

4 Die Lesung ist gesichert durch die Eigennamen מדם שתר' Bdh. 55,13, arm. *Apršahr*, np. *Abaršahr*, und מדמנ Vd. 6, 9,5 Gl. für den bekannten Commentatoren אפרג.

taro — תר *tar* = ip. לצדי, bp. לצת (für *לצד׳)[5], np. > »hinüber zu«: תר שנת *tar sāl* Vd. 8, 107/33. 12, 65/24, aw. *taro yārə* »seit einem Jahre, ein Jahr her«. Daneben der Superlativ

— תריסת *tarist*, meist für aw. *tarasca* Vd. 3, 94/29. 19, 100/30. ZPGl. 6, 4, doch auch für *taro* Ys. 70, 71/71, 16. Vd. 15, 33/9.

5 In לצת ist ת Verschmelzung von ד׳; statt der richtigen Form erscheinen mancherlei Varianten לצין = לצד׳ Vd. 13, 55/20; לוצין Vd. 5, 115/35. 9, 171sp.; ליצית und לפית KN. 3, 6.

pati — pāz. *pa* = פון[6], np. *ba* »zu, mit«; der alte Auslaut erhielt sich vor der Enclitica in פתש (jüd.-pers. פדיש[7]) *paδaš* (*paδiš*), vgl. die np. *baδ-ō*, *baδ-īn* u. s. w.; vgl. arm. *pat-*.

6 So schon in den Inschriften, aber eine unerklärliche Bildung, die nicht semitisch ist; im Chaldaeo-pehlevi scheint dafür פתן (viell. פוין) zu stehen. Durchs np. *ba* beeinflusst ist manchmal בלא für פון geschrieben, z. B. Vd. 19, 89,27 Gl. — 7 Vgl. § 72, Anm.

hača — *אץ, pāz. *až* = מן; np. *az* »aus, von«; mit der Enclitica אצש, seltner מנש *ažaš* (*ažiš*)[8].

8 Die im AVglossary angeführten אצשאן · אצת gehören zur Partikel אף (unten § 127); wie es mit *ažašą* ShGV. steht, mögen die Stellen zeigen.

ap. *rādiy* — ראי *rāy*, pāz. np. *rā* »wegen, um ... willen« ist Postposition wie im Ap. und noch nicht zur Partikel des Dat. Acc. herabgesunken, doch kommen einzelne Fälle solcher Anwendung schon vor, z. B. AV. 1, 9. GF. KN. 1, 27. 28. 39. 9, 22. 12, 22.

Hierher gehören auch noch:

tāk, np. *tā* = וד »zu, bis«, welches zugleich Conjunction ist und auf ap. *yātā* zurückgehen dürfte[9].

9 Im PPGl. תא Ed. אנא! Sal. (in K_{25} nur pāz. *tā*) umschrieben, Neriosengh *andā*, *andāk*; die Lesung *tāk* steht dadurch fest, dass nach Zahlwörtern sowohl תאך als וד vorkommt, z. B. *šānzdah tāk* MTsch. 1 neben צנד וד ib. 7, wie im Np. *tā*, besonders in der Umgangssprache: in dieser Verbindung ist es ein Subst. »Stück«.

awāk[10], pāz. *awā*, np. *abā*, *bā* = לותה »mit«, als Adv. »zusammen«, möchte ich von **upa*+*anč* ableiten, was durch den Wechsel mit לאודר *awāž* (vgl. Bdh. 71, 15, 17, 4) in der Bedeutung »mit« = jüd.-pers. אבַאז, np. *bāz* bestätigt wird[11].

10 Im PPGl. אפא umschrieben; ich lese *awāk* (אפאך Bdh. 17, 4 var.) wegen des Abstractes *awākīh* MKh. AV. DK. »Gemeinschaft, Begleitung, Beistand«. — 11 Mél. Asiat. IX, 249.

awē אפי arm. *ape-* (*api-*, Hbsm. n° 51. 52) pāz. *awə* np. *abē*, *bē* »ohne«, nur in Composition — geht wohl auf die Praep. *apa* zurück.

b. DIE ADVERBIA.

122. Die gebräuchlichste Bildung des Adverbs vom Nomen durch das Suffix *-īhā* wurde schon oben § 50, 21 besprochen, sowie die Steigerung solcher Adverbien. Doch kann auch das blosse Adj. stehen, z. B. *awēr* »überaus« (von **uparya*), *awērtar* »ganz besonders«; *tēž* aw. *išarə* Vd. 7, 3/2, *mošu* 22, 52/19; *ēδōn zūδ zūδ* Bdh. 49, 15 »so sehr schnell«; *bālistān* Vd. 6, 94/54. 8, 28/10 aw. *bāδištəm*; oder es sind alte Nomina, z. B. מייאן *mēyān* »inmitten«, eigtl. »das mittlere, die Mitte«; *nazd* »nah«; גרת *gird* »rund herum«;

נשיף *nišēw* »abwärts«, *yāvēδān* 'יאויתאן' oder wie np. *jāvēδān* = לולמן (ob aus לעלם verdorben?) »ewig« — vgl. aw. *yavaētāt-*, u. dgl. Auch ein Subst. mit einem Adj. oder einer Präposition verbunden, kann adverbial stehen, z. B. *ēv(ak) bār* »einstmals, einmal«; *har gās* »jederzeit«; *ham zamān* oder *pa h° z°* »alsbald«; *ham bun-ič* KN. 3, 11. 9, 8 »trotzdem«, *awar yāk* Pdn. 112 »auf der Stelle« (vgl. KN. 9, 13), ebenso 'פין אבוין' § 65, u. s. w. Wir wenden uns zu den adverbialen Partikeln, von welchen manche, wie die im vorigen § angeführten *andar*, *awar*, *tar*, *awāk* auch als Präfixe (§ 108) dienen. Teils stehen sie vereinzelt, teils lassen sich gewisse Analogien in ihrer Bildung erkennen, auf welche bei der folgenden Aufzählung Rücksicht genommen wurde.

123. Ort: **ānōk*, aber im PPGl. *אנוי (K_{25} *אנו), pāz. *ānō* = ip. bp. תמה »dort«.

ēδar *איתר, pāz. *ədar*, np. *ēδar* = bp. לתמה »hier«.

pēš פיש, pāz. np. ebenso = ip. לויני, bp. 'לוין' »vorne, früher«.

pas פס, pāz. np. ebenso = ip. אחל, bp. mit besonderem ל (eigtl. ר) »hinten; nachher; also« — ap. *pasā*, *pasāva*; das andre Ideogramm *באתר findet sich nur im PPGl.

var *ול, pāz. *ul* (sic! Yt. 1, 11. 17), jüd.-pers. ור, np. *bar* = bp. לאלא »hinauf«, dient zur Wiedergabe des aw. *uz-* — oss. *välä*, *ul* dug. *vala*, *uol* »oben«, welches mit *upari* nichts zu thun hat, denn diesem entspricht dug. *bäl*. Ob arm. *wer* zu vergleichen?

awar »oben« und *ēr* »unten« wurden schon besprochen § 121.

bē *ביי, pāz. *bə* = בְלָא »aussen, hinaus«, wohl mit der Verbalpräfixe § 109) identisch; als Conjunction »aber«.

andar, *andarg* »drinnen« s. o. § 121.

juδ יוית, pāz. *jat*, *jut*, np. *juz* »besonders, getrennt« — aus dem Ptc. der $\sqrt{yu}$, ai. *yuyōti* »trennen«, wie ja auch *yūtō* Vd. 5, 157/54 trotz der Übersetzung mit *āyōfiδ* aufzufassen ist; dazu das Adj. *juδāk* יויתאך, pāz. *judā*, np. *juδā* »gesondert«.

ham הם, pāz. np. ebenso »zusammen«, meist Präfix.

frōδ פלות pāz. *frōt* np. *furō(δ)* »hinab, hinweg«, ebenso. Dazu das Adj. פרותום = aw. *fratara* (vgl. *vatar* § 60, Anm. 1).

frāž פראץ pāz. ebenso np. *firā(z)* »vorwärts, hinauf«, mit dem Adj. *frāž-tum* »der oberste«, und

awāž *אפאץ, pāz. ebenso, jüd.-pers. אבאז, np. *bāz*, *vā* = לאוחל (eigtl. לאוחר) »zurück, wieder«

— beide sind aus den Praep. *fra* und *apa* + *anč* gebildet, wie die aw. *frąš*, *fraca*, *apąs*, und wohl auch *apāxtara* »nördlich«;

nikūn נכון, np. *nigūn* »kopfüber«; vgl. *n° āw* Vd. 6, 80/40. 21, 4/2 aw. *nyāpəm*;

pērāmūn פיר(א)מון, pāz. *pərāmūn*, np. *pērāmūn* »ringsum«

— beide sind in ihrer Bildung dunkel, weisen aber auf die Praepp. *ni* und *pari*.

Zusammenhang mit *rūn* »Seite, Richtung« (§ 51, 11) liegt vor in *bērūn*, auch pāz. np. »ausserhalb«; *andarūn*, auch pāz. np. »innerhalb«; *v-aš* פרוניץ *parūn-ič* *mrnčēnδ u* אולוניץ *avarūn-ič* ys. 52/53, 7c aw. *paračā mraočąs aoračā*, vgl. ZPGl. 6, 4. 21, 1; 'פרון', aw. *parąs* Ys. 9, 39/13, פרונתר, aw. *pārəntarə*, Vd. 9, 28/4. 120/29; אורונתר, aw. *ava antarə*, Vd. 9, 28/4: also »seitwärts« und »abwärts«.

Anm. Hierzu dürfte אולנדלי in der Hadschiabadinschrift Zeile 11 gehören, als Comparativ (?) zu אולוני West, Sass. Inscr. p. 38. Vgl. noch Pdn. 31: *andar* אורון *paδkār ma kun* »mit einem Niederern (?) streite nicht«.

kū *כוי, pāz. *ku*, np. *kū* = איע »wo« (§ 75), wofür auch schon איע גיראך (trad. גינאך) *kū jāk* (eigtl. »welchen Ortes«) Vd. 19, 89/27 Gl., pāz. np. *kujā* gefunden wird.

124. Zeit: **nūn* נון, pāz. *nuñ*, np. *nūn, aknūn, kunūn* = כון »nun, jetzt«, כונין »eben jetzt«, Bdh. — aw. *nū*, dem es auch in den Übersetzungen entspricht.

Anm. 1. Eine temporale Partikel könnte auch אנכון (oder wie man sie lesen will) sein, da sie Vd. 1, 11/4 sich mit »dann« übersetzen liesse. Die andere Belegstelle Ys. 19, 54/19 ist mir nicht klar.

pas und *pēš* (§ 123) werden auch zeitlich gebraucht;

......? = כוד muss sicherlich »vorher, früher« bedeuten; darauf weist der Gegensatz zu *awadum* (§ 60) »der letzte«, Vd. 5, 159/56 Gl. (aber nur bei Sp.); ferner Beispiele: *pa īn ku* כוד *až awārīk xvarišn framāyē xvardan* KN. 9, 10 »(sie reichte ihm den Giftbecher:) auf dass du ihn vor (vgl. ib. 9, 8) den übrigen Speisen zu geniessen geruhest«, vgl. MKh. 2, 156; adjectivisch: *ku kē awāk ōy ī dānāk u ahrov pa hamvēnišnīh u hampursīh nazdīk, ā-š kirf ī* כוד *vaxšišnīktar* Dād. D. 1, 4 »denn wer mit einem Weisen und Frommen in Umgang und Unterhaltung nah (sich steht), da (werden) seine früheren Verdienste (um so) zunehmender«.

Anm. 2. Ich kenne kein semitisches Wort, das sich den Schriftzügen dieses Ideogrammes (PPG. Ed. 19, 2 steht sogar נוד, gegen Sal. 83, 7; 96, 14 und K_{25} כוד) fügen will; auch die traditionelle Lesung אפס oder in aw. und arab. Schrift *hs* (Neriosengh im MKh. *haē*, var. *vaē*) bringt uns nicht weiter. Dennoch dürften manche Abschreiber unrecht haben, wenn sie dafür נוד einsetzen.

Anm. 3. Hier möchte ich noch auf ein ebenfalls rätselhaftes Wort hinweisen, dem an manchen Stellen die Bedeutung »früher« (Adj. und Adv.) zuzukommen scheint, während andere dagegen sprechen. Es ist das Ideogramm כארמן (vgl. sem. √קדם »vorangehen«; übrigens darf ja auch קאדה gelesen werden, denn nie erscheint (כארמן), dessen ir. Äquivalent im PPG. 87, 3 המאי geschrieben wird (96, 14 steht durch ein Versehen np. *tan* »Leib«; Ed. und K_{25} bieten das Wort nicht, ebenso wenig wie Justi im Bdh. Gl.), während es richtig חאמ(י)סת heissen müsste (Anqu. *kadman — kamist*). Auch dies ir. Wort, das Spiegel und Justi für den Superlativ von *hamāk* hielten, ist mir etymologisch unklar. Im Bdh., sowie DK. 9, 38, 11 erscheint es als Epithet der Dēvs, ähnlich ShGV. 4, 76; ebenso kann das Ideogramm DK. 8, 44, 69; DD. 1, 3; 2, 8. 14; 3, 9; 14, 5 mit West als »ehemalig, ursprünglich« aufgefasst werden; vgl. noch כארמניחא ZPGl. Intr. 35, 4 »originally«. Aber im KN. 5, 4; 9, 11 (so wohl auch DK. 9, 23, 2 »beyond«) ist es als Adverb mit מן *až* (nur cod. P hat לותה) construirt, etwa wie נוית מן (s. u. § 129) und in ähnlicher Bedeutung. Weitere Stellen stehen mir noch nicht zu Gebote; vgl. § 77, Anm. 1.

Anm. 4. »Zuerst, zunächst« heisst נזדסת *nazdist* — aw. *nazdišta-*, das im PPGl. als Äquivalent für נחוסת (§ 59. 64) aufgeführt wird. Das Simplex steht KN. 2, 3 in der Verbindung *tāk nazd bām* »bis gegen die Morgenröte«, also präpositional, wenn nicht ein *ī* ausgefallen ist; vgl. np. *nazdi*, wie weiterhin *nazd i, ba nazd i, tā nazd i.*

hanōž חאונדץ, np. *hanōz* kenne ich nur aus AVN. 4, 4. 54, 11, an beiden Stellen mit der Negation verbunden, wie im Np., daher in der Bedeutung »noch nicht«: ob darin *nava-* »neu« und ap. *čiy* steckt?

Anm. 5. Dieselbe Zeichengruppe ist AVN. 99, 1 *han-ič* »alia quoque« zu lesen. — Aus eben solchen Elementen *anya-* und *čiy* erkläre ich das np. *nīz* »wiederum«, altes *anīz, hanīz.*

hakurž, hakarž חכ(ו)רץ׳, erklärt חרגיץ, pāz. *hargiž*, np. *hargiz*, älter *hagirz* »irgend wann, jemals«, mit der Negation »niemals« — aus *hakər*ᵉ*t-čit.*

Anm. 6. Wenn diese Partikel das aw. *yava* übersetzt, so fehlt die Negation: Vd. 18, 68/29; Ys. 19, 24. 29, 9c; auch HN. 2, 21. 24; 8, 20, wo an den Parallelstellen im MKh. richtig *nē* gesetzt ist.

hamē חמאי, *hamēšak* חמישך, pāz. *hamə*, °*ša*, np. *hamē*, °*ša* »immer«

(§ 77 c), sogar pāz. *hamə̄šaihā* SGV. 2, 5; ersteres nähert sich schon der Bedeutung der np. Verbalpartikel, vgl. § 110 b) — ob aus **hamaδya-ka*?

Anm. 7. Im PPG. 84, 3 werden noch zwei Partikeln aufgeführt, welche zu den Zeitadverbien zu gehören scheinen: אמד »*nāmad*« erkl. חמאי (»*həmaē*« Sal. *himē* K_{25}) חמא Ed., vielleicht eine Variante des eben besprochenen *hamē*, — und אדמר (»*nadmar*«) erkl. »*īmar*« S. K_{25}, aber אדמר · אימר · שומאר Ed. Da mir beide in Texten nicht vorgekommen sind, so seien sie hier bloss erwähnt.

kay כי, pāz. *kaē*, np. *kay* = אימת »wann?« (§ 75).

Die Tagrechnung ist folgende, nach dem PPG. 83, 84. Ed. 19:

parēr פריר, np. *parēr*, *parērōz* = אסור »vorgestern« — aus **paro ayar*? (§ 41);

dēk, *dēg* דינ, np. *dē*, *dērōz* = סומאחר »gestern« — ap. **dyah*, ir. **zyah*, ai. *hyas*;

dōš דוש, np. ebenso »gestern abend« — aus **dauša*;

imrōž, *imšaw*, np. *imrōz*, *imšab* = לדנה יום und לדנה ליליא »heute, heint« — vgl. § 74;

fraδā? פרתא (sic), np. *fardā* = מאחר »morgen« — dunkler Bildung;

pas fraδā? פס פרתא, np. *pasfardā* = בתמאחר und מאכר »übermorgen«.

Anm. 8. Die entsprechenden Ausdrücke für np. *imsāl* »dies Jahr«, *pār*, *pārsāl* »vergangenes Jahr« sind noch nicht nachgewiesen.

125. Mass. Neben *and* אנד »soviel«, *hāvand* חאונד »ebensoviel« (§ 74), *čand* צנד »wieviel, soviel, einige« (§ 75) und *vas* *וס, np. *bas* — ap. *vasiy* = כבד »viel, sehr«, nebst dem davon abgeleiteten *vasyār* וסיאר, np. *bisyār* — aus **vasi-dāra* (Dmst.), dienen als Adverbia die Adj. *vēš* ויש, np. *bēš* »mehr«, *kēm* כ(י)ם, np. *kam* »minder« und »wenig« (§ 59), welch letzteres manchmal auch, wie im Np., die Negation vertritt; z. B. Vd. 9, 5/2 Gl.; *andak* אנדך, np. ebenso = נכנג »wenig«. — Der Ausdruck für »nur«, pāz. *əwāž* (איואץ), ist bloss im ShGV. 4, 80. 5, 8. 13, 94. 96. 126 u. m. nachzuweisen; es steckt sicherlich *aēva* darin, das *-ž* könnte auf *čit* zurückgehen.

126. Art und Weise. Zu איתון *ēδōn*, pāz. *əδuñ*, np. *ēδūn* »so, auf diese Weise« (§ 74; übersetzt aw. *aδa* Vd. 2, 135/41. 7, 178/71. Ys. 29, 2a. 30, 10a, und gewöhnlich *aētāδa*) steht wohl im Gegensatze *ānδōn*[1] אנדון (? traditionelle Lesung אננון), pāz. *awą* (sic! = *ēvam* Ner.) »auf jene Weise«, pāz. *awāniča* ShGV. 5, 57 »so auch«, zu welchem das seiner Lesung und Bildung nach dunkle אנגנאיתך[2], pāz. *angōšīda*, *°daa* »derartig« ShGV., Bdh. 19, 3. 42, 6 mit Iẓāfat; 15, 7. 68, 14 ohne dieselbe; *pa ān* »*angōšīt*« 34, 2 »nach jener Analogie«; *bē pa* »*angōšītak*« *humānāk* MKh. 2, 194 »ausser als zum Scheine«.

[1] Trotz des np. *āndūn* (neben *āδūn*) der np. Lexicographen kann ich für diese Lesung nicht einstehen. — [2] Man beachte die Analogie mit dem Passivum § 118.

čēgōn צינון, pāz. *čuñ*, np. *čūn*, *cun-ō*, *ču* »wie«, relativ und fragend, ist wohl zusammengesetzt aus *čē* (§ 75) und *gōn*, np. *gūn* »Art«, aw. *gaona* »Farbe«, urspr. vielleicht »Fell«; davon *čēgōnīh* »Beschaffenheit«.

Hier mögen einige Verbindungen dieser Partikeln angeführt werden: *ēδōn humānāk čēgōn* (*ka*) MKh. 1, 31. 2, 49; *ānδōn h° ku, čēgōn* Bdh. 15, 6. 33, 16. 70, 9; »*angōšītak*« *ēδōn* (*āndōn*) *h° č°* (*ka*), MKh. 44, 10. Dād. D. 8, 7; *h° ōy č°* Vd. 9, 107. 112/24. 25 — alle in der Bedeutung »gleichwie (wenn)«; *dēvān č° sag h°* AVN. 43, 3. 48, 2 »Hunden gleiche Teufel«; *āndōn ka* MKh. 13, 18. KN. 8, 15 »so dass«, u. dgl.

anyā? איניא (trad. Lesung אדניא *anyā* PPG. Sal. 82, 13; K_{25}>Ed., pāz. *ainā*) »anders, sonst« hängt jedenfalls mit dem Pronomen zusammen. Es steht absolut am Satzanfang ShGV. 4, 81; 5, 46, sonst meist mit der Negation: *anyā ē-č varravišn nēst kē-š* MKh. 13, 17 »sonst gibt es keinen Glauben, welcher u. s. w.«; *nūn bē ka rāst govē, anyā hamdāδistān nē bavēm* KN. 12, 18

»wenn du jetzt nicht die Wahrheit sagst, so sind wir dir nimmer gewogen«; *až kēšvar ō kēšvar, bē pa parvānakīh ī yazdān ayōw parvānakīh ī dēvān, anyā šuδan nē šāyēδ* MKh. 9, 6 »aus einem Kischvar ins andere vermag, ausser mit Erlaubnis der Götter oder der Teufel, anders nicht gegangen zu werden«.

Die beiden Negationen *nē* und *ma* wurden schon oben (§ 111) besprochen.

Anm. Das im PPG. 82, 12 (>Ed.) unter den Partikeln aufgeführte *ēvar* איור (trad. אוור »*ēvar*«), pāz. *āwar*, np. *āvar* (woron *āre* »ja«) »gewiss« ist Adjectiv, z. B. ShGV. 13, 79. Ebenso אובין (»*ōbin*« erkl. איין PPG. 16, 1 = 83, 5) »verloren, vernichtet«, dessen Bedeutung aus der Redensart *a° u apēδāk* KN. 7, 6; GSh. 165; Pdn. 115 klar ist; vgl. *a°-būδīh* »Untergang« KN. 1, 46. Doch kann ich nicht mit Nöldeke (BB. IV, 41, N. 2) »unsichtbar« als Grundbedeutung annehmen: wie sollte auch *a-vēn* zur passiven Bedeutung gelangt sein, vgl. *a-dān* »unwissend«. — Ganz dunkel bleibt אסון »*āsūn*« erkl. »*hanīn*, np. *agar*« PPG. 83, 6 K_{25}>Ed.

c. DIE CONJUNCTIONEN.

127. An Conjunctionen ist das Mittelpersische etwas reicher, als die spätere Sprache, doch bleibt die Herkunft der meisten dieser Partikeln noch unaufgeklärt.

Copulativ sind *u* ו und das nachgesetzte *-č*[1], *-ič*, ץ יץ[2] »und« — ap. *uta* und *ča*; auch treten beide zusammen auf *u ... č*, da aber die letztere auch das verallgemeinernde aw. *čit*, ap. *čiy* »auch« darstellt, so sind beide Bedeutungen nicht immer zu scheiden.

1 Dafür ist öfter מה geschrieben, z. B. Bdh. 50, 5 var., was auf eine Aussprache *-či* sich deuten liesse. — 2 Manchmal ist dieses *ī* aber nicht Bindevocal (pāz. *-iča*), sondern Pronomen: *ātaxš ī-č vahrām* Bdh. 40, 7 »und das Feuer V.«, oder der angehängte Artikel: *čiš ē-č ... nē* 49, 5 »und nichts«, *mardumān ē-č kē* 17, 5 »und all diejenigen Leute, welche«.

Das im Np. so häufige *ham* הם ist noch Adjectiv, selbst in *ham zamān* »alsbald«, *ham čim rāy* »eben deswegen«, doch heisst »sowohl ... als auch« schon: *ham ... ham* MKh. 2, 51 oder *ham ... u ham* 38, 4.

Der Schriftsprache eigentümlich ist die semitische Partikel אף, welche nur zu Beginn des Satzes erscheint, und zwar stets mit dem Pronomen encliticum des logischen Subjectes verbunden. Neriosengh umschreibt אפש *vaš* u. s. w., das PPG. וש u. s. w.[3]

3 Vgl. § 72 Anm. Auffallend ist אפמש יהבונת Vd. 19, 33/9 Gl.

Disjunctiv ist *ayōw* איוף[4], pāz. *ayå*, *ayāw-aš*, np. *ayā*, *yā* »oder«; doppelt gesetzt heisst es »entweder ... oder«. Durch doppeltes *nē* oder *nē ... u nē* Vd. 19, 26/7 wird »weder ... noch« ausgedrückt.

4 Der lautliche Wert dieser Zeichen ist ungewiss; dem auslautenden np. *ā* entspricht sonst nicht mp. וף, vgl. דריאף np. *daryā* »Meer«.

Conditional ist *agar*, *אגר, pāz. np. ebenso »wenn«, wofür stets das Ideogramm הת geschrieben wird; nach Darmesteter ist es aus **ha-kara-*, vgl. aw. *hakərᵊṯ* »einmal« entstanden. Mit der Negation *ma* verbunden entspricht אל הת vollständig dem np. *magar* »wenn nur nicht, ob etwa« u. s. w.

Conclusiv ist zunächst das semitische ip. bp. אדין, auch bp. אדין, Ner. *aigin*, *aigi-š*, womit meist das aw. *āaṯ* wiedergegeben wird, dessen iran. Äquivalent aber unbekannt ist[5], wenn es nicht etwa in dem Wörtchen *ā* א steckt, welches sehr oft den Nachsatz einleitet[6]: dieses könnte aus *āaṯ* entstanden sein (§ 47).

5 Im PPG. Sal. 82, 12; K_{25} (>Ed.) steht: אגין : אסון gelesen »*asun* : *agi*«, was Neriosengh's Umschreibung wohl bekräftigt, uns aber nicht weiter bringt. — 6 S. Horn, ZDMG. XLIII, 45, N. 28, dessen Beispiele sich leicht vermehren liessen. Das Wörtchen wird mit dem folgenden Worte zusammengeschrieben, auch mit Encliticis אש Vd. 5, 146/48 Gl. Hād. N. 4; אץ Vd. 5, 134/43 Gl.; vgl. § 111 Anm. Beachtenswert ist noch das Beispiel: *nē nūn pēš až ān ... āš* Vd. 7, 127/50 = *noiṯ nū para ahmaṯ .... yaṯ*.

Causal wird *čē* = מה gebraucht, wie auch im älteren Np. — »denn«, auch ציגון »wie« vertritt öfters unser »da«.

Final ist *tāk* = וד eigtl. »bis«, *tāk ku* = וד איע, np. *tā ki*, auch איע וד Vd. 7,154[sp.] np. *ki tā* »damit«; ebenso das einfache *ku* = איע »dass«. Letzteres leitet auch stets die directe Rede ein: *-š guft ku*, np. *guft ki* »er sprach:«.

Adversativ steht das Adverb *bē* = בלא »aber, sondern«.

Temporal ist *ka* = אמת »als« und wiederum *čēgōn*.

Erklärungen und Erläuterungen werden eingeführt durch אב אי, auch איע, das aber wohl kaum *ku* zu lesen, sondern *ē*, vgl. np. *ē ki* »d. i., d. h.« im Cambridger Qur'āncommentar (Browne, Cat. p. 20), und איע אי Ys. 1, 45/16 Gl. — Dieselbe Bedeutung muss dem Ideogramme חוה · חוחת · ית° zukommen, dessen Gebrauch ganz analog ist; aber eine befriedigende Lesung wüsste ich nicht vorzuschlagen[7].

[7] Sehr häufig in den Übersetzungen und im DK., vgl. Spiegel, Commentar II, 93. Im PPG. Sal. 86, 5; K_{25} steht חוחת : וחת, das zu nichts führt. Dürften wir *ast* lesen, so könnte das vorher besprochene *ē* eine abgeschliffene Form des Vb. subst. sein, vgl. tādjikī *-ai*, np. vulg. *-ā* »ist«.

d. Die Interjection.

128. Die einzige Interjection, welche ich belegen kann, ist *ē*: אי = חנא »o!«, np. *ē* = aw. *āi* Vd. 19, 32/9; 18, 1/1. 48/22; ShGV. (Ner. *ahō*). Peshotan p. 394 führt noch *hā* חא »ei«, *vāy* ואי »wehe« und *kāč* כאץ, np. *kāš*, *kāški* »utinam« auf, alle ohne Belege.

129. Schlussbemerkung. Sehr häufig sind Verbindungen mehrerer Partikeln mit einander, von denen eine Anzahl hier aufgeführt werden möge. Dabei drückt *ō* die Richtung hin aus, *až* die entgegengesetzte: *awar ō* Vd. 8, 68/24 = *upa'ri*, Ys. 9, 27/8 = *aoi*; *tar ō* KN. 3, 6, *tāk ō*; *tāk awar*; *až* ... *rāy* KN. 12, 21 vgl. Bdh. 8, 20; *pa* ... *rāy* Bdh. 45, 15, vgl. np. *barāy-i*, *az b°*; *ō pēš*, *tāk pēš* GFr. 4, 23; *až pēš*, *až pas*, *ažēr* אציר, np. *zēr* »unten«, *ažawar* אצפר, np. *zabar* »oben«; *tāk awāž ō*; *nazd ō*; *frāž až*, *pēš až*, כוד מן, *pas až*, *juδ až*, *bē až*. Ferner *čēgōn ka*; *pas ka* »nachdem«, *až ān ka* KN. 4, 15 »sintemalen«, *awāk ē ku* Vd. 1, 11/3 »obgleich«, vgl. np. *bā ān ki*, *hamē až ān tāk* = aw. *vīspəm ā ahmat̰ yat̰*, u. dgl.; s. auch oben § 126.

Hiermit ist diese — von rein iranischem Standpunkte angelegte — Darstellung des Mittelpersischen zum Schlusse gelangt; des eigentümlichen semitischen Dialektes, der nur im Pahlavi erhalten ist, mögen sich Competentere annehmen. Trotz der langen Zeit, welche die Drucklegung durch meine Schuld erfordert hat, bin ich mir der Unvollkommenheiten meiner Arbeit wohl bewusst, wobei allerdings der Ausschluss der Originalschrift weder dem Verfasser noch dem Leser die Sache zu erleichtern geeignet ist. Dennoch will ich hoffen, dass das Schriftchen zu weiteren Forschungen anregen werde. Was uns zunächst not thut, das sind vollständige Indices verborum zu den bisher veröffentlichten Texten, denen bald weitere nachfolgen mögen. Nur auf Grund einer solchen Vorarbeit wird es möglich sein, den Texten die Gestalt zu geben, deren wir für Grammatik und Lexikon des Mittelpersischen bedürfen. Je mehr dann von den hier notgedrungen gewagten Aufstellungen bei Seite geschoben werden kann, um so besser für die Sache.

St. Petersburg, den 7. VII/23. VI. 1900.

ANHANG I. SPRACHPROBE.

Kārnāmak ī Ardaxšēr ī Pāwakān. I, 31—38.

[illegible]

LESUNG.

Rōž ē[1] *Ardavān awāk asovārān u Ardaxšēr ō naxčēr šuδ ēstāδ*[2]. *gōr ē andar dašt bē viδard u Ardaxšēr u pus ī mēh*[3] *ī Ardavān až pas*[4] *ī ān gōr tāxt*[5]. *u Ardaxšēr andar rasīδ tīr ē ēδōn ō gōr zaδ ku tīr tāk*[6] *parr pa aškamb andar*[7] *šuδ u duδīgar sōk bē*[7] *viδard u gōr awar yāk murd. Ardavān u asovārān frāž rasīδ hand*[8], *u ka-šān*[9] *zanišn*[10] *pa ān āyēnak dīδ awd sahist*[11] *u pursīδ ku*[12]: *īn zanišn kē kard?*[13] *Ardaxšēr guft ku: man kard ham*[14]. *Pus ī Ardavān guft ku: nē, čē*[12] *man kard ham! Ardaxšēr xēšm grift v-aš*[12] *ō pus ī Ardavān guft ku: hunar u mardānakīh pa stahmbakīh u dušarmīh u drōg adāδistānīhā*[15] *ō xvēš kardan nē tovān*[16]. *ēn dašt nēvak u gōr ēδar*[17] *vas, man u tō ēδar duδīgar āzmāyišn*[18] *kunēm u nēvakīh u vīrīh u čāwukīh pa dīδ āvarēm*[19]. *Ardavān až ān dušxvār sahist*[20] *u pas až ān Ardaxšēr nē hišt ō asp nišast*[21]. *v-aš Ardaxšēr rāy*[22] *ō āxvar i stōrān frēstīδ u framūδ ku: nigīr*[23] *ku rōž u šaw až nazdīk ī*[24] *stōrān ō naxčēr u čōwagān u frahangistān nē šavē*[25].

[1] § 62 Bem. — [2] Plusqpf. § 115. — [3] § 59. — [4] § 129. — [5] Caus. § 87, eigtl. »das Ross antreiben«. — [6] § 121. — [7] § 109. — [8] Perf. § 115. — [9] § 127 u. 72. — [10] Eigtl. »Schlag« § 99; *tīr zaδan, šamšēr zaδan.* — [11] § 120 d). — [12] § 127. — [13] § 114 a). — [14] § 114 b). — [15] Adv. § 50, 21). — [16] § 120 e). — [17] § 123. — [18] § 93 c). 50, 23). — [19] Wörtl. »zum Vorschein bringen«, vgl. np. *padīδ, ba·dīδ āvurdan.* — [20] Wörtl. »dem A. erschien davon schwer«. — [21] Infin. apocop. § 107, Anm. — [22] Acc. § 57. — [23] § 93 c). — [24] Wörtl. »aus der Nähe der«. — [25] § 112.

TRANSCRIPTION[1].

יומי اردوانْ לותה اسوبارانْ و ارتخشیر ول نخچیر וזלונת יתוימונات، گوری בין
دشت בלא وترت و ارتخشیر و ברה ی مس ی اردوانْ מן אחר ی זך گور تاخت،
و ارتخشیر בין رسیت تیری ایتونْ ول گور מחיתונת איע تیر ود پر פון اشكمبْ בין ווזונת
و دتیگر سوك בלא وزت و گور מדם גיראך[2] ימיתונתْ، اردوانْ و اسوبارانْ فراچ
יתמטונת חוהד و אמתשانْ زنشنْ פון[3] זך اینك[4] دیت[5] افد מדממונست و پورسیت
איע דנה زنشنْ מנו كرت، ارتخشیر گوفت איע ל كرت חוהם، ברה ی اردوانْ گوفت
איע לא מה ל كرت חוהם، ارتخشیر خیشم گرفت אחש ול ברה ی اردوانْ گوفت
איע هونر و مرتانكیه פון ستهمبكیه و دوشرمیه و כדבא اداتسانیها[5] ול נפשה كرتنْ לא
توبانْ، דנה دشت نیوك و گور לתמה כבד ל و לך לתמה دتیگر ازمایشنْ וחדונם و نیوكیه
و ویریه[5] و چابوكیه פון חדיתונת יאיתיונם[5]، اردوانْ מן זך دوشخوار מדממונستْ و אחר
מן זך ارتخشیر לא שדכונת ול סוסיא יתיבונستْ، אחש ارتخشیر رای ول اخوری ستورانْ
فرستیت و فرموت איע نكیر איע יום و לילא מן نزدیك ی ستورانْ ول نخچیر و چوبگانْ[6]
و فرهنگستانْ לא וזרונیه،،

[1] Die iranischen Elemente sind in arabischer Schrift wiedergegeben, die Ideogramme in hebräischer, aber rein graphisch. — [2] ANDREAS. — [3] § 121. — [4] § 9, Anm. 1. — [5] Corrigirt. — [6] Den Schriftzügen nach צופאאן oder צופינאן, aber np. *čaugān*.

ÜBERSETZUNG.

Eines Tages war Ardavān mit (seinen) Reitern und Ardashīr zur Jagd gegangen. Ein Wildesel lief übers Feld und Ardashīr und der älteste Sohn Ardavān's ritten hinter jenem Wildesel her. Und Ardashīr kam heran, schoss einen Pfeil so auf den Wildesel ab, dass der Pfeil bis ans Gefieder in (dessen) Leib eindrang und auf der andern Seite herauskam, und der Wildesel auf der Stelle starb. Ardavān und die Reiter kamen heran, und als sie den Schuss auf die Art sahen, verwunderte er sich und fragte: »Diesen Schuss that wer?« Ardashīr sprach: »Ich hab's gethan.« Der Sohn Ardavān's sprach: »Nein, denn ich hab's gethan!« Ardashīr ergrimmte, und er sagte zum Sohne Ardavān's: »Tugend und Mannhaftigkeit mit Gewalt und Rücksichtslosigkeit und Lüge ungerechter Weise sich zu eigen machen kann man nicht. Dieses Feld ist gut und Wildesel gibt's hier viele: ich und du wollen uns hier versuchen und (unsere) Tüchtigkeit und Heldenhaftigkeit und Gewandtheit beweisen.« Ardavān nahm das übel, und fernerhin liess er den Ardashīr nicht zu Rosse steigen. Und er schickte den Ardashīr zum Stalle der Reittiere und befahl (ihm): «Sieh zu, dass du Tag und Nacht von den Pferden zu Jagd und Ballspiel und dem Turnierplatze nicht gehest.«

ANHANG II.

VERZEICHNIS DER IDEOGRAMME
FÜR DIE
VERBA, PRONOMINA UND PARTIKELN.

ORDNUNG DER SCHRIFTZEICHEN.

[illegible]

A. VERBA.

Bedeutung.	Lesung.	Iranisch.	Ideogramm.
کردن	karḍan, kun	[illegible]	[illegible]
گرفتن	griftan, gīr	[illegible]	[illegible]
گذشتن ?	viδurḍan, viδīr	[illegible]	[illegible]
اوفتاذن	ōwastan, ōft	[illegible]	[illegible]
پابیذن	pāδan, pāy	[illegible]	[illegible]
گریختن.	virēxtan, virēž	[illegible]	[illegible]
شذن	šuδan, šav	[illegible]	[illegible]
کُشتن	kuštan, kuš	[illegible]	[illegible]
خوردن	xvarḍan, xvar	[illegible]	[illegible]
شنوذن	ašnūδan, ašnov	[illegible]	[illegible]
بیختن	vēxtan, vēž	[illegible]	[illegible]
نهاذن	nihāδan, nih	[illegible]	[illegible]
دانستن	dānistan, dān	[illegible]	[illegible]
پُختن	puxtan, paž ·	[illegible]	[illegible]
کندن	kandan, kan	[illegible]	[illegible]

Bedeutung.	Lesung.	Iranisch.	Ideogramm.
دروذن	drūδan, drav	[illegible]	[illegible]
دوختن	dōxtan, dūž	[illegible]	[illegible]
?	?	[illegible], —	[illegible]
آموختن	āmōxtan, āmōž	[illegible]	[illegible]
شستن	šustan, šōy	[illegible]	[illegible]
بخشيذن	baxtan, baxš	[illegible]	[illegible]
خفتن	xvaftan, xvafs	[illegible]	[illegible]
s. [illegible]	dīδan	—	[illegible]
erlangen	vindāδan, vind	[illegible]	[illegible]
herbeibringen	ānīδan, —	[illegible], —	[illegible]
گرويذن	varavistan,varav	[illegible]	[illegible]
ديذن	dīδan, vēn	[illegible]	[illegible]
بستن	bastan, band	[illegible]	[illegible]
خواستن	xvāstan, xvāh	[illegible]	[illegible]
s. [illegible]	karḍan	—	[illegible]
برشتن	brištan, brēž	[illegible]	[illegible]
s. [illegible]	xvāstan	—	[illegible]
گزاردن	vižārḍan, vižār	[illegible]	[illegible]
هيختن	hixtan? hinj	[illegible]	[illegible]
s. [illegible]	—	—	AV. [illegible]
?	—	[illegible]	[illegible]
برّيذن	b(ur)rīδan, b(ur)rīn?	[illegible]	[illegible]
چيذن	čīδan, čīn	[illegible]	[illegible]
آرد كردن	ārḍan, ār	[illegible]	[illegible]
شكستن	škastan, škēn	[illegible]	[illegible]

Bedeutung.	Lesung.	Iranisch.	Ideogramm.
سختن	saxtan, sanj	[illegible]	[illegible]
دویذن	dovīδan, dov	[illegible]	[illegible]
(angelangen)	— ?	[illegible], —	[illegible]
افگندن	awgandan, awgan	[illegible]	[illegible]
سرشتن	sristan, srēš	[illegible]	[illegible]
زاذن	zāδan, zāy	[illegible]	[illegible]
کِشتن	kištan, kār	[illegible]	[illegible]
totschlagen	ōzaδan, ōzan	[illegible]	[illegible]
سروذن	srūδan, srāy	[illegible]	[illegible]
خریذن	xrīδan, xrīn	[illegible]	[illegible]
ماندن	māndan, mān	[illegible]	[illegible]
خواندن	xvāndan, xvān	[illegible]	[illegible]
رُستن	rustan, rōy	[illegible]	[illegible]
خاستن	xāstan, xēž	[illegible]	[illegible]
شمردن	ōšmurḍan, ōšmar	[illegible]	[illegible]
زذن	zaδan, zan	[illegible]	[illegible]
فروختن	frōxtan, frōš	[illegible]	[illegible]
پذیرفتن	paδīraftan, paδīr	[illegible]	[illegible]
s. [illegible]	cīδan	—	[illegible]
(er)scheinen	sahistan, sah	[illegible]	[illegible]
?	—	[illegible]	[illegible]
استذن	istaδan, istān	[illegible]	[illegible]
بوذن	būδan, bav?	[illegible], —	[illegible]
rauben?	—	[illegible]	[illegible]
داذن	dāδan, dah	[illegible]	[illegible]

Bedeutung.	Lesung.	Iranisch.	Ideogramm.
خنديذن	xandīδan, xand	[illegible] ، [illegible]	[illegible]
هشتن	hištan, hil ?	[illegible] ، [illegible]	[illegible]
امذن	āmaδan, āy	[illegible] ، [illegible]	[illegible]
فرستاذن	fristīδan, frist fristāδan	[illegible] ، [illegible] [illegible]	[illegible]
s. [illegible]	šustan	—	[illegible]
ترسيذن	tarsīδan, tars	[illegible] ، [illegible]	[illegible]
?	?	[illegible] ، [illegible]	[illegible]
?	?	[illegible] ([illegible])	[illegible]
رسيذن	rasīδan, ras	[illegible] ، [illegible]	[illegible]
zerstören?	nikandan, nikan?	[illegible] ، [illegible]	[illegible]
s. [illegible]	fristīδan	—	[illegible]
آوردن	āvarḍan, āvar	[illegible] ، [illegible]	[illegible]
s. [illegible]	hištan	—	[illegible]
داشتن	dāštan, dār	[illegible] ، [illegible]	[illegible]
بردن	burḍan, bar	[illegible] ، [illegible]	[illegible]
wünschen	kāmistan, kām	[illegible] ، [illegible]	[illegible]
s. [illegible]	xvāstan	—	[illegible]
نشستن	nišastan, nišīn	[illegible] ، [illegible]	[illegible]
pāz. يَشتن	yaštan, yaž	[illegible] ، [illegible]	[illegible]
führen	nīδan, nay?	[illegible] ، [illegible]	[illegible]
كشيذن	kašīδan, kaš	[illegible] ، [illegible]	AV. [illegible]
ايستاذن	ēstāδan, ēst	[illegible] ، [illegible]	[illegible]
s. [illegible]	ōzaδan	—	[illegible]
نوشتن	niwištan, niwēs	[illegible] ، [illegible]	[illegible]
گفتن	guftan, gov	[illegible] ، [illegible]	[illegible] ، [illegible]

Bedeutung.	Lesung.	Iranisch.	Ideogramm.
مردن	murḍan, mīr	[illegible]	[illegible]
s. [illegible]	āvurḍan	—	[illegible]
رَفتن	raftan, rov	[illegible]	[illegible]
يختن ?	vēxtan, vēž	[illegible]	[illegible]
پيمودن	paδmūδan, °māy	[illegible]	[illegible]
s. [illegible]	burḍan	—	[illegible]
گاذن	gāδan, gāy	[illegible]	[illegible]
s. [illegible]	raftan	—	[illegible]
درّيذن	drīδan, drīn (darrīδan, darr?)	[illegible]	[illegible]
هست	hast	[illegible]	[illegible]
نيست	nēst	[illegible]	[illegible]
است	ast	[illegible]	[illegible]
ام الخ	ham (hom) u.s.w.	[illegible]	u.s.w. [illegible]

PRONOMINA.

Bedeutung.	Lesung.	Iranisch.	Ideogramm.
nom. sing.	až	[illegible]	[illegible]
من ، ما	man, ēmā	[illegible]	[illegible]
تو ، شما	tō, šumā	[illegible]	[illegible]
اوى ، (ايشان)	ōy, ōšān	[illegible] —	[illegible]
(ياى اضافت)	ē	[illegible]	[illegible]
welches mir, u.s.w.	y-am u. s. w.	. . . [illegible]	u.s.w. [illegible]
آن	ān	[illegible]	[illegible]
اين	īn (ēn?)	[illegible]	[illegible]
ام(روز الخ)	im	[illegible]	[illegible]
dieser	ē	[illegible]	[illegible]

Bedeutung.	Lesung.	Iranisch.	Ideogramm.
کِه	kē	[illegible]	[illegible]
چِه	čē	[illegible]	[illegible]
هر	har	[illegible]	[illegible]
کس	kas	[illegible]	[illegible]
چیز	čīž pāz. ϑis	[illegible]	[illegible]

ADVERBIEN.

Bedeutung.	Lesung.	Iranisch.	Ideogramm.
آنو	ānōy	[illegible]	[illegible]
ایذر	ēδar	[illegible]	[illegible]
کو، کجا	kū	[illegible]	[illegible]
پس	pas	[illegible]	[illegible]
باز	awaž	[illegible]	[illegible]
پیش	pēš	[illegible]	[illegible]
—	ā	—	[illegible]

PRAEPOSITIONEN.

Bedeutung.	Lesung.	Iranisch.	Ideogramm.
zu	ō	[illegible]	[illegible]
zu ihm	ovaš	[illegible]	—
از	až	[illegible]	[illegible]
از او	ažaš	[illegible]	—
بَه	pa	....	[illegible]
به او	paδaš	[illegible]	—
ابا، با	awāk	[illegible]	[illegible]
hinüber zu	tar	[illegible]	[illegible]
بر	awar	[illegible]	[illegible]
بر	var	[illegible]	[illegible]
اندر، در	andar	[illegible]	[illegible]

Bedeutung.	Lesung.	Iranisch.	Ideogramm.
	PARTIKELN.		
تا	tāk	[illegible]*	[illegible]
und von mir	v-am u. s. w.	[illegible]	[illegible]. . . .
اگر	agar	[illegible]	[illegible]
مَه	ma	—	[illegible]
مگر	ma-agar	—	[illegible]
نی ' نه	nē	[illegible]	[illegible]
کی	kay	[illegible]	[illegible]
wenn کَه	ka	—	[illegible]
dass کُه	ku	[illegible]	[illegible]
1) بِه 2) sondern	bē	[illegible]	[illegible]

VERBESSERUNGEN UND NACHTRÄGE.

§ 48, Note 4: Vgl. aber § 62 Ende.

§ 50, 21) Anm. 2: l. *nāmčištikīhātar.*

§ 52, 1) Anm. ist nach § 111 Anm. zu ändern.

§ 58. Vgl. die Construction *vasān mardumān* KN. 1, 45 »viele Menschen«; analog ist *šēr u gurgān* ShGV. 3, 34 »Löwen und Wölfe«.

§ 61, Z. 2: l. *ān ī ān.*

§ 62, S. 288, Z. 4: l. *čīž-ē-č.*

§ 68. Das Ideogramm zu *nām* wird פנג geschrieben.

§ 72. In einem sehr altertümlichen handschriftlichen jüdisch-persischen Commentar zum Ezechiel finde ich jetzt neben פריש noch אויש »von ihm« und אבריש »auf ihn«, ebenso גוידיש »sagt ihm« und für die 1. Sg. غرض גָּרַשׁוּם »meine Absicht«; s. meinen Artikel »Zum mittelpersischen Passivum« im Bulletin de l'Acad. Imp. de St. P. 1900, T. XIII.

§ 108, S. 309, Z. 17: l. — *avi.*

§ 111, Anm.: l. אשאית.

§ 118. In der zu § 72 erwähnten jüdisch-persischen Handschrift finden sich die Passivformen גוִיהַך »wird gesagt«, כואניהד »wird genannt« und רַנְגִהִי »du wirst gequält«, ebenso der Präteritalstamm auf הסת-, womit die traditionelle Lesung bestätigt ist.